SV

Peter Handke
Siegfried Unseld
Der Briefwechsel

Herausgegeben
von Raimund Fellinger
und Katharina Pektor

Suhrkamp Verlag

Erste Auflage 2012
© Suhrkamp Verlag Berlin 2012
Alle Rechte vorbehalten, insbesondere das der Übersetzung,
des öffentlichen Vortrags sowie der Übertragung durch
Rundfunk und Fernsehen, auch einzelner Teile.
Kein Teil des Werkes darf in irgendeiner Form
(durch Fotografie, Mikrofilm oder andere Verfahren)
ohne schriftliche Genehmigung des Verlages reproduziert
oder unter Verwendung elektronischer Systeme
verarbeitet, vervielfältigt oder verbreitet werden.
Satz: Hümmer GmbH, Waldbüttelbrunn
Druck: Pustet, Regensburg
Printed in Germany
ISBN 978-3-518-42339-4

Inhalt

Die Briefe 7

Anhang 727
  Nachwort, von drei Verfassern 729
  Bildnachweis 746
  Quellen und Literatur 747
  Werkverzeichnis 757
  Personenregister 766

Die Briefe

1965

[1; Anschrift: Griffen[1]]

Frankfurt am Main[2]
10. August 1965

Sehr geehrter Herr Handke,
ich freue mich, Ihnen mitteilen zu können, daß wir nach genauer Lektüre Ihres Manuskriptes uns entschieden haben, Ihre Arbeit in den Suhrkamp Verlag zu übernehmen.[3] Ich glaube, daß sich Ihre Arbeit neben denen von Peter Weiss und Ror Wolf gut ausnehmen und die Perspektiven dieser Autoren weiterführen wird.
Nun scheint mir freilich ein Gespräch über Einzelheiten erforderlich zu sein. In Ihrem Manuskript befinden sich manche Austriazismen und auch einige umständliche Formulierungen, an denen doch noch gefeilt werden sollte. Es wäre das beste, könnte dies in einem Gespräch geschehen. Führt Sie Ihr Weg ohnehin einmal nach Frankfurt?
Wenn wir im Laufe der Monate September oder Oktober eine Verständigung darüber herbeiführen könnten, so würden wir das Buch noch in der ersten Hälfte 1966 herausgeben.
Ich freue mich sehr, daß ich Ihnen dies mitteilen kann. Ich sehe Ihr Manuskript gerne bei uns als Buch.
Mit freundlichen Grüßen
[Siegfried Unseld]

1 Altenmarkt 6, A-9112 Griffen, Kärnten, ist die Adresse des ersten Briefs von S. U. an P. H. P. H. studierte 1965 im vierten Jahr Rechtswissenschaften an der Universität Graz und bewohnte wäh-

rend dieser Zeit (den Brief erhält er in den Sommerferien) ein Untermietzimmer in Graz-Waltendorf, Rosenhang 6.
2 Die Adresse des Suhrkamp Verlags lautete zwischen dem 1. April 1963 und dem 1. Januar 1969: Grüneburgweg 69, 6 [60323] Frankfurt am Main, Ende 1968 übersiedelte der Verlag in die Lindenstraße 29-35, 6 [60325] Frankfurt am Main.
3 *Die Hornissen* sind die erste Buchpublikation von P. H. Vermittelt durch seinen Freund Alfred Kolleritsch ließ er das Manuskript im Frühjahr 1965 Elisabeth Borchers zukommen, die als Lektorin im Luchterhand Verlag (sie wird später seine Lektorin bei Suhrkamp) arbeitete; sie lehnte eine Veröffentlichung ab. Gleichzeitig sandte der Grazer Hispanist und Übersetzer Anton Maria Rothbauer das Typoskript an Walter Boehlich im Suhrkamp Verlag. Dieser schrieb am 2. Juni 1965 nach Graz: »Sehr geehrter Herr Handke, ich weiß nicht, ob Herr Rothbauer Ihnen schon ein wenig mit dem Zaunpfahl gewinkt hat, und deswegen beeile ich mich, Ihnen zu sagen, daß Ihr Manuskript unser Interesse in einem Grad erregt hat, der uns veranlassen wird, uns ausführlicher mit Ihnen zu unterhalten. Nur bitten wir Sie um einen geringen Aufschub, da wir erst unsere Vertreterbesprechung hinter uns bringen möchten und müssen.« P. H. antwortete am 14. Juli 1965 aus Griffen: »Sehr geehrter Herr Boehlich, den ›Wink mit dem Zaunpfahl‹ habe ich zur Kenntnis genommen. Nun ist es aber möglich, daß ein weiterer Wink in Graz mich nicht erreichen wird, weil ich für längere Zeit nicht dort sein werde. Deshalb schreibe ich jetzt: Sollte es notwendig sein, mir etwas mitzuteilen, so teilen Sie mir es bitte über die im Briefkopf angegebene Adresse mit; die Mitteilung wird mir von hier, da ich zur Erledigung einer Arbeit ins Ausland verreise, nachgeschickt werden, so daß ich mich danach werde richten können.« Boehlich hatte das Manuskript seinem Kollegen Chris Bezzel weitergereicht. Der hatte in einem (undatierten) Lektoratsgutachten die Publikation empfohlen: »peter handke erzählt genau, konkret wie homer ist die art der beschreibung. konkret ist ebenso das beschribene, die geschichte von drei brüdern, von denen einer (der erzähler) erblindet, ein zweiter ertrinkt, der dritte vermißt wird. konkret ist der schauplatz: eine dörfliche welt in einer abgelegenen gegend. die einzelnen kurzen stücke, aus denen der roman zusammengesetzt ist, sind ›einfache‹ szenen, nahaufnahmen, oft parodistische grundrisse des alltäglichen lebens, so anschau-

lich gegeben, daß die dichte der dinge sprachliche gestalt annimmt. dieser dichte der dinge steht nun aber eine offenheit des geschehens gegenüber, so daß alles in die schwebe kommt. die grundperspektive des buches bedingt dies: ebenen, zeiten, personen und handlungsstränge verschränken sich fast völlig, jede figur, jedes ereignis wird relativiert, die ichform des erzählens wechselt mit ›du‹ und ›er‹, wodurch der autor nicht mehr weiß als der leser und beide auf vermutungen angewiesen sind. die metaphern erweisen sich als zeichen für vieles, möglichkeit und wirklichkeit sind im gleichgewicht. das antike motiv des blinden, der zum ›seher‹ wird, findet durch handke eine neue gestaltung: ein blinder setzt sich durch erinnernde und tastende vorstellung die welt, die er verloren hat, wieder zusammen, er versucht, sich ein ›bild‹ zu machen. und nur ›dadurch, daß er sich etwas ausdenkt, vermag er sich zu behaupten.‹ DIE HORNISSEN sind scheinbar zeitlos, wir lesen nichts von tod und zerstörung. aber gerade durch das fast völlige aussparen des krieges wird – im motiv der insekten – ein schweigen realisiert, das dem bewußtsein als übermächtige bedrohung erscheint, für die wörter wie ›bomber‹ und ›krieg‹ nur metaphern sind. was von nicht wenigen autoren der moderne angestrebt wurde und wird: die völlig offene fabel, bei der nichts sich verfestigt, aber auch nichts sich verflüchtigt, die den leser nicht abzieht von seiner eigenen existenz, sondern ihm zum modell wird für mögliches leben – in diesem werk ist es auf bezwingende art gelungen. peter handke setzt mit seinem ersten roman DIE HORNISSEN die epische linie eines peter weiss und eines ror wolf (›Fortsetzung des Berichts‹) [Peter Weiss, *Der Schatten des Körpers des Kutschers*, erschien 1960, Ror Wolf, *Fortsetzung des Berichts*, 1964 im Hauptprogramm des Suhrkamp Verlags.] legitim und vielversprechend fort.« Laut Bezzel handelt es sich um den »entwurf zu meinem gutachten, das aber kaum länger war«. Das Manuskript wurde angenommen »aufgrund meines gutachtens (und ohne ein gespräch mit unseld darüber)« (Bezzel, Brief vom 24. Juni 2012 an Wolfgang Kaußen). Als der Brief von S. U. vom 10. August 1965 in Griffen ankam, war P. H. mit seiner Freundin und späteren Ehefrau, der Schauspielerin Libgart Schwarz, in Varna an der bulgarischen Schwarzmeerküste. Die Nachricht von der Annahme übermittelte ihm seine Mutter (siehe Adolf Haslinger, *Peter Handke*, S. 104).

[2]

[Graz]
25. August 1965[1]

Sehr geehrter Herr Doktor,
Ihre Nachricht hat mich über die Maßen gefreut. Zu dem Gespräch über die Einzelheiten bin ich gern bereit, zumal mir in der Zwischenzeit selber einige kleine Stellen verdächtig erschienen sind. Ich möchte zu diesem Zweck am 13. oder 14. September nach Frankfurt kommen. (Im Oktober werde ich einer Prüfung wegen weniger »Zeit haben«.) Bitte, lassen Sie mich wissen, ob der genannte Termin Ihnen recht ist.[2]
Die Ehre für mein Manuskript, die ihm geschieht, indem es in Ihrem Verlag erscheint, freut mich so, daß das Ereignis mir noch jetzt nicht ganz geheuer ist.
Mit herzlichen Grüßen
Peter Handke

1 Der Brief trägt den handschriftlichen Vermerk von S. U.: »C. Bezzel bitte benachrichtigen. U«.
2 Am Tag der Niederschrift der Antwort begann P. H., die Reise zu organisieren. Er bat Emil Breisach, den damaligen Präsidenten des Forums Stadtpark, in einem Brief um einen Fahrtkostenzuschuß von 700,– Schilling, den dieser am nächsten Tag bewilligt, mit der Auflage, das Geld zurückzuzahlen, falls der Verlag die Reisekosten übernähme (siehe Peter Handke – Alfred Kolleritsch, *Schönheit ist die erste Bürgerpflicht*, S. 5 f.). P. H. schrieb am 27. August 1965 aus Griffen eine Postkarte an Libgart Schwarz, die ihn auf der Reise nach Frankfurt begleitete: »S. g. Fräulein Libgart Schwarz. Libgart! Das Manuskript wird im Suhrkamp Verlag erscheinen, wahrscheinlich im Frühjahr. Ich sollte nur zur Ausmerzung einiger Austriazismen und umständl. Wendungen im September zu einem ›Gespräch‹ nach Frankfurt. Vielleicht kannst Du mitfahren. [...] Jetzt kann mir wenig mehr passieren. D. P.« (ÖLA SPH/LW/Korrespondenz Schwarz, Libgart)

[3; Anschrift: Graz]

Frankfurt am Main
13. September 1965

Lieber Herr Handke,
auch im nachhinein bin ich sehr froh über unser Gespräch. Nach Ihrem Manuskript freute es mich besonders, Sie nun auch persönlich kennenzulernen. Ich bin überzeugt, daß Sie mit diesem Manuskript am Anfang einer achtbaren Laufbahn stehen, und ich hoffe, daß wir in einer langen, guten und produktiven Verbindung bleiben.[1]
Ich bestätige nochmals, daß wir Ihren Roman »Die Hornissen« im Frühjahr des nächsten Jahres herausbringen werden. Sie wollten Herrn Dr. Bezzel noch einige Korrekturen zuschicken. Es wäre mir angenehm, wenn dies noch in diesem Monat oder jedenfalls in der ersten Oktoberhälfte geschehen könnte. Wir wollen dann das Manuskript in Satz geben, um in Ruhe die Herstellung betreiben zu können.[2]
Ich wiederhole hier noch einmal die vereinbarten Bedingungen. Sie erhalten für dieses Manuskript à conto der Honorare einen Betrag von DM 3.600,–; davon sind DM 1.200,– bei Abschluß des Vertrages, weitere DM 1.200,– am 31. 12. und die dritten DM 1.200,– bei Erscheinen des Buches fällig. Die Honorare werden vom Broschurpreis des Buches errechnet, der ungefähr bei DM 12,– liegen wird (Ladenpreis ungefähr DM 16,–). Sie erhalten vom 1. bis 3. Tausend 10 % vom Broschurpreis, vom 4. bis 10. Tausend 12 % und vom 11. Tausend an 15 %. Das sind die Bedingungen, die wir bei ersten Büchern haben, sie wurden auch bei Paul Nizon[3] und Ror Wolf eingeräumt. In den nächsten Tagen erreicht Sie ein ausführlicher Vertrag. Erschrecken Sie nicht über den Umfang des Vertrages, aber es hat sich in der Erfahrung doch bewährt, daß von Anfang an alle Rechtsbeziehungen klargelegt werden.
Mit herzlichen Grüßen und allen guten Wünschen für Sie
[Siegfried Unseld]

P. S.: Wir erwarten dann auch von Ihnen noch die erbetene Vita und bitte möglichst auch ein oder zwei Fotos.

1 Das Gespräch fand am 9. September 1965 im Verlag statt. P. H. datierte es im Rückblick auf den August 1965 und notierte: »Nach der Annahme der *Hornissen* Fahrt zum Verlag. Vorstellung beim Verleger, in seinem Büro im Grüneburgweg in Frankfurt. Ich übernächtig, an keiner der Autobahnraststätten zwischen München und F. ein Zimmer frei. ›Verleger‹? Unwissenheit des Zweiundzwanzigjährigen. Siegfried Unseld nicht nur im Dastehen im Raum gar übermächtig. (Übernächtig/übermächtig.) Riesengesicht. Und was für dunkle Augen – ich für deren Schönheit erst mit den Jahrzehnten offen. Und was für ein riesiger blauer Pickel auf der Riesenwange: bei meiner Erwähnung dessen fast vier Jahrzehnte später ein entschiedenes Kopfschütteln. Er seinerzeit: »Sie, Schriftsteller? Keine Chance, höchstens mit Theaterstücken.« (P. H., *Zeit mit Siegfried Unseld (ohne Zeitwörter)*, in: P. H., *Meine Ortstafeln, Meine Zeittafeln*, S. 422)
2 Chris Bezzel lektorierte *Die Hornissen* mit dem Autor brieflich und telefonisch: Es ging dabei vor allem um die Austriazismen, die Kapitelüberschriften in der Marginalspalte oder die Erstveröffentlichung einzelner Kapitel. Weder das ursprüngliche Typoskript noch spätere Arbeitsstufen noch die Druckfahnen haben sich erhalten.
3 Paul Nizon, *Canto*, der Debutroman des Autors, erschien 1963 im Hauptprogramm des Suhrkamp Verlags.

[4; Anschrift: [Graz]]

Frankfurt am Main
23. September 1965

Lieber Herr Handke,
ich schicke Ihnen anliegend den angekündigten Vertrag zu. Bitte erschrecken Sie nicht über den Umfang des Vertrages, aber es scheint mir doch besser, präzise alle Rechtsbeziehungen zwischen uns zu regulieren. In zukünftigen Fällen

können wir dann jeweils auf diesen Vertrag aufbauen. Ich schicke Ihnen zwei Ausfertigungen zu und bitte Sie, mir eine mit Ihrer Unterschrift versehen wieder zurückzuschikken.
Es mag sein, daß der Suhrkamp Verlag Anfang November in Wien eine Buchpremiere für Tumlers neues Buch veranstaltet. Ich werde Ihnen noch Bescheid geben, es wäre schön, wenn wir uns dann wieder träfen.
Mit freundlichen Grüßen
Ihr
[Siegfried Unseld]

[5]

Graz
30. September 1965

Sehr geehrter Doktor Unseld,
vielen Dank für Ihren Brief. Ich hoffe auch, daß ich vielleicht im November mit Ihnen zusammentreffen könnte. Beiliegend schicke ich Ihnen den unterschriebenen Vertrag; ich danke Ihnen nochmals. Wegen verschiedener Kleinigkeiten werde ich noch mit Dr. Bezzel in Verbindung treten. Die Vita und das Foto kann ich Ihnen erst in den nächsten Tagen schicken.[1]
Sehr herzliche Grüße
Peter Handke

1 Am 22. Oktober 1965 erinnerte Chris Bezzel P. H. brieflich erneut an Foto und Vita, woraufhin dieser ihm am 26. Oktober 1965 seine »Lebensdaten« schickte, die bis auf kleine Änderungen für den Buchumschlag der Erstausgabe von *Die Hornissen* übernommen wurden: »geboren am 6. Dezember 1942 in Griffen, Kärnten. 1944-48 in Berlin. Volksschule in Griffen. 1954-59 humanistisches Gymnasium in einem Internat für Priesterzöglinge. Die letzten

zwei Jahre der Gymnasialstudien in Klagenfurt. 1961 Studium der Rechtswissenschaften an der Universität Graz. Erste Veröffentlichungen in der Zeitschrift ›manuskripte‹ des forum stadtpark Graz. Außer dem Roman: Kürzere Prosa, ein Stück: ›Publikumsbeschimpfung‹.« Das Forum Stadtpark, Graz, wurde 1959 gegründet; siehe Brief 10, Anm. 2.

Dagegen benötigte P. H. einige Zeit, um zu publizierbaren Fotos zu gelangen. Jene Aufnahmen, die sein erstes öffentliches Erscheinungsbild prägten – also in Zeitungsrezensionen der *Hornissen* oder anläßlich der Veröffentlichung des Romankapitels *Das Kartenspiel* in *Dichten und Trachten* (Heft 27, 1966, S. 32-37) gedruckten –, entstammten einer Fotoserie von Otto Breicha. Darauf ist P. H. mit noch relativ kurzen Haaren, dicker schwarzer Brille und einer Winterjacke mit Fell zu sehen. P. H. schickte sie am 8. Februar 1966 an den Verlag.

[6; Anschrift: ⟨Graz⟩]

Frankfurt am Main
8. Oktober 1965

Lieber Herr Handke,
wäre es Ihnen möglich, am 3. November nach Wien zu kommen? Um 11 Uhr vormittags wird in der Gesellschaft für Literatur von Tumler eine Lesung und ein Gespräch mit mir sein. Am Abend möchte ich Sortimenter zu einem Abendessen einladen. Ich wäre sehr froh, wenn Sie dabei sein könnten.
Mit herzlichen Grüßen
Ihr
[Siegfried Unseld]

[7]

Graz
21. Oktober 1965

Lieber Dr. Unseld,
vielen Dank für Ihre Einladung. Ich werde gern am 3. November nach Wien kommen und freue mich, Sie sprechen zu können.
Ich habe gerade mit Ach und Krach ein Stück geschrieben. Es heißt »Publikumsbeschimpfung« und ist mein erstes und mein letztes. Ich möchte es nun hier in Graz zur Erprobung im Forum Stadtpark aufführen lassen und auch sonst dazu sehen, daß ich es vielleicht anbringe. Wahrscheinlich muß ich mich dazu an Sie wenden. Ich frage Sie deshalb um Rat, was zu tun ist oder ob überhaupt etwas zu tun ist.
Mit herzlichen Grüßen
Ihr
Peter Handke

[8; Anschrift: ⟨Graz⟩]

Frankfurt am Main
25. Oktober 1965

Lieber Herr Handke,
schönsten Dank für Ihren Brief vom 21. Oktober. Ich freue mich sehr, daß wir uns in Wien sehen und sprechen können. Ich werde am Dienstagnachmittag nach Wien kommen. Vielleicht können wir uns gleich am Abend um 19 Uhr treffen, auch damit wir uns über Ihr Stückproblem unterhalten können; ich wohne im Royal.[1] Wenn nicht, erwarte ich Sie dann spätestens bei der Veranstaltung der Literarischen Gesellschaft am 3. November um 11 Uhr.[2]
Mit herzlichen Grüßen
Ihr
[Siegfried Unseld]

1 Das Hotel Royal befindet sich in der Singerstraße 3, im 1. Bezirk in Wien.
2 Am 3. November 1965 referierte S. U. in der Österreichischen Gesellschaft für Literatur im Palais Wilczek über die Programmatik der Verlage Suhrkamp und Insel, danach las Franz Tumler aus *Aufschreibung aus Trient. Roman*, der gerade im Suhrkamp Verlag erschienen war. Am Abendessen mit den Inhabern der österreichischen Auslieferung von Suhrkamp und Insel sowie Wiener Buchhändlern nahmen teil: Thomas Bernhard, Peter Handke, Zbigniew Herbert, Franz Tumler und Wolfgang Kraus. Im *Reisebericht Wien 2. bis 4. November 1965* hielt S. U. fest: »Peter Handke. Mit ihm traf ich zweimal zusammen. Der Eindruck blieb gleich oder verstärkte sich. Ich glaube, wir haben da einen hochinteressanten Autor gewonnen. Ich habe ihm angekündigt, daß bis Ende November die Fahnen-Sendungen [von *Die Hornissen*] beginnen. Wir wollen von dem Buch Leseexemplare etwa in einer Anzahl von 250 herstellen, die dann mit besonderer Berücksichtigung der Wiener und Grazer Sortimenter verschickt werden sollen. Erscheinungstermin des Buches nicht später als 20. März. Peter Handke gab mir dann sein Sprechstück ›Publikumsbeschimpfung‹, das ist eine sehr originelle Sache, die sehr reizvoll ist. Die Aufführungschancen sind schwer zu beurteilen, doch sollte man es natürlich versuchen. Das Stück liegt jetzt beim Forum Theater in Graz, das es vielleicht im Frühjahr aufführen will; ebenfalls ist die Zeitschrift ›manuskripte‹ an einer Veröffentlichung des Stückes interessiert. Ich möchte Herrn Braun bitten, das Stück sogleich zu lesen und mit mir dann das weitere zu besprechen.«

[9]
Graz
5. November 65

Lieber Dr. Unseld,
eine Bitte, die ich leider nicht mehr aufschieben kann: Könnten Sie Ihre Honorarabteilung anweisen, mir zumindest mitzuteilen, was mit meiner seit über 1 ½ Monaten fälligen Honorarrate geschehen ist? Ich habe am 5. 11. bei der Abtei-

lung angefragt, aber man hat mir bis jetzt nicht einmal g e -
a n t w o r t e t. Ich brauche Ihnen keine Genrebilder von
meiner Lage zu geben. Es ist einfach unangenehm, von einem Tag zum andern von geliehenem Geld zu leben. Hätte
ich diese lange Verzögerung im vorhinein gewußt, hätte
ich mich wenigstens um eine Arbeit umsehen können. So
warte ich täglich auf eine Erklärung von seiten Ihrer Abteilung.
Ich hoffe, Sie sind nicht ungehalten, daß ich mich, nachdem
ich mich anscheinend erfolglos an Ihre Honorarabteilung
gewendet habe, nun an Sie wende.
Vielen Dank im voraus (für Ihre Erklärung) und im nachhinein (für Ihre liebe Einladung nach Wien)
Ihr
Peter Handke

[10; Anschrift: ⟨Graz⟩]

Frankfurt am Main
18. November 1965

Lieber Herr Handke,
jetzt bin ich wirklich einmal im eigenen Hause auf die
Schliche des Verlagsbürokratismus gekommen. Unsere Honorarbuchhaltung hat Ihnen am 5. Oktober wegen der Steu-
erbefreiung geschrieben, Sie haben darauf auch brav geantwortet. Ihre Unterlagen wurden dem hiesigen Finanzamt
eingereicht, das wegen der vorweihnachtlichen Steuertätig-
keit überlastet ist und den Antrag noch nicht bearbeitet hat,
und da in der Buchhaltung ein Schematismus besteht, Zahlungen nur dann ohne Steuerabzug zu leisten, wenn diese
Bescheinigung vorliegt, ist die Zahlung bisher unterblie-
ben. Das tut mir sehr leid, ich entschuldige mich dafür.
Ich habe folgendes veranlaßt: heute ist Ihnen die erste Rate

telegraphisch zugegangen, die zweite Rate, die am 31. Dezember fällig gewesen wäre, schicken wir ebenfalls jetzt schon ab, freilich auf normalem Wege; ich nehme aber an, sie wird Sie innerhalb von acht Tagen erreichen. Im übrigen wäre es gut, Sie hätten ein Konto, damit wir zukünftig Überweisungen leichter tätigen können. Bitte entschuldigen Sie nochmals das Versehen, es wird nicht wieder vorkommen. Ich habe meiner Buchhaltung auch entsprechende Anweisung gegeben, daß sich der Fall auch nicht bei anderen Autoren wiederholt.
Ich habe »Publikumsbeschimpfung« jetzt gelesen und den Text auch meinen Mitarbeitern im Theaterverlag gegeben. Wir stimmen überein, es ist Ihnen da ein wirklich schönes Stück gelungen, das auch Aufführungschancen hat. Ich möchte für den Verlag und Theaterverlag Suhrkamp Publikations- und Aufführungsrechte für das Stück erwerben.[1] Wir könnten als Vorauszahlung auf die anfallenden Honorare einen Betrag von DM 1.200,– vereinbaren. Sind Sie damit einverstanden, wenn ich Ihnen einen solchen Vertrag zuleite? Sind Ihre Absprachen mit dem Forum Theater definitiv? Wir möchten von uns aus die Theater sehr bald auf dieses Stück aufmerksam machen. Dabei spielt es natürlich eine Rolle, ob wir die Uraufführung oder eine deutsche Erstaufführung vergeben können. Wenn Sie schon definitive Abmachungen haben, so wollen wir dann in unserem Vertrag diese Aufführung ausklammern. Ich überlege mir noch eine Form, wie man das Stück publizieren könnte. Sie deuteten an, daß die Zeitschrift »manuskripte« es bringen möchte. Das kann man machen, und doch hat es eigentlich wenig Wirkung, die Zeitschrift kommt ja doch so etwas außerhalb der Öffentlichkeit heraus. Andererseits werden andere Zeitschriften kaum etwas abdrucken, was in den »manuskripten« stand.[2] Für eine separate Veröffentlichung, etwa innerhalb der »edition suhrkamp«, ist der

Text freilich, selbst bei großzügigem Druck, zu schmal. Aber wer weiß, ob Sie vielleicht doch noch etwas in der Schublade haben oder im Kopf, so daß wir zu einem späteren Zeitpunkt einen Band machen könnten.
Mit herzlichen Grüßen
Ihr(e) Conradi / Unseld
in Abwesenheit von Dr. Unseld

1 Am 8. Dezember 1965 schrieb Karlheinz Braun an P. H.: »Sehr geehrter Herr Handke, es wird Zeit, daß ich Ihnen schreibe und mich Ihnen vorstelle als denjenigen, der sich bei Suhrkamp mit dem beschäftigt, was mit dem Theater zu tun hat, also auch mit der ›Publikumsbeschimpfung‹. Herr Dr. Unseld gab mir Ihr Sprechstück, ich hatte es gleich gelesen, mit einiger Begeisterung, muß ich sagen. Das hat Witz und Tiefe, beschäftigt sich mit dem, mit dem sich alle dramatischen Autoren beschäftigen müßten – aber Sie machen es auf eine derart direkte Weise, daß einem – und hoffentlich auch denen, auf die es gemünzt ist – die Spucke wegbleibt. Das sollten wir unbedingt machen, ich glaube, Herr Dr. Unseld hat es Ihnen auch schon geschrieben, und ich habe Ihren Antwortbrief gelesen [siehe Brief 11], in dem Sie von weiteren Stücken schreiben, von einem ersten (*Weissagen*) und einem geplanten (mir hochinteressanten), der *Beichte*. Der richtige Start auf dem Theater scheint mir die ›Publikumsbeschimpfung‹ zu sein. (Welcher Dramatiker hätte wohl schon damit angefangen?) Da das Grazer Projekt sich wohl inzwischen zerschlagen hat (was sicherlich ganz gut ist), sollten wir uns überlegen, was wir tun können.
1. Zuerst müssen wir die Textbücher herstellen. Dazu brauche ich den ›endgültigen‹ Text. Ich kann mir vorstellen, daß der Text, den Sie uns schickten, der endgültige Text ist. Jedenfalls wüßte ich Ihnen keine Änderungsvorschläge (theoretisch) zu machen. Was eventuell noch zu ändern wäre, das müßte sich aus den Proben ergeben. Das Ganze scheint mir eine Sache des Rhythmus zu sein, der Ökonomie, der Form. Das alles ist aber letzten Endes nur bei der praktischen Arbeit endgültig zu klären (wenn man kein Beckett ist). Bitte schreiben Sie mir, ob dies der endgültige Text ist, bzw. schicken Sie noch die eventuellen Änderungen und die An-

merkungen, die Sie in Ihrem Brief an Fräulein Conradi erwähnen. Wir werden dann sofort die Textbücher herstellen.
2. Sie sollen dann auch den entsprechenden Bühnenvertrag erhalten.
3. Wie wäre es mit einer Uraufführung in Ulm. Die Ulmer sind einiges gewöhnt und Ulrich Brecht, der Intendant, verläßt mit dem Ende dieser Spielzeit Ulm, um als Intendant nach Kassel zu gehen. Er könnte sich mit der ›Publikumsbeschimpfung‹ in Ulm verabschieden und mit demselben Stück in Kassel anfangen. Was meinen Sie zu diesem Plan? Ich fände das einen guten Anfang.
Bitte schreiben Sie, ich warte derweil noch mit allem ab; ich möchte nichts tun, was Ihnen nachher nicht gefällt.« P. H. antwortete am 12. Dezember 1965: »Ich freue mich sehr, daß Ihnen mein Stück gefällt. Ihr Brief hat mir auch einen gewissen Ansporn für das geplante Stück gegeben. Mit Ihren Vorschlägen bezüglich der Aufführung (Sie schreiben von Ulm und Kassel) bin ich sehr einverstanden. Ich habe für das Stück ganz wenige Änderungen vorzuschlagen, und die möchte ich gleich hier anführen. [Es folgt eine Liste mit vier Korrekturen zur *Publikumsbeschimpfung*, die sich mit Seitenangaben auf ein Typoskript beziehen.] [...] Ich schicke Ihnen auch die zum Stück gehörigen Regeln für die Schauspieler, die ich gern im Textbuch drin hätte.« Die »Regeln für die Schauspieler« unterscheiden sich vom einzeilig getippten Typoskript des Stücks durch eine großzügigere Gestaltung. Sie wurden von P. H. mit »11. 12. 65« datiert (siehe DLA, SUA, A: Suhrkamp Verlag, Handke, Peter). Dem Brief liegt außerdem eine Typoskriptseite mit einem neuen Schluß, einer modifizierten »Beschimpfung«, bei.
2 Das erste Heft der österreichischen Literatur- und anfangs auch Kunstzeitschrift *manuskripte*, von Alfred Kolleritsch und Günter Waldorf gegründet und herausgegeben, erschien 1960. P. H. veröffentlichte darin ab 1964 – unter anderem im Heft 12 von 1964, S. 20-23, *Aus dem Roman Die Hornissen: Die Liturgie*.

[11]

Graz
23. November 1965[1]

Liebe Frau Conradi,
vielen Dank für Ihren ganz unbürokratischen Brief. Ich danke Ihnen auch für die Mühe, die Sie sich wegen meines Honorars gemacht haben.
Ich habe ein Konto (ein recht formelles freilich): 31028 Steiermärkische Sparkasse, Graz, Eisernes Tor.
Ich bin sehr froh, daß Sie das Stück nehmen wollen. Es ist eigentlich mein erster derartiger Versuch, ich habe sonst immer nur Prosa geschrieben. Nur vor einem Jahr, zu einer Zeit, da ich (wie auch heute) von der Beatmusik begeistert war, habe ich ein kurzes, etwa fünfzehn bis zwanzig Minuten langes Sprechstück geschrieben, mit Namen »Weissagung«, das von drei oder vier Sprechern gesprochen wird und nach den Klangelementen der Beatmusik, vor allem der »Rolling Stones« |(= eine Beatgruppe)| (nicht lachen) gemacht ist. Inhaltlich (oder sprachlich) besteht es aus rhythmisch aneinandergereihten Tautologien, die völlig unlogisch aufeinander folgen und nur ein Klangbild ergeben, durch Überschneidung, gemeinsames Sprechen, Sprechen im Kanon, Litaneien etc. (»Die Fliegen werden sterben wie die Fliegen. Die Hyänen werden heulen wie die Hyänen. Der Verrückte wird rennen wie ein Verrückter ...«: so ähnlich fängt es, glaube ich, an.) Ich schreibe das deshalb, weil Sie sagen, die »Publikumsbeschimpfung« sei für die »Edition Suhrkamp« zu kurz. Vielleicht könnte man die »Weissagung« dazutun. Außerdem habe ich noch einen Stückplan »im Kopf«: zu diesem aber ist mir der Knopf noch nicht ganz aufgegangen.
Ich bin überzeugt, daß die »Publikumsbeschimpfung« aufführbar ist. Darum ist sie auch geschrieben. Ich möchte

noch eine Anleitung schreiben, wie ungefähr man es machen sollte. Es gibt nur eine Schwierigkeit: Sprecher dafür zu finden. Wie Sie wissen, hatte ich die Absicht, das Stück zur Erprobung hier in Graz im Forum bringen zu lassen. (Das ist übrigens kein richtiges Theater, das wäre eine Übertreibung, aber es hat eine Abteilung, die für das Theater zuständig ist.) Es ist nun unmöglich, es hier zu bringen, weil ich fast niemanden wüßte, der es machen könnte. Also habe ich diese Absicht nicht mehr. Vielleicht gibt es in Deutschland andere junge Schauspieler. Das Forum hat zudem keinen großen Theaterraum, und der gehört halt dazu. Für intime Experimentierbühnen ist das Stück ungeeignet, für einen Keller ganz und gar. Es gehört in ein normales großes Haus, in das die bekannten Theaterbesucher gehen. Vielleicht müßte zu seiner Aufführung ein eigenes Ensemble gegründet werden, das von einem Theater zum andern fährt. (Eine Illusion)
Sollte die »Publikumsbeschimpfung« (mit den zwei anderen Stücken) in der »ES« erscheinen können, so wäre das *der* Idealfall in meinen Augen. Man hätte die Gewähr, daß es unter die Leute kommt. Es kann ja auch gelesen werden, wozu es in einer Zeitschrift weniger Chancen hat. Ich jedenfalls lese Stücke, die in Zeitschriften stehen (wie im »Theater heute«), recht ungern, während ich Stücke, die in der »Edition Suhrkamp« stehen, wenn nicht schon gern lese, so doch mindestens gern zu lesen anfange. Das Stück in eine Anthologie von Theaterstücken zu bringen, ist ein Unding. Außerdem wäre es in der »Edition Suhrkamp« ein Buch, und so könnte ich das Stück trotzdem mit Ihrer ausdrücklichen Genehmigung in der Zeitschrift »manuskripte« drucken lassen, die zwar wahrscheinlich wirklich außerhalb der von den Konsumenten gebildeten Öffentlichkeit erscheint, aber sicher auch ihre Funktion hat, wie man so sagt, und zwar als die einzige diskutable Literaturzeitschrift hier in Ö s t e r r e i c h .

Entschuldigen Sie, daß der Brief so lang geworden ist.
Sie schreiben, ob ich einverstanden sei, daß Sie mir den Vertrag zuleiten. Und ob ich das bin.²
Herzliche Grüße
Ihr
Peter Handke

|N. S. Inzwischen ist mir auch das 3. Stück klar geworden. Es soll »Beichte« heißen und dauert ca. 30 Minuten. Es sprechen ein junger Mann und eine ebensolche Frau. Die Thematik ist ähnlich *sprachintern* wie bei den zwei ersten. Aufgebaut ist es aus Redensarten, die die Beichtenden in der Kirche gebrauchen (»Ich habe den Namen Gottes totgeschwiegen, ich habe sündige Gedanken gehabt etc.«), die Welt wird in Beichtformeln gefaßt. Ich möchte diese unlogisch reihen und untersetzen mit nichtssagenden Aussagen als Kontrast: (»Ich bin über Straßen gegangen«) sowie mit juristischen Formeln (»Ich habe mir fremdes Gut angeeignet«). Gebeichtet wird ans Publikum. Es ist ein ähnliches Beatband-Stück wie die zwei ersten.
Dazu habe ich eine kleine Abhandlung über die *Beatles* geschrieben, die man dem allen voranstellen könnte. Bitte, schreiben Sie, ob Sie damit einverstanden wären. Und Entschuldigung noch einmal.
Ihr P. H.|

1 Der Brief trägt den handschriftlichen Vermerk von S. U.: »Dr. Braun, Ritzerfeld z. K.«.
2 Helene Ritzerfeld sandte am 13. Dezember 1965 P. H. den Publikations- und Aufführungsvertrag für die »Publikumsbeschimpfung« nach Graz mit der Bitte, »den Vertrag auch Ihrerseits zu prüfen«. Am 5. Januar 1966 retournierte sie P. H. den von S. U. gegengezeichneten Vertrag.

[12; Anschrift: ›Graz‹]

Frankfurt am Main
30. November 1965

Lieber Herr Handke,
der letzte Brief, den Sie vom Verlag erhalten haben, war von meiner Sekretärin, Fräulein Conradi unterschrieben. Doch ich habe ihn ihr selbst diktiert, und es lag mir daran, mich für das Vorausgegangene zu entschuldigen.
Ich hoffe, Sie haben nicht nur die fällige Rate, sondern auch die anderen zwei Raten, die für Ende Dezember vorgesehen waren, erhalten. In Zukunft werden wir alle Beträge auf Ihr Konto bei der Steiermärkischen Sparkasse überweisen.
Könnten Sie mir die »Weissagung« zugehen lassen? Wie ich Ihnen ja schon sagte, gefällt mir »Publikumsbeschimpfung« sehr. Ich werde Ihnen einen Aufführungsvertrag, der auch Publikationsrechte enthält, zuleiten. Nach der Lektüre der »Weissagung« können wir dann immer noch die Frage besprechen, wie wir die Sachen veröffentlichen wollen. Auch die »Beichte« klingt sehr verlockend. Sie finden mich immer zur Lektüre bereit.
Wir haben jetzt auch die ersten zwanzig Fahnen des Satzes der »Hornissen« zurückerhalten. Ich bin einigermaßen entsetzt über Ihre Korrekturen, die teilweise Neusatz und damit sehr hohe Kosten verursachen. Ich wäre Ihnen doch dankbar, wenn Sie Änderungen und Korrekturen auf das Unumgängliche reduzierten. Im allgemeinen ist es ja so, daß Autoren, wenn sie mehr als 10 % der Satzkosten verursachen, für diese Kosten aufkommen müssen (die jetzigen Kosten belaufen sich auf 45 %). Das soll, wie gesagt, nicht heißen, daß Fehler nicht korrigiert und wichtige Verbesserungen nicht vorgenommen werden sollen, aber es hat wenig Sinn, den Text in den Fahnen gewissermaßen neu zu schreiben.[1]
Mit herzlichen Grüßen
Ihr
[Siegfried Unseld]

1 P.H. hatte die Fahnenkorrekturen direkt an die Herstellungsabteilung geschickt. Die Korrekturarbeiten dauerten bis Ende Dezember.

1966

[13]

Graz
5. Januar 1966

Lieber Herr Dr. Unseld,
Sie haben in Ihrem letzten Brief nicht erwähnt, ob es gegen Ihren Willen ist, daß die »Publikumsbeschimpfung« in der Zeitschrift »manuskripte« erscheint. In Ihrem vorletzten Brief schrieben Sie, Sie hätten nichts dagegen, nur würde es sonst wohl keine andere Zeitschrift bringen wollen. Ich habe mich dann trotzdem dafür ausgesprochen.
Jetzt habe ich das Stück dem Redakteur der »manuskripte« gegeben, weil es so ausgemacht war.[1] Ich bekomme selbstverständlich kein Honorar dafür. Man könnte einen Vermerk zusetzen: »mit freundlicher Genehmigung usw.«. Ich schreibe Ihnen, um mir Ihr Einverständnis zu sichern.
Zudem habe ich noch vor Weihnachten das zweite Stück abgeschlossen. Ich nenne es jetzt »Selbstbezichtigung«, weil es nicht nur Formeln aus der Beichtsprache enthält, sondern aus allen Weltanschauungssprachen. Es ist ungefähr fünfzig Minuten lang und ein Sprechstück. Soll ich es Ihnen schicken?
Im übrigen herzliche Grüße und alles Gute in diesem Jahr für Sie und Ihren Verlag
Ihr
Peter Handke

Anlage[2]

1 P. H. ist befreundet mit Alfred Kolleritsch, dem Herausgeber der *manuskripte*.
2 Nicht ermittelt. Vermutlich das Typoskript der *Weissagung*, eines »Sprechstücks für vier Sprecher«. Es umfaßt samt Titel-, Copyright- und Mottoblatt 12 Seiten. Auf der Rückseite des letzten Blattes hat P. H. als Entstehungszeitraum »6.-9. 10. 1964« eingetragen (siehe DLA, SUA, A: Suhrkamp Verlag, Handke, Peter).

[14; Anschrift: ⟨Graz⟩]

Frankfurt am Main
12. Januar 1966

Lieber Herr Handke,
ich danke Ihnen für Ihren Brief vom 5. Januar. Ich habe nichts dagegen, daß Sie die »Publikumsbeschimpfung« in der Zeitschrift »manuskripte« veröffentlichen. Der Vermerk, den Sie anfügen, würde genügen.[1]
Bitte schicken Sie mir die »Selbstbezichtigung« zu. Ich lese sie gerne und werde dann auch prüfen, was wir dafür tun können.
Mit allen guten Wünschen
Ihr
[Siegfried Unseld]

1 P. H., *Publikumsbeschimpfung*, erschien in: *manuskripte*, Heft 16, 1966, S. 15-23, mit dem Hinweis »(Copyright by Suhrkamp Verlag)«.

[15]

Graz
24. Januar 1966

Lieber Herr Dr. Unseld,
vielen Dank für Ihren letzten Brief. Ich schicke Ihnen diesmal das Stück, ich habe es noch einmal überarbeitet.[1]
Mit herzlichen Grüßen
Ihr
Peter Handke

Vielen Dank auch für die Übersendung des Leseexemplares der »Hornissen«. Ich habe dazu freilich keinen Brief bekommen, daß ich es korrigieren sollte. Es sind noch einige Setzfehler drin.

[1] Die Satzvorlage von *Selbstbezichtigung* besteht aus 17 eng und einzeilig geschriebenen Typoskriptseiten (siehe DLA, SUA, A: Suhrkamp Verlag, Handke, Peter).

[16; Anschrift: ⟨Graz⟩]

Frankfurt am Main
26. Januar 1966

Lieber Herr Handke,
ich danke Ihnen für Ihren Brief vom 24. Januar. Den Eingang der »Selbstbezichtigung« kann ich bestätigen. Sie hören wieder von uns.
Das Leseexemplar ist ein Korrekturexemplar. Wir erbitten es zurück, freilich nur noch mit reinen Satzfehlerberichtigungen, jetzt können wir keine stilistischen Änderungen mehr durchführen.[1]
Herzliche Grüße
Ihr
[Siegfried Unseld]

1 P. H. sandte seine Korrekturen an die Herstellungsabteilung, Chris Bezzel bestätigte den Erhalt brieflich am 10. Februar 1966.

[17; Anschrift: ⟨Graz⟩]

Frankfurt am Main
16. März 1966

Lieber Herr Handke,
ich habe eben die ersten Bindemuster Ihrer »Hornissen« in Händen gehabt und gab noch Anweisung für letzte Änderungen, die die Farbe des Rückenschildes und des Kopfschnitts betrafen. Danach wird jetzt also die Auflage, die schon vorbereitet ist, gebunden. Wir werden morgen wieder ein Exemplar haben, das dann in Ordnung ist, ich hoffe dies jedenfalls. Dieses Exemplar lasse ich Ihnen dann zugehen. Ich bin sehr gespannt, wie Ihnen das Ganze gefällt. Ich bin sehr froh darüber, daß wir das Buch in dieser Weise gemacht haben. Es ist ein Erstling, auf den Sie sehr stolz sein dürfen, und ich bin sicher, daß es nicht unser letztes Buch ist, das wir gemeinsam machen. Wir druckten eine Auflage von 3.000 Exemplaren. Ihr Honorar beträgt 10 % vom Ladenpreis (DM 16,–), also DM 1,60 pro Exemplar. Nach unserem Vertrag sind Ihnen weitere DM 1.200,– bei Erscheinen des Buches zu überweisen. Dieser Betrag geht in diesen Tagen an Ihre Bank. Sie dürfen über 30 Freiexemplare verfügen. Sollen wir Ihnen diese nach Graz schicken? Bitte, geben Sie Antwort, wohin Sie sie haben wollen.
Ich freue mich sehr über dieses Buch und hoffe, es wird seine Wirkung tun. Im übrigen erschien schon gestern in der »FAZ« eine gute Besprechung, die ich Ihnen fotokopiert beilege.[1]
Inzwischen hat Sie auch die Einladung der Gruppe 47 nach Princeton erreicht. Ich habe Herrn Hans Werner Richter

gebeten, Sie einzuladen. Hoffentlich können Sie es einrichten, es wäre sehr schön, wenn wir einige Tage gemeinsam in Amerika verbringen könnten.
Herzliche Grüße
Ihr
[Siegfried Unseld]

1 Helmut Scheffel, *An der Erfahrungsgrenze*, in: *Frankfurter Allgemeine Zeitung*, 15. März 1966. Er schrieb: »Das hohe Niveau von Handkes Demonstration zeigt sich in der Nutzung sprachlicher Möglichkeiten. Es ist ein Genuß zu sehen, wie hier etwa grammatische Formen im Dienste der ästhetischen Absichten gebraucht werden. Da werden Modi ebenso durchexerziert wie der Gebrauch von Verbzeiten und ihre Konkordanz, der Gebrauch der verschiedenen Personen ebenso wie die Komparation. [...] Gewiß ist der Roman keine ganz leichte Lektüre, aber eine lohnende. So wie es sich gelohnt hat, unsere Sehweise beim Betrachten von Bildern seit einer Reihe von Jahrzehnten zu ändern und neu einzuüben. Ein Roman, der uns als erkennende Wesen in Frage stellt, ein Autor, der weiß, worauf es ankommt, und der Grundlagenforschung betreibt. Man vertraue sich ihm an.«

[18]

Graz
22. März 1966

Lieber Herr Dr. Unseld,
herzlichen Dank für Ihren Brief und für die Zusendung der ersten Kritik und des Buchexemplars.
Das Buch schaut, glaube ich, großartig aus, und ich bin mehr als zufrieden damit. Ich danke Ihnen nochmals sehr für die Mühe, die es Ihnen sicherlich gemacht hat. Jetzt kann man nur auf die Reaktion warten.
Die Kritik in der »FAZ« hat mir sehr gefallen, sie ist, glaube ich, auch gut geschrieben.

Ich danke Ihnen auch, daß Sie die Einladung nach Princeton veranlaßt haben. Ich werde alles daran setzen, daß ich kommen kann. Ich glaube, es ist fast sicher. Ich freue mich sehr auf diese Reise, ich war noch nie in den Vereinigten Staaten.[1]
Für heute herzliche Grüße
Ihr
Peter Handke

N. S. | Die mir zustehenden Buchexemplare wird man wohl oder übel nach Graz schicken müssen. Ich wüßte sonst nicht. |

1 Die Jahrestagung der Gruppe 47 fand 1966 zwischen dem 22. und 24. April in der Whig-Hall der Princeton-University statt. P. H. las aus seinem zweiten Roman *Der Hausierer* (eine veränderte Version des gelesenen Textes wurde gedruckt in: *Akzente*, 5/1966, S. 467; siehe auch Brief 19, Anm. 3) und kritisierte in einer improvisierten Rede die zeitgenössische deutschsprachige Literatur. Deren Eingangssatz lautete: »Ich bemerke, daß in der gegenwärtigen deutschen Prosa eine Art Beschreibungsimpotenz vorherrscht. Man sucht sein Heil in einer bloßen Beschreibung, was von Natur aus schon das billigste ist, womit man überhaupt Literatur machen kann.« (Tonbandprotokoll der Rede von P. H., zitiert nach Adolf Haslinger, *Peter Handke*, S. 110 f.) Sämtliche Lesungen und Diskussionen der Tagung kann man auf der Website der Universität Princeton nachhören: ⟨http://german.princeton.edu/landmarks/gruppe-47/recordings-agreement/recordings/⟩). Die Erläuterungen von P. H. zu seiner Rede erschienen unter dem Titel: *Beschreibungsimpotenz. Zur Tagung der Gruppe 47 in USA*, in: *konkret*, 6/1966, S. 32 f.; wiederabgedruckt unter dem Titel *Zur Tagung der Gruppe 47 in Princeton* in: P. H., *Ich bin ein Bewohner des Elfenbeinturms*, S. 29-34.
»Peter Handke, ein sehr junger Autor aus Graz, zum erstenmal anwesend auf einer Gruppentagung, der selber einen nur aus knappsten Aussagesätzen bestehenden Text vorgelesen hatte, einen durch kühn kalkulierte Zwischenschnitte verwandelten Kriminalroman,

und der schon vorher durch seinen Oppositionsgeist aufgefallen war, als er (›Entschuldigung, wenn ich etwas unsachlich bin‹) Höllerers Erzählung als geistlos bezeichnet hatte, stand nach Piwitts Lesung [aus einem unveröffentlichten Roman] auf: Hier wie anderswo in der deutschen Literatur herrsche Beschreibungsimpotenz – wenn man nichts mehr weiß, kann man wenigstens noch beschreiben –, alles Schöpferische, jegliche Reflexion fehle, diese Prosa sei läppisch und idiotisch, und läppisch und idiotisch sei auch die Kritik, deren Instrumentarium zur Not gerade noch der alten Beschreibungsliteratur gewachsen sei, bei allem Andersartigen aber nur noch schimpfen oder Langeweile konstatieren könne. Es war ein Aufstand gegen so gut wie alles, was sich an Literatur und Kritik auf dieser Tagung präsentiert hatte, nicht sehr artikuliert zwar, selber Geschimpf, doch radikal gemeint.« Dieter E. Zimmer, *Gruppe 47 in Princeton*, in: *Die Zeit*, 6. Mai 1966. Im Anschluß an die Tagung reiste P. H. durch die USA.

[19]

Graz
20. Juni 1966

Lieber Herr Dr. Unseld,
vor einigen Tagen habe ich die Besprechung meines Romans in der »Zeit« gelesen. Ich weiß nicht, ob Sie mich verstehen werden: aber ich kann mich damit schwer abfinden. Wie ist es nur möglich, daß das Buch Leuten zur Besprechung gegeben wird, die von vornherein voreingenommen sind und sich nicht einmal die Mühe geben, das zu verbergen. Diese unsensibel, unintelligent, gehässig geschriebenen Kritiken, die nun Mode zu werden scheinen, hat mein Buch nicht verdient, trotz der Schwächen, die ich mir gern nachsagen lasse, wenn sich die Besprechung dem Niveau meines Buches anpaßt. Ich frage mich nur, was man dagegen unternehmen könnte. Ich brauche Ihnen nicht zu sagen, daß mir das Buch sehr am Herzen liegt und daß ich, obwohl

ich es vor zwei Jahren geschrieben habe, im großen und ganzen davon überzeugt bin. Diese Voreingenommenheit dagegen kann ich nicht verstehen. Es liegt mir doch an dem Roman viel mehr als an den Stücken. Ich frage nun nicht nur mich, sondern auch Sie, weil ich Vertrauen habe, was ich tun könnte. Ich möchte zeigen, daß die Urteile in der »Zeit«[1] und in der »Welt«[2] verlogen und leichtfertig sind, sehe aber keinen Weg. Gern würde ich einen »großen« Artikel gegen all diese Kritiker schreiben, die die Konsumliteratur, zum Beispiel die Romane eines Günter Grass, zur literarischen Norm erheben wollen. Andererseits möchte ich mein Buch rehabilitieren.[3] Eine Buchhandlung in Würzburg hat mich zu einer Lesung eingeladen, auch Bayreuth. Vielleicht ließe sich weiter etwas machen.

Noch eine Frage habe ich: der Residenzverlag hat mich gefragt, ob ich, aus patriotischen Motiven, etwas für ihn hätte. Ich habe allerdings einige Geschichten, die ich zumeist vor dem Roman geschrieben habe, nicht sehr gute, nicht sehr schlechte, für Ihren Verlag eher nicht geeignet. Soll ich dem Residenzverlag positiv antworten?

Vielen herzlichen Dank nochmals für die schönen Tage in Frankfurt, und entschuldigen Sie den langen Brief.[4]

Ihr

Peter Handke

---

1 Wolfgang Werth, *Schreibmuster*, in: *Die Zeit*, 17. Juni 1966. »Das Buch zerschellt gerade an jenen Spiegeltricks, Eselsbrücken und Hilfskonstruktionen, die es haltbar machen sollen. Daß der Autor Verschiedenes, einander Widersprechendes gleichzeitig erreichen will, führt dazu, daß er letzlich gar nichts erreicht. ›Die Hornissen‹ bleiben ein Sammelsurium von Ansätzen, Skizzen, Glossen, Wortregistern und literarischen Kopien, die Handkes Belesenheit gerade in Sachen ›Schreibmuster‹ verraten – eben jener Literatur, gegen die er auf der Princeton-Tagung der Gruppe 47 in vielberedetem Alleingang polemisiert hat. War das wirklich der Autor der

›Hornissen‹? Das zweite Buch von Peter Handke wird dieses Vexierrätsel vielleicht lösen.«
2 Heinz Piontek, *Ein symptomatisches Debüt. Peter Handkes Erstling »Die Hornissen«*, in: *Die Welt*, 12. Mai 1966: »[...] Peter Handke, 1942 in Kärnten geboren, möchte uns mit seinen ›Hornissen‹ ein X für ein U vormachen. Das, was er konformistisch einen Roman nennt, ist eine Masse von kurzen Beschreibungen, die er nach einem ausgeklügelten System derart angeordnet hat, daß der Eindruck einer durchgehenden Bewegung entsteht, der Anschein einer Fabel. In Wirklichkeit jedoch rührt sich nichts, der Autor tritt auf der Stelle, nach den ersten fünfzig Seiten ist er mit seinem Latein am Ende, redet – im genauen Sinn des Wortes – drum herum. Stoff, der für eine Erzählung ausgereicht hätte, wird so lange aufgeblasen, bis er Romanumfang annimmt: auch das ist symptomatisch für die jungen deutschen Erzähler.«
3 P. H. antwortete den Kritikern seines Romans *Die Hornissen*, speziell Jakov Lind, und zwar in der Einleitung zum Vorabdruck seines zweiten Romans *Der Hausierer* in: *Akzente*, 5/1966, S. 467 (siehe Brief 18, Anm. 1). Der hatte in einer Besprechung des Romans (*Zarte Seelen, Trockene Texte*, in: *Der Spiegel*, 11. Juli 1966) erklärt: »Was mich an den ›Hornissen‹ am meisten bekümmert, ist die Aufgeblasenheit der Sprache, die völlig ›straight‹ ohne jeden Schimmer Humor serviert wird. [...] Und das bekümmert einen wirklich, weil nämlich Handke jung, begabt und intelligent ist und weil er (auch das ist dem Buch zu entnehmen) Gefühl hat. Er ist kein kalter, trockener Mensch, sondern ganz im Gegenteil eine hypersensible, leicht reizbare, etwas deprimierte Seele. Diese Überempfindlichkeit ist das Kennzeichen einer ganzen Generation junger Schriftsteller. Sie fühlen zart wie die sprichwörtlichen Mimosen und schreiben so trocken und leblos wie gestriges Laub. Ihre Überempfindlichkeit führt zu einem introvertierten Herumkramen.« Die Bemerkung von P. H. trägt den Titel *Wenn ich schreibe*: »Zu einer programmatischen Erklärung über meine Arbeit bin ich im Augenblick nicht sehr aufgelegt. Was Jakov Lind sagt, sagt er halt. Den Fortgang der Literatur wird er nicht aufhalten. [...] Sicher ist, daß Lind und seinesgleichen, engagiert wie sie sind, bis in alle Ewigkeit kritiklos die literarischen Formen jener Gesellschaft verwenden werden, die sie zu kritisieren glauben. Ich selber bin nicht engagiert, wenn ich schreibe. Ich interessiere mich

für die sogenannte Wirklichkeit nicht, wenn ich schreibe. Sie stört mich. Wenn ich schreibe, interessiere ich mich nur für die Sprache; wenn ich nicht schreibe, ist das eine andere Sache.«
Der Lektor Chris Bezzel antwortete in einer mit *Geniale Hornissen* betitelten Glosse Wolfgang Werth in der *Zeit* vom 15. Juli 1966: »Zweierlei wünsche ich Ihnen: die Pflichtlektüre von Finnegans Wake im Original und die von Faulkners ›Als ich im Sterben lag‹. Wenn sie beide Werke durchgearbeitet hätten – ich bin überzeugt, Sie schämten sich Ihrer törichten Rezension der ›Hornissen‹ von Peter Handke, ich bin überzeugt, Sie fingen an, ein wenig von dem zu begreifen, was ›Wirklichkeit‹ in der Literatur heute ist. Und Sie hören auf, von ›Schreibmustern‹ zu reden, wo es sich um die geniale Realisation einer genialen epischen Idee handelt. Vielleicht schrieben Sie dann eine klügere Rezension des Buches von Handke. Wohl kaum läsen wir dann Ihre Besprechung in der ZEIT, die von Monat zu Monat weniger verbergen kann, wie weit sie hinter der Kunst heute zurückbleibt.«

4 P. H. hielt sich in Frankfurt auf anläßlich der Uraufführung von *Publikumsbeschimpfung* (Theater am Turm, 8. Juni 1966) im Rahmen der von Karlheinz Braun und Peter Iden geleiteten Experimenta 1 (Regie: Claus Peymann, die vier Sprecher: Michael Gruner, Ulrich Haas, Claus Dieter Reents, Rüdiger Vogler). Einige Stationen beim Druck des Textbuchs (siehe Brief 10, Anm. 1) bis zur Aufführung: Am 1. Februar 1966 sandte Karlheinz Braun die Ablehnungsschreiben zweier Dramaturgen P. H., der am 4. Februar antwortete: »Freilich sind solche Äußerungen noch kein Beweis für die Güte des Stücks, und auch ins Recht gesetzt fühle ich mich dadurch *noch* nicht: sie sind höchstens ein Beweis für Leichtfertigkeit und Vorurteil. Dabei habe ich nicht einmal ein ›experimentelles‹ Stück geschrieben, sondern nach meiner Auffassung ein höchst ›natürliches‹. Ich wollte eigentlich kein Stück mehr schreiben (weil ich nur ›Epiker‹ sein möchte), aber jetzt reizt es mich doch: in (fernerer) Zukunft vielleicht: ein ironisches Stück mit einer Menge Handlung, in dem die Konvention sozusagen auf die Spitze getrieben wird. Aber das hat lange Zeit.« Mitte Februar teilte Braun P. H. brieflich mit, das Stück solle während der Experimenta in einer Produktion des Ulmer Theaters uraufgeführt werden. Am 24. März 1966 änderte sich »nun doch noch einmal alles«, erklärte Braun. »Jetzt macht es in Frankfurt der Re-

gisseur Claus Peymann mit vier Schauspielern der Städtischen Bühnen und der Landesbühne. Die Uraufführung ist, wie geplant im Rahmen der Experimenta 1, Anfang Juni. Die Proben werden bereits Anfang April beginnen. Es wäre gut, wenn Sie mit dem Regisseur möglichst Anfang der Proben einmal ausführlich sprechen könnten – womit sich eine Gelegenheit ergäbe, nach Frankfurt zu kommen. Über die beiden anderen Sprechstücke bin ich im Gespräch, wahrscheinlich kommen sie in Heidelberg und in Oberhausen heraus.« P. H. zeigte sich in seiner Antwort vom 28. März 1966, »froh, daß das Stück in Frankfurt aufgeführt wird. Vielleicht wird es also möglich sein, daß ich am Anfang der Proben hinkomme, es wäre jedenfalls sehr wichtig. Vor einer Woche ungefähr habe ich den Beatlesfilm (den ersten) [*A Hard Day's Night* des Regisseurs Richard Lester, 1964] zum x-ten Mal gesehen, und er hat mir noch immer sehr gefallen. Man müßte aus dem Stück eine richtige Show machen, vielleicht einer der Sprecher als Schlagzeuger.«
Am 17. Mai 1966 berichtete ihm Braun: »Die Proben zur ›Publikumsbeschimpfung‹ laufen sehr gut. Das Stück erweist sich als außerordentlich theatralisch und wirkungsvoll. Peymann macht es ganz richtig. Die vier Sprecher quälen sich entsetzlich mit dem Text ab, der wirklich nicht leicht zu lernen ist. Es wäre gut, wenn Sie mindestens 8 Tage vor der Premiere in Frankfurt auftauchten, dann gibt es immer noch die Möglichkeit, das eine oder andere was Ihnen nicht gefällt zu streichen. Oberhausen macht die ›Weissagung‹ zusammen mit der ›Publikumsbeschimpfung‹ [siehe Brief 26, Anm. 1], das Dritte Programm des Deutschen Fernsehens zeichnet die Frankfurter ›Publikumsbeschimpfung‹ auf (für 5.000,– DM Honorar), der Hessische Rundfunk bringt die ›Publikumsbeschimpfung‹ als Hörspiel. Das Staatstheater Braunschweig wird in seinem Studio-Programm in der nächsten Spielzeit ebenfalls die ›Publikumsbeschimpfung‹ machen. Ansonsten noch viele Kleinigkeiten in Presse und Funk. Ich freue mich, daß wir uns bald wiedersehen. Für Publicity haben Sie reichlich in Princeton gesorgt.«

[20; Anschrift: ⟨Graz⟩]

Frankfurt am Main
22. Juni 1966

Lieber Herr Handke,
ich habe gar nichts gegen lange Briefe, im Gegenteil, ich danke Ihnen dafür. In der Sache selbst nehme ich freilich einen anderen Standpunkt ein. Es ist völlig sinnlos, auf Kritiken direkt zu reagieren. Jeder Kritiker hat das Recht, seine Meinung zu äußern, und insofern sie nicht ehrenrührig ist, ist jeder, der an die Öffentlichkeit tritt, angehalten, diese Kritik auch anzunehmen. Inwiefern sie in den einzelnen sachlichen Punkten zutrifft, ist eine ganz andere Frage. Ich kenne Wolfgang Werth sehr genau, er hat eine andere Einstellung zu den Dingen, aber er ist keineswegs ein alter, verkalkter Kritikaster, sondern ein sehr junger Mann, dem man Voreingenommenheit nicht vorwerfen kann. Ich möchte Ihnen also dringend raten, ja, ich flehe Sie an, nichts gegen diese Kritiken zu schreiben, am besten überhaupt nicht auf sie zu reagieren, sie sind weder verlogen noch leichtfertig, jedenfalls im Falle der »Zeit«. Wir werden sehr darauf bauen, daß die Wirkung Ihres Buches länger besteht als die solcher Kritiken in den Tagesjournalen.

Beim Residenz Verlag würde ich vielleicht so verfahren, daß Sie ihm lediglich Abdruckrechte, aber keine weitergehenden Verlagsrechte einräumen. Wenn der Verlag damit nicht einverstanden wäre, zöge ich doch lieber vor, daß Sie uns die Geschichten schickten und wir dann von uns aus mit dem Residenzverlag sprächen.

Herzliche Grüße
Ihr
[Siegfried Unseld]

[21; Anschrift: ⟨Düsseldorf-Unterrath⟩[1]]

Frankfurt am Main
22. August 1966

Lieber Herr Handke,
ich überlege mir, ob es richtig wäre, Sie während der Messe vor einem ausgewählten Kritikerkreis lesen zu lassen. Das kommt auch etwas darauf an, welchen Text Sie zur Lesung anbieten können. Wäre es wohl möglich, daß Sie mir zwei oder drei Vorschläge machten und mir diese Texte zuschickten? Die Sache ist eilig.
Herzliche Grüße
Ihr
[Siegfried Unseld]

1 P. H. übersiedelte von Graz nach Düsseldorf-Unterrath, in die Wattenscheiderstraße 2/708, mit Libgart Schwarz, die in Düsseldorf ein Engagement am Theater hatte.

[22]

Düsseldorf[-Unterrath]
29. August 1966

Lieber Herr Dr. Unseld,
herzlichen Dank, daß Sie erwogen haben, mich vor den Kritikern lesen zu lassen. Aber ich glaube, das wird nicht möglich sein. Von dem Roman habe ich zwar schon recht viel Material da, aber es ist erst wenig so ausgearbeitet, daß man's wirklich vorlesen könnte. Ich meine, die Sätze in den einzelnen Kapiteln sind noch nicht richtig aufeinander abgestellt, sondern ich habe mir nur einfach einmal wahllos die für ein Kapitel in Frage kommenden Sätze aufgeschrieben.[1] Von dem, was schon ganz fertig ist, habe ich

einen Teil ja schon in Princeton gelesen, obwohl sich inzwischen auch daran viel geändert hat. Es tut mir leid, daß ich Ihnen nicht dienen kann, ich würde mindestens noch eine Woche brauchen für ein ordentliches fertiges Stück, und von einer anderen Sache als dem Roman haben Sie wohl nichts. Ich hätte gern etwas gelesen. Aber mit unfertigen Sachen möchte ich doch nicht kommen. Verzeihen Sie mir also meine Einstellung.

Und eine Bitte: wäre es, glauben Sie, möglich, daß ich in einer angesehenen Zeitung oder Zeitschrift ab und zu Bücher rezensiere? Selbstverständlich werde ich mich selber dafür interessieren, aber ich dachte, vielleicht wäre es nicht allzu schlimm für Sie, mir dabei irgendwie zu helfen (nicht beim Rezensieren). Es geht mir nicht so sehr um ein Honorar, sondern um die Möglichkeit, meine Meinung von Literatur (ohne Beschimpfungen) zu erklären. Ich möchte nicht klein beigeben.

Und vielen Dank für Ihre Freundlichkeit, die Sie mir bisher immer erwiesen haben. Ich werde mich bemühen, sie zu verdienen.

Herzlich
Ihr
Peter Handke

1 P. H. hatte in Princeton aus seinem zweiten Roman *Der Hausierer* gelesen. Das Notieren von Sätzen, aus denen dann die »Texte« montiert werden bzw. die als Modelle dienen, ist ein Arbeitsverfahren von P. H. Von seinen Notizen zum *Hausierer* hat sich eine kleine Sammlung erhalten, die P. H. in das Programmheft einer *Urfaust*-Inszenierung der Vereinigten Bühnen Graz 1965/66 (großteils in Stenographiekürzel) geschrieben hat (siehe: *Peter Handke. Eine Ausstellung über Leben und Werk*, S. 40).

[23; Anschrift: ⟨Düsseldorf-Unterrath⟩]

Frankfurt am Main
1. September 1966

Lieber Herr Handke,
schönsten Dank für Ihren Brief. Ihren Standpunkt verstehe ich voll und ganz, verschieben wir also die Lesung.[1]
Jetzt noch etwas anderes. Ich bin mir nicht mehr im klaren, ob ich Ihnen berichtet habe, daß wir mit dem Rowohlt Verlag eine Lizenz für eine Taschenbuch-Ausgabe der »Hornissen« vereinbart haben. Dieses Buch kann frühestens im *Herbst 1968*, also in zwei Jahren, erscheinen. Es wird deswegen auch nicht den Gang des jetzigen Buches stören. Wir aber haben da eine zweite Möglichkeit, Leserschichten zu erreichen. Der Rowohlt Verlag zahlt ein Honorar von DM 3.000 – (für 30[000] Exemplare); das Honorar ist zur Hälfte bei Abschluß des Vertrages fällig, zur anderen Hälfte bei Erscheinen der Ausgabe 1968. Diesen Betrag teilen wir uns nach unserem Vertrag. Ihnen stünden dann, wenn wir den Vertrag schließen, in Kürze 750 DM zur Verfügung.
Mit herzlichen Grüßen
Ihr
[Siegfried Unseld]

1 Auf dem Empfang für Literaturkritiker während der Frankfurter Buchmesse (21. September - 27. September 1966) um 17.00 Uhr in der Klettenbergstraße 35 (seit 1959 präsentiert jeweils ein Autor den Auszug aus einem Manuskript, das im folgenden Jahr als Buch erscheint) las am 22. September 1966 Thomas Bernhard aus *Verstörung*.

[24; Anschrift: ⟨Düsseldorf-Unterrath⟩]
Frankfurt am Main
19. Oktober 1966

Lieber Herr Handke,
hat Sie eigentlich der »Offene Brief« von Grass in der »Münchner Abendzeitung« erreicht? Und wenn ja, haben Sie irgendwie darauf reagiert? Falls dies geschehen ist, so informieren Sie mich doch bitte. Falls nicht, so sollte man das wahrscheinlich auf sich beruhen lassen.[1]
Herzliche Grüße
[Siegfried Unseld]

1 Günter Grass, *Bitte um bessere Feinde. Offener Brief an Peter Handke*, in: *Sprache im technischen Zeitalter*, Oktober 1966, S. 318-320; Vorabdrucke finden sich in: *Stuttgarter Zeitung*, 20. September 1966, sowie in: *Münchner Abendzeitung*, 1./2. Oktober 1966. »Lieber Herr Handke, nun haben Sie es geschafft. Ihre leichtfüßig zitierbare Rede zum Thema ›Beschreibungs-Impotenz‹ hat Ihnen zu einem Podest verholfen, dessen Höhe das unausgesetzte Herabsagen Ihrer knappen Aussagesätze, die niemals Beschreibungssätze sind, erlaubt. Jetzt erst, Monate nach Ihrem Sieg, während Sie gewiß Ausschau halten nach neuen Feinden, will ich das Dankeschönsagen nicht vergessen. [...] Nicht die Gruppe 47, sich selbst wollten Sie öffentlich anklagen, als Sie die planen Beschreibungskünste Ihrer Kollegen zerdonnerten; es war nicht Ihr Ergeiz, ›Aufhänger‹ rasch geschriebener Artikel zu werden, vielmehr befanden Sie sich konstant auf der Flucht vor Journalisten. Jedes Interview lehnten Sie standhaft ab. Bescheiden wollten Sie hinter Ihrer Leistung zurückstehen.« (Zitiert nach: Günter Grass, *Werke, Band 11*, S. 178 ff.)
P. H., *Bitte kein Pathos! Antwort auf den offenen Brief von Günter Grass*, in: *Münchner Abendzeitung*, 22./23. Oktober 1966.
»Lieber Herr Grass, seltsame Briefe sind das, die den, an den sie sich richten, mit einer Verspätung von 17 Tagen und da nur durch einen Zufall erreichen. [...]
Trotzdem vielen Dank.

Sie müssen mir nur erlauben, daß ich versuche, Ihnen meine Antwort ebenso offen zu schreiben, erstens, weil ich noch nie an jemanden einen offenen Brief geschrieben habe, zweitens, weil es mir Spaß macht, einmal einen offenen Brief zu schreiben, und dann, weil ich glaube, man sollte überhaupt viel öfter offene Briefe schreiben.

Ich möchte nicht ironisch werden, obwohl das Thema (Sie wissen es) dazu verlockt. Ihr Brief ist so ironisch gewesen, daß ich, ehrlich, nicht recht schlau daraus geworden bin. Nur einmal, gegen Schluß, ist mir klargeworden, wie Sie es meinen. Sie sagten, ich wollte in Princeton mich selber anklagen. Sie sagten, ich befand mich konstant auf der Flucht vor Journalisten. Sie sagten, ich lehnte jedes Interview standhaft ab.

An dieser Stelle habe ich Ironie sofort kapiert: Aha, dachte ich, da gibt er mir's aber! [...] Sie machen es mir zum Vorwurf, daß ich mich habe fragen lassen. Warum hätte ich die Attitüde des Davonlaufens annehmen sollen? Warum hätte ich mich verstecken sollen? Sie werden doch nicht behaupten, ich hätte ein Interview gewollt?

Der Großteil Ihres Briefes an mich richtet sich wohl gegen Robert Neumann, dessen Artikel ich kenne, und für einen ganz großen Mist halte [Robert Neumann, *Spezis. Gruppe 47 in Berlin*, in: *konkret* 5/1966, S. 34-40]. Aber warum das Pathos, Herr Grass? Warum richten Sie den Brief an mich? Sie wissen, als einer der wenigen, die (sonst) differenzieren, daß ich mich in Princeton nicht gegen die ›Beschreibung‹ gerichtet habe, sondern dagegen, daß man sich das Beschreiben zu leicht macht, daß sprachlich der Drive fehlt usw. Sie wissen es, aber Sie schließen sich denen an, die sagen, ich hätte mich selber bezichtigt. Sie tun auch so, als hätte ich mich überhaupt aus Reklamegründen zu Wort gemeldet und wissen doch, daß es eine Augenblickhandlung war, die dann, aus Mangel an Differenzierung der Kritiker, der Beurteilung meiner Arbeiten nur geschadet hat. Daß das so kommen würde, ist mir nach den ersten Reaktionen gleich aufgefallen. Die unzähligen Nachhinker der Literatur, die auf Bedeutung, Tiefe und Werten bestehen, hatten ihren ›Aufhänger‹: sie glaubten, sie könnten überhaupt der ›Beschreibung‹ heimleuchten, die doch immerhin gegen die Bedeutungskrämerei der alten Literatur eine Erholung ist.

Lieber Herr Grass, Sie bitten mich um bessere Feinde der Gruppe 47.

Mich? Sie wissen, daß ich kein Feind der Gruppe bin, nie sein kann, weil ich zu wenig von ihr weiß. Ich finde nur die meisten Kritiker in ihr (Marcel Reich-Ranicki, Joachim Kaiser, Walter Jens, Hans Mayer) indiskutabel. Warum schreiben Sie jedoch, ernsthaft, einen offenen Brief an mich? Ich würde mich vielmehr freuen, könnten Sie mir einmal privat einen schicken. Ich wohne hier in Düsseldorf, Wattenscheider Straße 2/708. Herzlich Ihr P. H.«

[25]
[Düsseldorf-Unterrath]
24. Oktober 1966[1]
Lieber Herr Doktor Unseld,
sollte noch immer der Plan bestehen, »Die Hornissen« zu übersetzen, ist es dann möglich, daß ich das Übersetzungsexemplar, sehr wenig, korrigiere? Das dürfte wohl möglich sein. Vielen Dank im voraus für Ihre Antwort.
Mit herzlichen Grüßen
Ihr
Peter Handke

1 Der Brief trägt den handschriftlichen Vermerk von S. U.: »Feltrinelli«.

[26; Anschrift: ⟨Düsseldorf-Unterrath⟩]
Frankfurt am Main
25. Oktober 1966
Lieber Herr Handke,
meinen herzlichen Glückwunsch zur großen Rezension in der »Frankfurter Allgemeinen Zeitung« und auch zu der daraus [zu] schließenden schönen und erfolgreichen Aufführung in Oberhausen. Diese Rezension wird viel bewir-

ken, davon bin ich überzeugt, Sie werden aus den dritten in die ersten Programme kommen.
Über Ihre Bemerkung Ihres Verwandtschaftsgrades Brecht gegenüber habe ich sehr lachen müssen.[1] Bitte schicken Sie mir Ihre Entgegnung auf Grass.
Werden Sie bloß nicht zu übermütig, seien Sie fleißig, arbeiten Sie, schreiben Sie.
Ihr
[Siegfried Unseld]

1 P. H., *Weissagung* und *Selbstbezichtigung* hatten Uraufführung am 22. Oktober 1966 an den Städtischen Bühnen Oberhausen in der Regie von Günther Büch. Die vier Sprecher der *Weissagung*: Hans Joachim Paulmann, Wolfram Weniger, Klaus Rott, Ulrich Hoffmann; die beiden Akteure der *Selbstbezichtigung*: Hans Joachim Paulmann und Renate Heymann. Albert Schulze Vellinghausen, *Salut dem Nachwuchs!* in: *Frankfurter Allgemeine Zeitung*, 25. Oktober 1966. Dort heißt es: »Wie ein Herbstwind, der das Laub welker Theatralik hinwegkehrt, fegten die zwei kleinen Stücke Peter Handkes über die Bretter der Kammerspiele in der Stadthalle von Oberhausen. Enormer einhelliger Erfolg! Dabei ist dieser wunderbar begabte, vielleicht geniale Beatle aus dem Lande Kärnten (geboren 1942 in Griffen bei Graz) nicht einmal vom Himmel gefallen. Er nimmt die Sprache beim Wort. Da liegt sein Eigensinn, das ist seine Stärke. [...] Anschließend gab es im Foyer eine vortreffliche Beat-Band. Ein neues Publikum anzuziehen, wahrhaft nicht das schlechteste Mittel. Glück zu! Entgegen dem Staub, dem Gips und der Langeweile, dem einfallslosen Konformismus, welche so gerne die Bühne regieren.«
Den beiden Stücken vorangestellt war bei jeder Aufführung Bertolt Brecht, *Der Jasager und der Neinsager*. Das *Programmheft der Spielzeit 1966/67* druckte 20 Fragen von Günther Büch an P. H. ab. Gefragt, was er mit Brecht gemeinsam habe, antwortete er: »Die gleiche Zahl von Buchstaben im Nachnamen und den Verleger.«

[27; Anschrift: ⟨Düsseldorf-Unterrath⟩]

Frankfurt am Main
26. Oktober 1966

Lieber Herr Handke,
schönsten Dank für Ihren Brief vom 24. Oktober. Bisher hat sich nur Feltrinelli zu einer Übersetzung der »Hornissen« entschlossen. Ihn werden wir benachrichtigen. Im übrigen nehmen wir die Stimmen zu der Aufführung auch dazu auf, um nochmals bei den ausländischen Verlagen nachzuhaken.
Herzliche Grüße und nochmals herzlichen Glückwunsch
Ihr
[Siegfried Unseld]

[28]

[Düsseldorf-Unterrath]
30. Oktober 1966

Lieber Herr Dr. Unseld,
mit Ihrem Brief haben Sie mir große Freude gemacht. Vielen Dank.
Ich habe Ihnen vergessen zu schreiben, daß der Roman (»Der Hausierer«) mittlerweile fertig ist. Ich glaube, ich habe erreicht, was ich wollte. Das Abschreiben stockt jetzt ein wenig, aber es eilt wohl noch nicht so sehr. Anfang Dezember werde ich Ihnen das Manuskript wohl schicken können.
Sonst: Gedanken über ein neues Stück, danach über einen Roman, aber das hat jetzt wohl Zeit, man muß sich inzwischen wieder über einiges klar werden, im Augenblick bin ich recht leer.
Ist es Ihnen möglich, mir die Rezensionen für »Die Hornis-

sen« schicken zu lassen? Auch wüßte ich gern, wieviel ungefähr ausgeliefert sind.
Übrigens: man kann mich jetzt auch telefonisch erreichen: 63 31 55.
Vielen Dank nochmals und herzliche Grüße, auch an Ihre Frau[1]
Ihr
Peter Handke

1 S. U. hatte seine erste Ehefrau Hildegard (geb. Schmid) 1951 geheiratet. Der Sohn Joachim wurde 1953 geboren.

[29; Anschrift: ⟨Düsseldorf-Unterrath⟩]
Frankfurt am Main
2. November 1966

Lieber Herr Handke,
ich danke Ihnen für Ihren Brief vom 30. Oktober. Ich freue mich sehr, daß Sie den »Hausierer« soweit fertiggeschrieben haben. Wir können uns dann in Ruhe im Dezember/Januar mit dem Text befassen und ihn dann so in die Herstellung nehmen, daß wir den Buchhändlern frühzeitig Leseexemplare zur Verfügung stellen können.
Fangen Sie nicht gleich eine neue Arbeit an, ich glaube, Sie brauchen jetzt eine bestimmte Zeit zur Sammlung. Wie sieht es mit Ihren Fremdsprachenkenntnissen aus? Beherrschen Sie eine Sprache so, daß Sie eventuell etwas übersetzen möchten, das ist immer eine gute Zwischenbeschäftigung?
Wir können jetzt im Moment den Absatz der »Hornissen« nicht genau feststellen. Wir haben ungefähr 1.200 bis 1.300 Exemplare an das Sortiment ausgeliefert, darunter befinden sich aber auch Sendungen auf Remissionsbasis. Der Ver-

kauf hat in letzter Zeit etwas nachgezogen, besonders natürlich das Bändchen in der »edition suhrkamp«.[1]
Ihre Telefonnummer notiere ich mir.
Alle guten Wünsche für Sie und Ihre Freundin.
Ihr
[Siegfried Unseld]

1 P. H., *Publikumsbeschimpfung und andere Sprechstücke* (*Publikumsbeschimpfung, Weissagung, Selbstbezichtigung*), war am 5. September 1966 als Band 177 der *edition suhrkamp* erschienen.

[30; Anschrift: ⟨Düsseldorf-Unterrath⟩]

Frankfurt am Main
4. November 1966

Lieber Herr Handke,
der hier anliegende Prospekt wurde in einer Auflage von 120.000 Exemplaren gedruckt und verteilt, und zwar als Einlage in unsere Bücher und in ausgewählte Sortimenter-Kataloge. Ich möchte damit andeuten, daß wir Ihr Buch in dieser Weise aus dem Programm des Jahres herausgehoben haben.[1]
Herzliche Grüße
Ihr
[Siegfried Unseld]

1 Das sechsseitige Leporello *Ausgewählte Bücher. 1966. Suhrkamp* stellte elf Bücher aus dem Programm des Verlags vor, darunter *Die Hornissen*: Auf die einleitende Bemerkung »Peter Handke wurde auf der Tagung der Gruppe 47 in Princeton einem größeren Kreis bekannt« folgte ein Ausschnitt aus der Besprechung des Romans durch Helmut Scheffel (siehe Brief 17, Anm. 1).

[31; Anschrift: ⟨Düsseldorf-Unterrath⟩]

Frankfurt am Main
14. November 1966

Lieber Herr Handke,
im Heft 5/66 der »Akzente« finde ich ein Kapitel aus dem »Hausierer«.[1] Ich weiß jetzt nicht mehr, ob wir vielleicht darüber gesprochen haben, jedenfalls haben wir hier schriftlich nichts festgelegt. Und es ist nun das Bedauerliche geschehen, daß in den redaktionellen Anmerkungen des Heftes nicht erwähnt ist, daß dieser Text aus einem größeren Zusammenhang entnommen ist und daß er als Buch im Herbst 1967 bei uns erscheint. Ich möchte Sie doch sehr bitten, daß Sie zukünftige Abdrucke mit uns absprechen. Das ist nicht nur eine Frage unserer Vereinbarung, sondern mehr eine der Disposition des Textes. Wir müssen ja alles daran setzen, Ihr nächstes Buch mit Erfolg zu präsentieren, und das Mittel des Vorabdruckes muß uns dazu recht sein. Ich habe es im übrigen sehr gern gelesen.
Schönste Grüße
Ihr
[Siegfried Unseld]

1 P. H., *Aus »Der Hausierer«. Kriminalroman. Das Kapitel des ersten Mordes*, in: *Akzente*, 5/1966, S. 468-477; siehe auch Brief 19, Anm. 3.

[32]

[Düsseldorf-Unterrath]
19. November 1966

Lieber Herr Dr. Unseld,
Ihr etwas unfreundlicher Brief ist sicherlich berechtigt. Andrerseits glaubte ich, es hieße kein großes Geheimnis preisgeben, wenn ich Herrn Höllerer das Kapitel, das ich ohnedies in Princeton gelesen habe und das auch der Westdeutsche Rundfunk schon ohne mein Wissen gebracht hat,[1] zum Abdruck für die »Akzente« überließe. (Freilich ist das Kapitel ziemlich radikal geändert, aber im Grundschema das gleiche.) Ich werde versuchen, Herrn Höllerer für das nächste Heft der »Akzente« zu der von Ihnen gewünschten Notiz zu bewegen.[2] (Im übrigen ist es ja wohl auch nicht so sicher, ob I h n e n das Manuskript zusagen wird).
Ich traue mir nicht zu, jetzt schon etwas zu übersetzen, fühle mich auch nicht geeignet dazu. Was ich jetzt tue: den Roman noch einmal durcharbeiten, Vorarbeiten für das Stück.
Herzlich
Ihr ergebener
Peter Handke

1 Am 30. Mai 1966 sendete der WDR Ausschnitte von Lesungen während der Princeton-Tagung, die Roland H. Wiegenstein kommentierte (die gesamte Sendedauer betrug etwas mehr als zwei Stunden).
2 *Akzente*, 6/1966, enthält in den Anmerkungen am Schluß die Bemerkung: »Die in Heft 5 abgedruckte Prosa von PETER HANDKE ist ein Ausschnitt aus einem Roman, der im Herbst 1967 im Suhrkamp-Verlag erscheinen wird.«

[33; Anschrift: ⟨Düsseldorf-Unterrath⟩]

Frankfurt am Main
22. November 1966

Lieber Herr Handke,
ich habe mir meinen Brief vom 14. November noch einmal vorgenommen, ihn gelesen und meine Sekretärin gebeten, ihn zu lesen. In den zwölf Zeilen des Briefes finden wir auch nicht den leisesten unfreundlichen Ton. Wir müssen uns doch darauf einstellen können, daß wir uns auch kurz gefaßte Wahrheiten zu sagen vermögen.
Doch können wir das ruhig auf sich beruhen lassen.
Ich erwarte dann gerne das Manuskript. Der Teil, den ich kenne, hat mir zugesagt, also brauchen Sie keine Unsicherheit fühlen, ob mir das Ganze gefallen könnte.
Mit herzlichen Grüßen, auch für Ihre Freundin.
Ihr
[Siegfried Unseld]

[34]

[Düsseldorf-Unterrath]
29. November 1966

Lieber Herr Dr. Unseld,
schreiben Sie die Wendung von der Unfreundlichkeit in meinem letzten Brief meiner blöden Empfindlichkeit zu. Ich wollte mich nicht beklagen, beklage mich auch nicht mehr.
Wie Sie sich erinnern, habe ich Ihnen einmal geschrieben, der Residenzverlag in Salzburg wolle meine kurze Prosa. Sie antworteten, ich sollte dem Verlag nur Abdruckrechte überlassen. Das habe ich auch getan, das Copyright ist bei

mir. Ich hoffe, das ist Ihnen recht so und ich habe nichts
angerichtet.
Für heute
herzlich
Ihr
Peter Handke

[35; Anschrift: ⟨Düsseldorf-Unterrath⟩]
                                          Frankfurt am Main
                                               5. Dezember 1966
Lieber Herr Handke,
wir wollen unsere Empfindlichkeiten ruhig aussprechen,
denn für den Fall, daß sie falsche Motive haben, läßt es sich
bereinigen.
Ich hoffe, der Residenz Verlag wird nicht eine Handke-
Publikation bringen, sondern doch eher Ihre kurze Pro-
sa in einem Sammelband aufnehmen. Ein ausschließlicher
Handke-Band wäre das verkehrteste, das man jetzt machen
könnte. Bitte beruhigen Sie mich doch in diesem Punkt.
Herzliche Grüße
Ihr
[Siegfried Unseld]

[36]
                                         [Düsseldorf-Unterrath]
                                              9. Dezember 1966
Lieber Herr Dr. Unseld,
neuer Schreck für Sie und für mich: meine Prosa soll, soviel
ich weiß, nicht in einem Sammelband aufgenommen werden, sondern einzeln erscheinen. Ich kann mir Ihren Aus-

bruch jetzt vorstellen. Aber ich schwöre oder versichere Ihnen einfach, daß ich nicht gewußt habe, wie verkehrt das ist, nachdem Sie damals in Ihrem Brief geschrieben hatten, ich sollte mich nur auf Abdruckrechte einlassen, was ich als Ihr Einverständnis für Abdruckrechte auffaßte. Oder hatten Sie mit Abdruckrechten eben nur das Erscheinen in einem Sammelband gemeint? Mir fällt das jetzt, während ich den Brief schreibe, ein. Das wäre schlimm. Ich glaubte die Sache von Ihrer Seite erledigt und habe, ungern, auch einen Vertrag über die Abdruckrechte unterschrieben. Das Copyright ist aber noch bei mir. Ich drücke mich hoffentlich nicht umständlich aus: ich wollte Sie nicht schon wieder mit einem Manuskript überfallen, ich hatte mir die Prosa für später aufgehoben: und da fragte der Residenzverlag, der eine Reihe österreichischer Prosa bringen will.[1] Nach Ihrer Antwort gab ich ihm die Sachen, und so ist es zu dem Schlamassel gekommen, das ich freilich nicht ganz begreife, weil der Band ohnedies nur in Österreich verbreitet werden dürfte. Jetzt bin freilich ich beunruhigt, weil Sie beunruhigt sind und weil ich nicht weiß, warum der Fall so schlimm ist. Es tut mir scheußlich leid, daß ich schon wieder etwas falsch gemacht haben soll.
Vielen Dank übrigens für die Bücher, die Sie mir schicken lassen. Großartig, daß Sie sich an Sender wagen.[2]
Für heute
Ihr
Peter Handke

1 P. H., *Begrüßung des Aufsichtsrats*, erschien 1967 im Residenz Verlag in der Reihe *Österreichische Bibliothek*.
2 Ramón José Sender, *Die fünf Bücher der Ariadne. Roman.* Aus dem Spanischen von Wilhelm Meister, erschien 1966 im Hauptprogramm des Suhrkamp Verlags.

[37; Anschrift: ⟨Düsseldorf-Unterrath⟩]
                              Frankfurt am Main
                              21. Dezember 1966
Lieber Herr Handke,
ich bin doch sehr betrübt über diese Sache. Könnten Sie mir jenen Vertrag einmal zuschicken, den Sie unterschrieben haben, damit ich klar sehe, wie es mit der Verbreitung des Bandes ist? Wir wollen die Geschichte nicht dramatisieren, aber sie ist höchst unangenehm, und in jedem Fall tangiert ein solcher Band auch die Wirkung des neuen Buches. Auch können sich die Leute ja wenig Reim auf den Vorgang machen, daß dieses Buch nun bei einem anderen Verlag als Suhrkamp erscheint; das wird zu Bemerkungen Anlaß geben. Aber das müssen wir nun einfach durchstehen. Ich wäre Ihnen nur für die Zukunft dankbar, wenn Sie diese Dinge genauer nähmen.
Im übrigen sind Sie ja wirklich zu beglückwünschen für all die schönen Erfolge, die Sie haben. Ich bin überzeugt, sie werden sich auch weiterhin halten. Ich wünsche Ihnen vor allem einen guten Fortgang der Arbeiten.
Ihnen ein schönes Fest und für Sie und Ihre Freundin beste Wünsche zum neuen Jahr
Ihr
[Siegfried Unseld]

[38; handschriftlich]

[Düsseldorf-Unterrath]
21. Dezember 1966

Lieber Herr Dr. Unseld,
das Bündel ist das Romanmanuskript. Ich hoffe, es gefällt
Ihnen.[1]
Herzlich
Ihr
Peter Handke

1 Am 2. Januar 1967 schrieb P. H. an Chris Bezzel: »Der Roman [*Der Hausierer*] ist jedenfalls keine Parodie des Kriminalromans, auch keine Montage. Ich habe die Vorgänge im Kriminalroman abstrahiert und diese Abstraktionen jeweils einem Kapitel vorangestellt. Vor jedem Kapitel steht also, was üblicherweise an dieser Stelle des Kriminalromans geschieht. Dazu kommt dann der konkrete Text, der in den Sätzen und Absätzen (vor allem in den Absätzen) der Struktur des typisierten Krimis folgt, aber nicht die Geschichte erzählt. Es gibt keine Geschichte, oder j e d e r Satz ist die Geschichte. Jeder Satz ist ein Beispiel. Was an äußerer ›Handlung‹ vor sich geht, ist nicht erfunden, sondern dem Kriminalromanschema entnommen. Alles an Handlung gehört zum Schema, ist nicht von mir, sondern von Ian Fleming, Raymond Chandler, Dashiell Hammett etc. Hier kann man zu geringen Teilen auch von Montage sprechen, und zwar ist das eine Montage aus Kriminologielehrbüchern (Ernst Seelig [*Lehrbuch der Kriminologie*, Graz, 1. Auflage 1951], Mezger [Edmund Mezger, *Strafrecht. Ein Studienbuch*, München, 1. Auflage 1949] populärwissenschaftlichen Büchern, auch theoretischen Abhandlungen über Krimis, dazu ist dann ein Buch, medizinisch, über ›Das Schreckverhalten der Menschen‹ [von Stefan Wieser, Bern, 1. Auflage 1961] gekommen, aus dem vielleicht 20 Sätze stammen, aber nicht zitiert, sondern von mir abgewandelt, direkt zitiert sind auch einige Sätze, und zwar die Klischeesätze der Krimis, aber die machen nur einen Bruchteil aus. Zu diesem Handlungsschema kommen nun meine Sätze dazu, die formulierte Reflexe und Reflexionen

zu diesem Schema sind. Ich habe ein produziertes Schema des Schreckens, der Angst, der Verfolgung, der Folterung, des Sterbens und des Tötens übernommen – das Mordgeschichtenthema – und dazu meine Reflexe und Reflexionen notiert, und zwar in diesem Schema, im Ablaufschema der Mordgeschichte, die eben der Vorwand ist und keineswegs zum Beispiel denunziert werden soll. Es hat mich interessiert, mich mit den Schemata des Schreckens zu beschäftigen, die üblichen unreflektierten Darstellungsweisen des Schreckens zu untersuchen, die ja unbewußt entstehen und in dem Überdenken dieser Schemata des Schreckens den wirklichen Schrecken zu zeigen.«

1967

[39; Anschrift: Düsseldorf-Unterrath]

Frankfurt am Main
6. Januar 1967

Lieber Herr Handke,
ich war einige Tage verreist und konnte erst jetzt meine Arbeit aufnehmen.[1] Ich darf Ihnen den Eingang des Manuskriptes »Der Hausierer« bestätigen. Ich nehme an, daß ich Ihnen Ende Januar ausführlich darüber schreiben kann.
Zuerst meinen Glückwunsch zum Abschluß des Manuskripts.
Schönste Grüße,
auch für die Freundin,
Ihr
[Siegfried Unseld]

1 S. U. verbrachte zwischen dem 22. Dezember 1966 und dem 5. Januar 1967 mit Martin Walser einen Skiurlaub.

[40]

[Düsseldorf-Unterrath]
27. Januar 1967

Lieber Herr Doktor Unseld,
Chris Bezzel schreibt mir, daß er mein Manuskript nicht lektoriere und nicht lektorieren werde, weil er von Ihnen aufgrund Kontaktmangels zu Ihnen und zu den Autoren gekündigt worden sei.

Ich bin etwas deprimiert über diese Entwicklung, ohne daß ich mir anmaße, etwas über die Hintergründe von Dr. Bezzels Entlassung zu wissen, denn Kontaktmangel zu den Autoren kann nicht der Grund sein. Ich bin deswegen etwas traurig und erschrocken. Mein Brief ist keine Einmischung, denn ich bin Beteiligter. Chris Bezzel, obwohl er mir persönlich kaum ähnlich ist und auch anders arbeitet als ich, ist doch in Ihrem Verlag, neben Dr. Braun, der einzige gewesen, mit dem ich über meine Sache intensiv habe reden können. Er hatte die nötige Sensibilität und Intelligenz, auch die Toleranz, sich mit meinen Arbeiten auch produktiv zu beschäftigen, und ich hoffte, er hätte das auch diesmal tun können.

Die Literatur wird sich weiterentwickeln, sie kann nicht so fortexistieren wie im Augenblick in Deutschland, wo es einen Rückschlag in einen trivialen Realismus gibt: um weiter der progressivste Verlag zu bleiben, wird sich der Suhrkampverlag den Verlust von Lektoren wie Dr. Bezzel auf die Dauer nicht leisten können.

»Das Einhorn« ist ein Rückschritt, leider auch die »Zwei Ansichten«, von Max Frisch ganz zu schweigen, auch Peter Weiss ist nicht mehr der großartige Schriftsteller des »Gesprächs der drei Gehenden« und des »Schattens des Körpers des Kutschers«, die für die Änderung der gesellschaftlichen Verhältnisse auf Zeit viel wichtiger sind als die engagierten Stücke.[1] Die Zeit der engagierten Literatur ist vorbei, es kommt eine Zeit der Reflexion, hoffe ich, eine Zeit des Nachdenkens über Denkschablonen, vielleicht ein sprachlicher Realismus statt eines beschreibenden.

Ich will nicht weissagen, aber ich meine, daß es über kurz oder lang so kommen muß, mag diese Literatur bis *jetzt* auch finanziell noch nicht profitabel sein, und da werden Sie Leute wie Chris Bezzel nicht missen können, der sich, wie ich weiß, auch sehr um unbekannte junge Autoren ge-

kümmert hat und ihnen schrieb, wenn er nur eine Kleinigkeit in einer kleinen Zeitschrift las.[2]
Aber vielleicht sind Ihre Gründe ganz anders. Ich wollte Ihnen nur meine persönliche Betroffenheit zeigen. Ich schreibe ohne Zorn, aber ich bin bei der Sache. Und ich würde mich freuen, könnten Sie mir ebenso antworten.
Herzlich
Ihr
Peter Handke

1 Martin Walser, *Das Einhorn*. Roman, erschien 1965 als *Suhrkamp Hausbuch*, 1966 im regulären Programm des Suhrkamp Verlags; die Erstausgabe von Uwe Johnson, *Zwei Ansichten*, wurde 1965, die von Max Frisch, *Mein Name sei Gantenbein*. Roman, 1964 im Suhrkamp Verlag veröffentlicht. Peter Weiss debütierte 1960 mit *Der Schatten des Körpers des Kutschers* im Suhrkamp Verlag [siehe Brief 1], 1963 folgte *Das Gespräch der drei Gehenden. Ein Fragment*, als Band 7 der *edition suhrkamp*. Bis zu diesem Zeitpunkt hatte Weiss zwei Stücke auf deutsche Bühnen bringen können: *Die Verfolgung und Ermordung Jean Paul Marats dargestellt durch die Schauspielgruppe des Hospizes zu Charenton unter Anleitung des Herrn de Sade* (Uraufführung 1964, Druck im selben Jahr in der *edition suhrkamp* Band 68) und *Die Ermittlung* (Uraufführung 1965, Druck im selben Jahr im Hauptprogramm).
2 S. U. kündigte Chris Bezzel schriftlich ohne Begründung am 16. Januar 1967 zum 31. März 1967. S. U. zog wegen der Ungültigkeit einer solchen Kündigung seine zurück, worauf Chris Bezzel seinerseits zum selben Datum kündigte. Über die Gründe der Kündigung äußerte sich Bezzel im Rückblick: »bei der buchmesse 1966 bei unselds [Klettenbergstraße 35] hatte ich – martin walser war beteiligt – ein streitgespräch über den vietnamkrieg der amerikaner mit rudolf walter leonhardt von der ZEIT. ich blieb hartnäckig, leonhardt regte sich auf, sagte zu andern: wo habt ihr denn den her? walser nannte mich am nächsten tag den ›leonhardt-ärgerer‹. unseld empfand mein verhalten – was ich seit langer zeit verstehen kann – als illoyal und schnitt mich darauf hin im verlag.« (Brief vom 24. Juni 2012 an Wolfgang Kaußen) Seine Kündigung teilte Bezzel P. H. mit. Der schrieb in einem Brief an ihn vom

22. Januar 1967: »Selbstverständlich denke ich nach, ob und was ich Herrn Unseld schreiben soll. Ich weiß nicht, ob ich den Verlag wechseln kann, ich könnte natürlich, aber im Augenblick bin ich nicht klar. Was er mit Dir angefangen hat, ist einfach empörend, und Dir mangelnden Kontakt mit Autoren vorzuwerfen, eine bewußte Lüge. Er wird doch wissen, wie Du etwa zu Ror Wolf und zu mir stehst, und ich weiß, wie sehr Du Dich um unbekannte Autoren gekümmert hast. Soll jetzt wohl jede Progression ausgeschaltet werden?« Gisela Dischner, die spätere Ehefrau von Chris Bezzel, schrieb an Paul Celan unter dem Datum des 16. Januar 1967: »Chris ist soeben gekündigt worden. Grund: Unseld kann nicht ›so recht mit ihm warm werden‹ und seine ›Ästhetik‹ ist ihm zu schwierig und modern (was U. darunter versteht). ›Er legt zu viel Wert auf Lyrik‹ etc. Kein Vorwurf im Detail. Allerdings, er werde zu wenig informiert, man habe keinen Kontakt mit ihm, Unseld. – Chris war eben nicht kompromißbereit und sagte zu ehrlich seine Meinung [...] und wahrscheinlich kann man das nicht mit einem Lektorendasein vereinbaren.« (Paul Celan – Gisela Dischner, *Briefwechsel*, S. 41)

[41; Anschrift: ⟨Düsseldorf-Unterrath⟩]

Frankfurt am Main
31. Januar 1967

Lieber Herr Handke,
ich bedanke mich für Ihren Brief vom 27. Januar. Es ist sehr freundschaftlich von Ihnen, daß Sie sich so für die Belange von Herrn Dr. Bezzel einsetzen. Ich hatte natürlich meine Gründe für meine Haltung, die ich Ihnen bei Gelegenheit gerne mitteile. Dr. Bezzel und ich sind jetzt übereingekommen, daß ich meine Kündigung zurückziehe und er von sich aus zum 31. März kündigt. Im übrigen hat mir Dr. Bezzel gesagt, daß die Mitteilung, die Sie mir in Ihrem Briefe machten, wonach er Ihr Manuskript nicht lektoriere und nicht lektorieren werde, nicht der Wahrheit entspricht.

Er wird das Manuskript selbstverständlich lektorieren und sitzt auch schon darüber. Bis Ende dieser Woche will er die Lektüre und ein Gutachten abgeschlossen haben.
Ich selbst hatte das Manuskript in meinen Urlaub mitgenommen, es dort auch gelesen und mich gefreut, ein publikables Buch zu haben. Über einzelnes werden wir reden müssen. So viel zu Ihrem Brief. Was Sie über die Entwicklung der Literatur in Deutschland schreiben, verstehe ich von Ihrem Standpunkt aus. Der meine ist in manchem etwas anders, und vor allem glaube ich, soll man sich bei Prognosen vor allgemeinen Urteilen hüten. Ich halte es mit der Pranke des Löwen, mit der Kraft des Dichters, der immer wieder Formen zerbricht und neue schafft.
Mit freundlichen Grüßen
Ihr
[Siegfried Unseld]

[42]

[Düsseldorf-Unterrath]
16. März 1967[1]

Lieber Herr Dr. Unseld,
man hat mir zwar gesagt, Sie seien noch auf Urlaub, aber vielleicht sind Sie schon zurück, wenn dieser Brief ankommt.
Inzwischen haben sich bei mir einige Bitten über die Ausstattung meines Buches angesammelt. Sie gehören eigentlich alle zusammen und sind folgerichtig. Die erste: das Buch in seiner Ausstattung überhaupt einem Kriminalroman anzugleichen (nicht gleichzumachen). Dazu gehören etwa folgende Merkmale, die mir sehr zusagen: das Buch sollte nicht seriös gebunden, sondern broschiert sein wie alle Kriminalromane. Dazu würde mir etwa das Format ge-

fallen, das die »rororo«-thriller (Entschuldigung) haben: schmal, aber recht hoch (ein richtiges Schmökerformat, obwohl das Buch ja gerade kein Schmöker ist); dazu noch, was ich Ihnen schon gesagt habe, ein realistisches Bild vorn drauf, möglichst eine leicht verfremdete Fotografie. Am liebsten wäre mir nicht ein direktes Schreckenbild (etwa nicht die aufgerissenen Augen oder die Axt im Schädel), sondern ein »Nebenbild« des Schreckens (zur Phantasieanregung): ein Spritzfleck auf einem Gehsteig, ein Zigarettenstummel mit irgendwelchen dunklen Spuren, eine Tür, unter der eine Flüssigkeit hervorkommt. Ich schicke Ihnen einige Fotos, die ich aus einem Buch herausgeschnitten habe: sie sind noch nicht das rechte, aber sie sollen dem Gestalter eine Ahnung geben. Jedenfalls keine Zeichnung, sondern ein *Foto*,[2] ein bedrohliches! Und dann noch eine Bitte, die aber mit meinem Text zusammenhängt: der Schriftgrad sollte möglichst größer sein als in den »Hornissen«, damit jeder Satz wie ein »Schlag« wirkt. Jeder Satz soll als einzelner Satz erkennbar sein, nicht als ein Satz in einer Folge von Sätzen. Jeder Satz soll für sich allein lesbar sein, so daß der Leser nach jedem Satz stocken kann. (Das sollte er auch.) Das würde auch das Lesen erleichtern, denn der Text verlangt eine Änderung der Lesegewohnheiten, und der Versuch des Lesers, den Roman »wie einen Roman« zu lesen, würde sofort auf Widerstand stoßen lassen und den Leser ermüden und frustrieren. Deswegen ist ein klarer Satz, der jeden Satz zu Recht kommen läßt, diesmal sehr wichtig. Man sollte das Buch (auch) mit Vergnügen lesen können (wenn auch nicht verschlingen!!).
Sind das schlimme Bitten? Bedenken Sie bitte, lieber Herr Unseld, daß mir doch sehr daran liegt. Ich glaube übrigens, daß das Buch auf diese Weise sehr schön würde, auch reizend (zumindest zum Kaufen). Die großen Lettern würden auch zu dem hohen, schmalen Format passen.

Der Brief geht leider noch etwas weiter.
Im Klappentext müßte irgendwie herauskommen, daß es in dem Buch keine Geschichte gibt, keine Fiktion. Das Buch ist ein »Bewußtseinsroman«. Es geht nicht mehr um die alte fabulierende Phantasie, sondern um die Phantasie, die sich innerhalb der Sprache bewegt, eine sprachliche Phantasie. Eine Geschichte besteht höchstens in der Anordnung der Sätze: die Alogik ist der alogische Ablauf des Schreckens. Der Roman ist die Geschichte eines Schreckens, eines Erschreckens, der Angst, der Verfolgung, der Beklemmung, der Langeweile, der Folterung, des Sterbens. Keinesfalls ist er eine Abrechnung mit dem Kriminalroman oder eine Parodie!! Er benützt nur die Klischees des Krimis als Vehikel, das die Sätze zusammenhält und die Pseudoeinheit, das Abgerundete eines klassischen Romans vortäuscht. Er ist der Versuch, von einer reproduzierten, reproduzierbaren Literatur, von den Klischees aus wieder die Wirklichkeit (meine, des Lesers) zu entdecken.
Bitte, lassen Sie auch nicht die Äußerungen, die ich im Brief an Dr. Bezzel gemacht habe, außer acht (für den Klappentext): sprachlicher Realismus oder so etwas. Es darf nur nicht die Auffassung aufkommen, der Roman sei ein Spaß Das ist er ganz und gar nicht. Komisch ist er nur, wenn es sich eben durch die Form ergibt, jedenfalls nicht von vornherein gewollt.
Ein ganz schön langer Brief. Es tut mir leid. Hoffentlich hat er nicht die neuen Kräfte aus Ihrem Urlaub aufgezehrt. (Au, jetzt fällt mir noch was ein, für die Reklame oder auch nicht) das Buch hat keine Geschichte (eine *erfundene*), weil eine Fiktion den Leser von seiner eigenen Geschichte zunächst nur ablenkt (während ihn dann eine gute Geschichte doch wieder auf sich selber zurückkommen läßt, aber erst dann): das Buch hat die Geschichte des Lesers: wenn dieser keine Geschichte hat, wenn er also nicht sensi-

bel und aufmerksam genug ist (in bezug auf sich selbst und auf seine Umwelt), wird er dem Buch auch nichts entnehmen können. So. Wenn das Buch äußerlich so wird, wie ich es mir vorstelle, freue ich mich fast schon darauf.
Im übrigen weise ich Sie auf den jungen österreichischen Autor hin, von dem ich gesprochen habe. Dr. Bezzel hat eine Zeitschrift, in der etwa 40 Seiten seines entstehenden Romans »Unter Schweinen« abgedruckt sind. Ich bin von dem Text sehr, sehr beeindruckt, die Texte erinnern mich in vielem an den jungen Kafka, auch an Robert Walser.[3] Der Autor heißt Klaus Hoffer, ist so alt wie ich und ist in Graz unter der Anschrift der Zeitschrift »manuskripte« zu erreichen.
Herzliche Grüße (auch an Ihre Frau)
und vielen Dank
Ihr
Peter Handke

1 Der Brief trägt den handschriftlichen Vermerk von S. U.: »erl[edigt]«.
2 Am Rand der Zeile mit dem unterstrichenen Wort »Foto« hat P. H. handschriftlich vermerkt: »vielleicht verwischt«.
3 Klaus Hoffer, *Unter Schweinen*, in: *manuskripte*, Heft 19, 1967, S. 8-14.

[43; Anschrift: ⟨Düsseldorf-Unterrath⟩]
Frankfurt am Main
21. März 1967
Lieber Herr Handke,
Sie unterschätzen meine Kräfte, wenn Sie glauben, ein langer Brief von Ihnen würde meine durch den Urlaub gestärkten Kräfte schwächen. Das Gegenteil ist der Fall: ich erstarke an solchen Briefen, auch an Ihrem Widerspruch.

Ihre Ausstattungsidee leuchtet mir ein, und zwar alles, was Sie schreiben. Nur die beigelegten Fotos überzeugen mich nicht. Da müssen wir noch etwas Drohenderes, Gefährlicheres, vielleicht auch Rätselhafteres finden. Und dann geben Sie sich einem Trugschluß hin. Eine große Satztype fordert einen großen Satzspiegel, das heißt eine breite Zeile. Sonst hat die große Type kein Verhältnis zum Ganzen der Seiten. Und das wiederum bedeutet, daß wir ein breiteres Format nehmen müßten. Wenn Sie einmal zu mir kommen, zeige ich Ihnen die Erstausgaben von Kafka. Dort wurde auch eine große Type gewählt, aber eben auch ein breiteres Format. Ich bin jedoch mit Herrn Carlé im Gespräch, und wir werden uns da etwas Hübsches ausdenken. Jedenfalls stimme ich mit Ihnen im Hinblick auf den klaren Satz vollkommen überein.

Der Klappentext des Buches macht Sorge. Dr. Bezzel hat einen völlig ungenügenden Text geschrieben, der die Leute mehr abschreckt. Ich will jetzt versuchen, auch aufgrund Ihrer Anmerkungen einen solchen Text zustande zu bringen. Sie werden ihn dann noch sehen, bevor er hinausgeht. Herzliche Grüße, auch von meiner Frau,
Ihr
[Siegfried Unseld]

[44]

[Düsseldorf-Unterrath]
17. April 1967

Lieber Herr Dr. Unseld,
entschuldigen Sie meine Trägheit. Ich finde auch, daß die Fotoschnipsel, die ich Ihnen geschickt habe, noch zu wenig bedrohlich sind, aber es ist schwierig, weil ich auch kein eindeutiges Schreckensbild möchte. Vielleicht findet der

Umschlagentwerfer in Polizeizeitschriften etwas, zum Beispiel blutbefleckte Gehsteige oder Kreidestriche, die die Lage eines Toten auf der Straße bezeichnen, wenn der Tote weggeschafft wird.
Mit geht es sonst gut, ich hoffe, daß das Stück noch vor dem Herbst fertig ist.
Mit herzlichen Grüßen
Ihr
Peter Handke

Ihre Sekretärin fragte nach der Adresse des jungen Autors Klaus Hoffer: sie (die Adresse) ist Graz, Goethestraße 48. Prof. Höllerer wird übrigens wahrscheinlich einen Abschnitt aus dem entstehenden Roman bringen.[1]

1 Klaus Hoffer, *Säcke*, in: *Akzente*, 5/1967, S. 407-410.

[45; Anschrift: ⟨Düsseldorf-Unterrath⟩]

Frankfurt am Main
20. April 1967

Lieber Herr Handke,
schönsten Dank für Ihren Brief vom 17. April. Ich höre Gutes von der Berliner Aufführung und überhaupt von Ihren Erfolgen.[1] Wir wollen alles gut nützen, um Ihrem neuen Buch zu besonderer Wirkung zu verhelfen.
Sie wissen, daß die Umschläge des Verlages Willy Fleckhaus entwirft. Er ist mit großer Freude für die Arbeit an Ihrem Umschlag bereit. Nun wohnt er ganz in Ihrer Nähe. Ich habe Herrn Fleckhaus Ihre Telefonnummer gegeben. Stimmt sie noch (633 155)? Herr Fleckhaus wird Sie anrufen. Wenn irgend möglich, treffen Sie sich doch mit ihm. Die Unterredung wird für Sie nicht ohne Gewinn sein;

Herr Fleckhaus ist einer der ersten Buchgestalter, die wir überhaupt haben, ein Mann mit großem internationalem Erfolg.
Herzliche Grüße
Ihr
[Siegfried Unseld]

1 P. H., *Publikumsbeschimpfung*, hatte in der Regie von Günther Büch am 6. April 1967 Premiere im Forum Theater Berlin.

[46; Rundbrief an Autoren des Suhrkamp und Insel Verlags; Anschrift: ⟨Düsseldorf-Unterrath⟩¹]

Frankfurt am Main
27. April 1967

Lieber Herr Handke
ich komme heute mit einer Bitte zu Ihnen. Wir müssen etwas für die »sammlung insel« tun und hatten die Idee, einen Prospekt zu erarbeiten, in dem »Autoren von Rang« über die sammlung insel berichten. Wäre es möglich, daß Sie mir ein paar Zeilen über einen Band, über zwei Bände oder über das ganze Unternehmen oder seine Tendenz schreiben? Ich wäre Ihnen sehr dankbar.
Schönste Grüße
Ihr
Siegfried Unseld

1 Diesen Rundbrief auf Bögen des Insel Verlags sandte S. U. an mehrere Verlagsautoren (u. a. Adorno, »*So müßte ich ein Engel und kein Autor sein*«, S. 585, Bernhard, *Bernhard-Unseld*, S. 54). Obwohl der Brief nicht ermittelt ist, folgt aus Brief 47, daß S. U. sich auch an P. H. wandte. Die ersten Bände der *sammlung insel* erschienen im September 1965, die Reihe wurde mit dem fünfzigsten Band 1969 eingestellt. Der Prospekt kam nicht zustande.

[47]

[Düsseldorf-Unterrath]
2. Mai 1967

Lieber Herr Dr. Unseld,
schön, daß ich auch einmal einen Brief mit dem Briefkopf des Inselverlages gekriegt habe. Bitte gedulden Sie sich nur mit einer Äußerung über die »Sammlung Insel«, weil ich bis jetzt erst bei Beccaria bin. Aber ich werde bald antworten.[1]
Zu dem Vertragsentwurf, den Frau Ritzerfeld mir geschickt hat, habe ich einige Fragen, das heißt, an Sie eigentlich nur eine: soll die Auflage wirklich so hoch sein? Ich habe zwar jetzt den Umbruch gesehen und war sehr angetan vom Arrangement, bin auch sehr neugierig auf den Umschlag, bin aber doch sicher, daß das Buch zwar lesbar, aber nicht verschlingbar ist. Andrerseits wäre ich natürlich stolz über eine so hohe Auflage, aber was nützt der Stolz, wenn Sie dann die Exemplare nicht wegkriegen?
Andere Fragen stehen in dem Brief an Frau Ritzerfeld, mit denen Sie aber wahrscheinlich nicht so viel zu tun haben.[2]
Sonst freue ich mich schon sehr auf das Buch.[3]
Herzlich
Ihr
P. Handke

1 Cesare Beccaria, *Über Verbrechen und Strafen*, herausgegeben von Wilhelm Alff, erschien 1966 als Band 22 der *sammlung insel*; siehe Brief 58.
2 Helene Ritzerfeld hatte am 26. April 1967 P.H. den Verlagsvertrag zu *Der Hausierer* zugesandt. Er antwortete am 2. Mai 1967: »Sehr geehrte Frau Ritzerfeld, mir ist noch einiges an dem Vertrag über den ›Hausierer‹ unklar. Erlauben Sie mir, daß ich noch einmal frage, bevor ich Ihnen den Vertrag zuschicke. Ist es richtig, wenn ich entnehme, daß die erste Auflage 20 000 Exemplare umfassen

soll? Mir erscheint das, wenn ich an den nicht gerade kulinarischen Charakter des Buches denke, doch als sehr hoch; dazu kommt noch, daß, wenn die erste Auflage 20 000 beträgt, mein Honorar bis zum 20 000sten Exemplar auf 10 % vom Ladenpreis beschränkt bliebe, während ich aber bei einer Auflage von 8 oder 10 000, sollte sich noch eine Auflage ergeben, besser weg käme. Meine Frage ist also banal, aber vielleicht einleuchtend. Außerdem: was wird der Ladenpreis des Buches sein? Ich entnehme dem Vertrag nichts.« Darauf antwortete Helene Ritzerfeld unter dem Datum des 3. Mai 1967: »Aus Ihrem Brief vom 2. Mai ersehe ich, daß unsere Formulierung in § 2 des Vertrages über ›Der Hausierer‹ wirklich mißverstanden werden kann. Wenn es dort heißt ›für die ersten 20.000 Exemplare‹, so ist damit nicht die erste Auflage gemeint. Damit wird nur gesagt, daß das Honorar von 10 % für das 1. bis 20. Tausend gilt und daß dann ab 21. Tausend 12 % gelten. [...] Der Ladenpreis des Buches wird voraussichtlich ca. DM 14,– sein.«
3 Der Brief trägt den handschriftlichen Vermerk von S.U.: »mündl[ich] bespr[ochen].«.

[48]

[Düsseldorf-Unterrath]
17. Mai 1967

Lieber Herr Dr. Unseld,
der Entwurf des Umschlags ist leider ganz unmöglich. Ich wundere mich, daß er Ihnen gefällt, da Sie doch das Buchinnere kennen und außerdem meine Vorstellung von dem Umschlag, die doch gewiß nicht kompliziert ist. Ich habe Herrn Carlé die zweite Möglichkeit angegeben: die farblich verfremdete Fotografie einer offenen Telefonzelle, in der der Hörer baumelt. Diese Popzeichnung von Fleckhaus wäre für sich nicht übel, aber für mein Buch unstatthaft. Der Roman ist kein Poproman, und es ist wichtig, daß die Leser nicht mit dem falschen Bewußtsein an das Buch gehen. Das ist ja gar nicht so lustig, würden sie sagen. Auch

könnte man das Buch als Jux auffassen, und das will ich nicht. Es wird doch nicht so schwer sein, ein Foto ordentlich zu kolorieren. In dem Film »Blow up« von Antonioni gibt es eine wunderbare Nahaufnahme einer leeren grellroten Telefonzelle.[1]
Noch eine Schwierigkeit (ich wundere mich selber darüber): der Klappentext von Herrn Widmer ist sicherlich weder instruktiver noch reizvoller als der von Herrn Bezzel. Er ist etwas sehr nichtssagend, leider, ich sage das nicht gern. Er wäre, glaube ich, auch auf ein Dutzend anderer Bücher anzuwenden (»registrieren«, »Alltagssprache«).[2] Vielleicht kann man ihn lassen, nur durch zwei genauere Sätze ergänzen. Ich habe schon so viel darüber geschrieben, daß ich jetzt schon fast müde bin. Kann man nicht bitte zwei Sätze aus meinen Bemerkungen aufnehmen? Etwa: Der Roman erzählt keine erfundene Geschichte, sondern braucht die Geschichte des Lesers. Oder: Schrecken wird nicht mehr beschrieben, sondern zeigt sich in der alogischen Struktur der Sätze. Oder: Jeder Satz ist eine Geschichte. Ein flüssiges Lesen ist unmöglich, unmöglich gemacht. Der Leser sollte nach jedem Satz stocken. Der Leser sollte nach jedem Satz stocken.
Herzlich
Ihr
Peter Handke

1 Bei Michelangelo Antonionis Film *Blow Up* aus dem Jahr 1966 entdeckt ein Fotograf beim »Blowup« (Entwickeln und Vergrößern) auf zufällig gemachten Bildern von einem Liebespaar im Park eine Figur im Hintergrund mit einer Pistole in der Hand und eine im Gebüsch liegende Leiche.
2 P. H. schrieb Urs Widmer, dem Nachfolger von Chris Bezzel, am 17. Mai 1967: »[...] Ihr Klappentext, nehmen Sie es mir nicht übel, kommt mir etwas beliebig vor. Das Klappentextschreiben ist wohl eine der scheußlichsten Beschäftigungen, das gebe ich zu. Trotz-

dem würde ich mir von Ihnen noch zwei oder drei informative Sätze wünschen. Herr Unseld hat eine ganze Sammlung von Erklärungen, die ich mühsam gegeben habe (für den Klappentext). Davon müßte doch der eine oder andere Satz anwendbar sein.«

[49; Anschrift: ⟨Düsseldorf-Unterrath⟩]

Frankfurt am Main
18. Mai 1967

Lieber Herr Handke,
schönsten Dank für Ihren Brief vom 17. Mai. Irgendwie ist der Fleckhaus-Umschlag in sich perfekt. Seine Perfektion geht sogar soweit, daß ich mich wirklich einmal fragte, ob er doch nicht in Betracht gezogen werden könnte. Aber ich gebe Ihnen recht, wir werden ihn also nicht nehmen, das heißt, wir werden beim endgültigen Druck für ein anderes Ornament sorgen.
Weit weniger bin ich mit Ihnen einverstanden, was Sie über den Klappentext schreiben. Die Funktion eines Klappentextes ist ja die eines Apéritifs, er soll ebenso sehr genießende wie anregende Funktion erfüllen. Keinesfalls aber dürfen Vorschriften für den Leser enthalten sein. Man kann Anregungen geben oder Lesehilfen, aber man darf keine Vorschriften machen und, das wichtigste, nicht den Versuch einer allzu strengen Eigeninterpretation, die keine anderen Deutungen zuläßt. Bei dem Ihnen bekannten Text lassen wir im dritten Abschnitt die zweite Hälfte weg und nehmen dann noch ein, zwei Sätze auf, die mehr theoretischen Charakter haben. Sie bekommen das Ganze noch zugesandt. Werden Sie der Sache nicht müde, wir werden es auch nicht, und die Versuche zielen ja doch darauf, Ihrem Buch die bestmögliche Wirkung zu sichern.
Herzliche Grüße
Ihr
[Siegfried Unseld]

[50]
[Düsseldorf-Unterrath]
23. Mai 1967
Lieber Herr Unseld,
ich glaube nicht, daß man eine gewisse Konkretisierung und Genauigkeit mit einem Vorschriftenmachen verwechseln sollte. Ein Apéritif bleibt trotzdem ein A., das gestehe ich Ihnen zu. Inzwischen aber hat mich Herr Widmer schon angerufen, und die Sache ist wohl in Ordnung, worüber ich erleichtert bin.
Zum Vertrag über den Roman habe ich n o c h eine Frage (Anfrage): Frau Ritzerfeld hat mir auf eine erste Anfrage mitgeteilt, die Erhöhung des Autorenhonorars von 10 auf 12 % trete nicht nach der ersten Auflage, sondern nach dem 20. Tausend ein, wobei die erste Auflage weniger als 20. sein soll. Ich verlange keineswegs einen besonders günstigen Vertrag, sondern meinetwegen einen üblichen. Ist dieser Punkt üblich?
Ich stimme auch mit Herrn Fleckhaus überein, daß sich die Umschläge ändern werden, mag auch sein, daß sein Umschlag in sich stimmig ist, aber jedenfalls ist er nicht stimmig für mein Buch. Aber ich bedanke mich, daß auch Ihnen das klar ist.
Und noch einen Dank: für das Thomas-Bernhard-Buch: ich habe es fast in einem Anlauf durchgelesen, war stellenweise ziemlich wütend, ärgerlich, aber schließlich doch fast »erschlagen«. Das ist doch ein großartiges Buch.[1]
Herzlich
Ihr
Peter Handke

1 Thomas Bernhard, *Verstörung. Roman*, erschien am 15. März 1967 im Insel Verlag. P. H. rezensierte das Buch unter dem Titel *Als ich*

»*Verstörung*« *von Thomas Bernhard* las (Erstdruck in: *manuskripte*, Heft 21, 1967, S. 14f.); wiederabgedruckt in: P. H., *Ich bin ein Bewohner des Elfenbeinturms*, S. 211-216.

[51; Anschrift: ⟨Düsseldorf-Unterrath⟩]

Frankfurt am Main
24. Mai 1967

Lieber Herr Handke,
schönsten Dank für Ihren Brief vom 23. Mai. Ich glaube, wir haben jetzt einen ganz vorzüglichen Klappentext.[1] Sobald Fleckhaus wieder im Lande ist, wird er einen neuen Umschlag entwerfen. Mit dem jetzigen gehen die Vertreter erst einmal los, er wird Ihrem Buch keinesfalls schaden, zunächst ja eher nützen.
Herzliche Grüße
Ihr
[Siegfried Unseld]

1 Siehe Brief 61, Anm. 2.

[52; handschriftlich; Ansichtskarte: »Arlequin. (Pantin.)«]

Paris
31. Mai 1967

Lieber Herr Unseld,
weil ich Ihnen noch nie eine Karte geschickt habe.
Herzlich
Ihr
Peter Handke

[53; Anschrift: ⟨Düsseldorf-Unterrath⟩]

Frankfurt am Main
6. Juni 1967

Lieber Herr Handke,
schönsten Dank für Ihren Brief vom 23. Mai, der wegen der Vertragsfrage in einer anderen Abteilung liegen blieb, und auch für Ihre Karte aus Paris.
Zum Vertrag: es ist durchaus üblich, daß das erhöhte Honorar von 12½% vom 20. Tausend an eingesetzt ist.
Im übrigen, unsere Vertreter haben jetzt den Text gelesen, sie bangen doch etwas vor der Rezeption, zumindest vor der des Sortiments. Wir müssen darauf bauen, daß wir eine gute kritische Reaktion auf das Buch erhalten. Wie erwartet, waren sie entzückt vom Umschlag. Ich habe von Fleckhaus noch keine Nachricht wegen des neuen Motivs.
Ich freue mich, daß Sie Bernhards Buch letztlich doch zustimmen können; es ist ja ein Buch, das eher durch seine Schwächen als durch seine Vorzüge fasziniert.
Ich schicke Ihnen mit gleicher Post eine erste, kurze Ankündigung des »Hausierers« zu.
Herzliche Grüße
Ihr
[Siegfried Unseld]

[54; Anschrift: ⟨Düsseldorf-Unterrath⟩]

Frankfurt am Main
22. Juni 1967

Lieber Herr Handke,
die Buchhandlung Freytag-Berndt und Artaria in Innsbruck möchte Sie zu einer Lesung einladen. Haben Sie Lust dazu, und wann kommen Sie einmal ohnehin in diese Ge-

gend? Wie ich die österreichischen Buchhandlungen einschätze, sind sie nicht in der Lage, Reisekosten zu tragen.
Herzliche Grüße, die ich vor allem an die Freundin weiterzugeben bitte,
Ihr
[Siegfried Unseld]

[55]

[Düsseldorf-Unterrath]
30. Juni 1967

Lieber Herr Unseld,
entschuldigen Sie, daß ich jetzt erst antworte, ich habe gearbeitet (eine komische Übertreibung für das Schreiben). Das Stück ist jetzt wohl im großen und ganzen fertig, ich werde es aber dem geschätzten Suhrkamp Verlag erst nach dem Urlaub des Herrn Braun schicken.[1]
Ich weiß wirklich nicht, wann ich in die Gegend von Innsbruck komme. Im November bin ich wahrscheinlich einmal in München. Vielleicht dann?
Herzliche Grüße, auch von Libgart
Ihr
P. Handke

1 Am 4. September 1967 sandte P. H. *Kaspar* an Karlheinz Braun mit einem Begleitbrief: »[...] trotz allem [der Differenzen wegen des Umschlags von *Der Hausierer*] schicke ich Dir das Stück. Ich habe gerade sogar noch eine kurze Vorbemerkung geschrieben. Der Druck wird vielleicht schwierig werden. Aber wenn man es so ähnlich wie ein Filmdrehbuch macht – vielleicht wäre ein Textbuch im Längsformat auch besser. Laß mich auf jeden Fall wissen, was Du damit machen willst, halt den Text möglichst geheim. Einen Durchschlag einer unkorrigierten Ausgabe (!) habe ich im August Ernst Wendt gegeben. Er und Büch sind die einzigen, die

das Manuskript gelesen haben. Bei den Proben zu irgendeiner sogenannten Uraufführung möchte ich wenigstens am Anfang dabei sein, zum Ändern. Die Szene 40a und 41a müssen umgeschrieben werden als 42 und 43, wodurch alle folgenden Szenen mit 2 addiert werden. [...] | Das Stück kann in der normalen Orthographie gesetzt werden. |« Das Typoskript hat einen Umfang von 90 Seiten und wurde von P. H. in Kleinbuchstaben, zweispaltig (eine Spalte für ›Kaspar‹, eine für die ›Einsager‹) und zweifarbig (mit schwarzem Farbband für die Regieanweisungen und mit rotem für die Figurenstimmen) getippt (siehe DLA, SUA, A: Suhrkamp Verlag, Handke, Peter).

[56; Anschrift: ⟨Düsseldorf-Unterrath⟩]

Frankfurt am Main
3. Juli 1967

Lieber Herr Handke,
schönsten Dank für Ihren Brief vom 30. Juni. Ich bin gerne damit einverstanden, daß Sie Ihr Stück Anfang oder Mitte August an den Verlag schicken.
Der betreffenden Buchhandlung teile ich mit, daß Sie vielleicht im November in der Nähe sein werden.
Herr Busch glaubt sich zu erinnern, daß Sie sich einmal sehr enthusiastisch über Linhartová geäußert haben. Wäre es möglich, daß Sie hier ein paar Zeilen zitierbar zu Papier brächten?
Herzliche Grüße
Ihr
[Siegfried Unseld]

[57; Anschrift: ⟨Düsseldorf-Unterrath⟩]

Frankfurt am Main
10. Juli 1967

Lieber Herr Handke,
mit meinen römischen Anspielungen war es mir sehr ernst. Ich höre jetzt, daß Sie im Herbst eine Lesereise machen. Bitte reservieren Sie sich für Rom etwa die Tage vom 27. Oktober bis 3. November. Frau Feltrinelli hat Sie bereits in ihre Gästewohnung eingeladen. So gut möchte man's haben.
Herzliche Grüße
Ihr
[Siegfried Unseld]

[58]

[Düsseldorf-Unterrath]
18. Juli 1967

Lieber Herr Unseld,
ja, ich würde mich auf Rom freuen, vor allem, weil ich noch nie in Rom war.
Es ist leider so schwierig, auf »Befehl« oder Frage etwas Zitierbares zu schreiben, ich wollte damals über die »sammlung insel«, war aber sprachunfähig. Inzwischen habe ich auch nur Büchners Enzensberger (hätte ich fast gesagt) angelesen |»Hess. Landbote«|, und das Nachwort Enzensbergers hat mir nicht so sehr gefallen.[1] Über Věra Linhartovás erstes Suhrkampbuch habe ich noch in Graz eine zwar nicht sehr gut geschriebene, aber doch gut meinende Rezension geschrieben, aus der man doch einige Sätze verwenden könnte, auch für das noch viel bessere zweite »Diskurs über den Lift«.[2] Mich fasziniert an dieser Schriftstellerin eine

beharrliche (sehen Sie, ich komme schon ins Vertippen[3]), nicht nachdenkliche, sondern scharf nachdenkende Weitschweifigkeit, die die erzählte Geschichte als Geschichte unwichtig macht, sie nur als Ausgang zum Nachdenken nimmt, und zwar zu einem sehr spannenden Nachdenken, das man höchstens von Musil oder Kafka kennt, auch vielleicht Robert Walser: über Alltäglichkeiten wird so viel reflektiert, bis die Alltäglichkeit sich ganz aufgelöst hat, aufgeweicht ist, wegschwimmt: übrig bleibt das Muster des Nachdenkens, das nicht, wie es heißt, nachdenklich, sondern nachdenken macht. Für mich ist das die unheimlichste, klarste, vernünftigste Prosa seit langem gewesen. – Morgen fahre ich übrigens weg.[4] Ich brauche jetzt ein bißchen aufatmen. Wir werden in Südfrankreich, vielleicht auch in Spanien sein. Ende August ziehen wir hier auch um, in eine größere Wohnung.
Ihnen alles Gute, auch Ihrer Frau
Ihr
Peter Handke

|Erinnern Sie sich noch an jene schwarzhaarige Griechin zur Zeit der Experimenta heuer?[5] Sie wollte Sie aufsuchen, war aber zu schüchtern oder zu stolz. Sie könnte vielleicht über die Situation in Griechenland im »Kursbuch« etwas machen oder verbotene Dichter übersetzen. Ihr Name ist: Lila Maraka, sie wohnt in Berlin, Kaiserdamm 3 a. Ich kenne sie *nicht* näher.|[6]

1 Georg Büchner, Ludwig Weidig, *Der hessische Landbote. Briefe, Prozeßakten*, kommentiert von Hans Magnus Enzensberger, erschien 1965 als Band 3 der *sammlung insel*.
2 Věra Linhartová, *Geschichten ohne Zusammenhang*, erschien als erstes Buch der Autorin in der Übersetzung von Josefine Spitzer 1965 als Band 141 der *edition suhrkamp*; *Diskurs über den Lift*, in

der Übersetzung von Josefine Spitzer 1967 als Band 200 der *edition suhrkamp*.

P. H. verfaßte für die im Österreichischen Rundfunk, Landesstudio Steiermark, am 4. April 1966 ausgestrahlte Sendung *Bücherecke* eine Besprechung neuer Bücher von Věra Linhartová und Bohumil Hrabal. »Rein äußerlich gesprochen, erstaunt schon die Frische dieser tschechischen Prosa, die, jedenfalls bei Věra Linhartová, vereint ist mit einer außerordentlich klaren Reflexion. Dies erstaunt umso mehr, wenn man weiß, daß Věra Linhartová ihre ›Geschichten ohne Zusammenhang‹ im Alter von neunzehn bis zweiundzwanzig Jahren geschrieben hat. In der Form sind sie freilich äußerst traditionell, was aber unbedeutsam ist, solange die Gedanken neuartig erscheinen; äußere Ähnlichkeiten etwa mit Franz Kafka, E. T. A. Hoffmann oder gar der dänischen Erzählerin Tania Blixen wären ohne Schwierigkeiten festzustellen, ohne daß freilich dadurch etwas gewonnen ist. Die Autorin gebraucht manchmal alte Formen sogar bewußt ironisch, etwa, wenn sie sich in der Erzählung mit dem Verfasserplural als ›wir‹ bezeichnet, oder wenn sie sich zwischendurch an den Leser wendet und ihn für ihre Saumseligkeit im Erzählen um Verständnis bittet. Saumseligkeit: dieses Wort ist hier durchaus kein Vorwurf; ja die Eigenart der Geschichten Věra Linhartová besteht sogar darin, daß das Ende der Geschichte eben durch die reflektierende und abschweifende Saumseligkeit der Erzählerin recht lange zurückgehalten wird: das alte retardierende Moment der Reflexion. Die Wirklichkeit wird durch die Sprache unsicher gemacht, Unmögliches und Unwahrscheinliches scheint plötzlich möglich, allein durch die Stilistik, in der es behandelt wird. [...]«

3 Vor dem Wort »beharrliche« machte P. H. eine Verschreibung durch Überschreibung mit Xen unkenntlich.
4 Dieser Satz ist von dritter Hand unterstrichen.
5 Die Experimenta II fand in Frankfurt am Main von 2. bis 10. Juni 1967 statt.
6 Dieser Zusatz findet sich quer am linken Rand des Briefs.

[59; handschriftlich; Ansichtskarte: »London, Piccadilly Circus«]

London, Hyde Park, Liegestuhl
22. Juli 1967

Lieber Herr Unseld,
es ist schön, so auszurasten, hoffentlich tun Sie's auch.
Herzlich
Ihr
Peter Handke

Ein dritter Liegestuhl liegt noch neben uns. London müßten Sie eigentlich auch mögen, herzliche Grüße Libgart Schwarz

[60; Anschrift: Düsseldorf-Unterrath]

Frankfurt am Main
29. August 1967

Lieber Herr Handke,
wo stecken Sie eigentlich? Seit der Karte aus dem Hyde Park habe ich nichts mehr von Ihnen gehört. Dabei ruft alles nach Ihnen – von den Rufen der schönen Dame Schwarz ganz zu schweigen.
Der »Hausierer« ist da. Hier ein erstes Exemplar. Sie sehen, Herr Fleckhaus hat kapituliert. Wir haben die größten Anstrengungen unternommen, um Ihrer Vorstellung einer öffentlichen englischen Telefonzelle mit herausbaumelndem Hörer gerecht zu werden. Wir haben sogar einen Fotografen in London beauftragt, uns Fotos zu schicken, und dann haben wir die Fotos einer öffentlichen englischen Telefonzelle mit herabbaumelndem Hörer in verschiedenen Farben angedruckt. Unsere Herstellung könnte Ihnen die An-

drucke ja einmal zeigen. Aber alles ist nichts geworden, und so haben wir einen reinen Schriftumschlag gemacht.
Meine Vertragsabteilung meldet mir, daß immer noch kein Vertrag da sei. Er muß ja irgendwo bei Ihnen herumliegen.[1]
Wir haben die Auflagenhöhe etwas reduziert, da die Vorbestellungen der Sortimenter nur sehr zögernd kamen und auch sonst die Reaktion nicht übertrieben enthusiastisch war. Aber wir stehen parat und können sofort nachdrucken, falls sich das Erhoffte ereignet.
Ich hoffe, wir sehen uns zur Buchmesse. Das Theater am Turm veranstaltet ja am Freitag, den 13. Oktober, einen Handke-Abend. Richten Sie sich dann doch möglichst so ein, daß Sie bis Samstag um 17 Uhr wieder nüchtern sind, damit Sie in der Klettenbergstraße etwas lesen können.[2]
Und denken Sie noch daran, daß man Sie in den Tagen vom 30. Oktober bis 1./2. November in Rom erwartet? Ich schrieb Ihnen schon, daß Frau Feltrinelli Sie eingeladen hat, bei ihr zu wohnen. Die Reisekosten werde ich übernehmen als Beitrag zu Ihrer Horizonterweiterung und in der Hoffnung, das Römische möchte sich für Sie produktiv auswirken.[3]
Und dann darf ich noch die vierte Auflage der »Publikumsbeschimpfung« vermelden. Wir druckten 8.000 Exemplare, also das 17.-24. Tausend. Ich beglückwünsche Sie wie mich.
Mit schönen Grüßen
[Siegfried Unseld]

1 Helene Ritzerfeld schrieb am 13. September 1967 an P. H.: »[...] haben Sie besten Dank für die Rücksendung des unterschriebenen Vertrages für ›Der Hausierer‹. Mit diesen Zeilen schicken wir Ihnen das für Sie bestimmte Gegenexemplar. Heute möchte ich Ihnen auch noch herzlich für Ihre Karte aus London danken, mit der Sie mir schon bestätigten, daß der Vertrag so in Ordnung ist. Ich war inzwischen selbst in Urlaub, und Herr Dr. Unseld gab mir jetzt den unterschriebenen Vertrag.«

2 P. H. hielt sich während der Buchmesse 1967 (Donnerstag, 12. Oktober, bis Dienstag, 17. Oktober) in Frankfurt am Main auf. Karlheinz Braun schrieb an P. H. am 7. September 1967, es sei gelungen, »am Messesonntag, dem 15. Oktober, eine Nachtvorstellung der ›Publikumsbeschimpfung‹ im TAT zu machen. Es wäre schön, wenn Du vor der Vorstellung ca. 20 Minuten-½ Stunde lesen könntest, aus dem ›Hausierer‹ oder Gedichte oder Feuerbach oder was Du willst. Was meinst Du dazu? Können wir das ankündigen?« P. H. hatte bei einer Veranstaltung in Wien nicht aus seinem eigenen Werk gelesen, sondern einen Teil der Dokumentation über Kaspar Hauser von Anselm Feuerbach aus: Hermann Pies, *Die Wahrheit über Kaspar Hausers Auftauchen und erste Nürnberger Zeit*.

3 S. U. hielt sich vom 27. Oktober - 2. November 1967 in Rom auf. Der *Reisebericht* vermerkt: »Die Reise wurde unternommen aufgrund der Ausstellung der Verlage Insel und Suhrkamp in der Deutschen Bibliothek in Rom und um wieder Ingeborg Bachmann zu besuchen. Im Zusammenhang mit diesen beiden Hauptmotiven gab es dann eine Fülle von Begegnungen und Anregungen:
1. Ausstellung
Die Bücher waren rechtzeitig vorhanden, die beiden großen Räume der Bibliothek waren sehr schön, wenn auch für die Ausstellung doch etwas zu klein. Der Witz der Ausstellung lag in unseren Plakaten und vergrößerten Fotografien. Das wird der Eindruck sein, der bleibt. [...] Die Ausstellung wurde am Montag [dem 30. Oktober] um 18.30 Uhr eröffnet. Der Leiter der Bibliothek, Herr Marschall von Bieberstein, sprach einige Worte, und dann hielt ich eine kurze Rede, in der ich auch ein neues Gedicht von Nelly Sachs vorlesen konnte. Anschließend Empfang und Abendessen mit italienischen Schriftstellern.
2. Ernst Bloch
Bloch sprach am Dienstagabend, 18.30 Uhr, eingeführt von Professor Lombardi; sein Thema: Atheismus und Christentum. Der Vortrag wurde mit hohem Beifall bedacht, wenn er auch natürlich von zwei Seiten Provokationen erhielt; anwesende Jesuiten äußerten sich nachher erregt über die Kritik und die Angriffe Blochs, während anwesende Marxisten und KP-Leute den Vortrag als zu mild angriffen, das Christentum habe überhaupt keine theoretischen Positionen mehr, die anzugreifen seien. [...]
10. Luise Rinser
Sie lebt seit Jahren in Rom und hat sich jetzt außerhalb Roms ein

kleines Landhaus gebaut mit Swimmingpool und einem sehr bissigen Wachhund. Ich hätte sie nicht wiedererkannt, als Person ist sie durchaus noch sympathisch, aber beginnt mehr und mehr unter dem Komplex zu leiden, daß sie nicht mehr zählt, daß sie nicht mehr dazugehört, da der Rang ihrer Arbeiten ja auch sehr nachgelassen hat.
11. Peter Handke
Peter Handke war nur 1 ½ Tage in Rom und mußte dann wegen eines Termins nach Wien fliegen. Am 11. 11. [1967] gastiert die Oberhausener Bühne mit der ›Publikumsbeschimpfung‹. Im Februar erfolgt dann die italienische Aufführung. Der Regisseur war anwesend. Alle Zeichen sprechen dafür, daß Handke in Italien ein sehr großer Erfolg werden wird. ›Die Hornissen‹ werden gegenwärtig übersetzt. Das Buch soll dann auch im Februar vorliegen. In jedem Fall will man die ›Publikumsbeschimpfung und andere Sprechstücke‹ bis dahin vorliegen haben.«

[61]
Düsseldorf, Gartenstraße[1]
4. September 1967
Lieber Herr Unseld,
ich bedanke mich für Ihren Brief.
Ich bedanke mich auch für die Mühe, die Sie sich mit dem Buchumschlag gemacht haben. Trotzdem bin ich enttäuscht. Mehr möchte ich nicht mehr sagen, weil ich mir seltsamerweise schon bei dem einen Satz als Nörgler vorkomme. Zum Glück ist dieser Umschlag wenigstens nicht FALSCH wie der erste.[2]
Ich bedanke mich auch für Ihr Angebot, die Romreise zu bezahlen. Aber, sollte ich hinfahren, möchte ich mir die Reise selber bezahlen.
Zur Buchmesse bin ich gern bereit, bei Ihnen zu lesen.
Herzliche Grüße
Ihr
Peter Handke

1 P. H. war innerhalb von Düsseldorf umgezogen. In der Gartenstraße 25/1, Düsseldorf-Nord, wohnten er und Libgart Schwarz bis zu ihrem Umzug nach Berlin mit Jahreswechsel 1968/69.
2 Das Buch erschien als Klappenbroschur im Hauptprogramm des Verlags, der Umschlag zeigte in schwarzer Schrift Autorname, Titel, Untertitel und Verlagsname auf gelbem Fond. Unter Autorname und Titel stehen in schwarzer Schrift die ersten Sätze des Romans: »Die Mordgeschichte beginnt, wie alle Geschichten, als die Fortsetzung einer anderen Geschichte. Die Personen und Dinge, die beschrieben werden, sind schon bekannt aus der andern Geschichte, die nicht geschrieben, sondern nur stillschweigend vorausgesetzt ist. Wie jede Geschichte gibt sich auch die Mordgeschichte als die Fortsetzung einer nicht vorhandenen Geschichte.« Der hintere Buchumschlag bringt ein Bild von P. H. bei einer Lesung und ein Zitat aus der *Hannoverschen Allgemeinen Zeitung* vom 18. Februar 1967: »... Was ist dieser Peter Handke? Wächst hier einer der Literatursterne der zweiten Hälfte des 20. Jahrhunderts heran, oder ist es eins der vielen Flämmchen, schnell entfacht, kurze Zeit von einem guten Verstande zehrend, schnell wieder verglühend? Er hat den Anstrich des jungen Genies [...].« Die vordere Umschlagklappe enthält den Text: »Peter Handke ist durch sein Sprechstück ›Publikumsbeschimpfung‹ bekannt geworden. ›Der Hausierer‹, nach den ›Hornissen‹ Peter Handkes zweiter Roman, ist ein Kriminalroman nach allen Regeln dieses Genres, eine ›Mordgeschichte‹, die alle möglichen Mordgeschichten zusammenfaßt. Ihr Held ist der ›Hausierer‹; er beobachtet alles, er registriert noch die kleinsten Ereignisse, er ist Zeuge, der überall dabei ist. Dieser Roman liefert dem Leser die klassischen Spielregeln (ohne dabei eine Parodie zu sein), er zeigt die scheinbare Ordnung vor dem Mord, die durch den Mord ausgelöste Unordnung, die Befragung, die Verfolgung, die Entlarvung und, schließlich, die Wiederkehr der Ordnung: ›Die Kinder spielen schon den Mord.‹ Der Leser dieser Geschichte, die in viele Richtungen führt, wird selbst zum Zeugen, dem nichts entgehen darf. Er kann zu keiner endgültigen Lösung kommen, weil es keine endgültige Lösung gibt. Schrecken, Angst, Verfolgung, Tod werden hier nicht mehr beschrieben, sondern zeigen sich in der alogischen Struktur der Sätze. Im ›Hausierer‹ – der ein sprachlich, nicht inhaltlich reflexiver Roman ist – kommt es auf jeden Satz an: Jeder Satz ist eine Geschichte.«

[62; Anschrift: ⟨Düsseldorf, Gartenstraße⟩]
Frankfurt am Main
7. September 1967
Lieber Herr Handke –
schönsten Dank für Ihren Brief vom 4. 9. Bitte, seien Sie nicht allzu enttäuscht. Der Umschlag ist nicht aufregend, das weiß ich wohl, aber er scheint mir wirklich nicht falsch zu sein.
Und bitte seien Sie, was Rom betrifft, nicht unnötig stolz. Wenn Sie selbst die Kosten für eine Fahrt anlegen wollen, wie wäre es dann, ich zahlte Ihnen Ihre Reise und Sie für eine gewisse Dame Schwarz.
Ich freue mich, daß Sie bei der Buchmesse lesen wollen.
Herzliche Grüße
[Siegfried Unseld]

[63; Anschrift: Düsseldorf, Gartenstraße]
Frankfurt am Main
18. September 1967
Lieber Herr Handke,
Sie hatten mich in eine Verlegenheit gebracht: ich sagte Nelly Sachs, Sie wollten sie bei der Eröffnung der Buchausstellung treffen. Daß ich Sie da nicht sah, betrübte mich natürlich persönlich, aber insbesondere im Hinblick auf die alte Dame, die mindestens dreimal nach Ihnen fragte und für die das Zusammentreffen mit Ihnen ein Grund gewesen war, zur Eröffnung zu kommen. Wäre es wohl möglich, daß Sie ihr ein paar freundliche Zeilen schreiben, die bekundeten, daß Sie durchaus, wie Unseld ihr gesagt habe, bereit gewesen seien, zu kommen, daß Sie aber aus diesen und jenen Gründen doch nicht kommen konnten. Mir wäre das

wichtig, und Nelly Sachs ist eine Dichterin, die es eben genau nimmt.[1]
Herzliche Grüße
Ihr
[Siegfried Unseld]

P. S.: Die Anschrift von Frau Sachs: Bergsundsstrand 23, Stockholm

1 Zwischen dem 15. und 26. September 1967 zeigten in Stockholm, in der Skandinavska Banken, das Deutsche Kulturinstitut Stockholm und die Ausstellungs- und Messe GmbH des Börsenvereins des Deutschen Buchhandels die Ausstellung »Tsyka böcker i dag«. S. U. war bei der Eröffnung anwesend, P. H. nicht. S. U. notierte in *Reise vom 12. bis 16. September 1967 nach Stockholm*: »Aufführung [am 12. September im Rahmen einer (West-)Deutschen Theaterwoche anläßlich der Buchausstellung] der ›Hilferufe‹ zusammen mit ›Weissagung‹ und ›Selbstbezichtigung‹ [als Gastspiel der Städtischen Bühnen Oberhausen; siehe Brief 26, Anm. 1]. Diese Aufführung fand statt nach einer 1½stündigen schwedischen Aufführung und war also reichlich erschlagend. ›Selbstbezichtigung‹ und ›Weissagungen‹ sind glänzend angekommen. Die ›Hilferufe‹ in der Mitte wirkten bemüht und matt. Der Intendant Mettin möchte Handke als Hausautor für Oberhausen gewinnen, und der Regisseur Büch ist ganz begeistert von Handkes neuem Stück ›Kaspar‹ und möchte dringlich die Uraufführung in Oberhausen machen. Handke ist gegen beides. Im übrigen war der Aufenthalt für Handke ein persönlicher Erfolg.«

[64; Anschrift: ⟨Düsseldorf, Gartenstraße⟩]

Frankfurt am Main
29. September 1967

Lieber Herr Handke,
die Darmstädter Jury »Buch des Monats« hat für den Monat Oktober 1967 den »Hausierer« zum »Buch des Monats« gewählt. Das hat weiter keine große Bedeutung und ist leider mit keinen weiteren Auszeichnungen für Sie versehen, aber wir können immerhin im Verlag etwas daraus machen. Also freuen wir uns darüber.
Ich bedanke mich, daß Sie an Nelly Sachs geschrieben haben; sie hat mir das auch prompt mitgeteilt.[1]
Wir sehen uns ja zur Buchmesse. Ich habe angekündigt, daß Sie am Samstag, dem 14. Oktober, um 17.00 h in der Klettenbergstraße lesen.
Bis dahin herzliche Grüße
Ihr
[Siegfried Unseld]

1 Nelly Sachs schrieb in einem Brief vom 23. September 1967 an S. U.: »Der junge Handke hat mir geschrieben, er hat abfliegen müssen bei der Eröffnung der Buchausstellung.«

[65; Anschrift: Düsseldorf, Gartenstraße]

Frankfurt am Main
12. Dezember 1967

Lieber Peter,
ich habe an Deinem 25. Geburtstag doch sehr herzlich an Dich gedacht. Was hast Du noch vor Dir! Ich habe ja demgegenüber ein Teil der Wegstrecke doch schon hinter mich gebracht.

Deine Hauptmann-Rede war vorzüglich formuliert. Zwar hätte ich die Schlußforderung nicht so kraß hingestellt, aber die Tendenz ist richtig.[1]
Den »Kaspar« habe ich jetzt gelesen. Dazu nur meinen Glückwunsch. Ich hoffe, wir können bald darüber sprechen.
Herzliche Grüße
Dein
[Siegfried Unseld]

1 Am 3. Dezember 1967 erhielt P. H. den von der Freien Volksbühne Berlin an Dramatiker verliehenen Gerhart-Hauptmann-Preis. Seine Dankrede, die sich mit dem Freispruch des fahrlässiger Tötung des Studenten Benno Ohnesorg angeklagten Polizeibeamten Heinz Kurras beschäftigte, endete mit den Sätzen: »Keinen Angeklagten der Welt kann man mit wirklicher Sicherheit schuldig sprechen. Ein letzter Zweifel zeugt immer für ihn. Das ist gut so. Auf diese Weise müssen von jetzt an, das möchte ich sozusagen fordern, nur noch Freisprüche gefällt werden, und ich möchte noch weiter gehen und Steuergelder sparen helfen, indem ich fordere, daß die Gerichte, wenn sie ohnedies nur Freisprüche mehr fällen, abgeschafft werden, daß die Gefängnisse abgeschafft werden, daß überhaupt alle Rechtseinrichtungen abgeschafft werden, daß überhaupt alle dem einzelnen übergeordneten Institutionen des Staates abgeschafft werden! Im Hinblick auf eine solche utopische, noch nicht verwirklichte Welt (aber auch nur im Hinblick auf diese) möchte ich das Urteil für den Polizeibeamten Kurras begrüßen!« (P. H., *Bemerkungen zu einem Gerichtsurteil*, in: *Ich bin ein Bewohner des Elfenbeinturms*, S. 161f.)

1968

[66; Anschrift]

Frankfurt am Main
26. Februar 1968

Lieber Peter,
ich brauche wohl keine besonderen Worte dazu machen.
Joachim[1] hat etwas gezeichnet und Dir gewidmet.
Herzlich
Dein
[Siegfried Unseld]

1 Joachim Unseld, der Sohn von S. U. Die Zeichnung ist nicht ermittelt.

[67; handschriftlich; Ansichtskarte: »The Union Flag of Great Britain«]

[London]
7. April 1968

Lieber Siegfried,
wegen Brecht habe ich kein schlechtes Gewissen mehr, und so kann ich ruhig, auf einer Bank auf einem Friedhof sitzend, die »Welt« als Unterlage, diesen (schon bald nicht mehr) freien Platz auf der Karte vollschreiben.[1] Es wäre fein, Dich in Frankfurt einmal sehen zu können, wenn ich zu den Proben dort bin.
Dein
Peter Handke

1 P. H., *Horváth ist besser*, in: *Theater heute*, 3/1968, S. 28: »Brecht ist verglichen mit Autoren seiner Zeit, etwa William Faulkner und Samuel Beckett, sicherlich ein Trivialautor.« Ich konnte ihn nie leiden [...] Ich ziehe Ödön von Horváth und seine Unordnung [...] vor.« Wiederabgedruckt unter dem Titel *Horváth und Brecht*, in: P. H., *Ich bin ein Bewohner des Elfenbeinturms*, S. 63 f.

[68; Anschrift: ⟨Düsseldorf, Gartenstraße⟩]

Frankfurt am Main
14. Mai 1968

Lieber Peter,
Du warst in Frankfurt und hast mich weder angerufen noch hier im Verlag zu sprechen versucht. Das ist Deine Sache, aber ich bedaure es natürlich.
Der Verlag hat Dir eine Vertragsergänzung zugeschickt. Bitte sende diese Ergänzung ununterschrieben zurück. Nachträglich erinnerte ich mich an ein Gespräch mit Dir. Ich habe Dir gesagt, daß Du wie die anderen Autoren vom dritten Buch von vornherein ein Honorar von 12 % haben sollst. Du kannst diese Erinnerung sicherlich bestätigen. Ich lasse Dir noch einmal ein Vertragsformular auf dieser Basis zugehen. Bitte entschuldige den Vorgang.
Ich bin sehr beeindruckt vom »Kaspar« und möchte am liebsten auch noch die Oberhausener Realisierung sehen.[1]
Herzliche Grüße
Dein
[Siegfried Unseld]

1 P. H., *Kaspar*, erschien am 1. April 1968 in broschierter Form in einer Auflage von 3.000 Exemplaren und einem Ladenpreis von DM 10.– mit einer Collage von Wim Wenders auf der Umschlagvorderseite im Hauptprogramm des Suhrkamp Verlags. Das Stück wurde am 11. Mai 1968 im Frankfurter Theater am Turm in der Regie von Claus Peymann (Kaspar: Wolf R. Redel) und

am selben Tag von den Städtischen Bühnen Oberhausen in der Regie von Günther Büch uraufgeführt.

[69]

[Düsseldorf, Gartenstraße]
20. Mai 1968

Lieber Siegfried,
vielleicht kann ich doch ein bißchen erklären, warum ich Dich nicht im Verlag besucht habe, als ich (übrigens mit Libgart) in Frankfurt war. (Es ist wahrscheinlich aber unwichtig, und nächstes Mal werde ich es sicher nachholen.) Kurz: ich hörte, daß es im Verlag, gerade an dem Tag (Montag), als ich dort war, um wichtige geschäftliche Entscheidungen gehe, ich weiß nicht, um welche es sich handelt. Jedenfalls kam es mir nicht angemessen vor, gerade in diesem, wie mir gesagt wurde, wichtigen Augenblick mit Dir zu sprechen. Das war's, sonst nichts, ich hätte gern Dich getroffen. Vielleicht war ich falsch informiert. Aber ich brauche wohl nicht mehr Sätze zur Erklärung.
Kommst Du denn nicht wieder einmal nach Düsseldorf? Wir haben ein schönes Tischfußballgerät. Nur ein elektrisches Flippergerät fehlt uns noch. Auch einen schönen Lehnstuhl für Dich gibt es, und »Chivas Regal«, 12 Jahre alten schottischen Whisky.
Gestern war ich in Oberhausen und habe mir dort ein bißchen die Vorstellung angeschaut. Ein bißchen zu viel Ohrenbetäubung. Aber der »Kaspar« dort ist groß. Hoffentlich wird auch das Buch richtig verkauft. Törichterweise habe ich mit Wiens, dem Dramaturgen vom TAT, gewettet, bis 31. Dezember 1968 würden 17223 Stück verkauft sein, um 100 Mark. Wenn nicht, würde ich mich freuen, wenn wir zwei uns am 1. Jänner 69 die verlorene Wette teilen.

Mir geht's gut. Nur ist mir nach allem jetzt fürchterlich
langweilig. Im Herbst möchte ich ein Prosabuch anfangen,
richtig spannend (na ja!), in klassischer ruhiger Prosa, wie
Kleist oder Stifter. Zugleich möchte ich Herrn Widmer
die Texte für einen Gedichtband in der Edition schicken,
Herrn Busch: »Die Innenwelt der Außenwelt der Innenwelt«.[1] Und allmählich habe ich auch Lust, wieder an ein
Stück zu denken und es zu planen: über einen Theaterkiller, der Wirklichkeit heutzutage enttäuschend nachgebildet.
Schreib mir doch bitte wieder einmal. Ich lese gern Briefe.
Herzlich
Dein
Peter Handke

1 P.H., *Die Innenwelt der Außenwelt der Innenwelt*, erschien als
Band 307 der *edition suhrkamp* am 5. März 1969. Der vom Autor
stammende Vorschautext, der mit geringfügigen Änderungen für
S. 2 des Bandes übernommen wurde, datiert auf den 26. April
1968: »Diese Texte haben in der Regel gemeinsam, dass sie ein
sprachliches, meist grammatikalisches Modell benutzen und dieses Gerüst mit Sätzen, die nach dem Modell formuliert sind, sprachlich verwirklichen. Die Sätze sind jeweils Beispiele, Verwirklichungen des grammatikalischen Modells. Weil jeder Satz ein
Beispiel für das Modell ist, ergibt sich jeder Text in der Regel
als eine Anordnung von zwar syntaktisch ähnlich gebauten, aber
streng dissoziativen Sätzen, die zwar einzeln genommen Beschreibungen außersprachlicher Gegebenheiten sind, durch die serielle
Reihung aber das grammatikalische Modell z u g l e i c h mit der
Beschreibung erkenntlich machen und auf diese Weise sowohl
Aussersprachliches beschreiben als auch diese Beschreibungen als
beispielhafte Sätze einer vorgefassten sprachlichen Struktur, als
innersprachlich, zeigen: das Ergebnis ist, dass die satzweise Beschreibung der Aussenwelt sich zugleich als Beschreibung der Innenwelt, des Bewusstseins, des Autors erweist, und umgekehrt
und wieder umgekehrt.«
Am 28. August 1968 sandte P. H. an Urs Widmer das Typoskript.
»Ich habe mich bemüht, es fürs erste halbwegs übersichtlich zu

machen. Für den Druck wird es sicher Schwierigkeiten geben, aber ernstliche Komplikationen kann ich mir nicht denken. 2 Texte sind noch klein geschrieben. Für den Druck sollte alles groß geschrieben sein. Was ich rot geschrieben habe, sollte im Druck kursiv sein. Ebenso sollte das Unterstrichene im Druck kursiv sein. Die Titel der Texte sollten kursiv sein, aber etwas größer als die übrige Schrift. Was in meinem Manuskript an äußeren Formen unlogisch erscheint, sollte im Druck logisch erscheinen: der Zeilenspiegel muß nicht mit dem im Manuskript übereinstimmen. Der Vortext von Jean Paul: kursiv. Für den Text Nr. 10 wird ein Klischee verwendet werden müssen. Der Text Nr. 13: der Zeitungstext muß im Druck als Zeitungsausschnitt erkennbar sein, die Maschinschrift darunter wird durch Lettern ersetzt, normaler Druck. Der Text 19: Die Buchstabenformen, die ich in den Text geklebt habe, sollten ungefähr zumindest im Druck ähnlich erscheinen, als Zeitungsbuchstaben erkennbar, wie in Erpresserbriefen. Der Text 28: hier ist ein Klischee notwendig, der ein genaues Abbild der ungenauen Kopie des Kreuzworträtsels liefert. Der Text 31: der Fliegenfleck auf dem Text muß auch im Druck ungefähr vermutbar sein. Der Text 39: hier ist wieder eine genaue Abbildung des zerwaschenen Geldscheines erforderlich, über den ich eine Kopie dieses Geldscheines geklebt habe, die auch unterscheidbar vom echten Geldschein sein soll. Dieser Text hat keinen Titel. Die ›Legenden‹, die ich Ihnen gesondert in einer Rolle schicken muß, könnten im Abbild heller sein als die vergilbten Zeitungsschnitzel im Original (ich habe immerhin über vier Monate dran herumgeklebt), sodaß man die Unterschriften (Legenden) besser lesen kann. Das farbige Viereck in der Mitte sollte, wenn möglich, wiedergegeben werden. Ich hoffe, das Papier ist durch das Einrollen nicht zu sehr demoliert, wenn Sie es kriegen. Jeder Text hat eine Nummer. Diese Nummer sollte recht groß jedem Text voranstehen, freilich ohne Kreis herum, wie ich es in meinem Manuskript gemacht habe. Die Texte sind, mit Ausnahme des Textes ›Das Wort Zeit‹ (1965), 1966 bis 1968 geschrieben, vor allem 67/68. Die schon gedruckten Texte sind durchwegs verändert und umgearbeitet. Das wärs. Hoffentlich haben Sie genug technische Angaben. Wenn ich sage ›Texte‹, meine ich das nicht in einem experimentellen Sinn, es ist eine Hilfsbezeichnung, die neutral ist. Den Ausdruck Gedichte würde ich vermeiden. Es sind

Satzspiele oder was weiß ich was. Ich bin jedenfalls so ungeniert
zu hoffen, daß Ihnen das Lesen Freude macht. Und ich würde
mich freuen, wenn das technisch und überhaupt ein aufregendes
Buch wird. [...]
|für den Band der 19 habe ich nur einen Titelvorschlag:
›WARNER BROTHERS und Seven Arts zeigen:‹|«

[70; Anschrift: Düsseldorf, Gartenstraße]
Frankfurt am Main
21. Mai 1968
Lieber Peter,
ich danke Dir für Deinen Brief vom 20. Mai. Du brauchst
Dich keineswegs rechtfertigen, ich wollte ja auch eher meine Melancholie bekunden, die ja bekanntlich fast so etwas
wie eine nächtliche Schwester der Zuneigung ist ...
Ich würde Dich sehr gerne treffen, und vielleicht machen
wir es so, daß ich doch einmal nach Düsseldorf komme.
Aber ich bin zur Zeit gar kein normaler Mensch mehr, sondern nur noch Zoon politikon; jede Nacht brüten wir über
Aktionen gegen jenes ganz und gar unmögliche Gesetz.[1]
Dabei stehen dann noch die Vertreter vor der Tür. Anfang
Juni aber bin ich wieder ein freier Mensch und werde mich
dann melden.
Deine Wette war leider leichtsinnig. 17.223 verkaufte Exemplare sind unrealistisch. Aber ich bin dafür, daß wir
dann mit den wehenden Fahnen von 10-12.000 untergehen
und also nicht resignieren. Natürlich teilen wir die Wettsumme, und ebenso selbstverständlich sollten wir *beide* uns
überlegen, wie wir uns diesen 17.000 nähern können. Mit
Anzeigen allein ist das nicht zu schaffen. Vielleicht mit einer großen Kaspar-Figurine, die wir in allen Buchhandlungen ausstellen; vielleicht mit einem Brief, den wir durch
die Buchhändler an Privatkunden schicken; vielleicht mit

einem Beitrag von Dir im nächsten Heft von »Dichten und Trachten«, das wir doch immerhin in einer Auflage von 100.000 Exemplaren hinausgehen lassen.[2] Ich selber hatte eine schöne Idee einer Handke-Interpretation, doch war Braun dagegen, und wie ich Freund Braun kenne, hat er Dir dieses Unternehmen in den schlimmsten Farben gezeichnet. Ferner wollen wir versuchen, bei allen Theateraufführungen Exemplare in verstärktem Maße zu verkaufen. Vielleicht könnten wir diese Exemplare von Dir signieren lassen. Du siehst, es gibt schon einige Möglichkeiten.
Herzliche Grüße, auch an Libgart,
Dein
[Siegfried Unseld]

1 Vor der Verabschiedung des *Siebzehnten Gesetzes zur Ergänzung des Grundgesetzes* am 30. Mai 1968 im Deutschen Bundestag (das u. a. eine Notstandsverfassung mit weitgehenden Einschränkungen des Grundgesetzes in bestimmten Situationen vorsah) kam es zu zahlreichen Demonstrationen und Protesten gegen das sogenannte Notstandsgesetz, an denen sich auch S. U. beteiligte.
2 *Dichten und Trachten*, Heft 30, 1968, S. 47-49, druckte die Zusammenstellung *Kritiker über »Kaspar« von Peter Handke*, keinen Text von P. H.

[71; Anschrift: ⟨Düsseldorf, Gartenstraße⟩]

Frankfurt am Main
3. September 1968

Lieber Peter,
Dr. Braun hat Dir ja schon von unserem Schnellschuß erzählt. Wenn Du wüßtest, was uns noch alles aufgehalten hat! Die Korrektur sollte einer Dame zugeschickt werden, die ganz überraschend starb; hätten wir ihr die Korrekturen hingeschickt, hätten sie Tage oder Wochen dort gelegen.

Dann war alles fertig in der Buchbinderei und die Bücher verladen, dann hatte der Lastwagen eine Panne und die Ablieferung verzögerte sich wiederum um zwei Tage. Aber wir haben es trotzdem geschafft. Der »Kaspar« ist in der Form der »edition suhrkamp« da, und der Abdruck im »Theater heute« wird keinen Schaden für uns bedeuten, im Gegenteil.[1]
Wir druckten eine Auflage von 8.000 Exemplaren, Ladenpreis ist DM 3,–, Dein Honorar DM 0,20 pro Exemplar. Bitte verfüge über Deine 40 Freiexemplare. Ein Exemplar schicke ich Dir vorab zu.
Herzliche Grüße
Dein
[Siegfried Unseld]

1 P. H., *Kaspar*, erschien am 9. September 1968 als Band 322 der *edition suhrkamp*. Ein Teilabdruck des Stücks erfolgte unter dem Titel: *ich möcht einmal ein solcher werden, wie einmal ein andrer gewesen ist*, in: *Theater heute* 8/1967, S. 8f.

[72]

[Düsseldorf, Gartenstraße]
19. September 1968[1]

Lieber Siegfried,
ich komme diesmal nicht nach Frankfurt, weil ich schon lange für zwei Wochen ein kleines Haus im Burgenland in Österreich gemietet habe, für 1 Mark im Tag – dort werde ich ein bißchen was tun. Morgen fahre ich.[2]
Vielen Dank und alles Gute
Dein
Peter Handke

1 Der Brief trägt den handschriftlichen Vermerk von S. U.: »ô«, was heißt: »Nicht beantworten«.
2 Die Frankfurter Buchmesse, deren Besuch P. H. absagte, fand 1968 zwischen dem 19. und 24. September statt. An Urs Widmer schrieb P. H. am 19. September 1968: »Wenn es bis 7. etwas sehr Wichtiges gibt, ich bin jedenfalls bis 30. 9. in Neumarkt/Raab, Burgenland, Atelierhaus? zu erreichen.« Otto Breicha berichtete unter der Überschrift *Sich selbst ein Bedürfnis sein*, in: *Express*, 10. April 1971, der Aufenthalt im Burgenland gehe auf eine Initiative von Alfred Schmeller zurück, der mehrere Künstler und Schriftsteller (unter anderem P. H.) eingeladen habe, im Sommer 1968 einige Tage im Atelierhaus »Schani« in der Grenzgegend zwischen Österreich und Ungarn zu verbringen. In diese Gegend flüchtet Bloch in *Die Angst des Tormann beim Elfmeter*.

[73; Anschrift: ⟨Düsseldorf, Gartenstraße⟩]

Frankfurt am Main
10. Oktober 1968

Lieber Peter,
Inge Feltrinelli schickt mir mit den üblichen verbindenden Grüßen für Dich diesen Ausschnitt aus der italienischen Presse zu. »Kaspar« war ein großer Erfolg in Venedig. Ich gratuliere Dir dazu![1]
Herzlich
Dein
[Siegfried Unseld]

P. S.: Ich höre eben, daß »Kaspar« im Royal Court kommen wird. Meinen Glückwunsch! Wir werden die Sache energisch vorantreiben.

1 Die Anlagen sind nicht ermittelt. Vermutlich handelt es sich um vier Rezensionen des Gastspiels des Frankfurter Theaters am Turm mit *Kaspar* anläßlich des 27. Festival della Prosa im Palazzo

Grassi in Venedig am 4./5. Oktober. Raul Radice, »*Kaspar*« *di scena a Venezia*, in: *Corriere della Serra*, 6. Oktober 1968; g. gr., *A Venezia »Kaspar« la più attesta novità del teatro tedesco*, in: *La Stampa*, 6. Oktober 1968; Roberto de Monticelli, *Kaspar si dibatte nel lager delle Parole*, in: *Il Giorno*, 6. Oktober 1968; Arturo Lazzari, *Handke: linguaggio come fine del teatro*, in: *L'Unita*, 6. Oktober 1968.

1969

[74]

Berlin, Meinekestraße[1]
4. Januar 1969

Lieber Siegfried,
inzwischen sind wir für ein paar Monate nach Berlin umgezogen. Die Wohnung ist angenehm, für alles, auch fürs Schreiben. Vielleicht magst Du uns einmal besuchen.
Soeben schicke ich die letzten Korrekturen für das Buch »Die Innenwelt der Außenwelt der Innenwelt« an die Herstellungsabteilung. Ich bin sehr froh, daß der Verlag meinen Wünschen in bezug auf dieses Buch so entgegengekommen ist und möchte mich dafür pflichtschuldig bedanken. Ich bin, was die Arbeit des Verlags angeht, noch mit keinem Buch so zufrieden gewesen. Was meine Arbeit daran angeht, so hat mir bis jetzt noch nichts soviel Freude gemacht wie dieses Buch, obwohl ich natürlich in einigem unsicher bin.
Was diese strittige Collage betrifft, von der man einige Ausschnitte für den Band verwendet hat, so bitte ich Dich, dafür zu sorgen, daß sie nicht in der Druckerei oder wo auch immer verloren geht. Wenn es Dir ein wenig Freude machen sollte, würde ich sie gern Dir überlassen.[2]
Für das neue Jahr alles Gute
Dein
Peter Handke

1 Ende 1968 übersiedelte P. H. mit Libgart Schwarz nach Westberlin.

2 P. H., *Die Innenwelt der Außenwelt der Innenwelt*, S. 81-86, enthält eine Collage aus Zeitungsbildern und -texten.

[75; Anschrift: Berlin]
Frankfurt am Main
9. Januar 1969
Lieber Peter,
für Zürich ist alles okay. Wir treffen uns um 15.00 Uhr im Hotel Urban, Stadelhoferstrasse 41. Leider muß Bichsel um 18.30 Uhr wieder wegfahren, aber bis dahin können wir ja schon vieles besprochen haben. Um 19.30 Uhr stößt dann Frisch zu uns und etwas später Martin Walser.[1]
Für Dich sind die besten Flugmöglichkeiten:
ab Berlin   9.05 h
an Frankf. 10.20 h
ab Frankf. 11.00 h
an Zürich   11.45 h
Im Hotel Urban ist ein Zimmer für Dich reserviert. Ich freue mich sehr.
Schöne Grüße,
auch für Libgart,
Dein
[Siegfried Unseld]

1 Bereits vor dem Beschluß, das *Kursbuch* nicht weiter im Suhrkamp Verlag zu publizieren (der Herausgeber Hans Magnus Enzensberger und S. U. erzielten im Januar 1970 eine Verständigung, der zufolge nach Nummer 20 die 1965 begründete Zeitschrift in einem eigenen, unabhängigen Verlag erschien), führte S. U. Gespräche mit Autoren über eine neue Zeitschrift. Am ersten Treffen zu konzeptuellen Vorüberlegungen nahmen neben P. H. und S. U. Jürgen Becker und die erwähnten Autoren teil.

[76]

Berlin
20. Januar 1969

Lieber Siegfried,
von dem Gespräch in Zürich habe ich den Eindruck, daß das Projekt der Zeitschrift, vorsichtig ausgedrückt, nicht ohne Reiz sein könnte.
Ich möchte hier kein Gedächtnisprotokoll machen. Deswegen bitte ich, Auslassungen zu entschuldigen.
Wie die Zeitschrift n i c h t sein sollte, darüber herrscht Einigkeit.
Wie sie sein k ö n n t e :
Dazu gab es einige Vorschläge:

1. ist die Effektivität von Literatur (oder überhaupt von ästhetischen Methoden) in der Gesellschaft exakt nachweisbar? Mit empirischen Methoden? Oder ist die Frage als solche nicht unsinnig? |(Beispiel Godard)|
2. Die Probleme und der Trend der nichtveröffentlichten Literatur.
3. Die Geschichtlichkeit jeder Methode des Sich-Ausdrükkens: das Nachforschen nach der Geschichte von Sätzen, Linien, Bildeinstellungen von Filmen; inwieweit bestimmt die Struktur eines Satzes schon von vornherein den Sinn dieses Satzes? Oder ist diese Frage als solche unsinnig? Der Bedeutungswandel von formalen Strukturen.
4. Inwieweit sind auch schon Bilder, Fotos, Filmeinstellungen semantisch, symbolisch geworden und ersetzen die geschriebene Sprache der (alten) Literatur? Oder ist diese Frage schon unsinnig? Inwieweit haben Bilder und Einstellungen schon den Stellenwert von Sätzen, das heißt, Aussagen? Das Problem der Legenden zu Bildern.
5. Eine subjektivistische Theorie, keine übliche Rezension

mehr, überhaupt keine Rezension mehr, vielmehr Literatur und Film als Reiz, von seinen eigenen Erfahrungen zu schreiben. Eine Theorie, die zugleich die Praxis zeigt, und auch Praxis ist.

Das Schreiben *über* etwas ist selber Schreiben, Literatur, und berücksichtigt mit jedem Satz dessen eigene Geschichte. Ebenso könnte das Berichten über Film selber eine Art Film sein, oder ein Fotoroman, eine Fotogeschichte, oder einfach eine gezielte Reproduktion von Bildern aus dem Film, die Einstellungen deutlich machen. Dasselbe Verfahren mit Literatur.

6. eine sich wiederholende Montage von Sätzen, Schlagzeilen, die durch Reihung etc. Bewußtseinshaltungen zeigen, sowohl der Gebraucher der Sätze als auch des Montierers der Sätze (Becker?)

7. an rein praktischer Literatur nur »formale Utopien« verwenden, die als Beispiele wirken für die Theorie, die die Theorien jeweils wieder umstoßen können und neue Theorien herausfordern (Fotoromane? Kreuzworträtsel? – jedenfalls Texte mit solchen Anfangsreizen, die die Unlustschwelle für Literatur erst einmal beseitigen: optische Reize?).

Diesen »Literaturteil« nicht separieren, sondern ihn gezielt unter die anderen Beiträge platzieren, so daß man faktisch in ihn hineintappst und plötzlich schon beim Lesen oder Schauen ist, wenn man noch immer glaubt, durchzublättern! (Bichsel: auf dem Abort lesen können). Die Aufmachung wäre keine Aufmachung, sondern gehörte zum Inhalt der Zeitschrift, wäre selber Literatur, oder Ästhetik. Deswegen würde ein üblicher Lay-outer nicht genügen. Die Anordnung der Arbeiten ist Ästhetik. Das Format: »handlich«, etwas über »Spiegel«-Größe: »manuskripte« als Vorbild? Nur vom äußeren Format her.

Ich sagte: zwei Gedichte auf zwei Seiten sind kaum lesbar vor Unlust. Aber: 1 Kreuzworträtsel auf einer Seite und

dann ein Gedicht auf der nächsten Seite, das macht das Gedicht wieder lesbar.
Das wichtigste für mich wäre, daß auch die Anordnung der Beiträge selbst Literatur oder ästhetische Methode ist, weit über das übliche Layout hinaus. Aufmachung und Inhalt dürften nicht mehr zu trennen sein!!

Ich nenne noch konkret Personen, mit denen ich mir eine Zusammenarbeit denken könnte:
Ernst Wendt (früher »Theater heute« und »film«, jetzt Dramaturg), Urs Jenny, Herbert Linder (von der Zeitschrift »filmkritik« und »Süddeutsche Zeitung«), Siegfried Schober (ebenso), Uwe Nettelbeck (»Zeit«), Botho Strauß (»Theater heute«), dann noch zwei Österreicher, die aber trotzdem... Diese Leute zu interessieren, würde was einbringen, meine ich. Sie sollten schreiben, fotografieren, kompilieren, notieren... jedenfalls keine üblichen Aufsätze verfassen.
Abschreckendes Beispiel mit abschreckendem Layout: »Der Monat«. Positives Beispiel: bis jetzt keins, also die Zeitschrift selber.
Titelvorschläge: »Medium« (Becker), ist nicht so schlecht. Mir fällt nichts ein, »methode(n)«, »materialien«, »material«, »l'art pour l'art«, »Elfenbeinturm« (es wird immer blöder), »innovation«, »ablenkung(en)«, ... »vorworte«, »vorwort« ...
Heute fällt mir nicht mehr zu der Zeitschrift ein. Vielleicht entwickelt sich bald etwas weiter.
Zu dem »Fall« Braun möchte ich noch sagen, daß Du wohl gemerkt hast, daß ich mit Deiner Meinung darin nicht übereinstimme. Überdies erscheint mir der Begriff der »Loyalität« so sehr ein autoritärer, aus dem »Nibelungenlied« stammender, daß ich es niemandem verdenken kann, wenn er ihn endlich mißachtet. Es gibt menschenunwürdigere Haltungen als Illoyalität, und im konkreten Fall er-

scheint mir jedenfalls die sogenannte Illoyalität das menschenwürdigere zu sein. Zu meinen, Braun habe das Interview in »Christ und Welt« nur zum Anlaß genommen für ein schon immer geplantes Vorhaben, halte ich für einen von der Problematik ablenkenden Trugschluß. Auch wenn es nicht namentlich um Braun geht in dem Interview – ist es denn nur dann in Ordnung, sich zu empören, wenn man selber betroffen ist von einer unhaltbaren Haltung? Jedenfalls ist es schade, daß Du Dich nur als gekränkter, im Stich gelassener Machthaber sehen kannst. Das wollte ich trotz allem einmal ausdrücken.[1]

Herzlich | und mit der Bitte um Verständnis |
Dein
Peter Handke

1 Karlheinz Braun, der Leiter des Suhrkamp Theaterverlags, kündigte unmittelbar nach der Veröffentlichung des Artikels von Ruth Tilliger, *Dr. Unselds Kunst, Bomben zu entschärfen*, in: *Christ und Welt*, 10. Januar 1969. Er begründete diese Entscheidung mit den im Artikel referierten negativen Urteilen von S. U. über den »Aufstand der Lektoren« im Oktober/November 1968 und die daraus resultierenden (Nicht-)Veränderungen. In den Augen von Karlheinz Braun gerierte sich S. U. in diesem Interview als »Sieger«, der jede Änderung im Verlag verhindert habe. (Die unterschiedlichen Sichtweisen der Ereignisse finden sich in S. U., *Chronik 1970*, S. 16-96, sowie Karlheinz Braun, *Wie das, was die Autoren schreiben, Folgen hat*, in: *Chronik der Lektoren*, S. 57-76.) Braun zählte zu den Initiatoren des am 1. April 1969 in Frankfurt am Main begründeten Verlags der Autoren, der zunächst ein reiner Theaterverlag war.

[77; Anschrift: Berlin]

Frankfurt am Main
24. Januar 1969

Lieber Peter,
schönen Dank für Dein Gedächtnisprotokoll, das sich in schöner Weise deckt mit meinen Erinnerungen. Ich schicke eine Kopie Deines Protokolls an Becker und Bichsel weiter. Ich meine, daß Du durchaus schon die erwähnten Leute aus dem Filmkreis einmal anschreiben solltest, um zu hören, welche Anregungen aus dieser Ecke kommen.
Deine Haltung zu Braun verstehe ich durchaus. Ich weiß nicht, ob der Begriff der Loyalität allzu sehr mit dem Autoritativen in Zusammenhang gebracht werden kann. Du mußt das so sehen: für mich ist der Verlag, um einen Ausdruck von Ho Tschi Minh zu gebrauchen, die große Sache. Ihr ordne ich alles unter, was mein persönliches Dasein und meine persönliche Arbeit betrifft. Ich muß sehen, daß diese große Sache weiterläuft auch über meine Person hinaus. Stell Dir bitte vor, welche Verpflichtungen ich eingegangen bin gegenüber Autoren, Übersetzern, Herausgebern und deren Erben. Das sind Dinge, die Dich im Moment wenig betreffen. Du bist jung, Du stehst mitten in einer herrlichen Produktivität, was kümmern Dich die Probleme einer Firma. Aber ich kann mir diese Haltung nicht leisten und muß Mitarbeiter haben, die doch auch neben ihren persönlichen Antrieben auch an die Sache des Verlages denken können. Daß mich die Kündigung Brauns getroffen hat, meinetwegen auch gekränkt, ist ja nur eine Seite der Medaille. Die andere Seite ist die, daß Braun etwas hinwirft, ohne vorher mit seinen Lektoratsmitarbeitern oder mit Autoren gesprochen zu haben, und ich bedaure dies auch im Hinblick auf die Lektoratsversammlung, die wir doch auch auf Drängen Brauns eingerichtet haben und die nach meinem

und nach dem Urteil von anderen Leuten durchaus funktioniert. Ich bitte Dich auch um Beachtung dieser Punkte.
Herzliche Grüße
Dein
[Siegfried Unseld]

[78; Anschrift: Berlin]
Frankfurt am Main
21. Februar 1969
Lieber Peter,
noch ein Wort zur »Innenwelt«. Ich habe es jetzt in Ruhe gelesen, ich glaube, zum dritten Mal. Es wird mir eigentlich jedesmal wichtiger und schöner. Dir ist da ein ganz großes Buch gelungen. Ich bin ganz begeistert, wie Du hier mit den alten Inhalten spielst und wie hier wirkliche neue Literaturformen entstehen. Wenn die Zeitschrift in diese Richtung ging, dann wäre es herrlich.
Alles Gute
Dein
[Siegfried Unseld]

[79]
[Berlin]
23. Februar 1969
Lieber Siegfried,
vielen Dank für das Buch! Und für den schönen Brief dabei. Ich habe am gleichen Tag in Bonn daraus gelesen, der Buchhändler dort hatte schon dreihundert vorweg gebundene Exemplare, er hat sie auch gleich alle bis auf ein paar Stück am selben Abend verkauft! Obwohl es doch ein wirklich

schönes Buch ist, ist es auch noch billig, so daß vor allem die Studenten und Schüler, die ja vor allem meine Bücher kaufen, sich ziemlich darauf stürzen (sollten). In der Nacht habe ich mir noch im Hotel eine Stunde lang im Bett nur das Buch angeschaut, so kindisch das auch sein mag.
Jetzt sollte ich noch einige Briefe schreiben wegen der Zeitschrift. Ich fühle mich aber allein, ohne Bichsel, ein wenig geschwächt. Becker wird doch wohl auch das Ganze ein wenig weitertreiben? Außerdem möchte ich mich gerade jetzt nicht zu sehr ablenken lassen, weil ich schon seit einem halben Jahr eine Prosaarbeit mehr oder weniger intensiv vorbereite und wenigstens, bis Libgart das Kind kriegt, das Material zusammenhaben möchte. Das sind blöde Antriebsschwierigkeiten.
Mit herzlichen Grüßen
Dein Peter

|Dieses sogenannte Buch »Deutsche Gedichte« in Briefumschlägen ist eine pure Nebenarbeit, die ich garnicht erwähnen möchte[1] – ich fürchte nur, daß »Die Innenwelt der Außenwelt der Innenwelt« daran Schaden nehmen könnte – gerade dieses Buch, das mir sehr wichtig ist.|

1 P. H., *Deutsche Gedichte*, wurde vom Frankfurter Euphorion Verlag 1969 laut dessen Angaben in 1000 Exemplaren gedruckt. 20 Buchumschläge, jeweils in Gelb, Rot oder Schwarz, einer der drei Farben der deutschen Fahne, waren zu einem Buch gebunden; die Kuverts enthielten beliebige Fundstücke, etwa *Die Lottozahlen vom Samstag, dem 30. 11. 1968, Katholischer Sonntagsgottesdienst in Garmisch-Partenkirchen, Neue Stücke in der DDR für 1969, Marktbummel im November.*

[80]

[Berlin]
25. Februar 1969

Lieber Siegfried,
entschuldige, daß ich Dich noch einmal behellige, aber ich habe im letzten Brief zu schreiben vergessen, daß ich gern eine Zeile aus einem Beatles-Lied für die Reklame für »Die Innenwelt der Außenwelt der Innenwelt« hätte, und zwar:

»Your inside is out and your outside is in
Your outside is in and your inside is out
So come on come on
Come on is such a joy
Come on is such a joy«
The Beatles.[1]

Das ist mir – ich bitte um Verständnis – recht wichtig.[2]
Mit vielem Dank und herzlichen Grüßen
Dein Peter

1 The Beatles, *Everybody's Got Something to Hide Except For Me and My Monkey*.
2 Der Brief trägt den handschriftlichen Vermerk von S. U.: »Anregen/Text für D[ichten]. u[nd]. T[rachten].«

[81; Anschrift: Berlin]

Frankfurt am Main
4. März 1969

Lieber Peter,
hab Dank für Deine beiden Briefe vom 23. und 25. Februar. Wir nehmen gerne das Zitat aus einem Beatles-Lied für die Werbung auf. Dabei müssen wir vorsichtig sein, denn die Rechtsvertreter der Beatles wachen scharf über möglichen urheberrechtlichen Mißbrauch. Ein direktes Zitat in einer Anzeige könnte Schwierigkeiten machen. Dagegen wäre gegen das Zitat nichts einzuwenden. Möchtest Du nicht für »Dichten und Trachten« eine kurze Arbeit schreiben? Wir bringen »Dichten und Trachten« in sehr großer Auflage heraus, und hierin würde sich der Beatles-Text doch sehr gut ausmachen.[1]
Ror Wolf, der mit Protest aus dem Heinrich Heine Verlag, der Redaktion der »Streit-Zeit-Schrift«, ausgetreten ist, wird gerne an der Zeitschrift mitarbeiten.[2]
Herzliche Grüße
Dein
[Siegfried Unseld]

1 *Dichten und Trachten* wurde 1968 eingestellt; 1969 erschien kein vergleichbares Werbemittel des Verlags; zum Nachfolgeorgan siehe Brief 130, Anm. 1.
2 Die *Streit-Zeit-Schrift* erschien seit 1956 als Vierteljahresschrift; mit Heft 1/1979, Redaktion: Horst Bingel und Ror Wolf, stellte sie ihr Erscheinen ein.

[82]

Berlin
29. März 1969

Lieber Siegfried,
seit einer Woche hämmere ich ziemlich heftig auf der Maschine herum. Ich arbeite an einem kurzen Roman oder an einer langen Erzählung, für den oder die ich schon seit einem Jahr Vorarbeiten machte, »Die Angst des Tormanns beim Elfmeter«.
Es ist eine ganz andre Prosa, ziemlich straight, eine richtige Handlung, eins nach dem andern. Nach den Erfahrungen, die ich bis jetzt mit Sätzen gemacht habe, glaube ich, so durchsichtig schreiben zu können, daß ich auch wieder eine richtige Geschichte schreiben kann und daß man trotzdem merkt, daß das alles Sätze sind.
Es ist ein ganz neuer Anfang. Es macht mir Spaß, aber ich bin ziemlich müde und nervös. Es sollte so eine ähnliche Sache werden wie »Der Fremde« von Camus, aber ohne diese existenzielle Attitüde, ganz klar und einfach.
Inzwischen habe ich auch einigen Filmleuten geschrieben. Der vielleicht beste Filmkritiker in Deutschland, Herbert Linder, hat mir geschrieben, er würde gern was mitprojektieren, eine andre Art des Artikelschreibens etc. Es wäre sehr gut, könntest Du diesen Mann gewinnen. Ich schicke Dir den Brief mit, schick ihn mir bitte zurück. Und schreib Herrn Linder, was seine Funktion dabei sein könnte. Bis jetzt ist er einer der 3 Redakteure bei der Zeitschrift »filmkritik«.[1]
Auch Urs Jenny würde wohl ..., ebenso Ernst Wendt, er sagte mir zu, wenn er in andrer Form schreiben könnte als der artikelmäßigen. Herbert Gamper, ein Schweizer, wollte auch. Er versteht, äußerst subtil und unfeuilletonistisch umzugehen mit neueren Texten, weiß in der neuen Musik

noch mehr Bescheid und hat über Jean Paul promoviert statt über Martin Walser.² Seine Adresse ist Zürich, Frankengasse 16. Er wäre sehr wichtig.
Ich bin heute ziemlich müde, habe Kopfschmerzen. Danke für Deinen schönen letzten Brief. Und für das HermannHessePeterSuhrkampBuch – sogar damals haben sich die Autoren fast nur um Auflagen und Nachdrucke gekümmert, es ist auch das wichtigste.³ Ich hätte, ehrlich gesagt, auch gern einmal einen Minibestseller, nicht wegen des Honorars, sondern damit mehr Leute was bemerken.
Herzlich
Dein Peter

| Libgart geht es gut. Das Kind müßte in 3 Wochen da sein |

1 Am 22. März 1969 schrieb P. H. an Herbert Linder: »[...] der Suhrkamp Verlag plant, eine Zeitschrift zu machen, die sich in Theorie und Praxis mit Theorie und Praxis ästhetischer Äußerungen befassen soll. Aus der Spannung zwischen der Lust und Neugier, sich zu äußern, und der Unlust, sich bei diesen Äußerungen gegebener Modelle bedienen zu müssen (vor allem beim Schreiben ü b e r etwas ...) könnte diese Zeitschrift entstehen. Ich schreibe Ihnen so einen Brief, weil ich das, was Sie über Filme und die Erfahrungen, die man damit machen kann, schreiben, immer mit Neugier und am Ende manchmal neuen Erfahrungen lese. Die Zeitschrift sollte die sehr persönliche Zeitschrift jedes einzelnen sein, der sie macht. Wenns nach mir ginge, wäre sie radikal ästhetizistisch, meinetwegen eine Art von Elfenbeinturm, weil ich meine, daß man dabei noch am ehesten konkret, genau und informativ schreiben kann und sich nicht dauernd fertiger Sätze bedienen muß.« Herbert Linder antwortete P. H. brieflich am 23. März 1969: »Ja, ich habe schon Lust, oder ich könnte Lust haben, an dieser Zeitschrift mitzuwirken, wenn es die Arbeit für mich gibt, die zu tun mich gerade verlangt. Als Reaktion auf vier Jahre Beitragslieferantentum (Kampf gegen bestellte Artikel, Kampf um den Platz für unbestellte Artikel) interessiert es mich jetzt mehr, an einer Zeitschrift mitzuwirken als nur noch in guter Hoffnung

Manuskripte hinzuschicken. Die augenblickliche Situation der Filmpublizistik ist so blödsinnig, daß man für einen halbwegs interessanten Artikel erst den Platz in einem Urwald roden muß. Wenn ein Regisseur für seinen Film keinen Produzenten findet, ist es besser, er kümmert sich um die Produktion selber, statt zu liefern, was der Produzent will. Also will ich an der Redaktion einer Zeitschrift beteiligt sein, für die ich schreibe. Was? Alles andere als Kritiken, die mich jetzt ziemlich anöden.« P. H. schrieb unter dem Datum des 29. März 1969 zurück: »[...] es ist schön, daß Sie mit dem Projekt was anfangen können und daß Sie auch so wichtige Vorschläge gemacht haben. Ihr Brief hat mich ziemlich ermutigt. [...] Sie fragen, wer die Zeitschrift machen soll. Umsehen nach möglichen Leuten, die die Zeitschrift machen sollen, das tun: Jürgen Becker, Peter Bichsel (ich glaube) und ich. Selber so etwas wie ein Redakteur zu sein, dazu bin ich unfähig. Nach wem es geht? Es geht nach dem, der jeweils was verfertigt. Das Layout müßte jeweils zu einem Produkt dazugehören und nicht von außen aufoktroyiert werden. Der Graphiker wird durch den Hersteller ersetzt. [...] Vielleicht kann ich Sie ja einmal kennenlernen, obwohl ich sonst ja nur die Leute kennenlernen möchte, denen ich widersprechen möchte.« Unter dem Datum des 22. März 1969 schrieb P. H. auch an Helmut Färber: »[...] da der Suhrkamp Verlag eine Zeitschrift herausgeben will, deren Projekt erst einmal von den Autoren Jürgen Becker, Peter Bichsel und von mir ausgehen soll, schreibe ich Ihnen und frage Sie, ob Sie erst einmal grundsätzlich Lust haben, Sachen, Filme, die Sie reizen, in einer möglich nicht genormten Form, nicht in der üblichen Kritikform zu beschreiben. Ich schreibe Ihnen deswegen, weil ich von Ihrer Art, Filme ohne Normbilder von Filmen zu sehen und zu schildern, oft ziemlich beeindruckt bin.«

2 Thomas Beckermann, der Nachfolger von Urs Widmer, der nach dem »Aufstand der Lektoren« gekündigt hatte, promovierte 1969 mit der Arbeit *Martin Walser oder die Zerstörung eines Musters. Literatursoziologischer Versuch über »Halbzeit«*.

3 Hermann Hesse/Peter Suhrkamp, *Briefwechsel 1945-1959*, herausgegeben von Siegfried Unseld zum 31. März 1969, erschien im Suhrkamp Verlag aus Anlaß des zehnten Todestags von Peter Suhrkamp.

[83; Anschrift: Berlin]
Frankfurt am Main
2. April 1969

Lieber Peter,
ich drücke Dir die Daumen, daß der Tormann weiterhin produktive Angst hat. Wenn wir das Manuskript in der Tat in 6 Wochen erhalten, so sollten wir es doch im nächsten Frühjahr herausbringen.
Sollten wir nicht versuchen, uns am 15. Mai in Berlin oder anderswo zu treffen. Das ist ja ein Feiertag, Himmelfahrt, und vielleicht nicht ungünstig für Diskussionen über die Zeitschrift. Paßt Dir der Termin?
Ich schicke Dir anbei den Brief von Herrn Linder wieder zurück.
Wir sollten uns dann überlegen, welche Leute wir zu diesem Gespräch bitten. Ich schreibe auch gleich noch mal an Jürgen Becker.
Herzliche Grüße
Dein
[Siegfried Unseld]

Anlage

[84; Anschrift: Berlin]
Frankfurt am Main
11. April 1969

Lieber Peter,
Dreierlei: 1. Ich drücke Dir und Libgart den Daumen. 2. Hoffentlich kommst Du mit Deinem Prosatext gut voran. Ich freue mich sehr, daß wir im nächsten Jahr dieses neue Buch haben. Lassen wir die anderen weiterreden; im

Grunde gehen alle Gehässigkeiten auf Neid zurück. 3. Ich möchte Dir vermelden, daß wir den »Kaspar« gerne im neuen »Spectaculum« sähen. Die vorliegenden anderen Publikationen stört das nicht. »Spectaculum« hat sein gesondertes Publikum, und dem »Kaspar« wird diese Verbreitung in jeder Weise nützen. Sein Autor erhält für die Ausgaben DM 2.500,–.[1]
Herzliche Grüße
Dein
[Siegfried Unseld]

1 P.H., *Kaspar*, in: *Spectaculum* 12, 1969, S. 113-181; siehe auch Brief 87.

[85; Anschrift: Berlin]
Frankfurt am Main
14. April 1969
Lieber Peter,
könnten wir uns für 15./16. Mai definitiv verabreden? Ich habe auch an Jürgen Becker geschrieben. Bei Bichsel zögere ich, das hat wohl keinen großen Sinn. Er kann ja dann mitmachen, aber er ist für die vorbereitende Diskussion offensichtlich unergiebig. Wen wollen wir noch dazu bitten? Linder kann höchstwahrscheinlich kommen. Sollen wir Urs Jenny noch einzuladen versuchen?
Herzliche Grüße
Dein
[Siegfried Unseld]

[86; Anschrift: Berlin]
Frankfurt am Main
17. April 1969
Lieber Peter,
nur schnell die schöne Nachricht: die ersten 12.000 der
»Innenwelt der Außenwelt der Innenwelt« sind vergriffen!
Wir haben sofort die neue Auflage gedruckt und liefern
diese schon am Montag | 21. 4. | nächster Woche aus, eben-
falls 12.000.
Meinen herzlichen Glückwunsch!
Dein
[Siegfried Unseld]

[87]
Berlin
17. April 1969
Lieber Siegfried,
gestern habe ich die Geschichte von dem Tormann fertiggeschrieben, es ist eine Erzählung von etwa 110 bis 130
Druckseiten. Ich habe ziemlich hart gearbeitet, ohne einen
Tag Pause. Heute ist mir ziemlich langweilig zumute. Außerdem wird in der Wohnung die ganze Zeit Staub gesaugt,
und das geht einem auf die Nerven.
Was die Erzählung betrifft, so glaube ich, daß sie sehr klar,
einfach und spannend ist, und trotzdem, auch für mich, etwas Neues. Ich habe sie deswegen relativ schnell schreiben
können, in vier Wochen, weil ich schon eine Menge Notizen hatte. Jetzt lasse ich sie einige Zeit einmal liegen.
Das Kind ist noch nicht da, aber vielleicht sind wir schon
zu dritt, wenn dieser Brief in Frankfurt ist. Es wird einem
immer seltsamer zumute.

Wegen der Zeitschrift habe ich vier Leuten geschrieben, Urs Jenny hat noch nicht geantwortet, dafür aber außer Herrn Linder noch Helmut Färber[1] und Siegfried Schober, die beide in der »Süddeutschen Zeitung« und in der »Filmkritik« schreiben. Beide interessieren sich recht sehr für das Vorhaben. Du kennst die Namen vielleicht nicht, aber jedenfalls kenne ich sie und kann dafür mit allem möglichen einstehen. Und wenn die Zeitschrift sich nicht mit Filmen ebenso intensiv beschäftigt wie mit Literatur, hat sie von vornherein keinen Sinn und keine Chance. Bitte schreib an Helmut Färber, München 23, Fendstraße 4, und an Siegfried Schober, München 22, Maximilianstraße 15, c/o Beate Möllering. Zumindest einer der beiden müßte bei dem Gespräch dann dabei sein.

Ich lese jetzt jeden Abend in dem Briefband Hermann Hesse – Peter Suhrkamp. Ich bin immer erstaunt über die Genauigkeit der Information, die Suhrkamp Hesse gegenüber bewies. Jede Einzelheit teilte er ihm mit, belegte jede Änderung und Neuausgabe, fragte vor jeder Disposition, ob der Autor einverstanden sei. Ich will damit nicht andeuten, daß es bei mir ganz und gar anders ist, aber die Information ist jedenfalls viel schütterer, und von vielem erfahre ich erst im nachhinein, wie etwa von dem »Entschluß«, den »Kaspar« ins »Spectaculum« aufzunehmen. Ich finde nicht, daß es in Ordnung geht, es so einfach zu beschließen, und es dann erst dem Autor mitzuteilen.

Die Abrechnungen über die verkauften Bücher des 2. Halbjahres 1968 stehen auch noch aus, und heute ist der 17. 4. Gut, es gab Umstellungen, aber die Versäumnisse werden bald nicht mehr verschweigbar.

Es ist auch die Regel, daß ich mich melden muß, wenn ich die Abrechnungen für Theater und Funk am Ende jedes zweiten Monats sehen will (ein- zweimal ist das Gegenteil vorgekommen). Warum ist nicht eine genauere Kommuni-

kation mit den Autoren möglich? Wie steht es etwa mit Lizenzen? Erst aus der Jahresabrechnung habe ich zum Beispiel gesehn, daß »Der Hausierer« als Fischertaschenbuch erscheinen soll.[2] Das ist vielleicht kein Unglück, und das alles ist sicher nicht beklagenswert, aber bei der Lektüre dieses Briefwechsels bin ich doch ein bißchen hellhörig geworden.
Ich bereite mich auf den Mai vor.
Mit herzlichen Grüßen
Dein Peter

1 Helmut Färber hatte am 29. März 1969 an P.H. geschrieben: »Mich interessiert, was Sie von einer Zeitschrift schreiben. Mir läge daran, hier etwas zu tun. ›Etwas‹: das könnte natürlich – ich fürchte doch nicht, es wundert Sie, wenn ich das sage – kein bloßes Abliefern von Artikeln sein.«
2 P.H., *Der Hausierer*, erschien 1970 als Band 1125 der *Fischer Bücherei*.

[88]

[Berlin]
22. April 1969

Lieber Siegfried,
ich schreibe schon wieder, aber ich habe im letzten Brief vergessen, Dich zu bitten, von meinem Guthaben beim Verlag
    10 000 Mark
an meine Mutter,
    Maria Handke,
    Altenmarkt 6,
    A-9112 Griffen, Kärnten, Österreich
überweisen zu lassen. Ich dachte, das sei einfacher, als wenn ich mir das Geld erst hierher überweisen lasse. In Griffen gibt es eine Sparkasse, die auch Bankgeschäfte er-

ledigt. Es würde mich sehr freuen, wenn die Überweisung recht schnell möglich wäre.
Über die 2. Auflage der Gedichte freue ich mich recht sehr. Hoffentlich geht es immer weiter. Auch die Tormanngeschichte müßte dann verkäuflich sein.
Vorgestern hat Libgart das Kind gekriegt, es ist ein sehr schönes Mädchen und heißt Amina.[1] Es ging recht gut, Komplikationen kamen nicht vor. Das Kind ist 53 cm groß und wiegt 3,85 Kilo, das ist für ein Mädchen recht viel. Es ist vor allem gefräßig und müde. Libgart hat viel Blut verloren, ist aber schon wieder recht munter. Jetzt am Abend fahre ich wieder in die Klinik hinaus. Wir sind beide recht froh, ich selber befinde mich in einem Zustand von gelöster Langeweile, aber der ist sehr angenehm. Erst jetzt kommt heraus, daß ich vom Arbeiten doch recht erschöpft war.
Ich schicke Dir auch den Vertrag für den Hörspielsammelband zurück.[2] Er liegt diesem Brief bei.
Ich bin unfähig, was Vernünftiges zu schreiben, geschweige zu denken.
Herzlich
Dein
Peter (Handke)

1 Amina Handke wurde am 20. April 1969 geboren.
2 *Neues Hörspiel. Texte Partituren*, herausgegeben von Klaus Schöning, erschien 1969 und enthielt von P. H.: *Hörspiel*, S. 17-36 (siehe zu *Hörspiel* Brief 90, Anm. 3).

[89; Anschrift: ⟨Berlin⟩]

Frankfurt am Main
30. April 1969

Lieber Peter,
schönen Dank für Deinen Brief vom 17. April. Zunächst meinen herzlichen Glückwunsch für Amina: soll sie eine angenehme Welt vorfinden, und meine herzlichen Grüße für Libgart.

Ich bin sehr froh, daß Du die Geschichte von der Angst des Tormanns zu Ende geschrieben hast. Ich möchte Dir einen Vorschlag über das Erscheinen machen können, wenn wir uns Mitte Mai sehen. Könnten wir für die Besprechung den 15. Mai vorsehen? Vielleicht ab 11.00 h? Ich kann den ganzen Tag und Abend zur Verfügung stehen. Am 16. Mai muß ich nach Ost-Berlin, am 17. und evtl. auch 18. vormittags könnte ich wieder in West-Berlin bereit sein.

Ich sehe Dich gern beim Studium des »Briefwechsels« Hesse/Suhrkamp. Auch dazu möchte ich Dir doch einiges mündlich sagen dürfen.

Was unsere Abrechnung betrifft, so wird der erste Angestellte des Verlages, der Computer, in Kürze ein ganz neues und rasch arbeitendes System bieten. Aber seine Programmierung ist unendlich kompliziert und zeitraubend. Die Schwierigkeiten werden sicherlich noch das ganze Jahr über dauern, dann aber brechen die durchsichtigen Tage an.

Ich will mich wegen »Spectaculum« gar nicht herausreden, aber die Planung für die nächste Nummer wurde ja noch von Braun gemacht, natürlich in völliger Abstimmung mit mir, und irgendwie mußte ich doch Dich verständigt wissen. Es tut mir leid, daß Du das so spät erfahren hast. »Spectaculum« macht den Versuch, jeweils die wichtigsten Stücke der Saison zu versammeln, und da gehört der »Kaspar« doch unbedingt hinein.

Es gibt aber vielleicht doch auch anderes, was in dem Briefwechsel Hesse/Suhrkamp steht und was Dich auch berühren soll.
Nun zu den Gesprächen über die Zeitschrift. Jürgen Bekker ist mutlos geworden. Er hat mir abgeschrieben, ich rief ihn daraufhin an, doch er bleibt schwankend. Ist es sinnvoll, wenn wir in Berlin mit Urs Jenny, Linder und entweder Schober oder Färber reden? Ich bin ganz damit einverstanden.
Ende Mai kommt vielleicht Donald Barthelme nach Frankfurt. Auch er hat für Amerika den Plan eines neuen literarischen Magazins. Er würde sich natürlich gern mit Dir darüber unterhalten.[1]
Herzliche Grüße
Dein
[Siegfried Unseld]

1 Donald Barthelme war Herausgeber der Zeitschrift *Fiction*.

[90]

Berlin
2. Mai 1969

Lieber Siegfried,
danke für Deinen Brief, den ich heute bekommen habe.
Was den Hermann Hesse – Peter Suhrkamp »Briefwechsel« betrifft: selbstverständlich lese ich daraus mehr als Verlagsmechanismen, aber was man eben mehr erfährt, über die Personen, die da Briefe schreiben, das ist wohl zu wichtig, als daß man darüber ein paar Briefsätze formulieren kann.
Inzwischen war Herr Jenny bei mir, wir haben uns unterhalten, er würde schon gern ...

Er meinte nur, da ja die meisten von denen, die in Frage kommen, in München leben, sollte man sich in München einmal treffen, bei ihm, und zwar Ende Mai, Anfang Juni, wenn er selber von den Filmfestspielen von Cannes zurück ist. Das fände ich auch besser, zumal auch Ernst Wendt in München lebt.[1] Trotzdem könnte man schon in Berlin Umrisse ausarbeiten, und ich könnte schon mehr bei der Sache sein als jetzt, da das Kind doch einen ziemlichen Weltanspruch macht. (Heute ist es aus der Klinik gekommen, es schreit schon heftig, aber es ist alles in Ordnung.) Jedenfalls wäre Dein Besuch in Berlin mir recht angenehm.[2] Daß Jürgen Becker resigniert, ist für mich deprimierend, weil ich selber noch viel weniger als er so etwas wie ein Organisationsmensch bin, er war wenigstens schon Lektor. Kannst Du ihn nicht doch überreden? Daß er sich mit Bildern und Literatur | und was er möchte | beschäftigt? Allein wäre ich selbstverständlich noch viel mutloser.
Vielleicht könnte man auch Gregor Laschen ein wenig interessieren? An sich erscheint mir eine neue, neuartige Zeitschrift doch immer wichtiger.
Eine Anmerkung noch zu dem geplanten Hörspielband: das »Hörspiel« ist in einem recht unbeachteten WDR-Hörspielband erschienen, Verlag Kiepenheuer. Ich hatte einen Vertrag gemacht, keinen Verlagsvertrag, nur über die Abdruckrechte, freilich mit der Klausel, daß das Hörspiel nicht bis 1. 1. 70 nachgedruckt wird, oder aber, wenn es ..., daß irgendeine Lizenzgebühr an Kiepenheuer zu zahlen ist. Das ist wohl zu beachten? Ich hatte für den Abdruck 250 Mark bekommen. Diese 250 Mark könnte man von meinem Honoraranteil von 500 Mark (am Suhrkampprojekt) an Kiepenheuer zahlen, sodaß ich also vom Suhrkamp Verlag nur 250 Mark kriege. Das nur als Modell, nicht als unabdingbares Angebot.[3]

Jenny macht einige akzeptable Vorschläge, von denen er
Dir selber erzählen mag.
Mit herzlichen Grüßen
Dein Peter

1 Am 11. Juli kam es in München, in der Wohnung von Urs Jenny,
zum Gespräch über die geplante Zeitschrift. S. U. notierte dazu
in seinem *Reisebericht München, 11.-13. Juli 1969:* »Urs Jenny war
der Meinung, die Besprechung würde 24 Stunden später stattfinden, so war er sehr überrascht, als er um 18.00 Uhr nach Hause
kam und die Runde vorfand: Peter Handke, Jürgen Becker, Klaus
Schöning, Helmut Färber, Siegfried Schober, Herbert Linder.
Die letzten drei etwas in der Attitüde ›junge Kommunarden erwarten das Establishment‹. Die Diskussion war sehr mühsam,
nach Stunden kam sie mit dem Transportmittel Alkohol in Bewegung.
Keine Frage war die Notwendigkeit einer neuen Zeitschrift, aber
eben wie sie machen. Die junge Münchner Gruppe war schon etwas gegen Becker und wollte die Zeitschrift auf total unbekannte,
nicht arrivierte Leute stellen, und jeder der unbekannten Herausgeber sollte von sich aus das Recht haben, jeden Beitrag, den er
für richtig hält, in der Zeitschrift zu placieren. Doch so konnte
es wohl nicht gehen. So wurden ungefähr folgende Vorschläge ge-
macht:
Färber: Über Verleihpolitik
Linder: Zerstörung des Films durch die eigene Industrie
Schober: Den Prozeß der Subversion in der Literatur zeigen.
Kafka auf den Kopf stellen
Handke: pars pro toto-Arbeiten
Schöning: Hörspieltendenzen. Der Autor und die Multimedien.
Becker: schlug weiter vor Fotogeschichten. Fotos von Hannes
Jähn, Kommentar von Jürgen Becker: Polly (eine Zigarettenfrau)
erzählt. Partitur von Kagel. Romane nacherzählen.
Wir verblieben so, daß alle Beteiligten bis zum 31. Juli 1969 einen
Vorschlag für das Konzept des Magazins einreichen sollen, dann
soll von uns aus das einzelne Konzept vervielfältigt an jeden der
Beteiligten verschickt werden; danach tritt die Gruppe Handke-
Schöning-Becker einerseits und Jenny-Färber-Schober-Linder an-
dererseits in Tätigkeit und macht aus den 7 Vorschlägen je einen,

und dieses Konzept wird dann wieder diskutiert. Man will die Vielheit der Künste einbeziehen.
Was jedoch nicht besprochen wurde, war, wie man ausländische Vorgänge einbezieht. Man muß Stützpunkte haben; vielleicht kann die Zeitschrift von Barthelme [*Fiction*] helfen. [...]
Peter Handke: Im persönlichen Gespräch war er freundlich, ja freundschaftlich, in der Diskussion sehr intransigent mit ziemlich schlimmen Urteilen über Adorno, Marcuse, Habermas, dann über die Literaturkritiker. Das letzte ›Kursbuch‹ fand er läppisch (übrigens kritisierte auch Kipphardt [S. U. besuchte ihn während seines München-Aufenthalts] die Unzulänglichkeit des Kommune-Berichts, auch die jungen Leute Schober ... kritisierten die Unzulänglichkeit der Darstellung). Ich bitte Herrn Busch, auf eines zu achten: man müßte Erika Runge (es 359 Dezember [*Frauen. Versuche zur Emanzipation*]) darauf hinweisen, daß ihre Interviews, die im ›Kursbuch‹ abgedruckt sind und die wahrscheinlich auch für den es-Band übernommen werden, einen oberflächlich-denunziatorischen Charakter haben, z. B., wie Handke ausführt, daß die Fragen der Interviewerin in reinem Hochdeutsch, die Antworten aber in bewußt verstümmelter Sprache wiedergegeben wären. Das sei, so sagt Handke, nicht nur ungerecht, sondern zum Kotzen. Wir sollten diesen Punkt doch unbedingt beachten.
Im übrigen wird er jetzt nochmal über seine Erzählung gehen. Wir erhalten den Text bis Ende August/Anfang September. Für den Schutzumschlag wünscht sich Handke keine Bilddarstellung, sondern möglichst schwarze Farbe und dann klein Autor, Titel und Verlag. Ich habe ihm aber gesagt, daß ich unbedingt den ersten oder die beiden ersten Sätze des Textes auf den Umschlag haben wollte, gewissermaßen um die Leser gleich von Anfang an in die Erzählung einzubeziehen. Handke möchte gerne Auslandslesereisen machen. Wir haben vereinbart, daß er dann im März, wenn seine Erzählung erscheint, etwa 8-10 Tage eine konzentrierte Lesereise in der BRD macht. Das muß vorbereitet werden im Hinblick auf Reinhart, Basel.«
2 S. U. notierte über seinen Besuch bei P. H. in Berlin in seinem *Reisebericht Berlin 15.-18. Mai 1969*: »Er hat seine Erzählung ›Die Angst des Tormanns beim Elfmeter‹ fertig. Wir werden sie in 2, 3 Wochen erhalten. Ich habe etwa 10 Seiten davon gelesen. Es ist ein frappierender Text, weil er ganz einfach, unkompliziert, ge-

radlinig in der Erzähltechnik erscheint. Ich könnte mir durchaus vorstellen, daß man mit diesem Buch, entsprechend aufgemacht, einen enormen Erfolg erzielen kann (wir sollten uns so einrichten, daß wir Lese-Exemplare an das Sortiment nach Weihnachten verschicken). Erscheinungstermin: 1. Hälfte 1970.
Handke wird jetzt ein wenig Pause machen. Das nächste Projekt ist ein Stück, und danach will er ein Fernsehspiel schreiben.
Nach wie vor großes, ja zunehmendes Interesse am Literarischen Magazin. Er wäre auch mit Klaus Schöning als Redakteur einverstanden. Es besteht ja der Plan eines Treffens in München in der zweiten Juni-Hälfte.
Bei der Berliner Festwoche ist die Aufführung des ›Kaspar‹ gestört worden. Es wurde ein Flugblatt verteilt, als dessen Verfasser Peter Schneider identifiziert wurde, jedenfalls ist er sehr daran beteiligt. Handke war äußerst indigniert über diese Störung wie überhaupt über die ›Kulturrevolutionäre‹. Ich mußte sehr bittere Worte über das ›Kursbuch‹, insbesondere über den letzten ›Kursbogen‹ von Peter Schneider, hören (dies nicht nur von Handke, sondern auch von anderen Leuten, die ich in West-Berlin traf). Man sagte mir auch, daß ›selbst Negt‹ Schneiders ›Kursbogen‹ [Der *Kursbogen* zu *Kursbuch 16*, März 1969, brachte einen Text von Peter Schneider, *Rede an die deutschen Leser und ihre Schriftsteller*, einen Bildstrip der Kommune 2, *Liebesspiel im Kinderzimmer*, Nachrichten über die Aktivitäten der uruguayanischen Guerrilla Tupamaros, einen Bericht über Londoner Anarchisten sowie, als Nachdruck, Walter Boehlichs *Autodafé* aus Kursbogen 15.] für Schwachsinn hielte. Ich weiß nicht, welche Polemik Handke beginnen wird. Er machte ein paar apokalyptische Andeutungen.«
3 P. H., *Hörspiel*, basierend auf *Der Hausierer*, erschien in: Westdeutscher Rundfunk Köln (Hg.): *WDR-Hörspielbuch 1969*, Kiepenheuer & Witsch, Köln, 1969, S. 77-117; die Ursendung als Produktion des Westdeutschen Rundfunks mit dem Hessischen Rundfunk in der Regie von Heinz von Cramer erfolgte in WDR I am 23. Oktober 1969.

[91; Anschrift: ⟨Berlin⟩]

Frankfurt am Main
28. Mai 1969

Lieber Peter,
diese Anzeige, die wir in der »Zeit« veröffentlicht haben, wurde auch von anderen Tageszeitungen und Zeitschriften veröffentlicht. Dies zu Deiner Information.[1]
Herzlichst Dein
[Siegfried Unseld]

Anlage
| anbei der »amerikanische« »Kaspar-Umschlag« |

1 In *Die Zeit* vom 16. Mai 1969 bewarb der Suhrkamp Verlag in einer schwarz-weißen Streifenanzeige ohne Autorenfoto und Kritikersätze *Die Innenwelt der Außenwelt der Innenwelt* und *Peter Handke: Prosa Gedichte Theaterstücke Hörspiel Aufsätze*.

[92; Anschrift: Berlin]

Frankfurt am Main
4. Juni 1969

Lieber Peter,
Warnung vor einem verlegerischen Einfall: ich möchte gerne Morgensterns »Galgenlieder« in der »BS« bringen. Möchtest Du nicht ein kurzes Vorwort dazu schreiben? Das würde mich sehr freuen. Die Sache eilt nicht, sie hat durchaus Zeit – der 100. Geburtstag von Morgenstern ist erst später.
Das Buch geht Dir mit getrennter Post zu. Bitte überleg es Dir gut.[1]
Herzlich
Dein
[Siegfried Unseld]

1 Christian Morgenstern, *Alle Galgenlieder*, erscheinen 1971 anläßlich des 100. Geburtstags des Autors in einer Sonderausgabe ohne ein Vorwort von P. H.

[93; auf einem Texterfassungsformular der »Abendzeitung. 8 Uhr Blatt«]

Berlin
21. Juli 1969

Lieber Siegfried,
entschuldige bitte, ich habe im Moment kein andres Papier da, das schaut so offiziell aus.
Ich habe das Buch der 19 noch einmal nach Druckfehlern durchgeschaut und einige wiederentdeckt, obwohl ich mehr in Erinnerung hatte. Wenn der Verlag trotz des Verschwindens aus der schönen »Spiegel«-Hitliste noch eine 2. Auflage macht, wäre es ganz gut, wenn die Druckfehler verbessert werden könnten.[1]
Hier in Berlin ist es jetzt scheußlich, weil vor dem Haus und hinter dem Haus ganz brutal gebaut wird. So werden wir versuchen, ob wir für ein paar Wochen mit dem Kind nach Kärnten zu meiner Mutter fahren können. Das wird ungefähr in einer Woche sein, etwas später. Ist es ganz unmöglich, daß man mir bis dahin die Abrechnungen für Theater und Bücher des letzten halben Jahrs schickt? So wichtig ist es aber nicht. Wenn wir über Frankfurt fliegen – vielleicht können wir kurz zum Verlag kommen.
An die Zeitschrift denke ich, allerdings fühle ich mich dabei ein bißchen isoliert und mutlos.
Mit herzlichen Grüßen
Dein Peter

1 P. H., *Prosa Gedichte Theaterstücke Hörspiel Aufsätze*, erschien am 25. April 1969 als Band 173 der *Bücher der Neunzehn;* 19 deutsche Verlage publizierten unter dieser Reihenbezeichnung seit 1954 jeden Monat ein Buch zu niedrigem Preis, um den Buchgesellschaften Konkurrenz zu machen. Die erste Auflage des Bandes von P. H. betrug 15.000 Exemplare; die zweite (vom Oktober 1969) 6.000 Exemplare. Die Arbeit daran hatte im Sommer 1968 begonnen: Urs Widmer schrieb an P. H. am 12. September 1968: »Wir haben uns nun definitiv entschlossen. Das Buch der Neunzehn wird heißen PETER HANDKE, und sonst steht nichts auf dem Umschlag. Wir machen auch, wie ausgemacht, die Sache mit den Paßfotos. Der Inhalt: Das neue Stück [*Das Mündel will Vormund sein*], die Publikumsbeschimpfung und die Hilferufe, soweit das Theater. Dann das Hörspiel. In der Abteilung Prosa die Erzählungen aus dem Residenzband, sagten Sie nicht, Sie hätten noch andere? Eventuell – das hängt vom Umfang und anderem ab – einiges aus der Innenwelt. Schließlich die Theorie: Könnten Sie mir Ihr Material so vollständig wie möglich schicken? Ich mach dann eine Auswahl, Sie überlegen sich bitte gleichzeitig, was Sie drin haben möchten. Ein bißchen Dampf müssen wir schon geben, der Band wird Ende April ausgeliefert, das bedeutet, daß ich das Manuskript Mitte November satzfertig habe.« Der von Moidele Bickel gestaltete Buchumschlag brachte jeweils auf der Vorder- und Rückseite sowie auf dem Buchrücken in einer Fotokabine aufgenommene Paßfotos des Autors mit Beatlesfrisur, dunkler Brille und leicht gesenktem Kopf. Der Band rangierte zweimal auf der *Spiegel*-Bestsellerliste – am 7. Juli 1969 und am 28. Juli 1969 jeweils auf Platz 10.

[94; Anschrift: Berlin]

Frankfurt am Main
23. Juli 1969

Lieber Peter,
die Korrekturen für Dein Buch in der Reihe der Neunzehner gebe ich an die Herstellung weiter. Selbstverständlich wird das bei dem Neudruck berücksichtigt. Wir haben für

den Neudruck das Papier schon gekauft. Ich warte vorläufig noch mit dem Zeichen zum Druck, weil ich sehen möchte, in welcher Frequenz sich die vorhandenen Bestände verkaufen.
Leider ist es ganz und gar ausgeschlossen, daß wir in so kurzer Zeit die Abrechnung für das 1. Halbjahr 69 fertigmachen können. Liegt Dir an der Abrechnung oder an einer möglichen Verfügung von Geld? Falls Du an das letztere denkst, so kannst Du Dich jederzeit an mich wenden, um Beträge à conto Deiner Honorare abzurufen. Das ist doch wohl selbstverständlich.
Ich führe in diesen Tagen die letzten Verhandlungen wegen Horváth, am Montag eine in Wien. Ich hoffe, daß ich dann definitiv sagen kann, wir haben ihn, und wir machen eine große Ausgabe.[1]
Jürgen Becker will ganz kräftig an der Zeitung mitmachen!
Wie lange wirst Du in Kärnten sein? Du schreibst von ein paar Wochen. Vielleicht könnten wir uns für Anfang September in Berlin verabreden. Und nimmst Du den Text der Erzählung mit, siehst ihn Dir in dieser Zeit noch einmal durch und schickst ihn mir, sobald Du zurück bist? Es wäre mir sehr wichtig.
Und noch eine Angelegenheit wegen der Lesereise. Du hast Fräulein Mörler geschrieben und für die »Dauer eines Jahres« abgesagt. Du erinnerst Dich, daß wir darüber sprachen, daß Du vielleicht im März eine konzentrierte Reise machst; Dauer 10-14 Tage. Wir würden versuchen, eine effektive Reise von Basel bis Hamburg zusammenzustellen. Ist Dir das recht? Zu diesem Zeitpunkt käme dann die Erzählung heraus, und es wäre natürlich gut, wenn diese Begleitmusik gemacht würde.
Mit allen guten Wünschen und herzlichen Grüßen, auch für Libgart,
Dein
[Siegfried Unseld]

1 Ödön von Horváth, *Gesammelte Werke*. Herausgegeben von Dieter Hildebrandt, Walter Huder und Traugott Krischke. Dünndruckausgabe in vier Bänden, erschien 1971 im Suhrkamp Verlag.

[95; Anschrift: Berlin]

Frankfurt am Main
30. Juli 1969

Lieber Peter,
im Februar/März 1970 tagt zum dritten Mal das Deutsche Buchhändler-Seminar. Es ist eine Einrichtung für die Führungskräfte des Buchhandels. Das Seminar war meine Initiative. Es finden dort zwei Autorenlesungen statt. Der Beirat wünscht sehr, daß Du eine davon übernehmen möchtest, und zwar am 10. März 1970. Die Sache findet in Seckbach, also in der Nähe von Frankfurt, statt. Die Reisekosten werden Dir erstattet, Honorar DM 600,–. Du kannst lesen, was Du willst, etwa 30 Minuten, danach Diskussion. Du würdest mir einen großen Gefallen tun, wenn Du zusagen könntest.
Ich lege Dir ein Prospekt des zweiten Deutschen Buchhändler-Seminars bei.
Mit herzlichen Grüßen
Dein
[Siegfried Unseld]

Anlage[1]

1 Die Anlage ist nicht ermittelt.

[96; Anschrift: Berlin]
Frankfurt am Main
1. August 1969

Lieber Peter,
wir sprachen neulich einmal über mögliche Reisen. Möchtest Du nach Israel fahren? Es gäbe eine Möglichkeit, an ein oder zwei Stellen zu lesen, Reisekostenersatz und Honorar zu bekommen und gleichzeitig die Möglichkeit zu haben, Land und Leute kennenzulernen. Bitte schreib mir doch, ob Du daran interessiert bist.
Herzlich
Dein
[Siegfried Unseld]

[97; Anschrift: ⟨Berlin⟩]
Frankfurt am Main
[5. August 1969]

Lieber Peter,
Du bist mutmaßlich schon in Kärnten. Erreichen Dich meine Briefe via Berlin, oder kannst Du mir Deine Adresse geben? Ich möchte Dir einen langen Brief schreiben.
Schöne Grüße
Dein
[Siegfried Unseld]

[98; Anschrift: Griffen; Telegrammnotiz]
Frankfurt am Main
18. August 1969

bist du am 28./29. August noch in Kärnten?
gruss siegfried unseld

[99; handschriftlich]

Griffen
14. August 1969

Lieber Siegfried,
gestern Abend habe ich das Telegramm bekommen, in dem Du fragst, ob ich am 28./29. noch in Griffen bin. Es ist so, daß wir am 28. noch hier sind, am 29. aber um 14 h von Klagenfurt aus über Frankfurt nach Berlin zurückfliegen werden. Eventuelle Verschiebungen sind jetzt zwar schwer möglich, aber wenn es sich um etwas sehr wichtiges handeln sollte, könnte ich es gleich versuchen.
Wir sind jetzt 3 Wochen hier, und haben eigentlich die ganze Zeit dazu gebraucht, uns von dem wirklich abenteuerlichen Lärm in Berlin (vor dem Haus und im Hof) zu erholen. Alles war schon so verkrampft, daß man hier erst nach einigen Tagen zum Ausatmen kam. Vor allem dem Kind geht es hier besser.
Ich lese viel, vor allem Zeitungen (die »Süddeutsche Zeitung« kriegt man schon am gleichen Tag), die man so weit genauer und langsamer studiert, und »Edition-Suhrkamp«-Bücher, gerade etwa Marcuses »Versuch über die Befreiung«, eine ziemlich enttäuschende Deklamation, aber doch wieder sympathisch, enthusiastisch;[1] Bernhards »Frost« habe ich auch noch einmal gelesen, eine Serie von »Großaufnahmen des Bewußtseins«, so kommt es einem vor.
Das endgültige Manuskript der Tormann-Geschichte kann ich Dir erst Mitte September schicken, dann aber sicher. Es wird ja noch nicht zu spät sein.
Entschuldige die etwas unleserliche Schrift, ich bin es gar nicht mehr gewohnt, mit der Hand zu schreiben.
Ein kleiner Fehler aus der 1. Auflage des Bandes der »Bücher der 19« fällt mir noch ein: in der Quellenangabe am Schluß heißt es, die Texte der Abteilung Prosa seien dem

Band »Begrüßung des Aufsichtsrats« entnommen, 1967 im Residenz Verlag erschienen (oder so ähnlich): genauer müßte es heißen, sie seien, *bis auf die Geschichte »Der Einbruch eines Holzfällers in eine friedliche Familie«, die in der Zeitschrift »manuskripte« veröffentlicht wurde*, im Residenz Verlag etc. ...²
Es ist ja nicht so wichtig, aber wenn eine 2. Auflage gemacht wird, könnte man das ja noch richtigstellen.
Mit herzlichen Grüßen, auch von meiner Frau Libgart
Dein Peter

P.S.: Was die Abrechnung f. d. 1. Hj. 69 betrifft, so genügt es mir, wenn diese bis Ende August nach Berlin geschickt wird.

1 Herbert Marcuse, *Versuch über die Befreiung*, erschien, in der Übersetzung von Helmut Reinicke und Alfred Schmidt, 1969 als Band 329 in der *edition suhrkamp*.
2 P. H., *Der Einbruch eines Holzfällers in eine friedliche Familie*, erschien zuerst in: *manuskripte*, Heft 19, 1967, S. 6 f. An den linken Rand des Briefes hatte P. H. an dieser Stelle den handschriftlichen Vermerk angefügt: »(Zusatz«.

[100]

Berlin
31. August 1969

Lieber Siegfried,
hoffentlich hast Du den Brief aus Österreich gekriegt, in dem ich als Antwort auf ein Telegramm schrieb, ich würde am 29. wieder nach Berlin fliegen. Inzwischen kommt es mir freilich schon so vor, als hätte ich von dem Telegramm nur geträumt, oder ein andrer hätte es mir geschickt.
Jetzt kann ich aber wenigstens die Briefe schnell beant-

worten, die Du mir im August nach Berlin geschickt hast: wenn eine Antwort nicht schon zu spät ist. Auf diesem Buchhändlerseminar könnte ich schon (gern) lesen, da sind wenigstens nicht so viele Leute, und auch nach Israel oder irgendwoandershin würde ich gern fahren. Nur, hoffe ich, müßte man nicht mit den Israelis einer Meinung über ihre Politik sein.

Anfang nächsten Jahres würde ich gern mit meiner Frau und dem Kind für wenigstens 1 Jahr nach Paris ziehen, einmal, um was Neues zu sehen, und dann, um ein bißchen Französisch zu lernen. Ob der Verlag mir wegen einer Wohnung dort etwas beistehen könnte? Ein Verlag ist doch offizieller als die Privatperson eines Dichters. Entschuldige diese Bitte.

Das Manuskript der Geschichte folgt bald.

Und ich bedanke mich für die Abrechnungen über das 1. Halbjahr: dafür, daß man sie mir so relativ schnell zugeschickt hat. Es zeigt sich im übrigen, daß ich mit ein wenig Glück diesmal sogar schon von den Buchverkäufen allein leben könnte, und nicht nur ich allein, sondern die ganze Familie.

Herzlich
Dein Peter

[101; Anschrift: Berlin]

Frankfurt am Main
2. September 1969

Lieber Peter,
ich war bei Thomas Bernhard und wäre auch nach Griffen gekommen, aber es war unklar, wann Du wegfährst, und zudem war es ja das scheußlichste Regenwetter. Wir müssen uns bald sehen. Ich habe was auf dem Herzen und

möchte das gern mit Dir besprechen; nichts Aufregendes, nur Peter Handke betreffend. Und dann müssen wir auch über die Zeitschrift sprechen.

Ich warte auf den »Tormann« und freue mich sehr auf ihn. Bei Bernhard haben wir ganz merkwürdigerweise eine »Neue Österreichische Bibliothek« erörtert. Was hältst Du von dem Plan, der hier in konkreten Überlegungen beiliegt? Kennst Du Stifters »Sonnenfinsternis«? Wenn nicht, bitte, lies den Text. Er ist bedeutend, modern und wie für die heutige Zeit geschaffen. Stifter, der Titel »Sonnenfinsternis« und das damit Gemeinte und eine von Dir angeregte Edition: das ist ein Programm für die Reihe. Auch darüber sollten wir vielleicht mündlich sprechen.[1]

Herzliche Grüße, auch für Libgart
Dein
gez. Siegfried Unseld
i. A. Ge.

P. S.: Soeben kommt Dein Brief vom 31. 8. Ich bin auf dem Weg nach München–Hamburg und schreibe Dir ausführlich, sobald ich zurück bin: Ende der Woche.[2]

1 S. U. besuchte am 26. und 27. August 1969 Thomas Bernhard im oberösterreichischen Ohlsdorf (siehe Bernhard – Unseld, *Der Briefwechsel*, S. 125). Die Überlegungen zu einer *Neuen Österreichischen Bibliothek* – als Fortsetzung der 1915 von Hugo von Hofmannsthal innerhalb der *Insel-Bücherei* begründeten und 1917 eingestellten *Österreichischen Bibliothek* – fixierte S. U. in einer Notiz, in der mögliche »Planer und Mit-Denker« (H. C. Artmann, Ernst Fischer, Barbara Frischmuth, P. H., Alfred Kolleritsch, Leo Navratil und Hilde Spiel) erwähnt und für drei Auslieferungsserien mit jeweils sechs Bänden Titel vorgeschlagen werden; P. H. sollte das Nachwort zum ersten Band der Reihe (Adalbert Stifter, *Sonnenfinsternis*) verfassen; die Notiz ist vollständig abgedruckt in: Bernhard–Unseld, *Der Briefwechsel*, S. 130ff.; siehe auch Brief 103.

2 S. U. hielt am 3. September 1969 in der Hamburger Buchhandlung Saucke eine Eröffnungsrede zur Signierstunde von Hans Erich Nossack, dessen Roman *Dem unbekannten Sieger* im Herbst 1969 im Suhrkamp Verlag erschienen war.

[102; Anschrift: Berlin]

Frankfurt am Main
5. September 1969

Lieber Peter,
Du hast ja meinen Brief vom 2. September in der Zwischenzeit bekommen. Ich möchte Dir jetzt zu Deinem Brief vom 31. August schreiben.
Dein Vorschlag, nach Paris zu ziehen, liegt ganz auf der Linie dessen, was ich mit meinem Brief vom 2. September Dir gegenüber etwas mysteriös »nur Peter Handke betreffend« andeutete. Ich schreibe heute gleich 4 Briefe an einflußreiche Leute in Paris und bitte um deren Vermittlung. Irgend etwas wird sich schon ergeben. Jedenfalls ist es selbstverständlich, daß ich Dir helfe.
Mit Israel nehme ich wegen einer Einladung Verbindung auf. Ich bedanke mich für Deine Zusage für die Lesung im Buchhändler-Seminar. Ich werde das dort regeln.
Auf den »Tormann« bin ich sehr gespannt. Bist Du den September über in Berlin? Kommst Du an einem Tag im September ohnehin einmal nach Frankfurt? Wie gesagt, ich möchte Dich gern sprechen.
Herzliche Grüße
Dein
[Siegfried Unseld]

[103]

Berlin
11. September 1969

Lieber Siegfried,
Du hast mir schon einmal von der österreichischen Bibliothek geschrieben, es ist ein gutes Unternehmen, nur sollte man es nicht zu groß machen, denn zu sehr österreichisch, das geht einem (mir) leicht auf die Nerven, zumal man ja gute Literatur nicht mehr als österreichisch bezeichnen kann, das wäre schon eine kulturelle Einschränkung. Trotzdem reizen mich selbstverständlich einzelne vorgeschlagene Titel, und obwohl ich »Sonnenfinsternis« von Stifter noch nicht kenne, war ich gleich davon, ich muß es sagen, recht begeistert, weil ich das, was ich eben von ihm kenne, sehr mag, obwohl es schon einige Zeit her ist, daß ich es gelesen habe, und weil ich meine, daß der alberne Arno Schmidt in bezug auf Stifter viel Triviales und Falsches gesagt hat und auch bewirkt hat.[1] Das würde mich also schon reizen. Nur ist eine ferne Gefahr, daß ich allmählich ein Nachwortschreiber werden könnte: Horváth, Stifter ... Aber diese beiden sind mir einmal sehr recht.
Ich freue mich, daß Du so vielen Leuten wegen Paris geschrieben hast. Es muß einfach was draus werden, hier in Berlin wird es immer unerträglicher.
Am 17. fliege ich nach Belgrad mit dem Theater am Turm, vielleicht kann ich am 16.[2] schon nach Frankfurt kommen. Wäre Dir das recht? Oder beim Rückflug am 19.?
Ich schicke Dir das Manuskript des »Tormanns(warts)« mit, das ich in den letzten zwei Wochen fertiggeschrieben habe. Bezüglich des Umschlags habe ich feste Vorstellungen, ich hoffe, sie können verwirklicht werden: schwarz, ganz schwarz und in ganz weißer Schrift, als Untertitel nichts vorn drauf als der Satz »Der Tormann sah zu, wie

der Ball über ...«, sonst nichts vorn drauf. Hoffentlich erschrickst Du nicht. Der Verlagsname kann ja auf der Rückseite stehen, SV, und auf dem Buchrücken der Name der Geschichte und mein Name ... Ich weiß nicht, ob man die Fotokopien von Hochzeitsfotos in der Geschichte verwenden soll; wenn ja, dann sollen sie immer auf der linken Seite stehen, so wie ichs im Manuskript gemacht habe: man blättert rechts um, und links steht das Foto, keine Leerseiten.[3] Die Zeichnungen sind nicht sehr schön, vielleicht kann man da noch was ändern.[4]
Herzlich
Dein Peter

1 Arno Schmidt beschäftigte sich mehrfach mit Adalbert Stifter und dessen Werk, u. a. in: ... *Und dann die Herren Leutnants! (Betrachtungen zu ›Witiko‹ & Adalbert Stifter)*, in: *Die Ritter vom Geist*, S. 307-317; siehe A. S., *Bargfelder Ausgabe, Werkgruppe II*, Band 3, S. 143-168.
2 Die drei Wörter »ich am 16.« sind von dritter Hand unterstrichen.
3 Im Ordner mit der Korrespondenz zwischen P. H. und S. U. haben sich fünf Kopien von Hochzeitsphotos unterschiedlicher Paare erhalten. Ihnen liegt eine undatierte handschriftliche Notiz von S. U. bei: »Diese Photos (aus Provinzmagazinen, dieselbe Haltung zeigend) befanden sich im Ms von Handkes ›Tormann‹ und entfielen auf meinen Vorschlag.« Siehe Abb. 4 in diesem Band.
4 P. H., *Die Angst des Tormanns beim Elfmeter*, S. 117. Hier stehen anstelle von Worten Umrißzeichnungen der von den Worten bezeichneten Gegenstände. Der Brief trägt den handschriftlichen Vermerk von S. U.: »mündl. bespr.« sowie einen handschriftlichen Vermerk von Burgel Zeeh: »kommt am Dienstag, 16. 9. 69«.

[104; Anschrift: ⟨Berlin⟩]

Frankfurt am Main
30. September 1969

Lieber Peter,
können wir Dein Nachwort für Horváths »Geschichten aus dem Wiener Wald« jetzt fixieren? Ich möchte Dir ein Honorar von DM 500,- anbieten. Der Umfang steht dir frei. Ich nehme an, Du wirst 5 bis 10 Seiten schreiben wollen. Bis wann kannst Du das Nachwort liefern? Bitte nicht später als Ende Januar. Da wir den Band jetzt bald ankündigen müssen, wäre es natürlich schön, wenn man in irgendeinem Satz andeuten könnte, wie Du das Stück siehst. Vielleicht könntest Du mir im Brief ein paar Sätze darüber schreiben.

Und hier noch eine Angelegenheit: ein sehr guter Bekannter von mir und ein hervorragender Übersetzer aus dem Spanischen, Curt Meyer-Clason, ist jetzt Leiter des Deutschen Instituts in Lissabon geworden. Er schätzt Dich und Deine Arbeiten außerordentlich. Er trägt sich mit dem Gedanken, »Das Mündel« aufzuführen, vielleicht auf der ganzen iberischen Halbinsel in Zusammenarbeit mit Madrid. Er fragt an, ob es ein Schauspieler-Duo gäbe, das das Stück aufführen könnte. Man wünscht sich natürlich auch Dein Kommen. Hast Du dafür irgendeine Vorstellung?

Eben trifft der beiliegende Brief von Mrs. N. de Schoenborn ein. Willst Du mal mit der Dame telefonieren?[1]

Herzliche Grüße
Dein
[Siegfried Unseld]

Anlage

1 Unter dem Datum des 22. September 1969 schrieb Frau de Schoenborn auf französisch an den Verlag, Joseph Breitbach habe sie gebeten, P. H. Wohnungen in Paris vorzuschlagen. Es sei jedoch sinnvoll, wenn P. H. die Wohnungen selbst in Augenschein nähme; deshalb möge man mit ihr telefonisch Kontakt aufnehmen.

[105]

Berlin
3. Oktober 1969

Lieber Siegfried,
das Nachwort für Horváth kann ich Ende Dezember/Anfang Januar fertig haben. Aber es ist mir unmöglich, jetzt schon in ein paar Sätzen zu sagen, wie ich es schreiben werde, es wäre einfach zu allgemein, bloße Schlagwörter von einer Syntax des Unbewußten etc.
Ich glaube, was »Das Mündel will Vormund sein« betrifft, so kann das jedermann spielen, der nicht zu sehr Schauspieler und nicht zu sehr blöder, zickiger Pantomime ist, es ist ein Stück, das Leute jedes Berufs spielen können. Vielleicht kann es Herr Meyer-Clason selber spielen? Nicht sehr witzig.
Vielen Dank für den Brief der Mme de Schoenborn. Ich werde ihr schreiben, weil ich Angst habe, auf französisch beim Telefonieren zu stottern.
Helmut Färber habe ich mit einem Brief von dem Bücher- & Zeitschriftenplan informiert. Es müßte halt jetzt einer kommen, der das Projekt wirklich heftig angeht und sonst wenig im Sinn hat, sodaß er nicht abgelenkt wird.
Ich bin hier recht bedrängt, muß mich sehr viel mit dem Kind befassen, weil Libgart zum Glück eine Gelegenheit hat, wieder Theater zu spielen, wenn auch nur für ein Stück,[1] aber ich versuche Tag für Tag, endlich wieder mit dem Schrei-

ben anzufangen. Bis jetzt ist es immer Abend geworden, und da bin ich schon ganz müde gewesen.²
Alles Gute für die Buchmesse,³
Dein Peter

1 Libgart Schwarz spielte in Claus Peymanns Inszenierung von Anton Tschechows *Kirschgarten*, die am 30. November 1969 an der Volksbühne Berlin Premiere hatte.
2 Am linken Rand des Briefs hat P. H. handschriftlich vermerkt: »Ich kenne einen spanischen Pantomimen namens Gómez ...? der in Nürnberg engagiert war.« Der spanische Schauspieler José Luis Gómez war an den Städtischen Bühnen Nürnberg engagiert; er spielte dort unter anderem den *Kaspar*.
3 1969 fand die Buchmesse vom 8. bis 13. Oktober statt.

[106; Anschrift: ⟨Berlin⟩]

Frankfurt am Main
7. Oktober 1969

Lieber Peter,
vielen Dank für Deinen Brief vom 3. Oktober. Ich freue mich, wenn ich Ende Dezember/Anfang Januar Dein Nachwort für den Horváth habe. Wir müssen freilich im November die Ankündigungen drucken; nun, es wird uns da schon etwas einfallen. Über die Aussicht, in Spanien und Portugal zu reisen, scheinst Du nicht erbaut zu sein. Ich hatte eher gedacht, das würde Dich freuen.
Eben rief mich der mir nicht sonderlich angenehme Herr Claus Lincke von der Buchhandlung Lincke in Düsseldorf an. Er will zwei Beiträge: einen von Dir (über Deine Art zu schreiben) und einen von mir (über meine Art zu verlegen). Ich habe ihm gleich gesagt, daß Du jetzt wohl kaum zur Niederschrift eines solchen Beitrags kämst. Außerdem will er ihn bis zum 20. 10. haben; das scheint mir doch eine Zu-

mutung. Ich selber kann ihm vielleicht etwas über unsere Joyce-Ausgabe schreiben.[1] Das ist letztlich für den Verlag Werbung. Wärst Du damit einverstanden, daß man zwei Seiten aus dem »Tormann« in diesem Buchhändler-Katalog zum Vorabdruck gäbe? Das spielt sich ja außerhalb der Öffentlichkeit ab, wäre also kein Vorabdruck im Presse-Sinne und dient vielleicht auch der Vorankündigung der Erzählung. Wie denkst Du darüber?
Nun möchte ich die Buchmesse hinter mich bringen. Ich danke Dir für Deine Wünsche.
Schöne Grüße
Dein
[Siegfried Unseld]

1 1969 erschien James Joyce, *Dubliner*, in der Übersetzung von Dieter E. Zimmer, als erster Band der siebenbändigen *Werke. Frankfurter Ausgabe*, Redaktion Klaus Reichert unter Mitwirkung von Fritz Senn.

[107]

Berlin
17. Oktober 1969

Lieber Siegfried,
warum schreibst Du nicht einfach und neutral in dem Text zu Horváth, daß P. H. in seinem Nachwort auf Horváths Bemerkung eingeht, seine Stücke stellten den Kampf des Bewußtseins gegen das Unterbewußtsein dar, und genug. So bin ich einmal frei und habe doch meinen Rahmen, der vielleicht interessant genug ist.
Ende November würde ich für ein paar Tage nach Paris fahren, vielleicht könnten sich die Leute, die so freundlich sein wollen, mir dort zu helfen, dann darauf einrichten.

In meinem letzten Brief wollte ich nicht sagen, daß ich keine Lust hätte, nach Spanien und Portugal zu fahren. Im Gegenteil. Nur wußte ich auf die Frage, welche Schauspieler ich mir für »Das Mündel...« dächte, keine rechte Antwort. Der spanische Pantomime Gómez, den ich erwähnte, hat inzwischen, wie es scheint erfolgreich auch in Frankfurt gespielt, und er scheint wirklich die alte blöde Pantomime ein bißchen aufzubrechen. Aber es ging mir aus Deinem Brief auch nicht hervor, wo Herr Meyer-Clason[1] das Stück inszeniert sehen möchte, ob hier und von hier aus, oder in Spanien.
Ein sehr kurzes Stück, »Quodlibet«, habe ich vor kurzem geschrieben, 20 min. lang, und es dem »Verlag der Autoren« gegeben.[2] Das nur, um Dich zu informieren.
Herzlich
Dein Peter

| Mit Ror Wolf würde ich vielleicht gern über die Zeitschrift reden. Und bitte laß den Titel der Tormanngeschichte (zu: »Ein kurzer Aufenthalt auf dem Land«) von der Lektoratsversammlung diskutieren. |

1 P. H. unterkringelte den Namen »Meyer-Clason« und setzte ein Fragezeichen darunter, um anzudeuten, daß er sich der Schreibweise nicht sicher war.
2 P. H. gehörte zu dem Autorenkreis, der am 1. April 1969 den Verlag der Autoren mitbegründete. P. H. sandte *Quodlibet* am 25. September 1969 an den Verlag der Autoren; es wurde in der Regie von Hans Hollmann am 24. Januar 1970 in Basel, Komödie, uraufgeführt.

[108; Anschrift: ⟨Berlin⟩]

Frankfurt am Main
21. Oktober 1969

Lieber Peter,
bist Du damit einverstanden, die »Hilferufe« in den Band »Spectaculum« 13 aufzunehmen? Er wird im September 1970 erscheinen. Geplant sind dafür unter anderem:
Horváth: »Glaube, Liebe Hoffnung«
Dürrenmatt: »Play Strindberg«
Mueller: »Großer Wolf«
und evtl. auch noch
Hacks: »Amphitryon«
oder
Lange: »Die Gräfin von Rathenow«
Schöne Grüße
Dein
[Siegfried Unseld]

[109; Anschrift: ⟨Berlin⟩]

Frankfurt am Main
22. Oktober 1969

Lieber Peter,
ich danke Dir für Deinen Brief vom 17. Oktober. Den Horváth-Text werde ich in diesem Sinne neutral anlegen.
Ich habe an die Pariser Gewährsleute noch einmal geschrieben, daß Du am 28. November in Paris sein wirst.
Ich habe die Idee mit dem Pantomimen Gómez gleich an Meyer-Clason weitergeleitet. Wegen der Zeitschrift habe ich mit Jürgen Becker gesprochen. Schöning war noch im Urlaub. Ich hatte auch ein Gespräch mit Herrn Kirchmann vom »Kölner Stadt-Anzeiger« in dieser Sache. Das schwebt noch, ich unterrichte Dich.

Nun zu »Quodlibet«! Wir sind doch so verblieben, daß die Theaterrechte (einschließlich Rundfunk, Fernsehen und Film) an den Verlag der Autoren gehen. Alle anderen Publikationsrechte (auch Abdruckrechte jeder Art, Vorabdrucksrechte usw.) verbleiben beim Suhrkamp Verlag. Ich glaube, das ist eine klare Linie, wo wir nicht in Kollision geraten. Ich möchte Dich bitten, mir das zu bestätigen, und bitte schicke mir auch eine Kopie von »Quodlibet« zu. | Sollen wir »Quodlibet« ins »Spectaculum« nehmen? |
Schöne Grüße
Dein
[Siegfried Unseld]

[110; handschriftlich]
Berlin
27. Oktober 1969

Lieber Siegfried,
anbei das »Quodlibet«. Ich hätte nichts dagegen, daß es im »Spectaculum« abgedruckt wird, es ist halt nur sehr kurz. Auch die »Hilferufe« könnte man stattdessen nehmen, nur mit *Groß*schreibung.[1] Warum nimmst Du nicht »Ein Fest für Boris« von Thomas Bernhard auf?
Ja, und am Ende November fahre ich nach Paris. Gib mir nur bitte die verschiedenen Adressen. Das wird was werden.
Das endgültige Manuskript für den »Tormann« habe ich an Herrn Beckermann geschickt, der noch einige ganz plausible Änderungsvorschläge machte.[2] Auch für den üblichen Umschlag habe ich mich entschlossen: Name, Titel und Verlag, weiß auf Schwarz. Das kann alles nun keine Schwierigkeiten mehr geben.[3]
Mit herzlichen Grüßen
Dein Peter

1 P. H., *Hilferufe*, erschien nicht in *Spectaculum*; Erstdruck in: *Deutsches Theater der Gegenwart 2*, 1967, S. 201-209 – und zwar in Kleinbuchstaben.
2 Die zweizeilig getippte zweite Fassung besteht aus 113 Blättern (siehe DLA, SUA, A: Suhrkamp Verlag, Handke, Peter).
3 Der Brief trägt die handschriftlichen Vermerke von S. U.: »erl.[edigt]« sowie »Text an Hildebrandt« (mit dem Zusatz von Burgel Zeeh (»erl. 10. 11. 69«).

[111; Anschrift: Berlin]

Frankfurt am Main
29. Oktober 1969

Lieber Peter –
schönen Dank für Deinen Brief vom 27.10. Ich freue mich, daß wir die Möglichkeit haben, sowohl »Quodlibet« als auch die »Hilferufe« in »Spectaculum« aufnehmen zu können. Machen wir das von der Konzeption des Buches abhängig, die zwischen Hildebrandt, Canaris und mir festgelegt wird.[1] Bernhards Stück ist in diesem Zusammenhang schon diskutiert. Wir hatten uns dies für das »Spectaculum« 1971 vorgenommen, weil im Jahr 1970 eine Einzelausgabe in der »edition« erscheint.[2]
Ich habe die Titelfrage des »Tormanns« in der Lektorats-Versammlung besprochen. Wir sind alle der Meinung, daß der Titel vorzüglich ist und die Parallelität zu Sillitoe durchaus aushalten kann.[3] Erleichtert bin ich auch, daß Du Dich zum üblichen Umschlag entschlossen hast. Wir brauchen für das Durchsetzen dieses Buches wirklich Deinen Namen. Anbei schicke ich Dir den Vertrag zu. Wenn Du damit einverstanden bist, so unterzeichne ihn bitte. Wir haben ihn noch einmal neu herausgeschrieben, weil sich einige formale Änderungen ergeben haben. In Zukunft können wir

dann bei weiteren Verträgen jeweils auf dieses Vertragsformular zurückkommen.
Schöne Grüße
Dein
[Siegfried Unseld]

1 P. H., *Quodlibet*, erschien in: *Spectaculum 13. Acht moderne Theaterstücke*, 1970, S. 183-190. Die anderen sieben Stücke: Samuel Beckett, *Atem*, Samuel Beckett, *Spiel ohne Worte 1*, *Spiel ohne Worte 2*, Edward Bond, *Trauer zu früh*, Marieluise Fleißer, *Pioniere in Ingolstadt*, Peter Hacks, *Amphitryon*, Ödön von Horváth, *Glaube Liebe Hoffnung*, und Hans Günter Michelsen, *Planspiel*.
2 Thomas Bernhard, *Ein Fest für Boris*, erschien am 5. Mai 1970 als Band 440 der *edition suhrkamp*.
3 Alan Sillitoe, *Die Einsamkeit des Langstreckenläufers und andere Erzählungen* (der Originaltitel der Erzählung aus dem Jahr 1959 lautet: *The Loneliness of the Long Distance Runner*), erschien, in der Übersetzung von Günther Klotz und Hedwig Jolenberg, zuerst 1967 im Diogenes Verlag Zürich.

[112]

Berlin
5. November 1969

Lieber Siegfried,
kannst Du mir, bevor ich den Vertrag zurückschicke, nur noch zwei Sachen präzisieren: einmal, an welchen Ladenpreis gedacht ist (doch wohl nicht mehr als 10, 12 Mark, da die Zeilen, im Gegensatz zu unserer Vereinbarung in Frankfurt, ziemlich eng gesetzt sind und das Buch wohl nur 120 Seiten haben wird), und zweitens, wie es sich mit jener Verabredung verhält, in der Du, anläßlich der »Kaspar«-Buchausgabe, formuliertest, ab dem 3. Buch würde das Autorenhonorar 12...% betragen, wie es auch beim »Kaspar« geschehen ist?
Danke für die Adressen in Paris.
Dein Peter

[113; Anschrift: ⟨Berlin⟩]

                                      Frankfurt am Main
                                      10. November 1969

Lieber Peter,

schönen Dank für Deinen Brief vom 5. November. Zunächst eine Entschuldigung: wir haben einen Fehler gemacht. Selbstverständlich ist Dein Honorar 12 %. Ich habe Dir das versprochen, und beim »Kaspar« wurde das ja auch schon so gehandhabt. Fräulein Ritzerfeld ist beim Ausschreiben des Vertrages für das Prosabuch eben auf die Verträge für Prosa zurückgegangen. Das war ein Versehen, das wir bereinigen. Das wird auch für die Zukunft in Ordnung gehen.

Ich bin sehr enttäuscht über Deine Enttäuschung gegenüber dem Satz des »Tormanns«. Ich hatte der Herstellung die klare Anweisung gegeben, wie groß die Type sein sollte (Kafka!) ... In der Herstellung aber wurde mir berichtet, Du habest Dich direkt mit Herrn Carlé verständigt. Ich hätte jetzt noch einmal den ganzen Satz weggeworfen und neu machen lassen, und doch hat mir wiederum Herr Carlé gesagt, Du möchtest den Satz jetzt so haben, wie er ist. Was ist nun wahr? Carlé hat mit 144 Seiten errechnet. Das würde bedeuten: Ladenpreis etwa DM 12,– bis DM 14,–.

Herzliche Grüße

Dein

[Siegfried Unseld]

[114]

Berlin
11. November 1969

Lieber Siegfried,
danke für die Erklärung zu dem Vertrag.
Ja, es ist sehr schade, daß nichts aus dem zwischen uns vereinbarten Schriftbild geworden ist. Ich dachte, es sei alles klar, Carlé sagte mir wohl mal was von der Schrifttype, nannte auch deren Namen, aber ich dachte, das sei schon alles richtig, bis ich die Probe bekam. Dann rief ich an, und Carlé sagte mir, man könnte ja den Satz stoppen und neumachen, wie Du es ja auch jetzt vorschlägst. Aber das wollte nun ich wieder nicht mehr, weil ich keine Ausnahme gegenüber andern sein wollte. Und so ist mir auch die Type von Carlé recht.
144 Seiten scheint mir für dieses Schriftbild etwas viel. Jedenfalls möchte ich, daß das Buch auf keinen Fall mehr als 12 Mark kostet. Das ist für eine Erzählung ohnedies viel Geld.
Mit herzlichen Grüßen
Dein
Peter

| Den Vertrag schicke ich unterschrieben mit und überlasse die Korrekturen der Buchhaltung.
dtv möchte eventuell die Prosa »Begrüßung des Aufsichtsrats« für 70/71 übernehmen.[1] Dafür möchte ich sie *umarbeiten* und erstmal *mir* den Vertrag zuschicken lassen.
»Die Hornissen« hatten als »rororo« im Juni übrigens 2. Auflage, 33.000 vielleicht inzwischen schon mehr. Ganz seltsam. |

1 P. H., *Die Begrüßung des Aufsichtsrats*, erschien 1970 bei *dtv*, ergänzt um die Erzählung *Der Einbruch eines Holzfällers in eine friedliche Familie* (1967); siehe Brief 54.

[115; Anschrift: ⟨Berlin⟩]

Frankfurt am Main
14. November 1969

Lieber Peter,
schönen Dank für Deinen Brief vom 11. November. Sobald wir den definitiven Umfang haben, lasse ich Dir eine Kalkulation Deines Bandes zugehen. Mir kommt es wirklich darauf an, daß wir einen großen Kreis mit dem Buch erreichen, und auch mir ist der Preis diesmal besonders wichtig. Wir korrigieren den Vertrag entsprechend. Ich bedanke mich für die Unterschrift.
Hast Du schon mit dem dtv wegen der »Begrüßung des Aufsichtsrats« abgeschlossen? Ich bedaure das natürlich ein wenig, denn wir hätten das Buch ja auch ohne weiteres in der »edition suhrkamp« herausbringen können. Sollte dies aber nicht mehr möglich sein, so beachte bitte bei Vertragsabschluß, daß dtv lediglich für 3 Jahre die Rechte erhält und sie dann wieder an Dich zurückfallen. Und behalte Dir das Recht vor, in der Zwischenzeit auch anderweitig über die Rechte verfügen zu können wegen Aufnahme in einen Sammelband etc.
Herzlich
Dein
[Siegfried Unseld]

[116; Anschrift: Berlin]

Frankfurt am Main
18. November 1969

Lieber Peter,
Nachdrucke haben es immer leichter. Ohne unsere Erfolge hätten die Taschenbuchverlage nicht ein einziges Deiner Bücher überhaupt angenommen. So war dies jedenfalls am Anfang. Ich freue mich, Dir heute eine neue Auflage der »Innenwelt der Außenwelt der Innenwelt« melden zu können: es ist die 4. Auflage. Wir druckten 15.000 Exemplare und somit das 45.-59. Tsd.
Lieber Peter, das ist ein Riesenerfolg, auf den wir stolz sein können.
Herzliche Grüße
Dein
[Siegfried Unseld]

[117]

Berlin
1. Dezember 1969

Lieber Siegfried,
sehr habe ich mich gefreut über die neue Auflage der »Innenwelt der Außenwelt der Innenwelt«, ich dachte schon, die hämischen, wenn auch vielleicht verständlichen Reaktionen auf den ersten guten Verkauf (»Text+Kritik« etc.) würden es erst mal für einige Zeit stagnieren lassen.[1] Daß es nicht so ist, ist mehr als erfreulich. Am Abend vor dem Einschlafen habe ich mir oft die Zahl 59 000 vorgesagt. Vielleicht werdens bald einmal 100 000 ... Und ein paar Leute werden die Gedichte ja dann auch lesen und weitersagen. So leicht läßt sich das alles jetzt nicht mehr ausradieren.

Den Umbruch zu »Die Angst des Tormanns beim Elfmeter« habe ich aufmerksam durchgeschaut. Ich habe wenig geändert, so daß im Satz wohl kaum Schwierigkeiten entstehen. Vorn sehe ich, daß Ihr 25 000 drucken wollt: das ist wohl richtig, und ein bißchen würde ich das auch für möglich halten, wäre da nicht der geplante hohe Preis. Das Buch hat nicht, wie geplant, 144 Seiten, sondern nur 125. Diese Tatsache und die geplante Auflage müßten doch eine Herabsetzung unter 12 Mark noch möglich machen. Die Leute, die meine Sachen lesen (kaufen), sind doch meist, wenn auch nicht immer, eher jüngere Leute, die ... Vielleicht erscheint Dir das müßig, was ich da schreibe, man sollte es aber doch erwägen.[2]

Vorgestern bin ich aus Paris zurückgekommen, wo ich einige Tage Wohnungen angeschaut habe. Es herrscht dort schon eine grauenhafte Ausbeutung, die bei der fordernd hingehaltenen Hand der Kinoplatzanweiser anfängt und bei den Wohnungsmieten sicher nicht aufhört. Mme Schoenborn, von Herrn Breitbach Dir genannt, ist nicht, wie ich dachte, eine Besitzerin von Appartements, sondern eine Agentin. (Wohl in jedem Sinn.) Weil ich aber zu wenig brutal bin, solchen (durchaus irgendwo »musisch« tuenden) Leuten zu begegnen, habe ich die Forderung akzeptiert, weil die eine Wohnung, in der Nähe des Montmartre und sehr still, wirklich schön und beruhigend ist. Sie kostet 2000 Francs im Monat. Aber ich dachte, so lange werde ich ja nicht in Paris sein, und wenn, dann soll es uns und dem Kind ein bißchen angenehm sein. Nun sollte ich sofort eine Miete bar zahlen, hatte nicht ganz so viel mit, wollte es heute hinschicken, das schien denen wohl eine Zumutung, so rief ich bei Gallimard an, Frau v. Bülow, die das Geld überweisen wird, während es ich heute im voraus an Gallimard überweise ... Nun ja, aber eine schöne Stadt.

»Quodlibet« habe ich neu geschrieben, es ist jetzt fast ein

richtiges Stück, mehr als doppelt so lang. Wenn Du es noch für »Spectaculum« willst, schicke ich Dir beizeiten ein Exemplar. Zudem habe ich ein kleines Hörspiel geschrieben, das nur aus Geräuschen besteht: »Geräusch eines Geräusches«.[3] Ich sagte Dir einmal, daß man einmal die Hörspiele zusammen in der »Edition« bringen könnte. Ein 4. Hörspiel will ich in der 1. Hälfte des nächsten Jahres schreiben. Entschuldige bitte den allzu langen Brief.
Mit herzlichen Grüßen und Dank für die Bücher, die mir immer wieder zugeschickt werden, eigentlich habe ich nur noch Lust, richtige Geschichten oder aber Gedichte zu lesen,
Dein Peter

1 Heft 24 der »Zeitschrift für Literatur« *Text + Kritik* war P. H. gewidmet und erschien im Oktober 1969. P. H. hatte dem Herausgeber Heinz Ludwig Arnold einen Ausschnitt aus *Die Angst des Tormanns beim Elfmeter* zum Vorabdruck überlassen (S. 4-7) und in einem ebenfalls abgedruckten Brief (S. 3) die Erzählung kommentiert. Die Autoren des Heftes sind: Lothar Baier (*Aus der Satzlehre des Unmenschen*), Helmut Heißenbüttel (*Peter Handke*), Uwe Schultz (*Zwischen Virtuosität und Vakuum. Über Peter Handkes Stücke*), Hans Mayer (*Kaspar, der Fremde und der Zufall. Literarische Aspekte der Entfremdung*), Klaus Stiller (*Die Verwandtschaft des Erzählers. Peter Handkes Prosa*), Jörg Drews (*Sterile Exerzitien*) und Peter Schumann (*Der Fall Handke oder Die Monotonie in der Literatur. Versuch eines polemisch-kompilierten Belegs oder Eine Autorenbeschimpfung*). Auf S. 1 schrieb der Herausgeber: »Ein Heft über Peter Handke? Als ich ihm das, zusammen mit der Bitte um einen Text für dieses Heft, schrieb, antwortete er: vielleicht machen Sie einen Spaß mit dem Handke-Heft. Daß es dann kein reiner Spaß für Peter Handke werden würde, machten schon die ersten Gespräche mit den Autoren dieses Heftes deutlich – einer, der ihn vermutlich gepriesen hätte, sagte leider ab, Hans Mayers Aufsatz – ohnehin weniger wertend als typisierend – blieb somit als einziger, schwacher Kontrast.«
2 Der linke Rand dieses Absatzes ist von dritter Hand mit einem senkrechten Strich versehen.

3 P. H., *Geräusch eines Geräusches*, wurde unter dem Titel *Hörspiel Nr. 3* (unter Bezug auf die vorhergehenden *Hörspiele 1* und *2*), in der Regie von Heinz von Cramer, im Westdeutschen Rundfunk (WDR 3), am 7. Mai 1970 urgesendet.

[118; Anschrift: Berlin; Telegrammnotiz]

Frankfurt am Main
6. Dezember 1969

Herzliche Wünsche zu Deinem Geburtstag – Siegfried

[119; Anschrift: Berlin]

Frankfurt am Main
15. Dezember 1969

Lieber Peter,
schönen Dank für Deinen Brief vom 1. Dezember. Du brauchst Dich gar nicht zu entschuldigen, Deine Briefe können gar nicht lang genug sein.
Hämisch ist in der Tat der richtige Ausdruck für die Ausgabe in »Text + Kritik«. Auch ich bekomme da ja meinen Teil ab in dem Aufsatz von Klaus Stiller; hämisch ist darin auch, daß er immer behauptet, der Suhrkamp-Waschzettel würde diese Behauptungen aufstellen; in Wirklichkeit zitieren wir da Pressestimmen. Nun ja, diese Sache wird vergehen.[1]
Du weißt, daß ich den »Tormann« sehr gern habe und ihn sehr schätze. Wir wollen alles versuchen, dieses Buch zum Erfolg zu machen. Du kannst Dir denken, daß eine Startauflage von 25.000 Exemplaren unser Risiko und unseren finanziellen Einsatz vergrößert, um so mehr müssen wir auf den Ladenpreis achten, und dies auch, weil ja das er-

höhte Honorar zu Buche schlägt. Aber ich habe mich doch in letzter Sekunde entschlossen, den Preis auf DM 10,- festzusetzen, weil ich dann doch hoffe, daß wir die Auflage und die weiteren leichter verkaufen. Dein Wunsch ist also erfüllt.

Bitte schicke mir »Quodlibet«; wir nehmen es gern im »Spectaculum« auf. In der »e. s.« ist für November 1970 ein Band mit vier Hörspielen von Dir fest eingeplant.

Deine Pariser Miete scheint mir in der Tat sehr hoch zu sein. Aber es ist ja immer schon etwas teurer gewesen, einen guten Geschmack ... Wenn Du willst, kann ich Dir gern monatliche Zahlungen leisten. Vielleicht sollte man das machen? Wir könnten ja z. B. diese Miete monatlich von hier aus überweisen.

Ich freue mich auf das Jahr 1970, weil wir an seinem Beginn Dein Buch haben. Schöne Grüße für Dich und Libgart und auch sonst das Saisonübliche.
Dein
[Siegfried Unseld]

1 Stiller zitiert mit der Quellenangabe »Suhrkamp-Waschzettel« die Formulierungen »wilde Attacke« und »scheuer Beatle«.

[120; handschriftlich]

Berlin
19. Dezember 1969

Lieber Siegfried,
bei mir ist die ganze »Familie« krank, zuerst, vor 8 Tagen, hab ich mich ins Bett gelegt, dann Libgart, und vor 3 Tagen hat sogar das Kind Fieber gekriegt. Jetzt geht es schon besser, das Kind ist nur noch ganz schwach und hustet ein wenig, aber ich kann wenigstens schon im Liegen Briefe schrei-

ben. Vielen Dank für das Telegramm zu meinem *, ich war ganz erstaunt darüber, hätte gar nie an so was gedacht.
Es ist schön, daß Du Dich doch entschlossen hast, für das Buch einen geringeren Preis anzusetzen, das ist wirklich die erfreulichste Nachricht. Ob's nun verkauft wird? Tausend Stück sicher.
Vor ein paar Tagen rief Frl. Geissler wegen meiner Adressenänderung hier an. Meine Adresse in Paris kann ich noch nicht genau sagen: Cité Chaptal 1, die Nummer des Bezirks weiß ich nicht, es ist in der Nähe der Rue Blanche. Bei dieser Gelegenheit sagte ich jedenfalls, man sollte mir, wenn es die geben sollte, verschiedene Fassungen zu »Geschichten aus dem Wienerwald« schicken, auch Notizen und Bemerkungen von Horváth dazu, was man halt braucht, um, wie ich, was Genaueres zu schreiben (für das Nachwort der »Bibliothek Suhrkamp«). Bis jetzt hab ich nichts gekriegt. Kann man mir also, so schnell wie möglich, Unterlagen schicken? Es wird nämlich Zeit, daß ich mich an das Nachwort mache.
Hoffentlich habe ich Deine Bemerkungen zur Miete in Paris nicht mißverstanden. Meinst Du, der Verlag (Du) wollte mir die Zahlungen *technisch* erleichtern, indem er monatlich von meinem Guthaben bei ihm die Miete überweisen würde? Oder meintest Du, daß Du *tatsächlich* auch etwas von der Miete übernehmen würdest? Das erstere, die technische Erleichterung, nehme ich gern an, das 2. würde ich auch gern annehmen, denke aber, daß es mir später vielleicht einmal finanziell schlechter gehen wird als jetzt und daß dann... Aber natürlich ist die Miete grauenhaft, zumal Libgart noch einige Zeit hier bleibt (bis März) und Theater spielt, und somit 3 Wohnungen (mit der in Düsseldorf) gezahlt werden müssen. Na ja.
Das neue »Quodlibet« schicke ich mit.
Eventuell, wenn aus der Zeitschrift nichts wird, würden die

Münchner und andere Leute eine eigene neue Zeitschrift machen wollen, für Ästhetik, wobei ich dann auch was tun würde und andre Literaten vielleicht auch: hättest Du dann Lust, Dich dabei, wenn die Zeitschrift gemacht wird, Dich irgendwie zu beteiligen? Das schreibe ich Dir zur Information.
Mit herzlichen Grüßen
Dein Peter

Bis 12. 1. bleibe ich in Berlin.

1970

[121; Anschrift: Berlin]

Frankfurt am Main
5. Januar 1970

Lieber Peter,
ich höre jetzt von Dr. Hildebrandt, daß er sich mit Dir in Verbindung gesetzt hat. Ich hoffe, Du hast alle Unterlagen für das Nachwort Horváth jetzt zusammen.
Schöne Grüße
Dein
Siegfried

[122; handschriftlich; Briefbogen des Apartment Hotel Heerstraße]

Berlin
9. Januar 1970

Lieber Siegfried,
schönen Dank für Deinen Brief aus der Schweiz, es war eigenartig, einen Brief einmal nur handgeschrieben zu sehen.[1]
In den letzten Tagen habe ich das Nachwort zu Horváth geschrieben, ein Nachwort ist es wohl nicht, wenn ich ab 13. in Paris bin, werde ich es abtippen und sofort nach Frankfurt schicken. Am 16., 17. dürfte es dort sein. Ich hoffe, das geht noch. Es ist ca. 10 Druckseiten lang, leider.[2]
Carlé hat mir ein Leseexemplar des »Tormann« geschickt, es sieht ganz angenehm aus.

Morgen fahre ich hier weg, über Basel, wo ich mir ein bißchen die Proben zu »Quodlibet« anschaue, das inzwischen wieder 2 Seiten zugenommen hat ...[3]
Solltest Du mich dringend erreichen wollen: Libgart wird ab 13. meine Telefonnr. in Paris wissen. Adresse ist: Cité Chaptal 1,[4] Bezirk weiß ich nicht ...
Mit herzlichen Grüßen
Dein Peter H.

Laß bitte Libgart noch einige Leseexemplare der Tormanngeschichte schicken.[5]

1 Der Brief ist nicht ermittelt.
2 P. H., *Totenstille beim Heurigen*, entstand laut Datierung von P. H. zwischen dem 5. und 7. Januar 1970. Das Typoskript umfaßt sechs einzeilig getippte Blätter; siehe DLA, SUA, A: Suhrkamp Verlag, Handke, Peter.
3 Siehe Brief 132.
4 »Cité Chaptal 1« ist von dritter Hand unterstrichen.
5 »Laß bitte Libgart« sowie »Tormanngeschichte schicken« sind von dritter Hand unterstrichen, der Zusatz »erl.« angefügt.

[123; Anschrift: Paris-Cité Chaptal]
Frankfurt am Main
13. Januar 1970
Lieber Peter,
Deinen Brief vom 9. Januar habe ich erst heute erhalten. Ich wußte nicht mehr, daß Du noch in Berlin warst. Ich hatte unter der alten Nummer angerufen, aber nur einen Schweden erreicht. Hoffentlich erhältst Du diesen Brief. Die Adresse scheint mir etwas unvollständig zu sein. Ich schicke Dir gerne noch einige Exemplare der Tormann-Geschichte.

Ich hätte Dich gerne gesprochen und hoffe, ich kann das Anfang Februar in Paris tun. Ich habe ein mir dringliches Anliegen. Könntest Du nicht eine spannende Geschichte für Jugendliche schreiben? Und wie steht es mit den Überlegungen einer Geschichte des Beat, worüber Du mit Dr. Hildebrandt gesprochen hast?
Du siehst, ich möchte Dich in Paris nicht verlorengehen lassen.
Herzlich
Dein
[Siegfried Unseld]

[124]

Paris 9, Cité Chaptal 1
14. Januar 19[70]

Lieber Siegfried,
Seit gestern bin ich hier, und es ist sehr angenehm zu wohnen, still, und nicht nur das: auch friedlich. Ich glaube schon, daß ich werde arbeiten können. Nur die Schreibmaschine scheint durch den Transport sich irgendwie gelockert zu haben, man muß ganz vorsichtig schreiben.
Ich habe gesehen, daß es garnicht notwendig ist, das Nachwort zu Horváth noch einmal abzuschreiben, es ist auch so leicht zu lesen. Natürlich kann man es nicht als orthodoxes Nachwort bezeichnen, aber gerade die genaue Inhaltsangabe liefert, glaube ich, auch eine Analyse der Form und des Aufbaus, mehr als eine übliche Analyse. Wie wäre eine technische Überweisung der Miete nach Paris zu machen? Mir wäre es schon recht, weil ich, glaube ich, hier mit dem Umrechnungskurs ziemlich draufzahle, und bei 2000 frs. monatlich macht das schon was aus.
Mit herzlichen Grüßen
Dein Peter

[125; Anschrift: Paris-Cité Chaptal]
Frankfurt am Main
23. Januar 1970
Lieber Peter,
schönen Dank für Deinen Brief vom 14. Januar aus Paris. Bitte gib uns das Konto an, auf das Du die monatlichen Ffr 2.000 überweisen mußt. Wir werden das dann von hier aus vornehmen. Hast Du schon eine Zahlung geleistet? Bitte gib das exakt an.
Die Überweisung erfolgt à conto der bisherigen Honorarabrechnungen. Du hast zur Zeit noch ein Guthaben von ca. DM 15.000,–, das sich ja durch die Dezemberabrechnung und – wie ich hoffe – durch den »Tormann« noch erhöhen wird.
Dein Nachwort zu Horváth ist wirklich unorthodox. Ich finde es interessant und möchte es bringen. Doch könnte man nicht in einem Vorspann, wenigstens in ein paar Zeilen, eine wertende Beurteilung von Dir über das Stück erhalten? Böswillige könnten ja annehmen, Du entzögest Dich einer Wertung durch die Nacherzählung des Inhalts. Kann ich Dir ein Honorar von DM 500,– dafür anbieten?
Ich werde wahrscheinlich Anfang Februar nach Paris kommen. Ich melde mich dann.
Schöne Grüße
Dein
[Siegfried Unseld]

[126; Anschrift: Paris-Cité Chaptal]

Frankfurt am Main
29. Januar 1970

Lieber Peter,
ich stelle mir vor, Du sitzt in Paris und könntest Dich vielleicht langweilen, und es könnte sein, daß Du gerade keinen Einfall für etwas Neues hast. Könntest Du Dir dann nicht überlegen, ob Du bei dieser Gelegenheit des Paris-Aufenthaltes nicht eine Übersetzung machen möchtest? Zum Beispiel einen Voltaire, zum Beispiel »Candide«? Das ist nur eine Anfrage für Deine Überlegungen und auch für meine.
Herzliche Grüße
[Siegfried Unseld]

[127; Anschrift: Paris-Cité Chaptal]

Frankfurt am Main
5. Februar 1970

Lieber Peter,
ich werde am Wochenende 14./15. Februar in Paris sein. Wahrscheinlich bin ich Samstagnachmittag und -abend mit Beckett zusammen. Könnten wir uns am Sonntagvormittag treffen und dann vielleicht zusammen essen gehen? Bitte schreib mir eine Zeile, ob ich Dich erreiche.
Herzliche Grüße
Dein
[Siegfried Unseld]

[128]

Paris-Cité Chaptal
8. Februar 1970

Lieber Siegfried,
bis 16. bin ich mindestens in Paris, dann fahre ich erst nach Berlin, so daß wir uns leicht treffen können. Am Vormittag bin ich meistens zu erreichen, außer in der halben Stunde, in der ich was frühstücken gehe. Am Nachmittag fahre ich dann in der Regel von Kino zu Kino.[1]
Ich bin ein bißchen erstaunt darüber, daß Du schon zweimal in Briefen an mich das Wort »Sitzen« verwendet hast. Einmal hast Du es mir nach Berlin geschrieben (ich »säße« in Berlin und wüßte wohl nichts anzufangen), und nun, in Deinem vorletzten Brief, schreibst Du, Du stelltest Dir vor, ich »säße« in Paris und langweilte mich. Ich muß Dir sagen, daß ich das sehr beleidigend finde. Ich kann mir natürlich ein Stehpult anschaffen und an einem Stehpult schreiben wie Gerhart Hauptmann, aber im Moment kann ich einfach nicht anders als beim Schreiben zu sitzen. Aber Du hast das Wort ja metaphorisch gemeint, was noch viel schlimmer ist. Es zeigt eine Vorstellung des Verlegers vom Leben eines (»seines«) Autors, die ich beängstigend finde. Sicher ist meine Aktivität nicht so verfilmbar wie die eines wirklich aktiven, im Leben stehenden Tatmenschen... Aber Schluß jetzt damit. Im übrigen habe ich in den letzten zwei Monaten recht heftig an einem Fernsehfilm gearbeitet, zu dem ich das Buch gestern fertiggeschrieben habe.
Ich meinte, es ginge aus meiner Beschreibung der »Geschichten aus dem Wienerwald« klar hervor, was ich von dem Stück hielte. Nur was man wirklich liebt, kann man so lang und breit beschreiben. Im übrigen ist es keine Beschreibung des Stücks, sondern eine Beschreibung der Dramaturgie des Stücks.[2]
Mit herzlichen Grüßen
Dein Peter

1 S. U. hielt sich zwischen dem 13. und 15. Februar in Paris auf. Er traf dort Paul Celan sowie Samuel Beckett und P. H. (die sich zum ersten Mal persönlich bei einem Mittagessen in der Closerie des Lilas am 15. Februar begegneten). Der *Reisebericht Paris, München, 13.-17. Februaur 1970*, vermerkt: »Peter Handke hat einen Fernsehfilm geschrieben: ›Chronik der laufenden Ereignisse‹. Die Fernsehrechte liegen beim Verlag der Autoren. Das Manuskript habe ich mitgebracht; Herr Canaris möchte es bitte lesen und ein kurzes Gutachten dazu schreiben.
Handke ist bereit, Voltaires ›Candide‹ zu übersetzen. Ich habe ihm eine Ausgabe gegeben. Falls wir definitiv darauf zurückkommen, müssen wir dann noch eine Vereinbarung mit ihm schließen. Die Übertragung ist für die Insel gedacht, möglicherweise für ein neues Projekt.
Der ›Tormann‹ soll verfilmt werden, und zwar von Herrn Wim Wenders (8 München 80, Einsteinstraße 151, Telefon 44.12.59). Bitte dringlich 5 Lese-Exemplare hinschicken (Frl. Ritzerfeld bitte).
Ich brachte Handke und Voisin zusammen. Diskussion des Standes der Verhandlungen mit Peter Brook die französische Aufführung von ›Gaspard‹ betreffend. Voisin ist, wie immer, glänzend an der Arbeit.
Mit Handke habe ich über die Frage ›Quodlibet‹ gesprochen. Es ist ihm klar, daß alle Publikationsrechte bei uns liegen. Er hat ein Versprechen an ›Theater heute‹ gegeben, jedoch mit dem Hinweis, daß die Rechte bei uns einzuholen sind. [*Quodlibet* wurde abgedruckt in: *Theater heute*, 3/1970, S. 41-44.] Frau Bothe, das bitte aufnehmen.
Die Abrechnungen Handke sollen ihm nach Paris geschickt werden.
Den Termin mit der Buchhändlerschule hat er im Auge, aber es ist wohl wichtig, ihn noch einmal zu erinnern. Er möchte in Frankfurt untergebracht werden [siehe Brief 132, Anm. 1].
Was das Problem ›Mündel‹ in Berlin betrifft, so möchte er ›Mündel‹ gern in der Schaubühne sehen, aber sollte das Forum Theater auf der Aufführung des ›Mündel‹ bestehen, so wird die Aufführung eben dort erfolgen. [Die Uraufführung fand am 11. September 1970 in der Regie von Hans Peter Fitzi im Forum Theater Berlin statt.] Handke ist in den nächsten Tagen in Berlin und will

selber mit den Leuten sprechen.« Der komplette Reisebericht von
S. U. ist abgedruckt in: S. U., *Chronik 1970*, S. 114-122.
2 P. H., *Totenstille beim Heurigen*, erschien 1970 als Nachwort zu:
Ödön von Horváth, *Geschichten aus dem Wiener Wald*, *Bibliothek
Suhrkamp* Band 247, S. 123-137; wiederabgedruckt mit einem vorangestellten Satz in: P. H., *Ich bin ein Bewohner des Elfenbeinturms*, S. 217-225.

[129; Anschrift: Paris-Cité Chaptal]

Frankfurt am Main
20. Februar 1970

Lieber Peter,
anbei das erste Exemplar des »Tormanns«. Wir haben eine
Auflage von 25.000 Exemplaren gedruckt, zunächst aber
nur 10.000 aufgebunden.
Als Honorar haben wir 12,5 % festgelegt. Eine Vorauszahlung in Höhe von DM 2.000,- wurde Dir am 27. November
überwiesen. Wohin willst Du die Frei-Exemplare haben?
Nach Paris – oder willst Du sie von hier aus verschicken?
Herzliche Grüße
[Siegfried Unseld]

Anlage

[130; Anschrift: Paris-Cité Chaptal]

Frankfurt am Main
26. Februar 1970

Lieber Peter,
wir bringen jetzt ein Nachfolgeorgan unserer Jahresschau
»Dichten und Trachten« heraus, die »suhrkamp information«.[1] Hierin würde ich gerne eine Sequenz aus der »Chronik der laufenden Ereignisse« bringen, und zwar die Nr. 10, das sind etwa 1 bis 1 ½ Schreibmaschinenseiten. Wärst Du damit einverstanden? Ich finde den Text besonders gelungen, wie überhaupt das Ganze. Aber darüber sprechen wir sicher noch mal.
»Quodlibet« nehmen wir in das nächste »Spectaculum« auf. Ist Dir das recht?
Dies nur als kurzer Gruß für heute.
Herzlich
Dein
[Siegfried Unseld]

1 In der mit *Vorsatz* betitelten Einleitung zum ersten Heft der *suhrkamp information 1970* schrieb S. U.: »Die ›suhrkamp information‹ ist das neue Werbemittel des Suhrkamp Verlages: wir zeigen hier unsere neuen Bücher an, und wir wollen das nach Möglichkeit so tun, daß unser Programm einleuchtet, daß unsere Autoren Ihnen, den Lesern, sympathisch werden und daß Sie die Bücher, die wir Ihnen vorstellen, bei Ihrem Buchhändler kaufen werden. Die suhrkamp information ist Nachfolger unserer ›Jahresschau «Dichten und Trachten»‹. Dreißigmal ist ›Dichten und Trachten‹ erschienen. Das erste Heft [...] erschien im Frühjahr 1953 [...].«

[131; handschriftlich]

Paris
6. März 1970

Lieber Siegfried,
den Text 10 aus »Chronik der laufenden Ereignisse« kann man gern in den »suhrkamp-informationen« abdrucken. Wie ich Dir schon sagte, wäre es mir lieb, würde man den ganzen Text, mit Photos, einmal in der »Edition Suhrkamp« veröffentlichen. Eine Szene werde ich noch dazuschreiben.
Die *endgültige* Fassung des »Quodlibet« schicke ich Dir für das »Spectaculum« mit. Nach der Aufführung in Basel habe ich noch eine Anmerkung von 2 Seiten dazugeschrieben. Inzwischen ist das Stück 13 Seiten lang geworden.
Seit einer Woche bin ich mit dem Kind in Paris, Libgart ist vor einigen Tagen mit dem Auto nachgekommen. Es gab viel zu räumen etc., allgemeine Verstörung, nun ist das Kind auch friedlicher geworden, und allmählich kann ich ans Arbeiten wenigstens wieder *denken*.
Danke für die Bücher der Frühjahrsproduktion, die man mir hat zuschicken lassen. »Fiction« von Walser finde ich überraschend, mir gefällts ganz gut.[1]
Mein Guthaben beim Verlag ist im Moment ziemlich groß, für meine Verhältnisse, ich glaube, es sind, nach den Abrechnungen, über 50.000 M. Bitte, laß 5.000 davon an Maria Handke, Altenmarkt 6, A-9112 Griffen, Österreich (Kärnten) schicken. Vielen Dank. Braucht der Verlag im Moment das übrige? Mit dem, was ich habe, komme ich noch ein paar Monate aus, hoffentlich.
Ich habe schon ein bißchen lachen müssen über das, was von der Luise Rinser über Dich im »Spiegel« stand, ein bißchen einfältig ist das schon, sich Menschenkenntnis wie sie einzubilden ...[2]
Ist es möglich, daß Du an Frl. Geissler noch ein paar Adres-

sen weitergibst, an die das Tormannbuch geschickt werden könnte, ich erspare mir so einen Brief.
Und zwar:
1) Henning Rischbieter, »Theater heute«, 3001 Velber b. Hannover, Friedrich Verlag
2) Reinhard Kill, 4 Düsseldorf-Nord, Gartenstr. 23
3) Esther Cornioley-Scheidegger, Basel, Conrad Ferdinand Meyer Str. 34
Mit herzliche Grüßen
Dein Peter

1 Martin Walser, *Fiction*, erschien am 1. Februar 1970 im Hauptprogramm des Suhrkamp Verlags.
2 *Der Spiegel*, 2. März 1970, brachte einen Vorabdruck des Tagebuchs von Luise Rinser, das im selben Jahr unter dem Titel *Baustelle* im S. Fischer Verlag erschien. Der Vorabdruck enthielt die Passage: »Eröffnung der Buchausstellung des Suhrkamp- und Inselverlages im Goethe-Institut (in Rom [1967; siehe Brief 60, Anm. 3]). Unseld, der Verleger, hält eine Rede. [...] Unseld, braungebrannt von drei Ferientagen auf Ischia, schwimmt in seinem Element; ihm ist jede Kraftprobe recht, er siegt spielend; er trinkt, trinkt noch einmal, prostet zu, spießt Krabben vom Teller seiner Nachbarin und, vorne an ihr vorbeilangend, auch hinter ihr vorbeilangend, vom Teller Peter Handkes, kauft einer Blumenfrau rote Rosen ab, wirft jeder von uns Frauen eine über den Tisch hinweg zu, umarmt enthusiastisch und wiederholt Frau Feltrinelli, redet mit seinen braunen großen Händen, verstrahlt bäurische Naivität und den berechtigten, den unverhohlenen und darum sympathischen Stolz auf eine verlegerische Leistung. [...] Später kommt Unseld zu mir, und wir setzen uns ans obere freie Ende der Tafel ... Interessant übrigens aus Unselds eigenem Mund zu hören, daß er an manche seiner drauflos experimentierenden Autoren gar nicht wirklich glaubt, sondern einen eher konservativen Geschmack hat, einen Geschmack an, sagen wir, ethischen Werten, auch an Religion, am Glauben. Er fällt nur zum Schein und aus Geschäftssinn auf manches bloß Modische herein.«

[132]

Frankfurt am Main
11. März 1970

Lieber Peter,
schönen Dank für Deinen Brief vom 6. März. Es tat mir sehr leid, daß ich Dich gestern nicht sehen konnte, doch ich hatte komplizierte Gespräche mit Enzensberger. Ich hoffe, Du hattest einen guten Abend im Buchhändler-Seminar.[1]

Ich bestätige Dir den Eingang der endgültigen Fassung von »Quodlibet«. Gerne nehmen wir das im »Spectaculum« auf.

Ich nehme auch zur Kenntnis, daß wir Text 10 aus der »Chronik der laufenden Ereignisse« für die »suhrkamp information« übernehmen können.[2] Ich werde Dir zu dieser »Chronik« noch einen besonderen Vorschlag machen. An welche Fotos denkst Du, an bestimmte oder an Fotos der Fernsehaufzeichnung?

Wir haben sofort DM 5.000 an Frau Maria Handke geschickt. Der andere Betrag steht Dir hier zur Verfügung. Ich bin froh, wenn ich ihn jetzt nicht überweisen muß. Ich kann ihn hier natürlich gut gebrauchen. Die genannten Adressen haben wir mit dem »Tormann« bedacht. Die DM 40,– sind an das Finanzamt in Düsseldorf überwiesen worden.

Ich hoffe, daß sich Libgart in Paris wohlfühlt.
Herzlich
Dein
[Siegfried Unseld]

Anbei ein Artikel aus »The New Republic«[3]

1 Am 10. März, als P. H. in der Buchhändlerschule in Frankfurt-Seckbach aus *Die Angst des Tormanns beim Elfmeter* las, besprachen Hans Magnus Enzensberger und S. U. die gesellschaftsrechtliche Konstruktion eines neu zu gründenden Kursbuch-Verlags, nachdem beide sich darauf verständigt hatten, daß nach Heft 20 das *Kursbuch* nicht mehr im Suhrkamp Verlag erscheinen sollte.
2 In der *suhrkamp information* erschien in Heft 1/1970, S. 14, unter der Überschrift *Der Schalter eines Fundbüros* die zehnte Einstellung des Filmskripts zu Die *Chronik der laufenden Ereignisse*.
3 Die Anlage ist nicht ermittelt.

[133]

Frankfurt am Main
21. April 1970

Lieber Peter,
wir haben vereinbart, daß wir im November 70 in der »edition suhrkamp« 4 Hörspiele von Dir veröffentlichen. Könntest Du uns noch einmal die definitiven Titel schicken? Und sollen wir in diesen Band die »Chronik der Zeitläufte« mit hineinnehmen?
Der Band ist, wie gesagt, für November geplant. Wir sollten also die Manuskripte bis spätestens Ende August haben. Wir müssen aber das Programm vorankündigen und hätten deshalb gerne vorher schon einige Unterlagen.
Schöne Grüße
Dein
[Siegfried Unseld]

[134; handschriftlich]

Paris-Cité Chaptal
7. Mai 1970

Lieber Siegfried,
gestern habe ich in der »FAZ« gelesen, daß Paul Celan sich ertränkt hat. Es soll schon Ende April gewesen sein. Wo hat er gewohnt in Paris? Du hast ihn ja wohl getroffen, als Du im Februar hier warst ... Ende April war es noch ziemlich kalt.[1]

Vor ungefähr einer Woche war ich in Frankfurt, Du warst aber gerade in den USA.[2] Ich schaute am Nachmittag in den Verlag hinein. Mit Herrn Busch sprach ich über die Hörspiele, die in der »Edition« erscheinen sollen. Drei sind fertig, am 4. (es ist ganz kurz) arbeite ich gerade. Die Titel sind: »Hörspiel«, »Hörspiel Nr. 2«, »Geräusch eines Geräusches«, und »Wind und Meer«. Die Texte der zwei letzten Hörspiele werde ich Herrn Busch in 2, 3 Wochen schicken. Das Fernsehspiel dazu abzudrucken, ist wohl nicht möglich, schon deswegen, weil es gedruckt nicht vor der Sendung erscheinen sollte, außerdem paßt es nicht zu etwas *dazu*.

Ein kleiner Einwand zu etwas, was Dich aber nicht betreffen soll: die Art, wie mein Satz zu Bernhards »Verstörung« in der Suhrkamp Reklame verwendet wird: »Ich las und las und las ...« Als Rätselsatz für die »Bibliothek S.« usw. – ich finde das ziemlich lächerlich, und kränkend für Bernhard. Es ist nicht die richtige Art, für ihn zu werben, und mich dabei wichtig zu machen ...[3]

Die Tormanngeschichte geht also doch ganz gut, zumindest auf 9 in der »Spiegel«-Liste.[4] Kannst Du mir bitte schreiben, wieviele Bücher ungefähr bis jetzt verkauft sind. Jedenfalls scheinst Du mit der hohen Auflage doch recht gehabt zu haben. Instinkt ... (?)

Für heute mit herzlichen Grüßen
Dein Peter

Wo könnte man wohl mit einem kleinen Kind im Sommer einige Zeit verbringen, nicht im Hotel, in schöner Luft? Ob Du Rat wüßtest?

1 anonym, *Die magische Formel. Zum Tode von Paul Celan*, in: *Frankfurter Allgemeine Zeitung*, 6. Mai 1970. »Paul Celan hat sich das Leben genommen. [...] Die Leiche Paul Celans wurde in der Seine gefunden. Er starb schon vor einigen Tagen, Ende April.« Die letzte Begegnung zwischen Paul Celan und S. U. fand Mitte Februar 1970 in Paris statt (siehe S. U., *Chronik 1970*, S. 116).
2 S. U. hielt sich zwischen dem 26. April und 5. Mai 1970 in New York auf.
3 Allen Bänden der *Bibliothek Suhrkamp* legte der Verlag 1970 ein Leporello mit einem Verzeichnis der lieferbaren Bücher sowie mit einem Preisausschreiben bei. »Fragen für die Freunde der Bibliothek Suhrkamp über Autoren und Titel der Bibliothek.« »Wer alle neun Fragen richtig beantwortet, gewinnt einen Band (einer angegebenen Auswahl).« Die zweite Frage lautete: »Über welches Buch eines zeitgenössischen Autors, das im 2. Halbjahr 1969 in die BS aufgenommen wurde, schrieb Peter Handke: ›Ich las und las und las...‹?«
4 P. H., *Die Angst des Tormanns beim Elfmeter*, nahm in der Bestsellerliste des *Spiegels* vom 27. April 1970 Platz zehn ein, am 4. Mai 1970 rückte das Buch einen Platz hinauf – zwischen John Updike, *Ehepaare*, und Will Heinrich, *Schmetterlinge weinen nicht*.

[135; Anschrift: ⟨Paris-Cité Chaptal⟩]

Frankfurt am Main
15. Mai 1970

Lieber Peter,
Dein Brief vom 7. Mai ist eingetroffen. Wir haben ja darüber schon gesprochen.[1] Ich überlege mir einen Sommerplatz.
Schöne Grüße
Dein
[Siegfried Unseld]

1 S. U. hielt sich am 11. Mai 1970 in Paris auf, vor allem um mit der Witwe von Paul Celan, Gisèle Celan-Lestrange, zu reden. Er traf auch P. H. Von der Begegnung hielt er im *Reisebericht Paris – Berlin, 11.-13. Mai 1970*, fest: »Er fühlt sich nicht sehr produktiv in Paris. Von dem neuen Stück ›Ritt über den Bodensee‹ hat er in seinem Notizbuch etwa 10 Seiten. [*Der Ritt über den Bodensee (aus Notizen zu einem Stück)* erschien in: *manuskripte*, Heft 29-30, 1970, S. 72-73.].«
Im übrigen möchte er keine Stücke mehr schreiben, sondern Romane. Vor allem einen ›Bildungsroman‹ mit dem Titel ›Reise in den Mittelpunkt der Welt.‹«

[136; handschriftlich]

[Paris-Cité Chaptal]
22. Mai 1970

Lieber Siegfried,
er war schön, dieser irgendwie ruhige Abend in Paris. Und ich habe schon von den flambierten Nieren erzählt ...
Das Hörspiel »Wind und Meer« werde ich in den nächsten Tagen an Herrn Busch schicken.
Ich war erfreut, heute in der »Zeit« eine Anzeige für die Tormanngeschichte zu lesen, zumal ja schon einmal (zweimal) eine Anzeige in der »Zeit« stand. Aber man hätte vielleicht beim zweiten Mal ein anderes Zitat als das aus der »FAZ« nehmen können.[1] Ich muß im übrigen zugeben, daß ich einige Wut habe wegen einiger achtloser Besprechungen wie der von M. Kesting. Vielleicht hast Du meine Entgegnung in der »Zeit« gelesen. Ich meinte, zu widersprechen, und zwar auf genaue und ernste Weise, sei einmal nötig, sonst glaubt man, mit all meinen Prosaarbeiten so oberflächlich umspringen zu können. Und dabei bin ich stolz genug, die Prosa für die Sache zu halten, in der ich am meisten zeigen und leisten könnte. Entschuldige auch,

daß ich jemand andern, also Dich, ein bißchen da hineinziehe, aber Du kannst vielleicht darauf reagieren.[2]
Sonst: das Wetter ist schön, das Kind –
denk doch bitte an das Sommerlager
Herzlich
Dein Peter

1 Karl Heinz Bohrer, *Wo Hören und Sehen vergeht*, in: *Frankfurter Allgemeine Zeitung*, 14. März 1970. Das häufig zu Werbezwecken verwendete Zitat aus der Rezension von *Die Angst des Tormanns beim Elfmeter* lautet: »Diese Erzählung gehört zu dem Bestechendsten, was in den letzten zehn Jahren deutsch geschrieben worden ist.« In der *Zeit* erschienen Anzeigen am 22. Mai und am 19. Juni 1970.
2 Marianne Kesting, *Mord und Verfolgung. Ein umfunktionierter Kriminalroman von Peter Handke*, in: *Die Zeit*, 24. April 1970. Dort heißt es: »Handkes Monteur denkt ununterbrochen über Wörter und Sätze nach, er versucht eine Umweltorientierung, indem er dauernd alle Gegenstände benennt [...] – kurzum, dieser Monteur denkt nicht an Schrauben, sondern hat eine reguläre Schriftstellerkrankheit: Er schlägt sich mit Wörtern herum wie sein Autor. Handke hat für seinen Mann den falschen Beruf gewählt.« Der lange Leserbrief von P. H. erschien unter der Überschrift *Peter Handke und der Monteur* am 15. Mai 1970 in der *Zeit* und endet mit dem Satz: »Was Marianne Kesting geschrieben hat, ist ahnungslos und achtlos.« Die Antwort darauf von Marianne Kesting unter der Überschrift *Was montiert Handkes Monteur?* erschien am gleichen Ort am 5. Juni 1970.

[137; Anschrift: ⟨Paris-Cité Chaptal⟩]

Frankfurt am Main
2. Juni 1970

Lieber Peter,
anbei eine Nummer der Zeitschrift »The New Leader« mit einer Arbeit über den »Kaspar«, wird Dich sehr interessieren. Ich höre im übrigen Gutes aus New York.[1]
Bitte schick mir die Zeitschrift wieder zurück.
Schöne Grüße
Dein
[Siegfried Unseld]

Anlage

1 P. H., *Kaspar*, in der amerikanischen Übersetzung von Michael Roloff, erschien im Februar 1970 bei Farrar, Straus und Giroux. Die Uraufführung war zunächst für April/Mai 1970 geplant.

[138; Anschrift: ⟨Paris-Cité Chaptal⟩]

Frankfurt am Main
3. Juni 1970

Lieber Peter,
ich schicke Dir anbei einen Teil der Wochenendausgabe |30. 5. 1970| der »Süddeutschen Zeitung«. Diese Ausgabe enthält auf der Feuilletonseite eine Anzeige des »Tormanns«. Bitte nimm das doch zur Kenntnis. Es ist sehr selten, daß der Verlag in der »Süddeutschen Zeitung« anzeigt, weil die Anzeigenpreise dieser Zeitung ungewöhnlich hoch liegen. Diese Anzeige kostet nahezu DM 3.000,– Aber ich meine, es ist jetzt Zeit, auch in diesem Bereich für den »Tormann« zu werben.

Ich hoffe, Dir macht das Spaß. Der »Tormann« läuft und läuft und läuft.[1]
Herzlich
Dein
[Siegfried Unseld]

Anlage

1 Am 12. Juni 1970 schrieb Burgel Zeeh an P. H.: »[...] soeben habe ich die ›Tormann‹-Ziffern bekommen: per 31. Mai wurden 12.426 Exemplare verkauft, allein im Monat Mai die Zahl von 3.742.«

[139; Anschrift: ⟨Paris-Cité Chaptal⟩]

Frankfurt am Main
9. Juni 1970

Lieber Peter,
die Nachrichten aus New York jagen sich förmlich. Vor einer Woche schrieb mir Michael Roloff, daß die Proben sehr gut verliefen. Einige Tage später erhielt ich die Nachricht, daß man die Proben doch aussetzen möchte und noch einmal im Herbst neu beginnen würde. Die Premiere ist jetzt für Herbst angesetzt.
Dies nur als Zusatz zu meinem letzten Brief.
Schöne Grüße
Dein
[Siegfried Unseld]

[140]

[Paris-Cité Chaptal]
24. Juni [1970]

Lieber Siegfried,
hier schicke ich Dir die Hörspiele »Geräusch eines Geräusches« und »Wind und Meer«, nach dem der Band, sofern er erscheint, den Titel haben soll.
Die beiden andern Hörspiele, »Hörspiel« und »Hörspiel Nr. 2« sind in dem Suhrkamp-Hörspielbuch erschienen, bzw. in dem Band der »Bücher der 19«.[1] Für den Druck bitte ich, beide *Vorsprüche* zu den ersten beiden Hörspielen zu *streichen*.
Die Entstehungszeiten:
»Hörspiel«: 1968, aus einer Passage des Romans »Der Hausierer«
»Hörspiel Nr. 2«: 1968
»Geräusch eines Geräusches«: 1969
»Wind und Meer«: 1970
Ich werde keine Hörspiele mehr schreiben, das sind alle. Die ersten drei Hörspiele wurden vom WDR, | das letzte vom Bayrischen Rundfunk (wird erst) | produziert. Ja, das sind alle Angaben, die ich machen kann.
Vielen Dank für die Zusendung der Werbung in der »Süddeutschen Zeitung«. Ich finde das schön und gut und erfreulich, und natürlich erkenne ich das an. Ich wollte in meinem letzten Brief auch nur sagen, daß ich einmal mit einem anderen Spruch als dem aus der »FAZ« werben würde. Etwa so: »... spannend wie ein Hitchcock-Thriller!« (»Nürnberger Nachrichten«) – »Der Leser hält den Atem an!« (»Die Welt der Literatur«) – »Eine richtig spannende Geschichte!« (»Der Tagesspiegel«) – »Ohne Einschränkung das beste, was in der deutschen Literatur seit Thomas Bernhards ›Verstörung‹ und ›Ungenach‹ geschrieben worden ist!«

(Peter Hamm, »Neues Forum«)² – Das ist natürlich so, daß es schon wieder ein bißchen komisch ist – aber so würde ich einmal für das Buch werben, und ich bitte Dich, es nur e i n mal, zum Beispiel in der »Zeit«, noch zu machen. Das würde mir ziemlich Spaß machen, wir könnten uns den Preis ja teilen, den Spaß ist es mir wert.
Für heute,
Dein Peter

|Ich habe noch was vergessen, als eine Art VORSATZBLATT zu dem Hörspielbüchlein möchte ich die Reproduktion eines alten, vielleicht billigen Stichs, auf dem leeres, sturmzerwühltes Meer vorkommt. Wer kann dafür sorgen. Vielleicht Carlé? Und im Buch sollte alles in *umgekehrter* Reihenfolge der Entstehung zu lesen sein. Danke.|³

1 Siehe Brief 93, Anm. 1, sowie Brief 212.
2 Hans Bertram Bock, *Der Würger von Wien*, in: *Nürnberger Nachrichten*, 26./27. März 1970; Gerhard Krug, *Kleist schaut über die Schulter*, in: *Die Welt der Literatur*, 13. März 1970; Günter Grack, *Nichts ist sicher, nichts ist selbstverständlich*, in: *Der Tagesspiegel*, 29. März 1970; Peter Hamm, *Handke entdeckt sich selbst*, in: *Neues Forum*, Heft 195, März 1970.
3 P. H., *Wind und Meer*, erschien im November 1970 als Band 431 der *edition suhrkamp* in der vom Autor gewünschten Anordnung mit einem Stich auf den Innenseiten des Umschlags; siehe Brief 140.

[141; Anschrift: ⟨Paris-Cité Chaptal⟩]

Frankfurt am Main
30. Juni 1970

Lieber Peter,
hab herzlichen Dank für Deinen Brief vom 24. Juni. »Wind und Meer« und »Geräusch eines Geräusches« habe ich sehr gerne gelesen. Ich glaube, der Band wird gut.
Deine typographischen Überlegungen gebe ich an Fräulein Entrup weiter, die sich darum kümmern wird.
Ich habe auch Deine Platte angehört. Ich finde die Auswahl sehr treffend und die Art Deines Sprechens sehr gut. Überhaupt nimmt sich das Ganze sehr spannend aus. Ich kann mir vorstellen, daß die Leute das gerne hören.[1]
Wir machen also noch einmal eine Anzeige in der »Zeit« und nehmen die anderen Zitate auf. Ich bin damit einverstanden, daß wir einmal diese Rechnung teilen.
Herzliche Grüße
Dein
[Siegfried Unseld]

1 *Peter Handke liest* erschien 1970 bei der Deutschen Grammophon Gesellschaft in der Reihe *Literarisches Archiv*. Auf Seite 1 liest P. H. aus *Die Innenwelt der Außenwelt der Innenwelt* die Gedichte *Die neuen Erfahrungen, Das Wort Zeit, Der Text des rhythm-and-blues, Die drei Lesungen des Gesetzes, Die Reizwörter, Die Farbenlehre, Der Rand der Wörter*. Auf Seite 2 liest er Erzählungen aus *Prosa: Augenzeugenbericht, Lebensbeschreibung, Halbschlafgeschichten, Die Überschwemmung*. Regie: Gertrud Loos. (Siehe Abb. 3)

[142; Anschrift: ⟨Paris-Cité Chaptal⟩]

Frankfurt am Main
2. Juli 1970

Lieber Peter,
ich habe bei verschiedenen Leuten wegen einer Sommerwohnung Erkundigungen eingezogen, aber nur negative Auskünfte bekommen mit zwei Ausnahmen: Breitbach (der sich aber, wie ich höre, schon mit Dir in Verbindung gesetzt hat) und ein Verlagsmitarbeiter, der eine Appartementwohnung in Salou (Tarragona, Spanien) hat, die für 14 Tage frei wäre zum Preis von DM 80,–. Also eine sehr billige Angelegenheit. Ich lege Dir einige Bilder bei, um deren Rücksendung ich bitten möchte. Sicher ergäbe sich nach Ablauf dieser 14 Tage eine Möglichkeit, ein anderes Quartier in Salou zu bekommen.[1]
Herzliche Grüße
Dein
[Siegfried Unseld]

Anlage

1 Der Brief trägt den handschriftlichen Vermerk von Burgel Zeeh: »Einschreiben.«

[143]

[Paris-Cité Chaptal]
22. Juli 1970

Lieber Siegfried,
ich habe Dir schon früher schreiben wollen, vor allem, um die spanischen Fotos zurückzuschicken – aber bis jetzt habe ich an einem neuen Stück gearbeitet, an einem ziem-

lich langen, und bin erst vor ein paar Tagen fertig geworden. Wenn Du willst, schicke ich Dir einmal das Manuskript.¹
Nach Spanien zu fahren und dazu noch einen unsicheren Wohnort zu haben, das ist mir für das Kind doch zu anstrengend – wenn es dann wieder umziehen müßte. Aber ich bedanke mich, daß Du für einen Vorschlag gesorgt hast. Danke auch dem Herrn der Farbfotos.
Mir geht es jetzt, da ich mit der Arbeit fertig bin, ganz gut, nur körperlich bin ich etwas schwach. Das ganze Jahr ab jetzt möchte ich eigentlich keine Literatur mehr machen. Etwas Neues dafür: den Fernsehfilm will ich, mit Unterstützung einiger technisch Erfahrener, selber machen, im Herbst. Immer nur schreiben: das ist vielleicht doch zermürbend, und man muß zwischendurch allzuviel Leben aufholen, das man aber nicht aufholen kann.
Man hat mir zwei Bände der »Gesammelten Werke« von Hermann Hesse zugeschickt, »Schriften zur Literatur«. Ich habe die Bücher mit großem Staunen und immer mehr Neugier gelesen!² Dieser Hermann Hesse – ich habe vor Jahren ja nur »Narziß und Goldmund« und »Steppenwolf« gelesen (das zweite habe ich bald weggelegt) – ist nicht nur eine romantische Idee der Amerikaner, sondern ganz gewiß ein vernünftiger, überprüfbarer großer Schriftsteller. Was mich vor allem beeindruckt, ist diese Zärtlichkeit und Freundschaft der Literatur gegenüber, die ich eigentlich selber auch langsam wiedergewinne, während mir die Verächtlichkeit gegenüber der Literatur immer verächtlicher wird. Ich glaube, ich werde nach und nach all diese alten Sachen wieder zu lesen anfangen. Das ist gerade so wichtig wie ins Kino zu gehen. Übrigens habe ich vor, so einen langen Essay mit einer Verteidigung und einem LOB der Literatur zu schreiben.³
Morgen fahre ich nach Düsseldorf, Gartenstraße 25, und

werde dort sicher ein paar Wochen sein. Die Frau werde ich ein bißchen in den Urlaub schicken und mich mit dem Kind beschäftigen. Wenn es Post gibt, schreib mir bitte nach Düsseldorf.

Für den Fall, daß eine zweite Auflage der Tormanngeschichte schon geplant wird, was ich hoffe, bitte ich, den Untertitel »Erzählung« dazuzusetzen: er stand im Manuskript, ich weiß nicht, wie er im Buch verschwinden konnte.[4]

Mit herzlichen Grüßen
Dein Peter

| Ende Juli bin ich in Frankfurt. 30./31. |[5]

1 Diese erste Fassung von *Der Ritt über den Bodensee* besteht aus 32 einzeilig getippten und handschriftlich korrigierten Typoskriptblättern, mit den für P. H. typischen Datierungen der täglichen Schreibabschnitte am linken Blattrand. Den Einträgen von P. H. zufolge entstand das Stück zwischen dem 26. Juni und 8. Juli 1970 (siehe ÖLA SPH/LW/W 43).

2 Hermann Hesse, *Gesammelte Werke in zwölf Bänden*, erschien 1970 als *werkausgabe edition suhrkamp*. Die Bände elf und zwölf tragen die Titel *Schriften zur Literatur 1* bzw. *Schriften zur Literatur 2*.

3 Anfang und Ende dieses Absatzes sind von dritter Hand mit eckigen Klammern markiert. Der Verlag verwendete ihn bei der Werbung für das Werk von Hermann Hesse.

4 Der Brief trägt den handschriftlichen Vermerk von S. U.: »Mündl.[ich] bespr.[ochen]«.

5 Eine Begegnung von P. H. und S. U. während dieser Tage ist nicht ermittelt.

[144; Anschrift: Düsseldorf-Gartenstraße]
Frankfurt am Main
23. Juli 1970

Lieber Peter,
anbei die Anzeige aus der »Zeit«. Gefällt sie Dir?[1]
Wie steht es mit »Ritt über den Bodensee«? Wann wird der Text fertiggestellt sein? Bitte schreib mir doch darüber eine Zeile.
Schöne Grüße
Dein
[Siegfried Unseld]

| P. S.: Eben trifft Dein Brief vom 22. ein. Schönen Dank. Bitte schick mir sogleich das Manuskript »Ritt...« |

1 In *Die Zeit* vom 24. Juli 1970 erschien eine schwarzweiße Streifenanzeige für *Die Angst des Tormanns beim Elfmeter*.

[145]
[Paris-Cité Chaptal]
9. September 1970

Lieber Siegfried,
ja, die Frage nach den Steuern ist wirklich eine Gretchenfrage: ich habe nämlich nur einmal vor ca. zwei Jahren nach Österreich ca. 800 Mark an Steuern gezahlt. Und ich habe keinen Steuerberater, und ich würde schon einen brauchen, und vielleicht kannst Du mir einen nennen, bei dem ich so halbwegs glimpflich davonkommen kann?
Ab nächster Woche bin ich wieder eine Zeitlang in Düsseldorf. Ab Anfang Oktober werde ich wohl den Film machen. Vielleicht sehen wir uns zur Buchmesse?[1]

Ich bin ja eigentlich sehr froh, daß Du von der Signiersache nicht mehr sprichst. Und nicht nur eigentlich. Ist aus dem Fotografieren etwas geworden?
Herzlich
Dein Peter

1 P. H. traf S. U. während der Frankfurter Buchmesse am 24. September 1970. S. U. notierte dazu: »Gespräch mit Handke über eine mögliche Zeitschrift. Handke hat mir mitgeteilt, daß er seinen Münchner Freunden DM 10.000,– für den Start einer Zeitschrift gegeben habe, nachdem ich auf sie nicht mehr zurückgekommen bin. Mit diesen Leuten hätte ich freilich eine Zeitschrift nicht machen wollen [siehe Briefe 75-79, 81-90, 93, 105, 107, 108, 146, Anm. 1]. Das Steuerproblem für Handke wird dringend. Er hat ein einziges Mal in seinem Leben Steuern bezahlt: DM 500,–. Und das bei seinem Einkommen!« (S. U., *Chronik 1970*, S. 280)

[146; Anschrift: Düsseldorf-Gartenstraße]

Frankfurt am Main
28. Oktober 1970

Lieber Peter,
ich hoffe, das Plakat macht Dir Spaß. Ich freue mich, daß meine Rechnung aufgeht.
Herzliche Grüße
Dein
[Siegfried Unseld]

Anlage[1]

1 Die Anlage ist nicht ermittelt.

[147; Anschrift: Düsseldorf]

Frankfurt am Main
6. November 1970

Lieber Peter,
»Wind und Meer« ist in der »edition suhrkamp« erschienen. Wir druckten eine Auflage von 12.000 Exemplaren. Dein Honorar ist Dir bekannt. Du erhältst 60 Frei-Exemplare, die Dir am 4. November zugeschickt worden sind. Ebenfalls gingen an Dich 10 Autoren-Exemplare der 4. Auflage vom »Tormann«. Wir druckten jetzt das 41.-50. Tsd. Ich bin sehr glücklich darüber.
Schöne Grüße
Dein
[Siegfried Unseld]

P. S.: Anbei ein Ausschnitt aus der »SDZ«. Hast Du das Fußballspiel gesehen?[1]

1 Hans Schiefele, *Coventry hat die Moral der Bayern gestärkt*, in: *Süddeutsche Zeitung*, 5. November 1970. Beim Europapokalspiel des FC Bayern gegen Coventry City in Coventry am 4. November 1970 schoß Beckenbauer in der letzten Spielminute O'Rourke an und der Ball rollte ins Tor der Engländer.

1971

[148; Anschrift: Düsseldorf-Gartenstraße]
Frankfurt am Main
5. Januar 1971

Lieber Peter,
der »Ritt über den Bodensee« ist in der »edition« erschienen und wird jetzt auch an den Buchhandel ausgeliefert. Ich glaube, das Buch ist sehr gut und attraktiv geworden. Die Abrechnung erfolgt wie üblich. Du erhältst 60 Frei-Exemplare. Wohin sollen diese geschickt werden?[1]
Ich warte auf Deine Nachricht, ob wir uns in den nächsten Tagen vielleicht sehen sollten.
Schöne Grüße
Dein
[Siegfried Unseld]

Anlage

1 P. H., *Der Ritt über den Bodensee*, erschien am 7. Januar 1971 als Band 509 der *edition suhrkamp*. Allerdings fehlte bei der Erstausgabe der bestimmte Artikel vor »Ritt«. Die Uraufführung erfolgte am 23. Januar 1971 in der Schaubühne am Halleschen Ufer, Berlin, unter der Regie von Claus Peymann und Wolfgang Wiens. Es spielten Barbara Bertram, Edith Clever, Erika Eller, Bruno Ganz, Günter Lampe, Jutta Lampe, Otto Sander und Barbara Sukowa; Bühnenbild: Karl-Ernst Herrmann. P. H. war nicht zugegen, allerdings S. U. Der notierte in seinem *Reisebericht Berlin, Zürich, 22.-26. Januar 1971*: »Faszinierende Aufführung, die nach meiner Ansicht von keinem anderen Theater wiederholt werden kann. Doch ich weiß nicht, ob das ein Einwand gegen das Stück ist, ich

habe hier den Eindruck, daß Stück und Machbarkeit zusammengehören. Die Atmosphäre des Theaters war natürlich einerseits bestimmt von den politischen Diskussionen der vergangenen Tage und dem Gewähren der Subvention am letzten Tag vor diesem Uraufführungs-Termin, andererseits war schon auch spürbar, daß das Stück von Handke und die Inszenierung durch Peymann nicht so recht in die sozialistischen Vorstellungen der Bühne sich einfügen ließen; mit einem geradezu ungeheuerlichen Aufwand wurde die Ideologisierung des Stückes geschützt. In einem ziemlich unleserlichen *Versuch, ästhetische und politische Ereignisse zusammenzudenken. Neues Theater 1967-1970* von Botho Strauß [*Theater heute*, 11/1970, S. 61-68] wird der Versuch unternommen, Handke für eine neue Semiologie der Aufklärung und für ein neues ›Theater im wissenschaftlichen Zeitalter‹ zu gewinnen. Das bürgerliche Theater brächte nur ›ein paar attraktive ästhetische Motivationen‹ hervor. Im übrigen müsse das neue Theater neue Mittel und Methoden finden, und dies gelte für den Autor vor allen Dingen, denn die gewünschten Stücke müßten neues, informationstheoretisches Wissen enthalten. Sie kämen ›nicht mehr allein mit dem guten agitatorischen Willen des Autors aus, sondern müßten sich, ähnlich wie Harun Farocki das in seinen Filmen versucht hat, eine strenge und gründliche semiologische Darstellungsweise erarbeiten bzw. deren Verwendbarkeit für das Theater erst einmal überprüfen, etwa mit der Analyse und Demonstration schichtenspezifischer Sprach- und Gestencodes.‹ Trotz aller Ideologie war es ein aufregender Abend, der irgendwie die Zuschauer zwischen Begeisterung und Ablehnung teilte. Es gab Stimmen, die von diesem Stück, das zwischen Chaplin und Wittgenstein angesiedelt sei, begeistert waren, es gab aber ebenfalls junge Leute, die sagten, sie seien nun für die Streichung der Subvention, weil sie nicht einsehen, daß diese Subvention für diese Art Theater ausgegeben werden sollte. Die Diskussionen werden sicherlich weitergehen.«

[149; Anschrift: ⟨Düsseldorf-Gartenstraße⟩]

Frankfurt am Main
6. Januar 1971

Lieber Peter,
in unserer Ankündigung für das 1. Halbjahr 1971, die ich Dir hier beilege, findest Du auf Seite 23 die Ankündigung Deines Stückes mit dem richtigen Titel, ebenso in der Januar-Ankündigung, die wir an den Buchhandel verschickt haben. Unsere Werbeabteilung habe ich darauf hingewiesen und erfahren, daß der Fehler nur in »konkret« passiert sei.[1]
Auf der Rückseite unserer Ankündigung findest Du die »Angst des Tormanns beim Elfmeter« »55. Tausend in der Auslieferung«, das ist etwa 3 Wochen vorgegriffen. Wir drucken im Augenblick das 51.-55. Tausend. Die Auslieferung dieser neuen Ausgabe wird Ende Januar stattfinden. Du siehst, der Tormann hat nicht nur Angst, sondern läuft und läuft und läuft.
Herzlich
Dein
[Siegfried Unseld]

Anlage:
Ankündigungen 1. Halbjahr 71 Insel und Suhrkamp

1 Der Suhrkamp Verlag warb in *konkret*, 1/1970, in einer schwarzweißen Streifenanzeige für die Januar-Titel der *edition suhrkamp* – das Theaterstück war ohne den bestimmten Artikel vor »Ritt« bibliographiert.

[150; Anschrift: Düsseldorf]

Frankfurt am Main
12. Februar 1971

Lieber Peter,
anbei die besprochene[1] Notiz für »Le Monde«. Ich schicke das an Joseph Breitbach und bitte ihn, diese Notiz in einer sehr guten französischen Übertragung an »Le Monde« weiterzuleiten.[2]
Herzliche Grüße
Dein
[Siegfried Unseld]

Anlage[3]

1 S. U. besuchte P. H. am 8. Februar 1971 in Düsseldorf und notierte in seinem *Reisebericht Köln–Düsseldorf–Brüssel–Aachen, 8.-10. Februar 1971:* »Abendessen. Da seine fast zweijährige Tochter anwesend war, um die sich der Vater rührend und fast ausschließlich bemühte, kamen wir in den ersten drei Stunden nicht über den *small talk* hinaus. Handke möchte aus Düsseldorf wegziehen, ihm ist auch seine Wohnung gekündigt worden. Er sucht einen Ort mit einem sehr guten Kindergarten; dort wird er hinziehen. Handke hat sich inzwischen die Berliner Inszenierung vom ›Ritt über den Bodensee‹ angesehen, er ist nicht sehr überzeugt. Kritisches Verhältnis zu Peymann und Wiens. Es ist noch nicht sicher, ob er selber den *Ritt* in Basel inszenieren wird. Das Wichtigste: Peter Handke wird selber den Buchtext ›Chronik der laufenden Ereignisse‹ vorbereiten. Der Text selbst liegt uns vor, er wird im Laufe der Monate dann die Bilder einarbeiten. Zum Band ›Über Handke‹: Scharang sei ihm als Herausgeber recht, wenn er auch nicht begeistert ist. Bei Karlheinz Bohrer hat er Bedenken, ob er dies überhaupt machen würde. Er selber hätte am liebsten als Herausgeber Herrn Schloz (er sei derjenige, der die beste Kritik über den ›Ritt über den Bodensee‹ in ›Christ und Welt‹ geschrieben habe. [Günther Schloz, *Ritt über den Wannsee*, in: *Christ und Welt*, 29. Januar 1971] Er bat, daß wir mit ihm Ver-

bindung aufnehmen). Er wird vorläufig nichts mehr für das Theater schreiben, aber das kann sich bei Handke ja von einer Woche zur anderen ändern. Wenn er seinen neuen Wohnsitz gefunden hat, will er an den Roman [*Der kurze Brief zum langen Abschied*] gehen. Er rechnet damit, daß er das Manuskript dann bis Mai 1972 abliefern kann. Auf meinen Wunsch hin läßt er eine Meldung aus ›Le Monde‹ korrigieren. [...] Der ›Tormann‹ wird jetzt von Wim Wenders für das Westdeutsche Fernsehen verfilmt. ›Spectaculum‹-Honorar wollten wir schriftlich klären.«

2 Joseph Breitbach sandte am 22. Januar 1971 S. U. einen Brief mit der Kopie einer Seite von *Le Monde* vom 22. Januar 1971: »[...] in der gestrigen, aber auf heute, 22. Januar datierten Ausgabe von ›Le Monde‹ erschien in der Beilage, ›Le Monde des livres‹, ein Artikel über den ›Verlag der Autoren‹ in dem sich ein verleumderisches Wort gegen Sie persönlich befindet [...].« Die Meldung hatte folgenden Wortlaut: »Né de la sécession du secteur théâtral des Editions Suhrkamp à Francfort, le ›Verlag der Autoren‹ a fait le bilan de sa première année d'existence. Cette coopérative d'auteurs, unis pour publier à l'usage des théâtres les textes polycopiés de leurs pièces a été créée par M. Braun, trente-cinq ans, ancien responsable de la section théâtrale de Suhrkamp et découvreur entre autres de Peter Handke en réaction contre la politique jugée trop réactionnaire de cet éditeur« S. U. besprach diese Notiz mit P. H., Autor des Verlags der Autoren, der handschriftlich einen Text entwarf (siehe Abb. 5). Er wurde im Verlag abgetippt, S. U. sandte ihn am 12. Februar 1971 an Joseph Breitbach mit der Bitte um Übersetzung und Lancierung in *Le Monde*: Er erschien dort am 5. Mai 1971.

3 Bei der Anlage handelt es sich um einen Brief von Peter Handke unter dem Datum des 12. Februar 1971 an *Le Monde des Livres*: »Der Verlag der Autoren ist nicht, wie Sie in Ihrer Ausgabe vom 22. Januar schreiben, gegen die zu reaktionäre Politik des Verlegers des Suhrkamp Verlages gegründet worden, sondern als antikapitalistisches Modell für theatralische Produktionen vom Suhrkamp Verlag durch Verzicht auf Optionen erst ermöglicht worden. Ich bitte Sie, diese Berichtigung zu veröffentlichen.«

[151; Anschrift: Düsseldorf-Gartenstraße]
Frankfurt am Main
22. März 1971
Lieber Peter,
zwei Fragen:
wieweit bist Du mit dem Text »Chronik der laufenden Ereignisse« fertig, und wie steht es mit den Bildern zu diesem Filmbuch? Du weißt ja, ich möchte es gerne als Taschenbuch zum 1. September herausbringen. Dafür sollten wir aber nun allmählich den Text und die Bilder haben.
Das zweite: hast Du die Rechte für den Sammelband »Der gewöhnliche Schrecken«? Auch hier denke ich an eine Taschenbuch-Ausgabe. Oder liegen die Rechte dieser Horror-Geschichten beim Residenz Verlag?
Bitte, schreib mir doch eine Zeile.
Schöne Grüße
Dein
[Siegfried Unseld]

[152]
Griffen
19. April 1971
Lieber Siegfried,
vor zwei Wochen habe ich etwas über den Film und seine Drehgeschichte geschrieben, es wird in der Zeitschrift »Fernsehen und Film« im Maiheft erscheinen, und man kann diesen Text sehr gut vor oder nach das Drehbuch setzen. Ich werde ihn diesem Brief beilegen.[1] Was die Fotos betrifft, so müßte wohl der Verlag einen guten Fotografen finden, und zwar keinen, der bloße Standfotos macht, sondern den Film fotografiert, während er in einem Fernseher

läuft. Man müßte also mit den Bildern jeweils auch den Fernseher als Rahmen sehen, am besten wäre es, verschiedene Fernsehertypen in verschiedener Wohnumgebung zu fotografieren – auf diese Weise hätten die Fotos wirklich einen Sinn, in bezug auf das Drehbuch, die üblichen FILM-fotos würde ich auf jeden Fall ablehnen. Ja, von hier aus kann ich schwer mehr dazu sagen. Ich sprach Anfang April mit Herrn Beckermann darüber, daß er Herrn Rohrbach ersuchen sollte, daß Du und die Lektoren den Film rechtzeitig sehen könntet, ich habe aber nichts mehr darüber gehört. So, solange die Lektoren und auch Du den Film nicht gesehen haben, geht halt eine Diskussion über das Buch ins Leere.[2]

Den Umschlag möchte ich wirklich nicht mit diesem Silbertupfen haben, und wenn, dann will ich auf keinen Fall mein Bild dafür. Es könnte ja ein Bild sein, das ein Emblem des Fernsehens ist und fürs Fernsehen bezeichnend ist.

Die Rechte für »Der gewöhnliche Schrecken« sind beim Residenzverlag in Salzburg, und ich glaube, die Taschenbuchrechte hat der Verlag schon an dtv verkauft, wo das Buch auch schon bald erscheinen wird. So ist es.[3]

Ich bin froh, daß Herr Nabbefeld sich so um die Finanzierung des Hauses kümmert.[4]

In München habe ich Marieluise Fleißer getroffen, und sie erzählte, daß sie für den Abdruck eines Stücks in »Spectaculum« gar nur 1500 Mark bekommen habe.[5] Diese ganze Spekulation mit diesem Dramenband finde ich allmählich eine Diskussion mehr als wert, denn daß dabei die Autoren derart benachteiligt werden, ist einfach nicht zu rechtfertigen, zum wenigsten jedoch mit dem Argument, daß die meisten dieser Autoren sonst ihre Stücke überhaupt nicht drucken könnten.

Am 23. fahren wir hier weg und sind bis 18. 5. in Amerika. Für einen Notfall wäre ich über das Austrian Institute in New York, 11 East 52nd Street zu erreichen.[6]

Sollte für »Der Ritt über den Bodensee« in der nächsten Zeit in der »edition« eine neue Auflage nötig werden, denke bitte an den falschen Umschlag. Auch der Verlagstext zu dem Stück könnte durch etwas Genaueres ersetzt werden, es wäre jedenfalls schön. Ist das, was ich in Berlin fürs Programmheft geschrieben habe, ins »Spectaculum« aufgenommen worden? Wenn nicht, würde ich es wenigstens gern als einen Vor- oder Nachtext in der »edition« sehen.[7]
Vielen Dank.
Mit herzlichen Grüßen
Dein Peter

1 P. H., *Die Chronik der laufenden Ereignisse beim Drehen der ›Chronik der laufenden Ereignisse‹*, in: *Fernsehen und Film* 5, 1971, S. 10-12; wiederabgedruckt als *Nachwort* in: P. H., *Chronik der laufenden Ereignisse*, S. 128-138.
2 *Chronik der laufenden Ereignisse* wurde nach dem Drehbuch und in der Regie von P. H. in Köln als Produktion des WDR gedreht (Länge 85 Minuten) und am 10. Mai 1971 im WRD erstgesendet. Kameramann war Bernd Fiedler; die Hauptrollen spielten Rüdiger Vogler (Spade) und Ulrich Gressieker (Beaumont), die Nebenrollen: Didi Petrikat (die Kellnerin Kelly), Libgart Schwarz (Mädchen), Gerd Mayen (McNamara), Alfons Höckmann (Delbert Mann), Joachim Boldt (Russell), Hanns Otto Ball (R. L. Rollett) und Arno Görke (J. D. Reynolds). Während der Dreharbeiten lebte P. H. in der Wohnung des befreundeten Ehepaars Bernd und Ute Bohmeier. Ihnen ist die Buchausgabe gewidmet.
3 *Der gewöhnliche Schrecken. Horrorgeschichten*, herausgegeben von Peter Handke, erschien 1969 im Residenz Verlag, Salzburg, die Taschenbuchausgabe 1971 als Band 783 bei dtv.
4 S. U. hielt in der *Chronik 1971* unter dem 27. März fest: »Frau Libgart Handke, die schon einige Tage in der Klettenbergstraße wohnt, befindet sich auf der Suche nach einem Haus für die Familie. Peter Handke gab ihr die Vollmacht dazu. Sie hatte in Kronberg am Roten Hang ein Haus gefunden, und wir schauten uns das an. DM 262.000,–, ein Bungalow-Reihenhaus, ganz am Waldrand gelegen, freilich innerhalb einer Siedlung. Frau Handke entschied sich für den Kauf.«

5 Marieluise Fleißer, *Pioniere in Ingolstadt*, in: *Spectaculum 13. Acht moderne Theaterstücke*, 1970, S. 87-126.
6 P. H. absolvierte (begleitet von Libgart Schwarz und Alfred Kolleritsch) zwischen dem 24. April und dem 18. Mai 1971 als erster österreichischer Autor eine vom Österreichischen Kulturinstitut New York organisierte Lesereise durch die USA. Die Reisestationen waren teilweise identisch mit denen des Ich-Erzählers in *Der kurze Brief zum langen Abschied*.
7 Dem Programmheft zur Uraufführung lag bei: P. H., »*Der Ritt über den Bodensee*«. *Bemerkungen zum Stück*. »Der letzte Gedanke an *Kaspar* wurde der erste Gedanke zu *Der Ritt über den Bodensee*: die in dieser Gesellschaft vorherrschenden menschlichen Umgangsformen darzustellen durch genaues Beobachten 1) der anscheinend im freien Spiel der Kräfte formlos funktionierenden täglichen Lebensäußerungen bei Liebe, Arbeit, Kauf und Verkauf, und 2) ihrer üblichen Darstellungsformen im Theater, die, mochten sie dieses freie Spiel der Kräfte in den täglichen Lebensäußerungen auch als ›falsche Natur‹, ›ausbeuterisch‹ usw. angreifen, selber doch ebenso ausbeuterisch und formlos nach demselben freien Spiel der Kräfte [...] funktionierten wie die in ihnen scheinbar dargestellten Lebensäußerungen.«

[153; Anschrift: c/o Austrian Institute, 11 East, 52nd Street, New York]

Frankfurt am Main
21. April 1971

Lieber Peter,
schönen Dank für Deinen Brief vom 19. April. Herr Beckermann wird in den nächsten Tagen nach Köln fahren, den Film ansehen und dann mit einem Fotografen die Aufnahmen besprechen. Wir können ja dann nach Deiner Rückkehr die definitive Fassung beschließen.
Ich schicke Dir ein Exemplar der neuen Auflage vom »Ritt« nach New York. Wir haben jetzt den richtigen Titel auf dem Umschlag gedruckt. Wir haben das 13.-22. Tausend aufgelegt.

Leider ist der Verlagstext nicht geändert worden, das werden wir jedoch bei der 3. Auflage dann vornehmen. Ob wir Deinen Text dann als Nachwort aufnehmen sollen, darüber müssen wir uns noch unterhalten. Ich zögere immer, die Käufer der ersten Ausgaben dadurch zu benachteiligen oder zu bestrafen, daß wir zweite oder dritte Auflagen dann besser ausrüsten.[1]
Ich scheue die Diskussion über die »Spectaculum«-Honorare durchaus nicht. Es muß hier in der Bewertung Unterschiede geben, und es muß auch einkalkuliert werden, daß es sich hier ja in aller Regel um Nachdrucke handelt, und kein anderes Organ – weder »Theater heute« noch sonst irgendein Verlag oder eine Zeitschrift – zahlt für den Druck eines Stückes mehr als das, was letztlich »Spectaculum« bietet. Daß mit einem Abdruck in »Spectaculum« dann auch noch mehr verbunden ist, ein Mehr an Publizität und ein Mehr an Wirkung bei den Dramaturgen und Intendanten, darf auch eine Rolle spielen.[2]
Ich bin betrübt darüber, daß Du bei Deinen Abmachungen mit dem Residenz Verlag nicht einmal daran gedacht hast, daß die Zweitrechte an den Suhrkamp Verlag gehen können. Auch das müßte dann einmal eine Diskussion wert sein.
Herr Nabbefeld wird sich um die Finanzierung des Hauses kümmern und auch sonst für die anfallenden Verwaltungsfragen zur Verfügung stehen.
Sonst geht hier alles ganz gut. Der »Tormann« läuft weiter. Jetzt ist er auch in die »Mitteilungen des Deutschen Sportbundes« eingezogen, wo es dann heißt: »Auch Sportler sollten diese Lektüre nicht verachten«. Nun, hoffentlich tun sie es.
Ich schicke Dir diesen Brief jetzt auch nach New York, um Dir mitzuteilen, daß ich in der Zeit vom 14. bis etwa 22. Mai in New York sein werde. Du erreichst mich am

besten unter der Adresse meines Hotels: Hotel ALGONQUIN, 59 West, 44th Street, New York 10036. Telefon: MU 7-4400.
Alles Gute für den Aufenthalt und bitte, grüße Libgart sehr herzlich von mir.
Dein
[Siegfried Unseld]

1 Der Text aus dem Programmheft wurde weder in *Spectaculum 14* (in dem *Der Ritt über den Bodensee* abgedruckt war, S. 211-258) noch in den entsprechenden Band der *edition suhrkamp* aufgenommen.
2 Helene Ritzerfeld hatte P. H. am 21. September 1970 einen Vertragsentwurf für den Abdruck von *Der Ritt über den Bodensee* zugesandt. Darauf antwortete P. H. am 30. September 1970: »Liebe Frau Ritzerfeld, vielen Dank für den Vertragsentwurf zu dem Stück. Leider steht nichts drin, daß das Stück in die ›Edition‹ aufgenommen wird. Dann, wenn ich bedenke, daß ein ›Spectaculum‹band sicher 20.-30. Tsd. Auflage hat und daß etwa 6 Autoren an so einem Band beteiligt sind, erscheint mir ein Pauschalhonorar von 2.000,- Mark für doch viel zu wenig. Warum wird den Autoren da so wenig angeboten? Bei 30.000 Stück stünden ihnen doch sicher je 6.000,- Mark zu, wie ich mir ausgerechnet habe, auch wenn man nur 20 Pfennig pro Autor aufwendet. Ich habe wohl Verständnis, daß der Verlag am ›Spectaculum‹ Geld machen will – aber warum auf Kosten der Autoren?« Nachdem Helene Ritzerfeld den Honorarvorschlag auf DM 3.000 – erhöht hatte, erklärte sich P. H. unter Bedingungen mit dem Vorschlag einverstanden. Er schrieb unter dem Datum des 12. März 1971: »[...] ich habe Ihnen und Herrn Unseld schon gesagt, daß mir die ›Spectaculum‹-Honorare ganz unangemessen erscheinen. Am Telefon fand Herr Unseld das dann diskutabel (!) und meinte, die von mir errechneten 6.000 DM kämen wohl kaum in Frage, aber er sagte was von 4.000 DM. Nun bietet der Suhrkamp Verlag 3.000 DM an. Ich finde das erheblich zu wenig, will aber dieses Mal noch damit einverstanden sein, und finde es nur in Ordnung, wenn der Verlag ab 20.000 verkauften Exemplaren den Autoren eine entsprechende *Nachzahlung* zukommen ließe, denn

eine 1xige Abfindung erscheint mir nach wie vor ungerecht. Das möchte ich mal zur Diskussion stellen.«

[154; Karte]

New York
Hotel Algonquin
15. 5. 71. 15 h 25

Peter Handke f. [Zimmer] 804:
Lieber Siegfried, wir sind zu dritt heute hier angekommen und wohnen hier im Hotel: Libgart + ich auf 504, Dr. Kolleritsch auf 700. Wir gehen jetzt essen und sind um 17 h zurück. Abends gehen wir ins Theater (20 h/30)[1]

1 S. U., der sich u. a. wegen des 60. Geburtstags von Max Frisch in New York aufhielt, notierte in seinem *Reisebericht New York, 14.-22. Mai 1971*: »Überraschenderweise trafen Peter Handke, seine Frau und Dr. Kolleritsch in New York ein. Handke hatte eine dreiwöchige Lesereise in den Vereinigten Staaten hinter sich und war von West nach Ost und vom Norden in den Süden gereist. Die Reise war strapaziös, doch hatte Handke überall einen großen Erfolg. Dr. Kolleritsch führte ihn bei den Lesungen ein. Die Reise war organisiert vom Österreichischen Kulturinstitut. Ganz offensichtlich fehlte es bei manchen Stellen an den richtigen Ankündigungen, denn zweimal ist Handke an Stellen eingetroffen, die von ihm und seinen Arbeiten keine Ahnung hatten. Wir hatten eine sehr angenehme Unterhaltung mit Handke. Es war zu klären das Problem der ›Tormann‹-Übertragung von Michael Roloff [siehe Brief 168]. Er berichtete von der ›Kaspar‹-Aufführung, die ihm nur mäßig gefallen hat. [Das Chelsea Theatre Centre of Brooklyn spielte im Mai 1971 an einem Abend *Self-Accusation* (*Selbstbezichtigung*) und *My Foot My Tutor* (*Das Mündel will Vormund sein*) in der Übersetzung von Michael Roloff und in der Regie von Wieland Schulz-Keil. Siehe Ch. B., »*Poesie des technologischen Zeitalters*«. *Peter Handkes New Yorker Erstaufführungen fanden begeisterte Kritik*, in: *Frankfurter Rundschau*, 30. Juni

1971.] Er hatte noch eine Lesung in Baltimore am nächsten Tage vor, dann wollte er nach Österreich zurück, um mit seinem neuen Roman zu beginnen. Dr. Kolleritsch war ein sehr angenehmer Mann. Es war auch Handkes Vorschlag, daß Dr. Kolleritsch uns auf dem Gebiet der österreichischen Literatur beraten sollte. Das müssen wir in der nächsten Zeit aufnehmen. Ich glaube, daß uns Dr. Kolleritsch einiges Interessante vorschlagen kann.«

[155; Anschrift: Griffen[1]]

Frankfurt am Main
15. Juli 1971

Lieber Peter,
ich las Deine Korrespondenz mit Herrn Beckermann.[2] Es war ja mein Wunsch, daß Du auch in der zweiten Serie der »suhrkamp taschenbücher« (st) vertreten sein sollst. Einmal, weil ich es halt sehr schön finde, und zum anderen hast Du einfach ein enormes Publikum. Du wirst staunen, daß der Band »Die Angst des Tormanns beim Elfmeter« noch einmal neue Auflagen erklimmen wird.[3] Dieser Taschenbuchrezeptionsbereich ist eben ein anderer, das ist sehr merkwürdig.
Wie Beckermann mit Dir diskutierte, hätten wir die Möglichkeit, in einem solchen Band die drei Texte zu bringen »Hilferufe«, »Mündel«, »Quodlibet«. Ich möchte Dir aber nach Rücksprache mit meinen Mitarbeitern doch noch einen anderen Plan unterbreiten. Im Rahmen der »suhrkamp taschenbücher« erscheinen »Gesammelte Stücke« von Walser, in der nächsten Serie von Frisch und in der übernächsten Serie von Peter Weiss; später kommen dann die Gesammelten Stücke von Hacks.[4] Ich würde vorschlagen, daß wir auch Deine Stücke in den »suhrkamp taschenbüchern«[5] sammeln. Wir bräuchten vielleicht nicht einen großen Band, der etwa 400 Seiten wäre, »Gesammelte Stük-

ke« zu machen, der DM 7,- etwa kosten würde, sondern ich würde vorschlagen, wir bringen einen Band »Stücke I«, in der nächsten Serie einen Band »Stücke II«, und das impliziert ja, daß wir irgendwann einmal in drei oder fünf Jahren einen Band »Stücke III« machen könnten. Die Einzelausgaben von Stücken können wir dann ja immer noch separat bringen, sei's in den »suhrkamp taschenbüchern«, oder in der »edition suhrkamp«. Wie denkst Du darüber? Die Einteilung sähe so aus: »Stücke I« »Publikumsbeschimpfung«, »Weissagung«, »Selbstbezichtigung«, »Hilferufe«, »Kaspar«. Der Band hätte etwa 210 Seiten. »Stücke II« »Mündel«, »Quodlibet«, »Ritt über den Bodensee« (der Band umfaßte etwa 190 Seiten, Ladenpreis DM 3,- oder DM 4,–).

Ich bin eigentlich ganz entzückt von dieser Idee, und meine Mitarbeiter unterstützen dies sehr. Wie denkst Du darüber?

Bitte, melde Dich, wenn Du wieder in diese Gegend kommst.

Schöne Grüße und eine sehr herzliche Empfehlung für Libgart

Dein

[Siegfried Unseld]

1 P. H. machte vom 14. Juni bis 4. Juli 1971 mit seiner Frau und Tochter Urlaub in Jugoslawien und verbrachte anschließend einen Monat in Griffen (siehe: *Schönheit ist die erste Bürgerpflicht*, S. 43 ff.).
2 Thomas Beckermann fragte P. H. in seinem Brief vom 30. Juni 1971: »[...] da wir gerade bei der Planung des zweiten st-Programms sind. Könnten wir nicht die beiden bisher nicht in Buchform publizierten Stücke ›Das Mündel will Vormund sein‹ und ›Quodlibet‹ zusammen in einem Band publizieren? Oder besteht die Möglichkeit, so viele Aufsätze von Ihnen zusammenzustellen (die nach Möglichkeit nicht in dem ›Reader‹ abgedruckt sind),

daß daraus ein Band werden würde. Vielleicht zu dem Thema ›Film‹ oder ähnliches. Es würde mich sehr freuen, wenn der eine oder andere Vorschlag für das zweite Programm realisiert werden könnte.« P. H. antwortete am 9. Juli 1971: »[...] Mit dem Vorschlag, ›Das Mündel will Vormund sein‹ und ›Quodlibet‹ in einem Band der Taschenbücher aufzunehmen, wäre ich sehr einverstanden, zumal das letzte Stück nur in dem ›Bücher der 19‹-Band existiert und das 2. in einem blöden ›Spectaculum‹. Außerdem mag ich ›Das Mündel will Vormund sein‹ von meinen Stücken mit dem ›Ritt über den Bodensee‹ am liebsten. Man könnte noch das kurze Stück ›Hilferufe‹ aus dem Jahr 1967 mitaufnehmen! An Filmaufsätzen gibt es kaum welche, die nicht schon in dem Reader publiziert sind, ich glaube nur 4 ziemlich spezielle, und dann gibt es noch einiges, was ich in ›Die Zeit‹ geschrieben habe, über das Theater und SDS [*Für das Straßentheater, gegen die Straßentheater*, in: *theater heute*, 7/1968, S. 6f.; wiederabgedruckt in: P. H., *Ich bin ein Bewohner des Elfenbeinturms*, S. 56-62], und dann über die Justiz bei Studentenprozessen [*Tautologien der Justiz*, in: *Die Zeit*, 14. November 1969, wiederabgedruckt in: P. H., *Ich bin ein Bewohner des Elfenbeinturms*, S. 176-187] aber mit Ausnahme des letzteren Aufsatzes, den ich selber für einen meiner besten Sachen halte, sind sie halt doch eher auf spezielle, schon halb vergessene Tagesereignisse bezogen und nur als Zeugnisse eines damals etwas altklugen Temperaments interessant.«

3 P. H., *Die Angst des Tormanns beim Elfmeter*, erschien am 26. Januar 1972 als Band 27 der *suhrkamp taschenbücher*.

4 Von diesen Plänen wurden realisiert: Martin Walser, *Gesammelte Stücke*, 1971 (Band 6 der *suhrkamp taschenbücher*); Max Frisch, *Stücke 1*, 1971, und *Stücke 2*, 1972 (als *suhrkamp taschenbuch* Band 70 bzw. 81).

5 Im Durchschlag: »Suhrkamp-Texten«.

[156]

Griffen
21. Juli 1971

Lieber Siegfried,
vielen Dank für Deinen Brief.
Es kann mir nicht unrecht sein, daß alle meine Stücke bis jetzt zusammen in einem billigen Buch erscheinen. Ich dachte nur, in der »edition« seien sie schon ideal zu haben, auch billig und mit dem Charakter von Taschenbüchern. Ist es nicht zuviel, sie nun noch einmal aufzubereiten? Und würde das nicht auf eine Editionskritik stoßen müssen? Wieviel würde dann ein Band kosten?
Gern hätte ich gewußt, ob Du mit Michael Roloff weiterarbeitest, wie jedenfalls die Geschichte fortgefahren ist. Aber wir haben halt schon lang keine Briefe mehr geschrieben. So ein plötzliches und langanhaltendes Schweigen nach einer so ernsthaften und wichtigen Auseinandersetzung (wegen Roloff) kam mir als ein schlechtes Zeichen vor. Damals in New York erinnerte mich das Gespräch über ihn, das Frau Ritzerfeld und Du führten, und auch die Konstellation, als Michael Roloff in der Hotelhalle eintraf, und wir dann mit Euch weggingen, sehr beklemmend an die Geschichte vom Heizer aus »Amerika« von Franz Kafka. Und das Schweigen danach hat zumindest Atmosphäre.
Ich bin noch ein paar Wochen hier und bereite eine lange Geschichte vor, einen kurzen Roman, den ich ab Mitte August in Köln schreiben möchte. Libgart wird im September in der Verfilmung von »Die Angst des Tormanns beim Elfmeter« mitspielen.[1] Sie läßt Dich und Jack Daniels schön grüßen. Uns geht es gut, wir lesen, gehen spazieren, schauen unsere Heimat einmal mit genaueren und neuern Augen an.
Mit freundlichen Grüßen
Dein Peter

1 Wim Wenders verfilmte 1971 die Erzählung *Die Angst des Tormanns beim Elfmeter*. Der Film wurde vom Filmverlag der Autoren, Telefilm Wien, WDR, ORF produziert und am 19. Februar 1972 im WDR urgesendet. Das Filmteam bestand aus Robby Müller (Kamera), Peter Przygodda (Schnitt) und Jürgen Knieper (Musik). Libgart Schwarz spielte das Dienstmädchen Anna.

[157; Anschrift: Griffen]

Frankfurt am Main
26. Juli 1971

Lieber Peter,
schönen Dank für Deinen Brief vom 21. Juli. Schade, daß wir uns so lange nicht gesehen haben und daß auch unsere Korrespondenz unter Schwäche-Anfällen litt. Doch ist eine Beziehung ja immer eine zweiseitige. Ich freue mich jedoch, daß es Dir gut geht. Am liebsten käme ich nach Griffen und sähe mir die Landschaft auch ein wenig mit Deinen Augen an, aber ich muß mir das im Moment verkneifen, es gibt viele aktuelle Dinge, und die Situation auf der Autobahn lädt ja auch nicht zu einer Spritztour ein. Wenn Du ab Mitte August in Köln bist, werden wir uns sehen. Ich mache dann einen Termin mit Dir aus.
Nun zu den zwei Fragen:
1. Ich habe Dir in meinem Brief vom 16. Juli 1971 die Gründe dargelegt, die uns alle hier bewogen haben, Dir eine Ausgabe einer *Sammlung* von Stücken in den »suhrkamp taschenbüchern« vorzuschlagen. Einmal geschieht das auch so im Falle Frisch, Weiss, Walser; hier ist die Situation ja eine sehr ähnliche. Die Einzelstücke in der »edition« und eine Sammlung jetzt in den »taschenbüchern«. Wir kreieren in den »suhrkamp taschenbüchern« eine neue Form von Stück-*Sammlungen*.
Ich glaube nicht, daß man uns wegen dieser neuen »Auf-

bereitung« Vorwürfe machen wird, und wenn sie kämen, wären sie zu tragen, denn wir müssen den Blick ja auf den Leser und Käufer gerichtet haben. Und ihm bieten wir ja in jedem Falle Besonderes.

Die Kalkulation der »taschenbücher«, die wir angestellt haben, ist, wie Du Dir vorstellen kannst, knapp und entspricht dem Umfang eines Bandes und eventuellen Satzschwierigkeiten bzw. typographischen Beigaben. In aller Regel kosten Bände bis 160 Seiten DM 3,–, bis 212 Seiten DM 4,–. Ich würde also meinen, daß die in meinem Brief vom 15. Juli skizzierten beiden Bände DM 4,– kosten sollten. Besonders glücklich wäre ich darüber, wenn man jeweils zu den Stücken jene Äußerungen von Dir stellen könnte, die Du über die Stücke gemacht hast. Doch darüber können wir ja dann im August sprechen.

2. Es tut mir leid, daß ich Dich nicht vom Ausgang unserer Gespräche über Roloff informiert habe. Ich fand im übrigen die Gesamtsituation unseres Zusammenseins, nehmen wir alles in allem, doch nicht beklemmend, obschon diese eine Situation ja nicht sehr schön war. Aber dies war unverschuldet von allen Seiten. Kurz: Michael Roloff hat in jeder Weise nachgegeben. Er war bereit, die berechtigte Kritik von Seiten des Verlages Farrar, Straus anzuhören und Änderungen im Text des »Tormanns« vorzunehmen. Danach hat Farrar, Straus wieder das Interesse an der Fortführung Deiner Publikationen bekundet, und jetzt läuft die Sache den geplanten Gang, und ich hoffe auch, daß das so richtig ist.

Ich bin in einer sehr guten Arbeitsstimmung, letzte Hand an den »taschenbüchern«; am Wochenende habe ich mit Uwe Johnson den zweiten Band der »Jahrestage« Zeile für Zeile durchgesprochen, das war eine sehr anstrengende, aber auch sehr faszinierende Sache.[1] Sonst aber gelten mei-

ne Überlegungen dem Jahr 1972, und ich freue mich sehr, daß wir dann Deinen neuen kurzen Roman bringen können. Ich wünsche Dir alles Gute dazu.
Schöne Grüße und natürlich besondere Grüße an Libgart; mit Jack Daniels macht man immer eine gute Figur. Hättest Du Lust, am 9. November aus dem neuen Roman in Wien zu lesen?
Alles Gute und noch schöne Tage in Kärnten,
Dein
[Siegfried Unseld]

1 Uwe Johnson, *Jahrestage 2. Aus dem Leben von Gesine Cresspahl, 2. Dezember 1967 - April 1968*, erschien am 14. Oktober 1971.

[158]

[Griffen]
11. August 1971

Lieber Siegfried,
danke für Deinen Brief vom 26. 7.
Was Du zu der Sammlungs-Idee erklärst, ist schon annehmbar, vor allem, wenn dann ein Band billiger ist als zwei Bände der »edition suhrkamp«, wo die Stücke sonst erschienen sind, also nur 4 Mark.
Daß Ihr Euch mit Roloff geeinigt habt, wußte ich nicht. Ich schrieb ihm einmal, bekam aber noch keine Antwort, fürchtete also schon einiges. So ist Deine Auskunft immerhin erleichternd, und ich hoffe nur, daß der Einwand des New Yorker Verlages nicht doch nur ein Vorwand war, sich nicht an den Vertrag zu halten.
Ich fahre morgen mit dem Kind nach Köln, um an dem Roman zu arbeiten. Am 15. möchte ich anfangen. Libgart ist schon mit dem Auto vorausgefahren, im Moment ist sie

in Frankfurt irgendwo und kümmert sich um das Haus. Später einmal, in ein paar Jahren, möchte ich ja ein ganz dickes Buch schreiben, wie »Der grüne Heinrich«, aber das jetzt wird noch dünner sein.[1]
Peter

1 Im Juli 1971 las P. H. in Griffen Gottfried Keller, *Der grüne Heinrich* – er berichtete von seiner Lektüre Alfred Kolleritsch (*Schönheit ist die erste Bürgerpflicht*, S. 45).

[159; Anschrift: Köln, c/o Bohmeier]

Frankfurt am Main
18. August 1971

Lieber Peter,
schönen Dank für Deinen Brief vom 11. August. Ich möchte Dich gerne sehen und mit Dir sprechen, würde Dir Mittwoch, der 25. August, passen? Bitte, laß es mich doch wissen. Ich habe leider keine Telefonnummer, sonst hätte ich Dich in dieser Sache angerufen. Vielleicht rufst Du zurück, wenn das möglich ist.
Schöne Grüße
bis auf bald,
Dein
[Siegfried Unseld]

[160; Anschrift: Köln c/o Bohmeier]

Frankfurt am Main
31. August 1971

Lieber Peter,
wäre es Dir recht, wenn ich am Mittwoch, den 8. September, zu Dir käme? Es tat mir sehr leid, daß ich das letzte Mal nicht kommen konnte, aber meine Frau war übel dran, und es wäre nicht richtig gewesen, sie im Stich zu lassen.
Wir könnten uns wieder so verabreden, wie beim letzten Mal, ich käme also kurz nach 18.00 h in Deine Wohnung, wir könnten unsere Gespräche führen und dann vielleicht mit Libgart essen gehen. Ich möchte dann gern in der Nacht wieder zurückfahren.
Also wiederum ist es ein Ausflug.
Alle guten Wünsche für Deine Arbeit,
Dein
[Siegfried Unseld]

[161]

[Köln c/o Bohmeier]
2. September 1971

Lieber Siegfried,
ich freue mich, daß Du am 8. September kommen kannst.
Die Arbeit geht gut voran.
Herzlich,
Peter

[162; Anschrift: Köln c/o Bohmeier]

Frankfurt am Main
9. September 1971

Lieber Peter,
Der Besuch bei Dir war angenehm, ja schön. Ich danke Dir sehr. Freilich, wir sind doch nur ansatzweise zu einem Gespräch gekommen und deshalb wäre es gut, wenn wir uns bald wieder einmal unterhalten könnten.[1]
Ich halte hier fest, was wir an konkreten Details besprochen haben.
Wegen des Darlehens wird sich Herr Nabbefeld mit Dir in Verbindung setzen.
Du wolltest uns im Laufe des Monats Oktober das Manuskript »Der kurze Brief zum langen Abschied« zuschicken. Wir möchten dann doch gerne, wenn auch Dir dies recht ist, das Buch schon im Frühjahr 1972 herausgeben. Ich freue mich sehr darauf.
Ich hinterließ Dir eine kleine Liste mit einer Aufteilung Deiner Stücke in die beiden Bände, die wir für die »suhrkamp taschenbücher« gedacht haben. Du warst mit der Aufteilung so einverstanden. Mir läge an einer ganz und gar vorbildlichen Edition dieser Stücke. Ich hätte also gern, wie kurz besprochen, in einem Anhang möglichst alle Deine Äußerungen über die einzelnen Stücke gesammelt, ob diese Äußerungen nun veröffentlicht oder vielleicht auch in Form von Briefen niedergelegt sind. Ich wäre sehr dankbar, wenn Du Dich damit beschäftigen könntest. Man sollte vielleicht auch die genauen Entstehungsdaten im Anhang vermerken. Sehr wichtig wäre, daß man das vielleicht zunächst für den ersten Band machen könnte, dessen Erscheinungstermin für Mai bzw. Juni 1972 jetzt gedacht ist.
Ich freue mich auch, lieber Peter, daß Dir meine Idee einleuchtet, in den »suhrkamp taschenbüchern« Deine Auf-

sätze unter dem Titel »Ich bin ein Bewohner des Elfenbeinturms« zu sammeln. Die in dem Handke-Sammelband veröffentlichten Aufsätze würden schon allein eine separate Edition rechtfertigen, doch wäre es mir natürlich sehr wichtig, wenn Du bei Gelegenheit uns melden würdest, welche Deiner Aufsätze bzw. Reden in den Band aufgenommen werden sollten. Ich bin überzeugt, daß auch das eine gute Sache werden wird.

Das Haus hier freut sich rundum über diese besprochenen Publikationen. Wir freuen uns hier aber auch über Deine Zusage, beim Kritikerempfang in der Klettenbergstraße während der Buchmesse zu lesen. Dieser Empfang findet am 14. Oktober nachmittags statt. |(Du kannst bei uns wohnen).|

Ich hoffe jedoch, daß wir uns noch einmal vorher sehen. Ich bin auch sehr gespannt auf die Lektüre des neuen Manuskripts.

Und hier auch noch die Meldung, daß der Bitte von Kolleritsch entsprochen wurde. Nicht ganz geklärt haben wir die Bitten von Herrn Färber. Was soll er jetzt bekommen – die Brecht-Werkausgabe oder einige wissenschaftliche Werke aus dem Suhrkamp Verlag? Vielleicht müßte man das noch einmal klären?

Anbei ein Auszug aus unserer computergesteuerten Dispositionsliste. Ich glaube, die Verkäufe sind doch ganz gut, und sie halten ja auch an. Bei den »Hornissen« und beim »Hausierer« ist zu beachten, daß wir hier Taschenbuchausgaben vorliegen haben.

Mit guten Wünschen für den weiteren Fortgang Deiner Arbeit
und mit herzlichen Grüßen
Dein
[Siegfried Unseld]

P. S.: Im Eifer des Aufbruchs vergaß ich gestern ganz, Dir das Vertragsexemplar für »Chronik der laufenden Ereignisse« zu geben; ich schicke es hier nach.

Anlagen

1 S. U. diktierte einen Bericht *Besuch bei Peter Handke in Köln am 8. September 1971*: »Er wohnte seit sechs Wochen in Köln in der Wohnung des Malers Bernd Bohmeier. Handkes haben sich mit Herrn und Frau Bohmeier ganz offensichtlich angefreundet, sie waren auch zusammen in Ferien. Die Wohnung hing voll von großen Gemälden von Bohmeier, vornehmlich Erotica in abstrakt spielerischer Manier. Ich könnte dort nicht arbeiten, ohne durch die Zeichnungen abgelenkt zu werden, doch Handke arbeitet, wenn Bohmeiers da sind, in der Bibliothek, die gut ist und viele Suhrkamp-Bücher enthält. [...] Er erzählte mir dann von seinem Manuskript. Er arbeite seit sechs Wochen mit ziemlicher Intensität täglich acht Stunden. Das Manuskript mache ihm aber sehr große Freude. Er hat in seinen Ferien in Österreich Vorbereitungen für die Niederschrift getroffen, Überlegungen, Skizzen gemacht, jetzt schreibt er den Text gleich in die Maschine. Er wird bis Anfang Oktober fertig werden, und so vereinbarten wir, daß das Buch doch noch im 1. Halbjahr 1972 erscheinen kann. Dann kam seine Frau mit dem Kind von einem Spaziergang zurück, und von nun an beherrschte doch das Kind die Szene. Ich habe selten zwei so geduldige und liebende Eltern gesehen. Wie wird sich dieses Kind einmal in dieser Umwelt verhalten, wenn es ein so hohes Maß an Liebe erfahren hat? Er sprach mir von seinen Finanzierungsschwierigkeiten des Hauses, und ich bot ihm ein Darlehen an, worauf er sehr gerne und eigentlich erleichtert einging. Wir sprachen dann über die Aufteilung der Stücke-Bände für die ›suhrkamp taschenbücher‹. Er war mit dieser Aufteilung sehr einverstanden. [P. H., *Stücke 1. Publikumsbeschimpfung. Weissagung. Selbstbezichtigung. Hilferufe. Kaspar*, erschien 1972 als Band 43 der *suhrkamp taschenbücher*; der Anhang enthielt folgende Texte von P. H., die zumeist in den Programmheften der Uraufführungen oder in der Zeitschrift *Theater heute* zuerst publiziert worden waren: *Bemerkung zu meinen Sprechstücken*, ›Manifest‹, Zur ›Publi-

kumsbeschimpfung‹, Über das Stück ›Weissagung‹, Über das Stück ›Selbstbezichtigung‹, Kaspars sechzehn Phasen (*Stücke 1*, S. 201-208; zu den Publikationsorten der Texte siehe *Die Arbeit des Zuschauers*, S. 241-243); P. H., *Stücke 2. Das Mündel will Vormund sein. Quodlibet. Der Ritt über den Bodensee*, erschien 1973 als Band 101 der *suhrkamp taschenbücher*; der Anhang enthielt: *Zur Aufführung von ›Quodlibet‹* und *Aus meinen Notizen zu ›Der Ritt über den Bodensee‹* (*Stücke 2*, S. 157-177; zu den Publikationsorten siehe *Die Arbeit des Zuschauers*, S. 243 f.); die *Bemerkungen zum Stück* wurden dort nicht gedruckt.] Ich erwähnte ihm, daß mir eine vorbildliche Edition vorschwebte, eine Edition, die auch seine Äußerungen zu den Stücken enthielte (er selbst hat sich ja bei vielfacher Gelegenheit zu seinen Stücken geäußert). Er glaubt auch, die Texte auftreiben zu können. Ich schlug ihm dann vor, in den ›suhrkamp taschenbüchern‹ seine Aufsätze zu sammeln unter dem Titel ›Ich bin ein Bewohner des Elfenbeinturms‹. Das nahm er sehr interessiert auf. Ich sagte ihm, daß schon die Texte, die in dem Reader-Band versammelt sind, für eine separate Publikation ausreichen würden, aber ich kenne ja noch andere Arbeiten von ihm, seine Rede bei der Entgegennahme des Hauptmann-Preises über den Polizeiwachtmeister Kurras [siehe Brief 65, Anm. 1], ferner seine Äußerungen zur Studentenbewegung. Wir sprachen dann auch über seine literarischen Vorstellungen. Von seiner Wertschätzung von Bernhard kommt er allmählich ab; Bernhard sei für ihn nicht mehr ein Autor, den er ernst nähme. Er glaube, daß Bernhard sich nicht weiterentwickle und weiterbewege, er bliebe statisch und seine Erfahrungen seien monomanisch und kommerziell geworden. Überhaupt interessiere ihn die Vision ›Literatur‹ immer weniger. Auch Kafka sei im Augenblick außerhalb seiner Rezeptionsweite. Dagegen lese er mit immer größerer Freude Gottfried Keller und Goethe. Er sei doch der bedeutendste Schriftsteller und von ihm könne man noch am meisten lernen. Wir gingen dann mit dem Kind zum Abendessen; wieder beherrschte das Kind die Szene, so daß es nur zu unterbrochenen Gesprächsthemen kommen konnte. Doch immerhin gab er sein Einverständnis, während der Buchmesse beim Kritikerempfang zu lesen. In die Wohnung zurückgekehrt, war es dann schon 21 Uhr, und auf dem Bildschirm lief das Fußballspiel Deutschland–Mexiko, das wir uns alle interessiert anschauten.

[Endstand: 5:0] Dann ein etwas hastiger Aufbruch; Frau Handke fuhr mit mir im Zug nach Frankfurt; sie mußte am nächsten Tag Hausbau-Probleme mit Herrn Nabbefeld klären.«

[163]
[Köln c/o Bohmeier]
14. September 1971
Lieber Siegfried,
mit den Vorschlägen, die Du mir hier in Köln gemacht hattest, bleibe ich einverstanden. Ich glaube schon, daß ich bis Anfang Oktober mit dem Roman fertig bin, das heißt, wenn von außen nichts dazwischen kommt.
Wenn die Stücke gesammelt herauskommen, werde ich vorher zur rechten Zeit dem Redakteur die Bemerkungen nennen, die ich dazu gemacht habe. Meistens habe ich diese ja selber nicht mehr, aber ich weiß jedenfalls immer noch, wo sie erschienen sind.
Bei der Deutschen Bank habe ich inzwischen angerufen und meinen Kreditantrag rückgängig gemacht. Es ist mir natürlich recht, daß ich nicht so viele Prozente zahlen muß, und daß der Auszahlungsabzug wegfällt.
Es war für mich sehr angenehm, daß Du hier gewesen bist, und inzwischen hab ich schon Lust, die Geschichte möglichst bald weiterzuschreiben.
Mit herzlichen Grüßen
Dein Peter

| 15. 9. Ich habe noch vergessen: Es wäre schön, wenn Du Helmut Färber einmal die »Werkausgabe« Brechts schicken könntest. Seine Adresse ist 8 München, Fendstr. 4. |

[164; Anschrift: Köln c/o Bohmeier]

Frankfurt am Main
21. September 1971

Lieber Peter,
ich halte das erste Exemplar der »Chronik der laufenden Ereignisse« in Händen. Ich freue mich, daß wir dieses Buch machen konnten. Hoffentlich findet es nun viele Freunde und Leser.[1]

Wir haben eine Auflage von 15.000 Exemplaren gedruckt; der Ladenpreis beträgt DM 4,–; Honorar 7 %. Du kannst über 75 Freiexemplare verfügen; 20 lassen wir Dir jetzt einmal zugehen. Bitte schreib mir, wie wir die anderen disponieren sollen.

Also ein weiteres Pferdchen im Rennen.
Schöne Grüße
Dein
[Siegfried Unseld]

1 P. H., *Chronik der laufenden Ereignisse*, erschien als Band 3 der *suhrkamp taschenbücher*. Die Vorbemerkung von P. H. hält fest: »Dieses Drehbuch entspricht in seiner Chronologie und Länge nicht dem Film; es ist auch nicht so sehr als Drehbuch geschrieben, sondern als Erzählung von einem schon vorhandenen Film.«
Die *suhrkamp taschenbücher* starteten im Oktober 1971 mit 20 Bänden. Danach erschienen zunächst pro Monat vier Bände.

[165; Anschrift: Köln c/o Bohmeier]

Frankfurt am Main
21. September 1971

Lieber Peter,
ich danke Dir für Deinen Brief vom 14. September und freue mich, daß Du mit meinen Vorschlägen einverstanden bist.
Herr Nabbefeld hat mir von Deinem Besuch hier berichtet, ich hoffe, daß wir alles noch einmal zu einem relativ guten Ende wenden können. Du hast in Herrn Nabbefeld einen sehr guten, Dir überaus wohlgesonnenen Vertreter Deiner Interessen. Also laß Dich nicht beunruhigen und bleibe weiter an Deiner Arbeit. Grüße an Libgart. Die Fahrt nach Aschaffenburg war eigentlich doch ganz schön.
Herzlich
Dein
[Siegfried Unseld]

P. S.: An Helmut Färber schicken wir die »Werkausgabe« Brecht.

[166]

Köln c/o Bohmeier
27. September 1971

Lieber Siegfried,
vielen Dank, daß Du mich über große und kleine Kleinigkeiten informierst. Die »Publikumsbeschimpfung« ist ja das erste von meinen Büchern, das eine Auflage von 100 000 erreicht. Gerade das! Aber ich freue mich natürlich.
Gestern bin ich mit dem Roman fertig geworden. Er hat

62 engbeschriebene Seiten, was wahrscheinlich 180-200 Buchseiten ausmachen wird.¹ Ich muß sagen, daß ich doch unglaublich froh bin. Mir kommt vor, daß es das erste von meinen Sachen ist, wo wirklich auch alles, was ich selber bin, vorkommt. Eigentlich bin ich richtig glücklich darüber, und natürlich ist es mir jetzt ziemlich langweilig. In den nächsten zwei, drei Wochen werde ich es abschreiben, und Mitte, Ende Oktober spätestens werde ich es dann nach Frankfurt schicken. Dann hoffe ich nur noch, daß ich viel Geld damit verdiene. Ich glaube, es ist fast so einfach wie der »Tormann«, aber es kommt halt mehr vom Leben drin vor, und ist doch eine richtige Geschichte. Ich habe jetzt richtig neuen Mut, immer weiter zu schreiben und dabei immer mehr herauszukriegen.
Auf die Exemplare der »Chronik der laufenden Ereignisse« warte ich ziemlich, ich hab leider noch nichts bekommen. Ich würde gern sehen, wie das Buch nun aussieht.
Dem Steuerberater habe ich ein paar Unterlagen geschickt, ich hoffe, daß es erträglich wird.
Herzlich,
Dein Peter

1 Die erste Fassung von *Der kurze Brief zum langen Abschied* schrieb P. H. zwischen dem 15. August und 26. September 1971 nieder.

[167; Anschrift: Köln c/o Bohmeier]

Frankfurt am Main
29. September 1971

Lieber Peter,
schönen Dank für Deinen Brief vom 27. 9. Ich freue mich sehr, daß Du Deine neue Arbeit abschließen konntest und daß Du dabei ein so gutes Gefühl hast. Ich wäre Dir sehr

dankbar, wenn Du die Abschrift so einrichten könntest, daß ich das Manuskript nicht später als bis zum 22. Oktober haben könnte. Dieser so exakte Termin deshalb, weil ich danach für einige Tage verschwinde und dann das Manuskript gerne mitnähme. Ich wäre Dir dankbar, wenn das möglich wäre. – Du kannst sicher sein, ich werde alles mit diesem Buch versuchen. Um so wichtiger ist, daß ich es bald kennenlernen kann, um die Vorbereitung für einen großen Start im Frühjahr zu treffen.

Der Gesamtverkauf für den »Tormann« liegt jetzt bei 48.000 Exemplaren; im letzten Halbjahr verkauften wir 1.252 Exemplare; im August 73 Exemplare. In Kürze werden wir also auf 50.000 Exemplare kommen, und ich finde das einen Riesenerfolg.

Ich hoffe, Du hältst inzwischen die ersten Exemplare der »Chronik der laufenden Ereignisse« in Händen. Von der nächsten Woche an werden die Bücher dann in den Buchhandlungen auslegen. Ich bin natürlich sehr gespannt, wie diese neue Reihe ankommt.

Herzliche Grüße
Dein
– Herr Dr. Unseld ist nach dem Diktat verreist[1] –
i. A. Renate Steinsiek

---

1 S. U. hielt sich zwischen dem 29. September und 1. Oktober 1971 in London auf. Zwischen dem 21. und 23. Oktober 1971 war er in Berlin, anschließend nahm er am 24. Oktober an der Verleihung des Georg-Büchner-Preises in Darmstadt teil.

[168; Anschrift: Köln c/o Bohmeier]

Frankfurt am Main
5. Oktober 1971

Lieber Peter,
Farrar Straus schickt mir ein Lektoratsgutachten zur Übertragung des »Tormanns« durch Michael Roloff. Der Gutachter ist »one of the most distinguished German translators in the United States today«. Ich habe mich nicht ausführlich mit diesem Gutachten beschäftigt, aber immerhin leuchten mir doch die Anmerkungen ein. Wie denkst Du darüber?
Mit den besten Grüßen
Dein
– Dr. Unseld ist nach dem Diktat verreist[1] –
i. A. Renate Steinsiek

Anlage

1 S. U. war am 5. und 6. Oktober in Hamburg und Berlin.

[169]

[Köln c/o Bohmeier]
21. Oktober 1971

Lieber Siegfried,
beiliegend also das Manuskript.[1] Ich weiß nicht, wie ich es bezeichnen soll, wahrscheinlich als eine Erzählung. Es ist ein Entwicklungsroman, der in ein paar Wochen abläuft. Eher eigentlich die Fiktion eines Entwicklungsromans: gesetzt den Fall, der wäre noch möglich. Die Geschichte ist »autobiographisch«, aber natürlich völlig erfunden, auch die »Autobiographie« darin ist eine der Phantasie. Aber das braucht man ja alles nicht zu wissen.

Wenn das Buch dann gedruckt werden soll, werde ich in allen Einzelheiten beschreiben, wie ich es mir vorstelle. Es ist nichts Ausgefallenes, nur für den Umschlag möchte ich ein bestimmtes Bild, und auf die Innenseite des Umschlags möchte ich eine Karte von Amerika wie bei einem Karl-May-Buch, weils ja auch eine Abenteuergeschichte ist.
Unser Haus in Kronberg wird nun wirklich erst um den 15.11. fertig, und ich wollte Dich also fragen, ob wir doch vielleicht eine Woche oder so in Deinem Haus leben könnten, vor allem um die Fertigstellung von dort ein bißchen weiterzutreiben.
Gute Erholung,
Dein Peter

1 Die Satzvorlage für *Der kurze Brief zum langen Abschied* (ein zweizeilig getipptes und 159 Blätter umfassende Typoskript) hat sich erhalten. Das Typoskript enthält nur wenige handschriftliche Anmerkungen und Korrekturen von P. H. und von Thomas Beckermann (DLA, SUA, A: Suhrkamp Verlag, Handke, Peter).

[170; Anschrift: Köln c/o Bohmeier]
Frankfurt am Main
29. Oktober 1971
Lieber Peter,
schönen Dank für Deinen Brief vom 21. Oktober und für die Zusendung Deines Manuskriptes. Ich werde Dir dazu noch schreiben oder Dich anrufen. Nur soviel vorher: ich bin schlechthin begeistert. Du hast wieder etwas Neues geschrieben, und ich meine, daraus ist wirklich eine sehr bedeutende Sache geworden. Irgendwie habe ich den Eindruck, daß dies das Buch der Generation noch von 1972 sein wird, was immer dies auch ist. Du hörst noch von mir.

Selbstverständlich kannst Du mit Deiner Familie bei uns wohnen. Sage mir, wann Du kommst. Hilde wird wieder vom 4. November an anwesend sein.[1]
Bis auf bald,
herzliche Grüße
Dein
[Siegfried Unseld]

1 P. H. wohnte ab Anfang November bei S. U. in der Klettenbergstraße 35, da sein Haus in Kronberg, Schirnbornweg 6, noch nicht bezugsfertig war. In einem Brief vom 1. November 1971 schrieb er Alfred Kolleritsch: »Unseld hat gerade mein Manuskript gelesen und scheint mir zum ersten Mal ehrlich fröhlich darüber. ›Das Buch der Generation von 1972, was immer das sein wird.‹« (*Schönheit ist die erste Bürgerpflicht*, S. 50)

[171; Anschrift: Kronberg]

Frankfurt am Main
29. November 1971

Lieber Peter,
soeben erhalte ich das erste Exemplar der 100.000-Auflage der »Publikumsbeschimpfung«. Ich schicke Dir das Bändchen zu. Es ist die erste Sendung, die ich in Dein neues Domizil richte, und ich finde, das ist ein glückliches Zeichen.
In diesem Sinne grüße ich Dich herzlich
Dein
[Siegfried Unseld]

[172; handschriftlich]

Kronberg
5. Dezember 1971

Lieber Siegfried,
ich hoffe, daß Du Dich gut erholt hast, wenn bei Dir das überhaupt nötig ist.¹
Vor unserem Haus knirscht und rattert es zwar noch höllisch, aber sonst fühlen wir uns doch schon recht wohl. Ich habe mir vorgenommen, wenigstens 1, 2 × in der Woche in die Stadt (Frankfurt) zu fahren.
Das für mein Telefon zuständige Fernmeldeamt ist Oberursel, und die zuständige Dame heißt Frau Wagner. Es wäre schön, wenn der Suhrkamp Verlag meinen Wunsch ein bißchen dringlicher machen könnte. Ich arbeite halt zuhause, im Gegensatz zu den andern.²
Beckermann hat mir gestern gezeigt, was Scharang zu dem Band über mich in der »Ed. Suhrk.« gesammelt hat. Nur kurz: es ist unzumutbar; primitiver und mieser als das »Text+Kritik«-Heft.³ Erst einmal sind die zitierten Kritiken vor allem negativ zusammengestellt, mit jeweils 1 oder höchstens 2 positiven als Alibi, und geben damit ein völlig falsches Bild der tatsächlichen Rezeption. Von den »Hornissen« z. B. sind nur 4 *Verrisse* versammelt, es fehlen die positiven Bewertungen, die z. B. in »FAZ« und »NZZ« erschienen sind. Über den »Ritt über den Bodensee« gibt es nichts als eine dumm-dreist abtuende Buchbesprechung usw.
Die Originalbeiträge, z. Teil dümmliche Witzeleien österreichischer Dichterkollegen, sind ausnahmslos (oder fast, mit einer Ausnahme, einer langweiligen Germanistikarbeit über »Kaspar«) entweder Pöbeleien, was ja nicht so arg ist, oder scheinanalytische linke Rituale, zu denen der Schriftsteller P. H. nur eine Anlaßfigur ist und durch die er zu

einem Zeichentrickmännchen, allerdings schlecht gezeichnet, verkümmern soll.
Nun gut, für mich ist die ganze Sache nicht reparabel. Ausgemacht war mit dem Herausgeber eine objektive Wiedergabe der Rezeption meiner Arbeit + 2. ein Versuch, in den Originalbeiträgen sich noch einmal mit meinen Arbeiten zu befassen, ein wenig unbefangener, jedenfalls angestrengter oder zumindest mit kleinen begrifflichen Anstrengungen. Nun ist alles weit schlimmer als »Text+Kritik« geworden, genüßliche Selbstzelebrierung von allgemeiner Literaturverachtung, Blödelei, kindischer Faschismusvorwurf. Das geht nicht. Du wirst es merken, wenn Du den Papierstapel nur kurz durchsiehst. Es ist ein Fall von ganovenhafter Lumperei. In einem anderen Verlag meinetwegen. Aber daß ich im selben Verlag veröffentlichen soll, in dem so was erscheint, sehe ich nicht ein. Du wirst auch sehen, daß es mit einer Herausnahme einiger Beiträge nicht getan ist. Das Ganze ist meiner Ansicht nach nicht publizierbar.[4]
Herzlich,
Dein Peter

Wenn ich nach Frankfurt komme, bringe ich auch »Geschwister Tanner« von R. Walser zurück.

1 S. U. hielt sich mit seiner Frau Hildegard Anfang Dezember einige Tag in Arosa auf.
2 Am 9. Dezember 1971 wandte sich Heribert Marré auf dem Briefbogen des Suhrkamp Verlags an das Fernmeldeamt Oberursel: »Erlauben Sie uns, daß wir von uns aus heute auf die wirkliche Dringlichkeit dieses Falles aufmerksam machen. Herr Handke hat nicht zuletzt auf unseren Wunsch hin seinen ständigen Wohnsitz nach Kronberg verlegt, um einmal leichter erreichbar zu sein und um seiner Arbeit noch besser nachgehen zu können. Er ist aber für seine Arbeit auf einen eigenen Telefonanschluß angewiesen, da er sehr eng mit den Rundfunk- und Fernsehanstalten

zusammenarbeitet und wichtige Entscheidungen in den meisten Fällen telefonisch getroffen werden müssen.«
3 Siehe Brief 117, Anm. 1.
4 Der Brief trägt den handschriftlichen Vermerk von S. U.: »mündl.[ich] erl.[edigt]«.

[173; Anschrift: Kronberg]
Frankfurt am Main
13. Dezember 1971

Lieber Peter,
anbei ein Haftbefehl des Amtsgerichts Tiergarten gegen »die Schauspielerin Liebgart Handke, geb. Schwarz«. Der Verlag der Autoren hat unsere Adresse angegeben, ich verstehe das nicht recht. Die Polizei mußte hier Libgart, falls die DM 267,50 nicht bezahlt würden, festnehmen. Hilde, die im Aufbruch zu ihrer Reise war, hat diesen Betrag, um alles andere abzukürzen, bezahlt.[1] Das war ihre Entscheidung, und ich meine, das war auch richtig. Wenn Du das auch so empfindest, so übernimmst Du den Betrag von DM 267,50, wenn nicht, übernehme ich das. Wir hatten leider keine Gelegenheit, in dieser Sache mit Dir Verbindung aufzunehmen. Ich hoffe, Du verstehst das.
Wir sind eben wieder nach Hause gekommen. Sehen wir uns bald?
Herzliche Grüße
Dein
[Siegfried Unseld]

1 Der Haftbefehl erging wegen eines Verkehrsvergehens aus dem Jahr 1970. Hildegard Unseld zahlte den Betrag am 30. November 1971.

1972

[174; Anschrift: Kronberg]

Frankfurt am Main
27. Januar 1972

Lieber Peter,
leider haben wir uns in Fribourg nicht getroffen.¹ In meinem Gepäck hatte ich ein Leseexemplar und einen weiteren Umschlagandruck, so wie wir das vereinbart haben. In der endgültigen Ausstattung würden ja jede der beiden Fassungen noch cellophaniert. Meine Meinung hat sich, wenn ich die Umschläge in Ruhe und aus der Distanz ansehe, bestärkt. Ich bin entschieden für den Fleckhaus-Umschlag. Ich mache mit den beiden Umschlägen auch einen gewissen Test mit den Besuchern, die hier in mein Büro kommen. Ich habe bisher niemanden gefunden, dem der Umschlag mit der großflächigen Zeichnung besser gefiele. Ich würde mich sehr freuen, wenn Du doch »unserer« Lösung zustimmen könntest. Es ist einfach mehr ein Suhrkamp Buch, während das andere auf ganz andere Verlage hindeuten könnte, und ich sehe ja mehr und mehr, wie wichtig das ist.²
Wann sehen wir uns? Ich bin in der nächsten Woche zwar hier in Frankfurt, aber sehr viel mit Terminen belastet. Am Freitag gehe ich dann für ein paar Tage zum Skifahren. Ich werde am 11. wieder zurück sein. Ich möchte Dich dringlich sprechen. Falls Du in den Tagen nach dem 11. nicht erreichbar bist, könnten wir uns am Freitag, dem 18., in der Klettenbergstraße treffen. Hilde serviert eine Fisch-

suppe, und wir könnten uns im Anschluß daran unterhalten.
Herzliche Grüße,
auch für Libgart,
Dein
[Siegfried Unseld]

1 S. U. hielt sich mit Günter Eich am 24. Januar in Fribourg auf. P. H. hatte am Vortag dort eine Lesung und war bereits abgereist.
2 Der Klappenbroschurumschlag von P. H., *Der kurze Brief zum langen Abschied*, zeigte eine Zeichnung von Peter Pongratz; er war cellophaniert.

[175; Anschrift: Kronberg]
Frankfurt am Main
3. Februar 1972
Lieber Peter,
leider sehen wir uns vor meiner Abreise nicht mehr.[1] Ich hätte Dich sehr gerne gesprochen. Einmal höre ich von Beckermann, Du schriebest eine neue Arbeit für den Residenz-Verlag. Bitte, laß uns darüber noch einmal ein Gespräch führen, bevor Du Dich hier definitiv verpflichtest. Mir läge sehr viel daran.
Und zum Vertragspunkt »Der kurze Brief zum langen Abschied«: wegen der Gleichbehandlung der Autoren läge mir daran, daß wir die 15 % Honorar einsetzen ab dem 100.000. Bitte, hab dafür Verständnis. Ich habe fest mit diesen Honorarsätzen kalkuliert, sonst hätte der Band ja von vornherein einen anderen Ladenpreis haben müssen. Im übrigen ist die Frage der Erreichung von 100.000 Exemplaren kein »Witz«, sondern ein von mir angestrebtes und,

wie ich meine, auch innerhalb eines Jahres erreichbares
Ziel.²
Herzliche Grüße
Dein
[Siegfried Unseld]

1 S. U. fuhr vom 4.-10. Februar 1972 nach Sankt Moritz; am 11. Februar traf er sich in Zürich mit Adolf Muschg. Das Fischsuppenessen am 18. Februar 1972 fand unter Anwesenheit von P. H. in größerer Runde statt.
2 Im Zusammenhang mit den Gesprächen über den Verlagsvertrag zu *Der kurze Brief zum langen Abschied*, der ein generelles Honorar von 12,5 % des Ladenpreises vorsah, hatte P. H. am 30. Januar 1972 an Helene Ritzerfeld auf einen Vorschlag von S. U. (12,5 % bis 100.000 Exemplare, 15 % danach) geantwortet: »also ein Einigungsvorschlag: 15 % ab 50 000. Die 100 000 sind eh nur eine unerreichbare Utopie und insofern ein Witz.«

[176; handschriftlich]

Kronberg
13. Februar 1972

Lieber Siegfried,
gern komme ich am 18. 2. in die Klettenbergstraße 35 zum Mittagessen. Ich bitte nur, das Kind mitnehmen zu dürfen.
Die Geschichte, die ich gerade geschrieben habe (bis jetzt ohne Titel), ist eine abstrakte Biographie meiner Mutter, ca. 60-70 Buchseiten. Ich habe Herrn Beckermann schon gesagt, daß ich den Text dem Residenz Verlag überlassen werde, vor allem auch, um mich erkenntlich zu erweisen dafür, daß dieser Verlag die Aufhebung meines drohenden Einberufungsbefehls zum österreichischen Bundesheer erwirkt hat. Ich habe ihn dem Verleger auch schon zugesagt,

ja, das Schreiben war eine Reaktion auf seine Hilfe. Natürlich werde ich mit meinen größeren Prosa- + Gedichtvorhaben weiter ein Suhrkamp-Autor bleiben – nur dieser Fall ist eine Ausnahme wert. Ein Lizenzvertrag, wenn Du das überhaupt interessant findest[1], wäre ja noch denkbar. Aber wir können noch genauer darüber reden.[2]
Heute abend fahre ich nach Österreich zu der Gerichtsverhandlung (15. 2.) wegen der Geschichte im Grazer Herbst. Hoffentlich geht es so halbwegs, meine Gegner sind Polizisten, und da ist jede Aussage ja von vornherein ziemlich hoffnungslos.[3]
Also bis 18.
Herzlich
Dein Peter
+ viele Grüße an Deine Frau.

1 Im Original statt »findest«: »ist«.
2 P. H., *Wunschloses Unglück*, erschien 1972 im Residenz Verlag. Der ursprüngliche Titel lautete: »Interesseloses Entsetzen / Eine Biographie«. Mitte Januar begann P. H. mit der Niederschrift einer Erstfassung, Ende Februar 1972 existierte ein 91 Blatt starkes, zweizeilig getipptes überarbeitetes Typoskript mit dem Titel »Interesseloser Überdruss« (siehe LaSa, Bestand Residenz Verlag, Handke, Peter).
3 Bei einer Lesung von P. H. im Rahmen des *Steirischen Herbst* 1971 in Graz kam es zu einer Auseinandersetzung mit einem Polizisten, der P. H. nicht in den überfüllten und deshalb gesperrten Veranstaltungssaal lassen wollte. »Als ihn der Polizist fragte, was er wolle, antwortete er: lesen. Darauf dieser: ›Wenn du lesen willst, dann geh ins Kaffeehaus!‹ Der darauf entstandene Tumult führte zu einer Gerichtsverhandlung wegen Amtsehrenbeleidigung.« (Adolf Haslinger, *Peter Handke*, S. 130) Das Urteil: sechs Monate auf Bewährung.

[177; Anschrift: Kronberg]

Frankfurt am Main
6. März 1972

Lieber Peter,
ich höre, Du fährst am 10. März nach Paris.[1] Könnten wir uns noch vorher sehen? Bitte, rufe doch einmal an, damit wir etwas vereinbaren können.
Herzlich
Dein
[Siegfried Unseld]

1 P. H., *Gaspard*, übersetzt von Thierry Garrel und Vania Vilers, war 1971 im Verlag L'Arche erschienen; P. H. besuchte eine Aufführung des Stücks im Centre International de Recherche Théâtrale, Paris.

[178; handschriftlich; Briefpapier des Hotel Ritz, Paris]

Paris
10. März 1972

Lieber Siegfried,
dieser Brief als Pointe [?] für irgendein Fischsuppenessen...
Dein Peter

[179; Anschrift: Kronberg; Telegrammnotiz]

Frankfurt am Main
13. März 1972

Erbitte Anruf sogleich nach Rückkehr. Herzlich
Siegfried Unseld[1]

1 S. U. verzeichnete in der *Chronik* für den 14. März 1972 einen Besuch bei P. H. in Kronberg; für den 17. März ein Fischsuppenessen in der Klettenbergstraße 35.

[180; Anschrift: Kronberg]

Frankfurt am Main
11. April 1972

Lieber Peter,
ich fahre für ein paar Tage weg, und wenn ich wieder zurück bin, nehme ich an, daß Du wieder auf der Lesereise sein wirst. Ich weiß, daß diese Reise strapaziös für Dich werden wird, aber ich bin ebenfalls sicher, daß die Buchhändler Dich sehr herzlich erwarten. Ich habe jetzt gerade wieder Dortmunder Buchhändler besucht, die Dein Buch mögen und sich kräftig dafür einsetzen.[1]
Ich erhielt eben einen Brief von Enzensberger, in dem er mir schreibt: »Dann Handke: Bisher sein bestes Buch. Ich habe mich riesig darüber gefreut, daß er es zum ersten Mal riskiert hat, *von* etwas zu erzählen, was nicht nur in seinem Kopf ist ...« Ich hoffe, Dich freut dieses kompetente Votum.
Also lieber Peter, mache es gut. Gib auch mal einen Zwischenbericht, und noch lieber wäre es mir, Du würdest einmal nach dem 20., wenn ich wieder hier sein werde, anrufen, damit wir wenigstens am Telefon sprechen können.
Herzliche Grüße
Dein
(Herr Dr. Unseld ist nach dem Diktat verreist)[2]
i. A. Steinsiek

1 P. H. las zwischen dem 10. April 1972 und dem 10. Mai 1972 an 24 Orten aus *Der kurze Brief zum langen Abschied*: Soest, Werl,

Lemgo, Osnabrück, Wolfsburg, Braunschweig, Lübeck, Heide/ Holstein, Itzehoe, Elmshorn, Göttingen, Essen, Münster, Mönchengladbach, Krefeld, Recklinghausen, Darmstadt, Mainz, Regensburg, Straubing, Konstanz, Tübingen, Würzburg und Heidelberg. Bereits am 20. März 1972 hatte er im Theater am Turm im Rahmen einer Gemeinschaftsveranstaltung von Suhrkamp Verlag und Buchhandlung montanus zum ersten Mal öffentlich aus dem neuen Buch gelesen.
2 S. U. machte zwischen dem 10. und 17. April Ferien in St. Moritz.

[181; Anschrift: Kronberg]

Frankfurt am Main
28. April 1972

Lieber Peter,
anbei der erste Band der »Stücke I« in der Taschenbuchausgabe. Ich finde, die Sache sieht gut und nobel aus. Wir druckten eine Auflage von 20.000 Exemplaren, der Ladenpreis beträgt DM 5,–. Ich nehme an, Du wirst über Deine 80 Exemplare noch verfügen, 5 haben wir nach Kronberg angewiesen.[1]
Ich höre vom Erfolg Deiner Reise und freue mich sehr darüber,
Herzlich
Dein
[Siegfried Unseld]

1 Siehe Briefe 155-158 und 162.

[182; Anschrift: Kronberg]

Frankfurt am Main
29. Mai 1972

Lieber Peter,
anbei eine sehr schöne Rezension aus der »New York Times Book Review«.[1]
Herzlich
Dein
[Siegfried Unseld]

1 Die Anlage ist nicht ermittelt. Möglicherweise Clive Barnes, *Peter Handke's* Ride Across Lake Constance, in: *New York Times*, 14. Januar 1972, S. 16.

[183; Anschrift: Kronberg]

Frankfurt am Main
9. Juni 1972

Lieber Peter,
bist Du im Lande? Ich werde das Wochenende über nicht in Frankfurt sein, bin aber am Montag wieder da und hätte gerne mit Dir wieder gesprochen. Am Dienstagabend bin ich mit Marie Luise Kaschnitz und Ror Wolf zum Abendessen verabredet; möchtest Du dazu kommen? Wir gingen bei schönem Wetter etwas im Taunus spazieren und würden dann irgendwo abends in einem Dorfgasthaus essen. Rufst Du mich Montag oder Dienstag an?
Herzliche Grüße
Dein
[Siegfried Unseld]

[184; Anschrift: Kronberg]

Frankfurt am Main
4. Juli 1972

Lieber Peter,
wenn Du zurückkommst, rufst Du mich einmal an?
Unfallkrankenhaus Frankfurt[1]
Tel.: 1501476
Herzliche Grüße
Dein
– Herr Unseld diktierte dies Briefchen im Krankenbett –
Ihre
[Burgel Zeeh]

1 S. U. hatte am 15. Juni 1972 bei Heilbronn einen Autounfall mit den Folgen Gehirnerschütterung, Schlüsselbeinbruch u. a.; am 27. Juni 1972 wurde er in die Unfallklinik Frankfurt am Main verlegt, die er am 15. Juli 1972 verließ.
Am 14. August 1972 besuchte S. U. in Kronberg P. H. In seiner *Chronik* vermerkte er unter diesem Datum: »Er [P. H.] fand in der ›st‹-Ausgabe des ›Elfenbeinernen Turm‹ [*Ich bin ein Bewohner des Elfenbeinturms* erschien 1972 als Band 56 der *suhrkamp taschenbücher*.] nicht weniger als 70 Druckfehler. Ich gab die Anweisung, die Ausgabe zu makulieren.«

[185; Anschrift: Kronberg]

Frankfurt am Main
21. November 1972

Lieber Peter,
ich schicke Dir die Anzeige in der »Zeit« vom 17. November für den Fall, daß Du sie übersehen hast.[1]
Die Buchhändler, die ich in der letzten Zeit besuchte, haben den »Kurzen Brief« überall bevorzugt ausgestellt. Ich hoffe, wir sehen uns bald.
Schöne Grüße
Dein
[Siegfried Unseld]

Anlage

1 In *Die Zeit* vom 21. November 1972 erschien eine schwarzweiße Streifenanzeige für *Der kurze Brief zum langen Abschied* mit einem Foto von P. H. und einem »kurzen Brief« eines Lesers: »Lieber Herr Handke, so fiktiv ist Deine Außenwelt nicht. Ich bin Sonntag abend am ›Algonquin‹ vorbeigefahren, und letztes Jahr überquerte ich den Mississippi. Erzählen kannst Du gut und nicht nur eine Geschichte. Wichtiger ist Dein Selbstbild – Tätigkeit und Bewußtsein. Deine Ehrlichkeit sollten alle Dichter nachahmen. Bitte, schreib weiter und laß die Beschimpfung weg. Die Realität ist schon genug ein Vorwurf. In der Literatur suchen wir den Trost der Wahrheit. *Ein Freund aus Amerika, Robert F. Quick, Brooklyn, N. Y.*«

1973

[186; Anschrift: Kronberg]

Frankfurt am Main
23. Januar 1973

Lieber Peter,
ich habe Deine Bereitschaft, an unserer Eich-Lesung Texte von Eich zu lesen, Ilse Aichinger und den beteiligten Autoren vorgetragen. Alle Beteiligten wünschen doch sehr, Du möchtest diese Texte lesen. Ich wäre Dir deshalb sehr dankbar, wenn Du Dich auf eine Lesung einrichten könntest. Wir treffen uns am 1. Februar um 18 Uhr im Hotel Frankfurter Hof, Salon 5. Wir besprechen dann mit allen Beteiligten den Ablauf des Abends.
Es war schön, daß Du neulich hier warst.[1] Auf bald
Dein
[Siegfried Unseld]

1 Die Veranstaltung »Gunter Eich zu ehren« fand am 1. Februar 1973 im Großen Sendesaal des Hessischen Rundfunks in Frankfurt am Main statt. Eich war am 20. Dezember 1972 in Salzburg gestorben. Neben P. H. (er trug vor: *Ins Allgemeine* und *Hausgenossen* aus: *Maulwürfe*) lasen aus dem Werk von Eich: Peter Bichsel, Heinrich Böll, Günter Grass, Wolfgang Hildesheimer, Walter Höllerer, Peter Huchel, Uwe Johnson, Marie Luise Kaschnitz, Karl Krolow, Clemens Graf Podewils, Jörg Steiner und Clemens Eich. Die *Chronik* von S. U. verzeichnet einen Besuch von P. H. in der Frankfurter Klettenbergstraße am 20. Januar 1973.

[187; handschriftlich]

Fondamenta Nani
San Trovaso, Venezia
23. Juli 1973

Lieber Siegfried,
endlich habe ich den Text zu »Die Unvernünftigen sterben aus« fertig korrigiert. Ich hoffe, es ist noch nicht zu spät. Vor allem fürchte ich mich vor Druckfehlern wie in dem Aufsatzband.[1] Hier arbeite ich jetzt täglich an dem Filmdrehbuch, ganz frei nach »W. Meister«, und komme irgendwie voran, obwohl die Anfangsschwierigkeiten wie immer scheußlich sind. Auch die Arbeitsumstände sind miserabel, laut und dunkel.[2] Ich wünsche Dir in Frankfurt alles Gute und freue mich, Dich bald wieder einmal zu sehen.[3]
Herzlich,
Dein Peter

1 P. H., *Die Unvernünftigen sterben aus*, wurde zwischen dem 28. Februar und 22. April 1973 in einer ersten 35 Blatt starken Fassung niedergeschrieben (ÖLA/SPH/LW/W 45). Das Stück erschien am 25. September 1973 als Band 168 der *suhrkamp taschenbücher*. Zu den Gründen für Angst vor Druckfehlern siehe Brief 184, Anm. 1.
2 Der »Arbeitstitel« der Filmerzählung *Falsche Bewegung* lautete in der ersten, in Venedig entstandenen Textfassung »WILHELM MEISTERS LEHRJAHRE«. Das 24 Blätter umfassende Typoskript wurde von P. H. den handschriftlichen Datumseinträgen nach zwischen dem 21. Juli und dem 7. August 1973 niedergeschrieben (ÖLA/SPH/W/W 7).
3 P. H. und S. U. trafen sich am 4. August 1973 in Venedig. S. U. hielt im *Reisebericht Venedig–Zürich–Großgmain–Ohlsdorf–Salzburg, 4.-8. August 1973*, fest: »Gespräch mit Peter Handke. Vorbereitung des ›st‹-Bandes ›Die Unvernünftigen sterben aus‹. Präsentation des Bandes. Anzeigen aus Anlaß der Büchnerpreisverleihung. […] [P. H. erhielt 1973 den Georg-Büchner-Preis; die Übergabe

fand am 21. Oktober statt. Die im September und Oktober 1973 geschriebene Dankrede ist unter dem Titel *Die Geborgenheit unter der Schädeldecke* wiederabgedruckt in: P. H., *Als das Wünschen noch geholfen hat*, S. 71-80. Sie ist Ingeborg Bachmann gewidmet, die am 17. Oktober 1973 gestorben war. Im Jahr 1999 gab P. H. den Büchner-Preis als Protest gegen die deutsche Beteiligung am Krieg der NATO gegen Serbien zurück.] Zur Wicki-Verfilmung des ›Kurzen Briefs zum langen Abschied‹: Er hört mit Genugtuung, daß nicht zuletzt durch unsere Forderung von DM 100.000,- Wicki und die Intertel sich bemühen, eine internationale Besetzung zu erreichen. Mit Schmunzeln hört er die Beteiligung von John Ford, aber doch mit Interesse die ihm von mir geschilderten Vorbereitungen. Was die Frage von Dr. Rach angeht, so bestätigt Handke das Folgende: bis Philadelphia seien alle amerikanischen Schauplätze [in: *Der kurze Brief zum langen Abschied*] vollkommen real, dann würden sie immer mehr fiktiv. Gegenwärtig arbeitet Handke an einem Drehbuch für einen Film ›Wilhelm Meister‹, den sein Freund Wim Wenders drehen soll. Gespräche über eine »Österreichische Bibliothek« als Sub-Reihe zu den ›st.‹. Handke war begleitet von Peter Pongratz; Peter Pongratz hat unsere Einwände zu seinem Buch bedacht und hat die Struktur dieses Buches im Laufe des letzten Jahres nun doch sehr verändert. Ihm läge sehr daran, daß wir noch einmal in eine Prüfung einträten. Ich sagte ihm dies zu. Peter Pongratz ist bei längerem Zusammensein vielleicht doch eine stärkere künstlerische Potenz, als ich dies ursprünglich annahm. Er kommt im übrigen bald nach Frankfurt, um hier das Bühnenbild für Roths ›Lichtenberg‹ zu machen; die Ablehnung dieses Stückes durch uns schlägt immer wieder Wellen. [Gerhard Roth, *Lichtenberg*, hatte Uraufführung am 19. Oktober 1973 in Graz; die Premiere im Theater am Turm in Frankfurt am Main fand am 2. November 1973 statt.]«

[188; Rundbrief an Autoren des Suhrkamp Verlags; Anschrift: Kronberg]

Frankfurt am Main
31. August 1973

Lieber [Peter Handke],
ich wurde gebeten, mich öffentlich zur Frage der Rechtschreibreform zu äußern; die westdeutschen Kultusminister denken ja an eine generelle Einführung der Kleinschreibung bei der deutschen Sprache. Wie beurteilst Du diese Änderung? Bei mir wehrt sich alles gegen die Kleinschreibung. Das ideologische Moment, die Erlernung der deutschen Sprache sei für weniger Privilegierte dadurch leichter, kann ich nicht gelten lassen. Zur Aufklärung gehört eben doch ein Maß einer Bemühung, wenn nicht schon die Anstrengung, das groß zu schreiben, was als Substantiv gedacht ist.
Mich würde Deine Meinung zu dieser Frage interessieren. Etwa die Beantwortung der Fragen:
a) Siehst Du in einer generellen Kleinschreibung einen Fortschritt in der Demokratisierung gesellschaftlicher Verhältnisse?
b) Kannst Du Dir vorstellen, unsere Klassiker in neuen Editionen mit kleingeschriebener Schrift lesen zu können, Goethe und Marx in Kleinschreibung also?
c) Würdest Du Dich selbst im Falle des Beschlusses der Kultusministerkonferenz dazu motivieren lassen, in Zukunft nur noch kleine Buchstaben zu verwenden?
d) Kannst Du Dir in der Reform einen Kompromiß vorstellen: es werden außer den Namen alle klar erkennbaren Substantive und substantivierten Verben groß geschrieben, alle Zweifelsfälle jedoch klein. Als weiteren Kompromiß könnte man sich vorstellen, daß man jedoch in der Rechtschreibung, nicht aber in der Groß- und Kleinschreibung Noten gibt.

Ich wäre Dir für eine Stellungnahme sehr dankbar.[1]
Mit freundlichen Grüßen
Dein
[Siegfried Unseld]

1 S. U. sandte diesen Brief an 60 Autoren des Verlags, von denen 45 antworteten. S. U. hielt am 5. Oktober 1973 auf dem von der Gewerkschaft Erziehung und Wissenschaft veranstalteten Kongreß »vernünftiger schreiben. Reform der Rechtschreibung« eine Rede. Sie wurde gedruckt unter dem Titel *Großschreibung oder kleinschreibung? Plädoyer zu einem Denkproblem*, in: *Großschreibung oder kleinschreibung? Meinungen zu einem umstrittenen Thema*, Frankfurt am Main 1974, S. 39-63.

[189; handschriftlich]

[Kronberg]
8. September 1973

Lieber Siegfried,
ich muß gestehen, daß ich wenig über die Kleinschreibung nachgedacht habe, obwohl ich schon einige Briefe zu dem Problem bekommen habe. Ich habe auf keinen was antworten können.
Ein Problem ist es. Das Argument der Benachteiligung Unterprivilegierter trifft schon, aber zu pauschal. Das meiste an der Großschreibung ist Pedanterie. Andererseits schärft sie sicher die Unterscheidungsfähigkeit in bezug auf Hauptwörter und ist insofern eine Denkhilfe. Man müßte sie wahrscheinlich auf Substantive und Eigennamen beschränken. Das wäre mir am sympathischsten. (Goethe und Marx könnte ich mir auch kleingeschrieben vorstellen; freilich – s. o.)
Ruf doch einmal an.
Herzlich,
Dein Peter

[190; handschriftlich]

Frankfurt am Main
9. September 1973

Lieber Peter
Fast durch Zufall hörte ich, Du seist wieder zurück.
Ich bin bis Freitag in der Schweiz, dann melde ich mich bei
Dir. Vielleicht sehen wir uns am Wochenende.[1]
Sehr herzlich
Siegfried

1 S. U. hielt sich zwischen dem 12. und 15. September 1973 in der
  Schweiz auf. Die *Chronik* vermerkt unter dem 18. September
  1973: »Gespräche mit Handke. Sein ›Blaues Gedicht‹ gefällt mir
  sehr gut. [P. H., *Blaues Gedicht*, in: *Merkur* 304, 1973, S. 838-846;
  wiederabgedruckt in: P. H., *Als das Wünschen noch geholfen hat*,
  S. 55-69]«

[191; Anschrift: Paris[1]]

Frankfurt am Main
17. Dezember 1973

Lieber Peter,
erinnerst Du Dich noch, daß während des Ausländerempfangs eine junge Dame Dich eifrig fotografierte? Sie bat
mich, Dir dieses Foto zuzuschicken.[2]
Schöne Grüße
Dein
[Siegfried Unseld]

1 P. H. übersiedelte Anfang Dezember 1973 nach Paris; seine
  Adresse lautete: 77, Boulevard Montmorency, 75016 Paris.
2 Der Empfang des Suhrkamp Verlags für ausländische Verleger
  und für Agenten fand jeweils am Buchmessensamstag statt, die

Buchmesse 1973 zwischen dem 11. und 16. Oktober. Die Fotos sind nicht ermittelt.

[192; handschriftlich]

[Paris]
23. Dezember 1973

Lieber Siegfried,

ich will Dir nur schreiben, daß man mir die falsche Telefonnummer für hier gegeben hat. Es heißt: 288 82 97, nicht 8̲7, wie ich es Dir angegeben habe.

Es geht mir gut hier, schon den dritten Tag, und das alte Schreibbewußtsein ist auch nicht verschwunden. Wenn ich aus dem Haus trete, freue ich mich, und wenn ich wieder zurückkomme, freue ich mich auch.

Für heute, herzlich,
Dein Peter

1974

[193; handschriftlich]

[Paris]
25. Januar 1974

Lieber Siegfried,
einen kurzen Brief: ich arbeite seit einigen Tagen an einem Gedicht. Es geht sehr langsam, obwohl ich vier, fünf Stunden das Gehirn herumjage, hoffentlich nicht im Kreis. Ich möchte sehr gern, daß die drei Gedichte im Herbst als Taschenbuch erscheinen, als Gegensatz drei oder vier Aufsätze dazwischen, die keine rechten Aufsätze sind, sondern mehr offenere und politikbezogene Gedichte. Das würde den 3 eigentlichen Gedichten sehr wohl tun und ihnen auch den Kunstcharakter ein bißchen entziehen. Es wären: ein Aufsatz über Stellungnahmenposen zur Politik, ein Aufsatz, wie ich Architektur erlebte, die Büchner-Rede, leicht modifiziert, und eventuell die Geschichte über Hermann Lenz.[1]
Ich stelle es mir als ein freies und spannendes Buch vor, schmal und selbstverständlich. Ich möchte noch ein paar Fotos für den Architekturaufsatz dazu machen. In vielleicht zwei Wochen habe ich das Gedicht fertig.
Das Stück läuft sehr gut. Seit über zwei Wochen ist es täglich voll. In den Wochenzeitungen sind auch ein paar gute Rezensionen erschienen, im allgemeinen allerdings mehr böse ...[2]
Wann kommst Du einmal?
Ich grüße Dich für heute,
Dein Peter

1 Siehe Brief 199, Anm. 1.
2 P. H., *La Chevauchée sur le lac de Constance*, hatte am 9. Januar 1974 in der Regie von Claude Régy französische Uraufführung (Übersetzung: Marie-Louise Audiberti) im Pariser Espace Cardin. Es spielten: Jeanne Moreau, Delphine Seyrig, Sami Fry, Michael Lonsdale, Gérard Depardieu.

[194; Anschrift: Paris]

Frankfurt am Main[1]
29. Januar 1974

Lieber Peter,
schönen Dank für Deinen Brief. Gerne mache ich das von Dir skizzierte Taschenbuch, und es soll zu dem Termin erscheinen, den Du Dir wünschst. So, wie Du den Band schilderst, wird er ganz natürlich und selbstverständlich. Ich glaube, daß die Gedichte dadurch auch einen anderen Stellenwert bekommen. Ich meine also, der Plan ist gut, und ich bin gerne bereit, ihn zu realisieren. Bring diese Arbeiten zum guten Abschluß und schicke mir dann die Texte und die Fotos ein. Ich bin sehr gespannt.
Herzlich
Dein
[Siegfried Unseld]

1 Der Brief trägt den handschriftlichen Zusatz von Burgel Zeeh: »ich habe gerade eine P. H.-Nostalgie«. Da Burgel Zeeh in der Regel keine Zusätze auf Briefe von S. U. schrieb, stammt der Zusatz wahrscheinlich von S. U.

[195; Anschrift: Paris]

Frankfurt am Main
30. Januar 1974

Lieber Peter,
bei uns erscheint im Rahmen der »suhrkamp taschenbücher«, ein wenig auch aus Anlaß der WM, ein Buch »Die Faszination des Fußballspiels« von einem Autor, der bereits zweimal in der »edition suhrkamp« erschienen ist, Gerd Hortleder. Der Autor möchte gerne, ein wenig als Spaß und Nuance, zwei Motti bringen: »Fußball ist ein Geschäft.« Und »Geschäft ist Geschäft« (Uli Hoeneß, F. C.-Bayern München). Und das zweite: »Der Fußball hat eine Seele« (Peter Handke). Dagegen ist bestimmt nichts einzuwenden, aber der Autor hat die Idee, zu schreiben »Peter Handke, SV Suhrkamp«. Dies als eine neckische Anspielung auf den Suhrkamp-Verein. Ich hätte eigentlich nichts dagegen, aber ohne Deine Zustimmung möchte ich dieses SV-Suhrkamp doch nicht bringen. Was meinst Du? Im übrigen wird im Buch selber eine ernsthafte und gründliche Auseinandersetzung mit Deinen und Ror Wolfs Fußballansichten geführt. Wie denkst Du darüber? Bitte, schreib mir bald. Die Sache geht jetzt in Umbruch.[1]
Schöne Grüße
Dein
[Siegfried Unseld]

1 Gerd Hortleder, *Die Faszination des Fußballspiels. Soziologische Anmerkungen zum Sport als Freizeit und Beruf*, erschien 1974 als Band 170 der *suhrkamp taschenbücher* anläßlich der Fußballweltmeisterschaft in Deutschland (13. Juni 1974 - 7. Juli 1974); die Motti finden sich auf S. 9.

[196]

Paris
31. Januar 1974

Lieber Siegfried,
gestern habe ich nach 10-tägiger intensiver Arbeit das Gedicht fertig geschrieben. Es heisst »Die Sinnlosigkeit und das Glück«. Da alle Texte in dem geplanten Buch sich mit diesen zwei Zuständen beschäftigen, wäre das ein ganz schöner Gesamttitel. Es wäre auch möglich, einen Titel, der ein Zitat aus dem Froschkönig ist, zu nehmen: »Als das Wünschen noch geholfen hat«. Was meinst Du?
In der nächsten Woche möchte ich nach La Défense fahren und Fotos machen. Dann schicke ich Dir Texte und Fotos gemeinsam.
Darauf möchte ich noch ein paar Aenderungen an »Die Unvernünftigen sterben aus« schreiben[1] – und dann fängt die Arbeit an mit »Die Stunde der wahren Empfindung«.[2]
Ich möchte versuchen, jeden Tag zu arbeiten.
Die Aufführungen hier in Paris laufen immer besser, und die Kritik ändert ihre Meinung! Wann kommst Du?
Herzlich
Dein Peter

1 P. H. arbeitete nach der Buchpublikation von *Die Unvernünftigen sterben aus* (siehe Brief 187, Anm. 1) im Februar 1974 weiter an dem Stück und sandte Karlheinz Braun vom Verlag der Autoren Korrekturen für das vom veröffentlichten Buch stark abweichende Textbuch, das der Zürcher Uraufführung zugrunde lag. Diese in der dritten Auflage des *suhrkamp taschenbuchs* veröffentlichte Fassung korrigierte P. H. erneut, so daß ein neues Textbuch für spätere Aufführungen entstand.
2 P. H., *Die Stunde der wahren Empfindung*, trägt den Entstehungshinweis: »geschrieben in Paris, im Sommer und Herbst 1974«.

[197; handschriftlich]

[Paris[1]]
3. Februar 1974

Lieber Siegfried,
es ist ja freundlich, daß Du mir wegen des Fußballbuchs schreibst. Natürlich ist der Vorspruch neckisch und vielleicht nicht sehr zweckdienlich – aber zensieren will ich nicht.
Herzlich,
Dein Peter

1 Der Brief trägt den handschriftlichen Vermerk: »Beckermann ist informiert.«

[198; Anschrift: Paris]

Frankfurt am Main
5. Februar 1974

Lieber Peter,
schönen Dank für Deinen Brief vom 31. Januar. Ich freue mich sehr, daß Dir das Gedicht gelungen ist. Ich bin sehr neugierig, es zu lesen. Von mir aus würde ich den Titel »Die Sinnlosigkeit und das Glück« vorziehen. Es wäre schön, wenn Du Dich dazu entschließen könntest. Ich warte jetzt also auf das Manuskript und auf die Fotos, und gib mir dann bitte auch noch einmal Deine Meinung zum Titel.
Herrlich ist übrigens auch der Titel »Die Stunde der wahren Empfindung«.
Ich bin traurig – ich hatte gedacht, in dieser Woche einen Termin für eine Pariser Blitzreise freimachen zu können, jetzt aber starben hintereinander Marieluise Fleißer und Erhart Kästner, und ich muß Mittwoch und Donnerstag

an ihren Gräbern stehen. Die Woche darauf sind Klausuren Hesse und Rilke, und dann habe ich für eine Woche St. Moritz gebucht. Von Mittwoch, dem 20. bis Sonnabend, 23. will Schaffler dann auch in St. Moritz sein.[1]
Schöne Grüße
Dein
[Siegfried Unseld]

1 Marieluise Fleißer starb am 2. Februar, Erhart Kästner am 3. Februar 1974. Am 13. Februar 1974 traf sich S. U. mit Christoph Sieber-Rilke und Ernst Zinn zur Besprechung von Rilke-Editionen, am 14. Februar besuchte er eine Vorpremiere der *Steppenwolf*-Verfilmung in der Regie von Fred Haines, vom 15.-24. Februar war er in Zürich, St. Moritz und Poschiavo.

[199]

[Paris]
8. Februar 1974

Lieber Siegfried,
Zwei Erinnerungen:
Sicher weisst Du, daß der Jakob Hegner Verlag, Köln, in diesem Jahr zu existieren aufhört. Damit verliert Hermann Lenz seinen Verlag. Ich verlasse mich auf Dich. »Verlassene Zimmer« und »Andere Tage« sollte man in der »Bibliothek Suhrkamp« erst richtig zugängig machen. Im Moment arbeitet Hermann Lenz am 3. Teil seines Romanwerks. Seine Adresse: D-7 Stuttgart 1, Birkenwaldstrasse 203.[1]
Die zweite Erinnerung gilt Jean-Marie Straub und seinem Film »Geschichtsunterricht«. Ich erinnere Dich innig und bitte Dich herzlich, etwas für diesen grossen Filmemacher zu unternehmen.[2]
Sonst arbeite ich fröhlich und lebhaft und hoffe, Dir in etwa 10 Tagen etwas allseits Druckfertiges schicken zu können.

Wenn Du nach Paris kommst, wird es nicht zu spät sein. Sie spielen bis Ende März, und es läuft unglaublich gut.
Herzliche Grüße und alles Gute
Dein Peter

1 P. H. hatte in dem Artikel *Tage wie ausgeblasene Eier. Einladung, Hermann Lenz zu lesen* (*Süddeutsche Zeitung*, 22. Dezember 1973; wiederabgedruckt unter dem Titel *Jemand anderer: Hermann Lenz*, in: P. H., *Als das Wünschen noch geholfen hat*, S. 81-100), den Autor einem breiteren Publikum bekannt gemacht. Anfang Mai 1973 besuchte P. H. mit Amina Handke Hanne und Hermann Lenz zum ersten Mal in Stuttgart – dessen Roman *Die Augen eines Dieners* hatte P. H. im Erscheinungsjahr 1965 für die Radiosendung *Bücherecke* besprochen. P. H. und das Ehepaar Lenz verband seitdem eine enge Freundschaft; siehe Peter Handke – Hermann Lenz, *Berichterstatter des Tages*. Hermann Lenz, *Verlassene Zimmer*, erschien 1966 im Hegner Verlag (eine Neuausgabe 1978 als Band 436 der *suhrkamp taschenbücher*, *Andere Tage* 1968 im Hegner Verlag, 1978 als Band 461 der *suhrkamp taschenbücher*). Die Romane über das Leben von Eugen Rapp, dem alter ego von Hermann Lenz, wurden fortgesetzt mit *Neue Zeit;* das Buch erschien 1975 im Insel Verlag.
2 Siehe Brief 200.

[200; Anschrift: Paris]
Frankfurt am Main
13. Februar 1974
Lieber Peter,
schönen Dank für Deinen Brief vom 8. Februar. Karin Kiwus arbeitet intensiv an der Lektüre Hermann Lenz. Irgend etwas wollen wir schon machen, ich weiß nur nicht was. Vielleicht einen Band in der »Bibliothek Suhrkamp«, einen Band im »taschenbuch«, das weitere werden wir ja dann sehen – ich wußte nicht, daß Hegner seine Produktion einstellen wird. Rundum sterben Verlage.

Jean-Marie Straub war mit seiner Frau hier. Ich hoffe, auch sie hatten einen anderen Eindruck von uns, denn Frau Straub hat ja bei ihren Fernseh-Auftritten Scheußliches über den Verlag und seine Zensur gesagt. Obschon Straub zum zweiten Mal sein mir gegebenes Wort gebrochen hat, wandte ich mich noch einmal an Stefan Brecht. Von seiner Entscheidung bin ich freilich abhängig. Doch ich habe es wichtig gemacht, und es sieht so aus, als würde die Sache vielleicht doch noch zu klären sein.[1]

Wann schickst Du Dein Manuskript? Ich warte sehr darauf. Ein Gedicht möchte ich dann in der »suhrkamp information« vorveröffentlichen dürfen. Vielleicht machst Du dazu einen Vorschlag?

Ich fahre jetzt in die Schweiz und dann für sechs Tage nach St. Moritz. Schaffler kommt mit seiner Frau ebenfalls dort hin und wir werden die Gespräche führen, deren Hintergrund Du kennst.[2]

Herzliche Grüße
Dein
[Siegfried Unseld]

1 Die *Chronik* vermerkt unter dem Datum des 10. Januar 1974: »10. Januar: Jean Marie Straub kommt mit seiner Frau in den Verlag. Die ›Frankfurter Rundschau‹ [Wolfram Schütte, *Wer schadet da wem?* 10. Januar 1974: »Daß sich Siegfried Unseld [...] noch in dieser Woche mit Straub trifft, scheint [...] ein gutes Zeichen zu sein.«] hatte dieses Gespräch schon öffentlich angekündigt, Straub hat unrechtmäßig Brechts *Caesar*-Fragment verfilmt, gegen unser Veto hat er es einmal aufgeführt, er versprach es danach nicht mehr zu tun, ich versuchte eine Vermittlung mit Stefan Brecht, dann ließ Straub ein zweites Mal den Film in New York zeigen. Ob jetzt eine Einigung mit Brecht noch möglich ist, steht dahin.« Jean-Marie Straub/Danièle Huillet, *Geschichtsunterricht*, entstand 1972.

2 S. U. hielt sich zwischen dem 15. und 24. Februar in Zürich, St. Moritz und Poschiavo (dort besuchte er Wolfgang Hildesheimer)

auf. In St. Moritz sprach S. U. mit Wolfgang und Gudrun Schaffler über eine Kooperation zwischen dem Residenz und dem Suhrkamp Verlag in Österreich.

[201; Anschrift: Paris]

Frankfurt am Main
13. Februar 1974

Lieber Peter,
ich schreibe Dir heute in der Film-Sache »Wilhelm Meister/Falsche Bewegung«. Wir hatten ja vereinbart, daß ich Dir bis zum 15. Februar Nachricht gebe. Die Sache sieht nun so aus:

1. Es wird in der Tat sehr schwer möglich sein, einen Film zu realisieren auf der Basis des jetzigen Drehbuchs und mit dem Regisseur Wim Wenders. Sicherlich kann man einen Film produzieren, aber man muß von vorneherein einsehen, daß das nur eine »kleine Sache« werden kann, die ganz klar keine ökonomischen Chancen, d. h. Verleih-Chancen hat. Es würde in jedem Fall, nach den heutigen Verhältnissen, nur ein Film werden, der in einem »Kultur«-Verleih bei wenigen Kinos ankäme.

2. Nach unserem letzten Telefonat sind wir der Fährte Romy Schneider nachgegangen. Sie hat den Text gelesen, an sich ist sie von der Sache angetan, auch von der Rolle, die sie darin spielen könnte, nur das jetzt angebotene Volumen von Drehbuch und Regisseur reicht ihr nicht aus. Ihre Vorstellung wäre die einer Erweiterung des Drehbuchs und eine Inszenierung durch einen Regisseur wie etwa Louis Malle, mit dem sie ohnehin einen Film machen möchte. Sie könnte sich vorstellen, daß Louis Malle von den französischen Regisseuren noch am ehesten dafür in Frage käme, und sie könnte sich auch vor-

stellen, daß ihm an diesem Stoff läge und in jedem Fall an einem Zusammenwirken und Zusammenarbeiten von Louis Malle, Romy Schneider und Peter Handke. Was würdest Du zu einer solchen Lösung sagen? Wenn dies Dich interessieren könnte, würde ich mich nach wie vor an einem Filmprojekt interessiert zeigen. Wenn nicht, möchte ich den mir von Dir erteilten Film-Produktionsauftrag niederlegen.

Selbstverständlich ist ein bedeutender Fernsehfilm jederzeit zu realisieren. Wir haben bei unseren Gesprächen auch festgestellt, daß es möglich wäre, ihn noch in diesem Jahre 1974 zu realisieren, insofern könnten wir also vielleicht doch noch mehr erreichen, als Dir ursprünglich durch Braun angeboten wurde. Falls Du das wünschst, werde ich mich gerne in dieser Richtung engagieren, aber es müßte klar sein: es wäre dann kein Film-Projekt, sondern primär ein Fernsehprojekt mit möglicher späterer Filmauswertung.

Ich schreibe Dir diesen Brief, damit Du darüber nachdenken kannst; ich wollte Dich damit nicht am Telefon überfallen. Rudolf Rach wird Dich am Montag anrufen, um Deine Antwort zu erfahren; ihm eilt die Sache, weil er mit Romy Schneider im Wort ist, ob sie, Romy Schneider, mit Louis Malle Kontakt aufnehmen soll.[1] Ich selber bin ja, wie ich Dir heute ebenfalls schrieb, dann nicht mehr in Frankfurt, doch bin ich jederzeit in St. Moritz zu erreichen.

Schöne Grüße
Dein
[Siegfried Unseld]

1 Siehe Brief 205, Anm. 1.

[202; Rundbrief an Autoren des Suhrkamp und Insel Verlags]

Frankfurt am Main
25. Februar 1974

Lieber Peter,
ich denke an die Herausgabe eines Buches mit Beiträgen deutschsprachiger Autoren zum Thema: Erste Leseerlebnisse. Der Titel besagt exakt, was ich meine. Martin Walser hat mich mit seinem »Hölderlin auf dem Dachboden« zu diesem Plan ermutigt; er schrieb dort »dabei hat wahrscheinlich jeder schon die Erfahrung gemacht, daß Literatur in der Naturgeschichte eines Lebens eine Rolle spielen kann, die so wichtig ist wie die Rolle des Vaters, des ersten Gewitters, der ersten Eisenbahnfahrt«.[1]
Darum geht es: wie war jene erste Begegnung mit Literatur? Blieb sie beständig, weil sie wesentlich oder folgenreich war? Trifft eine erste Begegnung mit Literatur das Bewußtsein stärker als spätere Begegnungen? Mir scheint, das Thema ist von Belang für den, der schreibt, wie für den, der liest, für den also, der sich seines Wegs durch Literatur bewußt wird. Vor allem jedoch für den jungen Leser, der, dringlicher denn je, der Orientierung, Anregung und Ermutigung bedarf.
Dieses »suhrkamp taschenbuch« sollte im Frühjahr 1975 erscheinen; die Manuskripte sollten bis zum 1. Oktober im Hause sein. Das Honorar wird pro rata bei Erscheinen überwiesen. Die erste Auflage beträgt 25.000 Exemplare. Umfang mindestens 3 Seiten, maximal (für Uwe Johnson) 20 Seiten.
Ich bitte um ein Wort, ob ich mit einem Beitrag rechnen kann. Ich würde mich sehr freuen.
Herzliche Grüße
Dein Siegfried

1 Martin Walser, *Hölderlin auf dem Dachboden*, entstand 1960, zuletzt gedruckt in: M. W., *Aus dem Wortschatz unserer Kämpfe*, Suhrkamp Verlag, S. 127-138, siehe das Zitat S. 127.

[203]

[Paris]
26. Februar 74

Lieber Siegfried,
ich habe mich entschlossen, das Buch doch »Als das Wünschen noch geholfen hat« zu nennen, und ich finde den Titel richtig.
Wie gesagt, ich kann mir das Buch nur als Taschenbuch vorstellen. Trotzdem wünsche ich mir einen schönen und vor allem sorgfältigen Druck, etwa so grosszügig wie »Wunschloses Unglück« gesetzt ist.[1]
Für die Titel der Texte bitte jeweils eine eigene Seite. (Dann die Titel nicht wiederholen.) Als Frontispiz und »Rückfrontispiz« habe ich zwei Farbfotos, hier der Stadtrand in Auteuil, am Morgen vorn, am Abend hinten.
Die schwarz-weiss-Fotos von »Die Reise nach La Défense« brauchen zum genauen Reproduzieren sicher Arbeit. Ich möchte sie aber genauso wiedergegeben, genauso traurig, trüb, grau, mit flockiger Luft. Das entspricht nämlich der Wahrheit in der Realität. Die Schreibmaschinentypen-Legenden darunter sollen beibehalten werden. Wenn möglich, die Fotos auf Buchseitenformat vergrössern. Den weißen Rand sollte man nicht sehen. Das Gedicht, das ich zuletzt geschrieben habe, steht am Ende. »Die Sinnlosigkeit und das Glück«.
Weisst Du was? Ich freue mich auf das Buch und hoffe, dass alles so schön wird, wie ich es mir vorstelle. Ich glaube auch, die Aufsätze ergänzen gut die Gedichte und umge-

kehrt. Die Innenwelt der Außenwelt der Innenwelt, und wie sie sich in fünf, sechs Jahren geändert hat. Ich hoffe, freier, genauer und weniger schematisch.
Schreib mir bald.
Grüße
Dein Peter

|Für den Schluß habe ich auch die Entstehungs- und Veröffentlichungsdaten aufgeschrieben, mit kleinen Kommentaren.|

1 P.H., *Wunschloses Unglück. Erzählung*, 1972 im Residenz Verlag, Salzburg, erschienen, wurde als Band 146 der *suhrkamp taschenbücher* 1974 veröffentlicht.

[204; Anschrift: Paris]

Frankfurt am Main
7. März 1974

Lieber Peter,
schönen Dank für Deine beiden Briefe. Über das Taschenbuch »Als das Wünschen noch geholfen hat« haben wir telefoniert. Es wird alles nach Deinen Wünschen geschehen. Um die Farbfotos an dieser Stelle bringen zu können, müssen wir ein ganz anderes Druckverfahren (Hoch-, nicht Flachdruck) wählen, sonst ginge die Plazierung der Farbbilder nicht. Das kostet einige Tausend Mark mehr, aber ich will das gerne in dieses schöne Buch investieren.
Ich komme am Sonnabend um 11.15 h von Barcelona aus in Le Bourget an.[1] Ich möchte mich für den Nachmittag bei Beckett anmelden. Vielleicht können wir uns gegen 18 h treffen – am besten in meinem Hotel, das ja zentral gelegen ist (Hotel des Saints Pères). Solltest Du andere Vorstellungen haben, so lasse mich das bitte wissen.

Ich möchte freilich doch nochmals mit Dir über das Thema
»Leseerlebnisse« sprechen. Ich kann die Anthologie kaum
machen, wenn Du nicht, zumindest mit einem einseitigen
Text, vertreten bist.
Schöne Grüße
Dein
[Siegfried Unseld]

1 S. U. flog nicht nach Barcelona. In der *Chronik* notierte er:
»20. März: Ich erhalte die Nachricht, daß die Agentin Carmen
Balcells [die Rechte am Werk von Pablo] Neruda an Luchterhand
vergeben hat, ohne meine Unterredung mit ihr abzuwarten. Ich
sage daraufhin meine Barcelona-Reise ab.«

[205]

[Paris]
13. März 74

Lieber Siegfried,
ich freue mich, dass Du am 23. nach Paris kommst. Wenn
es möglich ist, grüsse Beckett von mir und frag ihn, ob er
sich noch erinnert, in der Closerie des Lilas ein Tuborg-
Bier getrunken zu haben. Gern bin ich um 18 Uhr im Hotel. Dann können wir reden.
Beckermann hat mir einige Andrucke geschickt. Mir ist
der 12-Punkte-Andruck am liebsten. Wo es sich mit den
Zeilen nicht ausgeht, fängt man halt eine neue Zeile an. Ich
bin sicher, dass das nicht stören wird. Es ist auch am wenigsten pretentiös so. Ich würde die Zeile auch nicht ein-
rücken!
Thomas Beckermann meint, es sei vielleicht schlimm, dass
auf dem Foto La Défense »la défense« geschrieben sei, also
klein. Das scheint mir schon deswegen nicht schlimm, weil

das Wort ja so kleingeschrieben aus einer Zeitung ausgeschnitten und so aufs Foto geklebt ist. Das Inhaltsverzeichnis soll natürlich ganz hinten sein, nach dem letzten Foto. Statt »leerer als ein leeres Schwimmbecken« hab ich mir gedacht, könnte man einsetzen »leerer als ein Schwimmbecken, aus dem man das Wasser abgelassen hat« oder: »leerer als ein Schwimmbecken im Winter«. Besser ist wohl das erste.[1]

Ich würde ganz gern mit Dir ins Theater gehen. Jetzt haben sie einige Tage nicht gespielt, weil Jeanne Moreau krank war.[2]

Ich trinke wieder ein bisschen zuviel, glaube ich.

Ich freue mich und bedanke mich auch – dafür, dass Du mir hilfst, ein Buch nach meiner Vorstellung zu machen.

Herzlich
Dein Peter

| Als möglichen Ersatz für das dunkelste der Fotos von La Défense schicke ich ein andres – für den Fall, daß die Reproduktion sich nicht machen läßt. Auch für das Margenfoto zu Beginn des Buches gibt es eine kleine Alternative: da sieht man die hohen Zirrhuswolken besser. Aber es ist nicht so wichtig. Man kann alles auch lassen, wie es ist. |

1 P. H., *Die Reise nach la défense. 22. 2. 1974* (in: P. H., *Als das Wünschen noch geholfen hat*, S. 39-54) besteht aus 16 von ihm aufgenommenen Fotos mit Legenden. S. 52 lautet die Legende: »Am Abend, wenn fast niemand mehr wegfährt und niemand mehr ankommt, ist diese unterirdische Halle leerer als ein Schwimmbekken, aus dem man das Wasser abgelassen hat.«
2 S. U. schreibt in seinem *Reisebericht, Paris 23. März - 25. März 1974*: »Nach der Vorstellung [*La Chévauchée sur le lac de Constance*; siehe Brief 193, Anm. 2] in der Garderobe von Jeanne Moreau. Ein verwandelter Handke, leicht gelöst und französisch locker parlierend. Im Taxi zu einem der schönen Nacht-Speise-

lokale ins Quartier Latin. Der Francs-Indikator des Taxis kletterte auf 8 frs., und als wir ausstiegen, bezeichnete der Taxifahrer, diese Fahrt zu Ehren von Jeanne Moreau gemacht zu haben, und verweigerte die Annahme des Geldes. Zu viert im Restaurant: Jeanne Moreau, Gérard Depardieu, Handke und ich. Nur um freundlich zu sein, bringe ich das Gespräch auf die Ankündigung der Wiesbadener Festspiele, die im Zeichen Handke stehen sollten. Zwei Stücke von Handke werden dort gespielt, und als Gastspiel ist die Pariser Aufführung angekündigt. Jeanne Moreau fiel aus jeder Contenance. Die Schauspieler wüßten nichts davon, sie seien auch gar nicht bereit, nach Wiesbaden zu gehen, wie ich auf diese Idee käme. Unversehens befand ich mich in der Verteidigung, die ich nur schlecht wahrnehmen konnte, weil mein Französisch dafür einfach zu schwach ist. Mit Jeanne Moreau englisch zu sprechen, was gut ging, verbat sich, weil der Schauspieler kein Wort englisch konnte und Handke schwieg – dann beging ich die zweite Unvorsichtigkeit. Ich fragte Handke, warum diese Aufführung nie für ein Fernsehen aufgezeichnet wurde. Gute Inszenierung, vier Stars, großes kritisches Echo, erst negativ, dann immer mehr zum Positiven sich wendend. Wieder wurde Jeanne Moreau böse, wieso ich jetzt auf diese Idee käme. Warum ich nicht früher nach Paris gekommen bin, jetzt sei eine Aufzeichnung nicht mehr möglich. Sie seien nur noch ein paar Tage zusammen, und danach hätte jeder der Beteiligten neue Filmverpflichtungen. Sie hätten versucht, eine eigene Produktionsgruppe aufzutreiben, aber das sei schließlich an den erforderlichen DM 30.000,– gescheitert. Wiederum wurde ich als der Schuldige für diese Situation angesehen und mußte meinen Kopf für ein ganz offensichtliches Versagen von Dr. Braun hinhalten. Dieser war vor Wochen in Paris. Die Aufführung gefiel ihm, aber eine Aufzeichnung für das deutsche Fernsehen bedachte er nicht. Überhaupt war der ›Ritt über den Bodensee‹ noch nicht im deutschen Fernsehen. Handke: Darum hat sich Braun nicht gekümmert. – Warum nicht? – Ach, es ist ja egal. Wir saßen noch lang nach Mitternacht da und dachten über den Zorn der Jeanne Moreau nach. [...] Gesprächspunkte mit Handke: Ihm liegt unheimlich viel an der Verfilmung seines ›Wilhelm Meister‹-Drehbuches. Der Titel ›Falsche Bewegung‹ bleibt, ich konnte ihn zu keinem anderen überzeugen. Ein anderer Vorschlag wäre gewesen ›Der dritte Ort‹, und das gefiele mir besser. Er wäre mit Romy Schneider jetzt einverstanden, aber er hält an Wim Wenders fest. Ich sagte ihm deutlich, daß ich den Film mit Wim Wenders nicht machen möchte, weil ich es ihm nicht zutraue, diesen Stoff wirklich interessant und eben nicht langweilig zu realisieren [siehe Brief 201].«

[206]

[Paris]
16. April 1974

Lieber Siegfried,
danke für Deinen freundlichen, schönen Anruf gestern abend. Ich habe mich vor allem darüber gefreut, dass Du nun mit Hermann Lenz ernstlich was vorhast. Er braucht es, und verdient es.
Hier in Paris gibt es einen Mann, mit dem ich sehr gut zurandekomme: Er hat für Bourgeois vor drei Jahren »Begrüßung des Aufsichtsrats« übersetzt, heisst Georges-Arthur Goldschmidt und hat in »Combat« einen wichtigen Artikel über »Der Ritt ...« geschrieben. Er möchte, für 1975, für eine Taschenbuchreihe (»10/18«) meine langen Gedichte übersetzen (3) und noch die zwei letzten aus der »Innenwelt der Aussenwelt...« dazu, zweisprachig. Das wäre schon was sehr Erstrebenswertes. »10/18« wird von Christian Bourgeois geleitet, und Goldschmidt meinte, Du müsstest dafür Dein Einverständnis erklären. Seine Adresse ist: 268, rue de Belleville, Paris 20. Er ist ausserdem ein guter Schriftsteller, eifrig, cholerisch, mit tiefer Empfindung. Überleg es mal. Mich würde es schon freuen, wenn das ginge.[1]
Viele Grüsse
Dein Peter

1 P. H., *Le non-sens et le bonheur. Poèmes*. Übersetzt und mit einem Nachwort von Georges-Arthur Goldschmidt, erschien 1975 im Verlag Christian Bourgeois, Paris, in der Taschenbuchreihe *10/18*. Der Band enthält die Gedichte *Leben ohne Poesie, Blaues Gedicht* und *Die Sinnlosigkeit und das Glück* (aus: *Als das Wünschen noch geholfen hat*) sowie *Die neuen Erfahrungen, Unterscheidungen, Der trauernd Hinterbliebene auf dem Hügel* (aus: *Die Innenwelt der Außenwelt der Innenwelt*).

[207; Anschrift: Paris]

Frankfurt am Main
19. April 1974

Lieber Peter,
immer wenn es brenzlig wird oder gar brennt – und leider nicht vorher –, kommt man zum Verleger als zu einem Feuerwehrmann, der da löschen soll. So Frau Starostka mit ihrem Brief an Dich; die Form dieses Briefes ist ziemlich unmöglich, ich verstehe auch nicht, warum Frau Starostka diesen Brief geschrieben hat, das ist ja die Aufgabe meines Sekretariats hier. Bitte entschuldige die doch etwas abrupte Formulierung.[1]
Nun zur Sache: »Spectaculum« erschien früher in einer Auflage von 30, maximal 40.000 Exemplaren, ein »Spectaculum« brachte es auf 50.000; damals haben wir Honorare gezahlt, die zwischen DM 2.000,– und DM 3.000,– betrugen. Immer hatten wir Schwierigkeiten bei der Errechnung des Honorars, denn kann man ein kürzeres Stück anders bewerten als ein längeres, Beckett anders als Brecht? Auf Vorschlag von Autoren – meiner Ansicht nach war hier Kroetz federführend – einigte man sich darauf, daß man doch mechanisch nach dem Umfang vorgehen sollte; seitdem, das ist etwa seit zwei Jahren, rechnen wir so ab: pro »Spectaculum«-Seite DM 42,50. Das ist kein schlechtes Ho-

norar, wenn Du bedenkst, daß Zeitschriften ja kaum so hoch honorieren, »Kursbuch« zahlt DM 40,- pro Seite (und mit einer Anfangsauflage von 35.000 Exemplaren).
Inzwischen ist die Auflage von »Spectaculum« gesunken. Wir drucken (von 21 an) jetzt nur noch 15.000 Exemplare. Leider haben wir in unserem Lager noch ganze Halden früherer Bände. Alles zusammengenommen droht dieses Unternehmen in ein Verlustprojekt umzuschlagen. Ich werde zusehen, wie wir das ändern können, sicherlich nur vom Inhalt her, ich meine z. B., daß gerade Band 20 eine besonders gelungene Konzentration ist.
Wir haben an Dich folgende Honorare gezahlt:
»Spectaculum« 10, »Publikumsbeschimpfung« DM 1.200,-
" 12, »Kaspar« DM 2.500,-
" 13, »Quodlibet« DM 500,-
" 14, »Ritt über den Bodensee« DM 3.000,-
Diese Zahlungen erfolgten auf einer Basis von 30.000 Exemplaren.
»Spectaculum« 20 haben wir noch einmal mit 20.000 Exemplaren aufgelegt, die folgenden Bände werden wir, wie schon erwähnt, mit 15.000 Exemplaren höchstens ansetzen können.
Du weist in dem Brief an Frau Starostka auf die Zurückstufung der Autoren bei der schleichenden Inflation hin. Das ist aber nur zu regeln, indem wir die Ladenpreise drastisch nach oben setzen. Das werden wir in Zukunft auch machen, ob das freilich gerade bei »Spectaculum« sein sollte und ob wir damit nicht das Unternehmen gefährden, ist wirklich die Frage.
Ich darf Dich aber noch auf anderes hinweisen. Wir drucken Deinen Text ganz parallel zum Taschenbuch, beide Veröffentlichungen stehen sich durchaus nicht im Wege. Du hast also durch »Spectaculum« doch eine zusätzliche Einnahme, oder sehe ich das falsch?

Noch einmal zu Deinem Honorar, das Dir jetzt errechnet wurde mit dem Betrag von DM 1.997,50. – Du weißt, ich habe das Stück gern, und ich möchte es keinesfalls schlechter honoriert sehen als den »Ritt über den Bodensee«. Ich biete Dir also nachträglich dasselbe Honorar an, doch gebe ich Dir noch etwas zu bedenken: Deine Korrekturen, die Du für die Taschenbuch-Ausgabe machen möchtest, bedeuten einen völligen Neusatz, der über DM 2.000,– kosten wird. Ich wollte Dir ohnehin vorschlagen, ob wir diese Kosten nicht teilen können, denn bei der Kalkulation einer Taschenbuchausgabe können solche Kosten nicht untergebracht werden.[2]

Mein Vorschlag wäre, daß wir deshalb es doch bei der alten Regelung belassen sollten. Du akzeptierst das Seitenhonorar, das wir für alle Autoren errechnet haben, und wir führen ohne weitere Überlegungen den Neusatz für das Taschenbuch durch. Ich meine, das ist ein fairer Vorschlag.

Was die zukünftigen Abdrucke im »Spectaculum« betrifft, so werden wir uns vor dem Abdruck mit Dir über das Honorar auseinandersetzen.

Schöne Grüße
Dein
[Siegfried Unseld]

1 Hanne Starostka hatte unter dem Datum des 5. April 1974 an P. H. geschrieben: »[...] soeben ist ›Spectaculum‹ 20 erschienen. Mit getrennter Post schicken wir Ihnen ein Belegexemplar zu, in der Hoffnung, daß Ihnen der Band gefallen wird. Das Ihnen zustehende Honorar von DM 1.997,50 werden wir Ihnen überweisen.«
2 Siehe Brief 196, Anm. 1.

[208]

[Paris[1]]
22. April 1974

Lieber Siegfried,
nun, die Kritiken waren doch recht, trotz der Inszenierung. Ich freue mich immer, wenn es Widersprüche gibt. Furchtbar wäre es, ganz akzeptiert zu werden. Und ich glaube, das Stück wird noch viel besser ausschauen, so, wie es ist.[2]

Danke für Deinen ausführlichen Brief zu »Spectaculum«. Es war gut, eine so präzise Auskunft zu erhalten. Dein Argument mit den Mehrkosten wegen des Neusatzes zu »Die Unvernünftigen sterben aus« akzeptiere ich und bin also mit dem vorgeschlagenen Honorar einverstanden. Schade, dass ich nicht vorher aufgeklärt wurde.

Sonst geht es mir gut. Das Leben ändert sich. Ich versuche, die Momente der Ruhe und des Einverständnisses länger und einheitlicher zu machen.

Kommst Du vielleicht nach Berlin? Ich werde doch hinfahren. Marianne Frisch scheint es schlecht zu gehen. Sie ist wohl verwirrt, spricht laut, wie um eine Festigkeit zu spielen, von der sie weiss, dass sie ihr abgeht. Ihr helfen: das ist natürlich ein falsches Wort. Ich möchte doch Mitte Mai nach Berlin. Vielleicht hat es einen Sinn, wenigstens ein bisschen mit ihr zusammenzusein.[3]

Viele Grüsse,
Dein Freund
Peter

1 Der Brief trägt den handschriftlichen Vermerk von S. U.: »tel[efonisch] erl[edigt]«.
2 P. H., *Die Unvernünftigen sterben aus*, hatte am 17. April 1974 Uraufführung im Theater am Neumarkt in Zürich in der Regie von

Horst Zankl. Dramaturgie: Claus Bremer und Beatrice Rolli; Darsteller des Quitt: Norbert Schwientek; Hans, sein Vertrauter: Horst Mendroch; Bühnenraum: Ambrosius Humm, Kostüme: Katharina Eberstein. Im *Reisebericht Zürich, 17./18. April 1974*, hielt S. U. fest: »Das kleine Theater war sicherlich zu zwei Dritteln mit Experten besetzt, die von überall her angereist waren. Doch an diesem Abend ging so ziemlich alles schief, was schief gehen konnte. Horst Zankls Regie gelang es nicht, mit den drittklassig wirkenden Schauspielern und der viel zu kleinen Bühne das Stück über die Runden zu bringen. Dreieinhalb Stunden Spieldauer, ziemlich lähmende Atmosphäre, am Schluß sich ausbreitende Langeweile, einige Besucher verließen den Saal, nicht aus Protest gegen das Stück, sondern weil man die Überlänge nur schwer aushielt. Sehr peinlich der Brief von Peter Handke im Programmheft und noch peinlicher das dort abgedruckte Gespräch zwischen Claus Bremer und Konrad Farner, das ist Klippschule, die Handke nicht angemessen ist. [Horst Zankl, *Aus dem Probenprotokoll der Uraufführung »Die Unvernünftigen sterben aus«*, in: *Programmheft zur Uraufführung im Theater am Neumarkt Zürich*, 17. April 1974, S. 13f.; Peter Handke, Brief von 14/3/74, ebenda, S. 15-18; Claus Bremer, *Aus einem Gespräch mit Konrad Farner, Thalwil, 28. März 1974*, ebenda S. 19-37.] Ich habe den Eindruck, daß die Kritik äußerst sauer reagieren wird, nicht dem Stück, aber der Aufführung gegenüber. Es war ein klarer Fehler vom Verlag der Autoren, bei dieser ersten Aufführung eines so wichtigen Stückes nicht anders disponiert zu haben.«

3 P. H., *Die Unvernünftigen sterben aus*, hatte am 6. Juni 1974 in der Schaubühne am Halleschen Ufer in Berlin die Deutschland-Premiere. Regie: Peter Stein, Bühne: Klaus Weiffenbach, Kostüme: Moidele Bickel. P. H. und S. U. trafen sich bei diesem Anlaß. S. U. hielt fest im *Reisebericht Berlin, 6.-8. Juni 1974:* »Es gibt nichts Besonderes zu berichten. Er [P. H.] sitzt an seiner Erzählung und hofft, sie noch im Sommer abschließen zu können. Die Aufführung an der Schaubühne war wirklich einsame Spitze. Ich glaube kaum, daß das je besser zu machen ist; die Reaktionen waren darauf freilich sehr gespalten. Frisch hatte weder zum Stück noch zur Aufführung einen Zugang, und manchem der Zuschauer wird es auch so gegangen sein, denn die Buh-Rufe waren doch erheblich; ich hörte im übrigen, daß das Ensemble in seiner Mehr-

heit das Stück nicht aufzuführen wünschte, daß Peter Stein aber sich ungeachtet einer Mehrheit anders entschied. Deshalb wohl brachte die Bühne auch nicht für dieses Stück eines der sonst so glanzvollen Programmhefte, sondern nur einen Besetzungszettel heraus.«

[209; Anschrift: Paris]
Frankfurt am Main
31. Juli 1974
Lieber Peter,
mit gleicher Post schicke ich Dir ein Exemplar unserer Taschenbuchausgabe »Als das Wünschen noch geholfen hat«. Ich hoffe, Du siehst die Mühe, die wir uns hier gegeben haben. Ich meine, daß letztlich die Qualität der Farbfotos doch sehr gut ist.
Was ich in diesem Buch vermisse, ist ein Hinweis auf die Fotos! Wolltest Du keinen solchen Hinweis? Irgendwie gibt es doch dem Leser Rätsel auf. Ich hätte mir gewünscht, daß zumindest auf der Impressum-Seite »Fotos von Peter Handke« oder irgendein erklärender Zusatz steht. Sollen wir das nicht noch bei einer zweiten Auflage bzw. bei den Exemplaren, die noch nicht ausgeliefert sind, ändern? Bitte lasse von Dir hören.[1]
Herzliche Grüße
Dein
[Siegfried Unseld]

P.S.: Wir druckten eine Auflage von 15.000 Exemplaren; Ladenpreis DM 5,–. Honorar 7 %, Abrechnung wie üblich.

1 P. H., *Als das Wünschen noch geholfen hat*, erschien als Band 208 der *suhrkamp taschenbücher*.

[210; Anschrift: Paris]

Frankfurt am Main
8. August 1974

Lieber Peter,
mit gleicher Post schicke ich Dir Ralph Manheims Übertragung des »Kurzen Briefes«; der Band erscheint in diesen Tagen in New York. Ich bin sehr gespannt, welche Wirkung das Buch dort haben wird, Roger Straus schreibt mir dazu, daß die Auspizien günstig seien.[1]
Ich hoffe, Dir geht es gut und das heißt: Du kannst produktiv sein.
Bitte denke an den 28. September für die Reise nach Frankfurt.
Schöne Grüße
Dein
[Siegfried Unseld]

P. S.: Anbei die letzte Seite aus der heutigen »Zeit«.[2]

1 P. H., *Short Letter, Long Farewell*, übersetzt von Ralph Manheim, erschien bei Farrar, Straus & Giroux.
2 In *Die Zeit*, 9. August 1974, erschien eine schwarzweiße Streifenanzeige für *Als das Wünschen noch geholfen hat*; in derselben Ausgabe fand sich eine Rezension des Buches: Rolf Michaelis, *Das Ende des Märchens*.

[211; Anschrift: Paris]
Frankfurt am Main
20. August 1974
Lieber Peter,
hier eine Besprechung aus der »Deutschen Zeitung«. Ich freue mich, daß das Echo lebhaft ist und daß auch die Nachbestellungen ganz schön sind.[1] Wir haben da etwas Gutes gemacht.
Ich hoffe sehr, daß Du fleißig bist.
Schöne Grüße
Dein
[Siegfried Unseld]

1 Mathias Schreiber, *Die Phantasie ist ein Schleudersitz*, in: *Deutsche Zeitung*, 16. August 1974.

[212; Anschrift: Paris]
Frankfurt am Main
20. August 1974
Lieber Peter,
bei jenem Buch, das wir damals für die »Bücher der 19« gemacht haben: Peter Handke, »Prosa Gedichte Theaterstücke Hörspiel. Aufsätze« gehen die Bestände zuende. Der Verkauf betrug im Jahr 1973 1.240 Exemplare, im ersten Halbjahr haben wir monatlich 100-150 Exemplare verkauft, d. h., der Band bewegt sich, und es wäre durchaus möglich, eine Neuauflage zu veranstalten. Ich würde dann aber vorschlagen, sie nicht mehr in Leinen zu binden, sondern eine Broschur daraus zu machen, dann könnte man den jetzigen Ladenpreis in Höhe von DM 16,80 auch halten. Andrerseits ist zu bedenken, daß der Band natürlich

nicht Deine letzte Entwicklung widerspiegelt.[1] Bitte, sage mir doch, was Du meinst. Es gibt die beiden Möglichkeiten, einfach still nachzudrucken und die eingehenden Bestellungen weiter auszuführen oder den Band ausgehen zu lassen. Die Texte liegen ja alle separat vor.
Herzliche Grüße
Dein
[Siegfried Unseld]

1 Siehe Brief 93, Anm. 1.

[213; handschriftlich]

[Paris]
23. August 1974

Lieber Siegfried,
wenn es rentabel ist – warum nicht den ehemaligen »Band der 19« als Paperback weiterdrucken? Aber entscheide doch Du – ich hänge nicht an dem Buch. (Weil's kein Buch ist.)
Ich arbeite seit 33 Tagen täglich, sehr lange, aber nicht mehr so schnell wie früher. Schade, daß ich in einer Woche Amina abholen muß und dann erst am 18. 9. weiterschreiben kann – so wäre ich in 2 Wochen fertig gewesen. (Schade nur für die Arbeit.) Ich habe einige Zeit sehr gekämpft, aber jetzt ist viel Licht da.
Ich freue mich schon auf den September!
Danke für die Rezensionen – die beide gleich blöd sind. (Aber »positiv«)
Herzlich
Dein Peter

[214; Anschrift: Paris]

Frankfurt am Main
27. August 1974

Lieber Peter,
schönen Dank für Deinen Brief vom 23. 8. Machen wir noch einmal eine kleine Nachauflage dieses Sammelbandes, und dann lassen wir ihn verschwinden; im Augenblick ist die Nachfrage eben noch da, und die können wir ja ohne weiteres bedienen.

Ich freue mich, daß Du gut arbeiten kannst. Ich bin sehr gespannt auf das Resultat.

Wir haben Dir für den 28. abends im Sonnenhof ein Hotelzimmer reserviert. Ich nehme an, daß Dir dies recht ist.[1]

Herzliche Grüße
und alle guten Wünsche
Dein
[Siegfried Unseld]

---

1 Am 28. September 1974 feierte S. U. im Hotel Sonnenhof in Kronberg seinen 50. Geburtstag. In der *Chronik* hielt er dazu fest: »Um 18 Uhr beginnt die Fete. Die Gäste trudeln ein, sie bringen ihre Geschenke mit, sie wünschen mir Glück. Gegen 19.30 Uhr beginnt der Fokus des Festes. Johnson und Habermas sollen, wie die Einladung sagt, Freundliches über den Verleger sagen. Johnson ändert seinen Plan, er verweigert sich ausdrücklich dem Freundlichen und spricht apokryph über ein Mappenwerk, das mir übergeben werden soll. Von seinem Inhalt habe ich in der Tat wenig Ahnung, und das ganz wenige, das ich weiß, gibt mir Anlaß, es zu verdrängen. Nach Uwe Johnson spricht Jürgen Habermas, wie ihm zukommt, akademisch. Alles in allem doch eine sympathische Rede. Danach liest Huchel ein Gedicht. Dann spricht Ernst Bloch. Das war eigentlich das Schönste: Hier ein souveräner Geist, der den Verleger und Menschen loben kann. Alles dauert etwas zu lang, alles ist etwas zu mühsam, und so versuche ich, meine Rede in einer Art *Furioso* vorzutragen. Dies scheint anzukommen. Da-

nach singt Milva. Sie war großartig. Schön, jung, energisch, intensiv. So interpretierte sie Brecht neu, heutig, für die heutige Generation. Der sich anschließende Abend war angenehm. Vielleicht war doch die Zahl der Gäste (240 Personen) etwas zu groß. Aber insgesamt schien mir alles rundum gelungen.« Das »Mappenwerk«, eine eigens zu diesem Zweck hergestellte Mappe im DIN-A3-Format, beinhaltete die Reaktionen auf ein von Max Frisch und Uwe Johnson im Juni 1973 an Autoren des Suhrkamp und Insel Verlags gerichtetes »Zirkularschreiben«: »Im Herbst nächsten Jahres hat Siegfried Unseld, unser Verleger, seinen fünfzigsten Geburtstag. Die beiden Unterzeichner dieses Briefes laden Sie zu einem gemeinsamen Geburtstagsgruß ein, der nicht eine Festschrift sein soll, sondern eine Mappe mit zeichnerischen Beiträgen.« Der Beitrag von P. H. bestand aus den ersten Sätzen des Romans *Die Stunde der wahren Empfindung* und einigen Zeichnungen. Die Irritationen auf seiten von S. U., die mit diesem »Geheimprojekt« verbunden waren, sind dokumentiert in: Johnson–Unseld, *Der Briefwechsel*, S. 828-833.

[215; Anschrift: Paris]

Frankfurt am Main
2. September 1974

Lieber Peter,
ich schicke Dir einige neuere Rezensionen zu Deinem Buch »Als das Wünschen noch geholfen hat« zu. Ich könnte mir vorstellen, daß Dir die Rezension aus der »Neuen Zürcher Zeitung« doch gefällt.[1]
Schöne Grüße
Dein
[Siegfried Unseld]

1 Martin Kraft, *Die Sprachlosigkeit des Sprachmächtigen*, in: *Neue Zürcher Zeitung*, 21. August 1974.

[216; Anschrift: Paris]

Frankfurt am Main
3. Oktober 1974

Lieber Peter,
Du hast mir ein bewegendes Bild gezeichnet. Eine Geschichte, in die man hineingezogen wird, und Zeichnungen, die diese wahre Empfindung illustrieren. Das ist ein richtiges Kunststück. Ich gratuliere Dir und mir. Nimm meinen herzlichen Dank! Ich werde diesen Text und diese Zeichnungen immer wieder vornehmen und mich da hineinbegeben.[1]
Herzlich
Dein
[Siegfried Unseld]

1 Abb. 7 zeigt in verkleinerter Form und in Schwarzweiß den Beitrag von P. H. zum 50. Geburtstag von S. U.

1975

[217; handschriftlich; Briefpapier des Steigenberger Hotels Graf Zeppelin, Stuttgart]

Stuttgart
5. Januar 1975

Lieber Siegfried,
der Abend in der Klettenbergstraße war sehr schön, und vor allem friedlich – was selten ist, wenn man von Hotel zu Hotel durch ein abstoßendes Deutschland fährt. Hermann Lenz habe ich hier besucht – und er ist ja jemand, der sich über die Veröffentlichung seiner Bücher im Insel-Verlag tiefer freut als jemand anderer. (Ich möchte gern über »Neue Zeit« dann was in der »FAZ« schreiben.)[1]
Ich habe vorgestern und gestern korrigiert und schicke die Korrekturen von hier – weil ich der französischen Post immer noch nichts anvertrauen möchte. Vielleicht kann man sich die Schrift auf dem Umschlag doch mal etwas *schlanker* vorstellen und das Foto etwas größer. Der Klappentext stimmt an einer Stellen nicht: wo es heißt, daß »seine Frau das Kind entführen läßt«. Wer sagt das?[2]
Heute abend fahre ich nach Paris zurück und hoffe, Dich dann dort zu sehen.
Herzlich,
Dein
Peter

1 P. H. besuchte Hermann Lenz am 4. Januar 1975 in Stuttgart. Im Oktober 1974 hatte Lenz eine Kopie des Typoskripts von *Neue Zeit* an P. H. gesandt. Am 11. Dezember desselben Jahres schrieb

er Lenz: »Ihr Manuskript ›Neue Zeit‹ ist inzwischen gelesen, und ich habe eine Zeit damit verbracht, in der ich sehr lebendig war, manchmal fast ein Wonnegefühl, das den Schädelraum ausfüllte. Ihr Buch ist erschreckend, und der Eugen ist eine Figur, für die es keine literarischen Ausweichmöglichkeiten in irgendwelchen Vorbildern gibt.« (Lenz – Handke, *Berichterstatter des Tages*, S. 61)

2 P. H. besuchte am 3. Januar 1975 S. U. in der Klettenbergstraße 35 in Frankfurt am Main. In der *Chronik* hielt S. U. fest: »Besprechung seines Umschlages [*Die Stunde der wahren Empfindung*] und weiterer Arbeiten.« Bei diesem Gespräch hat sich P. H. wahrscheinlich gegen eine Bleistiftzeichnung von Peter Pongratz als Umschlagmotiv entschieden, jedenfalls informierte S. U. am 14. Januar 1975 Peter Pongratz: »Er [P. H.] sah hier einen Umschlagentwurf ›Die Stunde der wahren Empfindung‹ mit seinem Foto [getrocknete Blätter auf Papier] und sah Ihre Bleistiftzeichnung. Er hat sich entschieden, und zwar für die Fotolösung.« Wahrscheinlich erhielt P. H. auch eine Kopie des Ankündigungstextes zu diesem Buch.

[218; Anschrift: Paris]

Frankfurt am Main
10. Januar 1975

Lieber Peter,
schönen Dank für Deinen Brief vom 5. Januar 1975 aus Stuttgart und ganz besonderen Dank für die Rücksendung der Korrektur. Wir werden sie sehr sorgfältig ausführen. Ich glaube, es werden nun keine weiteren Korrekturen mehr notwendig sein. Wir geben den Text dann in Druck.
Bitte hab Verständnis dafür, daß wir den Umschlag nicht mehr ändern können. Eine andere Schrift würde vielleicht nicht so gut zum Foto passen wie die jetzige, und außerdem haben wir hier keine Zeit mehr, denn wir wollen den Umschlag ja drucken. Der Klappentext an der einen Stelle

wird geändert, und zwar heißt es nicht mehr »daß seine Frau das Kind entführen läßt«, sondern »Das Kind wird entführt«.
Hermann Lenz hat mir nach Deinem Besuch geschrieben. Er ist sehr froh über die Publikation. Ich nehme an, daß ich ihn in der nächsten Woche in Frankfurt treffen werde. Sobald mein Pariser Plan vorliegt, melde ich mich.[1]
Herzliche Grüße
Dein
[Siegfried Unseld]

1 P. H. und S. U. trafen sich am 16. Januar 1975 in Paris anläßlich der Eröffnung der Deutschen Buchausstellung, bei der S. U. eine Rede hielt.

[219]
Paris
23. Januar 1975

Lieber Siegfried,
es stört mich doch, daß ich über »mein erstes Leseerlebnis« schreiben soll. Lieber, wenn überhaupt, würde ich darüber reden, statt etwas zu *verfassen*. Aber ich will versuchen, es wenigstens so zu erzählen, möglichst kurz, in einem Brief. – Ich war sieben Jahre alt, als ich »Durch das wilde Kurdistan« von K. May las. (Ich glaube, fast jeder könnte etwas Ähnliches berichten.) Ein seltsames Erlebnis hatte ich dann aber erst mit dem zweiten Buch, das ich ein paar Wochen später anging. Es war »Schloß Rodriganda« von demselben K. M., und das Erlebnis war der Unterschied zwischen beiden Büchern. »Durch das wilde Kurdistan« war nämlich in der Ich-Form erzählt: der Held in meinem ersten Buch war also ein »Ich«. Und in »Schloß Rodrigan-

da« tauchte dieses »Ich« nicht mehr auf. Ich las Seite um Seite, begierig zuerst, dann enttäuscht, dann verärgert, weil das »Ich« noch immer nicht auftrat! Es war ein Gefühl des Mangels, dass die Helden von »Schloß Rodriganda« nur Leute in der dritten Person waren. Es ist mir in Erinnerung, dass ich noch in der Mitte des Buches darauf wartete, dass endlich das »Ich« erscheinen würde, als Retter aus der Not all der »Er«. Selbst am Schluss, am Moment der völligen Ausweglosigkeit, hoffte ich noch auf das »Ich« aus dem wilden Kurdistan. Dass es auch in den Fortsetzungsbüchern von »Schloß Rodriganda«: »Die Pyramide des Sonnengottes«, »Benito Juarez« usw. nicht einschritt, ist für mich ein Schock gewesen, in der Erinnerung also ein Erlebnis. Im »Kurzen Brief zum langen Abschied«, über zwanzig Jahre später, habe ich diesen Bewusstseins-Schwindel von damals benützt für die Form des Anfangs der Geschichte: das Wort »Ich« steht erst im fünften Satz der Erzählung.

Vielleicht kannst Du das benutzen. Ich hoffe übrigens, Du hast Deinen Schock, einen Tag lang nicht Deine gewohnten 600 Meter schwimmen zu können, auch überwunden und er ist ein Erlebnis für Dich geworden. Hier scheint im Moment die Sonne, die Vögel singen, und ich habe Lust zu etwas, ich weiß nur nicht zu was. Erwäg doch, ob es nicht möglich ist, dass »Die Stunde der wahren Empfindung« bei der doch nicht kleinen Auflage nur z. B. 19,80 kostet. Ich denke, das wäre sehr wichtig.

Viele Grüsse,
Dein Peter

[220; Anschrift: Paris]

Frankfurt am Main
31. Januar 1975

Lieber Peter,
schönen Dank für Deinen Brief vom 23. Januar. Das Ich-Problem Deines ersten Lese-Erlebnisses ist doch sehr kennzeichnend und treffend. Wir nehmen es gerne auf. Hab Dank für Deine Bemerkung.[1]
Den von Dir so »fein« mit dem Ausfall des 600-Meter-Schwimmens beschriebenen Schock habe ich überwunden und daraus gelernt. Mein Unbewußtes war eben gekränkt, und als mir dieses Eichhörnchen entlief, konnte das Bewußtsein es nicht mehr bändigen ...
Ich habe mir die Kalkulation Deines Buches noch einmal vorgenommen. Die Bindekosten, die bei einem Leinenband gravierend sind, werden durch die große Auflage nicht niedriger, aber das Buch soll DM 19,80 kosten, ich erfülle Deinen Wunsch.
Herzlich
Dein
[Siegfried Unseld]

1 *Erste Lese-Erlebnisse*, herausgegeben von Siegfried Unseld, erschien am 25. Juni 1975 als Band 250 der *suhrkamp taschenbücher*. Der Beitrag von P. H., identisch mit der Passage von Brief 219, die auf den Gedankenstrich (S. 270) folgt und bis zum Ende des Absatzes (S. 271) reicht, findet sich auf S. 122.

[221; Anschrift: Paris]

Frankfurt am Main
3. Februar 1975

Lieber Peter,
ich habe einen Brief von Frau Ilse Nabl erhalten, den ich Dir in Kopie mitsende. Kennst Du Nabls Erzählungsband »Johannes Krantz«?
Es scheint noch das einzige zu sein, das frei ist.
Bitte gib mir doch gelegentlich eine Nachricht.
Herzliche Grüße
Dein
[Siegfried Unseld]

Anlage[1]

1 Die Anlage ist nicht ermittelt. Aus einer Antwort von S. U. an Ilse Nabl, die Witwe von Franz Nabl, ist zu schließen, daß der Brief die Frage nach einer Publikationsmöglichkeit des Erzählungsbandes im Suhrkamp oder Insel Verlag beinhaltete: P. H. hatte für den *Almanach auf das Jahr 1974* des Residenz Verlags einen Essay über Nabl geschrieben: *Österreich und die Schriftsteller (am Beispiel Franz Nabls)*, S. 57-61. P. H. gab 1975 im Residenz Verlag heraus: Franz Nabl, *Charakter*; siehe auch Brief 224.

[222]

[Paris]
21. Februar 1975

Lieber Siegfried,
ich habe mich gefreut, als du gestern angerufen hast. Was den großen Artikel in »Le Monde« betrifft, so weiss ich allerdings nicht – so sehr er mir, ehrlich gesagt, gut tut – was davon zu halten ist: derselbe Kritiker, der nun »Das

Mündel will Vormund sein« als ein Stück erster Grösse bezeichnet, schrieb vor einem Jahr zum »Ritt über den Bodensee« ungefähr, ich sei nur ein Mitmacher in der Zeitströmung, etc. Es ist so lächerlich: Paris erscheint einem kulturell hysterisch, aufgeregt und leer, vielleicht nur im Moment; das alles durchschaut man – und trotzdem geniesst man so etwas wie die Tatsache einer »Besprechung auf der ersten Seite« ... (die natürlich wieder ähnlich aufgeregte Gegenreaktionen hervorrufen wird, usw.).
Richtig enttäuscht hat mich Deine Angabe über die Zahl der vorbestellten Exemplare von »Die Stunde der wahren Empfindung« – an die 5.000, sagtest Du, und vorher: »Das am meisten bestellte Buch«: da hatte ich nur das Gefühl einer Jämmerlichkeit. Was mir zu schaffen macht: dass es mir vorkommt, als müsste ich mit jedem neuen Buch fast neu anfangen, mich den Lesern und den sogenannten Vermittlern, den Buchhändlern, zu nähern. Das ist natürlich einerseits spannend, andrerseits aber so ermüdend ... Sag nicht, ich sei »verwöhnt« (von den endlichen Verkaufszahlen) – nein, ich habe mir daraus nur das Bewusstsein abgeleitet, zugleich für mich, aber auch für viele andre zu schreiben, über literarisch Definierte hinaus, – und diese vielen andern tragen eben zu meiner Arbeits- und Daseinslust wesentlich bei. Das genau ist es. Hier will ich etwas, das mich seit einiger Zeit beschäftigt, nicht verschweigen: als ich das Manuskript Dir zukommen liess, hast Du Dich nicht, wie bis dahin immer, nach der Lektüre vor mir geäussert. Ich sage offen, dass ich unruhig war und deswegen von mir aus in Frankfurt anrief. Du sagtest darauf nichts als (was mir außerdem – misstrauisch? – eher pflichtbewußt klang) dass Du »begeistert« seist – und dann hörte ich einen Satz, den ich nie vergessen werde: Du sagtest einem Autor, der ja immerhin schon einigermassen gelesen wird, als zweiten Satz: »Dieses Buch wird seine Leser fin-

den.« Was Du da sagtest, schlug mir ein richtiges Loch ins Bewusstsein – es war nicht nur nichtssagend und erschreckend unpersönlich, sondern auch bezeichnend. In völligen Stumpfsinn versetzt durch Deine einzige Bemerkung zu der Erzählung konnte ich nur damals am Telefon (das vielleicht zur Erheiterung) »Glaubst du?« fragen. Nun ja, so war's, und es hat mich betroffen, dass Du mir bis jetzt (da es im Verlag keinen Lektor im rechten Sinn für mich gibt, bist es halt mit der Zeit Du geworden) nur diesen Satz zu dem Buch verlautbart hast. Der stolzeste, selbstbewussteste Autor wäre zumindest verdutzt. Mir war es jedenfalls, ich hätte nichts als ein Produkt abgeliefert, zur versprochenen Zeit, und dieses Produkt »würde nun seine Käufer finden«. Diese absolute Leere auf seiten des »Herstellers« hat mich seitdem beschäftigt – und es war für mich notwendig, das endlich zu formulieren. Jetzt ist es natürlich zu spät – eine Reaktion hätte gleich kommen müssen. Nun nehme ich an, dass dieses Buch Dich nicht interessiert. Das ist denkbar: schade und schmerzhaft ist eben nur, dass es mir dadurch in der Tat als ein Produkt erscheint, und Du als der blosse Verfertiger, schade wegen der Lebensart, die sich doch ein wenig zwischen uns beiden im Laufe der Zeit ergeben hat. Das zu sagen, war mir notwendig – damit die Lebensart bestärkt wird.

Ich wünschte mir auch, dass Du am Telefon, wenn Du Dich danach erkundigst, was ich »so täte«, dies nicht in einer Haltung unternähmest, als lebte ich in den Tag hinein (was ich natürlich manchmal tue, weil es wichtig für die Arbeit und ausserdem etwas Menschenwürdiges ist) und Du müsstest mich zu etwas anspornen. Dem ist nicht so, und sollte nie so sein. Ich habe für mein Leben was vor, das ich mir selber vorgenommen habe, und das macht mich stark. Aber vielleicht sind all Deine mahnungsähnlichen Fragen nur »Telefongesprächsanfangsverlegenheiten« ... (oder es ist die Rolle des sorgenden Verlegers?)

Ein langer Brief, an dem mir lag. Es ist schön in Paris, die Sonne scheint in meinen Garten (»meinen«), der Wind ist stark und macht einen unternehmungslustig. Morgen früh werde ich nach Rotterdam fahren, um Wim Wenders' Film nach »Falsche Bewegung« anzuschauen. Mir scheint, es ist ein guter Film geworden, für das Kino.[1]
Unterrichte mich bitte über das Werbekonzept für mein Buch. Ich möchte nicht gar gern, dass es solche Briefe gäbe wie für das Buch von Achternbusch. »Die Stunde des Todes« würde ich übrigens gern möglichst bald lesen, auch das Buch von Koeppen. Lässt Du mir ein Exemplar bitte schicken? »Die Mutter« hat mich, vor allem beim zweiten Lesen, abgestossen, und so habe ich es auch geschrieben. Nun ist Karin Struck aber wesentlich offener dafür, eine Schriftstellerin zu sein, als die meisten, die sich so bezeichnen. So wollte ich es auch herauskommen lassen, aber das erschien mir dann als eine Herablassung ihr gegenüber, die sie nicht benötigt. So habe ich versucht, eine bloße Analyse zu betreiben, eine Demystifikation. Den »Spiegel« ersuchte ich, mit der Veröffentlichung möglichst lang zu warten – sollte es vorher ähnliche Meinungen schon geben, brauchte man mein Manuskript nicht zu drucken.[2]
Ich wünsche Dir alles Gute für die Schweiz, und etwas Neues dazu.
Herzliche Grüße,
Dein Peter

1 Der Film *Falsche Bewegung* hatte beim Internationalen Filmfestival Rotterdam Vorpremiere. Regie: Wim Wenders. Eine Gemeinschaftsproduktion von Wim Wenders Production, Solaris und des WDR. Robby Müller (Kamera), Jürgen Knieper (Musik) und Peter Przygodda (Schnitt). Die Darsteller: Hanna Schygulla (Therese Farner), Ivan Desny (Industrieller), Peter Kern (Bernhard Landau), Hans Christian Blech (Laertes), Rüdiger Vogler (Wilhelm Meister), Nastassja Kinski (Mignon), Marianne Hoppe (Mutter)

und Lisa Kreuzer (Janine). Der Film wurde sowohl im Fernsehen als auch im Kino gezeigt. Ursendung war am 14. März 1975.
2 Karin Struck, *Die Mutter*, erschien am 12. März 1975 im Suhrkamp Verlag. P. H., *Karin Struck: »Die Mutter«*. Erstdruck in: *Der Spiegel*, 17. März 1975, unter dem Titel *Denunziation ohne Wahrnehmung*; wiederabgedruckt in: P. H., *Das Ende des Flanierens*, S. 49-55.

[223; Anschrift: Paris]

Frankfurt am Main
3. März 1975

Lieber Peter,
Deinen Brief vom 21. Februar habe ich mehrmals gelesen. In meiner, von Dir so gesehenen Beziehung zu Deinem neuen Buch »Die Stunde der wahren Empfindung« tust Du mir schmerzhaft unrecht. Als ich das Manuskript erhielt, habe ich es sofort gelesen, und ich habe gleich zum Telefon gegriffen, um Dir meine echte und ehrliche Begeisterung auszudrücken. Ich kann in diesem Ausdruck weder etwas Pflichtbewußtes noch etwas Unpersönliches sehen, ich habe ja leider bei meinen Lektüren wenig Gelegenheit, Begeisterung auszudrücken. Und wenn ich Dir als Freund und Verleger den Satz sagte »Das Buch wird seine Leser finden«, so heißt das unter uns Leuten vom Fach ja wohl nicht, daß es neue Leser suchen müßte, sondern daß ich überzeugt bin, daß wir mit diesem Buch einen riesigen Leserkreis erreichen werden. Du wirst Dich dann erinnern, daß wir in einem französischen Restaurant auch noch kleine Korrekturen besprochen haben. Dein Manuskript war ja von der Art, daß von einem Lektor in diesem Fall wirklich nichts mehr hinzuzufügen und auch nichts mehr zu ändern und vorzuschlagen war. Ich weiß deshalb wirklich nicht, warum Du zu der Ansicht kommst, das Buch würde

mich nicht interessieren. Ich habe es bewußt bei allen internen Überlegungen an die Spitze unseres Programmes im 1. Halbjahr gestellt, absolut an die Spitze des Jubiläums-Programmes des Verlages. Das wirkt sich zunächst intern aus, weil bei den Ankündigungen vor Erscheinen des Buches die Bücher nach außen hin gleich behandelt werden müssen. Deshalb die alphabetische Folge im gedruckten Programm wie in der »suhrkamp information«. Aber das wird sich ja dann ändern.

Du schreibst, daß Du, nachdem Du die Ziffer 5.000 Exemplare gehört hast, ein »Gefühl der Jämmerlichkeit« hattest. Wiederum kann ich das nicht verstehen. Denn, lieber Peter, ich habe Dir gesagt, daß diese Ziffer die höchste ist, die wir in diesem Frühjahr von einem Buch erreicht haben. Das liegt über den begehrten Hesse-Titeln und über dem Brechtschen »Tagebuch«. Aber ich sagte Dir auch, daß das ein Ergebnis von 1200 Buchhandlungen ist, insgesamt werden ja alleine in der Bundesrepublik 1.200 Buchhandlungen besucht. Und in diesen Ziffern war kein Grossist enthalten und keine Bestellung aus der Schweiz, Österreich und Berlin. Wir liefern das Buch aus, und ich bin dann sicher, daß wir 10 bis 11.000 Exemplare am Tage des Erscheinens ausliefern. Das ist ein gutes Ergebnis, denn wir können mit Sicherheit rechnen, daß eine so große Erstverbreitung kumulierend wirkt.

Was das Werbekonzept betrifft, so haben wir uns vor Erscheinen des Buches auf interne Buchhandelswerbung beschränkt. Die »suhrkamp information« geht in einer Auflage von 40.000 Exemplaren jetzt heraus. Ein Exemplar geht Dir zu. Es handelt sich um Adressen, die wir seit Jahren gesammelt und gefiltert haben. Es sind im spezifischen Sinne literarisch interessierte Leute. Beim Erscheinen sind unsere üblichen Anzeigen in der »Zeit« geplant. Wir werden dann jedoch auch Anzeigen in der »Presse«, Wien und in

der »Weltwoche« einschalten. Dann wird es eine Pause von etwa vier Wochen geben, bis die ersten Rezensionen veröffentlicht sind. Diese Rezensionen nehmen wir auf. Es wird dann einen Spezialprospekt geben, den wir in einer Auflage von etwa 150.000 Exemplaren Büchern und Zeitschriften beilegen. Danach sind Anzeigen in der »FAZ«, »Welt am Sonntag« und »Spiegel« geplant. Du kannst also überzeugt sein, daß wir in jeder Weise trommeln werden.
Wenn ich Dich am Telefon frage, was Du machst, so geschieht das aus einem innersten Interesse an Deinen Arbeiten heraus, weder aus Mißtrauen noch aus Verdacht, Du lebtest so in den Tag hinein. Wie kannst Du nur auf so etwas kommen?
Achternbusch »Die Stunde des Todes« erscheint ebenfalls Mitte März, selbstverständlich geht das Exemplar Dir zu. Von Koeppen habe ich noch kein Manuskript.[1]
Lieber Peter, es ist gut, daß Du mir das, was Du empfindest, so ausführlich geschrieben hast. Ich hoffe, es ist damit auch ausgesprochen. Ich habe großes Verständnis für Deine Sensibilität, die meine liegt auf einer anderen Wellenlänge, aber das mußt Du auch verstehen. Sei bitte sicher, daß ich Dein Buch sehr mag, ja, daß ich es liebe und daß ich alles in meinen Kräften stehende tun werde, dies durch den Verlag und auch durch den Markt hindurch umzusetzen.
Herzliche Grüße,
Dein
[Siegfried Unseld]

1 P. H., *Die Stunde der wahren Empfindung*, erschien am 12. März 1975. Herbert Achternbusch, *Die Stunde des Todes. Roman*, erschien 1975 im Hauptprogramm des Suhrkamp Verlags; der für das Frühjahr 1975 angekündigte Roman von Wolfgang Koeppen, *In Staub mit allen Feinden Brandenburgs*, wurde nicht fertiggestellt.

[224]

[Paris]
7. März 1975

Lieber Siegfried,
vielen Dank für Deinen schönen, ausführlichen Brief. Mein letztes Schreiben wirst Du ja als einen exemplarischen Autorenbrief bewahren können ... Trotzdem liegt mir schon daran, zum Beispiel zu klären, dass ich von Dir und vom Verlag nun keine ausserordentliche Werbung verlangte – ich wollte nur so Ideen vermeiden wie vor Zeiten die als Fussball-Aufstellung kostümierte Annoncen-Skizze für »Die Angst des Tormanns beim Elfmeter« ... Meine Sorge war also keinesfalls, dass zu wenig Werbung betrieben werden könnte. Deine Ankündigung scheint mir eher zu freigiebig: auf eine Anzeige in der »Welt am Sonntag« z. B. sollte man verzichten können.
Ich wollte auch keinesfalls hindeuten, dass mir mein Buch in Katalogen etc. vernachlässigt vorkäme: im Gegenteil, so wie es ist, alphabetisch etc., ist es mir sehr recht. Wenn ich die vor-fabrizierten blossen Verkaufsbücher andrer Verlage sehe, wird mir schon übel.
Die Zahl 5.000 war also ein Irrtum meinerseits: ich erinnerte mich nämlich, dass Du mir seinerzeit[1] von »Die Angst des Tormanns ...« 8.000 vorverkaufte Bücher nanntest – und da dachte ich, das sei jetzt aber ein Rückfall. Und wenn es nun einer wird, werde ich es übrigens zu ertragen wissen. Das gehört dazu. Beschäftigt hat mich eigentlich nur, und das war der Anlass meines letzten Briefes, das, was ich als Dein persönliches Schweigen aufgefasst habe, und es tut mir nun leid, dass das Dir gegenüber ein Unrecht war. (Dass man für das Buch nicht, wie es üblich geworden ist, im voraus trommelt, ist mir nur recht und gibt ein freies Gefühl. Und wenn's ohne Trommeln ginge, auch später, wäre

es am angenehmsten.) Im übrigen stimme ich mit Dir überein: diese Sache ist aus-gesprochen.
Den Aufsatz über Franz Nabl habe ich gestern fertiggekriegt; er ist ziemlich lang geworden, etwa 14 Seiten ... Ich werde ihn in der nächsten Woche an die »FAZ« schikken. Nach der Lektüre hoffe ich, dass Du ein wenig neugierig sein wirst. »Die Ortliebschen Frauen« ist jedenfalls ein grosses Buch, und »Johannes Krantz« zum Grossteil zumindest ein gutes.[2]
Während ich jetzt tippe, denke ich mir Dich im Schweizerischen Schnee und mit einem andern Lebensgefühl als ich es im Moment habe, der in den ziemlich finstern Garten hinausschaut und ab und zu eine von Ast zu Ast hüpfende Amsel sieht, während hinter ihm die Gasheizung rauscht. Doch fühle ich mich im Moment eigentlich auch frei, innerlich schifahrerhaft, und denke an eine tröstliche Zukunft. – Etwas noch: Hermann Lenz' »Neue Zeit« möchte ich, statt für die »FAZ«, für die »Zeit« besprechen. Ich kenne das Buch nur im Manuskript: bitte schicke mir bald ein fertiges Exemplar, damit ich Anfang April dran gehen kann.
Herzlich
Dein Peter

1 Im Original: statt »seinerzeit«: »seinerseits«.
2 P. H., *Franz Nabls Größe und Kleinlichkeit*, erschien als Vorwort zu dem 1975 von ihm im Residenz Verlag herausgegebenen Prosasammelband *Charakter*; wiederabgedruckt in: P. H., *Das Ende des Flanierens*, S. 22-37. Ein Vorabdruck in der *Frankfurter Allgemeinen Zeitung* fand nicht statt.

[225; handschriftlich; Briefpapier Grand Hotel, Cabourg (Calvados)]

16. März 1975

Lieber Siegfried,
hier in der Schublade war so schönes Briefpapier, und weil auch das Meer so heimelig rauscht vor dem Fenster am düsteren Vormittag, will ich das zu einem kleinen Brief ausnutzen. Ich bin mit Amina, die gerade im Badezimmer Muscheln gewaschen hat, in dem Hotel, von dem ich Dir in Paris erzählte. Dein Freund Proust ist hier fein-sinnig oder -sinnlich gewandelt, und jetzt steht auf der Rezeptionstheke sein Marmorkopf, und das Restaurant, in dem man als Vorspeise Bündner Fleisch essen kann (Viande de Grison), heißt »Balbek«. Das Meer ist tiefgrau, und gestern bin ich mit diesem Rauschen friedlich zu Bett gegangen, in dem Gedanken, ein Geräusch zu hören, das deshalb so einwiegend in eine andre Welt ist, weil es so viel tiefer tönt als die üblichen Naturgeräusche des plätschernden Wassers oder des Windes, wo einem doch noch alles allzu menschlich erscheint.
Ende des Monats bin ich vielleicht in Frankfurt und werde natürlich noch anrufen.
Für heute,
Dein Peter

[226; Anschrift: Paris]

Frankfurt am Main
17. März 1975

Lieber Peter,
habe Dank für Deinen Brief vom 7. März. Das Buch sollte Dir mit einem persönlichen Brief von mir geschickt wer-

den, aber nun hast Du telefonisch um die Zusendung gebeten. Du hast es hoffentlich jetzt in Händen. Gefällt Dir das Gewand? Ich finde es hat ein unaufdringlich-sympathisches Äußeres.

Wir wollen unsere Kräfte einsetzen, damit wir wirklich den von mir gewünschten großen Leserkreis erreichen. Übrigens ist die Auslieferungsziffer 14.000 Exemplare, und das ist wirklich kein schlechtes Ergebnis.

Es mehren sich die Anfragen von Buchhändlern, die Dich gerne zu einer Lesung eingeladen hätten. Wir haben das bisher abschlägig beschieden, doch vielleicht möchtest Du doch einmal aus dem Ausblick in den »ziemlich finsteren Garten« ausbrechen, freilich, ob dann Vorlesungen gleich das richtige Äquivalent wären? Bitte überlege Dir doch, ob Du vielleicht im Herbst nicht ein paar Lesungen haben möchtest. Wir könnten das dann gut vorbereiten, so daß sich die Sache in jeder Weise lohnt.

Ich bin sehr neugierig auf Deine Nabl-Arbeit. »Die Ortliebschen Frauen« lasse ich mir gleich kommen.

Wir waren sechs Tage mit Schafflers in Zermatt. Wir waren viel zusammen beim Skifahren und auch abends, so daß wir Gelegenheit hatten, uns gut kennenzulernen. Wir haben ja nach wie vor eine zukünftige gemeinsame Perspektive, und es ist nur gut, wenn diese sich organisch entwickelt. Natürlich haben wir Deiner gedacht und immer wieder Postkarten-Texte ausgedacht. Aber schließlich schickten wir dann doch keine, weil es uns unziemlich schien, Dich an der Arbeit und uns bei der puren Freude zu wissen. Im übrigen boten diese Tage eine merkwürdige Mischung aus Erholung und Gefahr. Schafflers und ich fuhren fleißig Ski, er in seinem Waldschrat-Stil, besonders bewährt bei engen Waldabfahrten, Gudrun ihm sklavisch folgend und mein St.-Christoph-Fahrstil – das alles ging gut zusammen. Dann schneite es einen Tag und eine Nacht und abends löschten

die Lichter. Am nächsten Tag wieder herrlicher Sonnenschein. Man atmete befreit auf und stürzte sich ins tief schneebedeckte Gelände. Und dann rauschte an unerwarteter Stelle, von Gemsen getreten (!), eine Lawine herunter, begrub zwölf Skiläufer. Zehn konnten befreit werden, teilweise Verletzte, zwei Tote. Also wie in mittelalterlichen Zeiten, mitten beim Skifahren vom Tode umfangen.[1]
Herzlich Dein
[Siegfried Unseld]

P. S.: Hermann Lenz schreibt mir eben, daß er Dir ein korrigiertes Umbruchexemplar seines Buches zugehen läßt.

1 Zwischen dem 6. und 14. März hielten sich Wolfgang Schaffler und seine Frau Gudrun sowie S. U. in Zermatt auf; siehe Brief 200, Anm. 2.

[227; Anschrift: Paris]

Frankfurt am Main
24. März 1975

Lieber Peter,
Dein Brief aus Cabourg hat mich sehr gefreut, habe herzlichen Dank. Auch ich wandelte einmal auf den nachgefühlten Spuren von Proust am Strand und auf der Promenade, und ich glaube, es war auch das Restaurant Balbek, in dem Hilde und ich gegessen haben. Wie schön, Deine Beschreibung des Meeres. Ich bekomme Sehnsucht...
Ich bin Ende April in jedem Fall in Frankfurt. Wir können uns dann sehen. Ich freue mich darauf.
Herzliche Grüße und noch einmal vielen Dank
Dein
[Siegfried Unseld]

[228; handschriftlich]

[Frankfurt am Main]
[Klettenbergstraße 35]
[20. April 1975]

Lieber Siegfried!
Ich bin doch schon früher weg – zumal Amina heute Geburtstag hat; und der frühe Morgen ist auch schön zum Wegfahren. Ich hoffe, Dich bald wieder zu sehen. Danke, auch an Deine Frau,[1]
Dein Peter

1 S. U. hielt unter dem Datum des 19. April 1975 fest: »Besuch von Peter Handke. Er kam aus Paris, um am Abend in Wilhelmsbad einer Diskussion beizuwohnen: ›Gibt es Wunder?‹ Er war sich am Nachmittag nicht klar darüber, was er am Abend sagen würde, ich sagte ihm, Wunder sei das Normale, das Wunder des Lebens. Er war sehr angenehm, lieb und berichtete mir von seinem großen, dicken Buch, das er schreiben möchte. Er bringt noch ein Jahr in Paris zu, und dann will er nach Österreich oder vielleicht doch nach Frankfurt/Königstein; zu letzterem ermunterte ich ihn. Am 20. morgendliche Fahrt zum Flughafen.«

[229; handschriftlich]

[Paris]
25. April 1975

Lieber Siegfried,
danke für den traulichen Samstagabend und den in die Landschaft erstreckten Morgen in Frankfurt. Es ist sehr schön in Paris heute, und alles müßte eigentlich gut sein: und trotzdem gibt's halt immer noch zwischendurch die altbekannte Katastrophenstimmung, auch wenn man, wie jetzt ich, im sonnigen Garten sitzt und ein Vogel schallt.

Als ich vorhin nach Hause kam, standen auch wirklich Feuerwehrwagen vor dem Gebäude, und im Hof lag ein verbrannter Fernseher. Heute früh las ich, daß Rolf Dieter Brinkmann tot sei, und das hat mich sehr betroffen.[1]
Ich schreibe auch, weil ich bei einer Neuauflage von »Die Stunde der wahren Empfindung« eine kleine Änderung möchte: auf S. 147, 8. Zeile von unten, *statt*: »*Auf einmal fühlte Keusching mit denen, die ihm begegneten*« – »*Im Bewußtsein des Todes fühlte Keusching ... etc.*« Kannst Du das bitte den zuständigen Leuten vermitteln lassen?
Hoffentlich hast Du bei der »Aspekte«-Sendung sagen können, was Du wolltest.
Für heute herzlich,
Dein Peter

1 Rolf Dieter Brinkmann wurde am 23. April 1975 in London von einem Auto überfahren. Posthum erhielt er den im selben Jahr zum ersten Mal vergebenen, von Hubert Burda gestifteten Petrarca-Preis (Jury: Nicolas Born, Bazon Brock, P. H., Michael Krüger und Urs Widmer), P. H. hielt die Laudatio: P. H., *Notizfragmente zur Laudatio*, in: *Petrarca-Preis 1975-1979*, S. 123 f.

[230; Anschrift: Paris]
Frankfurt am Main
28. April 1975
Lieber Peter,
es war schön, daß wir uns neulich kurz sahen. Hilde hat einige Fotos gemacht, und wir beide sehen doch ganz fröhlich aus.
Und bitte, belege in Deinem Kalender die Tage vom 18. bis 27. September. Von der Kölner Buchhandelsdame, die Dich herbeisehnt, sagte ich Dir ja schon in Frankfurt. Jetzt wollen sich die Stuttgarter Buchhändler zusammentun und eine

gemeinsame Veranstaltung mit Dir planen; man würde eine einseitige Anzeige in der »Stuttgarter Zeitung« aufgeben. Du siehst, wie man sich nach Dir sehnt. Also bitte: halte Dich zur Verfügung. Wir brauchen Dich auch für das Unternehmen der Suhrkamp-Buchwoche.[1]
Herzlich
Dein
[Siegfried Unseld]

P. S.: Hast Du die »New York Times Book Review« am 27. April gelesen? »Handkes brief new book is non fiction at all, but a major memorial to a host of burried German and Austrian lives, the best piece of new writing I have seen in several years.«[2] D. O.

1 Anläßlich des 25jährigen Bestehens des am 1. Juli 1950 gegründeten Suhrkamp Verlags fanden zwischen dem 18. September und 28. September 1975 an mehreren Orten in Deutschland Autorenlesungen statt. In Österreich dauerte die Buchwoche vom 29. September bis 3. Oktober 1975 mit Lesungen in Wien, Graz und Innsbruck.
2 Michael Wood, *A Sorrow Beyond Dreams*. (Zu: *Wunschloses Unglück*)

[231; Anschrift: Paris]

Frankfurt am Main
30. April 1975

Lieber Peter,
meinem gestrigen Brieflein schicke ich nun heute den Dank für Deinen Brief vom 25. April nach. Deinen Änderungswunsch erhielten wir zur rechten Zeit, wir sind eben dabei, die 2. Auflage zu drucken, und zwar das 26.-40. Tausend. Die Verkaufszahlen liegen jetzt etwa bei 23.000 Exempla-

ren, die Nachfrage ist lebendig, ich nehme an, daß wir mit dieser neuen Auflage nun bis zum Herbst kommen und dann wieder neu drucken werden.²
Dank auch für Deine Nachfrage im Hinblick auf die »Aspekte«-Sendung; in der Tat habe ich, obschon mehrfach von Hoffmeister unterbrochen und »hinter«fragt, das gesagt, was ich sagen wollte. Meinen Adorno-Satz (»Hier paart sich die Irrelevanz des Objekts mit der Ignoranz des Researchtechnikers«) hat er während der Sendung nicht verstanden, er fragte mich hinterher, und dann fand er, daß ich da doch zuviel an Kritik gesagt habe. Meine Hauptthese war, daß das Kulturmagazin eben nicht Kultur bringt, sondern Ephemeres, Bizarres, Unwesentliches. Aber im Ganzen war es doch ein lebendiges Gespräch, das keiner der Teilnehmer bereute. Ich habe viel Post darauf bekommen.²
Herzliche Grüße
Dein
[Siegfried Unseld]

1 P. H., *Die Stunde der wahren Empfindung*, belegte im April und Mai 1975 vier Wochen lang Platz 7 der *Spiegel*-Bestseller-Liste.
2 Am 23. April 1975, 21.15 Uhr, sendete das (1965 begründete) ZDF-Kulturmagazin *Aspekte* ein Interview, in dem dessen Leiter Reinhart Hoffmeister S. U. nach den Gründen für den im April 1975 vom Suhrkamp Verlag angekündigten Totalausverkauf von 150 Bänden der *edition suhrkamp* fragte. S. U. zitierte sinngemäß Theodor W. Adornos Ausführungen auf dem Deutschen Soziologentag 1961 (Th. W. Adorno, *Zur Logik der Sozialwissenschaften*, in: Adorno, *Gesammelte Schriften*, Band 8, S. 553).

[232; Anschrift: Paris]
Frankfurt am Main
12. Mai 1975
Lieber Peter,
die Buchhandlung Elwert und Meurer gibt jetzt schon in der 11. Jahresfolge einen Buchhandels-Almanach mit dem Thema »Begegnung« heraus. Hier schildern Autoren ihre erste Begegnung mit dem Verleger und der Verleger jene Begegnung aus seiner Sicht. Herr Meurer hätte »gerade mit Rücksicht auf Ihr Verlagsjubiläum« gerne, daß wir unsere Begegnung miteinander schrieben. Hättest Du dazu Lust? Wenn Du eine oder zwei Seiten über unsere erste persönliche Begegnung schreiben möchtest, die ja noch im Verlagshaus Grüneburgweg stattfand, will ich dann auch von meiner Seite aus versuchen, die ersten Begegnungen, die mit dem Manuskript, die mit Dir persönlich und dann die zweite Begegnung in Wien, wo Du mir das Manuskript der »Publikumsbeschimpfung« gabst, aufzuschreiben. Aber wie gesagt, das geht nur dann, wenn Du Lust hast, Deinerseits den Text aufzuschreiben. Wenn Du nicht willst, so stört es mich natürlich auch nicht, denn ich leide nicht unter Arbeitsmangel.
Andererseits würde es mich locken, diese drei Begegnungen aufzuschreiben. Ich kenne noch meinen Eindruck aus der Lektüre des Manuskripts »Hausierer«, ich weiß noch unsere Begegnung im Hause Grüneburgweg; ich war von Dir ja so entzückt, daß ich Martin Walser, den ich anschließend traf, von unserer Begegnung so begeistert erzählte, daß er eifersüchtig, verärgert, ja, zornig wurde, und fast habe ich den Eindruck, daß Walsers Vorbehalt gegenüber Deinen Arbeiten nur von diesem einzigen Bericht herrührt. Also entscheide Du.
Ich denke viel an Dich. Was machst Du im Sommer? Viel-

leicht gäbe es eine Möglichkeit, daß wir zusammen die Proust-Stätten besuchten?
Herzlich Dein
[Siegfried Unseld]

[233]

Paris
15. Juni 1975

Ja, mein lieber Siegfried,
ich habe mich genug mit Lesungen gequält – und warum sollte man sich freiwillig quälen, zumal man überzeugt ist, dass das, anders als beim Schreiben, eine sinnlose Quälerei ist, nicht einmal eine Quälerei, an die man sich dann erinnert als an etwas, das immerhin eine Erfahrung war, sondern eine Art in das Röhrchen blasen vor Leuten und dann warten, ob es sich verfärbt. Mit Bernhard würde ich mich natürlich gern treffen, aber nicht auf einer solchen Veranstaltung vor Wiener Publikum, das sich ohnehin nur für den Rahmen interessiert. Die Sinnlosigkeit einer solchen Sache ruft einem innerlich Schweiss hervor. Im Sommer werde ich in Österreich sein und da würde ich ihn so auf dem Land besuchen wollen, wenn ihn das nicht zu sehr stört. Ja, in Stuttgart war es schön, und du warst so entspannt, friedlich und aufmerksam, wie ich Dich noch nie erlebt habe.[1]
Wenn es nur eine andere Möglichkeit gäbe ausser Lesen, Signieren, Diskutieren. Ich denke hin und her, und es ergibt sich nichts. Ich habe auch nichts Neues geschrieben, bin nur bei den Notizen zu einem Stück, das ich im Sommer schreiben will. Und wie gern würde ich beim Heurigen mit Dir und Bernhard Deinen Geburtstag feiern! Das ist das einzige, was mich lockt. Kannst Du nicht eine Heu-

rigensuhrkampfeier in Wien machen – da würde ich sofort kommen und vielleicht ein paar Gedichte oder Stanzeln improvisieren! Für Stuttgart und Köln weiss ich allerdings gar nichts.
Du hast mir einmal geschrieben von einem Plan, über die ersten Begegnungen zu schreiben. Ich für meine Person, geizig, bewahre mir das lieber für einen künftigen Wälzer auf.
| Oder verdränge es. |
Ich werde im Juli hier sein und dichten. Ich hoffe, Du erscheinst auf dem Wege nach Cabourg, wo es dann allerdings sehr laut hergehen dürfte.
Ich wäre neugierig, ob mein Artikel über das Hermann-Lenz-Buch etwas ergeben hat. Es wäre doch schön, fällt mir ein, könntest Du eine kleine Anzeige in der »Zeit« machen für ihn.[2]
Viele Grüsse für heute,
Dein Peter

| In »Le Monde« erschien eine sehr schön geschriebene Besprechung von »Wunschloses Unglück«, über die ich sehr froh war – ich kaufte mir sofort ein Sommerhemd!
Bei einer Neuauflage von »Die Stunde ...« möchte ich darunter: *Roman*.
Wie viel sind denn mit heute verkauft? Ein Autor möchte das gierig wissen. |

1 P. H. und S. U. trafen sich am 21. Mai 1975 in Stuttgart. Der *Reisebericht Stuttgart, 21./22. Mai 1975*, vermerkt: »Peter Handke war, wie vereinbart, um 15.45 Uhr zur Stelle. Wir hatten ein überaus herzliches Gespräch. Er hat die Rezension des Buches von Hermann Lenz [*Neue Zeit*] beendet, sie soll in der ›Zeit‹ erscheinen. Wir müssen damit etwas unternehmen. Dann will Handke Notizen für eine kleine Erzählung sammeln und dann als übernächstes ein ›kleines‹ Stück schreiben. [Das stumme Stück *Schulfrei oder Der Staat und der Tod* wurde nicht geschrieben. Die Notizen

sind gedruckt in: *manuskripte*, Heft 50, 1975, S. 70ff.] Das alles soll noch in diesem Jahr oder im nächsten Frühjahr beendet sein, und dann möchte er sich für ein Jahr an den ›großen‹ Roman setzen. [...] Abends Deutsche Erstaufführung von Thomas Bernhards Stück ›Der Präsident‹. [...] Lange Premieren-Nacht. Thomas Bernhard hatte sich doch noch eingefunden. Es war nicht auszumachen, ob er im Zuschauerraum war oder nicht, Peter Handke war gekommen, ursprünglich wollte er das Stück nicht sehen. Der Abend mit den beiden Autoren und mit Peymann wurde dann aber noch ganz vergnüglich. Das Überraschendste: Thomas Bernhard und Peter Handke, die ja nicht nur von der österreichischen Umwelt immer mehr polarisiert werden, fanden Gefallen aneinander. Ich benützte dies, um die Idee vorzutragen, am 29. September in Wien eine gemeinsame Lesung der beiden Autoren, veranstaltet vom Wiener Buchhandel, stattfinden zu lassen. Beide widersprachen nicht. Bernhard sagte mir am nächsten Morgen noch zu, an Handke werde ich schreiben und dann seine Bestätigung einholen. Das ist eine wichtige Nachricht, die ich mitbringe. [Die gemeinsame Lesung fand nicht statt.]«

2 P. H., *Der Krieg ist nicht vorbei. Hermann Lenz:* »*Neue Zeit*«, in: *Die Zeit*, 30. Mai 1975; wiederabgedruckt in: P. H., *Das Ende des Flanierens*, S. 61-69.

[234; Anschrift: Paris]

Frankfurt am Main
1. Juli 1975

Lieber Peter,
heute wird also der Suhrkamp Verlag 25 Jahre alt, und im Rahmen unseres Jubiläums-Programms erscheint »Falsche Bewegung«. Du weißt, wie ungemein ich mich freue, das Buch veröffentlichen zu können, und ich hoffe, daß wir ihm zu einem guten Echo verhelfen.

Wir druckten eine Auflage von 20.000 Exemplaren, Ladenpreis DM 4,–, Honorar 7 %, das wie üblich abgerechnet; Du kannst über 80 Freiexemplare verfügen, Frau Zeeh hat

Dir zunächst 5 Exemplare geschickt, bitte verfüge über den Rest.[1]
Herzlich
Dein
[Siegfried Unseld]

1 P.H., *Falsche Bewegung*, erschien am 25. Juni 1975 als Band 258 der *suhrkamp taschenbücher*.

[235]

[Paris]
30. September 1975[1]

Lieber Siegfried,
mir kommt es vor, dass wir schon lang nichts mehr voneinander gehört hätten – und ich bin ja auch ein paar Wochen gleichsam für mich selber verschollen gewesen. Ich war in Österreich und machte mir Gedanken, verzagte und weniger verzagte, über das Buch, das ich in einem Jahr anfangen möchte. Ich bin viel gegangen, radgefahren, habe aber ganz sicher zu viele Wiener Schnitzel und Backhendl gegessen. Ich habe auch Thomas Bernhard gesehen und an einem schönen Abend in seinem Hof Most getrunken. Seit 2 Wochen sind wir wieder in Paris, und es gibt eine ruhige Stimmung mit einer Art Zufriedenheit, ich lese viel, vor allem den Eichendorff und den Eric Ambler, die sich ja beide nicht schlecht ergänzen. Gern würde ich in diesem Jahr noch ein Filmdrehbuch schreiben können, damit ich etwas anderes gemacht hätte als nur Aufsätze und Artikel. Dass ich zur Suhrkamp-Buchwoche nichts Aktives beigetragen habe, wirst Du mir hoffentlich nicht übel genommen haben. Es ist halt das starke und unabweisbare Gefühl, im Moment bei öffentlichen Veranstaltungen als Mitwirken-

der nicht am Platze zu sein. Und müsste ich mich zwingen, würde alles an und in mir tonlos. Aber als Zuschauer und Zuhörer wäre ich bei der Buchmesse gern dabei. Ob wir uns einmal ein wenig sehen werden?
Herzlich,
Dein Peter

1 Der Brief trägt den handschriftlichen Vermerk von dritter Seite: »inzwischen mündlich erl[edigt]«.

[236; handschriftlich]
[Paris]
24. Oktober 1975
Lieber Siegfried,
ich schreibe, weil ich ganz gern den Rest meines Darlehens, das mir der Verlag vor 4 Jahren gegeben hat, jetzt auf einmal zurückzahlen möchte. Es ist mir der (eingefleischte) Gedanke unangenehm, Schulden zu haben. Es müßten so zwischen 40 und 45.000 Mark sein. Wie kann ich die zurückzahlen, möglichst bald?
Und laß mir doch ein paar Bücher schicken hierher, das von P. Weiss, und die Übersetzungen aus dem Spanischen, bitte. Auch »Korrektur« von Bernhard würde ich gern lesen. (Und Lyrik!)
Ich freue mich, Dich im November hier zu sehen. Grade ist es hier (Vormittag) sonnig geworden, plötzlich, und ich hoffe, daß es bis November so bleibt. Jetzt gehe ich in die österreichische Botschaft den Nationalfeiertag feiern, wo ja noch andre sinnlos herumstehen werden.
Herzlich, und vielen Dank, auch an Deine Frau, für Frankfurt,[1]
Dein Peter

1 P. H. hielt sich während der Buchmesse zwischen dem 7. und 13. Oktober 1975 in Frankfurt auf.

[237; Anschrift: Paris]

Frankfurt am Main
29. Oktober 1975

Lieber Peter,
habe Dank für Deinen Brief vom 24. Oktober 1975. Das Darlehenskonto schließt per 31. 12. 1975 mit einem Betrag von DM 45.937,–. Dein Autorenkonto hier ist im Augenblick glatt, d. h., wir haben alle Zahlungen überwiesen, jedoch wird ja per 31. 12. 1975 sich wieder eine Summe ergeben.
Ich werde am 19. November mit dem Flugzeug nach Paris kommen. Vielleicht sollten wir uns gleich am Nachmittag und Abend verabreden. Am nächsten Tag bin ich dann mit lateinamerikanischen Autoren und mit Beckett zusammen.[1]
Ich schicke Dir »Montauk« von Max Frisch, Bernhard »Korrektur«, Hohl, »Bergfahrt« und die beiden Bücher von Puig und Scorza. Und sehr ans Herz lege ich Dir die Gedichte von Rainer Malkowski.[2]
Herzliche Grüße
Dein
[Siegfried Unseld]

1 Im *Reisebericht Paris, 20./21. November 1975*, ist vermerkt: »So kurz die Reise war, so dringlich war sie. Bei Peter Handke: es hatte sich wegen der Film-Regie-Sache [*Der kurze Brief zum langen Abschied*] eine erhebliche Verstimmung, um nicht mehr zu sagen, angebahnt. Handke verneint, zumindest bezweifelt er, Herrn Rach je eine Zustimmung, auch nicht eine durch Desinteresse ausgedrückte Zustimmung, zur Wahl des Regisseurs Vesely gegeben

zu haben. Bei solchen Vorgängen erweist es sich als besonders schlimm, wenn wichtige Vorgänge in der Theaterabteilung nur telefonisch gemacht und schriftlich nicht festgehalten werden. Handke hat noch einmal einen Brief geschrieben mit dem Datum vom 20. November an Herrn Schröder vom ZDF, also am Tage meines Eintreffens. Dieser Brief schließt sicherlich ›juristisch‹ die Angelegenheit ab, aber er belastet uns natürlich beim ZDF erheblich. Nicht Handke, sondern wir sind Vertragspartner, und unsere Sache wäre es, die Zustimmung des Autors herbeizuführen. Es ist nun sehr peinlich, daß Handke schreiben muß: ›Nun hat Ihre Firma ... kurzerhand einen anderen Regisseur bestimmt [Regie führte Herbert Vesely statt des von P. H. gewünschten Ulf Miehe], ohne aber überhaupt auf die Idee zu kommen, was denn der Autor dazu meine. Nicht einmal gefragt wurde ich, ob ich vielleicht einen Vorschlag beizutragen hätte.‹ – Es ist klar, daß Handke sich durch uns in dieser Sache nicht gut vertreten fühlt, und das ist natürlich in der besonderen Situation doppelt unangenehm. Sonst eher Freundliches; er fragte zum ersten Mal nicht nach den Absatzziffern seiner Bücher, obschon ich diese parat hatte. Als wir dann doch auf dieses Thema kamen, und ich ihm sagte, daß in diesem Jahr das ›Wunschlose Unglück‹ mit 50.000 Exemplaren am besten verbreitet wurde, widersprach er mir mit dem Hinweis, daß die Taschenbuchausgabe des ›Tormanns‹ noch besser ginge. Das Ganze ist ein großes Thema für Handke, denn in seiner Küche hat er das Filmplakat der ›Falschen Bewegung‹ seinerseits plakatiert mit den laufenden, aus den ›Spiegel‹-Nummern jeweils ausgeschnittenen Bestseller-Listen. Was ein Autor nicht alles macht. Er schreibt an einem Film Drehbuch, das er in 2-3 Monaten zu Ende haben möchte. Er hat seine Pariser Wohnung noch ein letztes Mal auf ein halbes Jahr verlängert, dann will er sich entscheiden, ob er sich für zwei Jahre im Burgenland ansiedeln oder doch den Wohnort Frankfurt und Kronberg vorziehen soll. [...] Mit großer Zuneigung sprach er von Nicolas Born. Ihn würde es freuen, wenn er mit der neuen Prosaarbeit unser Autor würde, er möchte ihn auch für einen literarischen Preis vorschlagen. Sehr kritische Äußerung über die gespielte Ehrlichkeit von Frischs ›Montauk‹. Bewunderung von Hohls ›Bergfahrt‹. Immer wieder erkundigte er sich nach Lyrikern, die man mit dem Petrarca-Preis auszeichnen könnte. Er dachte hier an Ludwig Hohl und an Peter Huchel, doch Hohl hat ja keine Gedichte geschrieben, woran Handke dann zweifelte. Ich versprach, mich um Kopien der neuen Gedichte von Peter Huchel zu kümmern.«

2 Max Frisch, *Montauk*, Thomas Bernhard, *Korrektur*, Manuel Puig, *Der schönste Tango der Welt. Ein Fortsetzungsroman* (Original 1969). Aus dem Spanischen von Adelheid Hanke-Schaefer, Manuel Scorza, *Trommelwirbel für Rancas. Eine Ballade, die davon erzählt, was geschah – zehn Jahre, bevor Oberst Marruecos den zweiten Friedhof von Chinche gründete* (Original 1973). Aus dem Spanischen von Wilhelm Plackmeyer, Ludwig Hohl, *Bergfahrt*, erschienen 1975 im Hauptprogramm des Suhrkamp Verlags; Rainer Malkowski, *Was für ein Morgen. Gedichte*, erschien 1975 als Band 792 der *edition suhrkamp*.

1976

[238; handschriftlich]

[Paris]
2. März 1976

Lieber Siegfried,
manchmal bin ich doch ziemlich sicher, daß es besser wäre, wenn »Die linkshändige Frau« ein bloßes Drehbuch bliebe. Es ist halt doch mehr ein Film.[1] Ruf mich bitte noch an oder schreib mir, bevor Du nach Amerika gehst. Alles Gute,
Dein Peter

1 Mit diesem Brief sandte P. H. wahrscheinlich das Typoskript der Erzählung *Die linkshändige Frau*. P. H. und S. U. hatten sich am 16. Januar 1976 in Paris getroffen. Der *Reisebericht Zürich – Paris, 13.-16. Januar 1976*, vermerkt: »Peter Handke: Mit ihm war ich dreimal zusammen. Er arbeitet an dem Drehbuch für einen abendfüllenden Spielfilm ›Die linkshändige Frau‹. Er will Ende Januar fertig werden und mir das Manuskript schicken.« Am 27. Februar 1976 hatte Burgel Zeeh an P. H. geschrieben: »Herr Unseld hat Ihnen zwei Manuskripte zugesagt, die ich Ihnen hier übersende. Bei der Gelegenheit erinnert er Sie an die Erzählung, die Sie ihm schicken wollten! Er würde Sie vor Amerika – 9. März – sehr gerne lesen!« P. H. schrieb *Die linkshändige Frau* im Januar 1976 zunächst als Filmdrehbuch und arbeitete sie unmittelbar anschließend zur Erzählung um. Diese erste Fassung der Erzählung bestand aus 28 eineinhalbzeilig getippten Blättern und ist undatiert (ÖLA/SPH/LW/W 10/1 und 2). Sie korrigierte er im Februar und März 1976: so entstand ein zweizeilig getipptes, 67 Blätter umfassendes Typoskript, das er an S. U. sandte (DLA, SUA, A: Suhrkamp Verlag, Handke, Peter). Im *Reisebericht Wien, 6.-8. März 1976*, ist vermerkt: »Auf dem Flug von Frankfurt nach Wien sehr fasziniert Lektüre von neuer Erzählung ›Die linkshändige Frau‹. Ich habe

ihn von Wien aus sofort angerufen und ihm bestätigt, wie sehr ihm dieser Text gelungen sei. Wir vereinbarten ein baldiges Treffen.«

[239; Anschrift: Paris]

Frankfurt am Main
9. März 1976[1]

Lieber Peter,
so gerne ich es täte, aber ich schaffe es nicht, auf dem Rückweg von New York nach Paris zu kommen. Ich werde in den USA so angespannt sein, daß ich sicher ein bis zwei Tage Ruhe brauche. Du hast nicht vor, in der Woche vom 22. bis 26. März nach Frankfurt zu kommen? Wenn nicht, würde ich evtl. am 24. März kommen oder zu einem April-Termin.[2]
Die Lektüre wirkt durchaus nach. Sei sicher, Du hast eine großartige Erzählung geschrieben.
Herzlich
Dein
[Siegfried Unseld]

1 Die Briefkopie trägt den handschriftlichen Vermerk, vermutlich von S. U. dem Originalbrief angefügt: »Diese Art Liebe / wäre doch schön«. Vermutlich handelt es sich um einen Titelvorschlag von S. U. für die Erzählung von P. H.
2 S. U. hielt sich zwischen dem 10. und 21. März 1976 in den USA auf.

[240]

[Paris]
2. April 1976

Lieber Siegfried,
ich habe eine seltsame und ein wenig furchtbare Woche hinter mir. Vor neun Tagen fühlte ich eine grosse Angst, Schmerzen in der Brust. Tags darauf kam ich ins Krankenhaus, und man stellte eine Vermehrung der Enzyme in meinem Blut fest, die das 20fache des Normalen betrug. Aber es ist jedenfalls kein Infarkt geworden. Am 12. muss ich noch einmal in die Klinik, zu einer Untersuchung, wobei ich das Fahrrad trete. Dann wird das so weitergehen ... Seit gestern bin ich wieder im Freien, schwach, aber eher innerlich stark und froh.[1] Amina war bei Freunden, wo sie auch jetzt tagsüber noch ist. Am Abend schlafe ich bei den Freunden. Wenn Du, wie ich hoffe, nach Paris kommst, komm bitte vielleicht schon am 9. oder 10., damit wir reden können, nicht viel bitte. Ich habe inzwischen noch ein wenig am Manuskript geändert, Wörter nur hier und da, die aber doch ja immer das Wesentliche sind. Mein lieber Siegfried, ich freue mich, Dich bald zu sehen.[2] Natürlich möchte ich sehr alt werden, und jedenfalls die 500 Seiten schaffen in den nächsten drei Jahren, aus denen »Ins tiefe Österreich« bestehen soll.
Herzlich,
Dein Peter

|Solltest Du mich hier telefonisch vorher nicht erreichen, ruf bitte: 00331 637 41 16 (Dr. Greinert) an.|

1 P.H. wurde zwischen dem 26. März und 1. April 1976 in einem Krankenhaus stationär behandelt. Am Tag der Entlassung notierte er: »An diesem schönstmöglichen Tag der Welt gehe ich, aus

dem Krankenhaus entlassen, umher mit dem Gefühl (?), ich hätte nichts versäumt, wenn ich jetzt tot wäre (16h25)«. »Ich muß, hier draußen, in der Stadt, herausfinden, wer ich bin, wer ich geworden bin.« (DLA, A: Handke, Peter, Notizbuch 003; siehe *Das Gewicht der Welt*, Originalausgabe S. 72 ff., Taschenbuchausgabe S. 65 ff.)

2 P. H. und S. U. trafen sich am 11. und 12. April 1976 in Paris. Der *Reisebericht Paris, 11.-13. April 1976*, vermerkt: »Er [P. H.] schien die Herzattacke überwunden zu haben, nicht jedoch Schock und Angst. Auch die sechs Tage im Hospital unter den schwer Herzkranken blieben nicht ohne Folgen auf sein Bewußtsein. Er hatte im Krankenhaus die ›Wahlverwandtschaften‹ gelesen (›Weißt Du, daß Bücher Medizin sein können?‹ – eine merkwürdige Frage von Peter Handke). Die Lebensweise sonst reduziert, kein Alkohol. Er geht gerne, aber langes Gehen schwächt ihn. Doch die Ärzte scheinen ihn jetzt beruhigt zu haben. Er wird noch zwei Jahre in Paris bleiben, mit mehreren Aufenthalten in Österreich, weil ja seine nächste große Arbeit ein ›dicker‹ Österreich-Roman werden wird. Über mehrere Stunden hin, in seiner Wohnung, in einem Restaurant und dann sitzend im Bois de Boulogne unter Tausenden von Franzosen, die den schönen Sonntag zu Familienausflügen benützten, sprachen wir über das neue Manuskript. Er hatte sein Manuskript mit, auf dessen Titelblatt mit Hand geschrieben und mit einer Zeichnung [rote Filzstiftzeichnung von Gladiolen in einem Tongefäß] der Titel des Manuskripts geschrieben stand. (Handke will überhaupt jetzt zu zeichnen beginnen.) Wir gingen Seite für Seite durch. Es war ein angenehmes Arbeiten. Wenn ihm eine Kritik einleuchtete, war er sofort bereit, zu ändern, bei ganz wenigen Stellen (so bei der ›Liebeserklärung‹, gegen die Frau Borchers ja große Bedenken hatte) bestand er eigensinnig, hartnäckig, ja aggressiv auf seinen Formulierungen (wir haben dann doch noch einige Änderungen gemacht), bei einigen wenigen Stellen sagte er, wir sollen das doch lassen, die Kritiker sollen ja auch noch etwas zu kritisieren haben. Er las mir dann die Stellen vor, die er von sich aus geändert hatte; in vielem traf das mit unseren Korrekturvorstellungen zusammen. Er fand in den ›Wahlverwandtschaften‹ eine Passage, die er unbedingt, jedoch für den Schluß, als Motto vorsehen wollte: ›So setzen alle zusammen, jeder auf seine Weise, das tägliche Leben fort, mit und ohne Nachdenken; alles scheint seinen gewöhnlichen Gang zu gehen, wie man auch

in ungeheuren Fällen, wo alles auf dem Spiele steht, noch immer so fort lebt, als wenn von nichts die Rede wäre.‹ [P. H., *Die linkshändige Frau*, S. 133.] In der Tat, ein für Handkes Erzählung sehr treffendes Zitat. Immer wieder sprachen wir über den Titel. Ich wehrte mich gegen ›Die linkshändige Frau‹. Der Titel schien mir nicht motiviert vom Text her, da dort eine linkshändige Frau nur als Titel einer Schallplatte vorkam. Daraufhin schrieb Handke ein Gedicht ohne Titel, das den Verrat einer Linkshänderin schildert, ein übrigens sehr schönes Gedicht [*Die linkshändige Frau*, S. 101 f.]. Meine anderen Titelvorschläge leuchteten ihm nicht ein. ›Diese Art Liebe‹. ›Nachwinter‹. ›Das tägliche Leben‹. Wir legten dann eine Gedächtnispause ein und trafen uns eigens des Titels wegen am Dienstag noch einmal. Er empfing mich gleich mit dem ›Proust-Album‹ in der Hand und las mir jene Antworten Prousts vor, die er noch als Jugendlicher in einen Fragebogen eingetragen hatte: «Welche Eigenschaften schätzen Sie bei der Frau?» Proust: «Sanftmut, Natürlichkeit, Intelligenz». [*Das Proust-Album. Leben und Werk im Bild* (Original: 1965). Zusammengestellt und erläutert von Pierre Clarac und André Ferré. Deutsch von Hilda von Born-Pilsach, Suhrkamp Verlag, S. 99 ff.] Handke fand das großartig. Das sei ganz seine Meinung. Und dann unterstrich er die Antwort auf die Frage: ›Wo möchten Sie leben?‹ Proust: ›Im Land des Ideals‹. Das sei der Titel. Ich war damit einverstanden. Er verspricht mehr, als die Erzählung hält, aber von den Lebensträumen aller Figuren handelt ja in der Tat auch die Erzählung.« Nachtrag: »Am liebsten würde er den Umschlag seiner Erzählung selbst zeichnen und grau in grau. Ich habe ihm das ausgeredet. Aber er wünscht sich ein broschiertes Buch, nicht glänzend, möglichst grau. Die Schrift der ›Stunde der wahren Empfindung‹ und wenn es irgend geht die Zeichnung von Günther Knipp mit dem Titel ›Haltestelle‹, die ich mitgebracht habe und die für Herrn Staudt beiliegt. Er möchte auch das Foto verwendet sehen, das in ›La Quinzaine Littéraire‹ veröffentlicht wurde (Ebenfalls für Herrn Staudt anbei). Und noch ein Hinweis von Handke: in dem neuen Heft der ›manuskripte‹ ist ein Text von Henning Grunwald abgedruckt. Wir hatten dieses Manuskript ja einmal hier und wegen seiner weitläufigen grausligen Kompliziertheit nicht gebracht. [Henning Grunwald, *Der Drehkäfig*, in: *manuskripte*, Heft 41, 1973, S. 44-48] Handke empfiehlt uns das sehr.«

[241]

[Paris]
26. April 1976

Lieber Siegfried,
Frau Zeeh hat mir einen Kurzen Brief geschrieben, dass nun alles in Ordnung geht. Ich bin froh und erleichtert darüber.[1] Ich schicke Dir noch zwei kleine Änderungen der Geschichte mit, damit es dann bei den Fahnen keine Schwierigkeit gibt. Die erste ist eine Einfügung ziemlich am Anfang, wo die Frau, nach der Trennung von Bruno, das Kind zur Schule bringt, und sie betrifft die Beschreibung der Lehrerin Franziska, der ich noch ein paar Charakteristika gebe, damit sie nicht so flach und ironisiert erscheint, ähnlich, wie ich das bei dem Verleger getan habe. Ich habe keine Kopie mehr und bitte Dich halt, es an der angegebenen Stelle, es dürfte zwischen S. 15 und 20 sein, einfügen zu lassen. Die zweite, kleine Änderung betrifft die Schlußzeile des Lieds von der Linkshändigen Frau: da sollte es, statt: »Und wir werden uns verraten und aufeinander zugehen« heißen: »Und wir werden ganz selbstverständlich aufeinander zugehen.«
Mit geht es ganz gut, jedenfalls besser. An diesem Wochen-[ende] trafen wir uns in Antibes. Es ging knapp an einem Preis für Karin Kiwus vorbei – aber es meinten doch alle, wir sollten noch ein zweites Buch abwarten, obwohl zwei Gedichte, die ich vorlas, auf eine nachdenkliche Zustimmung trafen.[2] Ich hoffe, es geht Dir gut. Bitte, schicke mir bald eine Abschrift der Erzählung, die Du ja machen lassen wolltest. Ab 8. Mai, wenn ich körperlich und seelisch bei gutem Trost bin, werde ich in Los Angeles sein, bis 18.[3]
Alles Gute,
Dein Peter

| Ich habe vielen Leuten von meinem Titel erzählt, und sie fanden ihn alle mehr als gut, und viele sagten mir übereinstimmend, er mache neugierig zum Lesen – während sie bei »Ins Land des Ideals« mit den Achseln zuckten.[4] »Ins Land des Ideals«, das wäre dann aber ein richtiger Titel für den Science-fiction-Roman nicht der technischen Welt, sondern des *Bewußtseins*, den ich in ein paar Jahren schreiben möchte (bis ich 40 bin – wenn ich's werde.) Hast Du inzwischen doch meinen Brief vom 2. 4. gekriegt? |

| Einfügung für »Die linkshändige Frau« (zu Franziska) | anschliessend an »... und einer Stimme, die man aus jeder Menschenversammlung heraushörte, auch wenn sie gar nicht laut sprach.«. (*Zufügen*): (Sie redete fast nur in Meinungen, aber nicht so sehr aus Überzeugtheit und Leidenschaft, sondern eher aus Sorge, dass Gespräche sonst nicht ernsthaft genug – als bloßes Erzählen, als Tratsch – erscheinen würden, und auch aus einer Art Angst vor jedem Stummsein; manchmal dagegen passierte es ihr, dass sie plötzlich, über gar nichts Bestimmtes, in eine ganz allgemeine, sprachlose Gerührtheit ausbrach, wobei ihr Gesicht, in der Entspannung, eine Ähnlichkeit mit vielen anderen, und sehr verschiedenen, Frauengesichtern bekam und ganz weich wurde – als entdecke sie in dieser unbestimmten Rührung sich selber.)[5]

1 Burgel Zeeh hatte unter dem Datum des 21. April 1976 an P. H. geschrieben: »[...] da Sie für Herrn Unseld gestern und auch heute früh nicht erreichbar waren und auch ich Sie nicht erreichen kann, schreibe ich Ihnen rasch diese Zeilen. Herr Unseld dankt für Ihren Brief, er wird versuchen, Sie nach seiner Rückkehr am Montag anzurufen. Heute nur soviel: das Buch wird wunschgemäß angekündigt mit dem Titel ›Die linkshändige Frau‹. Bei Papier und Umschlag finden ebenfalls Ihre Wünsche Berücksichtigung. Alles Weitere dann zwischen Ihnen beiden mündlich.«

2 Die Jury des Petrarca-Preises bestimmte Sarah Kirsch und Ernst Meister zu den Preisträgern des Jahres 1976.
3 P. H. hielt sich vom 8.-18. April 1976 mit seiner Tochter Amina 10 Tage in Los Angeles zu einer Österreichischen Kulturwoche auf; in New York machte er auf dem Rückflug einen Zwischenstopp; siehe auch *Schönheit ist die erste Bürgerpflicht*, S. 99.
4 P. H. fügte dieses Motiv in *Die linkshändige Frau* ein. Dort liest die Frau in dem französischen Buch, das ihr der Verleger zum Übersetzen mitgebracht hatte, den ersten Satz: »Sie versuchte zu übersetzen: ›Im Land des Ideals: Ich erwarte von einem Mann, daß er mich liebt für das, was ich bin, und für das, was ich werde.‹ Sie hob die Schultern.« (S. 56)
5 P. H., *Die linkshändige Frau*, S. 29: Die Einfügung wurde gekürzt zu: »(Manchmal dagegen passierte es ihr, daß sie plötzlich, über gar nichts Bestimmtes, in eine ganz allgemeine, sprachlose Gerührtheit ausbrach, wobei ihr Gesicht, in der Entspannung, eine Ähnlichkeit mit vielen anderen, und sehr verschiedenen, Frauengesichern bekam und ganz weich wurde – als entdecke sie in dieser unbestimmten Rührung sich selber.)«

[242; Anschrift: Paris]

Frankfurt am Main
27. April 1976

Lieber Peter,
anbei eine neue Abschrift des Manuskriptes der »Linkshändigen Frau«. Deine Korrekturen, die Du angekündigt hast, sind natürlich hier bei dieser Abschrift noch nicht berücksichtigt.
Anbei ebenfalls eine Probeseite. Sie ist noch nicht ganz in Ordnung. Ich möchte sie noch etwas lichter machen, also ein oder zwei Punkt Durchschuß. Die Seite wird auch zwei Zeilen weniger haben, und damit kommen wir dann auf den gewünschten Umfang von 120 Seiten. Wir werden einen niedrigen Preis machen können: DM 14,80 (die Bü-

cherpreise nähern sich immer mehr den Kosten einer Kinokarte).
Herzliche Grüße
Dein
[Siegfried Unseld]

P. S.: Der angekündigte Brief folgt. Das Manuskript kommt mit getrennter Post.

[243; handschriftlich]

[Paris]
30. April 1976

Lieber Siegfried,
schon wieder ich. Aber ich wollte gleich das neu abgetippte Manuskript durchschauen und zurückschicken. Auf *Seite 66* unten fehlen ein paar entscheidende Zeilen. Da ich kein Original mehr habe, bitte ich Dich um die Überprüfung. Auf Seite 10, unten, ist, in Klammern, die Charakterisierung der Lehrerin nachzutragen; den Text habe ich Dir in dem Brief vom 26. 4. geschickt. Auch dem vorletzten Absatz des Buches habe ich noch einen, für mich wichtigen Satz zugefügt. Und nun erwarte ich die Fahnen.
Heute morgen hatte ich die genaue Erleuchtung für den *Umschlag*: das schon genannte Felsengrau, und unter dem Titel etc. eine Reproduktion der Höhlenzeichnungen aus dem Cro-Magnon. Ich habe kein Lexikon davon hier. Es ist ein Büffel, glaube ich. Aber ich gehe heute nachmittag nachschauen. Jedenfalls weiß ich, daß ich den Umriß *dieser ersten Zeichnung eines Menschen* auf dem felsengrauen Umschlag haben möchte, einen schwarzen Umriß wie eingebrannt.[1]
Ich bin am Abtippen meiner Notizen aus den letzten 2 Mo-

naten; das werden 200 Seiten werden; ich hätte es gern einmal als Taschenbuch publiziert, Titel: »Das Gewicht der Welt«; Untertitel: »Materialien zu nichts Bestimmtem (oder: Besonderem)«.
Wieder einmal, herzlich
Dein Peter

1 Der eingefügte Satz lautete: »Sie [Marianne] zeichnete nicht schwungvoll, eher zittrig und ungeschickt; doch dazwischen gelangen ihr ab und zu Striche in einer einzigen Bewegung, fast einem Schwung. Es vergingen Stunden, bis sie das Blatt weglegte. Sie schaute es lange an; zeichnete dann weiter.« (*Die linkshändige Frau*, S 130f.) Der Entwurf zu diesem Nachtrag findet sich in einem Notizbucheintrag vom 30. April 1974, mit dem Zusatz »einfügen in ›Die linkshändige Frau‹«. (DLA, A: Handke, Peter, Notizbuch 004) Daneben zeichnete P. H. die Umrisse eines Büffels. Ein Büffel bildete das Signet des Umschlags. Unter dem Datum des 20. Mai 1976 schrieb P. H. an Burgel Zeeh: [...] Ich schicke Ihnen nun ein paar ausgeschnittene [Höhlenzeichnungen] mit. Ich will den Büffel auch nur als eine Art eingraviertes Signet klein auf dem grauen oder vielleicht hellbraunen Umschlag. Das muß man probieren. Auf einer Zeichnung habe ich einen Pfeil gemacht von dem Tier, das ich mir, eben in dieser kleinen Größe, am ehesten vorstellen könnte. Es handelt sich um paleolithische Einritzungen aus dem Kaukasus. Die andern sind aus Frankreich, Spanien oder Australien, auch eine aus Rhodesien. Man könnte natürlich auch eins von den galoppierenden Pferden nehmen, aber da wird es nicht so klar, daß es sich um die ersten Zeichnungen von Menschen handelt. (Worauf es mir ankommt).« Burgel Zeeh reagierte auf diesen Eilbrief am 21. Mai 1976: »Was halten Sie nun von beiliegender Abbildung? Die Herstellung hatte die Reproduktion von allem Anfang an machen lassen, und nach den Mustern, die Sie jetzt schicken, entspricht der Büffel doch wohl auch Ihren Vorstellungen?«

[244; handschriftlich; Ansichtskarte: »Grandhotel. Promenade Marcel Proust. Cabourg (Calvados)«]

20. Juni 1976

Lieber Siegfried,
daß ich Dir von hier schreibe, hat ja fast schon Tradition. Es ist aber auch, um Dir mitzuteilen, daß morgen der letzte Tag meines Aufenthalts in 77, B^d de Montmorency ist. Bis Anfang September habe ich keine Adresse: alle Post sollte dann an den Residenz Verlag gehen, weil ich mich irgendwo in Österreich herumtreiben werde ab 2. 7. Die Fahnen habe ich korrigiert zurückgeschickt, sehr schnell, und warte immer noch auf den Umschlag nach meinen Vorstellungen. Ich sitze am Fenster, und das Meer braust ganz stark ins Zimmer, obwohl Ebbe ist. Es ist neun Uhr früh, aber der Strand ist noch ganz leer.
Ich hoffe, Dich im Sommer einmal zu sehen. Gestern waren noch bis lange nach Mitternacht hier über dem Atlantik helle Stellen am Himmel.
Dein Peter

[245; handschriftlich]

Grein/Donau
12. Juli 1976[1]

Lieber Siegfried,
seit einer Woche gehe ich kreuz + quer durch Österreich und habe, für den Moment, genug von Wäldern, Bächen und lauten Gasthöfen. Heute morgen habe ich die Tennisschuhe, mit denen ich gegangen bin, in einen Abfallkorb gesteckt und will jetzt ein bißchen mit dem Schiff die Donau hinunter.[2]
Bitte laß auf dem Umschlag den Text und das Foto weg; der

Text war ja doch nur [für] den Verlagsprospekt + für die Vertreter bestimmt; für das Buch selber wäre es besser, es wäre nichts da als die Erzählung, wie beim »Tormann« damals, ohne Klappentext, der ja viel zu viel von der Erzählung schon verrät. Foto, wie gesagt (von mir), möchte ich auch keines. Und ich warte natürlich immer noch auf den Umschlagentwurf mit der Vignette.
Bitte, überleg auch, wie Du Gedichte von Ernst Meister[3] als Taschenbuch erscheinen lassen kannst. Es sind ganz großartige Sachen; die Zeitungen haben ja auch anläßlich des Petrarca-Preises geklagt, daß es die Gedichte von Meister nirgendwo als Taschenbuch, erschwinglich, gäbe. (Siehe »FAZ« + »Zeit«.) Und ich erinnere Dich an den »Drehkäfig« von Henning Grunwald.[4]
Lieber Siegfried, ich hoffe, Dich bald zu sehen,
Dein Peter

1 Der Brief trägt den handschriftlichen Vermerk von S. U.: »keine Adresse/abwarten«.
2 P. H. reiste Anfang Juli über Kärnten und das Salzburger Land nach Oberösterreich. Von Linz ging es weiter ins Mühlviertel (Freistadt, Kefermarkt, Sandl), entlang der tschechoslowakischen Grenze ins Waldviertel (Großpertholz, Gmünd, Zwettl, Rappottenstein) bis an die Donau (12. 7.), wobei er große Strecken zu Fuß zurücklegte. (DLA, A: Handke, Peter, Notizbuch 007)
3 »Auch Ernst Meister wird in diesem Herbst neue Gedichte publizieren. Da viele seiner älteren Gedichte zur Zeit nicht mehr greifbar sind, wäre es wünschenswert, wenn sich – gerade nach dieser Preisverleihung – ein Verlag dazu bereit fände, eine Taschenbuchausgabe aus den zahlreichen Gedichten Ernst Meisters zusammenzustellen.« Volker Hage, *Im Garten Petrarcas*, in: *Frankfurter Allgemeine Zeitung*, 1. Juli 1976. Die Zeit, 2. Juli 1976, druckte die beiden Reden auf die Preisträger von Urs Widmer (Sarah Kirsch) und Nicolas Born (Ernst Meister).
4 Henning Grunwald, *Der Drehkäfig*, erschien nicht im Suhrkamp Verlag.

[246; handschriftlich]

[Salzburg]
4. August 1976

Lieber Siegfried,
mit der Modifikation, die ich grob, mit dem Filzstift an dem Umschlag gemacht habe, bin ich mit dem Ganzen sehr einverstanden. Nur sollte der Büffel wohl noch kleiner sein, und es wäre auch zu erwägen, ob man ihn weiter hinuntersetzen sollte, wie ich es ungefähr angedeutet habe. Sonst gefällt mir der Entwurf, er ist einfach, still und paßt zu der Geschichte. Bis bald also,[1]
Dein Peter

1 P. H. hielt sich zwischen dem 18. und 21. August in Frankfurt am Main auf; dabei nahm er letzte Korrekturen am Umschlag vor. Für einen Teil der ersten Auflage wurden danach neue Umschläge gedruckt. Die Klappen der Klappenbroschur enthielten keinen Text. Die Auslieferung des Buches erfolgte am 26. August 1976.

[247; handschriftlich]

[Clamart][1]
12. Oktober 1976

Lieber Siegfried,
hier schicke ich Dir das Exemplar mit den Korrekturen. Es sind 11, und alle sind eher klein. Aber es liegt mir daran. Es wäre schon ganz freundlich, wenn ich einmal die Verkaufszahlen erfahren könnte.
Herzliche Grüße
Dein Peter

1 Seit Oktober 1976 wohnte P. H. in Clamart (einem Vorort von Paris), 53, rue Cécille-Dinant.

[248; Anschrift: Clamart]

Frankfurt am Main
18. Oktober 1976

Lieber Peter,
habe Dank für Deine Zeilen vom 12. Oktober 1976. Die Korrekturen für die »Linkshändige Frau« werden wir bei der Neuauflage sorgsam beachten.
Der Stand der Ziffern: wir haben 48.000 Exemplare gedruckt, per 30. 9. sind 25.123 Exemplare verkauft worden. Wahrscheinlich werden wir am 15. 10. 1976 etwa 32.000 Exemplare verkauft haben. Der Verkauf hält weiterhin an. Reich-Ranickis verantwortungslose Kritik wird neue, verantwortungsvolle auf den Plan rufen.[1] Wir haben auch für die kommenden Ausgaben der »Zeit« noch Anzeigendispositionen.
Ich habe hier im Verlag eine Regelung für meine Vertretung geschaffen. Ich gebe sie Dir anbei zur Kenntnis. Die Arbeit geht also aktiv weiter. Wenn Du irgendwelche Wünsche hast, so wende Dich doch an Frau Zeeh, sie wird sie ausführen oder auf jeden Fall an die richtigen Stellen weiterleiten.[2]
Ich wäre gerne noch vor meiner Abreise zu Dir gekommen, aber es geht nicht, meine Mutter ist schwer erkrankt, und ich weiß auch gar nicht, ob mich nicht schlimmere Nachrichten in den USA erreichen.[3]
Alles Gute für Dich und für Dein Schreiben. Ich werde in Austin sehr an Dich denken. Ich möchte dort auch in einem Seminar Dein Gedicht »Leben ohne Poesie« lesen.[4]
Herzliche Grüße
Dein
[Siegfried Unseld]

P. S.: Anbei die Anzeige vom 15. Oktober 1976 aus der »Zeit«

1 Marcel Reich-Ranicki, *Unser junger Handke und die alte Hedwig*, in: *Frankfurter Allgemeine Zeitung*, 10. Oktober 1976, rückte P. H. in die Nähe von Hedwig Courths-Mahler, der Autorin von Trivialliteratur (siehe auch Brief 329, Anm. 2).
2 Vom 24. Oktober bis 2. Dezember 1976 lehrte S. U. als Gastprofessor an der University of Texas in Austin/Texas. Die Anlage hat sich nicht erhalten. Es handelt sich wahrscheinlich um die schriftliche Regelung der Zuständigkeiten für Vertragsunterzeichnungen, Entscheidungen über Manuskriptannahmen usw.; sie ist gedruckt in: »*Ich bitte um ein Wort...*«, S. 293 f.
3 S. U. notierte in der *Chronik 1976* unter dem Datum des 14. Oktober 1976: »Fahrt nach Ulm. Meine Mutter schwer krank, zerebrale Durchblutungsstörung, ihr 79. Geburtstag. Der Tod ist ihr näher gerückt, greifbar nahe. Ich bin in einer merkwürdigen Stimmung. Der Gedanke an meine Mutter bedrückt mich, wirft Schatten auf mein US-Vorhaben.«
4 Unter dem 29. November 1976 vermerkt der *Reisebericht USA, Mexiko, 20. Oktober-15. Dezember 1976*: »Dann das Seminar: Peter Handke, ›Leben ohne Poesie‹. Der vorgesehene Referent Klaus Steindrechner ist nicht erschienen. Später finde ich in meinem Postfach eine Entschuldigung. Ich übernehme das Referat, eher sehr erfreut, weil ich das Gedicht lieben lernte.«

1977

[249; handschriftlich; Ansichtskarte: »Unique Lobby of the famous Brown Palace Hotel Denver Colorado«]

Januar 1st, 1977

Lieber Siegfried,
ich habe hier bis jetzt Glück gehabt: kaum kam ich in die bis dahin schneelosen Rocky Mountains, fing es zu schneien an, und es war der schönste, weichste und leichteste Schnee, den ich je erlebt habe.
Ich bin viel herumgegangen, es war sogar möglich, habe dann noch in Colorado Springs am Wegrand im Schnee gesessen und die große Hochebene gesehen. Das war schon was! Auf bald!, hoffentlich,
Dein Peter[1]

1 Beim Eindruck auf dem unteren Rand der Karte »WHERE THE WORLD REGISTERS« hat P. H. »The World« eingekästelt und darüber geschrieben: »= ich«. (Siehe Abb. 9.) P. H. war am 28. Dezember 1976 von Frankfurt am Main (am 27. und 28. hatte er S. U. getroffen) nach New York geflogen, von dort weiter nach Denver; am 31. Dezember hielt er sich in Colorado Springs auf, am 2. Januar 1977 war er von New York nach Frankfurt am Main zurückgeflogen.

[250; Anschrift: Clamart]

Frankfurt am Main
12. Januar 1977

Lieber Peter,
heute ist Deine Karte aus Denver gekommen. Du hättest mich anrufen sollen. Ich glaube, ich wäre hingeflogen. Habe herzlichen Dank.
Und noch einen Dank: es war schön, daß Du an diesem 8. Januar hier warst. Ich werde das nie vergessen.[1]
Alles Gute, bis bald. Denke Dir etwas aus. Ich komme gern.
Herzliche Grüße,
Dein
[Siegfried Unseld]

1 S. U. nahm seine Tätigkeit im Suhrkamp Verlag am 2. Januar 1952 auf. Sein 25jähriges Arbeitsjubiläum feierte er am 8. Januar 1977 in Frankfurt als »Betriebsfest« mit Autoren und Mitarbeitern des Verlags. P. H. gehörte zu den 120 Gästen.

[251; handschriftlich; Anschrift: ⟨Clamart⟩]

Frankfurt am Main
[28. Januar 1977]

Lieber Peter
Gratuliere
Dir
uns
zum 75. Tausend[1]
Dein
S

1 *Die linkshändige Frau* war vom 4. Oktober 1976 bis 3. März 1977 ununterbrochen auf der *Spiegel*-Bestsellerliste – einmal auf Platz 3, sonst auf Platz 4 und 5.

[252; Anschrift: Clamart]

Frankfurt am Main
20. Mai 1977

Lieber Peter,
ich habe lange nichts von Dir gehört. Ich hoffe sehr, daß es mit dem Film gut und produktiv weitergeht und Du Deine Vorstellungen realisieren kannst.
Die Zahlung ist offensichtlich eingegangen.[1]
Nun eine gute Nachricht. Der »New Yorker« möchte die »Linkshändige Frau« im frühen Herbst in einer Nummer abdrucken. Das ist für die öffentliche Aufmerksamkeit gegenüber Deinen Büchern in den USA eine sehr wichtige Sache. Unser Agent Kurt Bernheim verhandelt im Augenblick die Honorare. Wir sollten, meine ich, auch den Übersetzer Ralph Manheim mit 10 bis 20 % beteiligen. Bist Du damit einverstanden?
Ich will Dich telefonisch nicht stören, aber Du kannst mich am nächsten Sonntag leicht in Frankfurt erreichen, dann natürlich auch in den Pfingsttagen. Bitte laß doch von Dir hören.
Herzliche Grüße
Dein
[Siegfried Unseld]

1 P. H. drehte den Film *Die linkshändige Frau* im März und April 1977 in Clamart. Das Drehbuch basierte auf der im Taunus angesiedelten Erzählung, lokalisierte sie jedoch in der Nähe von Paris.

[253]

[Paris]
26. Mai 1977

Lieber Siegfried,
ja, es ist sehr lange her, daß wir miteinander geredet haben. Ich erinnere mich an ein Telefongespräch am Abend, das sich nach einiger Zeit in schönes Wohlgefallen auflöste, und an ein andres am Nachmittag danach, das dann plötzlich wieder ganz anders war. Du sprachst bei jenem ersten Telefonat auch davon, daß Du mit Schaffler über die Veröffentlichung der Notizen reden wolltest. Ich fragte ihn vor kurzem – aber er wusste nichts davon. Ich bin auch ganz froh, dass die Aufzeichnungen in meinem »kleinen Verlag« erscheinen (statt in meinem »grossen«): das entspricht der Unauffälligkeit, die sie auch als Erscheinung haben sollen (als Wesen hoffentlich mehr).[1]
Ich war froh über das Darlehen, das der Verlag der Firma road movies gegeben hat – obwohl ich andrerseits verbittert bin über diese Firma (die Geschäftsführerin jedenfalls), die das nötige Geld auch ohne solche persönliche Verquickungen hätte beschaffen müssen. Die haben meinen Namen und mich benützt, selber aber keine Anstrengung über die Routine, die, für sich, nicht einmal Routine ist, unternommen. Der Film ist jedenfalls abgedreht – und wir werden sehen, hoffentlich. Wenn ich überhaupt ein Gefühl dazu haben kann, dann bin ich froh (und zufrieden).
Daß der »New Yorker« die »Linkshändige Frau« publizieren will, weiß ich seit einiger Zeit von Nancy Meiselas; später schrieb mir auch Frau Ritzerfeld. Natürlich ist es mir recht, daß Ralph Manheim auch einmal profitiert. Ich würde ja gern seine Übersetzung kennen.
Seit einem Tag gibt es ein Mädchen im Haus, das sich um Amina ein bißchen kümmern soll. Es stört mich schon,

oder noch. Es wäre schön, gäbe es jemanden, der einem hilft, ohne daß man es ihm sagen muß. Meine Aggressionen sind aber auch albern: über ein nicht weggeräumtes Weinglas z. B. Fremde Anwesenheit scheint mir nur erträglich, wenn ich vom andern ein Gefühl des Denkens kriege. Das ist das Problem, mein Problem. Beim letzten Telefongespräch hast Du gesagt: »Bedenke doch, was der Verlag alles für Dich getan hat!« Dieser Satz beschäftigt mich immer noch, und ich würde gern einmal mit Dir darüber reden. Er hat mich eigentlich ganz tief erschreckt. Ich wollte das nicht verschweigen.

Ich habe alle Bücher (fast) von Achternbusch noch einmal gelesen (weil ich vielleicht was darüber anläßlich des Petrarca-Preises sagen soll, aber wohl nicht kann). Als Schreiber gebe ich ihm schon oft recht, als Leser fast nie. Ich wünsche mir zum Lesen eine Konstruktion, in der die Leute deutlicher werden mit ihren Leben und man ihnen aus größerer Entfernung zuschauen kann und sie doch besser erlebt.[2]

Vielleicht reden wir bald einmal.
Herzlich, für heute,
Dein Peter

1 P. H., *Das Gewicht der Welt. Ein Journal (November 1975-März 1977)* erschien 1977 im Residenz Verlag. Seit Sommer 1975 hielt P. H. regelmäßig in Notizbüchern Beobachtungen, Reflexionen, Zitate aus Gehörtem und Gelesenem sowie Vorformulierungen für geplante Bücher fest. Eine erste Auswahl der Notizbucheintragungen präsentierte *Das Gewicht der Welt*. Das Typoskript umfaßt 172 Blatt (ÖLA 165/01/W1/Sammlung Max Droschl). Auf das Titelblatt klebte P. H. eine Seite aus seinem Notizbuch mit einer Zeichnung von Haltegriffen in einem Zug – die auf dem Buchumschlag abgebildet wurde.
2 Herbert Achternbusch verbrannte den Scheck über 20.000 DM Preisgeld des ihm zuerkannten Petrarca-Preises 1977. Die Lau-

datio von P. H., *Zu Herbert Achternbusch*, erschien in: *Die Zeit*, 24. Juni 1977; wiederabgedruckt in: P. H., *Das Ende des Flanierens*, S. 101-105.

[254; Anschrift: Clamart]
Frankfurt am Main
14. Juni 1977

Lieber Peter,
hab Dank für Deinen Brief vom 26. Mai. In der Tat wäre es gut, wenn wir bald einmal miteinander sprächen und unser gegenseitiges Erschrecken ausräumten.
Meine Erinnerung an die beiden Telefonate ist doch etwas verschieden von der Deinen.
Am Abend batest Du in diesem Telefonat um DM 100.000,–, und Du wolltest dieses Geld ausdrücklich als eine Beteiligung an der Firma sehen, nicht als ein Dir gegebenes Darlehen. Es ist nur zu verständlich, daß ich hier die Frage der Bücher und Rechte aufwerfen mußte. Du hast damals gesagt, daß Du die Rechte an den früheren Stücken vom Verlag der Autoren auf uns übertragen würdest. Ich weiß nicht, ob Du in dieser Richtung irgend etwas unternommen hast. Dann warf ich die Frage des Pariser Journals auf. Nein, lieber Peter, zu keinem Augenblick sagte ich, daß ich das bei Residenz klären könnte und auch nur möchte. Erstens einmal bin ich nicht mehr on speaking terms mit Schaffler und zum zweiten: ich könnte das gar nicht, denn das »Recht« dazu hast nur Du. Ich habe also gewartet, da ich ja Dein Wort hatte. Und ich bin zutiefst erschrocken, daß jetzt der Residenz Verlag »Das Gewicht der Welt. Journal 1975-1977« anzeigt. Und ich kann Deiner Vorstellung nicht folgen, wenn Du meinst, das Erscheinen dieses Buches bei Residenz entspräche der »Unauffälligkeit, die sie auch als Erscheinung haben sollen«.

Am nächsten Morgen hast Du mich dann noch einmal angerufen und hast mich gebeten, diese DM 100.000,– telegrafisch zu überweisen. Ich habe das getan und wie gesagt auch die Zahlung weder als eine Zahlung für Dich noch als ein Darlehen angesehen, sondern als eine Leistung des Suhrkamp Verlages zur Realisierung Deines Films. An Deiner Bitte um telegrafische Überweisung sah ich ja die Dringlichkeit der Sache, und später habe ich erfahren, daß Du hättest nicht weitermachen können, wenn diese Zahlung nicht gekommen wäre. Ich habe nie mehr ein Wort von Dir darüber gehört, und dabei wäre es doch leicht gewesen, Du hast ja gespürt, daß mir das Ganze der Summe wegen schwerfiel, daß ich aber spontan reagierte, als ich sah, wie existentiell die Angelegenheit für Dich war.

Lieber Peter, wir sollten uns wirklich bald sprechen. Nicht mehr über die Residenz-Angelegenheit, mit Deiner Entscheidung hast Du dem Verlag und mir Schaden zugefügt. Ich weiß, Du hörst das nicht gerne und siehst mir diesen Satz auch nicht nach. Aber es ist so. Doch ebenso sehr kann ich einen Schlußstrich unter diese Sache ziehen und schlage deshalb dann vor, daß wir dies unbesprochen lassen. Wir haben ja Zukünftiges.

Kommst Du demnächst in unsere Zonen? Oder bist Du den Juli über in Paris. Wenn Du nicht früher hierherkommst, würde ich vielleicht Mitte Juli Dich in Paris besuchen.

Herzliche Grüße
Dein
[Siegfried Unseld]

[255]

[Clamart]
19. Juni 1977

Lieber Siegfried,
es ist immer dann eigentlich unmöglich, weiterzureden, wenn einer dem andern das falsche oder schlechte Gedächtnis vorhält, oder auch nur sagt, dass seine Erinnerung eben eine andre ist. Dabei lebe ich von meinem Gedächtnis: Ich weiss also (nicht »genau«, sondern ich weiss es nur), dass die zwei Telefongespräche anders waren, als Du es darstellst. Erst einmal sprachst Du bei dem Telefongespräch des Abends von einer Beteiligung von 200.000 Mark | von denen Du 100.000 gleich überweisen wolltest.| Dann war nicht von den Stücken die Rede, die schon beim Verlag der Autoren sind, sondern von denen, die ich schreiben werde. Und das Entscheidende: dass ich Dir sagte, wegen Deines Plans, das Journal gemeinsam mit dem Residenz Verlag zu veröffentlichen (immerhin eine neuartige Form von Buchveröffentlichung, die Du vorschlugst und die ich auch akzeptierte), solltest Du Dich mit Schaffler verständigen – und ich weiss eben, dass Du das wolltest und zusagtest: denn ich konnte nicht anders als deutlich machen, daß ich zu dem Zeitpunkt, mitten in den Dreharbeiten, nur diese Dreharbeiten bewältigen konnte. Ich erinnere mich sehr klar. Und am nächsten Tag (Nachmittag, nicht Morgen) war nicht ich es der Dich anrief, sondern Du riefst mich an (auch das weiss ich: ich war ja beim Drehen und hätte nie jemanden anrufen können in der Anspannung) und sagtest, Du habest mit Marré gesprochen: eine Beteiligung an einem solchen Projekt, von dem man nicht erwarten könne, dass es sich rentiere (Du drücktest das vorsichtiger aus), mache Dir »Sorgen«. Du schlugst mir dafür, ganz im Gegensatz zu unsrer Einigung des Vorabends (da, in der Nacht,

hatte ich Dich angerufen), ein Darlehen des Verlags an mich persönlich vor, und zwar in der Höhe von 100.000 Mark. Du weisst auch, daß ich durch einen solchen Sinnenwechsel nach unserer klaren Einigung des Vorabends bestürzt war. Ich war aber doch, im Hinblick darauf, dass die Dreharbeiten im Gang waren, froh, dass Du uns überhaupt noch helfen wolltest und akzeptierte das Darlehn unter der Bedingung, dass es der Firma road movies, statt mir persönlich, gegeben würde. So ist es wohl auch geschehen, denke ich.[1]
Und dann ging die Arbeit, dank der Hilfe des Verlags auch, ohne grosse materielle Sorgen vonstatten. Jedenfalls war es eindeutig abgemacht, in unserem ersten Telefongespräch, dass Du Dich mit Schaffler über den Herausgabemodus einigen solltest. Und dann wartete ich darauf, fragte auch Schaffler am Telefon einige Male, ob Du mit ihm das Projekt der Gemeinschaftsausgabe geklärt hättest (worüber er nicht erfreut war – aber was wohl als nicht anders möglich eingesehen worden wäre, schliesslich): und schliesslich, als keine Nachricht kam, war es mir, das muss ich jetzt auch sagen, recht so: denn es ist mir doch eine Art Bedürfnis, ab und zu etwas im Residenz Verlag zu veröffentlichen, der mir am Herzen liegt. Ich möchte das gar nicht weiter erklären müssen, es ist mir selbstverständlich.
Selbstverständlich auch hätte ich an dem Film weitermachen können, wenn Dein (sehr willkommenes) Darlehen nicht so pünktlich telegrafisch überwiesen worden wäre. Ich (ja, allein ich) hätte eben woanders das Geld, um das sich die Produktionsfirma so schlecht gekümmert hat, aufgetrieben. Dass ich den Suhrkamp Verlag vorschlug der Geschäftsführerin, war nur das Naheliegende und erste. Ich habe noch nie in meinem Leben eine äussere Macht gespürt und ausgeübt: bei der Arbeit an dem Film ist mir aber klar geworden, dass ich eine solche habe (gehabt habe) und dass ich sie auch, und zwar ohne Bedenken, ausgenützt hätte:

denn es lag und liegt mir an dem, was ich gemacht habe. Dass ich diese Macht nicht benutzt habe, bedauere ich jetzt bei unsrer Auseinandersetzung (es ist eine geworden) doch wieder.

20. Juni 1977
[handschriftlich]
Lieber Siegfried, ich habe den Brief noch einmal aufgemacht – es ging noch weiter, und mir fiel ein, wenn man das ganze im Gespräch abmachte, wäre es besser. Nur eins: ich sehe nicht ein, warum ich dem Verlag Schaden zugefügt haben soll: jeder weiß, daß ich zwischendurch (und von Anfang an: »Begrüßung des Aufsichtsrats«) auch im Residenz Verlag publiziere. Und vor allem sehe ich nicht ein, warum ich mir sagen lassen soll, daß ich dem Verlag Schaden zugefügt hätte. – Am 3. oder 4. Juli fliege ich für 10 Tage in die USA. Entweder vorher oder nachher könnte ich in Frankfurt sein. Ab 15. 7. bin ich bei Wim Wenders, zum Schneiden des Films: 8 München 90, Willroiderstr. 12, zu erreichen. Tel. 089/647309.[2]
Wenn es Dir recht ist, zahle ich Dir das Darlehen an die Firma sofort zurück.
Ich bin noch bis 29. 6. hier, bringe dann Amina nach Österreich.
Es grüßt Dich,
Dein Peter

1 Burgel Zeeh erstellte unter dem Datum des 11. Juli 1977 eine Notiz zu den Verhandlungen über die Finanzierung des Films *Die linkshändige Frau:* »lt. Herrn Marrés Unterlagen gab es im März folgende Kontakte zu Road-Movies-Produktion GmbH Berlin. 18. 3. Fr., Anruf der Geschäftsführerin Regina Ott-Gundelach bei Dr. Unseld: Bitte um Unterstützung der Produktion des Spielfilms von Handke, ›Die linkshändige Frau‹. 21. 3., Mo., Ausführlicher Brief von Dr. Marré an Road Movies. 25. 3. Fr. Besuch von

Frau Ott im Verlag. Vorstellung des Projekts. Diskussion von Finanzierungsalternativen. Entscheidung: Darlehen des SV an RM (100.000, – DM). Auszahlung des Darlehensbetrages (vor Abschluß des Darlehensvertrags) an Herrn Handke privat (später umgebucht auf RM) nach Paris. 4. 4. Mi, RM legt Darlehensvertrag vor. Im weiteren Verlauf dann Vertragsunterzeichnung mit RM.«

2 P. H. traf S. U. am 5. Juli 1977 in Frankfurt. In der *Chronik 1977* hielt S. U. unter diesem Datum fest: »Peter Handke in Frankfurt. Ich bangte diesem Gespräch entgegen. Würden wir uns trennen? Wir hatten zu disparate Anschauungen in Sachen meiner Film-Unterstützung und seines Versprechens, das Journal [*Das Gewicht der Welt*] nur hälftig zu Residenz zu geben. Doch das Gespräch glitt leicht über diese Punkte hinweg; ich breitete ihm noch einmal meinen Standpunkt aus, freundlich, höflich, bestimmt. Aber auch er war an einer Verhärtung der Standpunkte nicht interessiert, und so verlief dann der Abend unverbindlich-freundlich.« P. H. flog am 6. Juli von Frankfurt nach Anchorage. Dort traf er F. C. Maye, seinen Regieassistenten bei *Die linkshändige Frau*. Von Alaska ging es mit dem Auto nach Seattle und weiter nach Billings/Montana. Von dort nahm er das Flugzeug nach New York, von wo er am 17. Juli nach Frankfurt am Main zurückflog.

[256; handschriftlich; Ansichtskarte: »61 miles north of Fairbanks on the mighty Yukon river is the farthest point north on the North American Continent you can reach by car.«]

[Circle City]
8. Juli 1977

Lieber Siegfried,
der Yukon River ist ein schöner Strom, es sind gar keine Schiffe darauf zu sehen, die Landschaft sieht von weitem wie bewohnt aus, aber nirgendswo ist jemand.
Viele Grüße
Peter

[257]

[Clamart]
16. September 1977

Lieber Siegfried,
jetzt bin ich wieder hier zurück und möchte Dir danken für die Stunden in Frankfurt. Man denkt: So könnte und sollte es also immer sein.[1] Der Film ist nun gemischt, und sobald es eine fertige Kopie gibt, wird sie Dir nach Frankfurt geschickt zu einer privaten Vorführung. Die Erwähnung der Erzählung hat irgendwie doch nicht in den Film gepasst (es ist so, wie wenn man einen Pelz erwähnt), und so kommt sie auf das Plakat. Der Film scheint mir zum großen Teil ganz einfach und selbstverständlich, aber für mich verliert er doch ein paar Minuten zwischendurch sein sonst Zwingendes. Aber den andern gefällt er sehr, sogar der sonst sehr kritischen Hauptdarstellerin. Kintopp ist es freilich nicht.[2]
Nun hoffe ich wieder Ruhe zu finden zum Selbsterkennen, woraus dann die Formen fürs Schreiben kommen. Gestern abend im Haus fühlte ich schon wieder eine Art Humor, ganz neu, mit dem ich das Buch in Bewegung bringen und halten könnte. Hab halt Geduld, es wird sicher insgesamt noch 1 ½ bis 2 Jahre dauern bis zur Fertigstellung. Aber die Zuversicht hat mich wieder, daß ich Grosses leisten kann.
Viele Grüße,
Dein Peter

1 S. U. hielt in der *Chronik 1977* unter dem Datum des 11. September fest: »Peter Handke ruft mich an. Er ist nach Frankfurt gekommen, um die Angelegenheit seines Hauses in Kronberg zu richten. Obschon tief in der Arbeit, richte ich mich auf ein abendliches Zusammensein ein. Und nachmittags beginne

ich, in seinem Buch ›Das Gewicht der Welt. Ein Journal. November 1975 bis März 1977‹ zu lesen. Es ist ein Buch mit vielen Schwächen, aber doch mit vielen faszinierenden Aufzeichnungen. Wie wäre der Lektoratsgang bei uns verlaufen? Hätte ich ihn überzeugen können, zu ändern, wegzulassen? War dies vielleicht auch mit ein Grund, weswegen er es an Residenz gab? Es ist ein rückhaltloses Bekenntnis Strindbergscher Art oder vielleicht wie die ›Sudelhefte‹ von Strindberg. Hier Beispiele: »Warum gewinne ich manchmal meine Ruhe, mein Selbstbewußtsein nur daraus, daß ich andere angreife, daß ich in sie dringe mit Worten, die sie ausziehen, zurechtweisen, zerstören? – ›Die Angst muß aufhören!‹ – ›Dann sag doch gleich, daß die Welt aufhören muß.‹
›Die Lieblosigkeit fängt an: man fragt jemanden, was er so macht.‹
Wichtig, was er über den ›Augenblick‹ schreibt (S. 191).
Auf Seite 173 taucht dann ein Herr S. auf: ›S. sagte, von einer Frau erzählend, mit der er geschäftlich zu tun hatte:‹Ich muß natürlich vorsichtig sein, weil sie mich liebt.›‹ Das Sensorium dieses Mannes. Kennte ich ihn nicht zu gut, so müßte einen solche Sensibilität lähmen. Wir hatten ein sehr angenehmes Gespräch, das alle Themen berührte.«

2 *Die linkshändige Frau*: Regie und Drehbuch: Peter Handke; Regieassistenz: F. C. Maye, Peter Stephan Jungk; Kamera: Robby Müller, Schnitt: Peter Przygodda. Produzenten: Wim Wenders Production, Road Movies, WDR, ORF und Filmverlag der Autoren. Es spielten: Edith Clever (Marianne), Bruno Ganz (der Ehemann), Markus Mühleisen, Michael Lonsdale, Angela Winkler, Inès de Longchamps, Philippe Caizergues, Gérard Depardieu, Nicolas Novikoff, Jany Holt, Bernhard Minetti, Rüdiger Vogler, Bernhard Wicki, Hanns Zischler. Länge: 116 Minuten.
Unter dem Datum des 3. November 1977 vermerkt die *Chronik* von S. U.: »3. November: Private Filmvorführung des Handke-Films ›Die linkshändige Frau‹. Stehende, ruhige, schöne Bilder, überhaupt Ruhe und ästhetische Schönheit dominieren und lassen die zweistündige Filmzeit vergessen. Hervorragende Besetzung: Bruno Ganz, Edith Clever, Bernhard Minetti. Aber warum bleibt das Ganze letztlich unbefriedigend? Handke hielt sich präzise

an sein Wort. Das ist verständlich. Dieses Wort gibt exakt seine Gefühle wieder, ist ein exakter Ausdruck *seiner* Sensibilität. Aber die Schauspieler haben eine andere Sensibilität, und exakt auf den richtigen Ausdruck an Sensibilität kommt es hier an. Und so ist hier überall eine Diskrepanz zu sehen, die die Glaubwürdigkeit des Filmes doch anzweifelt. Der Film wird seinen Weg machen als Stadium der Filmgeschichte, weniger als Kintopp. Ulrich Greiner, der vor kurzem in der ›Frankfurter Allgemeinen Zeitung‹ ›Das Gewicht der Welt‹ von Handke verrissen hat, schreibt einen Tag später in der ›Frankfurter Allgemeinen Zeitung‹: ›Der Film befindet sich in einem ruhigen Einverständnis mit dem, was er zeigt: er ist die Ruhe selber. Daraus spricht kein Fatalismus, eher eine neugierige, sehnsüchtige Hingabe an das, was man im Deutschen «Leben» nennt. Handke setzt also eine Befreiung von den Zwängen des täglichen Existenzkampfes voraus – luxuriös, aber auch antizipatorisch.‹ Greiners Besprechung ist neutral, die meisten anderen Besprechungen sind sehr kritisch.«

[258; Anschrift: Clamart]

Frankfurt am Main
26. September 1977

Lieber Peter,
hab Dank für Deinen sehr liebenswürdigen Brief. Wir sollten uns halt einfach öfter sehen.
Auch ich fand die Abendstunde im Park-Hotel angenehm und anregend.
Auf den Film warte ich sehr gerne. Ich bin gespannt.
Besonders freue ich mich, daß Du wieder jene konzentrierte Lust empfindest, die zum Schreiben nötig ist. Ich werde Geduld haben, weil ich sicher bin, daß Du wirklich Bedeutendes schaffst.
Während ich dies diktiere, ist Sonntag, draußen ein herrlicher blauer erfüllter Herbsthimmel. Du siehst, ich mache

es schon so, »beim Arbeiten im Haus immer wieder aus dem Fenster zu schauen«.
Herzliche Grüße,
Dein
[Siegfried Unseld]
(nach Diktat verreist)
i. A. Dagmar Hoffmann
Sekretariat

[259]

[Clamart]
17. Oktober 1977

Lieber Siegfried,
ich werde nun doch nicht am Freitag nach Frankfurt kommen. Ich fühle mich im Moment auch nicht imstande, unter offiziellen Leuten zu sein. (Damit meine ich natürlich nicht Dich.) Ich freue mich sehr, daß Du diese Medaille kriegst; sie verdient Dich.[1]
Hier geht es gut; viele Gedanken, ein paar brauchbar, einige wenige, die mehr sind. Ich habe nur ein großes Bedürfnis nach Alleinsein, und das Mädchen, das wegen Amina im Haus ist, beschränkt irgendwie meine Phantasie; d. h., ich selber beschränke mich eher.
So hoffe ich, Dich Anfang Dezember hier zu sehen und mit Dir schön zusammenzusein. – Gestern abend war ich am Montparnasse in dem Restaurant »Aux Îles Marquises« (wo wir auch einmal waren), und beim Weggehen sah ich tatsächlich den großen Dichter[2] mit jungen Amerikanern an der Bar stehen, wie ein von Jüngern angeregter Wissenschaftler. Ich geisterte vorbei.
Für heute herzlich,
Dein Peter

1 Am 21. Oktober 1977 überreichte Oberbürgermeister Walter Wallmann S. U. die Goethe-Plakette der Stadt Frankfurt am Main.
2 Samuel Beckett

[260; Anschrift: Clamart]
Frankfurt am Main
21. Oktober 1977
Lieber Peter,
hab herzlichen Dank für Deinen Brief vom 17. Oktober. Ich verstehe gut, daß Du es vorziehst, bei Dir zu bleiben. Wir versuchen hier, ohne Dich über die Runden zu kommen.
Wir haben an Schaffler ein Angebot gemacht; für die Übernahme des »Gewichts der Welt« als »suhrkamp taschenbuch« garantierten wir eine Startauflage von 50.000 Exemplaren.
Bis Anfang Dezember also –
herzlichst,
Dein
[Siegfried Unseld]

[261; handschriftlich; Briefbogen Road Movies, Berlin]
[Berlin]
8. November 1977
Lieber Siegfried,
ich schicke Dir das zweite Buch einer schwedischen Schriftstellerin mit einer Besprechung aus »Svenska Dagbladet« und einem »Gutachten« von Verena Reichel, der Übersetzerin Lars Gustafssons. Ich selber habe 1 Kapitel in einer provisorischen Übersetzung gelesen, und es gefiel mir sehr,

verschwiegen und klar. Es wäre schön, wenn eine Übersetzung im Suhrkamp Verlag erscheinen könnte.
Ich freue mich, Dich Anfang Dezember hier zu sehen. – Du hast ja einen Wunsch offen.
Viele Grüße
Dein Peter

[262; handschriftlich; Briefpapier Grand Hotel, Cabourg (Calvados)]

13. November 1977

Lieber Siegfried –
in unserem berühmten Hotel, wo es mir ordentlich kalt an die Füße zieht. Ich habe einen schönen Fensterplatz fürs Meeres-Schauspiel, welches heute recht kraftvoll ist. Ich will es studieren, weiß nur nicht, mit welchen Methoden, d. h., wo anfangen? So lasse ich alles zufällig wirken und denke, daß es so richtig ist; was ich aufwende, ist nur leere Aufmerksamkeit, die mir mich füllen soll: mit den Wellen, z. B. Heute früh, in der Dämmerung, bin ich schon eine Stunde im Regen gegangen und mit all den nassen Kleidern immer schwerer geworden. Dann habe ich die Elemente beschimpft, habe nichts mehr sehen können, nur noch hören müssen, ein Sausen und Tosen; mit Zählen habe ich mir schließlich weiter- und zurückgeholfen. Heißes Bad, aber die Kleider hängen immer noch zum Trocknen, und alle Glieder tun weh wie vom Bergsteigen. Viele gierig aussehende junge Frauen, die geheimnisvoll durch die Bar wesen ... Schauen genügt.
Auf bald?
Dein Peter

[263; Anschrift: Clamart]

18. November 1977

Lieber Peter,
hab herzlichen Dank für Deine Zeilen aus dem Grand Hotel in Cabourg. Deinen Morgenspaziergang am Meer hätte ich mitmachen mögen! Nichts kann ja so gewaltig sein wie das weiche Wasser in Bewegung.
Wir sehen uns also am 6. Dezember. Soll ich zu Dir herauskommen, oder wollen wir uns vielleicht um 11 Uhr in meinem Hotel »Pont Royal« treffen? Ich bin schon ab Sonntag, dem 4. Dezember, in Paris. Eine Verständigung wird also möglich sein. Ich freue mich sehr, Dich zu sehen.
Herzliche Grüße
Dein
[Siegfried Unseld]

| In der Ausgabe vom 7. November erschien im »New Yorker« »The left-handed Woman«. Gratuliere. |

[264; Anschrift: Clamart]

8. Dezember 1977

Lieber Peter,
ich hoffe du hattest auch den Eindruck, daß wir Deinen Geburtstag gebührend gefeiert haben! So schön, unbeschwert und angenehm. Als Du mich fragtest, wann »Die Stunde der wahren Empfindung« im Taschenbuch erscheinen würde, konnte ich den Termin nicht sagen. Also, 1. Mai 1978, Band 452.[1]
Bitte richte doch Deinen Flug so ein, daß wir uns in Frank-

furt sehen können. Ich bin vom 19. bis 25. hier. Es kann sein, daß ich am 26. und 27. 12. verreisen muß.
Herzlich
Dein
[Siegfried Unseld]

1 Im *Reisebericht Paris, 4.-6. Dezember 1977*, hielt S. U. über die Begegnung mit P. H. am 6. Dezember fest: »Peter Handkes Geburtstag. Er nahm mein Foie-gras-Geschenk gerne an und auch das Buch für Amina. Es hatte den ganzen Vormittag geregnet, und so saßen wir in der Bar vom Pont Royal. Er ist traurig über das sich abzeichnende Schicksal seines Films ›Die linkshändige Frau‹. Dann schwiegen wir lange auf dem Weg zum Restaurant Le Duc. Die plötzlich durchbrechende Sonne auf dem Boulevard Raspail, der regennasse Asphalt reflektiert die Sonne so stark, daß man das Gefühl hatte, die doppelte Sonne, Schein und Wiederschein, bräunten das Gesicht. Sehr angenehmes Gespräch beim Mittagessen. Handke kommt nach Zürich für Robert Walser [...] Er fährt noch einmal an Weihnachten nach Alaska, um Ortsstudien für seinen Roman bzw. seine beiden Romane zu treiben. P. H. hielt sich zwischen dem 23. Dezember 1977 und dem 8. Januar 1978 in Alaska auf. Im März/April will er dann mit der Niederschrift beginnen. Vor der Alaskafahrt will er in Frankfurt Zwischenstation machen. Handke möchte, daß sein Buch ›Das Gewicht der Welt‹ bei Suhrkamp als Taschenbuch erscheint.«

[265; handschriftlich]

[Clamart]
12. Dezember 1977

Lieber Siegfried,
das war mehr als ein unbeschwerter Tag in Paris, es war schön. Und Du hast mir vieles gesagt, wobei eine Beteiligung an dem, was ich mache, zu spüren war, wie ich sie selten erfahren habe. Das hilft mir natürlich. Deine Worte

waren auch gar nicht gesetzt, nur tief, natürlich, spontan. Ich kriegte auch zum ersten Mal ein richtiges Erlebnis Deiner Beziehung zu Deinem Sohn und damit freilich auch ein Erlebnis des Sohnes. Diese alten, ewigen Beziehungen erschienen auf einmal ganz lebendig. Es gibt den Mythos. Und es hat mich gefreut, daß es Dir so gut ging: Du bist viel nachsichtiger, großzügiger, – poetischer geworden. Und bist doch tüchtig (und sportlich!) geblieben. Und Deine Vervollkommnung ist doch keine beängstigende tyrannische Vollkommenheit. – Eigentlich wollte ich Dir nur für den Tag danken. Wahrscheinlich bräunst Du Dich gerade, statt auf dem blendenden B^d Raspail, im echteren Israel...[1]
Ich gehe am 21. nach Berlin und werde wohl am 23. über Frankfurt kommen. Aber ich rufe noch am Ende dieser Woche (16.) an.
Herzlich –
Dein P.

1 S. U. hielt sich zwischen dem 10. und 14. Dezember 1977 in Israel auf.

1978

[266; Anschrift: Clamart]

Frankfurt am Main
6. Januar 1978

Lieber Peter,
zur Erinnerung an den Erscheinungstermin Deines Taschenbuches »Das Gewicht der Welt« gebe ich Dir eine Kopie des Briefes von Helene Ritzerfeld.
Es ist wirklich nicht einzusehen, daß das Taschenbuch nicht schon März/April 1979 erscheinen kann. Nach unserer Reihenfolge erscheint Band 500 im März, der März-Termin wäre gut, weil Ostern am 15. und 16. April sein wird.
Eines habe ich mit Dir doch nicht besprochen: in meinem Kopf schwebt eine Idee, parallel zum Taschenbuch, selbstverständlich in einem gesonderten Band, den Kampf mit der Kritik aufzunehmen. Man würde also Kritiker Kritiken kritisieren lassen. Ein nicht ungefährliches Unternehmen natürlich, wenn das aber gut gemacht ist, so könnte das eine kleine Sensation sein. Ich meine dies nicht nur äußerlich, sondern im Sinne einer richtigen Behandlung von Literatur.
Es war schön neulich, mit dem Blick auf die verschneiten Bäume und den im Weißen schwindenden Wald.
Herzliche Grüße
Dein
[Siegfried Unseld]

Anlage

[267; handschriftlich]

[Clamart]
17. Januar 1978

Lieber Siegfried,
ich habe gleich an Schaffler geschrieben, und ich denke, daß es mit dem geplanten Erscheinungstermin des Taschenbuchs wohl gut gehen wird. Gerade bei diesem Buch kann ich mir ein rasches Übergehen ins Taschenbuch besser vorstellen als bei den sonstigen Literaturformen. Für die Taschenbuchausgabe möchte ich dann nur einiges (Weniges) streichen.[1] Du schreibst von einem Kritikeraufsatz. Vielleicht kann ich statt dessen fürs Taschenbuch eine kurze, unpolemische Vorbemerkung hinzufügen – zumal ich inzwischen, durch viele Reaktionen (und deren Intensität) bestärkt, meiner (jedenfalls *dieser*) Sache recht sicher geworden bin. (Allerdings werden mir hin und wieder Nacheiferungen zugeschickt, bei denen ich mich doch genieren muß – trotzdem sind es Lebenszeichen, außerhalb der für sie gesperrten Nachrichtenwelt.)
Ich habe auch die Kopie des Ritzerfeld-Briefes gekriegt + gelesen. Warum ist Frau Ritzerfeld nur so schroff mit dem andern Verlag? Das ist keine *schöne* Gereiztheit. Die Beziehungen sind nun eben da und können doch sachlich erledigt werden.
Ich wollte Dich auch fragen, was mit dem Buch der schwedischen Autorin Eva Engström geschehen wird, welches ich Dir vor einiger Zeit geschickt habe? Damals in Paris sagtest Du, die Entscheidung stünde bevor. (Vielleicht ist ohnedies alles schon auf dem guten Weg.)
Es ist ein heller, blauer Tag hier in Paris, und ich höre die »Winterreise«, sah Dich gerade energisch beim Schifahren (Dich als Energischen), und dazu rauchenden Tee, in dem ein Frauengesicht gespiegelt war, mit Pelzkragen. So wünsche ich Dir alles Gute,
Dein Peter

1 P. H. übergab bei einem Besuch in Frankfurt am 15. September
1978 Burgel Zeeh ein Exemplar von *Das Gewicht der Welt* mit
Streichungen und Korrekturen.

[268; Anschrift: Clamart]

Frankfurt am Main
30. Januar 1978

Lieber Peter,
hab Dank für Deinen Brief vom 17. Januar. Er erreichte
mich nicht beim Skifahren, sondern im Krankenhaus. Ich
bin da für neun Tage eingeschleust, mehr oder weniger pro-
phylaktisch und einer Untersuchung (im Ohr!) wegen.
Nichts Schlimmes.[1]
Es ist sehr gut, daß Du an Schaffler geschrieben hast und
auf den durchaus vernünftigen Termin des Erscheinens des
Taschenbuchs verwiesen hast. Der Residenz Verlag kann
im Frühjahr 1979 den Buchmarkt nicht mehr neu mobi-
lisieren, ein Taschenbuch tut dies ganz von sich aus, und
wir werden, da es sich um dieses Buch und gleichzeitig
um Band 500 handelt, ja dann eine verstärkte Werbung unternehmen. Außerdem scheint es mir gut zu sein, daß wir
uns, gerade nach den Kritiken, sehr deutlich hinter die poetische Qualität dieses Buches stellen.
Du hast mir übrigens nicht geantwortet auf die Frage, ob
wir als Band 501 einen Sekundärband machen sollen. Kritiker reagieren auf die vorliegenden Kritiken; das sollte
keine Kritiker-Schelte sein, sondern nur dazu dienen, andere kritische Kriterien zu zeigen.
Du schreibst mir über die Gereiztheit unserer Briefe an
den Residenz Verlag. Du mußt das verstehen, die Sache kann
nicht nur sachlich genommen werden. Meine Mitarbeiter,
gerade in den Abteilungen Ausland, Lizenz, Presse sind tag-

täglich damit beschäftigt, Anfragen, die dieses Buch betreffen und von dem die Absender so selbstverständlich meinen, daß es bei uns erschienen ist, an den Residenz Verlag weiterzuleiten. – Aber das wird sich mit der Zeit und sicher ganz auflösen, wenn wir einmal Dein neues Buch ankündigen können.
Was Eva Engström betrifft, so kann ich von hier aus nichts sagen, aber ich kümmere mich darum, sobald ich wieder zurück bin.
Hier lese ich hauptsächlich Wittgenstein, und zwar in den »Vermischten Bemerkungen«. Ganz erstaunliche Dinge gibt es da zu lesen. So über das Österreichische: »Ich glaube, das gute Österreichische (Grillparzer, Lenau, Bruckner, Labor) ist besonders schwer zu verstehen. Es ist in gewissem Sinn *subtiler* als alles andere, und seine Wahrheit ist nie auf Seiten der Wahrscheinlichkeit.«
Für mich ist erstaunlich Wittgensteins Appell an das Selbst. Unser angeblicher Fortschritt konstruiere immer kompliziertere Gebilde, Klarheit sei nur Mittel zum Zweck, während ihm Klarheit der große Selbstzweck ist. Und wie ganz persönlich zu mir gesprochen, wie wichtig es sei, eine Art zu leben, »die das Problemhafte zum Verschwinden bringt«. Und dann das Notat von 1937: »Laß uns menschlich sein«. Mir geht bei der Lektüre etwas ein, was eine Art neuer Kosmos ist und doch eine schöne Selbstbestätigung.[2]
Herzliche Grüße
Dein
gez. Dr. Siegfried Unseld

i. A. Dagmar Hoffmann
Sekretariat

1 S.U. lag vom 24. Januar bis 2. Februar 1978 im Klinikum der Johann Wolfgang Goethe-Universität. Diagnose: Hörsturz durch Blutkreislaufstörung im Mittelohr.
2 Ludwig Wittgenstein, *Vermischte Bemerkungen*, S. 14, 58 und 64.

[269]
[Clamart]
3. Februar 1978
Lieber Siegfried,
ich denke, daß Du inzwischen wieder aus dem Krankenhaus hast weggehen können. Ich kann mir Dich da schlecht vorstellen – obwohl Du ja doch schon Erfahrung hast. Und auch an solchen Orten denkt man sich ja mit der Zeit seine eigene Welt herbei, und ist nicht mehr so sehr in der Fremde.
Ich bin sicher, daß Schaffler dem Erscheinen im Frühjahr zustimmen wird. Am Telefon klang er sehr bereit. Auf jeden Fall werde ich ihn Ende Februar in Österreich sehen. Das Argument, daß Du Dich mit der Form der Veröffentlichung zu dem Buch stellst, ist ja einleuchtend. Und gerade bei einem solchen Buch ist das rasche Übergehen ins pocket selbstverständlich. (Ich hätte es vielleicht nur nicht »Journal« nennen sollen im Untertitel, sondern, wie ich es vorhatte, »Phantasie der Ziellosigkeit«, was mir als Haupttitel vorschwebte, mir vom Lektor aber leider ausgeredet wurde. Ich würde es gern als Untertitel fürs Taschenbuch einsetzen.)
Ja, bitte kümmere Dich ein wenig um das Buch von Eva Engström. Ich fühle mich verantwortlich, träume schon von deren Kindern, die mich verfolgen. Daß damals das Ernst-Meister-Taschenbuchprojekt so ohne was verging, wurmt mich immer noch, und ich fühle eine Art Schuld.[1]

Ich habe auch eine schöne Neuigkeit. »Die linkshändige Frau« wird in den offiziellen Wettbewerb des Festivals von Cannes gehen. Was Besseres konnte man sich gar nicht erträumen. Das ist auch der Ort für den Film. So werden wir den Kinostart für das Festival etwas verzögern, bis Mitte Mai. Außerdem kriege ich ein vergoldetes (?) Reh mit dem berühmten Namen Bambi für das Werk ...[2]
»Die Unvernünftigen sterben aus« sind hier ein richtiger Erfolg, in einer etwas schwerfälligen, aber auch wieder grandiosen Inszenierung. Das Theater (über 800 Plätze) ist jeden Abend voll, obwohl es außerhalb von Paris ist. Auch »Falsche Bewegung« läuft hier im Kino sehr gut und wird noch lange laufen. Das alles gibt mir viel Mut – man hat doch zu viel von sich auf seine Gebilde übertragen – und lebt erst richtig auf, wenn diese in den Leuten aufleben. Und das ist der Fall.[3]
Du willst eine Art Kommentarband zu »Das Gewicht der Welt« herausbringen. Dazu fällt mir eine Meinung schwer. Es müssten halt Leute richtig Lust haben, das zu machen. Es gibt übrigens sehr schöne, herzerwärmende, d. h. genau teilnehmende Kritiken von Krolow und Rühmkorf (!) – das, weil Du mir damals sagtest, daß »meine Kollegen« eher feindselig seien. Es gibt aber auch unter ihnen freie Menschen.[4]
Danke für Dein Buch: es ist eine richtige Arbeit, und Du kannst stolz drauf sein. (Nur solltest Du Dich nicht zu sehr ins Meinen und Denken wagen – oder es wirklich wagen, nicht nur zitieren und gehorsam nachsagen. Es gibt keine Kompetenz, außer Deiner eigenen. Aber zu der stehst Du »denkend« selten; redend eher.)[5]
Was wird mit Christian Wagner? Hast Du den Aufsatz von meiner Wenigkeit gesehen? Es war eine Arbeit (auch reinigend). Meister Wittgenstein tritt auf.
Herzlich, heute, usw.
Dein Peter

1 Siehe Brief 245 und Brief 275, Anm. 1.
2 *Die linkshändige Frau* wurde als offizieller Beitrag der Bundesrepublik Deutschland bei den Internationalen Filmfestspielen in Cannes (17.-29. Mai 1978) gezeigt. P. H. erhielt am 17. Februar 1978 den Bambi-Preis für die beste deutsche Regie.
3 P. H., *Les gens déraisonnables sont en voie de disparition*, übersetzt von Georges-Arthur Goldschmidt, erschien im Januar 1978 bei L'Arche, Paris. Claude Régy inszenierte das Stück für das Centre Dramatique de Nanterre/Théâtre des Amandiers (Premiere: 20. Januar 1978), Bühnenbild: Jean-Paul Chambas, Musik: Carlos d'Alessio. Es spielten: Gérard Depardieu, Patrice Kerbrat, Wojciech Pszoniak, Jean-Claude Dreyfus, Daniel Olbrychski, Jean-Luc Bideau, Claude Degliame, Andréa Ferréol. Nach dem 17. Februar 1978 wurde das Stück in Lausanne, Genf, Orléans, Brüssel und Villeurbanne aufgeführt.
4 Karl Krolow, *Ein Tagebuch als Bewußtseins-Reportage. Überlegungen zu Peter Handkes »Journal 1975-1977«*, in: *General-Anzeiger*, 14. Oktober 1977.
5 S. U., *Der Autor und sein Verleger. Vorlesungen in Mainz und Austin*, erschien am 7. Februar 1978.

[270; Anschrift: Clamart]

Frankfurt am Main
10. Februar 1978

Lieber Peter,
hab Dank für Deinen Brief vom 3. Februar. Er kam heute bei uns an!
Ich hoffe sehr, daß Du Schaffler vom Erscheinen des Taschenbuchs im Frühjahr überzeugen kannst. Der Untertitel »Phantasie der Ziellosigkeit« leuchtet mir sehr ein.
Das Buch von Engström hat unser Gutachter für schwedische Literatur zurückgeschickt, er ist erkrankt. Wir suchen jetzt einen zweiten Begutachter.
Herzlichen Glückwunsch zur Auszeichnung des Filmes »Die linkshändige Frau« für Cannes; ich bin gespannt, welche Reaktionen die Aufführung hervorrufen wird.

Ich freue mich auch, daß »Die Unvernünftigen sterben aus« und die »Falsche Bewegung« so erfolgreich über Bühne und Leinwand gehen. Die Franzosen sind halt doch lebendigere Zeitgenossen!
Was den Kommentar-Band zu »Gewicht der Welt« betrifft, so wollen wir es doch in der Tat davon abhängig machen, ob wir Leute finden, die da mit Lust mitarbeiten.
Hesse hat Christian Wagner geschätzt. Nun erinnerst Du noch einmal an ihn; selbstverständlich kenne ich Deinen Aufsatz (er liegt hier griffbereit) und habe sofort daran gedacht, ihn einer Auswahl voranzusetzen. Doch die Auswahl, die Hesse getroffen hat, stimmt natürlich mit den von Dir zitierten Gedichten nicht überein. Wir laborieren da noch etwas herum, im übrigen sind natürlich seine Produkte keine allzu leichte Ware.
Dir alles Gute. Wir sehen uns dann ja irgendwie im April in Zürich (am 14. und 15.), und am 17. April bin ich in Paris.
Herzlichst, Dein
[Siegfried Unseld]

[271]

[Clamart]
9. März 1978

Lieber Siegfried,
ich bin seit zwei Tagen wieder aus Österreich zurück, wo noch viel Schnee war. Mit Wolfgang Schaffler bin ich so übereingekommen, daß er dem Erscheinungstermin von »Das Gewicht der Welt« für Frühjahr 1979 zustimmt; die Voraussetzung ist nur (und da stimme ich ihm zu), daß das Taschenbuch noch nicht in den Herbstbroschüren 1978 angekündigt wird, denn das würde den Weihnachtsverkauf für dieses Jahr sehr behindern. Ab Januar 1979 wäre jede

Ankündigung möglich. Ich glaube, so würde man allen Interessen gerecht, und hoffe, daß Du mir zustimmst und den Vertrag bald in diesem Sinn abschließt.

Ab und zu habe ich in letzter Zeit (freundliche) Briefe gekriegt, die anspielen auf ein zu erwartendes Werk (»in drei oder vier Bänden«!), von dem Du den Briefschreibern erzählt hättest. Es ist ja kein besonders weltbewegendes Problem – aber es wäre mir doch recht, wenn nichts von dem, was ich noch durchphantasiere, schon als Projekt bekannt würde. Die Gründe brauche ich Dir wohl nicht zu benennen. Außerdem brauche ich für einige Zeit eine stärkende Anonymität. Usw. Und die Sonne scheint deftig, und die Hunde scheinen heftiger zu bellen vor der neuen Jahreszeit.

Ich hoffe, Du bist erholt und hast schifahrend um Dich den Fahrtwind gespürt.[1]

Herzlich,
Dein Peter

1 S. U. hielt sich vom 17.-28. Februar 1978 in Zürich, Poschiavo (Besuch bei Wolfgang Hildesheimer), St. Moritz und Genf (Besuch bei Ludwig Hohl) auf.

[272; Anschrift: Clamart]
Frankfurt am Main
16. März 1978

Lieber Peter,
hab Dank für Deinen Brief vom 9. März. Ich habe vergeblich versucht, Dich anzurufen. Ich bin froh, Dich wieder in Paris zu wissen.

Was den Erscheinungstermin für das Taschenbuch von »Das Gewicht der Welt« betrifft, so können wir genauso proze-

dieren. Ich habe das schon den Residenz Verlag wissen lassen.
Natürlich spreche ich nicht von drei und vier Bänden. Nur den Leuten, die Dich gelegentlich als Schreiber von allzu schmalen Broschüren sehen, sage ich, daß Du an einem zweibändigen »dicken« Roman säßest. Und ich erwähne das gelegentlich auch denen gegenüber, die da fragen, ob ein nächstes Buch bei Residenz oder bei Suhrkamp käme. Doch lassen wir das, ich verstehe gut, daß Du das Buch in Konzentration und Anonymität schreiben möchtest.
Wir sehen uns spätestens in Zürich. Eine Einladung erhältst Du noch. Die Sache beginnt am Freitag, 14. April, mit einem Mittagessen des Stadtpräsidenten. Falls Dich das nicht interessiert und auch nicht die Diskussion um 16.00 Uhr, so bitte ich Dich dringlich, spätestens um 19.00 Uhr dann in Zürich zu sein, um 20.00 Uhr an der Veranstaltung der Lesung teilnehmen zu können.
Wirst Du von Zürich aus gleich wieder nach Paris zurückfliegen? Am Montag, dem 17. 4., wird dort der Rilke-Preis an Ernst Meister verliehen. Die Veranstaltung findet um 18.30 Uhr im Goethe-Institut statt. Am Dienstagmorgen sähe ich Dich gerne, wenn Du in Paris bist. Am Dienstagmittag lade ich zu einem Mittagessen einige Autoren und ein paar Verlagsleute von Gallimard ein, wo Joachim zur Zeit arbeitet. Ich würde mich sehr freuen, wenn Du daran teilnehmen könntest, aber ich respektiere natürlich Deine Absicht, Dich bei der Arbeit nicht stören zu lassen.[1]
So long und
herzliche Grüße
Dein
[Siegfried Unseld]

1 Joachim Unseld arbeitete als Volontär 1978 zwölf Monate im Verlag Gallimard, Paris.

[273]

[Clamart]
3. April 1978

Lieber Siegfried,
es ist so, daß ich, nachdem ich das Programm für Zürich gelesen hatte, beschlossen habe, nicht dahin zu gehen.[1] Seit ungefähr einem Jahr (seit ich den Film fertig habe – aber es hat nichts mit der Filmarbeit zu tun) fühle ich mich herausgelöst aus dem Bezugssystem der deutschen Literatur; es war nicht da mit einem Schlag, sondern ist geschehen als langsamer Vorgang, der in diesem Winter vor allem seine Ruhe und Klarheit gefunden hat. Ich bin in dieser Szenerie, die etwa auch in dem Programm skizziert ist, nicht mehr auftrittsfähig; auch auftrittsunwillig. Ich will in diesem elenden, durchschaubar politischen Spiel nicht mehr vorkommen. Natürlich bleibe ich aber jemand, der etwas aufschreibt, und der auch etwas Großes machen will; wenn schon. Aber meine Verachtung und meine Abneigung sind unüberwindlich geworden, und es wäre würdelos, träte ich weiter in eine Erscheinung, in der nicht meine Identität liegt. Es tut mir also leid, daß ich so leichtsinnig zugesagt habe – als handele es sich um ein rührendes, bloß familiäres Treffen. Ich schreibe das in einer Ruhe, in der ich aber ebensogut die tiefste Schmähung ausdrücken könnte.
Alles Gute für die Veranstaltung, und wie immer herzlich,
Dein Peter

1 Am 14. und 15. April in Zürich (100. Geburtstag) sowie am 16. April 1978 in Bern fanden unter dem Motto »Robert Walser zu ehren« Gesprächsrunden, Vorträge und Lesungen von Autoren und Kritikern statt. Am 14. April lasen aus dem Werk von Robert Walser (dessen Gesamtrechte der Verlag 1977 erworben hatte; zum Anlaß erschien: Robert Walser, *Das Gesamtwerk*, herausgegeben von Jochen Greven, als zwölfbändige *edition suhrkamp werkaus-*

gabe): Ilse Aichinger, Alfred Andersch, Peter Bichsel, Alice Ceresa, Maurice Chappaz, Hans Magnus Enzensberger, Max Frisch, Walter Höllerer, Uwe Johnson, Wolfgang Koeppen, Adolf Muschg, Paul Nizon, Jörg Steiner, Otto F. Walter. P. H. und Thomas Bernhard lasen, obwohl im Programm angekündigt, nicht. Am 15. April wurde Ludwig Hohl der Robert Walser-Zentenarpreis überreicht. Am 16. April erhielt Marianne Fritz den erstmals verliehenen Robert Walser-Literaturpreis.

[274; Anschrift: Clamart]

Frankfurt am Main
24. April 1978

Mein lieber Peter,
ich war zweimal in Paris, aber Dein Telefon antwortete nicht. Paris büßt viel an Sinn ein, wenn ich Dich nicht sprechen kann.
Es gäbe einiges zu reden, doch das Wichtigste wäre, daß wir uns einfach wieder träfen. Ich weiß nicht, wann Du wieder zurück sein wirst und ob Du mich noch bis Donnerstag einschließlich hier in Frankfurt anrufen könntest. Am Freitag fliege ich nämlich für zwei Wochen in die USA, dann komme ich zurück und habe feste Reiseverpflichtungen.[1] Ich könnte mich jedoch so einrichten, daß ich am 25. und 26. Mai in Paris wäre, ich komme jedoch nur hin, wenn ich Dich wirklich treffen kann. Wenn Du also bis Donnerstag nicht anrufen kannst, bist Du so gut und schreibst Frau Zeeh eine Zeile, ob Dir die Tage 25./26. Mai angenehm sind?[2]
Alles Gute und herzliche Grüße –
Dein
[Siegfried Unseld]

1 S. U. hielt sich zwischen dem 28. April und 18. Mai 1978 in den USA auf (Washington, Austin, Chicago, San Francisco, Paolo Alto, Los Angeles, San Diego und New York).
2 P. H. hielt sich im April 1978 in der UdSSR (Georgien und Armenien) auf. Valentin Sorger (der Protagonist der *Langsamen Heimkehr*) sollte von Alaska bis nach Osteuropa reisen. Zwischen Mai und Juli 1978 hielt sich P. H. in Südfrankreich (Cannes), Italien (Rom, Siena) und auf Rhodos auf. S. U. besuchte am 13. April 1978 in Paris Samuel Beckett und Robert Voisin, den Leiter des Verlags L'Arche. Am 17. und 18. April war er in Paris aus Anlaß der Verleihung des Rilke-Preises an Ernst Meister und traf E. M. Cioran und Alejo Carpentier.

[275; Anschrift: Clamart]

Frankfurt am Main
23. Mai 1978

Lieber Peter,
als ich in Amerika war, wies mich mein Kalender darauf hin, daß ich den Fronleichnam in Paris mit Dir zugebracht hätte. Aber nun bist Du unterwegs, so daß wir dieses Zusammentreffen nicht realisieren können.
Der für mich nächstmögliche Termin ist der 22. Juni. Ich würde dann ein paar Tage bleiben. Mir wäre es am liebsten, wir würden uns gleich am Nachmittag des 22. Juni treffen, und wenn es Dir möglich wäre, auch am Abend zusammen bleiben. Kannst Du das so einrichten?
Ich freue mich sehr, Dich wiederzusehen.[1]
Herzliche Grüße
Dein
[Siegfried Unseld]

1 S. U. hielt sich vom 22.-24. Juni 1978 in Paris auf. In einer Notiz mit dem Titel *Peter Handke, 23. Juni 1978*, hielt er fest: »Freitag,

18 Uhr, rush hour, Paris fährt ins Weekend. Statt 20 Minuten Autofahrt nach Clamart (nicht einem Vorort von Paris, sondern einer selbständigen Stadt, distanziert zu ihr) brauche ich 75 Minuten. Das Haus, 53, rue Cécille Dinant, ist kurz vor der Jahrhundertwende aus Steinen der Landschaft erbaut worden. Die drei Etagen großzügig geschnitten, Marmorbad, Kamin, Garten mit Kirschen und Weichseln; hier läßt sich leben und, wie man an Handkes Schreibtisch sieht, auch arbeiten. Es ist das Haus, in dem der Film ›Die linkshändige Frau‹ entstand. Die Atmosphäre wie immer, vielleicht doch um einige Grade kälter. Handke fragt nichts, so muß ich die immer wieder entstehende Schweigezone mit Gesprächsthemen ausfüllen. Nach einer halben Stunde fahren wir mit der Vorortbahn nach Meudon, wo wir mit Amina [Tochter von P. H.] in einem sehr guten Restaurant zu Abend essen. [...] Nach dem Essen wendete ich das Gespräch auf Handkes Arbeiten. Und hier wurde er nun sehr scharf ausfallend. Ich hätte ›Leuten‹ den Titel seiner beiden Bücher ›Ins tiefe Österreich‹ und ›Im tiefen Österreich‹ erzählt, und jetzt erhalte er Briefe, die diese Titel beinhalteten und in denen nach diesen Titeln gefragt würde. Damit hätte ich ihm diese Titel gestohlen. Ich entschuldigte mich dafür, denn in der Tat hatte ich ›Freunden‹ davon erzählt, aber eben auch der Freundeskreis ist durchlässig. Ich schlug ihm jenen Titel vor, den wir schon einmal für die ›Linkshändige Frau‹ erwogen haben: ›In ein anderes Land‹ oder ›Ins Land der Phantasie‹. Dann kam ihm ganz unvermittelt die Äußerung, daß er sein Haus aufgegeben habe, jetzt zwei Wochen in Slowenien wandere, dann eine Woche in Venedig im Hotel Cipriani sein möchte. Danach ein Jahr lang (Amina geht zur Mutter) Klausurarbeit am Roman, wo, wollte er nicht sagen. Wir fuhren mit der Bahn wieder zurück, es ist an sich der Zug, der mich nach Paris führt, und ich hatte schon mein Pariser Ticket. Dann bat er mich doch noch zu sich zu einer Flasche Wein. [...] Und dann, nach einigen Gläsern Wein, äußerte sich bei ihm ein Haß gegen die Bundesrepublik, ein Land, das zu nichts mehr fähig sei, ein Kadaver, eine vom Erdbeben verwüstete Gegend. Die anständigen Leute, Baader und Croissant, würden verfolgt, Berufsverbot, Jugendarbeitslosigkeit, Denunziantentum, alles lieblos, unmenschlich, seelenlos. Dann wieder räsonierte er, was sei das wichtigste? Und mehrfach wiederholte er: Größe, Anonymität, anderen gefallen: Und sofort fügte er hinzu:

in der Bundesrepublik ist Größe nicht mehr möglich. Auslösendes Moment für diesen Haß ist die Behandlung seiner ›Linkshändigen Frau‹, die Behandlung des Buches durch die ›FAZ‹ und die Behandlung des Filmes durch die Kritiker. In seinem Haus hängt ein großes Plakat des Filmverlags der Autoren [des deutschen Verleihers der *Linkshändigen Frau*]; die einzige Überschrift lautet: ›Die ausländische Presse schreibt‹. Und dann geht es los: ›Le Monde‹: ›Ein wunderschöner, gelungener Film‹, ›Le Matin‹: eine erstaunliche Vision von Paris, wie es sie im französischen Kino noch nicht gegeben hat, selbst nicht zu Zeiten von Renoir.‹ ›France-Soir‹: ›Zweifellos der rigoroseste Film über eine Frau‹ ›Quotidien de Paris‹: ›Ein Film von seltener Schönheit, ein Meisterwerk.‹ Radio Luxemburg: ›... die Geburt eines großen Cineasten, Peter Handke‹. Das ist die Größe, die sich Handke wünscht und die ihm die Bundesrepublik nicht zubilligen will. Meinen mehrfachen Hinweis, ich sei sicher, daß der Film auch in der Bundesrepublik kommen werde, beantwortete er ganz aggressiv: was heißt kommen, die Kerle haben ihn kaputt gemacht. Jetzt will er gar nicht mehr, daß er kommt, am liebsten verböte er ihn. Aber er wird großen Erfolg in Paris haben, und dann werden die Deutschen ihm nachlaufen. [...] Ich frage ihn nach dem ›Petrarca-Preis‹. Ja, das sei eine schöne Einrichtung. Hubert Burda sei eine große Persönlichkeit, Bazon Brock schätze er sehr. Burda habe sich für fünfmal [zur Vergabe des Preises] verpflichtet, das würde nun ablaufen, er überlege sich, ob er den Preis zweimal bezahlen sollte; ich wies darauf hin, daß die Nebenkosten des Festes teurer seien als die Summe des Preises. Der Hinweis ärgerte ihn, denn sofort kam er auf die Unmöglichkeit des ›Bachmann-Preises‹ zu sprechen. [...] Über die schwedische Autorin Eva Engström (›Marianas Kniv‹ [1977 auf schwedisch erschienen, wurde nicht ins Deutsche übersetzt]) wollte er etwas wissen. Was damit sei, ihm sei's egal, was wir machten, er wollte ja nur den Hinweis und daß der Autorin geantwortet würde. Er hätte keine Zeile gelesen, aber er ahne, daß die Autorin ihn als Vorbild nehme. Ich sagte ihm, daß Enzensberger ein negatives Gutachten abgegeben habe, doch das interessierte ihn nicht. Warum wir Ernst Meister nicht in der ›Bibliothek Suhrkamp‹ brächten, das sei eine Sauerei, daß ein großer Dichter in Deutschland so vor die Hunde ginge. Ich müsse eine Auswahl in der ›BS‹ bringen.«

[276; Anschrift: Clamart]

Frankfurt am Main
17. Juli 1978

Lieber Peter,
Dein »Spiegel«-Interview hat mir sehr gefallen, da sind Sätze drin, die man nicht vergißt, so über Liebe.
Bitte melde Dich doch noch, bevor Du weggehst, oder schreib mir eine Zeile, wo man Dich wird erreichen können. Ich wünsche dir einen angenehmen Sommer und eine gute Wanderung.[1]
Herzlich, wie immer,
Dein
[Siegfried Unseld]

1 »*Und plötzlich wird das Paar wieder denkbar*«. *Interview von P. H. mit Hermann Schreiber*, in: *Der Spiegel*, 10. Juli 1978. In einer Kopie des Interviews (Anlage zur *Chronik 1978*) hat S. U. zwei Antworten von P. H. angestrichen: »Das Alleinsein ist lebensgefährlich, ganz klar. Denn man braucht es, mindestens einmal am Tag wahrgenommen zu werden, eine Aufmerksamkeit zu spüren. Und das ist die Todesgefahr des Alleinseins: ans Haus gebunden zu sein, und niemand nimmt einen wahr.« Und: »Ich könnte es nicht aushalten [ohne Liebe]. Liebe ist freilich etwas, das selten heiß wird – aber dann erst merkt man, daß man am Leben ist. Wenn das nicht wäre ...«
Die *Chronik* hält unter dem Datum des 2. August 1978 fest: »Überraschend ist Handke in Frankfurt. Fast verschämter Besuch im Verlag. Dann gehen wir essen im Garten des Parkhotels. Er hat keinen Hunger, wie er sagt, aber dann verführen die hervorragenden Speisen ihn doch, und nach drei Stunden verläßt er Frankfurt fast fröhlich. Er fliegt nach Klagenfurt. Von dort aus will er durch Slowenien wandern, 14 Tage.«
Von Anfang bis Ende August 1978 unternahm P. H. eine Reise von Kärnten (Klagenfurt, Griffen, Leutschach, St. Pongratzen, Eibiswald, Velden, Maria Elend, Rosenbach) nach Slowenien, in den Karst (Bohinska Bistrica, Tolmin, Idrija, Postojna, Dutovlje,

Pliskovica, Komen, Nova Gorica, Divača, Sežana, Škocjan) und nach Italien (Triest, Miramar, Duino, Gemona, Udine, Gorizia, Venedig/Guidecca), wobei er große Strecken zu Fuß zurücklegte. Diese Reise ist im Notizbuch vom 24. April bis 26. August 1978 ausführlich dokumentiert (DLA, A: Handke, Peter, Notizbuch 015).

[277; Telex; Anschrift: Hotel Cipriani, Venedig]

Frankfurt am Main
28. August 1978

erbitte dringlich deinen Anruf
gruss
siegfried unseld[1]

1 Unter dem 28. August 1978 vermerkt die *Chronik*: »Telefonat mit Peter Handke in Venedig, um ihm noch einmal die Büchnerpreisrede für Lenz nahezulegen.« Bei der Übergabe des Georg-Büchner-Preises 1978 am 27. Oktober in Bonn an Hermann Lenz hielt Dolf Sternberger die Laudatio.

[278; handschriftlich; Ansichtskarte: »Nome, Alaska, the largest city in the Arctic.«]

Nome
25. September 1978

Lieber Siegfried,
der Ort sieht so harmlos aus auf dem Bild, ist aber doch hart, stürmisch, kalt, verschlammt und vermehrt streunende Hunde, und ich streune auch. Ich schreibe bald wieder, mit Adresse,[1]
Herzlich,
Dein Peter

1 P. H flog am 23. September 1978 von Berlin nach Alaska – Anchorage (23. 9.), Nome (25.9), Fairbanks, Fort Yukon (26. 9.), Anchorage, wo er den Earthquake Park mit Blick auf den Mount McKinley (29. 9) besuchte, Mount Alyeska und Portage Galcier. Von Alaska flog er nach New York, wo er ein paar Tage verbrachte, dann nach San Francisco. (Alaska, Kalifornien und New York sind die Schauplätze des später *Langsame Heimkehr* genannten Romans »Die Vorzeitformen«.) (DLA, A: Handke, Peter, Notizbuch 016). Vom 11. Oktober bis 12. Dezember war er in New York, wo er mit dessen Niederschrift begann. Auf seiner Landkarte von Alaska notierte er. »›Die Vorzeitformen‹ habe ich am 14. Oktober 1978 im Hotel Adams, in der 86. Straße, zu schreiben angefangen.« Aus der Landkarte schnitt er ein kleines Rechteck aus und klebte es auf das Titelblatt des Typoskripts der ersten Fassung.

[279; Anschrift: c/o Kurt Bernheim, New York]
Frankfurt am Main
31. Oktober 1978
Lieber Peter,
ich komme zu einem leider eher kurzen Trip nach New York. Könnten wir uns am Samstag, 18. November, sehen – mittags oder abends, ganz wie Du willst? Ich würde mich sehr freuen.
Kurt Bernheim hat mir berichtet, daß Du Dich in produktiver Stimmung befindest. Ich freue mich sehr darüber.[1]
Herzliche Grüße
Dein
[Siegfried Unseld]

1 P. H. und S. U. hatten sich vor der Reise von P. H. in die USA am 15. und 16. September 1978 in Frankfurt am Main getroffen. Die *Chronik* vermerkt zu diesen Tagen: »In Frankfurt erwartet mich Peter Handke. Sehr intensives, liebes Gespräch. Nun schreibt er

seinen Roman. Er hat einen neuen Titel: ›Das Versäumnis‹. Oder: ›Abschiedsbilder‹. Das sind doch sehr zurückhaltende Titel. In der Nacht stehen wir auf und sehen den Boxkampf Ali gegen Spinks. Es war gleichzeitig ein Kampf würdigen Alters gegen fordernde Jugend, ein Kampf, der mit tänzelnder Technik ausgeführt wurde. 16. September: Schöner Morgen mit Peter Handke, was er auch in das Gästebuch eintrug. Beim Weggehen nahm er aus meiner Bibliothek Meister Eckhart, ›Schriften‹, mit und einen Essay-Band von Martin Heidegger, der den Essay enthielt ›Bauen und Wohnen‹.«

P. H. und S. U. trafen sich während einer USA-Reise von S. U. zwischen dem 16. und 21. November 1978 in New York. Beide haben die Begegnung schriftlich festgehalten. P. H. erinnerte sich: »*1978, November.* Ich (oder der gemeinhin ›Ich‹ Genannte) im 21. Stockwerk eines Hotels in New York, inzwischen Appartmenthaus geworden (die Rezeption unten später wiedererkannt im Film *Gloria* [von 1980] von John Cassavetes, Gena Rowlands da Unterschlupf suchend für sich und ein von Killern verfolgtes Nachbarkind). Name des Hotels: ›Adams Hotel‹, gut passend zu der den Anfang der Anfänge suchenden Erzählung *Langsame Heimkehr*, mein Thema, nein, mein Vorwurf (= mein Problem) in jenen Schreibermonaten; ich dazu am Tisch dort sitzend dafür (fast) Tag und Nacht. Besuch des Verlegers in meinem Schreibgemach. Ich während seines Aufenthalts in Manhattan ein Rendezvous unter vielen; recht so; er, wie auch ich, mit den Gedanken woanders. Dann aber: die ungeheure Witterung Siegfried Unselds. Diesmal freilich eine besondere: Witterung wie die eines alten Soldaten, des Unheils. Unheil wo? Um mich herum, den Autor. Der Autor im Ruch der Verlorenheit. Der Autor am Verlorengehen. Ein Ruch? Ja, eine Art Geruch, vielleicht vom Schweiß der Fast-Verlassenheit, oder der Kläglichkeit. Von Siegfried Unseld kein Wort mehr, jede Art Trost eine Verharmlosung, den endgültigen Fall noch beschleunigend? Statt dessen: Flucht – Flucht, Fersengeld des Verlegers, wortlos, vor mir, dem vom Kippen Bedrohten. Und ich dann? Von solcher Flucht entsetzt, und dann sogleich bitter-erheitert. Zuerst wie verraten; und dann einverstanden, sich so auf sich zurückgeworfen zu sehen; und zuletzt so gestärkt (und bestärkt), episodisch jedenfalls, für die Folgenacht, und in der Folge immer wieder.« (P. H., *Zeit mit Siegfried*

Unseld (ohne Zeitwörter), in: P. H., *Meine Ortstafeln. Meine Zeittafeln*, S. 423 f.)
S. U. hielt in einem *Anhang* zum *Reisebericht USA, 16.-21. November 1978*, fest: »Er [P. H.] wohnt im Hotel ›Adams‹, 86th Street, 5th Avenue, im 21. Stock – 2-Zimmer-Appartement. Er empfängt mich und sieht fast verwandelt aus, jünger, schlanker, irgendwie vergeistigter, sein mönchisches Leben ist evident. Sein erster Satz, nun sei er schon den 36. Tag hier. Er lobt den Blick über die 5th Avenue und den Central Park. Die Zimmer sind geräumig. Schlafzimmer, ein Wohnzimmer, mit einem vom Hotel gestifteten Schreibtisch, Küche, Badezimmer – dies für 1400 Dollar im Monat. Lange Zeit war er verzweifelt, weil es mit dem Schreiben nicht richtig begann und weil er überhaupt Schwierigkeiten habe. Bisher hätte er seine Notizbücher noch nicht verwenden können, er schreibe alles so auf wie damals beim ›Hausierer‹ – 20-40 Zeilen pro Tag, er würde Großartiges schreiben. Immer wieder sagte er dies vor sich hin, gleichsam, als sei ich nicht da und hörte nicht zu. Auf dem Schreibtisch und im Zimmer Karten und Wanderkarten von Alaska. Er schriebe täglich zehn Stunden, dann ginge er aus, aber er träfe und spräche kaum mit jemandem, ich sei in diesen 36 Tagen nun der fünfte Mensch, der mit ihm ausging. Frauen vermisse er nicht. Und immer wieder sein Bemühen, ›großartig‹ schreiben zu wollen. Er ist noch drei Wochen in diesem Hotel, dann will er zwei Monate nach Madrid gehen, dann ein paar Monate nach Athen. Nach San Francisco führe er nicht – eine Freizeitstadt. Abends essen wir im ›Carlyle‹ – Anzug mit Schlips und Weste. Ihn interessiert im Moment nichts, was um ihn herum vorgeht, selbst nicht die 300 Selbstmörder in Guayana. Er denkt nur an seinen Roman – den Titel, den er sich nun ausgesucht hat: ›Die Vorzeit-Formen. Roman‹.«

[280; handschriftlich]

[New York]
28. November 1978

Lieber Siegfried –
weil mir dieses Bild so gefallen hat, und weil ich heute gut gearbeitet habe und überhaupt (heute, jetzt) guter Dinge bin, schicke ich Dir, vor der schon leuchtenden Skyline sitzend, einen herzlichen Gruß.
Dein
Peter H.

[Anlage]
Kunstkarte: »Portrait of Juan de Pareja. Painting by Diego Velázquez, Spanish, 1599-1660«

1979

[281]

[München]
[Mannheimer Straße 5]
30. Januar 1979

Lieber Siegfried,
also. Gern würde ich ja einen Witz darüber machen. Ich werde wohl ab 12. Februar in Paris sein und wahrscheinlich bei meinen Nachbarn in Neuilly wohnen: 51, rue Madeleine Michelis (Greinert). Telefon 00331/637 41 16. Hoffentlich bist Du gut aus der Weite zurück (wie ich?) Ich weiß schon ungefähr, was ich geschrieben habe. Bitte, lasse es niemanden sonst lesen, und, bitte, sprich mit niemandem darüber.[1] Sollte ich nicht nach Paris gehen, wird Libgart wissen, wo ich bin. Anfang Februar werde ich wohl einige Tage in Wien sein, weiß aber noch nicht, wo. Vielleicht rufe ich Dich an. Ob Du in Deinem Büro noch in einer Hawaii-Welle sitzt?[2] Gern würde ich Dich bald sehen.
Herzlich,
Dein Peter

|(Das ist, wie mir gerade einfällt, mein erster »Brief« seit über 4 Monaten.)|

[Anlage][3]

1 In der *Chronik* hält S. U. unter dem Datum des 5. Januar 1979 fest: »Am Morgen Telefonat mit Peter Handke. Hochinteressant: er bleibt in München bei Hermann Lenz, weil er durch monatelan-

ges Hotelleben nun kaputt ist, vielleicht auch krank. Er braucht jetzt Wärme. Ich sprach ihn darauf an, welche Lebensleistung er vollbracht habe, Vater und Mutter gleichzeitig zu sein, allein zu sein, alles selbst zu schaffen. Häuser, Wohnungen, Umzüge. Jetzt sind ihm seine persönlichen Mythen zusammengebrochen, einfach weggeschwommen, weggerutscht, sie seien zugeschüttet. Aber er lachte, vielleicht sei das gut so. Ich sagte, daß ich ihn für stark und für fair hielte, er sagte: er sähe schon, seine Stärke beginne jetzt zu zweifeln. Er habe den Anfang eines Romans geschrieben [*Das Raumverbot*, 1979 unter dem Titel *Langsame Heimkehr* erschienen] und nach 200 Seiten festgestellt, er habe schon die ganze Erzählung geschrieben, jetzt suche er noch nach einem Schluß. Die Erzählung sei in der dritten Person geschrieben, der Schluß brächte das Ich. Er habe immer gewartet auf die Emphase, die ihn beim Schreiben seiner früheren Manuskripte begleitet habe, sie sei ausgeblieben, jetzt sei alles nüchtern, fast wortlos. Er hoffe, daß es doch poetisch sei.« Eine erste, einzeilig getippte, 52 Seiten umfassende Niederschrift der *Langsamen Heimkehr* mit dem Titel *Die Vorzeitformen* trägt den handschriftlichen Vermerk von P. H. für den Abschluß: »6. Januar 1979, München«. (ÖLA 326/WA 1)

2 S. U. verbrachte zwischen dem 6. und 18. Januar seinen Urlaub mit Frau und Sohn auf Hawaii.

3 Eine der Anlagen ist das 158 Blatt umfassende, zweizeilig getippte Typoskript der *Langsamen Heimkehr* mit dem Titel *Das Raumverbot*. (DLA, SUA, A: Suhrkamp Verlag, Handke, Peter) P. H. trug in sein Notizbuch (27. November 1978 - 10. Februar 1979), S. 133, ein: »HALLELUJAH! 29. Januar/15h54«, markierend den Abschluß dieser Reinschrift. (DLA, A: Handke, Peter, Notizbuch 018) Dem Typoskript beigefügt war eine Zeichnung von P. H. aus einem Notizbuch, das den Mount McKinley und den Earthquake Park, Anchorage, zeigt und auf den 29. September 1978 datiert ist.

[282; Anschrift: c/o Hermann Lenz, Mannheimer Straße 5, München]

Frankfurt am Main
2. Februar 1979

Lieber Peter,
nur die Nachricht, daß Dein Manuskript gut eingetroffen ist. Ich freue mich sehr, es bald lesen zu können. Und bitte, rufe am Montag, 12. Februar, hier an, ich werde da sein.[1]
Herzlich
Dein
[Siegfried Unseld]

1 Im Telefonat vom 12. Februar 1979 sagte P. H. sein Kommen nach Frankfurt am Main für den 17. bis 19. Februar zu.

[283]

[Paris]
22. Februar 1979

Lieber Siegfried,
jetzt habe ich noch drei Tage an der Geschichte gearbeitet und sicher hundert kleine Änderungen angebracht (und ich glaube, daß es wirklich Verbesserungen sind.) Auch Deine Korrekturen sind, glaube ich, alle berücksichtigt.[1] Ich schicke das Manuskript gleich ab, weil es mich so quält: es zu lesen, tut sozusagen der (meiner) Seele nicht gut. Wenn ich noch einmal so eine Arbeit angehe, wünsche ich mir jemanden, der mich dabei hält und behütet.
Ich möchte noch ungefähr zehn Tage in Paris bleiben. Hoffentlich wird dann die Geschichte allmählich aus mir verschwinden. (Jetzt traktiert sie mich oft noch im Schlaf – ohne daß etwas dabei herauskommt.)

Von dem Titel »Das Raumverbot« kann ich mich halt nicht trennen. Er ist zu tief mit mir verwachsen. Nimm ihn bitte hin. Ich habe den dritten Teil »Das Gesetz« genannt.
Vielleicht werde ich in zehn Tagen wieder fähig sein, über die Geschichte zu sprechen (auch mit Elisabeth Borchers, wenn ich über Frankfurt nach Berlin fahre.[2]) Am liebsten würde ich ja ab jetzt alles Dir überlassen und nicht einmal mehr den Umbruch lesen. Triumph und Niedergeschlagenheit wechseln sich schnell ab vor dem Manuskript. Einmal gibt es mir Heiterkeit, dann nimmt es mir die eigene Luft. – Ich möchte gern an das lange Gedicht denken. (Vielleicht morgen?)
Natürlich wünsche ich mir den Erfolg.
Und für die zwei Tage in Frankfurt danke ich Dir. (In Neuilly geht im Moment der Blick nicht weit, und ich werde ein bißchen hinausgehen.) Vielleicht magst Du mich einmal hier anrufen.
Herzlich,
Dein Peter

1 Über den Aufenthalt von P. H. in Frankfurt am Main zwischen dem 17. und 19. Februar 1979 notierte S. U. in der *Chronik:* »Kurz vor acht werde ich mit der dritten Lektüre fertig. Aufregung, dieses Manuskript. Der erste Satz enthält das ganze Buch. ›Sorger hatte schon einige ihm nah gekommene Menschen überlebt und empfand keine Sehnsucht mehr, doch oft eine selbstlose Daseinslust und zuzeiten ein animalisch gewordenes, auf die Augenlider drückendes Bedürfnis nach Heil. Einerseits zu einer stillen Harmonie fähig, welche als eine heitere Macht sich auch auf andere übertrug, dann wieder zu leicht kränkbar von den übermächtigen Tatsachen, kannte er die Verlorenheit, wollte die Verantwortung und war durchdrungen von der Suche nach Formen...‹.
So setzt das Buch ein. Die Beschreibung dessen, was der Geologe Valentin Sorger und sein Kollege Laufer im Giebelholzdach im amerikanischen Alaska an Landvermessung machen. Beschreibung von Natur als Harmonie, Vorformen und Vorzeitformen

der Landschaft. Dann, im zweiten Teil, das ›Raumverbot‹, der Besuch bei den Freunden, die auf dem Campus einer kalifornischen Universitätsstadt, einer Mischung aus San Francisco und Stanford – Los Angeles – San Diego, leben. Einmal sah er seines Nachbarn Frau in einem Verkehrsbus, er wollte sich bemerkbar machen, doch es war schon zu spät. ›Und da geschah es, daß Sorger, unbeobachtet unter freiem Nachthimmel, durch und durch errötete; und das war seit langem das erste, was er als «sich selber» erlebte.‹ Hier beginnen deutlich diese Stadien der Erkenntnis des eigenen Ich, der Umwelt, Heimat, Heimatlosigkeit, Räume und Raumverlust, dann wieder Heimatlosigkeit. ›Für mich gibt es niemanden.‹ Trennungsschmerz. Und dann das Wort ›Raumverbot!‹: ›Du bist allein, deine Arbeit ist Fälschung ... du gehörst nicht mehr zur Welt.‹ Dann der Abend der Selbstvergewisserung mit dem österreichischen Nachbarn und mit den Vokabeln gütig, schön, Familie, Heimatlichkeit, Liebe. ›Die «Höflichkeit», den Bewohnern seines Herkunftslandes überlicherweise zugeschrieben (ihn hatte sie, wenn sie vor ihm bestätigt wurde oft befremdet und war ihm jedenfalls nie tief gegangen) – an diesem Abend war sie als Begeisterung für die anderen in ihm selber wirksam und erzeugte so die Idee eines «Landes», die der Höfliche verkörperte und in deren Gestalt er sich ganz weitergab.‹ Hier zumindest werden die Österreicher begeistert sein. Und dann der dritte Teil, die Räume. Er fliegt von der Westküsten-Stadt ab, besucht noch einen Freund in Denver, der aber tot war, und dann New York. Großartige New Yorker Szenen und schließlich im Coffee-Shop das Erlebnis des Gesetzes. S. 236: ›Ein anonym vorgeschriebenes Gesetz, das ihm Schwung gab, eine friedenstiftende Gegenwart dauerhaft machte.‹ Dann S. 124: ›Die Zeit, als rege sich die Göttin im Faltenwurf. Dann schrieb Sorger das Gesetz auf, seinen geschichtlichen Augenblick, was er als Geschichte empfand, sein Jahrhundert, ein Hochgefühl nicht meiner, sondern menschlicher Unsterblichkeit. Ich glaube in diesem Augenblick: indem ich ihn aufschreibe, soll er mein Gesetz sein.‹ Auf S. 123 war zu lesen: Er stellte sich ›die Zeit als einen Gott vor, der gut war.‹ Und dann die Wendung zu sich und zum anderen. Das Epos, das natürlich an die ›Göttliche Komödie‹ und ›Gilgamesch‹ und andere heilige Dichtungen erinnert, endet in einem Gedicht, das ganze sei ja auch ein Gedicht, meint er. Noch am

Abend, Hilde [Unseld] läßt uns allein, allgemeine Diskussion. Ja, es sei für ihn Lyrik, mehr als Literatur. Nicht Literatur als Form eines Gebetes, als Botschaft, als Aussage, als Ausruf. Ich komme immer wieder auf den Titel zurück. Als ich einige Mitarbeiter am Vormittag gefragt hatte, was ›Raumverbot‹ bedeutete, lauteten die Assoziationen ›Volk ohne Raum‹, Orwells ›1984‹, Rauchverbot, Verbot von Raumfahrt, Verlust der Dreidimensionalität, Verbot von Weltraum. Er, Handke, verweigerte eine Interpretation und fragte mich nach anderen Titeln. Ich schlug vor: Zeitfall – Avenue der Gegenwart – Das kurze Kreisen der Räume – Wiederkehr – In ähnlicher Weise – Raumvertrautheit – Raumflucht – Raumereignis – Zeiträume selbstloser Zuneigung – Im Spiel der Welt – Einige Sonnenaufgänge später. Meinen eigentlichen Titel nannte ich ihm nicht, aber er sah meine Aufzeichnung: ›Das Gesetz‹. Das beeindruckte ihn. Am Sonntagmorgen sprachen wir dann im Detail das Manuskript durch, zwei Stunden. Ein sehr gutes Gespräch, er bedankte sich für meine Einwände, die er beachten wolle. Dann Spaziergang im Taunus, Mittagessen im Schloßhotel, dem Ausgangspunkt der ›Linkshändigen Frau.‹ Ganz klar stand das Buch im Mittelpunkt des Gesprächs. Er sagte, man muß Mut haben, wieder Glück zu formulieren. Auch Gnade (Seite 100, 151); ich kreide sein ›Gnade. Oder?‹ an. Man müsse auch den Mut haben, sagen zu können, ich brauche dich, du bist ein Teil von mir. Und ich selber bin verantwortlich für andere. Immer wieder der Titel. Er hatte früher an folgende Titel gedacht: Die Zeit und einige Räume – Und: Fähigkeit zum Ausruf – Ist es ein Weltgesetz, das mich leitet? Immer wieder sprach er von Sorgers Mythos: jetzt oder nie. Aber das war ihm zu direkt. Schließlich wollte ich ihn noch einmal auf eine Definition von ›Raumverbot‹ festlegen. Er sagte, man nimmt Räume und verbietet Räume und tötet damit. Töten, ja, das ist es. Weil man nicht mehr atmen kann, weil man keine Räume hat. Doch ich sagte ihm, daß ich hier einen Widerspruch zur Botschaft seines Buches sehe. Natürlich könne man das alles ausdenken, interpretieren, der Titel ›Raumverbot‹ sei auch schön, der Raum sei etwas Göttliches, aber ich könne ›Das Raumverbot‹ nicht verstehen. Das sei eine Aufschrift gewesen auf einer Wand an der Universität in München, das hätte ihm gefallen. Dann war das Gespräch darüber abgeschlossen. Er war sehr freundlich, wirklich bis ins Innere höflich. Für die neue ›es‹

schreibt er ein Poem ›Anrufe‹, 60 Seiten. Im Fernsehen die Bilder aus dem Iran, das Erschießen der Generale und Offiziere. Handke verhöhnte dies nur. Irgendwie sei es [wie] vorher, die Geschichte liefe immer in derselben Weise ab. Im übrigen interessiere ihn nicht das, was im Iran geschehe, sondern er lese vielmehr die Geschichte Mohammeds, das sei interessant. [...] Am Abend sahen wir den Film ›Die Giganten‹ im Fernsehen. Morgens beim Frühstück [am 19. Februar] sagte Peter Handke, er habe schlecht geschlafen, aber er wolle nun doch auf den Titel ›Das Gesetz‹ zurückkommen. Im Grunde genommen stimme dieser Titel für ihn. Ich meinte auch, daß das Buch diesen Anspruch aushielte, auch den Vergleich mit Kafkas Parabel ›Vor dem Gesetz‹. Er war noch ein paar Stunden im Verlag, sprach mit den Mitarbeitern. Dann noch einmal eine kurze Unterhaltung. Das Manuskript knüpfe an die ›Stunde der wahren Empfindung‹ an. In Sorger sei eine große spirituelle Kraft. In der ›Stunde‹ sei die Sinnlosigkeit da gewesen, jetzt, im neuen Manuskript, Sinnsuche und Heil. Er schenkt mir ein Notizbuch um ›Raumverbot‹ mit farbigen Zeichnungen. Und dann gibt er mir einen handschriftlichen Text, den er im Hotel Bristol in Wien am 10. Februar geschrieben hat. Ein bedeutendes Wort-Schreib-Bekenntnis. Als letzte Zeile steht: ›Gebet‹.« Der Text lautet: »Neue Wörter! Mit neuen Wörtern aufwachen. Ohne wunde Brust. Die Angst vor der Endgültigkeit. Mit Wörtern wäre ich nicht mehr allein. Ich bin noch immer nicht ernst genug. Immer noch stellen sich Wortspiele ein. (›Ich möchte natürlich sterben.‹) Ich in der Radierspur. Ist das Elend jetzt an mir? Alle Gegenstände haben andere gemacht. Wer macht mich wieder wirklich? War ich es je? Wort für Wort weiterleben. Ich schreibe an Dich, Geliebte. Die Nacht und ich: eines wärmt in Gedanken das andere. Ich bitte für meine Seele. Mich durchwachen. Jetzt ist mein Weltkrieg – und vor wem kann ich mutig sein? Die Fensterscheiben schüttern wie Reiskörner. Ich möchte die Seele in meiner Sicherheit haben. Tag für Tag werde ich mich nachziehen müssen. Nie werde ich ein Sänger sein. Wenn jetzt jemand einträte, würde ich gut über die Schulter schauen? Mich im Körper in meinem Geviert fühlen. Die Seele ist ein schrecklich verlassener Balg. Kein Satz darf den nächsten geben. Im Kreis welcher Familie? Ich bin der Nackte. Die Seele ist ein armes Häufchen. Wird sie mich jemals wieder beflügeln? Sie sollte ein Hauch von innen

nach außen sein, ungegenständlich: Jetzt ist sie zu einem Gegenstand erkrankt. Nie mehr möchte ich so in mich hineinschauen. Ich will keine besonderen Tage mehr. Nehmt mich entgegen. Ich will Ähnliches versuchen. Aber wen spreche ich eigentlich an? Ich werde jetzt aufstehen und aus dem Zimmer gehen.«
Trotz des nicht-definitiven Titels diktierte S. U. am 19. Februar 1979 eine Notiz für die Herstellungsabteilung: »Gespräch mit Peter Handke, 19. 2. 1979: Sein neues Buch ›Das Raumverbot‹ wird im 2. Halbjahr 1979 erscheinen. Einband: Leinen. Weißer Umschlag. Typographie des Bandes wie ›Die Stunde der wahren Empfindung‹. Für den Umschlag soll auch die Schreibmaschinenschrift der ›Stunde der wahren Empfindung‹ verwandt werden.«
2 P. H. fuhr mit seiner Tochter am 10. März von Paris in die Niederlande (Rotterdam, Den Haag und Amsterdam), am 12. März weiter nach Köln, war am 13. März in Berlin. Ob es dabei zu einem Gespräch mit Elisabeth Borchers kam, ist nicht ermittelt. Vermutlich kam es erst Anfang Mai zu einem gemeinsamen Lektorat (siehe Brief 286, Anm. 2).

[284; Anschrift: c/o Dr. Greinert, 51, Madeleine Michelis, Neuilly]

Frankfurt am Main
2. März 1979

Lieber Peter,
hier also drei Fassungen für den Umschlag. Einmal ohne die Zeile »Eine Erzählung«, dann die beiden Zeilen »Eine Erzählung/Suhrkamp« in kleinerem Grad und die dritte Lösung: die beiden Zeilen »Eine Erzählung/Suhrkamp« im selben Grad wie Autor und Titel, jedoch drucken wir das in einem Grauton und drängen damit die Sache zurück. Im Druck würde die Zurückdrängung noch deutlicher herauskommen als jetzt in den geklebten Umschlägen. Ich appelliere hier an Deine Phantasie.
Wenn Du bei »Raumverbot« bleiben möchtest, so folgen

wir dem gerne. Du mußt Deinem Gefühl vertrauen. Hier im Hause (seit der Umschlag etwas kursiert) tauchen Assoziationen wie »Lokalverbot«, »Hausverbot« auf, aber, wie gesagt, folge Deinem Gefühl.
Herzliche Grüße
Dein
[Siegfried Unseld]

3 Anlagen[1]

1 Die Anlagen sind nicht ermittelt.

[285]

[Berlin[1]]
5. März 1979

Lieber Siegfried,
mir geht seit einigen Tagen ein Titel für die Geschichte im Kopf herum: »Das Zeitalter des Verschweigens«. Er würde die Zeit nach den Begebnissen bezeichnen, die ich erzähle.x Am Anfang heißt es ja auch einmal: »Komm herbei, Zeitalter des Verschweigens«. Und gegen Ende, als er in der Kirche ist, steht: »Er wurde von Unbekannten gegrüßt, und sie konnten sich voreinander verschweigen.«[2] Wenn das Buch so hiesse, wäre freilich das Wort »Erzählung« darunterzusetzen. Geh bitte ein bißchen mit diesen Wörtern umher (ich bin damit schon weit durch die Stadt gekommen). Und ich wünsche Dir eine schöne Zeit beim Schifahren.[3] Hier lese ich, schaue und bin manchmal in der Welt.

Herzlich,
Peter

x sozusagen das 4. Kapitel

1 P. H. lebte bei seinen Aufenthalten in Berlin zu dieser Zeit in der Wohnung von Libgart Schwarz.
2 Beide Sätze wurden in der Druckfassung gestrichen. Laut einer Telefonnotiz von S. U. (vom 20. März 1979) wünschte sich P. H. eine Umschlagabbildung für *Das Zeitalter des Verschweigens*: Paul Cézanne, *L'homme aux bras croisés*.
3 S. U. hielt sich zwischen dem 9. und 16. März 1979 in der Schweiz auf: In Zürich fand am 9. März im »Widder« (mit Max Frisch, E. Y. Meyer, Martin Walser und Burgel Zeeh) die Feier zum 65. Geburtstag von Helene Ritzerfeld statt; daran schloß sich ein Skiaufenthalt in St. Moritz an.

[286]

[Salzburg]
22. März 1979

Lieber Siegfried,
ich schicke Dir mehrere Seiten der Übersetzung des »Movie-Goer«.[1] Du brauchst sie ja nicht zu lesen, vielleicht erbarmen sich Frau Borchers oder Frau Dessauer, oder wer auch immer. Manchmal geht mir die sprachliche Flapsigkeit schon ans Herz, aber das ist wohl amerikanisch? Die Geschichte für sich ist schön (und manchmal sogar tief). Wenn nur die sprachliche Undeutlichkeit und Beliebigkeit nicht wären.
Ich werde alles tun, um am Ostermontagabend in Frankfurt zu sein, und freue mich schon darauf.[2] Ich möchte noch an 10-20 Sätzen etwas tun.
Herzlich,
Dein Peter

1 Walker Percy, *Der Kinogeher*. Deutsch von Peter Handke, erschien im Hauptprogramm des Suhrkamp Verlags; die Originalausgabe, *The Moviegoer*, wurde 1961 veröffentlicht. Siehe auch Briefe 305 und 317.

2 Unter dem Datum 14./15. April 1979 notierte S. U. in der *Chronik*: »Abermalige Lektüre von Peter Handkes Manuskript. Er ist nun mit dem Titel ›Raumverbot‹ nicht mehr glücklich und möchte auf den alten ›Ins tiefe Österreich‹ zurück. Er bat mich um Vorschläge für den Titel. – Avenue der Gegenwart – Wiederkehr – Spiegel der Welt – Sonnenaufgänge später – Das Gesetz. Dann fällt mir schließlich das Zitat aus dem ›Heinrich von Ofterdingen‹ ein. ›Wo gehn wir denn hin?‹ ›Immer nach Hause.‹ ›Immer nach Hause‹ wäre ein guter Titel.«
Unter dem Datum des 16. und 17. April 1979 notierte S. U. in der *Chronik*: »Am Nachmittag [des 16. April] kommt Peter Handke mit Amina. Er war in St. Moritz und flog im Privatflugzeug von Burda-Offenburg. Wir redeten freundlich, ruhig durch den Abend bis in die späte Nacht hinein, nichts vom Manuskript, dafür aber von dem Lang-Poem ›Heimat‹, das er für die ›es-Neue Folge‹ auf meinen Wunsch hin schreiben wird. Am frühen Vormittag dann ein intensives Gespräch über das Manuskript. Seine Zweifel, ob das Ganze nicht zu direkt sei, etwa im Kapitel ›Das Gesetz‹, seine Verzweiflung, weil er den Titel nicht findet. ›Immer nach Hause‹ leuchtet ihm ein, aber auch bei ihm sitzt im Hinterkopf, daß es diesen Titel vielleicht schon geben könnte. Dann regelt er in Kronberg und Bad Homburg seine Aufenthaltsbewilligung für die Bundesrepublik, sie ist jetzt für alle Zeiten – sie läuft nicht mehr ab. Im Verlag erhält er die Nachricht von Nicolas Borns schwerer Lungenkrebs-Erkrankung.«
Unter dem 6. Mai 1979 hielt S. U. in der *Chronik* fest: »Peter Handke ruft mich an. Er ist glücklich über den Titel ›Langsame Heimkehr‹!«
Unter dem 19. Mai 1979 berichtete S. U. in der *Chronik* über einen Aufenthalt von P. H. in Frankfurt: »Dann erzählte er von seinen Korrekturen [an *Langsame Heimkehr*], die wichtig für ihn sind. Sie hätten nun das ganze Buch straffer gemacht. Die Religion und die Philosophie seines Buches seien ausgedrückt im Satz, den er neu eingefügt habe: ›Er erwartete inständig, aber auch wenn sich nichts ereignete, wäre es das Erwartete. So konnte er spielen, daß alles möglich sei, und aus einem sinnlos Lebendigsein wurde, wie aus dem Erdbeben, der menschliche Tanz, das Sinn-Spiel.‹«
Die Herstellung der *Langsamen Heimkehr* erfolgte unter starkem Zeitdruck, da zunächst ein Leseexemplar geplant war, ein

Vorhaben, das während der Produktion (am 26. Juni 1978) aufgegeben wurde (siehe Briefe 288, Anm. 1, und 329). P. H. korrigierte in den Fahnen (1. Lauf) und im Umbruch (2. Lauf) den Text im April und Mai 1979 weiter. An Elisabeth Borchers schrieb er am 9. Mai 1979: »Den ersten Teil [von *Langsame Heimkehr*] habe ich kaum mehr angeschaut. Noch einmal intensiv durchgearbeitet habe ich den zweiten Teil, *Das Raumverbot*. Ich wußte tief, daß da drei schwache Stellen drin waren: der Anfang mit der Ankunft S.s [des »Helden« Sorgers] an der Westküste: vor allem seine Erstarrung; dann der Moment des ›Raumverbots‹, und schließlich die Rede des Helden an die Nachbarn. Ich habe den gesamten zweiten Teil noch einmal abgeschrieben und die drei Passagen noch einmal tief durchstrahlt. Sie sind kürzer geworden, andrerseits gibt es kleine Hinzufügungen. Wichtig sind auch die Umstellungen in diesem Kapitel, am Anfang und gegen Ende: da habe ich die Beschreibung des ›Erdbebenparks‹ und die Begegnung mit den zwei Frauen *vorgezogen*: sie ist nun das nächste nach dem Frühstück mit den Nachbarn; gleich nach seiner Ankunft geht er zum Park zeichnen, nicht erst in den letzten Tagen. Auch die Beschreibung seines Vorhabens ›Über Räume‹ ist jetzt umgestellt; sie steht vor dem Gang zum Erdbebenpark. Es ist wahrscheinlich, daß das zweite Kapitel also neu gesetzt werden muß. (Aber ich muß sagen, daß ich mir daraus kein Gewissen mache – da ich nun endlich die (notwendige) Qual dieser Geschichte – so ist es gewesen – abgetan zu haben glaube.) Eine vierte Änderung betrifft die vierte Schwachstelle, im *3. Teil, dem Gesetz*: jene Passagen, da Sorger sich zum Coffee Shop bewegt und dann das Große Gesetz aufschreibt. Da habe ich zwei Seiten gestrafft – und ich meine, die Geschichte hat jetzt erst als Ganzes das leise Dröhnen. Ich habe also den Text vom 2. Teil bis zum Moment des ›Gesetzes‹ neu durchgeschrieben, dann wieder in den Fahnen korrigiert.« Das zweite und ein Teil des dritten Kapitels wurden im 2. Lauf neu gesetzt. Letzte Korrekturwünsche teilte P. H. dem Verlag am 16. Juni 1979 telefonisch mit.

[287; handschriftlich]

[Salzburg]
7. Juni 1979

Lieber Siegfried,
gestern habe ich einen schönen Tag unter anderem mit den Gedichten aus der »Bibliothek« zugebracht und war von dem Gedicht von Jesse Thoor ganz ergriffen (und auch von dem Photo des Mannes).[1]
– Das nur so.
Peter

1 1979 erschien die Anthologie *Poesie. Aus den Gedichtbüchern der Bibliothek Suhrkamp*. Vorbemerkung von Siegfried Unseld. Mit zahlreichen Fotografien. Das Foto von Jesse Thoor findet sich auf S. 144, es folgen ein von S. U. verfaßtes Porträt des Autors (S. 145 f.) und das Gedicht *In einem Haus*.

[288; handschriftlich; Ansichtskarte: »Gotische Madonna (15. Jahrh.) im Hochaltar der Frauenkirche zu Wasserburg am Inn«]

31. Juli 1979

Lieber Siegfried,
ich stehe auf der Innbrücke und probiere den »regenechten« Stift aus. (Es regnet.) Der Abend in Königstein sollte nicht ungültig werden.[1]
Herzlich,
Dein Peter H.

1 Eine Begegnung zwischen P. H. und S. U. verzeichnet die *Chronik* fälschlicherweise für den 7. August 1979. Dem Treffen war am 19. Juli 1979 ein Telefonat zwischen beiden vorausgegangen,

dessen Inhalt S. U. in der *Chronik* beschreibt: »Unangenehmes Telefonat mit Peter Handke, das Auswirkungen haben kann. Er ist zurück von seinen Wanderzügen in Südfrankreich, seit acht Tagen in Berlin. Und warum hat er sich nicht gemeldet? Immer wieder seine zarte Gewalt, der zärtliche Terrorist. Er wollte eigentlich mich gar nicht sprechen, sondern mit Burgel Zeeh einige Dinge regeln. Dann aber fragte er, ob schon viele Leute sein Buch in der Hand hätten; ich verneine das, erwähne, daß wir das Buch am 11. September herausbringen. Ja und die Leseexemplare? Ich sagte, die gebe es doch nicht, durch seine Korrekturen sei das unmöglich geworden. Da wurde er ganz explosiv. Der Zwang, Leseexemplare zu machen, habe ihn bei den Korrekturen in eine ›Panik‹ versetzt. ›Panik, verstehst du‹, sagte er, ›in Panik habe ich die Korrekturen gemacht.‹ Die Entscheidung, ein Leseexemplar nicht zu machen, kommentierte er als üble ›Machenschaften‹ des Verlages. Er wollte ja nie das Leseexemplar, die Leute sollen das wirkliche Buch lesen, aber wir hätten ihn mit dem Termin des Leseexemplars gedroht, gezwungen, erpreßt. Ich weiß nicht, ob Erklären hilft. In der Sache stimmte er mit uns überein, aber er kann nicht überwinden, daß wir das Leseexemplar ihm gegenüber angekündigt und ohne Erklärung dann abgesagt haben.«

Über die Begegnung in Königstein, vermutlich am 26. Juli 1979, notierte S. U. in der *Chronik:* »Er ist noch immer verschnupft wegen des Leseexemplar-Vorgangs. So wollte er nicht mit mir abend essen gehen; ich fahre ihn in den Taunus, wo er übernachtet, und wir sitzen vor dem ›Sonnenhof‹ und trinken von 19-22 h ein Glas Wein nach dem anderen, das der Ober uns immer komplizierterweise in den Garten bringen muß. Er fragt nicht, ob ich hungrig sei. Irgendwie ist dieser Zarte heute gewalttätig. Er wollte einen grundsätzlichen Dissens zwischen Autor und Verleger fixiert wissen, im Grunde genommen mache ein Verleger einem Autor gegenüber nur Tricks undsoweiter. Dann seine Wünsche: kein Klappentext, keine übliche Werbung, keine Anzeigen mit blöden Texten, wenn, dann nur mit den eigenen, Verbot aller Rezensionen, insbesondere von M. R.-R., und an Weihnachten wünsche er sich doch, daß 100.000 Exemplare verkauft sind. An diesem Abend mußte ich meine Einsicht aufrufen, mich nicht mehr kränken lassen zu wollen. Sichtlich erschöpft kam ich nach Hause. Später sollte er mir dann eine Karte schreiben, die vielleicht ein anderes Licht auf diesen Abend warf. Offensichtlich hatte ihm mein Widerspruch zu seinen Äußerungen und mein Widerstand zu seinen Überlegungen doch eingeleuchtet. Er schrieb mir: ›... Der Abend in Königstein sollte nicht ungültig werden.‹ Man muß schon von seiner Sache überzeugt sein und sich stark fühlen, um da nicht umzukippen.«

[289; Anschrift: Salzburg, Mönchsberg 17a[1]]
Frankfurt am Main
27. August 1979
Lieber Peter,
hab Dank für Deine Karte von unterwegs. Du hast gesagt, Königstein soll gelten.
Du hast gesagt, Du möchtest keine Anzeigen mit den üblichen Stimmen. Ich habe dann selbst einen neuen Typus für Anzeigen in (nur) österreichischen Zeitungen entworfen. Ein Muster liegt hier bei und andere mögliche Texte ebenfalls. Ich habe die Absicht, das in verschiedenen Zeitungen so lange zu bringen, bis dann die ersten Stimmen vorliegen. Ich hoffe sehr, Du bist damit einverstanden.
Meldest Du Dich? Es gäbe einiges zu besprechen.
Herzliche Grüße
Dein
[Siegfried Unseld]

Anlagen [Entwürfe für Anzeigen]

Peter Handke *Langsame Heimkehr*: »... Und er erkannte sich in der eigenen Höflichkeit auch wieder: sie erzeugte an diesem Abend die Idee eines ›Landes‹, die der höfliche Sorger verkörperte und in deren Gestalt er sich ganz weitergab; sein Name deutete sogar die Provinz an, wo der Träger herstammte; und schließlich redete er so selbstverständlich, daß es niemandem auffiel, in seinem fast vergessenen Dialekt.«

Suhrkamp Verlag Frankfurt
Peter Handkes neues Buch *Langsame Heimkehr*. In allen österreichischen Buchhandlungen. 168 öS

1 In einem handschriftlichen Brief vom 13. August 1979 schrieb P. H. an Burgel Zeeh von Paris aus: »Daß die Nachricht von meinem Umzug in den Zeitungen steht, davon bin ich ganz betroffen. Aber wie reagieren? Wenn es nach mir allein ginge, würde ich alles rückgängig machen und wieder hier wohnen, wo in den Straßen das stille Wasser fließt und niemand mich besonders meint. Aber... In der Wohnung am Mönchsberg (17A) werde ich so ab dem 26. August sein.« Das Haus gehört Gerheid und Hans Widrich, den P. H. seit der Internatszeit in Tanzenberg kannte.

[290; handschriftlich]

[Salzburg]
10. September 1979

Lieber Siegfried,
so erhaben sozusagen auch mein Gefühl über die Tatsache des Buches ist, und so dankbar ich Dir für den menschenwürdigen Tag in Salzburg und am See bin, so grausam kommen mir doch die – ja, vielen Druckfehler vor, die ich bei der Lektüre nicht übersehen konnte.[1] Es sind vor allem auch mehrere sinnstörende und sogar -fälschende darunter, deren Entstehung ich mir nicht erklären kann. (So sehr ich auch sonst bereit wäre, eine Mitverantwortung zu übernehmen.) Nun hilft aber kein Lamentieren mehr, die Bücher sind ja gedruckt. Trotzdem will ich eine Liste herstellen, und die sinnentstellenden Druckfehler mit einem Rufzeichen versehen. Wenn an der entscheidenden Stelle

der Geschichte steht: »mit der Verwirk*lich*ung seiner Räume« statt »*Verwirkung*« (beim »Raumverbot«) – dann tut Handeln not. Es sollte den Exemplaren für professionelle Leser doch zumindest eine Korrekturliste nachgeschickt werden, und natürlich hoffe ich auf einen baldigen, verbesserten Nachdruck. – Ich würde es ja gar nicht so schwer nehmen, kann aber nicht umhin, mir um die Geschichte weiter Sorgen zu machen.

Deine Geste (hierher zu kommen) möchte ich nie vergessen, und gern hätte ich sie ja als den reinigenden *Abschluß* einer qualvoll-schönen Expedition gesehen. Und nun geht es leider weiter im unabgeschlossenen Text. Vielleicht magst Du mich (immer noch beim Nachbarn) anrufen. Für Venedig wünsche ich Dir und Deiner Frau das Wehen des Geistes und den Blick übers Meer.
Dein P.

1 S. U. hatte P. H. am 7. September 1979 ein Vorausexemplar der *Langsamen Heimkehr* nach Salzburg gebracht. In seinem *Reisebericht Salzburg, 7. September 1979*, berichtet er von seinem Besuch: »Der Grund der Reise: Ich übergebe Peter Handke die ersten Exemplare seines Buches ›Langsame Heimkehr‹. Er ist nun auch langsam nach Österreich heimgekehrt, nach Salzburg, auf den Mönchsberg. Dies ist ein mit dem Berg der Festung Hohensalzburg verbundenes Bergmassiv, ziemlich steil; es ist dort oben eigentlich Fahrverbot, die Taxis haben Mühe, hochzuklettern. Das Ganze ein Naturschutzgebiet. Auf dem höchsten Scheitel, der sogenannten Richterhöhe, hat der Pressechef der Salzburger Festspiele, Dr. Widrich, einen alten Schloßturm umgebaut, der durch Efeubehang romantisch und verwunschen aussieht. Peter Handke wohnt in einem angebauten zweiten Turm-Teil, er war im Einzug begriffen. Tochter Amina und Frau Libgart packten Koffer aus und schüttelten Anzüge. Peter Handke war sehr bewegt, als er das Buch in die Hand nahm. Minutenlang schwieg er, das Buch in der Hand bewegend. Dann las er fast eine halbe Stunde, wir kamen erst zur Unterhaltung, als wir zum Mittagessen nach Schloß Fuschl fuhren. Dort machte er mit seiner Po-

laroid-Kamera Aufnahmen, die erste Aufnahme galt wieder seinem Buch. Er erzählte mir von den drei großen Projekten, an denen er arbeite, an einem großen Buch ›Wiederkehr‹; er habe fünf bis zehn Jahre veranschlagt. Die nächsten beiden Projekte seien die Geschichte eines Kindes, eine Art Erziehungsroman, und dann jener Text, den er eigentlich für die ›esNF‹ [*edition suhrkamp Neue Folge* lautete die Bezeichnung der Taschenbuchreihe ab Band 1001, der im Mai 1981 erschien.] schreiben wollte, ›Beschwörung‹. Ein Gedicht und gleichzeitig ein monologisches Drama, aber er konnte noch nicht beginnen und konnte so gar keinen Termin vereinbaren. Handke ist aus dem Verlag der Autoren ausgetreten. Er bat mich, nach Möglichkeit seine zwei oder drei im Verlag der Autoren befindlichen Stücke zurückzuholen; ich werde mit Dr. Braun Verbindung aufnehmen (›Quodlibet‹, ›Ritt‹, ›Unvernünftigen‹).«
P. H. trug in sein Notizbuch ein: »Habe ich heute vor Glück wirklich nichts wahrnehmen können (~ Fuschl) / dabei doch der Gedanke bei L[angsame]. H[eimkehr]. versagt zu haben« (DLA, A: Handke, Peter, Notizbuch 021, Eintrag vom 7. September 1979).

[291; Anschrift: Salzburg]

Frankfurt am Main
14. September 1979

Lieber Peter,
Dein Korrektur-Exemplar ist angekommen; es ging per Auto in die Setzerei. Die Korrekturen werden ausgeführt und sofort die Auflage von 3.000 Exemplaren gedruckt. Diese liegt am 19. September vor. 4.000 Exemplare sind nach Österreich unterwegs. Hier konnten wir den Errata-Zettel nicht mehr einlegen.
Bei 36.000 Exemplaren wird die Einschweißung aufgemacht, der Zettel reingelegt; ich gebe Dir hier ein Beispiel des Errata-Zettels. – Ich habe die Interpunktionen bewußt nicht vermerken lassen, sondern nur die substantielleren

Fehler. Selbstverständlich sind bei der neugedruckten Auflage auch die Kommafehler berücksichtigt. Ich hoffe, daß wir damit diese Angelegenheit bereinigt haben.
Sämtliche Freiexemplare – also Rezensionsexemplare und Verlagsfreiexemplare für Autoren und Freunde – werden von der neugedruckten Auflage entnommen.
Die bibliographische Welt wird sich einmal den Kopf zerbrechen, was ist nun die erste Auflage. Wir wissen's!
Schöne Grüße
Dein
[Siegfried Unseld]

[Anlage; Errata-Zettel]

Errata

Seite 18, 10. Zeile v. u.
statt: sollten – *lies:* sollte
Seite 30, 13. Zeile v. o.
statt: im tiefen Schlummer und wie ohne Geschlecht
lies: im tiefen Schlummer wie ohne Geschlecht
Seite 56, 11. Zeile v. o.
statt: bedeutete – *lies:* bedeuteten
Seite 57, 13. Zeile v. o.
statt: Vorzeiten – *lies:* Vor Zeiten
Seite 101, 8. Zeile v. u.
statt: die als Ausgedingehütte – *lies:* als Ausgedingehütte
Seite 120, 4. Zeile v. o.
statt: endlich verrichtete, – *lies:* endlich verrichtete er,
Seite 131, 7. Zeile v. o.
statt: um – *lies:* ab
Seite 133, 14. Zeile v. u.
statt: Verwirklichung – *lies:* Verwirkung
Seite 134, 12. Zeile v. o.
statt: Gut war dann, freilich – *lies:* Gut war dann freilich,

Seite 163, 10. Zeile v. u.
statt: hinuntergerufen – *lies:* hinuntergefahren
Seite 171, 10. Zeile v. u.
statt: Wohntürm – *lies:* Wohntürme
Seite 196, 8. Zeile v. u.
statt: Fremdgeworden – *lies:* Fremdgewordenen

[292; Anschrift: Salzburg]

Frankfurt am Main
18. September 1979

Lieber Peter,
der Rilke-Preis 1979, der jeweils von einem Preisträger an den anderen verliehen wird, ist von Christoph Meckel Nicolas Born zugesprochen worden. Er freut sich sehr darüber! Die Verleihung wird am Dienstag, 4. Dezember (dem Geburtstag Rilkes), in Frankfurt stattfinden. Es wäre schön, wenn Du kommen könntest.
Ich kam aus diesem Anlaß (der Insel Verlag richtet die Preisverleihung aus) mit Nicolas Born in ein telefonisches Gespräch. Ich fragte ihn, ob es ihm gefallen könnte, für die »edition suhrkamp. Neue Folge« eine Anthologie deutschsprachiger Lyrik der Jahre 1970-1980 herauszugeben. Er sympathisierte durchaus mit dem Plan; erbat sich jedoch – verständlicherweise – Bedenkzeit. In diesem Zusammenhang kamen wir dann auch auf seine Lyrik zu sprechen, und ich deutete ihm meine Überlegung an, in der »Bibliothek Suhrkamp« eine Auswahl seiner eigenen Gedichte zu edieren. Wir haben da ja eine Reihe von Buchbeispielen solcher »Ausgewählte Gedichte«, bei denen jeweils Poeten die Auswählenden sind, also Ilse Aichinger wählte Gedichte von Eich, Jürgen Becker von Elisabeth Borchers, Peter Huchel, Marie Luise Kaschnitz, Ingeborg Bachmann Guiseppe Ungaretti usw.[1]

Hättest Du Lust, Gedichte von Nicolas Born für die »Bibliothek Suhrkamp« auszuwählen? Du kannst Dir denken, daß dies ihn sehr freuen würde. Er sagte mir, daß er neben den gedruckten Gedichten noch eine Reihe unveröffentlichter Texte habe. Bitte lasse es Dir durch den Kopf gehen,
Dein
[Siegfried Unseld]

1 Günter Eich, *Gedichte*, ausgewählt von Ilse Aichinger, erschien 1973 als Band 368 der *Bibliothek Suhrkamp*; Peter Huchel, *Ausgewählte Gedichte*, Auswahl und Nachwort von Peter Wapnewski, erschien 1973 als Band 345 der *Bibliothek Suhrkamp*; Giuseppe Ungaretti, *Gedichte*, Italienisch und Deutsch, Übertragung und Nachwort von Ingeborg Bachmann, erschien 1961 als Band 70 der *Bibliothek Suhrkamp*.

[293; Anschrift: Salzburg]
Frankfurt am Main
25. September 1979
Lieber Peter,
wie gefällt Dir nun das Buch? Ich hoffe, Du bist nun restlos zufrieden. Ich habe es ständig zur Hand und zeige es meinen Besuchern, die von der unaufdringlichen, aber doch selbständigen Form beeindruckt sind.
Es gibt auch schon Buchhändler, die erste Verkaufserfolge melden.
Wir haben neulich ja über manches gesprochen. Aber eines habe ich nun doch vergessen: Wie sieht es eigentlich mit Deiner Übertragung Walker Percys »The Moviegoer« aus? Konntest Du noch weiter daran arbeiten?
Herzliche Grüße und alle guten Wünsche,
Dein
[Siegfried Unseld]

[294; Anschrift: Salzburg]

Frankfurt am Main
26. September 1979

Lieber Peter,
ich habe an Karlheinz Braun einen Brief geschrieben, den ich in Kopie diesem Schreiben beilege. Er hat mir heute geantwortet (siehe Anlage).[1] Dies zu Deiner Kenntnisnahme.

Herzliche Grüße
Dein
[Siegfried Unseld]

1 Die beiden Anlagen sind nicht ermittelt. Siehe jedoch Brief 295.

[295; handschriftlich]

[Salzburg]
2. Oktober 1979

Lieber Siegfried,
an der Übersetzung von »The Movie Goer« werde ich nach dem 10. Oktober (»Kafka-Preis«)[1] weiter arbeiten und hoffe, daß ich dann Anfang Dezember fertig bin, jedenfalls mit einer ersten Fassung.

Karlheinz Braun schreibt Dir, es stünde noch eine Aussprache aus. Ja, ich wollte, als ich im Juli in Frankfurt/Kronberg war, noch einmal, auf sein Begehren, mit ihm reden, habe ihn aber nicht erreicht. So hat sich auch die Aussprache erledigt. Von einem Gespräch »Anfang Oktober« weiß ich nichts, bei der Buchmesse werde ich ja nicht sein.

Ich war jetzt zwei Tage bei N. Born in Berlin. Es war arg, und ich bin gar nicht auf Dein Vorhaben mit seinen Ge-

dichten gekommen; es ergab sich nicht. Vielleicht wird es doch wieder erträglich, so daß ich mit ihm über so etwas mich unterhalten kann. Hilflosigkeit.[2]
Natürlich bin ich, so froh ich über die Tatsache »Buch« bin, so erfreut auch über das korrigierte Exemplar, und bedanke mich bei Dir. Beim Durchlesen sah ich freilich – *andere Fehler*, etwa statt: »Ihr Busse, bringt mich weg von hier!« – »Ih*re* Busse ...« (132), und 134: statt »an den Häusern«: »an den Häus*er*«. Ich traue mich gar nicht mehr, Wort für Wort zu lesen. Es ist klar, daß die Korrektoren und Setzer da eine schmähliche Arbeit geleistet haben, und es ist nicht geheimzuhalten, daß mich das (die Achtlosigkeit, das Nicht-Lesen-Können) immer wieder erbittert. Sollte es eine neue Auflage geben, bitte laß es mich rechtzeitig wissen; es gibt auch noch wichtige Komma-Fehler. Ja, Traurigkeit. Dabei will ich doch sozusagen die Menschheit wieder das Lesen lehren.
Ein Brief von einer Zeitungsfrau (»Die Welt«) hat mich leicht ergrimmt; nicht gegen Dich, wenn die Frau auch schrieb, Du hättest ihr »Mut gemacht«, mir zu schreiben, wegen eines Feuilletons behufs meines »Arbeitszimmers«, das »*sehr launig*« gewünscht wurde. Solche Briefe sind mit ihrer satanisch-dummen Sprache Hausfriedensbrüche und Phantasie-Zerstörer. Bitte laß Dich von diesen Saurüsseln nicht als »Vermittler« benutzen. Aber das weißt Du ja selber genauso, und so höre ich, ein für alle Male, damit auf.
Sonst: ich hoffe, weiter täglich ins Paradies-Land der (wenn auch trauernden, so doch triumphierenden) Phantasie in Ruhe durchzudringen, damit ich bald die »Montagne Ste. Victoire«, dann die »Kindergeschichte«, dann das »Dramatische Gedicht«, dann (nach Jahren?) »Die Wiederholung« in stille, den Weltkäfig erschütternde Sprache verwandeln kann. Manchmal fühle ich Verlassenheit. Natürlich erhoffe

ich mir Bestärkung, und warum nicht auch von Dir? Und
jetzt gehe ich bügeln und nach der Katze schauen.
Herzlich
Dein Peter H.

1 P. H. erhielt 1979 als erster den von der österreichischen Franz-Kafka-Gesellschaft und der Stadt Klosterneuburg verliehenen Franz-Kafka-Preis. Die Verleihung fand am 10. Oktober 1979 statt. P. H. gab die Preissumme (100.000 ÖS) zu gleichen Teilen an Gerhard Meier und Franz Weinzettl weiter (siehe P. H., *Rede zur Verleihung des Franz-Kafka-Preises*, in: P. H., *Das Ende des Flanierens*, S. 156-159).
2 Nicolas Born starb am 7. Dezember 1979 an Lungenkrebs.

[296; Anschrift: Salzburg]

Frankfurt am Main
8. Oktober 1979

Lieber Peter,
ich tauchte vor der Buchmesse noch ein paar Tage ins Meer bei Nizza (und sah bei einem Auto-Ausflug Cézannes Landschaft bei Aix-en-Provence).[1] Als ich zurückkam, fand ich Deinen Brief vom 2. Oktober vor, für den ich danke, er hat mich ebenso erfreut wie tief deprimiert.
Um beim letzteren zu bleiben: Kann ich mehr tun, als sofort, nachdem Du mir die Fehler anzeigtest, eine neue Auflage zu drucken, und zwar exakt nach Deinen Korrekturen?
Unsere Schwierigkeit bestand darin, daß während des Herstellungsganges der Text von Dir laufend verändert wurde. Es gab kein Manuskript, das definitiv gültig war, und es gab keine Fahne. Am 12. Juni hast Du die letzten Korrekturen telefonisch durchgegeben. Ich habe jetzt noch einmal die Fahnen angesehen, sie gleichen einem Schlachtfeld und

zeigen Deine Arbeit am Text. Die Schwierigkeit für den Korrektor (Herr Schulz-Weidner ist wirklich der erfahrenste der Verlagskorrektoren) bestand darin, nur immer wieder die Ausführung von Korrekturen prüfen zu müssen, ohne eine klare Fahne oder ein definitives Manuskript vor sich zu haben.

Bei den jetzt von Dir angegebenen Beispielen auf S. 132 und S. 134 muß ich dem Korrektor zuerkennen, daß der Fehler schwer zu entdecken war, zumal das ganze noch in Zitatform war.

Lieber Peter, ich möchte weder Schuld noch Verantwortung damit mindern, aber ich möchte Dich doch um das Verständnis bitten, daß wir bei diesem Buch durch die laufenden Korrekturen einen schwierigen Herstellungsgang hatten. Und es kommt natürlich hinzu, daß bei den Satz-Herstellerfirmen längst nicht mehr die Setzer von früher beschäftigt sind. Von allen Seiten wird auch heute noch das preiswerte Buch verlangt, deshalb serviert uns die Druckindustrie neue Herstellungsmethoden, gegen die wir uns nicht wehren können. Wir müssen uns dieser Techniken bedienen und immer wieder den Versuch machen, ihnen unseren Qualitätsstempel aufzudrücken. Das ist äußerst mühsam und ohne den Preis von Fehlern kaum möglich. Aber ich bin natürlich traurig, daß Fehler Dein Buch betreffen, denn wir haben es unter den obwaltenden Umständen sorgsam hergestellt. Was uns nun bleibt, ist einfach die Korrektur aller Stellen, die Dir fehlerhaft scheinen. Aber ich weiß, daß diese Korrekturen nur Du machen kannst. Deshalb meine Bitte, Du mögest in Ruhe die Fehler eintragen, wir werden dann bei der nächsten Auflage alles berichtigen. Es muß möglich sein, ein fehlerloses Exemplar zu schaffen.

Ich kann mir gut vorstellen, daß die Tage mit Nicolas Born bedrückend waren. Hoffen wir für ihn, daß es noch erträglich werden kann.

Wenn ich bis Ende Oktober von Karlheinz Braun nichts gehört habe, werde ich mich noch einmal an ihn wenden.
Die Redakteurin der »Welt« hat mich um Deine Adresse gebeten, die ich ihr nicht gegeben habe. Ich sagte ihr am Telefon, daß ich ihre Bitte auch nicht weiterleiten möchte. Wenn sie daraus Mut schöpft, sich an Dich zu wenden, ist das nicht meine Sache. Doch warum wirfst Du solche Briefe nicht einfach weg? Und warum läßt Du Dir durch sie Hausfrieden und Phantasie stören? Wenn ich »vermittle«, dann melde ich mich schon.
Doch nun zum Wichtigsten: ich lerne aus Deinen Zeilen, daß Du das dramatische Gedicht nun doch nicht in diesen kommenden Monaten schreiben wirst, sondern daß sich die »Montagne Ste. Victoire«[2] und die »Kindergeschichte« Dir vordrängen. Ich bin sehr froh, daß Du diese poetischen Unternehmungen so konzentriert denken kannst, und hoffe herzlich für Dich auf die gute Arbeitsphase. Ich weiß, daß Du meinen Wunsch im Hinblick auf die »edition suhrkamp. Neue Folge« nicht vergessen hast, ich kann mir ihr Erscheinen nicht denken, ohne [eine] Arbeit von Dir dort angekündigt zu haben. Aber Du wirst jetzt für keine der drei genannten Arbeiten einen Termin der Niederschrift nennen können, und vielleicht müssen wir uns hier auch entschließen, den Start der neuen Folge von Mai auf August 1980 zu verlegen.
Du schreibst mir, daß Du mit einer ersten Fassung Deiner Übertragung von »The Moviegoer« Anfang Dezember fertig sein wirst. Ich nehme an, daß die definitive Fassung dann noch vier bis sechs Wochen brauchen wird, so daß wir in Ruhe ein Buch für den Herbst 1980 machen können.
Ich würde Dich gerne in der ersten Novemberhälfte noch einmal sprechen, wo wirst Du dann sein?
Herzliche Grüße
Dein
[Siegfried Unseld]

P. S.: Ich habe eben die Rezension im »Spiegel« und in der »Zeit« gelesen. Zum »Spiegel« möchte ich lieber schweigen.³
Hamm hat sich wenigstens Mühe gemacht, aber er konnte auch das Große und Neue Deiner Sprache nicht sehen. Die Zitate fallen wie ein Bumerang auf die Rezensenten zurück.
– Nun höre ich eben von Frau Zeeh, daß Hamm während meiner Abwesenheit angerufen hat und erklärte, seine »Zeit«-Rezension sei von den Setzern an einigen Stellen total falsch gesetzt worden, die Korrektoren hätten das nicht bemerkt, er selbst hat erst den abgesetzten und gedruckten Artikel wiedergesehen. Er hat sich bei uns für die Schludrigkeit im Text entschuldigt, die er nicht verantworten kann. Nun ja. –

1 S. U. hielt sich zwischen dem 3. und 7. Oktober 1979 in Südfrankreich auf.
2 P. H., *Die Lehre der Sainte-Victoire*, entstand, wie am Ende des Buches vermerkt, »im Winter und Frühjahr 1980, in Salzburg«. Die Satzvorlage umfaßt 103 Blatt (DLA, SUA, A: Suhrkamp Verlag, Handke, Peter).
3 Urs Jenny, *Ein Messias der Natur*, in: *Der Spiegel*, 8. Oktober 1979. Dort heißt es: »So feierlich, so selbstgewiß und so unverhohlen bedeutungsträchtig wie dieser Handke schreibt heute keiner, und das unstillbare ›Bedürfnis nach Heil‹ ist – ausschließlicher als je – sein Trauma, Thema, innerster Antrieb zur Kunst-Produktion.« Peter Hamm, *Vorläufige Wiedergeburt*, in: *Die Zeit*, 5. Oktober 1979, schrieb: »Der Erleuchtungs- und Erlösungszauber, der jenen Sorger, der aus der Kälte des allein auf sich gestellten Bewußtseins kam, zum Ende dieser ›Langsamen Heimkehr‹ in eine feierlich-fromme Teilnahmefähigkeit entläßt, hat – das soll keineswegs verschwiegen werden – auch etwas Aufgesetzt-Abstraktes, so als müsse da eben ein einmal aufgestelltes Programm erfüllt werden.«

[297; Rundbrief an die Autoren des Suhrkamp Verlags]
Frankfurt am Main
10. Oktober 1979

Lieber Peter,
am Dienstagvormittag überraschte mich Günther Busch mit der Nachricht, daß er den Suhrkamp Verlag verlassen und die Leitung des Lektorats der Europäischen Verlagsanstalt übernehmen möchte; heute entschieden wir gemeinsam, seinen Austritt beim Kritikerempfang während der Buchmesse bekanntzugeben. Günther Busch hat 16 Jahre lang die »edition suhrkamp« redigiert und ihr besonderes Prestige geschaffen. Der Verlag schuldet ihm Dank. In den letzten Jahren mußte er, wie wir alle, erfahren, daß die »edition suhrkamp« als Reihe von Monat zu Monat in ihrer Resonanz, in der Verbreitung und im Umsatz rückläufig ist. Und wir alle wußten, daß diese Entwicklung, wenn wir sie nicht ändern konnten, zwangsläufig zu einem Einbruch führen mußte. Über Änderungen in der Konzeption hatte ich mit Günther Busch manches Gespräch. Für mich war klar, daß wir nach Band 1000 die Chancen eines Neubeginns wahrnehmen und eine »Neue Folge« versuchen sollten, die an die ursprüngliche Konzeption der Reihe anknüpfte; sie sollte, ohne Abstrich an wichtiger kritischer Theorie, sich wieder mehr der jüngeren, insbesondere deutschsprachigen Literatur widmen. Günther Busch brachte in unseren Gesprächen Verständnis für meine Haltung auf, so wie ich für ihn Verständnis habe, wenn er jetzt nach den ersten Sitzungen der durch neue Lektoren verstärkten »edition suhrkamp«-Redaktion der Auffassung ist, daß er dieses Neue, diese Literatur nicht machen, sondern »seine Sache weiterstricken möchte« – dies seine Worte. Günther Busch geht. Die »edition suhrkamp« wird in der »Neuen Folge« neue Wirkungen entfalten. Jüngere, der

neuen Literatur verbundene Lektoren, werden ihr Programm denken. Wir werden es, wie vorgesehen, im Frühjahr 1980 ankündigen. Der Text unserer Pressemeldung liegt hier an. Ich weiß, was den Verlag, weiß, was mich persönlich erwartet. Eine meiner Erfahrungen der letzten 20 Jahre ist es ja, daß ich als Verleger nicht so sehr an den Büchern, die wir verlegen, gemessen werde, sondern an Mutmaßungen und Prophezeiungen über das, was ich wohl vorhaben könnte. Nicht anders wird es jetzt sein. Es wird in der »Neuen Folge« der »edition suhrkamp« kein Wechsel von Positionen oder Tendenzen stattfinden – aber dies wird wieder prophezeit werden. Wir werden das gelassen hinnehmen, eben von jahrzehntelangen Tat-Sachen unserer Bücher überzeugt. Die Tendenz eines Verlages wie Suhrkamp wird ja nicht so sehr von uns, die wir den Verlag machen, sondern vielmehr von den Autoren bestimmt, die jene Bücher schreiben, die wir verlegen.
Und ich selbst kann und will auch gar nichts anderes machen als das, was ich nun schon seit 20 Jahren verantwortlich zu realisieren versuche.
Du kennst mich ja!
Herzlich
Dein
[Siegfried Unseld]

[Anlage; Pressemitteilung des Suhrkamp Verlags]

Günther Busch, seit 1963 Redakteur der »edition suhrkamp«, wird nach Abschluß seiner Arbeit an den ersten tausend Titeln der edition suhrkamp den Suhrkamp Verlag verlassen und die Leitung des Lektorats der Europäischen Verlagsanstalt übernehmen.
Der Suhrkamp Verlag, Autoren, Mitarbeiter und der Verleger bedauern das Ausscheiden von Günther Busch, der

der »edition suhrkamp« großes Ansehen geschaffen hat. Die »edition suhrkamp« wird, wie angekündigt, mit einer »Neuen Folge« fortgeführt, die in deutlicher Kontinuität zu den bisherigen Positionen kritischer Theorie und innovatorischer Literatur stehen wird. Das Programm der »Neuen Folge« wird im Januar 1980 bekanntgegeben, die ersten 20 Bände werden im Mai 1980 ausgeliefert werden.
SUHRKAMP VERLAG
Frankfurt, am 10. Oktober 1979
18.00 Uhr

[298]
[Salzburg]
15. Oktober 1979[1]
Lieber Siegfried,
ich bin recht sicher, daß Du die Ereignisse der Buchmesse und die Schwierigkeiten mit der »Edition Suhrkamp« gut bewältigt hast oder jedenfalls dabei bist.
Laß uns jetzt nicht mehr von den Druckfehlern reden und rechten. Ich habe ja meine Verantwortung auf mich genommen und bleibe natürlich dabei. Für die nächste Auflage – wenn eine solche überhaupt zustandekommt – wäre es gut, Du könntest es mir beizeiten sagen, damit ich Dir die Korrekturen schicke. Du sollst jedenfalls nicht mehr meinetwegen bedrückt sein. Ich muß selber damit fertig werden; mit anderem auch.
Seit ein paar Tagen tue ich endlich wieder weiter an der Übersetzung von »The Movie-Goer«. Es macht mir manchmal Freude, jedenfalls nie Angst, wie zuletzt das eigene Schreiben. Anfang Dezember hoffe ich, ein Rohmanuskript schicken zu können.
Vielleicht weißt Du, daß ich das Geld des Kafka-Preises,

vielleicht leichtsinnig, weitergegeben habe. Ich habe zu dem Anlaß, ich glaube, aus der Tiefe, etwas geschrieben, was ich dem Brief beilege; vielleicht magst Du es lesen.[2]
Sehr gern würde ich Dich im November einmal sehen. Ich habe vor, immer hier zu sein.
Die Kritiken zu dem Buch haben mich traurig gemacht. Wenn ich denke, wie langsam ich mit jedem Wort war ... Immer nur von sich selbst bestärkt zu werden, ist auf die Dauer gefährlich. Aber vielleicht gibt es doch ein verborgenes Großes Volk von Lesern. Zugleich möchte ich nicht Recht haben. Aber ich fühle mich von Dir verstanden; nicht gehätschelt oder getröstet, nur beruhigend verstanden.
Es ist gut, daß Du immer wieder vom Verlag wegfährst. Ich hoffe, Du hast mir in der Provence nichts weggesehen. Und ich freue mich, wie Du Dich des Lebens freust.
Sonst: ich tue mich wieder um im Haus, mit allen Kleinigkeiten, fast wie früher, und doch ganz anders. Der Blick geht manchmal weiter, ohne Zwang. Die alltäglichen Dinge sind da, wie nur bei irgendjemandem – nur nicht die gewöhnlichen Wörter. Und das soll mir recht sein.
Auf bald, und herzlich,
Dein Peter H.

|Zettel für Frau Zeeh liegt bei.[3]|

1 Der Brief trägt den handschriftlichen Vermerk von S. U.: »tel[efonisch beantwortet]«.
2 Siehe Brief 295, Anm. 1.
3 Auf dem beiliegenden Blatt bat P. H. Burgel Zeeh um die Versendung von Exemplaren der *Langsamen Heimkehr* an Freunde.

[299; Anschrift: Salzburg]

Frankfurt am Main
24. Oktober 1979

Lieber Peter,
meine Reise nach Salzburg hat sich nun doch verschoben.
Wenn es Dir recht ist, komme ich am Montag, dem 5. November, zu Dir. Das Flugzeug trifft gegen 10.15 h ein, ich nehme an, ich werde um 11.00 h bei Dir aufkreuzen. Wir können uns dann ein, zwei Stunden unterhalten und an irgendeinen schönen Ort hinfahren. Ich werde ein Auto bei mir haben – laß Dir etwas einfallen. Am späten Nachmittag fahre ich wieder weiter.[1]
Es steht nun fest, daß bei unserer Rilke-Preisverleihung am 4. Dezember Christoph Meckel eine Laudatio für Born halten wird. Claudio Magris wird ein kleines Referat zur Wirkung Rilkes heute halten.
Von der »Langsamen Heimkehr« haben wir 30.000 Exemplare ausgeliefert. Eine große Zahl, die das Sortiment nun weiterverkaufen muß. Aber täglich treffen Bestellungen ein, ich bin sehr zuversichtlich.
Herzliche Grüße
Dein
[Siegfried Unseld]

1 S. U. notierte in seinem Reisebericht *Salzburg, 5.-6. November 1979:* »Peter Handke: er ›laboriert‹ an den Kritiken herum. Daß MRR [Marcel Reich-Ranicki] schreiben will, versteht er überhaupt nicht, er habe das auch gar nicht gewollt. Die ›Auslands‹-Ergebnisse hört er gerne, er will ja, daß sein Buch gelesen wird. [Helene Ritzerfeld hatte für S. U. eine Liste mit Zusagen oder Optionen zur Übersetzung von *Langsame Heimkehr* erstellt.] Wichtig ist ihm Kontinuität, deswegen alles weg von Feltrinelli und hin zu Garzanti, und deswegen möchte er bei Farrar, Straus bleiben. Er übersetzt Walker Percys Buch ›Moviegoer‹. Ich las

(während er kochte) eine halbe Stunde im Manuskript. Ein hinreißender Roman, den wir im Herbst 1980 als gut-gehendes Buch verkaufen sollten. Im übrigen ist er gerne bereit, wieder etwas zu übersetzen, auch aus dem Französischen. Übersetzen hilft. Über seine eigenen Arbeiten wollte er sich ausschweigen. Natürlich schrieb er etwas, aber vielleicht nie mehr irgend etwas. Er weist auf seinen Aufsatz über Christian Wagner hin. [P. H., *Im Jenseits der Sinne. Ein Versuch über Christian Wagner*, zuerst in: *Die Zeit*, 6. Januar 1978, wiederabgedruckt in: P. H., *Das Ende des Flanierens*, S. 123-134.] Ich konnte erwidern, daß ich darauf sofort geschrieben habe, ob die Auswahl von Hermann Hesse zu diesem Aufsatz passen würde. Sonst würde er eine Auswahl vornehmen, 30-40 Gedichte [siehe Brief 270]. Er schwärmte vom Gedicht ›Wenn du Glanz hast für den Glanz der Ferne‹. Er möchte gerne das Stück von Leutenegger lesen [Gertrud Leutenegger, *Lebewohl, Gute Reise. Ein dramatisches Poem*, erschien 1980 als Band 1 der *edition suhrkamp. Neue Folge.*]. Bitte eine Kopie schicken. Er empfiehlt sehr seine Übersetzer Goldschmidt und Jean Claude Améry. Für ihn sei einfach das Wichtigste, eine neue Sprache zu finden, eine Hochsprache, die aber ebenfalls präzise, architektonisch, materiell sei. Er wollte Panofsky [*Die Renaissancen der europäischen Kunst*], Rilke – Cézanne [Rainer Maria Rilke, *Briefe über Cézanne*], bitte ihm dies zuschicken (erl. ze.-) und dann auch die Vorschau Suhrkamp/Insel. Am 4. Dezember wird er nach Frankfurt kommen. [P. H. war bei der Verleihung des Rilke-Preises an Nicolas Born nicht anwesend.] Die Taschenbuch-Honorare stellen wir einheitlich auf 7 % um. [P. H. hatte in einem Brief an Helene Ritzerfeld vom 28. März 1978 über die Honorare seiner Taschenbuchausgaben geschrieben: »die 5 % für den Autor erscheinen mir natürlich viel zu wenig – aber das war auch bei den anderen Nachdrucken so; einmal müßte man darüber reden.«.] Im September 1980 erscheint in den ›st‹ ›Die linkshändige Frau‹. Hermann Lenz und seine Frau kamen; er hatte am Abend in Salzburg eine Lesung.« S. U. traf anschließend Thomas Bernhard in Ohlsdorf und Gmunden.

[300; Anschrift: Salzburg]

Frankfurt am Main
8. November 1979

Lieber Peter,
ich habe Dir sehr zu danken für das Gespräch und für Deine schöne Essens-Einladung.
Es wird noch ein Weilchen dauern, bis wir das Stück der Leutenegger kopieren können, aber dann geht es Dir zu. Ebenfalls schicken wir Dir Panofskys Buch und die Rilke-Briefe über Cézanne.
Es geht Dir die Vorschau Suhrkamp-Insel zu, bitte sage mir, was Du da haben möchtest.
An Christian Wagner werde ich denken. Ich schreibe Dir in Kürze: »Wenn du Glanz hast für den Glanz der Ferne«.[1]
Herzliche Grüße
Dein
[Siegfried Unseld]

1 Christian Wagner, *Oswalds Vermächtnis*: »Dein ist alles, was in Tal und Hügeln / lichtvoll sich in dir kann widerspiegeln. / Dein die Himmel selbst, und selbst die Sterne, / wenn du Glanz hast für den Glanz der Ferne.« (Ch. Wagner, *Sonntagsgänge*, in: ders., *Eine Welt von einem Namenlosen*, S. 54f.)

[301; Anschrift: Salzburg]

Frankfurt am Main
23. November 1979

Lieber Peter,
immer mehr kommen nun die Kritiker zum Zuge, die Dein Buch schätzen und lieben. Ich schicke Dir anbei eine Re-

zension, von der ich hoffe, daß sie Dich erfreuen wird. Ich bin jedenfalls froh, daß ich Dir dies noch vor meinem Abflug in die Staaten schicken kann.[1]
Herzliche Grüße
Dein
gez. Dr. Siegfried Unseld

i. A.
Ihre
[Burgel Zeeh]

Anlage
Rezension P. K. Kurz, Gauting[2]

1 S. U. hielt sich zwischen dem 23. November und 2. Dezember 1979 in den USA (mit den Stationen New York, Boston, Mount Holyoke und Amherst) auf.
2 Paul Konrad Kurz, »*Friedensstiftende Formen*« oder »*Gnade ist möglich*«, in: *Orientierung*, 15. November 1979, S. 239f.

1980

[302; Anschrift: Salzburg]

Frankfurt am Main
8. Februar 1980

Lieber Peter,
ich habe lange nichts von Dir gehört – ich hoffe, es geht Dir gut.
Ich schicke Dir die Kopie der ersten Seite eines handschriftlichen Briefes von Paul Mommaers an mich zu. Paul Mommaers ist der Autor des Buches »Was ist Mystik?« im Insel Verlag. Ich habe ihn kürzlich auf Deine Arbeiten aufmerksam gemacht, und Du siehst ja, wie er reagiert.[1]
Herzliche Grüße
Dein
[Siegfried Unseld]

1 Die Anlage ist nicht ermittelt.

[303; Anschrift: Salzburg]

Frankfurt am Main
12. Februar 1980

Lieber Peter,
Frau Zeeh hält sich in ostasiatischen Gefilden auf, deshalb beantworte ich Deinen Brief mit der Frage der Überweisungen.[1]
Grundsätzlich können wir nach Österreich ebenso leicht überweisen wie nach Frankreich. Aber aus verschiedenen

Gründen würde ich Dir raten, in Freilassing ein Konto bei einer deutschen Bank einzurichten. Bei einer österreichischen Bank hast Du es nur mit Schillingen zu tun, bei einer deutschen Bank mit DM, es ist nicht ungerechtfertigt, zu hoffen, daß auf die Dauer die DM die stabilere Währung bleiben wird. Ein Konto hätte auch Vorteile, die ich jetzt lieber nicht schriftlich beschreiben möchte.
Aber was das Steuerrecht betrifft, ergibt sich nun ein anderes Problem. Wir hier wissen ja nicht, ob Du nun für die Dauer Aufenthalt in Österreich nimmst oder nicht. Solange wir dies nicht wissen, erfolgt die Abrechnung wie bisher. Solltest Du Dich aber entscheiden, Deinen Aufenthalt für einen längeren Zeitraum in Österreich zu nehmen, müßtest Du bei Deinem zuständigen Finanzamt eine Freistellung von der deutschen Einkommensteuer beantragen (die Formulare erhieltest Du durch uns, die Freistellung würde ohne besonderen Aufwand erfolgen).
Mein Rat: Du hast ja ein Haus in Kronberg (das Du ja wegen der bekannten Schwierigkeiten auch nicht vergessen wirst), also kannst Du Dich ja in der Bundesrepublik ebenfalls aufhalten. Vielleicht telefonieren wir einmal darüber.
Schöne Grüße
Dein
[Siegfried Unseld]

1 P. H. hatte in einem handschriftlichen Brief vom 7. Februar 1980 Burgel Zeeh gefragt: »Wie wird es hier mit den Geldüberweisungen? Ich weiß nicht, ob das mit Österreich so einfach ist wie mit Frankreich? [...] Gibt es Schwierigkeiten, so wäre es vielleicht nützlich, sich ein Konto (bei einer deutschen Bank?) in Freilassing einzurichten?«

[304; Anschrift: Salzburg]

Frankfurt am Main
18. Februar 1980

Lieber Peter,
ich schicke Dir eine Doppelrezension aus dem »Merkur«
und unsere Anzeige auf Seite 3 der »Frankfurter Allgemeinen Zeitung«.[1]
Schöne Grüße
Dein
[Siegfried Unseld]

1 Peter Dettmering, *Landschaft als Selbst-Objekt*, in: *Merkur*, 2/1980,
 S. 198 ff., sowie Albert von Schirnding, *Der vermessenste aller Landvermesser*, ebenda, S. 195 ff. Die Anzeige für *Langsame Heimkehr*
 mit dem Zitat »Er ist, bei aller sprachlichen Meisterschaft, zuerst
 und wieder zuletzt, der Text einer Erlösungs-Geschichte.« (Martin Meyer, *Sich einlassen*, in: *Neue Zürcher Zeitung*, 20. Oktober
 1979) erschien am 16. Februar 1980 auf S. 3 der *Frankfurter Allgemeinen Zeitung*.

[305]

[Salzburg]
22. März 1980

Lieber Siegfried,
in mein Manuskript des »Kinogehers« hat die geehrte Frau
Dessauer 30 notwendige, 30 nützliche und 300 unnütze bis
beschädigende Korrekturen gemacht. Für das erste bin ich
ihr dankbar. Ich hänge an dem Buch sehr und weiß, daß
ich in den neun Monaten Arbeit draus ein schönes deutsches Ding gemacht habe, das auch zu mir gehört; sehe aber
nach zwei Arbeitsgängen mit vielen Wortentscheidungen,
außer den notwendigen und nützlichen Korrekturen, nichts

mehr zu tun. Walker Percy habe ich um die Autorisierung gebeten für die Kürzungen, und gestern hat er mir aus dem schönen Staat Louisiana die Erlaubnis erteilt. Ich schicke Dir seinen Brief mit und erbitte ihn wieder zurück, bei Gelegenheit.[1] Auf das Buch freue ich mich. Bei »Liebe in Ruinen« habe ich im Klappentext gelesen, daß Percy ein katholischer Autor sei. Das mag sein; aber man sollte es nicht so sagen: es gibt ein leicht abgeschmacktes Gefühl wie bei Graham Greene, Böll, Bernanos oder sogar Bruce Marshall. Der Kinogeher ist eine sehr leichte und tiefe amerikanische Version des »Fremden«, zwanzig Jahre nach Camus, und alle zwanzig Jahre wird es sicher immer weiter in der Geschichte der Menschheit eine entsprechende Geschichte des Fremden geben (müssen). Ich bin dem Buch treu geblieben und habe es doch so umgemodelt, daß auch jedes Wort mein eigenes sein könnte: ein andres könnte ich gar nicht niederschreiben. In einer kleinen Notiz sollte auch angemerkt werden, daß ich die Bearbeitungen mit dem Einverständnis des Autors gemacht habe.

Seit ein paar Wochen arbeite ich an einer Erzählung und habe oft große Freude daran. Sie heißt »Die Lehre der Sainte-Victoire« und ist auch ein Essay und ein Manifest, aber das merkt man wohl nicht: als ganzes ist es pure Erzählung. Sie wird vielleicht hundert lichte Seiten haben, und ich hoffe herzlich, bis Ende April damit fertig zu sein. (Ich habe ungefähr die Hälfte und arbeite jeden Tag, bis ich nicht mehr kann. »Gestaltung ist Erlösung«.) Folgendes hat der Unterzeichnete damit vor: ich würde gern – wenn es geschafft ist – ein Buch draus machen, die Erzählung aber zusammentun mit den Aufsätzen, kleinen Prosatexten und den Gedichten, die ich in den letzten Jahren, ab 1974, als das Wünschen noch geholfen hat, schreiben konnte. In den letzten Wochen habe ich auch ein »Österreichisches Gedicht« gesetzt, das das Ende bilden wird. Einen kleinen

Essay über Ludwig Hohl will ich noch Anfang Mai angehen. Jemand müßte mir helfen, die Essays über Christian Wagner, Nicolas Born, Patricia Highsmith, Niki Lauda, Hermann Lenz usw., aus »Zeit«, »Spiegel« usw. einzutreiben. Das ganze Buch mit dem Titel: »Die Lehre der Sainte-Victoire«, diese Erzählung als die große ruhige Mitte. (Davor die Kafka-Rede.)
Natürlich ist mir in den letzten Monaten viel über das Verhältnis des Verlags zu seinem Autor durch den Kopf gegangen. Wir werden vielleicht darüber reden. Ich sähe das Buch trotz allem gern im Suhrkamp Verlag. Wenn es zu einem Buch kommt, das ich gern broschiert hätte, doch nicht als Taschenbuch (ca. 250 Seiten), möchte ich einen neuen Vertrag mit 15 % Honorar pro verkauftem Exemplar. Der Umschlag soll wie bei der »Linkshändigen Frau« sein, nur mit einem kleinen Bergumriß als Signum statt dem Stier.
»dtv« will eine neue Auflage der »Begrüßung des Aufsichtsrats« als Taschenbuch. Ich möchte es aber als ein »Suhrkamp-Taschenbuch« – und vielleicht Du auch. Das Copyright für die Texte ist noch bei mir. Für eine neue Ausgabe würde ich die Erzählung »Das Umfallen der Kegel auf einer bäuerlichen Kegelbahn«, die ich 1969 für die Anthologie »Der gewöhnliche Schrecken« geschrieben habe, dazufügen. Magst Du mir dazu schreiben?
Ich überlege noch mit dem deutschen Konto. Vorderhand aber brauche ich Geld, und ich bitte, mir einmal 20.000 Mark auf mein Salzburger Konto zu überweisen. Kontonr. 94 96 69, bei der Salzburger Sparkasse.
Ich bin dankbar, daß der Verlag mir angeboten hat, sich um das Unglückshaus in Kronberg zu kümmern und einen Prozeß mit der Firma anzufangen. 40.000 Mark für einen Kanal ergibt einige nächtliche Hin- und Herwälzungen.
Die Firma Gieseler hat das Schutzengelbild in Frankfurt

vergessen, mir dafür aber alle vermoderten Dinge aus Kronberg vor die Haustür geladen. Nun warte ich immer noch auf das einzige, das ich von dem allen wirklich hier haben wollte.[2]

Nun, so grüße ich Dich herzlich aus einem anderen Land, als Dein Peter

Noch etwas: »Die linkshändige Frau« möchte ich vorderhand nicht als Taschenbuch. Es wird als ordentliches Buch genug gekauft und gelesen.

[1] Unter dem Datum des 17. März 1980 schrieb Walker Percy aus Covington an Peter Handke: »My agent has forwarded to me a note from you about making some cuts in your translation of *The Moviegoer*. May I say first that I am a great admirer of your work and am very proud that you would think enough of *The Moviegoer* to want to translate it. My favorites of your work are *A Moment of True Feeling, Short Letter, Long Farewell*, and *The Goalie's Last Penalty Kick*. You have my permission to make the cuts you mention (although Aunt Emily's speech, setting forth her southern-aristocratic Stoic principles is much admired).«
[2] Siehe Brief 306, Anm. 1.

[306; Anschrift: Salzburg]

Frankfurt am Main
8. April 1980

Lieber Peter,
als ich am Ostersonntag-Morgen von Salzburg nach München fuhr, war der Schneesturm manchmal so stark, daß man kaum etwas sehen konnte. Hier in Frankfurt war der strahlendste Himmel, ohne jede Wolke rundum.[1]
Es war gut, daß wir miteinander sprachen, und wir sollten

dies doch in kürzeren Abständen tun, ich bitte sehr darum.
Nun ist mir das Wichtigste, daß Dir der Abschluß der »Lehre der Sainte-Victoire« gut gelingen möchte. Ich wiederhole unser Vorhaben: Du schickst bitte Ende April die Reinschrift an meinen Namen nach Frankfurt. Ich werde das Manuskript am 5. und 6. Mai lesen und komme dann am Donnerstag, dem 8. Mai, nach Salzburg. Ich treffe dort um 10.15 h ein und fliege am Abend wieder zurück. Bei diesem Treffen werden wir dann das neue Buch besprechen, und Du wirst die Entscheidung über seine Form treffen. Die Ankündigung des Buches erfolgt auf einem gesonderten Blatt, das wir dann in unsere Vorschau einlegen.
Nach den Texten zu Nicolas Born, Struck und Achternbusch werden wir fahnden. Frau Zeeh wird Dir diese Texte zuschicken.
Ich habe veranlaßt, daß das Übersetzerhonorar Percy in Höhe von DM 25.000,– auf Dein Salzburger Konto überwiesen wird. Willst Du, daß wir Dir darüber noch einen Vertragsbrief schicken, oder ist das damit erledigt? Ich möchte Dich noch einmal herzlich bitten, ein Nachwort zu schreiben, das würde uns auch helfen bei der Verbreitung des Buches.
Ich bestätige Dir, daß wir »Die linkshändige Frau« vorläufig nicht im Taschenbuch bringen. Sehr gerne bestätige ich Dir, daß wir im Januar 1981 die »Begrüßung des Aufsichtsrats« als »suhrkamp taschenbuch« herausbringen. Wir garantieren Dir ein Honorar für eine Auflage von 50.000 Exemplaren. Selbstverständlich erhältst Du von vornerein den Höchstsatz von 7 %.
Das Gesprochene und Nichtgesprochene ist nicht vergessen. Ich bin jedenfalls froh, daß wir vor meiner Abreise in die USA dieses Gespräch hatten.[2]
Falls Du mich irgendwie erreichen möchtest: Frau Zeeh

weiß jederzeit, wo ich bin, und ich kann mich auch von den USA aus melden.
Dir herzliche Grüße
Dein
[Siegfried Unseld]

1. P. S.: Als Satzvorlage für »Begrüßung des Aufsichtsrats« nehmen wir da die dtv-Ausgabe oder die Residenz-Ausgabe? Wo sind Deine letzten Korrekturen enthalten?
»Das Umfallen der Kegel ...« ist enthalten in der Anthologie »Der gewöhnliche Schrecken« von 1969. Ist das die Satzvorlage oder hast Du Korrekturen? Diese bitte an Frau Zeeh schicken.

2. P. S.: Ich habe eine große Bitte: Dein »Österreich-Gedicht« geht mir nach. Ich hätte es gerne bei mir in meiner Brieftasche. Macht es Dir eine allzu große Mühe, mir eine Kopie an folgende Adresse zu schicken:
Hotel Sea Lodge
8110 Camino de Oro
La Jolla / CA 92037
Ich werde dort vom 13. bis 18. April sein. Dank.[3]

3. P. S.: Als Anlage senden wir Dir nun zu:
»Spiegel«, 17. 3. 1975, Struck »Die Mutter«
»Die Zeit«, 8. 10. 1976, Born »Die erdabgewandte Seite der Geschichte«
»Die Zeit«, 24. 6. 1977, »Der zu Recht geehrte Achternbusch«[4]

1 Neben seinem *Reisebericht Salzburg, 5./6. April 1980*, notierte S. U. einen *Zusätzlichen Bericht*: »Am 22. März hatte mir Handke geschrieben: ›Natürlich ist mir in den letzten Monaten viel über das Verhältnis des Verlages zu seinem Autor durch den Kopf ge-

gangen Wir werden vielleicht darüber reden. Ich sehe das Buch trotz allem gern im Suhrkamp Verlag.‹ Das mußte ein Alarmsignal sein und war wohl auch so gemeint. Jedenfalls wollte ich nicht für drei Wochen wegfahren, ohne mit ihm darüber gesprochen zu haben. Als ich um 18.00 h wie vereinbart bei ihm ankam, war er eben beim Telefonieren. Er hatte meine Frau angerufen, weil er nicht mehr sicher war, was er mit mir vereinbart hatte ... Dann großes Erstaunen, wir zogen uns gleich in sein Arbeitszimmer zurück, um weder von Amina noch von Libgart ›gestört‹ zu sein. In seiner Bibliothek stand unsere eben erschienene Ausgabe von Hermann Lenz, ›Der innere Bezirk‹. Ja, der Umschlag sei schön, das Buch überhaupt besonders schön gemacht. [H. Lenz, *Der innere Bezirk*, 1970 bei Jakob Hegner, Köln, zuerst publiziert, erschien als Neudruck 1980 im Insel Verlag.] Er bemühte sich, Verlagsdinge zu finden, wo er loben konnte. Aber ich merkte schon seinen gezügelt-verhaltenen Zorn. Ich gab ihm den Fleckhaus-Entwurf für Walker Percy, ›Der Kinogeher‹. Bei der Formulierung ›Deutsch von ...‹ bleiben. Er war mäßig angetan vom Umschlag, aber fand ihn besser als die Umschläge zur englischen und amerikanischen Ausgabe. Die ›deutsche Fassung‹ wolle er nicht, er habe gekürzt, und zwar etwa zehn Seiten von 240 Seiten, und, wie wir ja wissen, habe Walker Percy dem zugestimmt. Freilich ist ein Vermerk, die Kürzung sei im Einvernehmen mit dem Autor erfolgt, anzubringen. Als er dann die ›Dame Dessauer‹ erwähnte, brach seine Staumauer ein. Gewiß, 30 notwendige, 30 nützliche Korrekturen, aber sonst ein solcher stumpfsinniger Unsinn. Er hätte den Eindruck, derjenige, der das machte, sei ›geistesgestört‹. Für ihn sei es unverständlich, wie man so in ein Manuskript hineinkorrigieren könnte. Ein Manuskript sei ein Manuskript, es sei etwas Eigenes eines Autors, in das sich ein anderer, wer es auch sei, nicht so ohne weiteres hineinmischen könnte. Warum habe sie nicht eine Liste ihrer Änderungen oder Vorschläge aufgestellt, dann hätte man darüber ja diskutieren können? So sei der Text verunstaltet, verhunzt, der eigene Verlag hätte ihm die Glaubwürdigkeit seiner Sprache entzogen: das sei doch wohl der Sinn der Korrekturen von Frau Dessauer. Im übrigen hätte sie auf seinen Brief hin ›zurückgegiftet‹; Frau Dessauer sei unfähig gewesen, die Stellen, die er im Text mit Fragezeichen versehen hätte, zu beantworten. Sie wirkte für ihn als das Gegenteil einer Hilfe. Höhepunkt der Arroganz von Frau

Dessauer sei folgende Stelle gewesen: Er habe bei seiner Übersetzung die Formulierung ›asking‹ ausgelassen, weil er seinen Satz so formuliert habe, daß er vom Inhalt wie von der Form her eine besonders starke Frage darstelle, sein Satz schließe auch mit einem Fragezeichen. Frau Dessauer hätte ihm zurückgeschrieben: ›to ask hieße schließlich fragen‹, undsoweiter undsoweiter. Mindestens eine halbe Stunde. Jetzt sei für ihn das Manuskript fertig mit zwei Ausnahmen: der vorletzte und der letzte Satz solle gestrichen werden. Was die Börsen-Termini beträfe, die auch Frau Dessauer nicht kenne, so habe er nach Amerika geschrieben, und er würde das in der Fahnenkorrektur einfügen. Ich bat ihn um ein Nachwort. Nein, Frau Dessauer habe ihm das nun gründlich ›versaut‹. Er wird das aber doch noch schreiben. Das Problem der vielen Autoren des Verlages. Wenn er denke, mit wem sich Elisabeth Borchers alles beschäftigen müsse, es sei ja niemand da, der nur für ihn zuständig sei – ich habe das wohl gehört, und darüber müssen wir im Verlag nachdenken. Zur Honorierung: er weiß, 250 Seiten werden im Höchstfalle mit DM 25. – pro Seite honoriert, das ergibt einen Betrag von rund DM 6.000 –. Ich bot ihm DM 25.000 – an, das lehnte er ab, aber war hinterher dann doch einverstanden; freilich erwarte ich irgendwie, daß er den Betrag, den ich ihm jetzt überweisen lasse, zurückschickt, aber wir werden ja sehen. Nach einer Pause, die wir ausfüllten mit der Frage, daß die ›Linkshändige Frau‹ vorläufig nicht ins ›suhrkamp taschenbuch‹-Programm aufgenommen wird, daß wir aber ›Die Begrüßung des Aufsichtsrats‹ 1981 machen könnten, da jetzt die Lizenz beim dtv abläuft, die Taschenbuchrechte liegen bei ihm und nicht im Residenz Verlag; dtv hat ihm angeboten: Garantieauflage 20.000, 6 %, ab dem 50. Tsd. 7 %. Ich werde ihm ein anderes Angebot machen (siehe meinen Brief vom 8. 4.: 7 % und Garantie[auflage] 50.000). Das Schutzengelbild von Pongratz war ein paar Tage vorher eingetroffen, ein Lichtblick. Sonst wirkt alles wie ›deutsche. Zustände‹: Beton, hart, mächtig. Er sprach vom Unglückshaus in Kronberg. Fast hätten auch wir daran die Schuld. Übrigens wirke so auch der Bundeskanzler, der am Vortag ja in Salzburg angekommen war und den Karajan und seine Frau (was Handke unnötig fand) am Flughafen empfing. Dann, nach dieser Pause, sprachen wir über seine neue Arbeit, eine Mischung zwischen Erzählung und Manifest mit dem Titel ›Die Lehre der Sainte-Victoire‹. Er arbeitet täglich acht Stunden daran, manchmal schafft er am Tag nur einen Satz. Es sei erschöpfend, auszehrend, und so sah er auch aus. Der Text sei eine Art Fortsetzung, Fortführung, Summe, Bilanz der ›Langsamen Heimkehr‹. Während in der ›Langsamen Heimkehr‹ nur am Schluß ein Ich auftauche, würde nun diese Erzählung ganz dieses Ich bringen. Bis Ende April sei er fertig. Dann ›müsse‹ das Buch noch im Herbst erscheinen. Drohend fügte er hinzu: schon einmal, beim ›Tormann‹, habe er sich meinem Rat gefügt, diesen Text, der im April/Mai fertig war, nicht mehr im Herbst zu bringen, sondern erst im darauffolgenden Frühjahr, und das habe ihm geschadet. Ich erwiderte freimütig, daß ich dies nicht glauben könnte, aber jetzt will er den Text im Herbst haben, zur Buchmesse. Er will viele Leser, aber keine professionellen. Überhaupt wolle er das Buch nicht als Novität behandelt sehen, und deshalb möchte er nach Art der ›Innenwelt‹ oder ›Als das Wünschen noch geholfen hat‹ eine Sammlung; es beginnt mit einem Gedicht ›Ende des Flanierens‹, dann folgen andere Gedichte und die erwähnten Texte zu Christian Wagner, Nicolas Born, Patricia Highsmith, Niki Lauda, Hermann Lenz, Karin Struck, Achternbusch und der Text, den er noch schreiben möchte: über Ludwig Hohl. In der Mitte sei dann als Kern die ›Lehre der Sainte-Victoire‹, und am Schluß kommt das Gedicht, das er aus der Schublade zog, er nannte es das ›Österreich-Gedicht‹. Ich werde das Schweigen nicht vergessen, in dem ich dieses Gedicht las und das mir auch sehr gut gefiel. Als ich leise Bedenken anmeldete, ob das wohl richtig sei, diese Erzählung so ›zu verpacken‹, wurde er sehr ausfallend, ich könne so etwas gar nicht bedenklich finden, wenn ich den Text nicht kenne. Aber ich sagte ihm auch, daß ich eine gewisse Erfahrung und Vorstellungskraft hätte. Darüber soll also dann beschlossen werden, wenn ich das Manuskript gelesen habe. Er wird sich so einrichten, daß wir das Manuskript bis spätestens 3. Mai erhalten. Ich werde nach meiner Rückkehr dieses als erstes lesen und dann am Donnerstag, dem 8. Mai, nach Salzburg fliegen. Wir können das Buch nicht in der Vorschau ankündigen, obschon er diesmal auch einverstanden wäre, daß ein Klappentext gebracht wird. Wenn wir es jetzt ankündigen wollen, schlägt er vor, wir sollten die Kafka-Rede ›Statt einer Ankündigung‹ drukken Er spürte mein Zögern bei diesem Vorschlag. Es war gegen 20.30 h, als wir zum Essen gehen wollten, seine Frau hatte so lange gewartet, aber ihm war offenbar auch ein Essen außerhalb des Hauses lieber. Die Restaurants, die wir anriefen, waren wegen des Karsamstages ausgebucht, im ›Österreichischen Hof‹ war noch ein Tisch frei, freilich nur mit Festtagsmenü, Handke mußte sich umziehen, Schlips umbinden, dann stapften wir den doch ziemlich langen Weg vom Mönchsberg herunter, es schneite und schneite, rutschig, und es war gefährlicher als beim Skifahren eine Woche zuvor. Wir saßen in den riesigen Speiseräumen des ›Österreichischen Hofs‹, die leer waren, wir waren die einzigen, die da kamen, denn das erwartete Publikum war noch im Konzert bei Mozarts ›Requiem‹. Die Kellner huschten in Smoking und Frack vorbei, vor den Fenstern eine dichte Schneewand, es war wie in einem Theaterstück. Wir tranken zögernd unseren Wein, allmählich wurden wir beide freier, er erkundigte sich nach Frau und Sohn, aber ich merkte, wie dann zum zweiten Mal eine Stauwand in ihm brach. Und dann kam es auch heraus: Er ›haßte‹ unsere, und er meinte damit meine, ›verbrüdernde, zersetzende, krebserregende‹ Umarmung mit den Medienpäpsten. Es war ja klar, wer gemeint war, obschon er den Namen nicht aussprechen kann. Er hasse das und suche einen Verlag, bei dem das nicht so sei. Auch zum Residenz Verlag käme er nicht, denn auch Schaffler würde diese Umarmung machen. Vielleicht müßten wir sie machen, aber er wolle das nicht, und deswegen meinte er, ein Selbstverlag sei für ihn doch das beste. Und als Höhepunkt seiner Anklagen kam der Vorwurf, daß ich mich an der besagten Festschrift beteiligt hätte. Ich verneinte dies, aber er glaubte es nicht. Er wisse ganz genau, daß ich beteiligt sei. Ich sagte ihm, das Buch käme ja im nächsten Monat heraus und er würde sehen: kein Beitrag von mir. [*Literatur und Kritik. Aus Anlaß des 60. Geburtstages von Marcel Reich-Ranicki*, herausgegeben von Walter Jens, erschien 1980 in der Deutschen Verlags-Anstalt, Stuttgart, ohne einen Beitrag von S. U.] Er glaubte es nicht. Es dauerte wieder eine gute halbe Stunde, bis er sich ausgeredet hatte, ich konnte ihn gewiß mit meinen Einreden nicht überzeugen, aber vielleicht hatte er etwas mehr Verständnis für meine Haltung. Dann wurde das Gespräch ruhig, sachlich, freundlich. Er hörte das DM 25.000.– Angebot für die Übersetzung Percy an, er verzichtete auf die 15 %, die er in seinem Briefe als ›sein‹ Honorar gefordert hatte, überhaupt sei dieser Brief aus einer Wut über Frau Dessauer geschrieben worden, er bedaure, daß er das so geschrieben habe, er freue sich doch, daß der Verlag die Kontinuität seines Werkes bewahre und daß immerhin die Dinge ja ganz gut stünden. [...] Und dann sprach er noch einmal [über] ›Die Lehre der Sainte-Victoire‹, ja, er wolle meinen Rat anhören, ob man das selbständig veröffentlichen sollte oder nicht, freilich, in der ›Bibliothek Suhrkamp‹ möchte er nicht erscheinen, das Buch müsse als eine Fortsetzung herauskommen. Im übrigen kämen in der Erzählung Christian Wagner und Ludwig Hohl vor und auch Kafka, und insofern gehöre der Text zu diesen Essays. [Zu Christian Wagner siehe *Die Lehre der Sainte-Victoire*, S. 25 und 36; zu Ludwig Hohl ebenda S. 36 und 64] Alles gehört zusammen, es sei ein Prozeß, eines ergänze das andere, und irgendwie habe er ›intuitiv‹ das Gefühl, man solle die Kombination machen. Aber er wolle meinen Rat gerne hören. Dann kamen die festlich gekleideten Damen und Herren und füllten die Speiseräume. Sprachengewirr, französisch, englisch, noble Gesellschaft, österreichischer Adel. Peter Handke legte seine Brille ab, um das nicht sehen zu müssen. So mache er das immer. Wir saßen noch an der Bar und tranken eine Flasche Rotwein. Dann verabschiedete er mich, mich bedauernd, daß ich in die Pension ›Haus Gastein‹ müsse, er aber lehnte ein Taxi ab und ging zu Fuß in seinen Mönchsberg, der ein wahrer Arbeitsberg für ihn ist. Ein Schriftsteller ist ein Mann, der sich das Schreiben schwer macht. Auch seinen Umgang mit dem Verleger.«

2 S. U. hielt sich zwischen dem 9. April und 5. Mai 1980 in Mexiko (Besuch bei Octavio Paz) und den USA auf (u. a. zur Gründung der Niederlassung Suhrkamp/Insel Publishers Boston Inc.).

3 P. H., *Österreichisches Gedicht 1979/80*, erschien zuerst in: *Die Presse*, 19. April 1980; wiederabgedruckt in: P. H., *Das Ende des Flanierens*, S. 160f.

4 P. H., *Karin Struck: »Die Mutter«*; wiederabgedruckt in: P. H., *Das Ende des Flanierens*, S. 49-55; P. H., *Gegen den tiefen Schlaf. Nicolas Borns Roman »Die erdabgewandte Seite der Geschichte«*; wiederabgedruckt in: P. H., *Das Ende des Flanierens*, S. 107-119; P. H., *Zu Herbert Achternbusch*; wiederabgedruckt in: P. H., *Das Ende des Flanierens*, S. 101-105.

[307; handschriftlich]

[Salzburg]
20. April 1980[1]

Lieber Siegfried,
ich habe versäumt, Dir das Gedicht nach Kalifornien zu schicken (Kopf woanders). Dafür schicke ich jetzt das Manuskript der »Sainte-Victoire« nach Frankfurt, damit ich es schon einmal los habe. Ich wollte es eigentlich in einer Woche noch einmal durchschreiben, in einer Bewegung, für ein paar Tage. Aber das kann ich auch zwischen 10. u. 15. Mai machen. Die Geschichte hat jetzt nicht mehr die Bezeichnung »Erzählung« – und wahrscheinlich (sicher) sollte sie doch allein stehen. – Gute Rückkehr
Dein
Peter H.

Ich freue mich auf Deinen Besuch hier.

1 Der Brief trägt den handschriftlichen Vermerk von Burgel Zeeh: »Original-Ms. bei E[lisabeth]. B[orchers].«.

[308; handschriftlich]

[Salzburg]
12. Mai 1980

Lieber Siegfried,
es war schön, daß Du gekommen bist. Und wieder einmal gibt es was, an das man sich halten können müßte.[1]
Mit Deinen Korrekturvorschlägen bin ich im großen und ganzen einverstanden. Also: »Nach Europa zurückgekehrt, brauchte ich...« Usw. Wann soll ich das definitiv machen? »Das Ende des Flanierens« wäre der richtige Titel für den

Aufsatz-Gedicht-Band.² Im Februar 1979, als ich in Frankfurt war, habe ich Dir einen kleinen Prosatext auf Hotelpapier gegeben. Wenn es den noch gibt (er ist handgeschrieben, »Hotel Bristol, Wien«), hätte ich gern eine Kopie davon hier.³
Du wolltest auch das Blatt zu Ludwig Hohl. Ich schicke es Dir, und auch das Ergebnis. Es haben sich noch einige Kreise um die ursprünglichen paar Sätze ergeben.
Alles Gute für St. Louis. Hoffentlich wird es Dir dort so weit und breit ums Herz wie der Mississippi.⁴ Hier scheint endlich die Sonne, und die Ameisen krabbeln.
Herzlich,
Dein Peter

1 Im *Reisebericht Salzburg–München, 9.-10. Mai 1980*, hielt S. U. fest: »Gegenüber dem Besuch vor vier Wochen ein heiterer und gelassener Autor, er war ja auch fertig und seiner Sache sicher. Wir sprachen zwei Stunden über meine Korrekturvorschläge. Erstaunlich seine Reaktion: immer, wenn meine Kritik traf, holte er sein Notizbuch und fand heraus, daß die Stelle, die ich bemängelte, früher auch anders formuliert war. Handke schreibt ja aus der Intuition heraus, und er vertraut der Intuition. Seine später einsetzende Stilkritik läßt im Zweifel dann doch immer die erste, intuitive Form bestehen. Die Bezeichnung ›Poetisches Manifest‹ schätzte er sehr, ja, so könne man die ganze Sache bezeichnen. Dem Text wird keine Gattungsbezeichnung beigegeben, es heißt ja eben ›Die Lehre‹; genau das ist es. Und was ist diese Lehre? Es ist eine Lehre für den Schriftsteller, nicht erfinden, sondern realisieren. Und zum Realisieren gehört dann doch wieder die Erfindung. Sehr wichtig für ihn der gleich auf [Manuskript-] Seite 1 auftauchende Ausdruck des ›Nunc stans‹, der Augenblick der Ewigkeit, eine Formulierung von Spinoza [siehe *Die Lehre der Sainte-Victoire*, S. 9]. Das ist das Entscheidende für den Schreiber, der Sollens-Augenblick des Schreibens, in dem Dinge und Formen leidenschaftlich herbeibeschwört werden. Die Stelle auf [Manuskript-] Seite 70: ›Ja, ich wollte erzählen ...‹ gefällt ihm sehr gut [siehe *Die Lehre der Sainte-Victoire*, S. 78]. Bei irgendwelchen

Ankündigungen kann man diesen Text benützen. Wir haben lange diskutiert, ob das Manuskript als zweiter Teil der ›Langsamen Heimkehr‹ bezeichnet werden sollte. Ich hoffte, ihn überzeugen zu können, daß wir das doch lassen, aber mutmaßlich wird er mir einen Brief schreiben, daß er doch darauf besteht, daß dies der zweite Teil sein soll. Für mich ist es mehr ein Begleittext zur ›Langsamen Heimkehr‹, mit Johnson gesagt: ›Begleitumstände‹ [Titel der im Mai 1980 in der *edition suhrkamp* als Buch erschienenen Frankfurter Poetik-Vorlesungen, die Uwe Johnson im Sommersemester 1979 gehalten hat]. Und auch von der Form her ist das entscheidend anders, denn hier erzählt ja ein Ich, während die Hauptfigur der ›Langsamen Heimkehr‹ doch in der dritten Person geschildert wird. Sehr schön die Kapitelüberschriften: ›Der große Bogen‹ / ›Die Anhöhe der Farben‹ / ›Die Hochebene des Philosophen‹ / ›Der Sprung des Wolfs‹ / ›Der Maulbeerenweg‹ / ›Das Bild der Bilder‹ / ›Das kalte Feld‹ / ›Der Hügel der Kreisel‹ / ›Der große Wald‹. Wir machen keine Leseexemplare, Erscheinungstermin zweite Augusthälfte, keine Ankündigung in der Programmvorschau, kein Klappentext. Bitte beachten: ›Die linkshändige Frau‹ kann im Frühjahr 1981 als ›suhrkamp taschenbuch‹ erscheinen; bis dahin möchte er es nur in der alten Form haben. Im Herbst 1980 können wir ein neues Taschenbuch bringen: ›Das Ende des Flanierens‹, erzählerische Texte, Gedichte, epische Arbeiten. Herr Fellinger übernimmt das Lektorat dieses Bandes. Wie gesagt, ein sicherer, zuversichtlicher Peter Handke. Sein Arbeitsplan steht fest: jetzt schreibt er an einem Text über Ludwig Hohl, den er zum zweiten Mal in Genf besucht hat, kurze Reise nach Florenz zur Petrarca-Preisverleihung [der Preisträger des Jahres 1980 war Ludwig Hohl, der Laudator P. H.; die Laudatio, *Ein Gruß an Ludwig Hohl*, in: P. H., *Das Ende des Flanierens*, S. 162 f.]; zurückgekehrt, schreibt er das Nachwort zum ›Kinogeher‹. Danach wird er seine Übertragung eines österreichischen Autors, der original Slowenisch schreibt, beenden. Diese Übersetzung aus dem Slowenischen erscheint im Residenz Verlag, es ist die einzige Arbeit von Handke, die dort erscheinen wird. [Florjan Lipuš, *Der Zögling Tjaž*, Deutsch von Peter Handke, gemeinsam mit Helga Mračnikar, 1981] Anschließend beginnt Handke ein ›abendfüllendes‹ Stück für den Suhrkamp Verlag, für den Suhrkamp Theaterverlag; aus dem Verlag der Autoren ist er definitiv ausgetreten; Braun habe ihm erzählt, nach seinem Austritt blieben die Stücke noch fünf Jahre im Verlag der Autoren. Ich bitte Frau Ritzerfeld, dies einmal bei Braun zu klären. Im Frühjahr beginnt Peter Handke mit einem Lang-Gedicht. Er weiß nicht, wie lange er daran arbeiten wird, wahrscheinlich, drei, vier Monate. Und dann beginnt, freilich über Jahre hinweg, das Bedenken eines ›Romans über den Großvater‹, der im 19. Jahrhundert spielt. Handke möchte zu einem späteren Termin gerne noch einmal einen Walker Percy übersetzen. Ist Percys ›Lancelot‹ ins Deutsche übertragen? [Walker Percy, *Lancelot. Roman*, aus dem Amerikanischen übertragen von Gisela Stege, erschien 1978 im Verlag Droemer Knaur.] Das neueste Werk von Percy sei unter Option (ich habe bei Roger Straus versucht, für uns die Option zu erhalten). Bitte an Frau Ritzerfeld, diese Frage Walker Percy zu klären. Peter Handke will im Juli in Jugoslawien wandern und kommt danach nach Venedig, wo wir uns wieder treffen können. Jugoslawien war das Stichwort für Tito, für den er freilich nur mäßigen Respekt aufbringen kann. Immerhin ginge mit ihm eine Epoche zu Ende, wie man das auch nehmen wolle, und begeistert war er über das, was Djilas über Tito in ›Le Monde‹ geschrieben hat. Tito habe eine ›perception intuitive du sens de danger‹ [–] eine intuitive Gabe des Witterns der Gefahr: das mache einen Politiker aus, und, so fügte er hinzu, vielleicht auch einen Verleger. ›Du hast das auch.‹«

2 P. H., *Das Ende des Flanierens*, erschien am 26. November 1980 als Band 679 der *suhrkamp taschenbücher*.
3 Siehe Brief 283, Anm. 1.
4 Am 16. Mai 1980 verlieh die Washington University in St. Louis S. U. die Ehrendoktorwürde. S. U. hielt sich u. a. aus diesem Grund zwischen dem 14. und 25. Mai 1980 in den USA auf.

[309; Anschrift: Salzburg]
Frankfurt am Main
28. Mai 1980
Lieber Peter,
habe Dank für Deinen Brief vom 12. Mai, den ich nach meiner Rückkehr vorfand. Die Korrekturen, die wir da bespra-

chen, kannst Du ja leicht in den Fahnen einfügen; wir brauchen nichts zu überstürzen, und ich möchte, daß wir in jedem Fall die Herstellung umsichtig betreiben. Du triffst ja in Kürze auch Herrn Fellinger oder hast ihn, wenn der Brief eintrifft, bereits getroffen, ihn werde ich bitten, die Korrekturen dann ebenfalls mitzulesen.[1]
Ich hebe jede handschriftliche Zeile von Dir sorgsam auf, doch in meinen Unterlagen fand sich ein handschriftlicher Prosatext – »Hotel Bristol, Wien« – nicht. Das mag aber noch nichts bedeuten. Du weißt ja, ich bin aus der Klettenbergstraße ausgezogen, der größere Teil meiner Bibliothek befindet sich auf den Speichern einer Spedition und ein Teil der handschriftlichen Materialien in Kisten in einem Safe; an beides komme ich jetzt nicht heran.[2] Ich hoffe, es ist Dir nicht allzu lästig, daß ich diesen Text momentan nicht finden kann.
Habe Dank für Dein Blatt zu Ludwig Hohl. Es hängt hier an meinem Schreibtisch, weil mir Deine Arbeitsbemühungen für die meinen Mut machen. Sehr schön das Ergebnis Deines Textes![3]
St. Louis und die Ehrung liegen hinter mir, mit mir aber ging die Erinnerung an Hannibal und die Landschaft Mark Twains; er ist ja nicht nur der Humorist und Jugendschriftsteller, wie ich ihn bisher sah, sondern ein nachweisbar bedeutender Autor.
Ich hoffe, wir können uns bald sehen, spätestens dann also in Venedig.
Herzliche Grüße
Dein Siegfried Unseld
– nach Diktat verreist –[4]

i. A. Burgel Zeeh

1 R. Fellinger besuchte P. H. am 28. Mai 1980 zum ersten Mal in Salzburg.
2 Die Klettenbergstraße 35 wurde 1980 durch den Einbezug des Nachbarhauses vergrößert und umgebaut.
3 Siehe Brief 308, Anm. 1.
4 S. U. hielt sich zwischen dem 27. und 30. Mai 1980 in Zürich und Winterthur auf.

[310; Anschrift: Salzburg]

Frankfurt am Main
3. Juni 1980

Lieber Peter,
ich schicke Dir zwei Andrucke für den Umschlag Deines Buches. Du siehst, Deine Zeichnung nimmt sich sehr gut aus, sie erscheint mir vollkommen angemessen. Was meinst Du? Und wenn Du zustimmst, für welche Variante bist Du, Variante 1, mehr ins Grünliche, oder Variante 2, mehr ins Graue gehend?
Ich wollte Dich anrufen, kann bzw. darf aber z. Zt. nicht sprechen, wegen einer akuten Stimmbandentzündung (zuviel geredet in den USA?) hat mir der Arzt für eine Woche Sprechverbot verordnet. Jetzt schweige ich also, ein Exercitium, und schreibe nur noch. Meine Mitarbeiter und meine Frau sind ganz glücklich.
Herzliche Grüße
Dein
[Siegfried Unseld]

[Anlagen][1]

1 Die Anlagen sind nicht ermittelt.

[311]

[Salzburg]
3. Juni 1980

Lieber Siegfried,
ich schicke Dir die Korrekturen gleich zurück. Es sind wenige; wenn es nach mehr aussieht, kommt das von den weggelassenen Klammern und vor allem von den weggelassenen Trennstrichen. Hoffentlich geht es auch mit dem Umschlag gut. Ich freue mich herzlich auf das Buch. Und ich rede zu niemandem darüber (daß es kommt).
Nun warst Du in St. Louis und wirst wohl immer weltläufiger. Heute früh dachte ich, daß Du eigentlich ein reiches Leben hast.
Die »Anmerkung« zum »Moviegoer« habe ich Herrn Fellinger für Frau Dessauer mitgegeben. Es ist nur eine gute Seite geworden.
Der Text aus dem »Bristol« kann in Deinem Haus ruhen. Ich hatte nur die Idee, er könnte zu einem Text wie »Die Laternen auf dem Place Vendôme« passen. Aber es ist so jetzt recht. Und Frau Zeeh möge sich keine Sorgen machen.[1]
Viele Grüße
Dein Peter

1 P. H., *Die Laternen auf der Place Vendôme*, erschien zuerst in: *manuskripte*, 51/1976, S. 84; wiederabgedruckt in: P. H., *Das Ende des Flanierens*, S. 91f. Burgel Zeeh hate P. H. am 31. Mai 1980 geschrieben, der nicht-auffindbare »Bristol-Wien-Bogen« bereite ihr Sorge.

[312; handschriftlich; Anschrift: Salzburg]

[Frankfurt am Main]
4. Juni 1980

Lieber Peter,
Dank für Deinen Brief vom 3. 6. und die Korrekturen: erstaunlich rasch! Fellinger, ein Korrektor und ich lesen den Text noch einmal sorgfältig. Unser Ehrgeiz: das Unmögliche: ein Buch ohne Druckfehler.
Herzlich Dein
(immer noch sprachloser)
Unseld

[313; handschriftlich]

[Salzburg]
12. Juni 1980

Lieber Siegfried,
die Korrekturen habe ich so schnell zurückgeschickt, damit nicht wieder das Gebohre in mir anfängt. Ein paar Fragen von Herrn Fellinger werde ich noch anschließend beantworten.
Der Umschlag-Entwurf gefällt mir; von den beiden Farben ziehe ich die *graue* vor (»rot-grau«, sagt mir Amina). Nicht das Grün, bitte. Es soll nur nirgends angegeben sein, daß die Skizze vom Verfasser stammt. Es war ja nur, damit ich vor dem Berg ruhiger würde.
Danke auch für die Zusendung Deiner Antworten auf den Fragebogen. Manches hätte ich wohl genauso beantwortet. (Man denkt bei so etwas unwillkürlich mit.)[1]
Es fällt mir im Moment wieder einmal schwer, zu arbeiten. Manchmal komme ich mir tatsächlich dumm vor; wie es »begriffsstutzig« gibt, so auch »bildunfähig« – wenn die

schöne Mitte nicht aufzuspüren ist zwischen abstrakt und konkret, wo das ewige Gesetz lebt. Immer wieder muß ich wohl als Nichts und Niemand anfangen. Schwer, sich daran zu gewöhnen.
Herzlich,
Dein Peter

1 Die Antworten von S. U. auf den Fragebogen, den Marcel Proust zweimal ausfüllte, erschienen im Magazin der *Frankfurter Allgemeinen Zeitung* am 30. Mai 1980.

[314; Anschrift: Salzburg]

Frankfurt am Main
19. Juni 1980

Lieber Peter,
habe Dank für Deinen Brief vom 12. Juni. Wir wollen uns diesmal ganz besondere Mühe mit den Korrekturen geben. Ich habe jetzt auch den Text noch einmal gelesen, er nimmt sich schön, sicher und selbstverständlich aus.
Wir werden Ende der kommenden Woche den nächsten Abzug der Korrekturen bekommen; er geht Dir dann zu, auch dieser wird hier im Hause noch einmal von zwei Personen gegengelesen.
Ich freue mich sehr, daß Dir der Umschlagentwurf gefällt; wir nehmen also die rot-graue Version, und wir lassen offen, von wem die Zeichnung stammt; alle werden meinen von Cézanne.
Ich kann gut verstehen, daß Du nach Abschluß einer solchen Arbeit »bildunfähig« wirst. Kein Mensch auf der Welt könnte dauernd in dieser Konzentration arbeiten, und sicher ist jeder Anfang ein Anfang, aber als Nichts und Niemand wirst Du nicht beginnen, und wenn Du im Prozeß des Schreibens bist, wird sich jene Mitte auch einstellen.

Wo bist Du Freitag, 25. Juli, vormittags oder mittags? Ich würde mich sehr freuen, Dich dann zu sehen. Ich besuche abends mit Hilde einen Empfang aus Anlaß der Eröffnung der Salzburger Festspiele.
Herzliche Grüße
Dein
[Siegfried Unseld]

[315; handschriftlich]

[Salzburg]
30. Juni 1980

Lieber Siegfried,
ich schicke den Umbruch gleich an Dich zurück; Du kannst ihn ja weitergeben. Ich hätte ihn gar nicht mehr gebraucht – aber nun habe ich doch noch ein paar Winzigkeiten revidiert.
Ich werde sicher bis Anfang August in Salzburg bleiben. Und gern würde ich Euch hier oder in der Nähe sehen. Es ist möglich, daß ich um den 20./22. Juli Amina am Flughafen in Frankfurt abhole (wenn sie aus Berlin kommt). Ich rufe noch an.
Jetzt fängt ja der Sommer an, und ich denke mir Dich gern im Verlag bei der Arbeit. Vor einem Jahr waren wir in Königstein, und der Abend geht mir nach, auch einfach als ein Abend. Hier regnet es fast immer (im Moment gerade nicht), und die Schnecken kriechen. Grüß bitte Frau Zeeh wieder einmal von mir.
Herzlich,
Dein Peter

[316; Anschrift: Salzburg]

Frankfurt am Main
2. Juli 1980

Lieber Peter,
habe Dank für Deinen Brief vom 30. Juni und für den zurückgesandten Umbruch. Herr Fellinger und der Korrektor haben noch einen Korrekturgang gemacht, Herr Fellinger wird Dich auch noch einmal wegen einer Winzigkeit anrufen, danach, hoffe ich, daß wir fehlerfrei sind.
Wenn Du am 20./22. Juli in Frankfurt bist, willst Du nicht bei mir übernachten? Ich bin allein in der Wohnung Nordendstraße 65.
Hilde ist in der Schweiz bei einem I-Ging-Kurs, aus diesem Grund wird sie auch nicht am 25./26. Juli nach Salzburg kommen. Ich werde also allein dort sein. Ich hoffe jedenfalls sehr, Dich zu sehen.[1]
Hoffentlich quält Dich der Regen nicht allzu sehr, auch hier ist es regnerisch mild.
Herzliche Grüße
Dein
[Siegfried Unseld]

P. S.: Wir haben bei Gallimard die Verkaufsauflage von »La femme gauchère« erfragt: Bis November 1979 gab es 9 Auflagen. Die Gesamtauflage beträgt derzeit 33.550 Exemplare.[2]

1 S. U. notierte in seinem *Reisebericht Salzburg, 24.-26. Juli 1980*: »Peter Handke, 26. Juli 1980. Ruhig, freundlich. An sich wollten wir wegfahren, aber da das Fahren so kompliziert war, ich zudem noch fastete, blieben wir im Hause. Die Tochter Amina aß ihre Erbsensuppe, sie ist jetzt elfeinhalb Jahre alt, ein sich ausprägendes Gesicht mit einem kindlichen Körper. Auf dem Klavier Stücke

›Amina‹ von Paul Lincke. Gespräche über Gott und die Welt, über die Eröffnung der Festspiele, jede auch nur leiseste Kritik an Österreichischem wies Handke zurück und begegnete mir mit seinem ›Haß‹ auf Musikologen. Musik könne man nur hören, wer über Musik rede oder schreibe, sei nur geschwätzig. Ich hielt das wieder für typisch österreichisch, indem ich darauf hinwies, daß es eine Kritik in Österreich eigentlich nicht gäbe, das hätten am Abend Spiel und Kruntorad geklagt und darauf hingewiesen, daß eine neue Zeitschrift erscheinen sollte, die ›Kritik‹ heiße. Dann seine Eröffnung: er habe jetzt in den letzten zwei Monaten eine neue Erzählung geschrieben, das Nachfolgestück zur ›Lehre der Sainte-Victoire‹, damit sei der Komplex ›Langsame Heimkehr‹ abgeschlossen. Er brachte mir das Manuskript, 25 engstbeschriebene DIN A 4-Seiten, was sicherlich 100 Druckseiten ergibt. Korrigiert, schwer lesbar. Während er Tee und später Kaffee zubereitete, las ich im Manuskript ›Kindergeschichte‹. Das Manuskript war datiert ›9. Juni bis 22. Juli mittags zwölf Uhr‹. Motto von Thukydides: ›Damit endete der Sommer. Im darauffolgenden Winter ...‹. Es ist die Geschichte der Geburt und der ersten zehn Jahre eines Mädchens. Ein Erwachsener schildert diese Geschichte. Schon immer hatte dieser Erwachsene die Traumvorstellung eines Kindes gehabt. Insgesamt hatte dieser Erwachsene drei Zukunftserwartungen: Kind, eine Frau, die sich in geheimen Kreisen auf ihn zubewegte, und einen Beruf, ›in dem allein ihm die menschenwürdige Freiheit winkte‹. Diese Erzählung habe er jetzt schreiben müssen. Sie hat keinen direkten Bezug zur ›Langsamen Heimkehr‹, noch zur ›Lehre der Sainte-Victoire‹, aber er will diesen Bezug herzwingen. Er könne gar nicht anders, als mit dem äußersten poetischen Einsatz diese Erzählung geschrieben zu haben. Noch sei Amina ein Kind, aber schon während er dies schriebe, sei sie es nicht mehr. Wir erhalten das Manuskript Mitte September, Erscheinungstermin dann März/April 81. Die Ausstattung wird er sich noch überlegen. Handke wird am 17. August zu einer Wanderung aufbrechen, ich habe ihm versprochen, daß er spätestens bis 5. August die Aushänger der ›Lehre der Sainte-Victoire‹ erhielte. Diesen Aushänger wird er noch einmal genau kontrollieren. Dann unterzeichnete er den Vertrag für ›Die Lehre der Sainte-Victoire‹. Freundliche Stimmung, er trinkt seinen Wein, ich meinen Tee. Er mokiert sich über meine Antwort im *FAZ*-Fragebogen ›Was schätzen Sie bei Ihren Freunden am meisten?‹ und meine Antwort: ›Treue‹ [siehe Brief 313, Anm. 1]. Das sei doch sehr schwierig, und er schüttelt immer wieder den Kopf darüber. Kritik an den jungen Autoren der ›e. s.‹, an jungen Autoren überhaupt. Keiner hätte eine notwendige Schreibe, irgend etwas, was ihn anginge, was er geschrieben haben wolle. Der Name Thomas Bernhard fällt nicht, auch der von Reich-Ranicki nicht. Durchgehen der ersten zwanzig Titel der ›e. s.‹. Langes Gespräch über Octavio Paz. Er hat Vorbehalte gegenüber der Dichtung, sie sei ihm zu gemacht, und gegenüber den Essays: sie seien zu ›genial‹ geschrieben. Er liest mir Octavio Paz' Pessoa-Essay vor. Paz: ›Nichts in Pessoas Leben ist außergewöhnlich.‹ Handke: Das ist Quatsch. Alles Leben ist außergewöhnlich. Sehr schön seien in diesem Essay die Zitate von Pessoa, ja, Pessoa sei ein Dichter. [O. Paz, *Essays*, S. 168] Also sein Plan: sorgfältige Niederschrift der ›Kindergeschichte‹, dann sein Wandern in Jugoslawien und Triest, mögliches Treffen Anfang September in Venedig. Und dann wolle er ein Stück schreiben, ja, ein großes Drama. Wir bekämen das im Frühjahr. Unsere Stimmung steigerte sich, aber dann kam sein Schlag: danach wolle er wieder Tagebücher schreiben, Journale, für Residenz! Kein Schweigen, ich bat ihn, dies doch noch einmal zu bedenken, und er wollte dies auch tun, denn das habe ja noch Zeit, das dauere ja mindestens noch ein Jahr, bis er damit beginne. Dann saßen wir wieder auf dem Boden, sprachen dies oder jenes oder schauten den Katzenjungen zu, die sich in seinem Zimmer herumbalgten. Ich mußte an jenen Satz denken, den wir einmal als Motto einem ›Morgenblatt‹ [Werbe-Zeitung des Suhrkamp Verlags zwischen 1952 und 1959. *Morgenblatt für Freunde der Literatur*] gegeben hatten: ›Wenn ich mit meiner Katze spiele, wer sagt mir dann, ob sich die Katze ihre Zeit mit mir vertreibt oder ich mit ihr.‹ (Montaigne)«

2 P. H., *La femme gauchère*, übersetzt von Georges-Arthur Goldschmidt, erschien 1978 bei Gallimard, Paris, in der Reihe *Du monde entier*.

[317; handschriftlich]

[Salzburg]
6. August 1980

Lieber Siegfried,
in zwei Tagen mache ich mich für eine Zeitlang auf den Weg, und so möchte ich ein paar Dinge nicht unerledigt lassen.[1]
Über den »Kinogeher« als Buch habe ich mich gefreut. Der Umschlag ist recht. Mit Bangen habe ich dann gelesen und kann nicht verschweigen, daß es wieder einmal an die 20 Druckfehler gibt, *keine* schweren; mittlere und leichte. Das könnte ich noch verschweigen (wie ich es auch vorhatte); aber im Klappentext (der schon für sich nichts vom Geheimnis und der philosophischen Höhe des Buches weitergibt, sondern redet wie von einem biederen Familienroman) gibt es Widersprüche zu der Anmerkung, die ich verfaßt habe: die suburb »Gentilly« heißt im Klappentext »Gentily«, der National Book Award kam nach Kt *1961* (tatsächlich 1962); eine Bemerkung von mir wird zitiert, deren Zusammenhang man nirgends erfährt: aus der »Anmerkung« stammt sie nicht; woher also? Im Impressum ist die Rede von einer amerikanischen Erstausgabe 1960; tatsächlich erschien »The Moviegoer« im Frühjahr *1961*, wie es auch in meiner »Anmerkung« steht ... Ja, – Du hast hier in Salzburg, in bezug auf eine andere Übersetzung, davon gesprochen, daß der Verlag mit äußerster Sorgfalt vorgehe, daß aber doch dabei Pannen nicht zu vermeiden seien; das erstere ist wieder eher zweifelhaft. Frau Dessauer scheint sich der Widersprüche zwischen »Anmerkung« und verlaglichen Angaben nicht bewußt gewesen zu sein; und ein Dritter zur Nach-Sicht war wohl nie dabei. Das darf nicht verschwiegen werden und ist nun gesagt.[2]
Auf »Die Lehre der Sainte-Victoire« freue ich mich und

glaube, nach den Aushängern, nicht bangen zu müssen.[3] Du hast hier nichts von einer Höhe der Auflage erwähnt und davon, was Du fürs Gelesenwerden tun willst, in Form von Anzeigen. Selbstverständlich sollte der Verantwortliche das wissen. Es fällt mir schwer, bei jedem Buch neu danach fragen zu müssen. Wenn es Annoncen gibt, will ich darin nur den Titel haben, keine Beschreibung und keine Auszüge aus dem Originaltext. Und ich bitte noch einmal, zu beachten, daß es keine Besprechungsexemplare geben soll, für niemanden.

Das obige ist ohne Unfreundlichkeit geschrieben, aber traurig stimmt das sich wiederholende Achtlose doch. Dabei bin ich mir wohl bewußt, daß auf den *Haupt*strang, auf die *Haupt*ergebnisse so ein Vorwurf nicht zutrifft.

Herzliche Grüße,
Dein Peter

Ob ich Ende August nach Venedig komme, weiß ich nun wieder nicht. Ich möchte möglichst bald wieder hier sein und der Regelmäßigkeit nachstreben. Um den 15. August werde ich von unterwegs Frau Zeeh anrufen und ihr sagen, wo ich bin und wann ich in Salzburg zurück sein werde. Ich habe doch in diesem Jahr noch ein bißchen was vor.

1 P. H. wanderte im August 1980 durch Südkärnten und Slowenien. Am 12. August war er in Völkermarkt, am 15./16. in seinem Geburtsort Griffen, 19. in Jesenice – am 28. August kam er in Venedig an, am 2. September war er zurück in Salzburg.
2 Walker Percy, *Der Kinogeher*. Deutsch von Peter Handke, erschien am 5. August 1980.
3 P. H., *Die Lehre der Sainte-Victoire*, wurde am 9. September 1980 ausgeliefert.

[318; Anschrift: Salzburg]

Frankfurt am Main
23. September 1980

Lieber Peter,
ein neues Magazin erscheint, das dem »New Yorker« nachgebildet ist und dessen »Konzeption und Vetorecht« von Hans Magnus Enzensberger stammt. Ich gebe der Sache keine lange Überlebenschance, bin aber andererseits sicher, daß diese erste Nummer sehr beachtet wird. Ich hoffe, Du fühlst Dich da auf der Seite 2 gut vertreten.
Herzliche Grüße
Dein
[Siegfried Unseld]

Anlage[1]

[1] Die Anlage hat sich nicht erhalten. Es handelt sich vermutlich um das erste Heft der von Hans Magnus Enzensberger und Gaston Salvatore begründeten Zeitschrift *TransAtlantik*, die im New-Mag-Verlag, München, erschien. Redaktion: Katharina Kaever, Karl Markus Michel, Michael Rutschky. Auf Seite 2 des ersten Hefts stand eine Anzeige für *Die Lehre der Sainte-Victoire*. Enzensberger und Salvatore schieden Ende 1982 als Herausgeber aus, 1991 erfolgte die Einstellung.

[319; handschriftlich]

[Salzburg]
6. Oktober 1980[1]

Lieber Siegfried,
die »Kindergeschichte« liegt jetzt doch schon Wochen fertig hier, und ich möchte sie bald los sein, um sie in Ruhe zu lassen (und damit sie mich in Ruhe läßt). Andrerseits

ist jetzt wohl wegen der Büchermesse eine schlechte Zeit, und so werde ich besser auf den Frieden und die exorzierten Räume warten.[2] Es gibt zuvor wohl auch noch vieles (vielleicht in wenigen Worten) zu bereden. Alles Gute für Dich, und herzliche Grüße,
Dein Peter

1 Der Brief trägt den handschriftlichen Vermerk von S. U.: »tel.«. In einer Telefonnotiz vom 17. Oktober 1980 hielt S. U. fest: »Peter Handke kommt am Dienstag, den 2. Dezember 1980, nach Frankfurt.«
2 Das Typoskript der *Kindergeschichte* umfaßt 103 Blatt; der von P. H. stammende Datumseintrag am Ende des Typoskripts lautet: »*Salzburg, Frühjahr und Sommer* 1980«. 1980 fand die Frankfurter Buchmesse zwischen dem 7. und 13. Oktober statt.

[320; Anschrift: Salzburg]

Frankfurt am Main
18. November 1980[1]

Lieber Peter,
hier zweimal die Korrekturfahnen zur »Kindergeschichte«. Als ich sie heute früh bekam, habe ich mich gleich wieder festgelesen. Ich kann es kaum erwarten, bis ich das Buch in Händen halten kann. Dieses Buch wird Deinen Ruhm für alle Zeit festigen.
Ein kleines Bedenken: Wenn Du liest, überleg Dir jeweils die Stellen »wie nie zuvor«. Vielleicht ist das ein- oder zweimal zuviel.
Wir warten sehr auf die Rücksendung der Korrektur. Hier werden Fellinger und ein Korrektor den Text genau lesen. Wir wollen ein Buch ohne Druckfehler!
Herzlich
Dein
Siegfried

P. S.: Anbei ein Ausdruck des Umschlags. Ist nicht der Stift etwas zu groß geworden?²
| Der 2. Dez. ist fest eingeplant. |³

1 Die Briefkopie trägt den handschriftlichen Vermerk von Gudrun Weidner: »26. 11. Kopie an Handke, da er Brief + Umschlag [nicht] hatte«.
2 Der Umschlag der Originalausgabe der *Kindergeschichte* zeigte auf einem metallicfarbenen Fond einen von Amina Handke gezeichneten Bleistift.
3 S. U. berichtet in einer Notiz *Gespräch mit Peter Handke, 2. 12. 1980, Frankfurt:* »Er hat ein Theaterstück (›Über die Dörfer‹) vollendet und damit den Bereich der ›Langsamen Heimkehr‹ abgeschlossen; es sei der letzte ›Sprung‹ gewesen. Nun sei er erschöpft und wolle, um zu arbeiten, Übersetzungen vornehmen. Als erstes Emmanuel Bove, ›Mes amis‹. Ein Buch, das Beckett und Rilke zu ihren Lieblingsbüchern zählten. Ursprünglich etwa um 1921 [1924] in Paris erschienen, wieder neu herausgegeben 1977 von Flammarion. Wir holen während seiner Anwesenheit die Rechte in Paris ein. Das zweite ist ein poetischer Essay von Francis Ponge, ›La mounine‹, 30 Seiten, etwa 1941 erschienen; nach seiner Meinung noch nicht übersetzt, aber das müssen wir recherchieren. Vielleicht wissen Friedhelm Kempf oder Helmut Scheffel, wo dazu mutmaßlich die Rechte liegen können. Francis Ponge ist ja immer wieder unter den Nobelpreis-Verdächtigen genannt worden. Zu meiner Überraschung erzählt mir dann Peter Handke vom Theaterstück. Es sei ›reines Theater‹, sein Titel ›Über die Dörfer‹ (er sei so zu verstehen: man fahre nicht über die Autobahn, sondern über die Dörfer aufs Land). Das Stück hat einen realen Kern: das Drama von Geschwistern, Bruder und Schwester, und im Zentrum steht ein Haus, das verschwinden soll. Das Stück hat zwei Bilder mit jeweils einem Vorspiel, es dauert etwa 3½ Stunden, 10 Personen, darunter zwei junge Frauen, 30-40 Jahre alt, zwei Männer, die Hauptrollen spielen müssen, ebenfalls 30-40 Jahre, zwei alte Frauen, ein Kind mit 10 Jahren, drei Männer in Nebenrollen. Das Stück beginnt mit einem Vorspiel vor dem Vorhang. Bruder und Schwester sprechen miteinander; das erste Bild spielt vor einer nicht genau zu bestimmenden Großbaustelle. Dann wieder ein Dialog vor dem Vorhang, und das zweite Bild spielt dann vor

einem ländlichen Friedhof. Von der Form her sei für ihn neu, daß es sich hier natürlich um ein Konversationsstück handelt, es werden nicht eigentlich Dialoge gesprochen, sondern die Figuren reden in langen Passagen. Sie reden zu sich oder erzählen den anderen Figuren, aber mehr in einem Erzählstil. Durch die Sprache ziehe sich ein ganz bestimmter Rhythmus. Er hätte lange gedacht, das ganze in Versen von freien Rhythmen zu schreiben, aber das sah ihm dann zu anspruchsvoll aus. Aber wichtig sei dieser Rhythmus, der sich durch das ganze Stück ziehe. Das Stück liefe auf eine Katastrophe zwischen den Geschwistern hinaus. Es geschieht dann eine äußerste Entzweiung, am Ende aber kommt als deus ex machina ein Mensch, und das Stück endet dann mit einer Liebeserklärung an den Menschen. Am Rande sprachen wir über einen Band ›Goethe für Ausländer‹. Handke will etwa 20 Maximen dafür auswählen und einen kurzen Kommentar dazu schreiben. Übrigens: die Schlußmaxime der ›Kindergeschichte‹ ist die Nummer 1063, it 200, Seite 185.«

[321; Anschrift: Salzburg]

Frankfurt am Main
10. Dezember 1980

Lieber Peter,
Burgel Zeeh hat folgende Reisemöglichkeiten für Dich herausgefunden:
Mittwoch, 17. Dezember 1980
ab Salzburg   9.33 h
an Frankfurt   15.26 h (das ist ein durchgehender Intercity)
Du könntest auch mit dem Zug nach München fahren:
ab Salzburg   10.42 h
an München   12.19 h
und von München aus nach Frankfurt fliegen:
ab München   13.45 LH 754 oder 14.45 LH 755
an Frankfurt   13.45   15.45

Ein Zimmer wäre in der Klettenbergstraße für Dich reserviert.
Donnerstag, 18. Dezember 1980
Hier bietet sich einfach der Flug an:
ab Frankfurt   9.15 h OS 422
an Salzburg   10.15 h
Du wärst also am Vormittag wieder zu Hause.
Laß bitte von Dir hören. Ich würde mich sehr freuen, wenn Du kommen könntest.[1]
Herzliche Grüße
Dein
[Siegfried Unseld]

1 P. H. war von S. U. eingeladen zu einer Begegnung zwischen deutschsprachigen Schriftstellern und Bundeskanzler Helmut Schmidt am 17. Dezember 1980 in der Klettenbergstraße 35. Die Teilnehmer: Max Frisch und Alice Carey, Martin Walser und Käthe Walser, Wolfgang Hildesheimer, Adolf Muschg und Frau, Uwe Johnson, Wolfgang Koeppen, sowie Elisabeth Borchers und Joachim Unseld. P. H. reiste zu diesem Anlaß nicht nach Frankfurt, vielmehr rief er am 17. Dezember 1980 S. U. an, um die Fertigstellung der ersten Niederschrift von *Über die Dörfer* mitzuteilen. Deshalb flog S. U. am 29. Dezember 1980 nach Salzburg. Im *Reisebericht Salzburg, 29. Dezember 1980*, notierte er: »Es gab ein einziges Motiv für diese Reise: Peter Handke hatte mir sein dramatisches Poem ›Über die Dörfer‹ geschickt und wollte mit mir darüber sprechen. [Es traf am 25. Dezember 1980 in Frankfurt ein. Es umfaßte 100 Blatt und trug den Vermerk »Salzburg, Herbst 1980 und Winter 1980/81«.] Ich hatte es schon zweimal gelesen und las es dann ein drittes Mal beim Flug nach Salzburg, ein Flug, der übrigens herrlich war, weil die Alpen in wunderbarer Sicht ein majestätisches Weiß zur Schau stellten. Ein schmaler, blasser Handke erwartete mich. Er bereitete einen Tee, und kaum hatte er ihn in die Tassen gegossen, fragte er: ›Nun, wie gefiel dir das Stück?‹ Die Antwort auf diese Frage ist ebenso einfach wie kompliziert: Es ist ein Stück von Peter Handke, das heißt, es spiegelt sein poetisches Bewußtsein wider, das wir nun schon in den

drei Stufungen der ›Langsamen Heimkehr‹, der ›Lehre‹ und der ›Kindergeschichte‹ kennen. Das ist nun der vierte ›Sprung‹, der Abschluß dieses Komplexes. Das zweite: das Stück ist in der Form vollkommen neuartig, ich kenne keinen Vergleich. Es ist ein Stück ohne Dialoge, ein Stück ohne sogenanntes Dramatisches, die Figuren sprechen lange erzählerische Passagen, in denen freilich eine innere Dramatik deutlich wird; doch ich meine, daß es, rein formal gesehen, ein solches Stück, zumindest in der neueren dramatischen Literatur, nicht gab. Freilich, bei jedem Satz bemühte sich der Autor um seine Realität, die es in der Tat gibt: es sind drei Geschwister, zwei Brüder und eine Schwester, das Haus der Eltern soll nun mit einer Hypothek belegt werden, damit die Schwester eine eigene Geschäftsexistenz gründen kann. Gregor, die zentrale Figur, ist zunächst gegen die Änderung und für die Erhaltung des elterlichen Traumes, aber er ist bereit zur Änderung. Am Schluß tritt Beatrice auf, ein deus ex machina, und hält ihre Rede gegen die Verzweiflung der Welt und für die Freude, die fast eine heile Welt wieder schaffen kann. ›Schüttelt euer Jahrtausendbett frisch. Bewegt euch. [...] Eure Kunst ist für die Gesunden, und die Künstler sind die Lebensfähigen. [...] Tretet ein in das Maß der aufgehenden Sonne, die euer Maß sein wird. [...] Verachtet die unernsten Spötter. [...] Laßt euch nicht die Schönheit ausreden, die von uns Menschen geschaffene Schönheit ist das Erschütternde ... Laßt euch nicht mehr einreden, wir wären die Lebensunfähigen oder Fruchtlosen einer End- und Spätzeit. Wir sind die Ebenbürtigen. Jeder von uns ist ein Weltbeweger. [...] Jetzt ist die Heilige Zeit [...] Ihr seid die Gültigen. [...] Die Freude ist die einzige rechtmäßige Macht. Ja, überliefert die Form, sehnsuchtsdurchdrungen die heile Welt – das Hohnlachen darüber ist ohne Bewußtsein. [...] Die Form ist das Gesetz und das Gesetz ist groß und es richtet euch auf. [...] Abmessend, wissend, seid himmelwärts. [...] Haltet euch an dieses dramatische Gedicht. Geht ewig entgegen. Geht über die Dörfer.‹ [*Über die Dörfer*, S. 112-121] Mit dieser Botschaft steht das Stück quer zu all dem, was zeitgenössische Dramatik in dieser Zeit geschaffen hat, und entsprechend wird die Reaktion darauf sein. Man wird ebenso fasziniert sein wie höhnisch-ablehnend. Wir sprechen über einige Details, die mir kritisch aufgefallen sind, kleinere Formulierungen, Regieanweisungen. Im Ganzen ist da nur in einem Punkt etwas zu ändern: das Stück dauert zu lange für eine Aufführung, und er müßte etwas streichen. Wir können nicht allzu lange sprechen, weil er sich nicht wohlfühlt. Leichte Herzbeklemmungen, Schwindel. Wir machen einen Spaziergang über den Mönchsberg und machen damit die Mäanderschleife der Salzach mit. Ein schöner Morgen. Er weiß, was sein Stück anrichten wird. Er wird in drei Wochen die definitive, leicht gekürzte Fassung liefern. Wir setzen das Stück in der Typographie der beiden letzten Bücher von Handke, wählen jedoch als Buchformat das Äußere des ›Triptychons‹ [Max Frisch, *Triptychon. Drei szenische Bilder*, erschien 1978]. Wir wollen entweder Umbruch-Exemplare abziehen oder eine kleine Auflage drucken, damit wir an etwa 20-30 Regisseure das Buch schicken können. Danach warten wir ab, wie sie reagieren. Im übrigen: es ist sicher, daß das Stück im Sommer 1982 bei den Salzburger Festspielen herauskommen wird. Im ›Österreichischen Hof‹ setzten wir dann unsere Gespräche fort. Er ist dabei, Emmanuel Bove, ›Mes amis‹, zu übersetzen, im April erhalten wir das Manuskript. (DM 10.000.–) Francis Ponge, ›La mounine‹, erhalten wir im September (DM 10.000.–). Ab 1. Januar 1982 möchte er dann Walker Percy, ›The Last Gentleman‹, übersetzen: das ist also das Neue. Er hält dieses Buch für hervorragend, es müsse vorgezogen werden, und er will die Übersetzung auch selber unternehmen. Ein Honorar dafür ist noch nicht abgesprochen. Das soll erst im Januar 1982 nach Beginn der Arbeit geschehen. Wir müssen jetzt aber noch die Übersetzungsrechte einholen. Frau Ritzerfeld möchte mit Dagmar Henne korrespondieren. Eine weitere übersetzerische Arbeit möchte er vornehmen: sein französischer Übersetzer Goldschmidt hat eine Autobiographie von etwa 200 Seiten geschrieben. Sie wird bei du Seuil im ersten Halbjahr 1981 erscheinen. [Georges-Arthur Goldschmidt, *Le miroir quotidien*, erschien 1981 auf französisch, deutsch von Peter Handke unter dem Titel *Der Spiegeltag* 1982 im Suhrkamp Verlag.] Wir sollen uns das ansehen. Natürlich, wenn wir dies nicht machen, wird sofort Residenz das Buch bringen. Was Bove betrifft, so hat Flammarion auf dem Umschlag eine Beckett-Äußerung gebracht. Bove hätte wie kein anderer Sinn für die treffende Einzelheit. Ob man Beckett hier noch einmal fragen könnte? Zum Band ›Über Peter Handke‹. Er regt an, daß wir auch ausländische Arbeiten übersetzen, so z. B. aus dem ›Nouvelle Observateur‹ eine Arbeit, die vor zwei Wochen erschienen sei. Es seien dann Essays über die ›Linkshändige Frau‹ in ›Time‹ und ›Le Monde‹ sowie in einer sowjetischen Zeitschrift erschienen. Herr Fellinger möchte bei ihm anrufen, er wird ihm die bibliographischen Angaben machen. [Paul Gray, *A Formidable and Unique Austerity*, in: *Time*, 19. Juni 1978; *Le Monde*, 18. Mai 1978. *Über Peter Handke*, herausgegeben von Raimund Fellinger, erschien 1985.] Die ›Kindergeschichte‹ möchte er Amina vermachen und ihr zur Entscheidung geben, ob sie in zehn Jahren das Buch noch auf dem Markt haben möchte: wir sollten hier eine vertragsrechtliche Änderung vorschlagen. Natürlich immer wieder Fragen nach dem dramatischen Gedicht. Ob seine ›innige Ironie‹ [So lautet die Regieanweisung zu *Über die Dörfer*] herauskäme? Es sei kein Weihespiel, kein Mysterienspiel, Amina würde wie zur ›Kindergeschichte‹ den Bleistift diesmal eine Krone zeichnen. Er erbat für kurze Zeit sein Notizbuch zurück (August-Oktober 1978), weil er auf die Notizen zurückkommen möchte. Es genügen Fotokopien. Über die Anzeige zum ›Kinogeher‹ hat er sich gefreut, in Salzburg jedenfalls seien aufgrund der Anzeige die Bücher gekauft worden. Ob man nicht doch noch werben könnte, z. B. durch Einlage eines Zettels in der ›Kindergeschichte‹. Er reklamiert aus seiner Abrechnung ›Langsame Heimkehr‹ erstes Halbjahr 80: es würden ihm 3.500 Ex. abgezogen. Ich versuche das durch eine Lageränderung zu erklären. Ich möchte in Zukunft die Lagerbewegung auf einer Autorenabrechnung vorher zur Kenntnis erbitten. Wir blieben bis um 17 Uhr beisammen, dann noch ein Gang durch das schon dämmrige und auch zu dieser Zeit von Touristen heimgesuchte Salzburg. Sein Zustand ist besser geworden, die Schwindel hörten auf. Es sei ihm klar, daß das Stück eine Herausforderung sei, aber das wolle er auch annehmen. Im übrigen freue er sich, daß er es habe abschließen können, er freue sich über die Übersetzungen, die Honorare empfinde er als ›sehr großzügig‹, und er dankte dafür, und er ist wirklich gespannt, ob wir bei der ›Kindergeschichte‹ 100.000 Exemplare schaffen werden. Er zitierte dann noch Nietzsche: ›Kunst ist der *gute* Wille zum Schein.‹«

[322; handschriftlich; Anschrift: Salzburg]

[Frankfurt am Main]
12. Dezember [1980]

Lieber Peter,
dies ist das erste der Lese-Exemplare. Der Buchblock ist von der Auflage, der Einband provisorisch und nicht silbern wie der endgültige. Das Buch sieht schön und selbstverständlich aus. Du weißt, wie sehr ich es mag.[1]
Dein
Sehr herzlich (bis Mittwoch?)
Dein S.

1 P. H., *Kindergeschichte*

[323; Anschrift: Salzburg]

Frankfurt am Main
16. Dezember 1980

Lieber Peter,
anbei siehst Du einen Sonderdruck unserer Anzeige Walker Percy. Wir haben sie als Anzeige veröffentlicht wie auch als Kleinplakat an Buchhändler in Österreich wie in Deutschland und der Schweiz geschickt. Ich hoffe, Dir gefällt die Form.[1]
Schöne Grüße
Dein Siegfried Unseld
(nach Diktat verreist)

i. A. Gudrun Weidner

1 Die Anlage ist nicht ermittelt.

1981

[324; handschriftlich]

[Salzburg]
28. Januar 1981

Lieber Siegfried,
mit getrennter Post schicke ich Dir »Über die Dörfer«, wie es nun geworden ist.
Diesem Brief liegt bei eine anspruchslose Zeichnung von Amina, es soll das Signum auf dem Umschlag sein: die Krone (wie bei der »Linkshändigen Frau« das Rind). Als Farbe des Umschlags stelle ich mir ein Lila vor, zart.[1]
In ca. einer Woche werde ich auch die Übersetzung von »Les Amis« nach Frankfurt schicken. Danach möchte ich wieder eine kleine Anmerkung dazu schreiben; hat es sich ergeben, Beckett nach der Authentizität des Zitats zu befragen? Ich brauche auch (von Flammarion) Informationen (ausführliche) über Emmanuel Bove.
In diesem Jahr (oder bis zum Sommer 1982) möchte ich nichts Eigenes schreiben; es sollen 18 Monate nur für Übersetzungen werden. Bei Bove empfand ich eine lebhafte Freude. Ich denke, daß ich bis zum Herbst noch drei mittlere Arbeiten schaffe: *Ponge, Goldschmidt* (mein französ. Übersetzer) und den zweiten großen Streich von Bove, »*Armand*«. Dann bleiben mir sechs, sieben Monate für Walker Percys »*The Last Gentleman*«, den ich, so der Weltlauf frei ist, irgendwann im April 1982 schicken kann; – dann wieder »die eigene Gefahr« ... (a long long story).
Jemand von »Titel, Thesen etc«. hat mich angerufen, wegen der »Kindergeschichte«; er hat sie schon gelesen.[2] Wie

das? Ich bitte den ehrwürdigen Verlag um Stehen zum Autor.
Noch immer habe ich die Anzeige zum »Kinogeher« in der »Zeit« nicht bestaunen dürfen, von der Du mir am 29. Dezember sprachst.
So vergeht die Zeit, und ich hoffe, Du bist wohlauf und vergißt jeweils um 20.15ʰ die Nachrichten und lebst den Büchern.
Herzlich,
Dein P.

1 Der Umschlag der Erstausgabe entsprach exakt den Vorstellungen von P. H.
2 Die Sendung *Titel Thesen Temperamente* wurde am 4. September 1967 zum ersten Mal ausgestrahlt und beschäftigt sich mit kulturellen Themen.

[325; Anschrift: Salzburg]

Frankfurt am Main
6. Februar 1981

Lieber Peter,
Du schreibst, Du hättest die Walker Percy-Anzeige nicht gesehen, ich schicke Dir die »FAZ« vom 20. Dezember. Du siehst, wir halten uns [an] das Vereinbarte – hier wie sonst.
Herzlich,
Dein
[Siegfried Unseld]

Anlage[1]

1 Die Anlage ist nicht ermittelt. Es handelt sich vermutlich um die erwähnte Anzeige für Walker Percy, *Der Kinogeher*.

[326; handschriftlich; ⟨Anschrift: Salzburg⟩]
[Frankfurt am Main]
17. Februar [1981]
Mein lieber Peter,
es ist meine größte Freude, Dir das erste Exemplar Deines Buches zu schicken. Ich tue dies in der Gewißheit, daß dies Buch Dein größter Erfolg als Autor werden wird.[1]
In diesem Sinne
Dein
Siegfried

1 P. H., *Kindergeschichte*, erschien am 17. Februar 1981.

[327]
[Salzburg]
17. Februar 1981
Lieber Siegfried,
ich schicke Dir die Korrekturen für »Über die Dörfer«. Nun ist das Stück wirklich beendet, und ich hoffe, dass es Einen Luftzug hat.[1]
Mein Gefühl, nachdem Du mir beim letzten Mal die Liste der »wichtigen Regisseure« verlesen hattest, war, kurz gesagt, ungut. Ich will, dass meine Arbeit vorderhand an *niemanden* geschickt wird. Das Stück ist wohl ein Festspiel, aber das ganze Gegenstück zu einem Pomp. Der übliche Aufführungszirkus muss vermieden werden, auch so lang es geht, das übliche Gehechel und Geplapper. Ich habe, so denke ich, etwas geschrieben, was kein Repertoirestück ist, aber doch alle paar Jahre irgendwo in der Welt einmal aufgeführt werden kann oder wird, und das auf Menschenzeit. So möchte ich eigentlich nichts davon hören, dass »die Thea-

ter schon lang vorausplanen«: wenn einem Theatermenschen an der Story und der Form liegt, wird er das Stück eben aufführen, beizeiten. So bitte ich, erst einmal für den Druck zu sorgen (mir liegt ohnedies zuerst an dem »Buch«). Urbach werde ich in zwei, drei Wochen eine Kopie schicken; die andern mögen dann das Buch lesen. Und dann können sie sich ja von sich aus zeigen, oder auch nicht.[2]
Über die Annonce für den »Kinogeher« habe ich mich gefreut. – Sollten wir nicht überhaupt daran denken, wieder neugieriger zu werden für das, was in USA oder Frankreich usw. geschrieben wird, und uns systematischer, weniger zufällig, drum kümmern – damit wieder eine, nicht bombastische, sondern selbstverständliche »Weltliteratur« wahrgenommen wird? Es gibt doch in jedem Land pro Jahr sicher zwei, drei Bücher von Zeitgenossen, vor allem den jüngeren Autoren, die man rasch deutsch lesbar machen sollte. Ich lese gerade das neue Buch von Patrick Modiano, »Une jeunesse«, das mir sehr gefällt; er ist, wie Simenon, ein Nachfahr von Bove – und ich würde mit Freude das Meine dazutun, dass man im deutschen Gebiet auf solche Autoren, wie sie es, einfach, subtil, ohne Schreibattitüden, sicher auch in Amerika gibt, wieder, wie es doch einmal war (?), hierzulande neugieriger würde wie gesagt: eine alltägliche, alljährliche, stetige Weltliteratur). »Une jeunesse« ist bei Gallimard erschienen. Ich bin sicher, es gäbe auch in der Bundesrepublik ein paar Autoren, die da mittäten und vielleicht pro Jahr ein Buch übersetzten, wie Buch, oder Peter Schneider, oder vielleicht auch mehr »Namenlose«...
Für heute, herzlich,
Dein Peter

1 Dem Brief lag eine zweiseitige Aufstellung von P. H. mit der Überschrift *Ergänzungen, Streichungen, Korrekturen für »Über die Dörfer«:* bei. Sie trägt auf der ersten Seite den handschriftlichen Vermerk: »übertragen / gw [Gudrun Weidner]«.

2 Es hat sich eine Notiz vom 5. Februar 1981 erhalten, die wahrscheinlich auf einem Telefonat zwischen P. H. und S. U. beruht (»Handke hat jetzt folgende Regisseure herausgesucht:«), auf der folgende zehn Regisseure genannt sind: »[Hans] Neuenfels, [Reinhard] Urbach, Luc Bondy, Dieter Dorn, Peter Stein, Nils-Peter Rudolph, Ernst Wendt, Frank-Patrick Steckel, Michael Grüber, Boy Gobert (wegen Berlin)«. Auf den 9. Februar 1981 datiert eine Notiz von S. U.: »Handke schickt zum Manuskript ›Über die Dörfer‹ noch einige Streichungen, wenn die gekommen sind, dann bitte fotokopieren lassen, und ich verschicke die Kopien dann am Freitag an die mit Handke vereinbarten Regisseure.«

[328; Anschrift: Salzburg]

Frankfurt am Main
18. Februar 1981

Lieber Peter,
ich habe Dir das erste Exemplar der »Kindergeschichte« zugeschickt und dabei entdeckt, daß wir gar keinen Vertrag haben. Das hängt mit einer Formulierung zusammen, die ich da finden mußte und die wir dann in § 13 eingebracht haben. Bist Du damit einverstanden, oder hast Du andere Vorstellungen?[1]
Schöne Grüße
Dein
[Siegfried Unseld]

1 § 13 des am 25. April 1981 unterschriebenen Verlagsvertrags zu *Kindergeschichte* hat den Wortlaut: »Nach zehn Jahren fallen die Rechte an dem in § 1 genannten Werk an den Autor oder dessen Rechtsnachfolger zurück.«

[329]

[Salzburg]
25. Februar 1981¹

Lieber Siegfried (immer noch),
die Zeit der Lügen muß ein Ende haben. Schon an jenem Tag vor zwei Jahren, als ich am Frühstückstisch in Frankfurt in dem Sammelwerk des übelsten Monstrums, das die deutsche Literaturbetriebsgeschichte je durchkrochen hat, die Widmung an Dich, meinen Verleger, gelesen habe (als Vorsatzblatt zu den nackt mordlustigen Artikeln über »Wunschloses Unglück« und »Die linkshändige Frau«)²: »In alter Verbundenheit«, da hätte ich die Pflicht vor mir und dem, was mir noch vorschwebt, gehabt, für immer meine Arbeiten aus Deiner sogenannten Obhut zu nehmen. Danach kam noch die verantwortungslose Hetzerei bezüglich der sogenannten »Leseexemplare« von »Langsamer Heimkehr«, wo ich am Zwang des Termins – den ich dann einhielt – fast – ja – krepiert wäre. (Und dann hatten »die Mitarbeiter« beschlossen, es sollte doch keine geben – immer wieder »die Mitarbeiter«, die Du vorschiebst – wie auch dann, als ich keine Presseexemplare für die »Lehre der Sainte-Victoire« wollte: »meine Mitarbeiter meinen ...«)³
Jetzt der Skandal mit meinem Stück, das Du unfertig, gegen meinen Willen, in fremde Hände gegeben hast. Und wie elendig durchschaubar wieder einmal sind die Motive des Verlegers. Vielleicht ist ein Schriftsteller in vielem weltfremd – aber die menschliche Seele, für die ist seine manchmal kindliche Empfindlichkeit das große Auge: nachdem ich den Verlag der Autoren aus guten Gründen (es ist eine Bande) verlassen habe, wolltest Du *meine* Arbeit zu Deiner persönlichen Rache für die damals, bei Gründung des Verlags der Autoren, erlittene, von Dir jedenfalls so empfundene und nie verwundene Niederlage ausnutzen – Hand-

lung jetzt und Motiv sind derart, dass es dafür nicht einmal mehr ein Beiwort gibt.[4]
Ich muss – das ist meine Pflicht vor meiner Freude, das dauernde Schöne zu schaffen, und gegen das säuische, verkrebste Zeitalter, in dem ich das vorhabe – endlich auftreten, als der, der ich bin, als der Schriftsteller in jedem Sinn, auch was die Fürsorge für das schon Geschriebene, das Weitergeben, das Verbreiten betrifft. Unsere Wege trennen sich hiermit, unwiderruflich. Es schmerzt mich nur um die doch zum Teil glorreiche und, wie ich weiss, beständige Arbeit von fast zwanzig Jahren, die nun nicht mehr dem Arbeiter gehören darf, wiewohl auch rechtlich Dein Vorgehen ein eklatanter Fall von Sorgfaltsverletzung ist.
Das Stück »Über die Dörfer« wird nicht mehr im Suhrkamp Verlag erscheinen, weder als Theatertext noch als Buch (auf das ich mich vor allem andern gefreut hatte). Auch meine künftigen Arbeiten, sofern es solche noch geben wird, werden nicht mehr im Suhrkamp Verlag erscheinen. Von ehemaligen Autoren, die den Verlag verlassen haben, weiss ich wohl, daß Du ihre Bücher daraufhin fallen ließest und auch sonst alles tatest, um diesen Autoren Leben und Arbeit sauer zu machen. Das magst Du auch hier ruhig tun wollen. Trotzdem hoffe ich, dass, im Interesse der Kunst und der Friedensgeschichte, die beide meine Sache sind, mit der Zeit wenigstens eine Sachlichkeit zwischen uns möglich werden wird. Aber jetzt ist der Tag, da ich endlich eingreifen muss und mich als der Herr meiner Schufterei, meiner Kunst, vielleicht auch meiner Stümperei zeigen muß.
Die begonnene Übersetzung des Stücks »La Mounine« von Francis Ponge, von der (Du am Telefon) »meine Mitarbeiter« meinten, es sei »zu kurz« (40 Seiten hat es in der Gallimardtaschenbuchausgabe), will ich auf jeden Fall weiterführen; denn ich halte den Text für gewaltig. Willst Du

sie noch für den Verlag, so werde ich sie beizeiten schikken.

Peter Handke

1 Der Brief wurde als Einschreiben mit Rückschein (auf dem der Empfänger den Erhalt bestätigt) auf den Postweg gebracht.
2 Marcel Reich-Ranicki, *Entgegnung. Zur deutschen Literatur der siebziger Jahre*, Deutsche Verlags-Anstalt, Stuttgart 1979, enthält den Wiederabdruck der Rezensionen von *Wunschloses Unglück* (zuerst in: *Die Zeit*, 15. September 1972) und *Die linkshändige Frau* (zuerst in: *Frankfurter Allgemeine Zeitung*, 9. Okotober 1976).
3 Siehe Brief 286, Anm. 2, sowie Brief 288, Anm. 1.
4 Siehe Brief 109.

[330; Anschrift: Salzburg]

Frankfurt am Main
2. März 1981

Lieber Peter,
Dein Brief mit dem Eingangssatz »Die Zeit der Lügen...« hat mich tief getroffen. Ich kann mir Deine Haltung erklärbar machen, aber verstehe auch die meine, wenn ich das, was Du schreibst, aus meiner Sicht für einen grausamen Irrtum halte.

Aus zwei Gründen möchte ich Dir doch einen Vorschlag unterbreiten. Einmal meine ich, daß man eine zwanzigjährige Partnerschaft in solcher Form nicht beschließen darf, und ich persönlich bin auch von dem poetischen Unternehmen »Langsame Heimkehr« zu sehr fasziniert, als daß wir jetzt die Gedanken an seine Einheit aufgeben sollten. Deshalb mache ich Dir den Vorschlag: Wir bringen das dramatische Gedicht als Buch heraus, die Details der Herstellung haben wir ja ohnehin festgelegt, von uns aus wird Herr Fellinger die Verbindung mit Dir halten. Die Auffüh-

rungsrechte betreust Du selbst. Wie Du mir sagtest, ergibt sich bei Deinen eigenen Arbeiten nun eine Pause. Sollten wir sie nicht als Denkpause nutzen und danach miteinander reden, ob wir noch zusammenbleiben oder ob wir uns doch trennen müssen, oder ob wir für Dich in Österreich einen Ein-Autor-Verlag gründen sollen, der selbständig von Dir angewiesen operiert, wir könnten ja im außerdeutschen Ausland Deine Rechte verhandeln, damit dort die Kontinuität gesichert ist.
Bitte überlege Dir, ob das nicht doch ein richtigerer Weg wäre.[1]
Freundliche Grüße
Dein
[Siegfried Unseld]

1 Am 10. März 1981 schrieb P. H. an R. Fellinger: »Was das Stück betrifft, so habe ich inzwischen doch ein Bedürfnis, mich mit einem literarischen Menschen darüber zu unterhalten. Aber jetzt ist alles blockiert, und ich stümpere immer noch ein bißchen daran herum. In zwei Wochen werde ich Ihnen dazu schreiben können.« Zwischen dem 23. und 25. April 1981 fand in Salzburg ein Lektoratsgespräch zwischen P. H. und R. Fellinger statt.

[331; Anschrift: Salzburg]

Frankfurt am Main
26. August 1981

Lieber Peter,
heute liefern wir »Über die Dörfer« an den Buchhandel aus. Ich hoffe, Dir gefällt die Form des Buches; der Verlag hat sich Mühe gegeben, den Buchkörper so zu realisieren, wie es Deiner Vorstellung entspricht.
Wir druckten eine erste Auflage von 25.000 Exemplaren, der Ladenpreis beträgt DM 24,–. Belege sind an Dich unterwegs. Du kannst über weitere Freiexemplare verfügen.

Gleichzeitig erscheint in der »Bibliothek Suhrkamp« Emmanuel Boves »Meine Freunde«. Ich habe angefangen zu lesen. Das ist eine wirkliche Kostbarkeit für die »Bibliothek Suhrkamp«. Ich danke Dir für Deine Übertragung.[1] Bitte, laß uns wissen, wieviele Freiexemplare Du haben möchtest, wir schicken Dir jetzt ein erstes Exemplar.
Schöne Grüße
Dein
[Siegfried Unseld]

1 Emmanuel Bove, *Meine Freunde*. Aus dem Französischen von Peter Handke, erschien am 26. August 1981 als Band 744 der *Bibliothek Suhrkamp*. Der Band enthält eine *Anmerkung* (S. 207ff.) von P. H., in der zum ersten Mal ein Abriß von Leben und Schreiben des bis zu diesem Zeitpunkt unbekannten Bove unternommen wird; wiederabgedruckt in P. H., *Langsam im Schatten*, S. 101-104.

[332; handschriftlich]

[Salzburg]
31. August 1981

Lieber Siegfried,
über Deinen Brief habe ich mich gefreut.
Ja, »Über die Dörfer« ist ein sehr schönes Buch geworden. Herr Fellinger hat sich sehr gekümmert und eine großartige Arbeit geleistet. Alles stimmt und ist am Platz. Und so ist es auch mit »Meine Freunde« von Emmanuel Bove; Fellinger war es da, der die fast schon verschütteten Quellen zu Boves Leben und seinen Büchern entdeckt hat. Das kann nicht mehr so leicht verlorengehen. Auch ich freue mich über die Übersetzung; die »Bibliothek Suhrkamp« ist auch genau der Ort (wie sie es auch für Francis Ponge sein wird, wie ich nun sicher weiß). So ein Buch, vollkommen in je-

dem Satz, übersetzt zu haben (sicher nicht vollkommen in jedem Sinn), gibt doch eine andere, noch reinere und kindlichere Freude als ein eigenes Buch.
Herzlich,
Dein Peter

[333; Anschrift: Salzburg]
Frankfurt am Main
7. September 1981
Lieber Peter,
über Deinen Brief vom 31. August habe ich mich sehr gefreut. Es ist in unserer Zeit ja wirklich schwierig, etwas zu schaffen, bei dem »alles stimmt und am Platz ist«. So ist Deine Freude ganz die meine.
Wir werden uns sehr darum bemühen, daß »Über die Dörfer« wie auch Boves »Meine Freunde« Leser finden.
Herzliche Grüße
Dein
[Siegfried Unseld]

[334; Anschrift: Salzburg]
Frankfurt am Main
3. November 1981
Lieber Peter,
in diesen Tagen erschien die einbändige Ausgabe der »Notizen« von Ludwig Hohl. Ich erinnere mich, daß Du mir einmal empfohlen hast, diese Ausgabe herauszubringen, und ich sprach mit Dir über meine Absprache mit Hohl; nach seinem letzten Werk »Von den hereinbrechenden Rändern« wollten wir die »Notizen« in einem Band bringen.

Nun konnte er das nicht mehr realisieren, aber dafür haben wir ihm jenen Wunsch erfüllt, an dem Hohl so viel lag: die »Notizen« in schöner Form und in einem Band. Denn er sah das ja als eine Einheit, während die beiden Bände eben doch, wie er meinte, sein »Werk« »auseinandergerissen« hätten. Ich hoffe, Dir gefällt die Ausgabe.[1]
Herzliche Grüße
Dein
[Siegfried Unseld]

1 Ludwig Hohl, *Die Notizen oder Von der unvoreiligen Versöhnung*, deren erster Teil 1944, der zweite 1954 erschienen waren, wurden 1981 im Hauptprogramm des Suhrkamp Verlags publiziert. Der Autor war genau ein Jahr vor dem Diktat dieses Briefes, am 3. November 1980, gestorben.

1982

[335; Anschrift: Salzburg]

Frankfurt am Main
31. März 1982

Lieber Peter,
in der »Bibliothek Suhrkamp« ist jetzt »Die Stunde der wahren Empfindung« erschienen; ich freue mich sehr, daß wir diese Schilderung des Gregor Keuschnig im neuen Rahmen dieser Bibliothek herausbringen können.[1]
Herr Fellinger zeigte mir Deinen Brief. Wir erfüllen gerne Deinen Wunsch und weisen noch einmal in der Anzeige auf Francis Ponges »Notizbuch vom Kiefernwald« hin, vielleicht machen wir das gemeinsam mit einem Hinweis auf Boves »Meine Freunde«. Dieser Band gewinnt immer mehr Freunde, die Reaktionen sind erstaunlich.[2]
Ich verstehe Deine Entkräftung vom Übersetzen und Deinen Wunsch, eine Zeitlang doch wieder an die eigenen Sätze zu gehen. Um so mehr freue ich mich, daß Du weitere Gedichte von Gustav Januš übersetzen möchtest und in zwei, drei Jahren dann Walker Percys »The Last Gentleman«.[3]
Den Januš würden wir gerne in der »BS« bringen, freilich bräuchten wir dann für diese Herausgabe eine Einführung, Januš kennen nur wenige Leute hier, und es müßte begründet werden, warum wir ihn in diese Bibliothek der Klassiker der Moderne aufnehmen. Möchtest Du das machen – diese Einführung?
Mit guten Grüßen
Dein
[Siegfried Unseld]

1 Peter Handke, *Die Stunde der wahren Empfindung*, erschien am 31. März 1982 als Band 773 der *Bibliothek Suhrkamp*.
2 Francis Ponge, *Das Notizbuch vom Kiefernwald und La Mounine* (Original: *Le Carnet du bois de pins. La Mounine ou Note après coup sur un ciel de Provence*, 1952), deutsch von Peter Handke, erschien am 4. März 1982 als Band 774 der *Bibliothek Suhrkamp*.
3 P. H. hatte in einem Begleitbrief zur Übersendung seiner Übersetzung von Boves Roman *Armand* vom 26. März 1982 an R. Fellinger geschrieben: »ein bißchen entkräftet vom Übersetzen der letzten drei Jahre – im März 1979 habe ich mit dem ›Kinogeher‹ angefangen – bin ich ja nun doch; eigentlich fühle ich eine gewisse Erschöpfung. Die Gedichte von Gustav Januš, wenn es Ihnen und dem Verleger recht ist, werde ich freilich noch übersetzen, womöglich schon in diesem Juni und Juli. Dann aber denke ich, ich sollte zwei, drei Jahre meine Finger von den fremden Sätzen lassen. Wie versprochen, möchte ich dann doch ›The Last Gentleman‹ von Walker Percy angehen, und gern (lieber) auch noch ein Buch unseres herrlichen Emmanuel Bove. [...] Vielleicht wäre eine Anzeige zu Ponge doch nützlich, da es keine Information sonst gibt.«

[336; Anschrift: Salzburg]

Frankfurt am Main
14. April 1982

Lieber Peter,
über Suhrkamp Verlag Boston[1] erreichte uns die Einladung der University of Oklahoma, die Dir eine »senior tenured position« anbietet. Der Bostoner Verlag scheint sich als Adresse doch herumgesprochen zu haben. Ich nehme an, Du wirst auf dieses Anerbieten direkt reagieren.[2]
Freundliche Grüße
Dein
[Siegfried Unseld]

Anlage[3]

1 Am 1. Mai 1980 wurde in Boston das Tochterunternehmen Suhrkamp Publishers Boston Inc. offiziell begründet.
2 Unter dem Datum des 23. April 1982 schrieb P. H. an Helene Ritzerfeld: »Es scheint, was ›Langsame Heimkehr‹ betrifft, tatsächlich so zu sein, daß Wim Wenders daraus, zusammen mit ›Über die Dörfer‹, einen Film machen möchte. Es wird kompliziert sein, weil die Medienrechte von ›Über die Dörfer‹ bei mir liegen. Lange habe ich herumgegrübelt. Nun will ich etwas sagen, was Verlag und Verleger möglicherweise in einen kleinen Zustand von Freude versetzen wird: um dem Zwiespalt zu entgehen, übertrage ich also dem S V die Medienrechte an ›Über die Dörfer‹. Die Einzelheiten müßten dann noch ausgehandelt werden. Auch was die Theaterrechte betrifft, möchte ich den Suhrkamp Theaterverlag sozusagen als meinen Agenten (ausgenommen natürlich die Aufführungen des Stücks im Sommer 1982). Der Verlag möge mich also mit dem Drama ab jetzt bei in- (und aus)ländischen Theatern vertreten. Ich bin kein Händler. [...] Diesen Brief werden Sie sicher als ›Rundbrief‹ durch den Verlag kreisen lassen. Es ist mir recht.« Der Film wurde nicht realisiert.
3 Die Anlage ist nicht ermittelt.

[337; handschriftlich; Anschrift: ⟨Salzburg⟩, Ansichtskarte. »La Jolla, California«]

18. August [1982][1]

Lieber Peter
Wir zwei gedenken Deiner und grüßen herzlich
Dein Siegfried
und Joachim Unseld[2]

1 Dieser Karte war eine Begegnung zwischen P. H. und S. U. am 8. August 1982 vorangegangen anläßlich der Uraufführung von *Über die Dörfer* während der Salzburger Festspiele in der Felsenreitschule. Regie: Wim Wenders, Hannes Klett, Bühnenbild: Jean-Paul Chambas, Philippe Boudin, Musik: Jürgen Knieper. Nova: Libgart Schwarz, Gregor: Martin Schwab; Hans: Rüdiger Vogler, Sophie: Elisabeth Schwarz. In seiner *Chronik* notierte S. U.: »Die

Begegnung mit Peter Handke war nach eineinhalbjährigem Pausieren irgendwie bewegend. Er sprach nichts von seinem Brief [siehe Brief 329] und korrigierte seine Entscheidung, bei Suhrkamp auszutreten, mit dem Hinweis, er würde für die Zukunft nur für Suhrkamp schreiben. Ich sagte ihm, daß ich an seiner Seite stünde, daß das Stück ›Über die Dörfer‹ von der Kritik, so wie sie personell jetzt repräsentiert ist, nicht verstanden werde könne, aber daß sein Stück große zukünftige Perspektiven enthielte.«
2 S. U. und Joachim Unseld hielten sich zwischen dem 15. und 23. August 1983 in Kalifornien auf.

[338; Anschrift: Salzburg]

Frankfurt am Main
25. November 1982

Lieber Peter,
ich freue mich, daß wir uns am 6. Dezember in Salzburg sehen können; ich werde um 10.15 h mit dem Flugzeug eintreffen. Ich weiß, daß Du am Vormittag arbeiten möchtest, vielleicht könnten wir uns um 14.00 h zu einem späteren Mittagessen im »Österreichischen Hof« oder sonstwo treffen. Wenn Dir das zu früh sein sollte, dann schlage ich 15.30 h vor; ich hätte gerne das Flugzeug um 19.15 h wieder erreicht, aber wenn es Dir lieber wäre, daß ich bliebe, kann ich natürlich auch übernachten und am nächsten Tag über München zurückfahren.
Ich mache Dir noch einen Vorschlag für die Regelung der Taschenbuch-Lizenz »Geschichte des Bleistifts«; Herr Fellinger hat ja gehört, daß Du in dem Vertrag mit Residenz die Klausel aufgenommen hast, daß das Taschenbuch bei uns erscheinen sollte.
Alles Gute für Deine Arbeit und herzliche Grüße –
Dein
[Siegfried Unseld]

P. S.: In Sachen des Prozesses gegen Pollensky & Zöllner haben wir ja in der Ersten Instanz gewonnen, doch die Herrschaften legen Berufung ein. Ich wäre doch dafür, weiterzumachen – oder bist Du anderer Meinung?[1]

1 P. H. verklagte die Baufirma wegen Mängel bei der Errichtung seines Hauses in Kronberg auf Schadensersatz.

[339; handschriftlich]

[Salzburg]
30. November 1982

Lieber Siegfried,
ich freue mich, daß Du nach Salzburg kommen möchtest. Ich könnte um 13.30 h schon in der Stadt sein. Der Österreichische Hof ist mir recht. Hoffentlich bin ich nicht gar so müde.[1]
Herzlich,
Dein Peter

1 Im *Reisebericht Salzburg, 6. Dezember 1982*, hielt S. U. fest: »Flug nach Salzburg mit Emmanuel Bove, › Armand‹. Ein wunderschönes, doch sehr trauriges Buch. Sicher gelingt es dem Verfasser, wie es in unserem Klappentext heißt, ›aus dem Verhängnisballett immer wieder auszuscheren‹, aber Armand bleibt doch in ihm verhaftet. [...] Er schien in der Tat, wie er es schon im Brief angekündigt hat, müde. Von seinem 40. Geburtstag wollte er nichts wissen, am Abend vorher habe er mit seinem Hausnachbarn [Hans Widrich] zu lange gefeiert. Das Geschenk nahm er hin. Beim Mittagessen kamen wir dann auf die laufenden Dinge.
1. Man sollte versuchen, die Sache Polensky & Zöllner zum Abschluß zu bringen. Herr Dr. Marré hat hier Vollmacht. 2. ›Wunschloses Unglück‹. Schaffler habe mit ihm geredet. Er habe noch 2.000 Exemplare, die er verkaufen wolle und nicht mehr könne, wenn die ›BS‹-Ausgabe vorliege. Wir verschieben das also um ein Jahr.

Ich hoffe, daß wir dann im Mai 84 herauskommen können. Ich schreibe gleichzeitig an Herrn Schaffler. 3. ›Geschichte des Bleistifts‹. Das war ein schwieriges Gespräch. Ich führte Handke vor, daß wir immerhin schon DM 100.000 an Residenz für ihn gezahlt haben, d. h. nach seinem Vertrag DM 40.000 für den Residenz Verlag. Ich wehre mich gegen eine große Vorauszahlung, weil wir dadurch ja wieder den Residenz Verlag stützen. Er führte mir lang aus, daß er sich doch betroffen fühlte, daß Suhrkamp das niedrigste Angebot gemacht habe. dtv wolle 45.000 DM zahlen. Und überhaupt, einmal wünsche er sich ja eine große Rowohlt-Verbreitung, die seien einfach überall. Ich weiß nicht, ob ich ihn beruhigen konnte mit dem Hinweis, daß die rororo wesentlich billiger seien und er dann wieder 40 % abzugeben habe. Er bat darum, daß wir doch DM 40.000 an Residenz zahlen sollten, dann ginge das mit der Lizenz klar. Mit Herrn Schaffler ist auszumachen, wann das Taschenbuch erscheinen kann. [P. H., *Geschichte des Bleistifts*, erschien 1982 im Residenz Verlag und 1985 als Band 1149 der *suhrkamp taschenbücher*.] [...] Er ist damit einverstanden, daß wir jetzt seine neue Erzählung ankündigen. Er hofft, sie in drei Wochen fertiggestellt zu haben und dann im Januar noch einmal zu überarbeiten. Der Titel: ›Der Chinese des Schmerzes. Erzählung‹. Er arbeitet dann an einer größeren Prosaarbeit mit dem Titel ›Wiederholung‹. Dann drängt er auf eine Honorierung für die Zeichnungen seiner Tochter Amina. Ich war da etwas zögernd. Schließlich kamen wir zum Ergebnis, sie zu beauftragen und zu honorieren für eine Zeichnung für die Erzählung ›Der Chinese des Schmerzes‹. Handke machte dann eine Fußwanderung zum Flughafen, wir trafen uns noch eine Stunde vor Abflug des Flugzeuges. Er signierte mir noch das von mir gekaufte Buch ›Geschichte eines Bleistifts‹ und den mitgebrachten BS-Band ›für den Herrn Arbeitgeber der Übersetzer Peter«

In der *Chronik* ist unter dem Datum des 6. Dezember 1982 zusätzlich vermerkt: »Die Frage, ob wir seine neue Erzählung ankündigen sollen oder nicht, bewegt uns lange. Ich mache das ganz von seiner Entscheidung abhängig. Es wird eine Erzählung von 160 Seiten, ihm fehlen nur noch die letzten 30 Seiten, und die möchte er bis Weihnachten geschrieben haben. Dann wird er im Januar noch einmal darübergehen und den Text noch einmal neu abtippen. Fellinger hatte mir als Titel dieser neuen Erzählung ›Wiederholung‹ genannt. Ich fragte Handke, ob dieser Titel noch stimme. Er wurde ganz zornig, hier habe Fellinger etwas verwechselt, ›Wiederholung‹ sei der Titel für ein neues großes Buch, das er im nächsten Jahr oder in zwei Jahren schreiben möchte. Ja wie nun der Titel sei? Er sei ganz unsicher, meinte er, ›Schwellengeschichte‹ rückte er schließlich heraus. Er sah sofort an meinem Gesicht, daß mir der Titel wenig gefiel. Ich sprach davon, daß ›Schwelle‹ negativ aufgeladen sei, vornehmlich mit Schwellenangst. Ob das für mich auch gelte? Ich erzählte ihm meine Schwellengeschichte, also die Frage des Professors bei der Doktorprüfung [1951 in Tübingen] über die Ableitung des lateinischen Worts ›schwellen‹. Handke hörte sich das genau an und sagte, das sei nun schon das fünfte Mal, daß jemand eine Geschichte zum Wort ›Schwellen‹ parat habe. Dann rückte er mit einem anderen Titel heraus. Er konnte ihn nicht sagen, sondern schrieb ihn auf eine Serviette des Hotels Österreichischer Hof: ›Der Chinese des Schmerzes. Erzählung.‹ [Siehe die Abbildung der Serviette in: *Peter Handke. Freiheit des Schreibens*, S. 161.] Hier konnte ich zustimmen, ein wirklicher Titel von Handke. Und als er meine Zustimmung hörte, war er dann einverstanden, daß wir jetzt in der Vorschau für das Weiße Programm [Anläßlich seines 33jährigen Bestehens publizierte der Suhrkamp Verlag 33 Bücher aus seiner Backlist.] auch diesen Titel für den Herbst anzeigen können.«

[340; handschriftlich]

[Salzburg]
22. Dezember 1982

Lieber Siegfried,
ich möchte mich auch auf diese Weise dafür bedanken, daß Du nach Salzburg gekommen bist. Den wunderschönen Silberbehälter habe ich erst am Abend zuhause entdeckt. War er überhaupt für den Unterzeichneten bestimmt, oder hast Du ihn bei dem Schal vergessen? Jedenfalls stecken jetzt auf dem Schreibtisch die Bleistifte drin – und Du kannst ihn jederzeit zurückhaben.

Seit vorgestern ist die Erzählung geschrieben. Ich will sie nur im Januar noch einmal durcharbeiten, während drei bis vier Wochen, und so gegen Ende des Monats oder am Anfang des nächsten bekommst Du hoffentlich das Manuskript, das ein Buch von 160-180 Seiten ergeben dürfte. Vor einiger Zeit las ich eine Ausgabe von Kafkas »Schloß« in der »handschriftlichen Fassung«, die der S. Fischer Verlag in diesem Jahr publiziert hat; das Schriftbild da erschien mir ideal auch für meine Geschichte. Aber es hat ja Zeit. Ich sage es nur für alle Fälle.
Hast Du »Armand« noch vor dem Einsteigen ins Flugzeug zu Ende gelesen?[1]
Ich sehe jetzt die neuen Ufer, oder ich sehe die alten neu. »Die Wiederholung« wird die Erzählung von einem meiner verschollenen Vorfahren sein, auf dessen Suche in einem anderen Land ich mich begebe: daher »Die Wiederholung«.
Herzlich,
Dein Peter

1 Emmanuel Bove, *Armand. Roman* (Original: 1925). Aus dem Französischen von Peter Handke, erschien am 30. November 1982 als Band 792 der *Bibliothek Suhrkamp*.

1983

[341; Anschrift: Salzburg]

Frankfurt am Main
3. Januar 1983

Lieber Peter,
herzlichen Dank für Deinen Brief vom 22. Dezember, der mich heute, am ersten Arbeitstag, erreichte. In der Tat war der Behälter für den Unterzeichneten bestimmt. Ich freue mich, daß er auf Deinem Schreibtisch steht und für die Bleistifte ein gutes Gefäß darstellt.
Ich bin sehr froh, von Dir zu hören, daß Du die Erzählung in der ersten Fassung zu Ende schreiben konntest. Ich werde mich bis Ende Januar in Geduld fassen und freue mich dann schon auf die Lektüre.
Ich habe den »Armand« im Flugzeug zu Ende gelesen, ein großartiges Buch, dem Deine Übersetzung einen großen, neuen Wert gibt.
Farrar Straus mahnt uns zu einer Entscheidung für Walker Percys »Lost in the Cosmos«. Kennst Du das Buch? Wie ist Dein Urteil?
Dir alles Gute und herzliche Grüße –
Dein
[Siegfried Unseld]

[342; Rundbrief an Autoren des Suhrkamp Verlags]
Frankfurt am Main
9. Januar 1983

Lieber Peter,

zum Neuen Jahr eine neue Nachricht: mein Sohn Joachim tritt am 3. Januar 1983 aktiv in die Verlagsarbeit ein. Nach dem Abitur machte er bei uns seine Ausbildung als Verlagsbuchhändler, hospitierte bei der Frankfurter Bücherstube und bei Osiander, studierte in München und promovierte in Berlin mit einer Arbeit über Franz Kafkas Verhältnis zu seinem Schreiben und zu seinen Publikationen, die im vergangenen Jahr bei Hanser erschien: »Franz Kafka. Ein Schriftstellerleben«. In den beiden letzten Jahren arbeitete er bei Verlagen und Buchhandlungen in Frankreich, USA und Spanien. Seit 1978 gehört Joachim Unseld den Verlagen Suhrkamp/Insel/Nomos als Gesellschafter und mit Dr. Heribert Marré und Dr. Gottfried Honnefelder sowie im Nomos Verlag Baden-Baden mit Volker Schwarz auch der Geschäftsführung an.

Jetzt also ist Joachim in voller Tätigkeit in die Verlagsarbeit eingetreten. Er leitet den Bereich Verkauf/Vertrieb bei Suhrkamp und Insel, so, wie auch ich im Jahre 1952 bei Peter Suhrkamp begann. Für einen Verleger ist das »Machen« schöner Bücher ja die eine Sache, sie zu verkaufen die ebenso wichtige andere, und dies will durch Erfahrung gelernt sein. Joachim Unseld wird das persönliche Gespräch mit Ihnen suchen, bitte nehmen Sie ihn freundlich auf.

Gottfried Honnefelder bleibt als Leiter des Suhrkamp Taschenbuch Verlages in der bisherigen engen Beziehung mit Ihnen, und im Hinblick auf den Deutschen Klassiker Verlag wird er bald neue Beziehungen mit Ihnen aufnehmen.

Also dreifach genäht – mit mir nicht nur als Hintergrundfigur – sollte unsere Verbindung noch besser halten.
Mit freundlichen Grüßen
[Siegfried Unseld]

[343; handschriftlich]

[Salzburg]
20. Januar 1983

Lieber Siegfried,
nur kurz, zwischendurch, da ich in der Arbeit bin: »Lost in the cosmos« kenne ich nicht.[1] Etwas anderes ist, daß ich versprochen habe, »The Last Gentleman« zu übersetzen. Mir ist da zwar etwas mulmig zumute, weil es ein dikkes Buch ist und ein Jahr Arbeit verlangen wird – aber ich bin bereit. Ab Herbst 1983 könnte ich mich daran machen. Soll ich? Den »Chinesen des Schmerzes« bekommst Du, so meine Hoffnung, gegen den 8. 2. In den zwei Monaten danach möchte ich meine Übersetzung des österreichischen slowenischen Lyrikers fortsetzen, für die »BS«, wo Du mich auch zu einem Vorwort verdonnert hast (was mir recht ist). Hier ist Schnee und Sturm.
Herzlich,
Dein Peter

1 Walker Percy, *Loch im Kosmos: Das letzte Hilf-dir-selbst-Buch*, erschien in der Übersetzung von Hans-Ulrich Möhring 1991 im Sphinx Verlag, Basel. Die Originalausgabe publizierte Farrar, Straus & Giroux 1983.

[344; handschriftlich]

[Salzburg]
5. Februar 1983

Lieber Siegfried,
hier schicke ich Dir das Manuskript der Erzählung. Es handelt sich, glaube ich, um eine einfachere Lektüre als vor vier Jahren, bei »Langsame Heimkehr«. Ich bin gerade mit dem Durcharbeiten fertig geworden und will sofort zur Post.[1]
Herzlich,
Dein Peter

1 *Der Chinese des Schmerzes* hat sich in zwei Typoskripten erhalten. Eins besteht aus 47 Blatt, einzeilig und eng bis an den Seitenrand beschrieben. Die Datumsangaben am linken Blattrand dokumentieren die Niederschrift dieses Typoskripts zwischen dem 12. Oktober 1982 und dem 18. Dezember 1982. Ein zweites Typoskript, und dies sandte P. H. an S. U., ist eine überarbeitete Abschrift des ersten: 147 Seiten, zweizeilig, mit breitem Rand. Datumseintrag: »(*Salzburg, 1982/83*)«. Zur Entstehung dieses Buchs siehe Katharina Pektor, *Aber wie nähere ich mich L.'s Geschichte*, in: *Peter Handke. Freiheit des Schreibens*, S. 109-132.

[345; Anschrift: Salzburg]

Frankfurt am Main
14. Februar 1983

Lieber Peter,
bei unserem gestrigen Telefongespräch haben wir verständlicherweise nur über Deine Erzählung »Der Chinese des Schmerzes« gesprochen und nicht über die Übersetzungsfragen. Du hast mir am 20. Januar geschrieben, daß Du ab Herbst 1983 »The Last Gentleman« übersetzen möchtest. Das ist mir natürlich recht, für die »BS« warten wir gerne auf Deine Übertragung der Lyrik von Gustav Januš.

Nur dies als Zwischenbericht. Herr Fellinger wird sich nach seiner Rückkehr melden.[1]
Herzliche Grüße
Dein
[Siegfried Unseld]

1 R. Fellinger besuchte zwischen dem 3. und 6. März 1983 P.H. in Salzburg zu Gesprächen über *Der Chinese des Schmerzes*.

[346; Anschrift: Salzburg]

Frankfurt am Main
8. April 1983

Lieber Peter,
anliegend sende ich Dir die Kopie eines Briefes von Roger Straus vom 28. März. Ich finde seine Entscheidung sehr bedauerlich und meine, wir sollten darauf beharren, daß die vier Teile in einem Verlag erscheinen und später einmal, wie bei uns, in einer Kassette herauskommen können. Deshalb habe ich mir einen Vorschlag überlegt, den ich Dir hier in Kopie beigebe. Bist Du mit diesem Brief an Roger Straus einverstanden?
Die Lage ist sehr kompliziert, ich weiß es. Roloff hat in der Korrespondenz mit Michael di Capua sehr ernste Töne angeschlagen, und es wird schwer sein, daß der Verlag sich noch einmal zu einer Neuüberlegung aufrafft. Aber ich möchte den Versuch machen. Bist Du also damit einverstanden?
Bitte ruf mich oder Herrn Fellinger in dieser Sache bald einmal an.
Herzliche Grüße und gute Wünsche –
Dein
[Siegfried Unseld]

Anlagen[1]

1 Die Anlagen sind nicht ermittelt.

[347; handschriftlich]

[Salzburg]
18. April 1983

Lieber Siegfried,
es ist doch ein wenig bedauerlich, daß meine Sachen unter einem mir unklaren und überdies gleichgültigen Zwist zwischen Farrar & Straus und Michael Roloff leiden. Daß die Übersetzung von »Über die Dörfer«, wie sie jetzt ist, schlecht sei, ist schlicht falsch; ich sehe den Einwand als Vorwand. Nicht recht ist es auch, Ralph Manheims Übertragungen gegen die Roloffs auszuspielen; der letztere hat bis jetzt die *Stücke* alle übersetzt, und das gut gemacht; und mit dem ersteren habe ich mich in den letzten Monaten viel auseinandergesetzt, oft Wort für Wort, was die Übersetzung der ersten drei Flügel von »Langsame Heimkehr« betrifft. Ich will sonst nichts sagen als: mit allen *vier* Übersetzungen bin ich nun recht zufrieden – gemeinsam ist nur beiden Überträgern ein (amerikanischer?) Hang zum Trivialisieren und Vulgarisieren, wo das Einfache als Entsprechung zu suchen wäre. Beide aber haben eine gute Annäherung geleistet.
So lange muß ich nun schon mit diesem Problem umgehen, auch, vor allem, durch Satz-für-Satz-Lesen der amerikanischen Texte.[1] Ich bin es müde. Meinetwegen soll Roger Straus die drei Prosatexte, bis »Kindergeschichte« einschließlich, wie er es vorschlägt, im nächsten Frühjahr als ein Buch publizieren. Aber vorher sollte doch noch die neue Lektorin, namens Barbara Frank (?), die mir einen guten, infor-

mierten Brief geschrieben hat, alle 4 Texte, da sie ja nun in New York vorliegen dürften, in einem lesen und dann ihre Meinung sagen, ob nicht doch auch das Stück zwingend zur Folge gehört (wie es uns beiden ja klar ist). Wie gesagt freilich: ich bin mit den drei Erzählungen in einem Band einverstanden; Roloff sollte freilich seinen Text nur für eine eventuelle Aufführung zunächst benutzen. Was die isolierte Publikation betrifft, wird man sich dann im einzelnen wieder unterhalten müssen.
Für heute herzliche Grüße,
Dein Peter

1 Bereits bei der amerikanischen Übersetzung von *Die Angst des Tormanns beim Elfmeter* entstanden 1971 Auseinandersetzungen zwischen dem Übersetzer Michael Roloff und Farrar, Straus & Giroux; siehe Brief 157. 1985 erschien bei Farrar, Straus & Giroux *Slow Homecoming*, in der Übersetzung von Ralph Manheim, enthaltend *Langsame Heimkehr, Die Lehre der Sainte-Victoire* und *Kindergedichte. Über die Dörfer* erschien in der Übersetzung von Michael Roloff 1996 bei Ariadne Press, Riverside, Kalifornien.

[348; Anschrift: Salzburg]

Frankfurt am Main
22. April 1983

Lieber Peter,
schönen Dank für Deinen Brief vom 18. April. Es tut mir leid, daß es diese Komplikationen bei Farrar, Straus gibt. Ich glaube letztlich, die Einwände, die da gegen Roloff vorhanden sind, sind Einwände gegen seine Person und vielleicht gar nicht so sehr gegen die Übertragung. Ich hoffe, daß ich das bei meinem nächsten Besuch herausbekomme.[1]
An Roger Straus werde ich im Sinne Deines Briefes schreiben.

Ich war in Paris, wo die französische Ausgabe meines Buches »Der Autor und sein Verleger« bei Gallimard erschienen ist.² Ich traf dort Georges-Arthur Goldschmidt und lud ihn zu einem Abendessen mit anderen Autoren ein, ein Abend, der sehr vergnüglich verlief. Er hat mir einen liebenswerten Eindruck gemacht. Sobald wir ein paar werbende Pressesprüche haben, werden wir eine Anzeige machen.

Ich freue mich sehr auf das Erscheinen des Buches »Der Chinese des Schmerzes«. Wir werden uns sehr sorgfältig um die Vorwerbung für dieses Buch bemühen.

Hast Du Reisepläne? Wo bist Du im Juli? Kann man Dich da irgendwo sehen?

Herzliche Grüße
Dein
[Siegfried Unseld]

1 S. U. hielt sich zwischen dem 27. April 1983 und dem 4. Mai 1983 in den USA auf, in Boston, Amherst und New York.
2 S. U., *L'auteur et son éditeur*, übersetzt von Eliane Kaufholz, erschien bei Gallimard, Paris. Der französische Verlag veranstaltete im eigenen Haus (5, rue Sébastien Bottin) am 20. April 1983 einen Empfang anläßlich der Publikation.

[349; Anschrift: Salzburg]

Frankfurt am Main
26. April 1983

Lieber Peter,
wie wir heute am Telefon vereinbart haben, bestätige ich Dir kurz, daß für
    »Der Chinese des Schmerzes«
das Honorar wie bei dem Band »Langsame Heimkehr« gilt, also

12,5 % bis zu 100.000 Exemplaren,
15 % für alle folgenden Exemplare,
und daß ebenso für »Der Chinese des Schmerzes« auch die Bestimmungen und Vereinbarungen der Paragraphen 1 bis 12 des Vertrages für »Langsame Heimkehr« vom 26. 7. 1979 Gültigkeit haben sollen.
Bitte sei so lieb und bestätige das auf dem beiliegenden Duplikat dieses Briefes und gib es mir zurück.
Herzliche Grüße
Dein
[Siegfried Unseld]
Dr. Siegfried Unseld

[350; handschriftlich]

[Salzburg]
16. Mai 1983

Lieber Siegfried,
hoffentlich bist Du aus Amerika wieder gut zurück.
Blöderweise finde ich die Vertragsbriefkopie zu »Der Chinese ...« nicht, die ich unterschrieben zurücksenden sollte. Genügt es, wenn ich hier(mit) erkläre, daß ich mit den Bedingungen, die im Vertrag für »Langsame Heimkehr« fixiert sind, auch für »Der Chinese des Schmerzes« einverstanden bin? »Ich erkläre mich also einverstanden.«
Die Honorarbuchhaltung wollte von mir auch eine Bescheinigung, daß ich in Österreich steuerpflichtig bin. Ich erlaube mir, die Bescheinigung Dir mitzuschicken. Frau Zeeh möge sie bitte weitergeben. – Das bringt mich auf etwas, was mich schon lange beschäftigt und mir auch recht zusetzt: ich zahle hier im Land ungeheure Steuern, bei geringer Absetzbarkeit. Für 1981 (»Kindergeschichte«) wird mein Steuersatz über 60 % liegen. Eigentlich bleibt mir so wenig,

jedenfalls zu wenig, für die Sicherung einer nicht nur morgigen Zukunft. Vielleicht können wir uns einmal darüber unterhalten? Gäbe es – etwa – die Möglichkeit, daß ich formal »Angestellter« des Verlages würde, etwa in meiner Eigenschaft als Übersetzer? So bräuchte ich nur die Hälfte meiner Autoreneinnahmen hier zu versteuern. Oder was wäre Dein Rat? Ich bin ja darauf aus, stetig, bis zum Geht nicht mehr, meine oder *die* Ernten einzuholen, bin aber trotzdem weder Schreibbeamteter noch Maschine.
Dein Angebot, mir für die Chinesengeschichte jetzt die 50.000 Mark zu überweisen, nehme ich auch an – schon die Steuervorauszahlungen sind bösartig.
Sonst geht es mir gut. Die Übersetzung der Gedichte des österreichischen slowenischen Dichters ist seit ein paar Tagen fertig; ich muß sie nur noch einmal mit dem Mann durchsprechen, in Kärnten, wo er lebt. Das Manuskript wird Ende Mai in Frankfurt sein. Es ist eine Freude, wie es weiter geht und weiter wird, auch in mir. Ich bin mit meiner Arbeit (und meinem Nichtstun) allmählich doch in etwa identisch.
Ich grüße Dich heute herzlich, als
Dein Peter

P. S.: Den Vertragsbrief habe ich gerade gefunden; er liegt bei.

[351; Anschrift: Salzburg]

Frankfurt am Main
15. Juli 1983

Lieber Peter,
jetzt schicke ich Dir das erste Exemplar des fertig gebundenen Buches »Der Chinese des Schmerzes«.[1]

Ich hoffe, es gefällt Dir auch in dieser Form.
Ich werde am 27. Juli Ingmar Bergmans Molière-Inszenierung in Salzburg sehen. Könnten wir uns am 27. oder 28. Juli treffen? Ich rufe Dich an, um zu hören, ob und wann es Dir recht ist.[2]
Herzliche Grüße
Dein
[Siegfried Unseld]

1 P. H., *Der Chinese des Schmerzes*, erschien am 1. September 1983. Bereits am 23. Mai 1983 trafen sich P. H. und S. U. 1983 in Salzburg zur Übergabe eines Vorausexemplares. S. U. notierte im *Reisebericht Salzburg, 23. Mai 1983*: »Gegen 10.30 Uhr war ich in Salzburg und spazierte über den Mönchsberg zur Festung, alle die Wege, die Andreas Loser in Handkes Buch ›Der Chinese des Schmerzes‹ auch gegangen ist. Pünktlich um 13.00 Uhr kam Handke. Er war müde. Der Besuch bei seinem Kollegen, der in slowenisch schreibt, Gustav Januš, hatte ihn sichtlich ermüdet. Wir gingen gleich zum Essen, und als der Wein, Kremser Kögl, aufgetragen war, übergab ich ihm das erste Exemplar seines Buches. Er war sehr beglückt, sprach 10-15 Minuten nichts, und las, las und las, und das sollte sich immer wiederholen. Er sprach ganz gelöst über zwei Motive, die ihn zu dieser Geschichte bewegt hätten. Einmal, er habe gehört, wie jemand über den Felsen gestürzt worden sei, und das zweite, nicht der Sohn ähnelt dem Vater, sondern der Vater ähnelt dem Sohn. Das habe ihn interessiert. Er habe die Geschichte etwa ein Jahr in sich gehabt und dann in relativ kurzer Zeit, in kaum drei Monaten geschrieben [siehe Brief 344, Anm. 1]. Dann immer wieder die sachlichen Abschweifungen, Auslandslizenzen; ja, USA, die Sache mit der Roloffschen Übersetzung [von] ›Über die Dörfer‹. Jetzt ist er doch auch plötzlich schwankend geworden, ob es richtig sei, Manheim nicht mit der Übersetzung zu betrauen. Er bat mich um einen Brief an Roloff, freilich muß ich vorher erst mit Roger Straus gesprochen haben. Roger Straus soll nun Herrn Manheim beauftragen. Er, Straus, wird nur die Manheimsche Übersetzung drucken, während dann den Theatern beide Übersetzungen angeboten werden sollen. Hoffentlich ist dies ein gangbarer Weg. Er möchte keine Lesungen machen.

Aber wenn seine Übertragung der Gedichte von Gustav Januš
vorliegt, dann schlägt er vor, in Wien eine Veranstaltung zu machen, bei der er dann auftreten würde. [...] Er hatte ein schön ge-
drucktes Buch von Bove für mich mitgebracht: ›Portrait de la
France: Bécon-les-Bruyères‹, erschienen [bei] Edition Emile Paule,
Paris 1927, mit einem Frontispiz von Utrillo. Diesen Titel möchte er übersetzen, und das sei dann der letzte von Bove. Alles andere sollten wir freigeben. [...] Dann ausführlich diskutiert über
das Thema und den Bezugspunkt ›Schwelle‹. ›Ich bezeichne mich
selber manchmal im Spiel als «Schwellenkundler»‹, heißt es auf
S. 24. Sicher habe er das bei Benjamin wiedergelesen, aber schon
in der ›Langsamen Heimkehr‹, als er das ›Passagenwerk‹ noch nicht
gelesen habe, käme der Ausdruck der ›Schönheit der Schwelle‹
vor. [...] Beim Abschied sagte er mir, er sei glücklich, daß ich eigens gekommen sei, um ihm das Buch zu bringen. ›Ich vergesse
dir das nicht‹. Ja, Autoren haben großartige Erinnerungsmöglich-
keiten, jedoch nicht in puncto der Dankbarkeit gegenüber dem
Verleger.«

2 S. U. hielt sich zwischen dem 26. und 29. Juli 1983 auf Einladung
von Gunilla Palmstierna-Weiss, die das Bühnenbild gestaltet hatte,
zur Inszenierung von Molières *Don Juan* durch Ingmar Bergman
in Salzburg auf. Dabei trafen sich P. H. und S. U. dreimal. Im
Reisebericht Salzburg, 26.-29. Juli 1983, notierte S. U.: »Handke
ist zur Zeit und noch bis Juni nächsten Jahres mit Übersetzungen
beschäftigt; er will nun auch Walker Percys Roman ›The Last
Gentleman‹ übersetzen, gegenwärtig schließt er die Übertragung
der Gedichte seines slowenischen Kollegen Gustav Januš ab [...].
Zu René Char: nicht weil ich nicht auf sein Angebot reagiert hätte,
sondern weil er Michel Krüger einen Gefallen schuldig war, erscheint die Übertragung bei Hanser [René Char, *Rückkehr stromauf. Gedichte 1964-1975* (Original: *Le nu perdu*, 1978). Deutsch
von Peter Handke, erschien 1984 im Hanser Verlag, München, in
der *Edition Akzente*]; er weiß, daß das wieder ein Dorn für mich
ist. Aber andererseits muß man seine Situation auch gegenüber
Krüger verstehen. [...] Seine Bitte, auf die er immer wieder zurückkam: ich habe das Angebot von Johannes Moy, seine 1940
im Insel Verlag erschienenen Erzählungen ›Das Kugelspiel‹ neu
aufzulegen, abgelehnt. Wir sollten das noch einmal bedenken.
Er, Handke, würde für eine neue Ausgabe ein Vorwort schreiben.

[Johannes Moy, *Das Kugelspiel*. Mit einem Vorwort von Peter Handke, erschien 1988 im Insel Verlag. Bei der Neuausgabe wurden zwei Erzählungen der Originalausgabe nicht aufgenommen.] Er wolle auch gern einmal aus dem Griechischen übersetzen, am liebsten aus dem Alt-Griechischen, das er offensichtlich ganz gut beherrscht.«

[352; Anschrift: Salzburg]

Frankfurt am Main
3. August 1983

Lieber Peter,
der guten Ordnung halber die Bestätigung unseres Gesprächs: Du wünschtest Dir für die Übersetzung der Gedichte von Gustav Januš einen Betrag von DM 10.000,--. Mit diesem Betrag sind dann die Rechte an Deiner Übertragung an den Suhrkamp Verlag übergegangen.

Du kannst Dir vorstellen, daß ein solches Honorar in einer Kalkulation eines »Bibliothek Suhrkamp«-Bandes nicht unterzubringen ist, aber ich zahle Dir dies gerne, weil ich Deine übersetzerischen Arbeiten gerne in der »Bibliothek« habe, die damit an Entdeckerischem, Substantiellem und Inspirierendem gewinnt.

Herzliche Grüße
Dein
[Siegfried Unseld]

[353; Anschrift: Salzburg]

Frankfurt am Main
4. August 1983

Lieber Peter,
eben erschien Band 13 der Ausgabe der Werke Heideggers. Auf Seite 185 ist eine Widmung für René Char abgedruckt.[1] Sie wird Dich sicherlich interessieren.
Herzliche Grüße
[Siegfried Unseld]

1 Martin Heidegger, *Gesamtausgabe. I. Abteilung: Veröffentlichte Schriften 1910-1976. Band 13. Aus der Erfahrung des Denkens:* »FÜR / RENÉ CHAR / Zum Andenken an den großen Freund/ GEORGES BRAQUE // ›(Im Anblick einer Lithographie zu «Lettera amorosa»)‹ // Die einzig sachgerechte Auslegung seiner Kunst / schenkt uns der Künstler selbst durch die Vollendung / seines Werkes in das geringe Einfache. // Sie geschieht durch die Verwandlung des Mannigfaltigen in die Einfalt des Selben, darin das Wahre / erscheint. // Die Verwaltung des Mannigfaltigen in die Einfalt / ist jenes Abwesenlassen, wodurch das Einfältige / anwest. // Abwesen entbirgt Anwesen / Tod erbringt Nähe. // Mit freundschaftlichen Grüßen / Ihr / Martin Heidegger // Freiburg i. B. 16. September 1963«

[354; handschriftlich; Ansichtskarte: »Paul Cézanne, 1839-1906, la montagne sainte-victoire«]

[Isle sur la Sorgue]
23. August 1983

Lieber Siegfried,
immerhin bin ich zum Ort René Chars gekommen. Aber ob ich es über mich bringe, seine Schwelle zu übersteigen? »Langsam schwindet vom Dachfirst die Kindheits-Legende von der aufeinanderfolgenden Schwalbe.« Danke für den Mittag in Kronberg,[1]
Dein Peter

1 P. H. zitierte einen Vers aus seiner vorläufigen Übersetzung von René Chars Gedicht *Cible*, die in der Druckfassung lautet: »Träge schwankend vom Dachfirst die Kindheitsfabel von der immer wiederkehrenden Schwalbe.« (*Siebwerk*, in: René Char, *Rückkehr stromauf*, S. 75) P. H. besuchte den in l'Isle sur Sorgue lebenden Autor; siehe auch P. H., *Nager dans La Sorgue*, in: Georges-Arthur Goldschmidt, *Peter Handke*, S. 193 f.

[355; Anschrift: Salzburg]

Frankfurt am Main
31. August 1983

Lieber Peter,
Du bist in Venedig, ich möchte Dir aber doch der Ordnung halber mitteilen, daß wir am 1. September den »Chinesen des Schmerzes« nun an den Buchhandel ausliefern. Die Erstauflage beträgt 20.000 Exemplare, der Ladenpreis DM 29,--.
Ich schicke Dir in getrennten Päckchen zehn Exemplare zu. Bitte verfüge über die weiteren Exemplare.
Ich bin sicher, daß ich mit meiner günstigen Prognose zur Wirkung des Buches recht behalten werde.
Über Deine Karte habe ich mich sehr gefreut. Habe herzlichen Dank.
Herzliche Grüße
Dein
[Siegfried Unseld]

[356; Anschrift: Salzburg]

Frankfurt am Main
5. September 1983

Lieber Peter,
zu der von uns besprochenen Präsentation der Gedichte von Gustav Januš: ich habe mich erkundigt, die Klagenfurter Buchwoche läuft vom 3.-9. November 1983. Sollen wir es in dieser Zeit machen?
In Wien interessiert sich ein Buchhändler Herzog für eine solche Lesung. Kennst Du ihn? Er wurde mir sehr empfohlen, eben als ein Mann, der mit sehr glücklicher Hand solche Veranstaltungen arrangiert. Vielleicht telefonieren wir einmal.
Herzliche Grüße
[Siegfried Unseld]

[357; Anschrift: Salzburg]

Frankfurt am Main
19. September 1983

Lieber Peter,
meine Anrufe bei Dir sind ergebnislos.[1] Ich wollte Dich auf die »Zeit«-Kritik von Peter Hamm aufmerksam machen, die ein schöner Introitus für die beginnenden Rezensionen darstellt.[2]
Und dann halte ich hier das erste Exemplar der »Phantasien der Wiederholung« in den Händen. Ich schicke Dir das zu. Ein wirkliches Log-Buch für unsere Zeitgenossen. Und wie recht hast Du: »Die Schrift muß sein wie ein schwieriges Schachspiel; jedes Wort ein Zug.«[3] So muß es auch um die Verlagsarbeit bestellt sein.
Herzliche Grüße
[Siegfried Unseld]

P. S.: Und heute, kurz vor Absendung des Briefes, erhalte ich auch das erste Exemplar des Bandes der Gedichte von Gustav Januš.[4] Auch dieses Exemplar geht gleich an Dich ab. Gratulation.

1 P. H. kehrte am 22. September 1983 von einer längeren Reise durch Südfrankreich und Italien nach Salzburg zurück. Die genauen Reisestationen lassen sich nicht rekonstruieren, da das Notizheft von P. H. für den Zeitraum vom 22. Juli bis 15. September 1983 verloren ist.
2 Peter Hamm, *Die (wieder) einleuchtende Welt*, in: *Die Zeit*, 16. September 1983: »Und was sonst könnte die Welt noch retten als dies, daß sie wieder einleuchtet, statt uns nur abzuschrecken und zu umnachten? Was sonst könnte friedenstiftend sein, als eine wieder einleuchtend gewordene Welt? Peter Handke ist für dieses Buch zu danken.«
3 P. H., *Phantasien der Wiederholung*, erschien am 20. September 1983 als Band 1168 der *edition suhrkamp*. Das Zitat findet sich auf S. 52.
4 Gustav Januš, *Gedichte 1962-1983*. Aus dem Slowenischen von Peter Handke, erschien am 21. September 1983 als Band 820 der *Bibliothek Suhrkamp*.

[358; handschriftlich]

[Salzburg]
26. September 1983

Lieber Siegfried,
jetzt bin ich wieder hier (allerdings ohne bis heute zu einer rechten Anwesenheit gefunden zu haben). Danke für die »Phantasien der Wiederholung« und den Band mit den Januš-Gedichten; ich bin dem Verlag für die gute gewissenhafte Arbeit dankbar, und Dir als der großen, freundlichen Tür. – Es wäre nützlich und wichtig, in Kärnten die Gedichte von Januš vorzustellen, an einem Tag zwischen

dem 3. und dem 9. November. Die Veranstaltung sollte, so denke ich jetzt, auch wegen der möglichen politischen Implikationen, *rein* eine des Suhrkamp Verlages sein, und es wäre ein Zeichen, könntest Du anwesend sein und das Buch in die Höhe halten.[1] – Der Buchhändler Herzog ist in Wien; Wien wäre schon auch nutzbringend; nur sollte man eine Veranstaltung aus einer Buchhandlung heraushalten; es müßte ein mehr neutraler, meinetwegen sogar offizieller oder halb-offizieller Ort sein; das wäre die Republik Ö. ihrem halbvergessenen Slowenenvolk auch schuldig (aber vielleicht ist niemand niemandem was »schuldig«).
Bitte ruf mich an –
Dein Peter

1 Am 5. November 1983 lasen P. H. und Gustav Januš im Haus des Österreichischen Gewerkschaftsbundes in Klagenfurt.

[359; Anschrift: Salzburg]

Frankfurt am Main
3. November 1983

Lieber Peter,
die zweite Auflage Deines Buches »Der Chinese des Schmerzes« wird jetzt an den Buchhandel ausgeliefert. Wir druckten [[eine]] 10.000 Exemplare, das ist das 22. bis 32. Tsd. (Die 1. Auflage hatte nicht 20. Tsd., sondern 21. Tsd.)
Du wirst sehen, Deine Korrekturen sind alle ausgeführt worden.
Ich wünsche auch dieser neuen Auflage viele gute Leser.
Herzliche Grüße
Dein
[Siegfried Unseld]

P. S.: Das Buch ist getrennt an Dich unterwegs.

[360; Anschrift: Salzburg]

Frankfurt am Main
25. November 1983

Lieber Peter,
wir haben jetzt das Unternehmen der Januš-Präsentation fixiert. Die Schwierigkeit lag darin, daß es einerseits an einem Donnerstag sein sollte, andererseits willst Du ja meine Anwesenheit zum Hochhalten des Buches. Ich weiß nicht, aus welchen Gründen immer meine Donnerstage besetzt waren, aber wir haben jetzt eine Lösung gefunden:
– Donnerstag, 1. März 1984, 17.30 Uhr in der »Stunde der Begegnung« in der Buchhandlung Berger.
Wie gesagt, ich werde da sein und ein paar Worte sprechen. Herr Dr. Berger meint, daß bei der Ankündigung Deiner Lesung doch eine ziemliche Anzahl von Leuten kommen werden.
Abends um 20.00 Uhr findet ein Vortrag mit Professor B. F. McGuinness über Wittgenstein in der Literarischen Gesellschaft statt, den ich dann besuchen muß; deshalb wäre es mir angenehm, wir könnten uns schon vor der Veranstaltung in Wien treffen oder, was noch schöner wäre, [[uns]] am späteren Abend, also nach dem Vortrag
Bitte gib uns bald eine Nachricht, ob dieser Termin Dir und Gustav Januš konveniert.
Herzliche Grüße
Dein
[Siegfried Unseld]

[361; Anschrift: Salzburg]

Frankfurt am Main
25. November 1983

Lieber Peter,
meine Frau ist ja manchmal auf einem gewissen Trip bei ihrer Lektüre, und nun hat sie in einem Buch des Merlin-Verlages Seiten gefunden, von denen sie meint, Du müßtest das unbedingt kennen, während ich ja der Meinung war, Du wüßtest vielleicht diese Tatsache eines »mystery spot«. Ich schicke Dir das zu.
Herzliche Grüße
Dein
[Siegfried Unseld]

Anlagen[1]

1 Die Anlagen sind nicht ermittelt.

1984

[362; Anschrift: Salzburg]

Frankfurt am Main
1. Februar 1984

Lieber Peter,
ich war in Wien und habe mit Herrn Dr. Berger über die »Stunde der Begegnung« am Donnerstag, dem 1. März, gesprochen. Er ist zuversichtlich, die Lesung gut organisieren zu können. Er wird sich mit Dir noch in Verbindung setzen, um Einzelheiten zu regeln.[1]
Wann wirst Du in Wien sein? Wollen wir uns am Mittag des 1. März treffen? Ich habe Dir schon gesagt, daß am Abend dieses Tages in der Österreichischen Gesellschaft für Literatur ein Vortrag von Brian McGuinness über Wittgenstein stattfindet. Das wird Dich sicherlich nicht interessieren, aber es wäre schön, wenn wir uns nachher treffen könnten. Ich nehme an, daß gegen 22.00 Uhr alles zu Ende ist.
Am nächsten Tag lädt Christl Wagner um 12.00 Uhr ein paar Leute in ihre Buchhandlung ein, um ihren Kunden den Wittgenstein-Band zu präsentieren.[2] Um 13.30 Uhr ist dann ein Mittagessen für 10-12 Leute im »König von Ungarn«. Auch hierzu bist Du natürlich herzlich eingeladen, andererseits will ich Dir natürlich nicht mit fremden Leuten auf den Wecker fallen. Ich werde sicher auch noch Freitag in Wien bleiben und erst am Sonnabend zurückreisen, so daß wir genügend Zeit haben, uns ruhig und unter vier Augen zu sprechen.
Herzliche Grüße
Dein
[Siegried Unseld]

1 S. U. hielt sich am 29. und 30. Januar 1984 in Wien auf, wo er auch Stanisław Lem traf.
2 *Ludwig Wittgenstein. Sein Leben in Bildern und Texten*, herausgegeben von Michael Nedo und Michele Ranchetti. Vorwort von B. F. McGuinness, erschien 1983 im Suhrkamp Verlag.

[363; handschriftlich]

[Salzburg]
6. 2. 1984

Lieber Siegfried,
danke für Deine zwei Briefe. Was Wien betrifft, so nehme ich mir zwei Tage Zeit und hoffe tatsächlich auf eine ruhige Stunde. Seltsam, daß Wolfgang Kraus mir schrieb und bedauerte, daß die Lesung nicht in der Gesellschaft für Literatur stattfinde; ich erinnere mich, daß er Dir davon abgeraten habe.
Es war schön, Dich in München zu treffen. Froh war ich auch über die Stunde mit Wolfgang Koeppen.[1]
Nachsicht für das etwas kümmerliche Blatt zu Frau Ritzerfelds Geburtstag.[2]
Herzlich,
Dein Peter

1 Im *Reisebericht München, 18./19. Januar 1984*, notierte S. U. unter dem Datum des 19. Januar: »Am Abend veranstaltete Burda ein Abendessen ›Siegfried Unseld zu ehren‹. Koeppen, Handke, Lenz, Peter Hamm waren mit von der Partie, auch Everding, Joachim Kaiser und ein bißchen Münchner Schickeria: Uschi Glas, Fürstin zu Sayn-Wittgenstein. Der Abend ging lange, und wurde durch einen hervorragenden Rotwein auch etwas alkoholisch temperiert. Doch es ergab sich glücklicherweise, daß ich sowohl mit Koeppen als auch mit Handke sprechen konnte, und auch diese beiden vertrugen sich offensichtlich sehr gut.«
2 Helene Ritzerfeld feierte am 3. März 1984 ihren 70. Geburts-

tag. Aus diesem Anlaß hatte S. U. Autoren des Verlags um einen schriftlichen Geburtstagsgruß gebeten.

[364; Anschrift: Salzburg]

Frankfurt am Main
10. Februar 1984

Lieber Peter,
hab herzlichen Dank für Deinen Brief vom 6. Februar, auch für Deine Zeilen für Helene Ritzerfeld. Sie wird sich darüber freuen.
Ich möchte wirklich mit Dir ruhig sprechen können, allein, und so möchte ich Dir anbieten, daß ich einen Tag früher komme, also schon am Mittwoch, dem 29. Februar. Ich treffe um 17.55 h in Wien ein, wir könnten uns also um 19.00 h im Inter-Continental Wien, Johannesgasse 28, treffen, tränken dort eine Flasche Wein zusammen und gingen dann in ein Dir genehmes Lokal.
Du brauchst Dir nicht mehr die Mühe einer Antwort zu machen; wenn ich nichts von Dir höre, erwarte ich Dich also um 19.00 Uhr. Sollte Dir aber der Abend nicht möglich sein, dann wäre ich Dir dankbar, wenn Du mir eine Nachricht gäbest.[1]
Herzliche Grüße
Dein
[Siegfried Unseld]

1 P. H. und S. U. trafen sich am 29. Februar abends in Wien. Über die Veranstaltung am 1. März 1984 notierte S. U. im *Reisebericht Wien, 29. Februar - 3. März 1984*: »Am späten Nachmittag war dann bei Berger in der Buchhandlung am Kohlmarkt die ›Stunde der Begegnung‹. Der kleine Saal mit seinen 80 Plätzen war randvoll, viele Leute standen noch bis in den Gang hinaus, viele gingen wieder weg. Gustav Januš entpuppte sich als ein ungemein sym-

pathischer Mensch, 41 Jahre alt, Lehrer [...]. Januš und Handke lasen nach meiner Einführung wechselseitig Gedichte in Slowenisch und in Handkes Übertragung. Nach einer dreiviertel Stunde war die Lesung mit großem Beifall zu Ende.«

[365; Anschrift: Salzburg]

Frankfurt am Main
13. April 1984

Lieber Peter,
ich schicke Dir eine Rezension Deiner Übertragung von Januš' Gedichten.[1]
Herzliche Grüße
Dein
[Siegfried Unseld]

1 Die Anlage ist nicht ermittelt.

[366, handschriftlich]

[Salzburg]
30. April 1984

Lieber Siegfried,
ich behellige Dich, zum Weitergeben, mit den Zahlen von Zürich.

Flug: 4.760,– ÖS
Taxi: 2 × 120,– ÖS
1 × 34 Franken.

Vor allem aber will ich sagen, wie ich mich, nach den wohl unvermeidlichen Anfangsverlegenheiten, über den Tag in Zürich gefreut habe, und wie er mir gutgetan hat. Ich möchte Dir dafür danken, und hoffe, daß wir uns bald wie-

der sehen können. An Michael Krüger werde ich schreiben, daß Raimund Fellinger zum Petrarca-Preis kommen soll.[1]
Herzlich,
Dein Peter

1 Am 29. April 1984 fand im Schauspielhaus Zürich eine Matinee »Ludwig Hohl zu Ehren« statt. In der *Chronik* schrieb S. U.: »29. April: Um 10 Uhr treffen wir uns im Züricher Schauspielhaus: Frisch, Bichsel, Leutenegger, Muschg, Jörg Steiner, Otto F. Walter, Koeppen, später kommt Handke, Frau Hohl. Die Leute stehen Schlange vor dem Schauspielhaus. Als sie eingelassen werden, stürmt eine Jugend die ersten Reihen. Das Haus ist über und über gefüllt. Die Feuerpolizei schließt es. Sicherlich werden einige der von uns eingeladenen Leute gar nicht mehr hereingekommen sein. [...] Meine Rede wird, wie ich meine, sehr gut aufgenommen. Sie kommt an, ich spüre das. Danach Frisch. Als er beendet hat, kommt Peter Handke und nimmt auf der Bühne Platz. Durchaus mit Beifall bedacht. Die Schriftsteller machen es alle gut, auch Koeppen. Handke liest zwei Prosageschichten und eine Stelle aus der ›Bergfahrt‹. Es sind zwei Texte, die wie von einem Zen-Meister geschrieben und von einem Zen-Meister gelesen wirken. Am Kunsthaus steht ein Bus, der uns ins Muraltengut bringt. Jetzt sieht man auch die Autoren, die nicht auf der Bühne saßen: Renato Arlati, Silvio Blatter, Reto Hänny, Thomas Hürlimann, Peter und Beatrice von Matt, Gerhard Meier, Alice Miller, Erica und Gian Pedretti, Ilma Rakusa, Dr. Rütter. [...] Andreas Reinhart und seine Frau, der Intendant des Hauses, Gerd Heinz und Peter Rüedi, ein Vertreter der Stadt Zürich, die Hohl-Spezialisten Sarbach und Beringer, Etienne Barilier habe ich nicht gesehen; neben Madeleine Hohl zwei andere Frauen von Hohl, Hanny Fries und Frau Gerber, die mit ihrer Tochter anwesend ist, eine ganz sympathische Person, etwa 80 Buchhändler. Das Essen perfekt organisiert, alles in Ordnung. Es war schön, es war anstrengend, aber ich glaube, insgesamt hat sich die Sache gelohnt, nicht nur, weil man nette Buchhändlerinnen gesehen hat aus Weinfelden oder die Frau Pfister aus Basel, die Sache hatte durchaus ihre Wirkung, ihren Ernst, ihre Bedeutung.«
Der Petrarca-Preis 1984 wurde an Gustav Januš am 23. Juni in Avignon übergeben. Der Laudator war P. H.: *Einwenden und Hoch-*

halten. Rede auf Gustav Januš, in: P. H., *Langsam im Schatten*, S. 125-135.

[367; Anschrift: Salzburg]
Frankfurt am Main
3. Mai 1984
Lieber Peter,
hab Dank für Deinen Brief vom 30. April. Ich bin sehr froh, daß Zürich Dir gefallen hat und daß Du Dich bei dieser ja nicht einfachen Unternehmung wohlgefühlt hast. Es tat mir leid, daß wir so wenig miteinander sprechen konnten, aber ich hatte, wie Du ja sahst, an diesem Tag besondere Verpflichtungen.
Deine Unkosten und das Honorar von DM 500,- werden Dir in diesen Tagen überwiesen.
Ich wäre sehr froh, wenn Raimund Fellinger zur Verleihung des Petrarca-Preises eingeladen werden kann. Ich bedauere, daß mir mein Kommen nicht möglich ist. Meine Kur wird gegen den 6. Juli beendet sein; ich bin im Juli/August ziemlich frei, und ich hoffe, daß es dann möglich sein wird, Dich in Ruhe an irgendeinem schönen Ort, wo keine Zecken einen auffressen können, zu treffen.[1]
Herzliche Grüße
Dein
[Siegfried Unseld]

1 S. U. hielt sich zwischen dem 17. Juni und 5. Juli in der Kurklinik Buchinger in Überlingen zum Fasten auf.

[368; handschriftlich; Ansichtskarte: »Tolmezzo«]
28. August 1984
Tolmezzo

Lieber Siegfried,
eigentlich wollte ich diese Karte an Goethe schicken, der heute 235 Jahre alt ist; aber so schicke ich sie an Dich.[1] Ich freue mich auf Venezia und Dich.[2]
Herzlich,
Dein Peter

1 P. H. reiste über Graz (18. August), Brunnsee, Maribor, Ljubljana, Doberdob, Gemona nach Tarvis, von dort zurück nach Salzburg.
2 S. U. feierte in Venedig am 28. September 1984 seinen 60. Geburtstag. In der *Chronik* hielt er fest: »Martin Walser, Käte Walser, mit Frisch, Handke und Koeppen. Es war ein angenehmer, ruhiger Abend. Schön die Geschenke. Max brachte mir jene kleine Axt, die Peter Suhrkamp ihm geschenkt hatte, Handke das Symbol eines kleinen Erdenballes in Form einer Lehmkugel, Martin einen Brief von Hesse, Burgel Zeeh ein von Brecht signiertes Exemplar der ›Svendborger Gedichte‹, und Joachim gefiel mir an diesem Abend besonders gut, er trug von mir völlig unerwartet eine Goethe-Studie vor, die auf einen Brief Goethes abzielte, den er mir – zu welch großer Überraschung – überreichte. Ein Brief Goethes, diktiert an seinen Sekretär, mit eigenhändiger Unterschrift. Frisch übergab mir im Namen der Autoren das festliche Buch ›Der Verleger und seine Autoren‹. [*Der Verleger und seine Autoren. Siegfried Unseld zum sechzigsten Geburtstag.* Hier schrieben, in der Reihenfolge des Jahres der Erstpublikation im Suhrkamp Verlag, Autoren über S. U. P. H. verfaßte für das Buch den Text *Der Verleger wird gebraucht*, S. 78; wiederabgedruckt in: P. H., *Meine Ortstafeln. Meine Zeittafeln*, S. 421.] Ich war an diesem Abend dann doch sehr bewegt über die vielen und so herzlichen Zeugnisse der Freundschaft. 29. September: Ich las am Morgen im Buch Max Frischs bewegenden Einsatz und sein Bekenntnis zum Verlag. Dann gemeinsames Frühstück, Walsers und Frisch brechen auf, Handke hole ich bei Heiner Müller ab, wir spa-

zieren durch Venedig, essen noch einmal gemeinsam in einer Garten-Kneipe, dann fahren alle nach Venedig Gekommenen in ihren Richtungen wieder zurück.«

[369; Rundbrief an Autoren des Suhrkamp Verlags; Anschrift: Salzburg]

Frankfurt am Main
9. November 1984

Lieber Peter,
der Börsenverein des Deutschen Buchhandels veranstaltet vom 4.-9. Juni 1985, in der Folge einer gelungenen Präsentation in New York, nun auch eine deutsche Buchmesse in Madrid. Der Suhrkamp Verlag wird sich an dieser Messe mit einem großen Stand beteiligen, dies auch wegen der Bedeutung, die spanischsprachige Autoren für den Verlag haben.
Ich stelle mir jedoch vor, daß der Suhrkamp Verlag sich in Madrid vor allen Dingen als Verlag deutschsprachiger Literatur präsentiert. Wir werden aus diesem Anlaß einen Almanach herausgeben, in dem einige Autoren, deren Werke spanisch übersetzt sind oder übersetzt werden, besonders hervorgehoben werden sollen. Mir liegt nun sehr viel daran, daß Du mit einem Text vertreten bist, der auch Dir für diesen Zweck wesentlich erscheint, der also einen Bezug zu Spanien hat oder für Spanier von besonderem Interesse sein könnte. Ich wäre Dir sehr dankbar, wenn Du mir einen Vorschlag machen könntest. Ich will gewiß niemandem zumuten, dafür einen Text zu schreiben, andererseits wäre es natürlich für den Almanach eine Bereicherung, wenn wir sagen könnten, daß er auch einige Erstveröffentlichung bieten kann.
Die Texte sollten allerdings zwei bis drei Maschinensei-

ten nicht überschreiten. Falls die Texte nicht schon übersetzt sind, werden sie ins Spanische übersetzt. Aus diesem Grunde sollten wir sie möglichst noch vor Weihnachten haben.
Und noch eine Frage: gibt es Photos, die Dich vor spanischem Hintergrund zeigen, Photos mit Flamencotänzerinnen würden bevorzugt.[1]
Herzliche Grüße
[Siegfried Unseld]

1 Der *Almanaque de las Editoriales Insel y Suhrkamp con ocasión de la Semana de Libro Alemán en Madrid* erschien 1985 im Suhrkamp Verlag.

[370; handschriftlich]

[Salzburg]
10. November 1984

Lieber Siegfried,
Else Meister, die Witwe von Ernst Meister, möchte, daß die Reflexionen-Sammlung ihres Mannes im Suhrkamp Verlag erscheine, bei Luchterhand werde »nichts getan«. Das ist schwer verständlich, denn ich habe die Aufzeichnungen Meisters gelesen und bin von ihrem Wert überzeugt. Wie wäre es, bei Suhrkamp daraus einen Band zu machen? Vielleicht in der »Bibliothek«? Ich weiß, Du wirst mit vielen Vorschlägen behelligt, aber in diesem ist tatsächlich etwas Helles, kommt mir vor. Schließlich war Ernst Meister Philosoph, was den Begriffen ihren Ort gibt, und sie schwingen zusätzlich durch den Poeten M.; das ist vielleicht das Konsistente an den Reflexionen. Kann Frau Meister Dir (oder wem?) den Text schicken?
Ich will Dir noch einmal für Venedig danken, es wird mir

jetzt noch warm bei der Erinnerung. Und ansonsten: Ich bleibe, glaube ich, auf der Spur.
Herzlich,
Dein Peter

[371; Anschrift: Salzburg]
Frankfurt am Main
14. November 1984
Lieber Peter,
hab Dank für Deinen Brief vom 10. November. Du weißt, wie gerne und selbstverständlich ich Deinen Anregungen folge. Doch wir müssen bei der »Bibliothek Suhrkamp« hohe, vielleicht höchste Ansprüche an den Werkcharakter stellen. Also alles, nur keine Sammlungen, die nicht einen klaren roten Faden des Zusammenhangs haben. Ich habe wirklich Bedenken gegen Reflexionen von Ernst Meister. Er ist ein Lyriker, aber halt kein Denker. Ein Band in der »Bibliothek Suhrkamp« müßte sorgsam komponiert sein. Wer soll das machen? Wäre es nicht richtiger, man würde eine komponierte Auswahl der Gedichte von Ernst Meister in der »BS« bringen, und könntest Du das nicht herausgeben?[1]
Schöne Grüße
Dein
[Siegfried Unseld]

1 Ernst Meister, *Gedichte*, ausgewählt von Peter Handke, erschien erst 2011, zum 100. Geburtstag des Lyrikers, als Band 1458 der *Bibliothek Suhrkamp*.

[372; Anschrift: Salzburg]

Frankfurt am Main
26. November 1984

Lieber Peter,
in den »suhrkamp taschenbüchern« erschienen jetzt die vier Bände der »Langsamen Heimkehr«.[1] Was die Ausstattung betrifft, so haben wir uns an Deine Wünsche gehalten. Ich hoffe, Dir gefällt das lichte Blau.
Der Ladenpreis beträgt DM 30,– für alle vier Bände. Ich hoffe sehr, daß das Ganze nun eine neue Wirkung bekommt.
Herzliche Grüße
Dein
[Siegfried Unseld]

1 P.H., *Langsame Heimkehr*. Vier Bände in Kassette (*Langsame Heimkehr*, *Die Lehre der Sainte-Victoire*, *Kindergeschichte* und *Über die Dörfer*), erschienen am 20. November 1984 als Bände 1069-1072 der *suhrkamp taschenbücher*.

[373; Anschrift: Salzburg]

Frankfurt am Main
30. November 1984

Lieber Peter,
in der »Bibliothek Suhrkamp« erschien jetzt Emmanuel Bove, »Bécon-les-Bruyères«, ein ungewöhnliches Portrait eines Ortes, der ein Bahnhof ist. Das nächste Mal, wenn wir uns in Paris begegnen, sollten wir dorthin spazieren, damit ich auch sagen kann »er ist viel gereist: er kommt aus Bécon-les-Bruyères«. Hab herzlichen Dank für Deine bedeutsame Arbeit. Ich nehme an, Herr Fellinger hat Dir bereits Exemplare zugeschickt.
Du siehst, der Büttenüberzug ist weiß, Bücher mit diesem

weißen Überzug, bitte sag es nicht weiter, sind die Lieblingsbücher des Verlegers. Wenn dazu noch ein Umschlag mit einem hellblauen Band kommt, dann sind es seine wichtigsten Lieblingsbücher.[1]
Herzliche Grüße
Dein
[Siegfried Unseld]

1 Emmanuel Bove, *Bécon-les-Bruyères. Eine Vorstadt* (Original: 1927). Deutsch von Peter Handke. Mit Zeichnungen von Maurice Utrillo, erschien am 26. November 1984 als Band 872 der *Bibliothek Suhrkamp*.

[374; handschriftlich; auf Briefpapier der Kurklinik Buchinger; Anschrift: ⟨Salzburg⟩[1]]

[Überlingen]
5. Dezember [1984]

Lieber Peter,
morgen hast Du Geburtstag, ich wünsche Dir alles erdenklich Gute, daß Du Dich wohl fühlst, Deine so bedeutende Übersetzerarbeit, für die ich Dir sehr danke, bald abschließen kannst und daß Du dann mit Deiner neuen Arbeit beginnen magst – Ich habe hier »Bécon-les-Bruyères« ein wunderbares Buch.
Der Fasten-Rhythmus hat sich eingestellt und mit ihm Ruhe, Entspannung und Meditation. Ein gutes Lebensgefühl insgesamt.
Für das Neue Jahr habe ich den Wunsch, wir möchten uns bald sehen und sprechen. Wie sehen Deine Januar-Wochen aus? Möchtest Du nicht für ein, zwei Tage nach Frankfurt fliegen, Burgel Zeeh besorgt Dir jederzeit ein Ticket, Anruf genügt.
Dir, lieber Peter, herzliche Grüße
von Deinem Siegfried

P. S.: Fellinger konnte ich zu 14 Tage Urlaub »überzeugen«!

1 S. U. hielt sich vom 1.-15. Dezember 1984 in der Kurklinik Buchinger in Überlingen auf.

[375; handschriftlich]

[Salzburg]
6. Dezember 1984

Lieber Siegfried,
ich habe schon daran gedacht, Dich auf Boves »Bécon-les-Bruyères« aufmerksam zu machen, weil ich es in Form und Thema für eine Einmaligkeit und Kostbarkeit halte; und nun hast Du mir selber dazu geschrieben. Dieser Brief hat mich sehr gefreut.
Ich hatte überlegt, das Büchlein ein paar Leuten zu Weihnachten zu schicken. Nun habe ich aber von Fellinger nur ein Vorausexemplar bekommen, das ich gleich weitergegeben habe. Wäre es möglich, mir, meinetwegen als Zollpaket, bis etwa 17. 12. 20 Exemplare zukommen zu lassen? Ich danke im voraus.[1]
Gerade habe ich »Une jeunesse« (Eine Jugend) von Patrick Modiano beendet, auch um frei zu sein für die Arbeit, die mir im Frühjahr winkt (eine Sache mit Namen »Die Wiederholung«). Raimund Fellinger ist gerade nicht da, aber ich möchte den Text doch loshaben. Soll ich ihn schon abschicken, und an wen? Dein Sohn kennt das französische Buch und könnte die Übersetzung zumindest einmal in Empfang nehmen. Eile ist keine; auch Fellinger kann sich wohl Zeit nehmen bis zum März.[2]
Ich bin neugierig, wie Dir »Der Idiot des Südens« von Wal-

ker Percy zusagen wird. Ich glaube, ich habe die geheimnisvolle Geschichte doch ein bißchen aufstrahlen lassen, zumindest empfinde ich eine gewisse Klarheit und Form, die beide erst gesucht werden mußten.³
Hier ist Rauhreif, aber im Haus ist es warm, und die Leute reden über den Schnee, der nicht da ist.
Schön wäre es, könnten wir beide wirklich einmal gemeinsam nach Bécon-les-Bruyères gehen; eine Vorstellung von Namenlosigkeit und Freiheit.
Herzlich,
Dein Peter

1 Am linken Rand dieses Abschnitts ist handschriftlich notiert: »erl[edigt]«.
2 Patrick Modiano, *Eine Jugend*. Deutsch von Peter Handke, erschien am 19. September 1985 im Hauptprogramm.
3 Die Übersetzung von Walker Percy, zunächst mit dem Titel *Der letzte Edelmann*, entstand zwischen dem 9. Oktober 1983 und dem 17. Mai 1984.

[376; Anschrift: Salzburg]
Frankfurt am Main
20. Dezember 1984
Lieber Peter,
hab Dank für Deinen Brief vom 6. Dezember. Ich war abwesend, aber Frau Zeeh hat Dir die Bücher schon zukommen lassen, und ich hoffe auch, Du hast sie inzwischen erhalten.
Der Umbruch des Buches »Der Idiot des Südens« liegt nun vor, ich möchte ihn während der Weihnachtstage lesen, ich bin schon sehr gespannt. Wir haben für das Sortiment sogenannte Leseproben gemacht, auch von dem Percy-Buch, ein Exemplar geht mit getrennter Post gleichzeitig an Dich

ab. Du wirst sehen: wir haben eine Umschlaglösung gefunden, die auch Dir gefallen wird, jedenfalls sind wir hier ganz angetan davon. Und beachte bitte das schöne Blau!
Es wäre schön, wenn wir uns im Januar irgendwo wiedersehen könnten.
Herzliche Grüße und gute Wünsche Dir und Amina,
Dein
[Siegfried Unseld]

1985

[377; handschriftlich]

[Salzburg]
3. Januar 1985

Lieber Siegfried,
es tut mir wirklich gut, was Du mir vom Bodensee aus über meine Übersetzerarbeit geschrieben hast. Das Übersetzen ist ja nicht das Zeichen, unter dem ich angefangen habe, aber ich denke, daß es nun kräftig dazugehört und daß es mir bei den eigenen Zeichen hilft. Jedenfalls habe ich an jedem Morgen, wo mir ein Übertragen bevorsteht, das Gefühl einer sicheren Richtung und eines schönen Tuns. Bei der Arbeit an den eigenen inneren Ländereien ist dieses Gefühl ja sehr schwankend, die Richtung oft nah am Verschwinden. Trotzdem werde ich mich bald wieder entschlossen verirren.[1]
Nimm es mir bitte nicht übel: der Umschlag zu Walter Percys »Der Idiot des Südens« stößt mich ab. Die Schrift sticht mir in die Augen, ohne daß ich sie lesen kann. Das Bild ist geheimnistuerisch, ohne ein Geheimnis zu haben. Das Blau ist nicht das meine – und vor allem nicht das Blau, das in dem Buch erzählt wird. Schön sind ja Bücher in Bahnhofskiosken, aber trotzdem müssen nicht alle Bücher wie Bahnhofsbücher aussehen. Percys Buch ist etwas sehr Eigenes, mit einem ganz deutlichen, persönlichen Ansatz, eine philosophische Erzählung, eine theologische Untersuchung mithilfe von Ortsbeschreibungen und einem Helden der Ortlosigkeit, eben dem Idioten des Südens. Dieser verdient vielleicht ein eher klassisches Außengewand. Nun

ja. Gesagt habe ich's. – Und so grüße ich Dich herzlich im neuen Jahr. Hier schneit es viel, und es ist eine Zeit des Lesens, Nachlesens, Zurückgehens, Findens, die wohl bald wieder zu Ende gehen wird. Ich soll, zwei Wochen lang, einen Fernsehfilm nach Duras »Die Krankheit Tod« machen. Danach hoffe ich aber, frei zu sein. Vielleicht hast Du einmal Zeit zum Reden.
Herzlich,
Dein Peter

1 P. H., *Phantasien der Wiederholung*, S. 99; der letzte Eintrag des Buches lautet: »Ich werde mich entschlossen verirren.«

[378; handschriftlich; Ansichtskarte: »Trieste, Castello di Miramar...«]

24. Januar 1985
Lieber Siegfried,
wann sehen wir uns wieder, und wo? Du fehlst mir schon hin und wieder. Ich habe den Film nach dem Text der Duras abgedreht, in Jugoslawien, und bin einfach sehr froh.[1]
Nun zum Buch!
Herzlich, Dein alter
Peter H.

1 Marguerite Duras, *Die Krankheit Tod / La maladie de la mort*, zweisprachige Ausgabe, deutsch von Peter Handke, erschien 1985 im S. Fischer Verlag als Fischer Taschenbuch 7092. P. H. schrieb das Drehbuch zu *Das Mal des Todes*. Regie: P. H., Darsteller: Marie Colbin und P. H., Kameramann: Xaver Schwarzenberger, Schnitt: Marie Homolkova. Erstausstrahlung: ORF, 20. Februar 1986.

[379; Anschrift: Salzburg]
Frankfurt am Main
6. Februar 1985
Lieber Peter,
ich möchte Dir noch einmal für Deinen Brief vom 3. Januar danken. Ich freue mich, daß die übersetzerische Arbeit auch für Dich selbst so sinnvoll ist. Du gibst dem originalen Text immer wieder eine neue Dimension hinzu. Aber natürlich möchte ich Dich auch wieder zur Arbeit an Deinen eigenen »inneren Ländereien« ermutigen.
Sehr gespannt bin ich auf Deinen Fernsehfilm nach Duras' »Die Krankheit Tod«. Überhaupt werden wir noch einmal in Sachen Duras sprechen müssen.
Ich bin den Januar über viel auf Reisen gewesen, um für die Klassiker-Bibliothek zu werben. Diese hatte bei den Buchhändlern doch ein sehr gutes Echo ausgelöst.[1]
Februar und März werden nun (hoffentlich) etwas ruhiger werden, und ich würde mir wünschen, daß wir uns sehen könnten. Hast Du Reisepläne, oder sollen wir uns in Salzburg, München oder anderswo treffen?
Mit allen guten Wünschen und herzlichen Grüßen
Dein
[Siegfried Unseld]

1 Der Deutsche Klassiker Verlag im Insel Verlag (DKV) wurde am 1. Juli 1981 begründet. Für das erste Halbjahr 1985 wurde eine »Eröffnungsedition« der Bibliothek Deutscher Klassiker in 40 Bänden angekündigt. Im Januar fanden Präsentationen der Ausgaben vor Buchhändlern u. a. in Hamburg, Berlin, Nürnberg, München, Stuttgart, Bonn statt.

[380; handschriftlich]

[Salzburg]
22. Februar 1985

Lieber Siegfried,
ich schreibe das auf, um zu wiederholen, daß ich, nach einer sehr genauen Lektüre der ersten dreißig übersetzten Seiten von »L'amant«, die Übersetzung von Ilma Rakusa als nützlich, verwendbar, absatzweise inspiriert, wenn auch insgesamt, besonders im Kleinen, als verbesserungsbedürftig empfinde, insbesondere, was Rhythmus, die Bildkraft, die Abstraktionsreinheit, die Dinghaftigkeit der deutschen Sätze betrifft, welche, auf keinen Fall, in jeder Wortverbindung der sich auf ein *Vor*verständnis ungleich mehr »verlassen-könnenden« französischen Sprache folgen dürfen »!«[1] Ich wiederhole auch meinen Vorschlag: den Text *setzen zu lassen* und daß dann ich den Text in Kleinarbeit zusammen mit der Übersetzerin und Raimund Fellinger noch einmal durchtüftele, bis er atmet und den ent*sprechenden* Glanz hat. Dazu werden, gegen Ende März, sicher noch ein paar sportlich-geistige Tage nötig sein – wenn Frau Duras und Ilma Rakusa einverstanden sind, daß ich solcherart mittue.[2]
Herzlich
Dein alter Peter

---

1 In seinem *Reisebericht Paris, 15.-17. Februar 1985*, hielt S. U. fest: »Handke war in seinem Urteil [über eine von Elisabeth Borchers revidierte Übersetzung von Marguerite Duras' *L'amant* durch Ilma Rakusa] gespalten. Einerseits immer wieder entzückt über schöne übersetzerische Funde, auf die er nie gekommen wäre, andererseits fand er die ersten Seiten so nicht möglich, zu holprig, zu wenig fließend, zu einfach, zu wenig klar. [...] In der Frage der Wiedergabe der Zeiten in der französischen und der deutschen Sprache war er ganz dezidiert. Das Perfekt im Französischen

muß nicht mit dem Perfekt im Deutschen wiedergegeben werden. Selbstverständlich muß man jeden einzelnen Fall prüfen und entscheiden, ob Perfekt oder Imperfekt. Wir haben in diesen vier Stunden etwa zweieinhalb Seiten geschafft, und an manchen Stellen hat er ›Verbesserungen‹ diktiert, ich war an solchen Stellen gegen seine Lösung, denn sie lösten sich vom Original. Freilich, er hatte recht, er übersetzte die Autorin sinngemäß in einfaches und schönes Deutsch. Ich habe an Frau Rakusa und an Elisabeth Borchers jene zwanzig von Handke durchgesehenen Seiten mit den Anmerkungen gegeben und auch jene zweieinhalb Seiten, die wir dann gemeinsam redigiert haben. Es ist nun Sache von Frau Rakusa zu entscheiden.«

2 In seinem *Reisebericht Zürich–Wien, 16.-18. März 1985*, hielt S. U. fest: »Dann [Wien, 17. März] Bis abends um 21.00 Uhr arbeiteten wir [Peter Handke und Ilma Rakusa] an der Übertragung von Duras' ›L'amant‹. Handke ist nun mit der Übersetzung ›einverstanden‹. Sie sei adäquat, stellenweise ›inspirierend‹. Er habe das auch an Marguerite Duras geschrieben. Hoffentlich stört sich die Duras nicht an der Formulierung ›stellenweise‹. [Beim Paris-Besuch von S. U. am 20. März 1985 erklärte Duras, »daß Peter Handke ihr geschrieben habe. Damit sei sie nun auch mit der Übersetzung sehr einverstanden.«] Spätes Abendessen, dann mit wachsendem Alkoholkonsum polemisierte Handke gegen den Titel ›Der Liebhaber‹. Es müsse ›Der Liebende‹ heißen. Das sei die korrekte Wiedergabe. Alles andere sei ›Quatsch‹.«

[381; Anschrift: Salzburg]
Frankfurt am Main
27. Februar 1985

Lieber Peter,
hier kommt nun das erste »endgültige« Exemplar von Walker Percys »Idiot des Südens«; Raimund Fellinger hat Dir neulich ja nur ein Ausfallmuster mitbringen können. Aber zumindest weiß ich nun auch, daß der Umschlag Dir so fremd nicht mehr ist. Mir gefällt er so, wie er ist!

Wir druckten eine erste Auflage von 3.000 Exemplaren; der Ladenpreis beträgt DM 38,–. Die Bücher werden morgen an den Buchhandel ausgeliefert. Deine zehn Belege sind in *einzelnen* Päckchen an Dich unterwegs. Reicht Dir diese Anzahl?
Herzliche Grüße
Dein
[Siegfried Unseld]

P. S.: Das Buch kommt mit getrennter Post.

[382; handschriftlich; Ansichtskarte: »Gostlina ›Grča‹«]
4. April 1985
Lieber Siegfried,
hier im Karst, nördlich von Triest, in Slowenien, soll viel von der »Wiederholung« spielen. (Vergiß meine Hitzköpfigkeit von Wien.) Ich grüße Dich aus der Sonne. Wir kommen gern nach Frankfurt.
Dein
Peter

[Zusatz von dritter Hand: »Ich freue mich auf Frankfurt, und hoffe, dass wir zumindest 1 gemeinsamen Lachkrampf haben können. Mir geht's nur gut. Liebe Grüße Marie[1]]

1 Marie Colbin

[383; Anschrift: Salzburg]

Frankfurt am Main
9. April 1985

Lieber Peter,
ich schicke Dir die Seite 3 der »Frankfurter Allgemeinen Zeitung« mit der Anzeige Walker Percy »Der Idiot des Südens«. Du siehst, wir bemühen uns.[1]
Herzliche Grüße
Dein
[Siegfried Unseld]

1 In der *Frankfurter Allgemeinen Zeitung* erschien am 6. April 1985 eine schwarzweiße Streifenanzeige für Walker Percy, *Der Idiot des Südens,* mit vier lobenden Stimmen aus *Die Zeit*, *New York Times*, *Chicago Daily News* und *The Nation*. Unter dem Datum des 15. April 1985 schrieb P. H. an Burgel Zeeh: »Ob Sie bitte dem Siegfried weiterleiten, wie sehr mich die Anzeige für Walker Percy gefreut hat?«

[384; Anschrift: Salzburg]

Frankfurt am Main
22. April 1985

Lieber Peter,
bei Suhrkamp/Insel Publishers Boston Inc. erschien eine Schulbuchausgabe des »Wunschlosen Unglücks«. Wir erhielten diese Lizenz vom Residenz Verlag.
Diese neun oder zehn Ausgaben, die jetzt in Boston in dieser Form erschienen sind, haben unter den Deutschlehrern in den USA ein durchaus positives Echo.[1]
Ich schicke Dir ein Exemplar zu und bin mit herzlichen Grüßen –
Dein
[Siegfried Unseld]

1 P. H., *Wunschloses Unglück*. Herausgegeben von Barbara Becker-Cantarino, erschien 1985 in der Reihe *Suhrkamp/Insel Series in German Literature*; die Bücher druckten den deutschen Text sowie englischsprachige Anmerkungen und Worterklärungen.

[385; handschriftlich]

[Salzburg]
13. Mai 1985

Lieber Siegfried,
ich möchte mich bedanken für die zwei Tage in Frankfurt und im Taunus, die Du mir geschenkt hast. Es war auch eine Freude, Dich so geistesgegenwärtig, freudig und kindlich zu sehen. In all dem bist Du im Lauf der Jahre immer stärker geworden, ein Beispiel. Hast Du in Scheveningen gebadet? Oder hast Du die Augen wenigstens am Meer und an den Dünen geweidet?[1] – Was die Frau betrifft, die Du für den Platz neben Dir vorgesehen hattest, so hat sie es vielleicht noch mehr bedauert als Du, daß sie nicht gekommen ist. Sie will Dir schreiben. Es tut mir auch leid, daß die Stunden mit Dir ein wenig durchkreuzt wurden von dem Herrn Ober aus Königstein. Ich bin manchmal gar zu willenlos vor einer Begeisterung, die eher etwas finster-Einsames ist (wie bei dem Haas).[2]
Hab es gut und grüß Deine Frau und Deinen Sohn. Meinen Dank auch besonders an Frau Zeeh –
Dein Peter

1 S. U. hielt sich vom 2.-5. Mai 1985 zu einer Tagung des Niederländischen Verlegerverbands (»Verlegen in einem veränderten Markt«) in Noordwijk aan Zee auf.
2 P. H. hielt sich zwischen dem 28. und 30. April 1985 aus Anlaß der Verleihung der Ehrendoktorwürde der Johann Wolfgang Goethe-Universität an S. U. (am 29. April) in Frankfurt am Main auf; er

wohnte im Hotel Sonnenhof in Königstein/Taunus. P. H. und S. U. trafen sich am 30. April im Kronberger Schloßhotel zu einem Mittagessen. Marie Colbin hatte die Einladung zur Verleihung der Ehrendoktorwürde an S. U. angenommen, war allerdings nicht nach Frankfurt gekommen.

[386; Anschrift: Salzburg]

Frankfurt am Main
17. Mai 1985

Lieber Peter,
laß Dir die Meinung von Angela Praesent über Deine Übertragung nicht zu nahe gehen. Sie sieht in Dir einen Konkurrenten in ihrer Domäne, und da kennt ihr Neid keine Grenzen.[1] Ich lese jetzt gerade in einer ganz einfachen Zeitung, im »Illustrierten Stadtmagazin Tip von Ost-Westfalen«, »Peter Handke hat, wie auch im ›Kinogänger‹, eine brillante, seismographisch genaue Übertragung geliefert, die schon fast einen eigenen Roman abgibt.«
In diesem Sinne
herzliche Grüße
Dein
[Siegfried Unseld]

1 Angela Praesent, *Südstaatenprinz im Exil*, in: *Der Spiegel*, 6. Mai 1985. Dort heißt es: »Als Übersetzer aus dem Amerikanischen macht Handke die meisten Fehler des Anfängers – um Wörtlichkeit bemüht, vergißt oder verkennt er das wichtigere: den Grad der Geläufigkeit eines idiomatischen Ausdrucks, eines Wortes zu übertragen.«

[387; handschriftlich auf Privatpapier von S. U.; Adresse: ⟨Salzburg⟩]

Frankfurt am Main
19. Mai 1985

Lieber Peter,
Dein Brief vom 13. Mai hat mich sehr glücklich gemacht. Deine Freude über die beiden Tage ist ganz die meine. Grüße Marie von mir, irgendwann, irgendwo werden wir uns nochmals sehen.
Die Nordsee in Scheveningen war doch noch zu kalt, aber Augen und Herz haben gebadet!
Den »Idiot des Südens« schätze ich immer mehr, wir drucken jetzt die zweite Auflage, es wird nicht die letzte sein...
Nächste Woche bin ich in Rom (Vortrag über Robert Walser), dann Badetage in Taormina, Anfang Juni deutsche Buchwoche in Madrid (ein Almanach folgt)[1] und dann drei Wochen Fasten in Überlingen, darauf freue ich mich, Zeit zur Meditation und zur Beschäftigung mit meinem Thema »Goethe und seine Verleger«.
Ab 2. Juli bin ich wieder in Frankfurt, dann sollten wir uns sehen: z. B. am 6. auf 7. in einem schönen Hotel in Vitznau am Vierwaldstättersee?
Frau + Sohn + Frau Zeeh danken für die Grüße und erwidern sie
Herzlich Dein
Siegfried

1 Siehe Brief 369, Anm. 1.

[388; handschriftlich]

[Salzburg]
20. Juni 1985

Lieber Siegfried,
vor ein paar Tagen habe ich einen seltsamen Traum erlebt. Ich stand irgendwo auf einem fremden Marktplatz, als knapp vor mir ein Lieferwagen hielt, mit einem Mann am Steuer, dick und bubenhaft, in dem ich Uwe Johnson erkannte. Ich trat auf ihn zu, und auf meine Frage, ob er's denn wirklich sei, lächelte er sehr vergnügt, daß es ihm so gut gelungen war, seinen Tod vorzutäuschen und nun im verborgenen ein Leben als Gemüsefahrer auf diesem fremden Markt zu verbringen. Das war wie eine Tatsache.
Ich hoffe, es geht Dir gut mit Deiner Kur am See. Um den 10. herum soll ich wieder nach Frankfurt (Haus in K.) Ob wir uns für eine ruhige Stunde treffen können (ohne betrunkenen Kellner)?
Danke für das, was Du für den »Idioten des Südens« tust. Ich habe heute ein Exemplar der 2. Auflage bekommen, darin wieder lang gelesen, und war froh über das Erarbeitete. Die Sprache kann vielleicht auch durch die Bombe nicht weggeblitzt werden.
Es grüßt Dich herzlich,
Dein Peter

[389; Anschrift: Salzburg]

Frankfurt am Main
17. Juli 1985

Lieber Peter,
es ist mir nicht gelungen, Dich in das Uwe Johnson-Archiv zu locken. Vielleicht ist es Dir möglich, daß Du den Beitrag

von Eberhard Fahlke, der das Archiv betreut, liest. Ich würde mich sehr freuen, wenn das möglich wäre.[1]
Herzliche Grüße
Dein
[Siegfried Unseld]

1 P. H. und S. U. trafen sich am 11. Juli 1985 im Hotel Sonnenhof in Königstein/Taunus. P. H. erzählte, er habe die Übertragung von Aischylos, *Prometheus gefesselt*, begonnen. Über das im März 1985 in der Georg Voigt-Straße in Frankfurt am Main von der Johann Wolfgang Goethe-Universität eröffnete Uwe-Johnson-Archiv berichtete dessen Leiter, Eberhard Fahlke, in: *Das Handwerk des Schreibens*, in: *Forschung Frankfurt*, Heft 1, 1985, S. 2f.

[390; handschriftlich]

[Salzburg]
26. Juli 1985

Lieber Siegfried,
die Arbeit am »Prometheus« (πρωμηθευς δεσμωτης = gefesselt) geht gut voran; sie ist schön mühevoll, wie eine rechte Arbeit. Der Sommer hilft mir; ich kann damit im Garten sein, wo die Fliegen nur ein kleiner Teil des Raums sind. Anfang September hoffe ich, fertig zu sein, so daß ich dann werde frei sein können. Laß uns den Text irgendwann im späten Frühjahr vielleicht publizieren? Wo? Ich gebe ihn dann auch an den Theaterverlag.
Einen schönen Sommer wünscht Dir
Dein Peter

[391; Anschrift: Salzburg]

Frankfurt am Main
30. Juli 1985

Lieber Peter,
ich danke Dir für Deinen Brief vom 26. Juli. Ich freue mich sehr, daß Deine Arbeit am »Prometheus« so gut vorangeht. Sollen wir nicht daraus ein schönes, gebundenes Buch bei der Insel machen? Du wärst da ja in guter »Übersetzer«-Gesellschaft: Goethe – »Cellini«, Gerhart Hauptmann – »Hamlet«, Schröder – »Vergil«. Übrigens ist auch 1913 dort eine Übersetzung »Des gefesselten Prometheus« von Carlo Philips erschienen.[1]
Ich bin am 16./17. August in Salzburg. Können wir uns sehen?[2]
Dir alle guten Wünsche.
Herzliche Grüße
Dein
[Siegfried Unseld]

1 *Leben des Benvenuto Cellini, florentinischen Goldschmieds und Bildhauers, von ihm selbst geschrieben.* Herausgegeben, mit einem Nachwort und Anmerkungen von Johannes Jahn, erschien 1965 im Insel Verlag Frankfurt am Main; *Die tragische Geschichte von Hamlet, Prinzen von Daenemark, in deutscher Sprache.* Neu übersetzt und eingerichtet von Gerhart Hauptmann, erschien 1930 gemeinsam mit dem S. Fischer Verlag, Berlin; Vergil, *Die Eclogen Vergils.* In der Ursprache und deutsch. Übersetzt von Rudolf Alexander Schröder, erschien 1926 als Druck der Cranach-Presse; Aischylos, *Der gefesselte Prometheus*, übertragen von Carlo Philips, erschien 1913 als Band 84 der *Insel-Bücherei*
2 Im *Reisebericht Zürich–Salzburg, 14.-19. August 1985*, hielt S. U. fest: »›Der gefesselte Prometheus‹ wird ebenfalls bei den nächsten Festspielen aufgeführt, und zwar an drei Sonntagen in der Felsenreitschule. [Siehe Brief 411, Anm. 1.] Er habe das bereits so ausgemacht, danach gingen die Aufführungsrechte an uns. Er ist ein-

verstanden, daß wir in der Insel ein schön gebundenes Buch machen. Sein Schmerzenskind ist Walker Percy. Daß das die Deutschen nicht besser aufnehmen, mit leicht kritischem nationalen Vorwurfston.« Bei einem Besuch von R. Fellinger in Salzburg zwischen dem 4. und 6. Oktober 1985 entschied sich P. H. für das Buchformat von *Über die Dörfer* für seine Aischylos-Übersetzung.

[392; Anschrift: Salzburg]

Frankfurt am Main
7. August 1985

Lieber Peter,
wäre es Dir möglich, mich nach Deiner Rückkehr anzurufen?[1] Ich wollte einen freundlichen Plan mit Dir besprechen.
Herzlich
Dein
[Siegfried Unseld]

1 P. H. beteiligte sich, wie das Ehepaar Hanne und Hermann Lenz, zwischen dem 7. und 17. August 1985 an einer Kreuzfahrt von Ankara nach Italien.

[393; handschriftlich; Ansichtskarte: »C. J. Hulstijn (1813 Utrecht – 1879 Celje) Vrtnice iz Rimskih Toplic«]

3. September 1985 am Isonzo

Lieber Siegfried,
gerade habe ich ein Erlebnis gehabt, oder es mir gemacht: ich bin im schönen, klaren, eisigen Wasser des Isonzo geschwommen, und jetzt denke ich an Dich, der Du »der Schwimmer« bist, und
grüße Dich als
Dein Peter

[394; handschriftlich; Anschrift: Salzburg; Ansichtskarte: »Container of Lord Buddha's Relics«]

Tokyo
23. Oktober [1985]

Lieber Peter,
die Universitäten hier veranstalten PH-Seminare, in den Verlagshäusern wird der Autor PH diskutiert. Ich habe den Eindruck, bald wollen viele japanische Verlage Dich publizieren. Es ist frisch, sauber, fleißig hier, aber sehr freundlich.[1]
Herzlich
Dein Siegfried
Viele Grüße Hildegard U.

1 S. U. und seine Ehefrau Hildegard bereisten zwischen dem 20. Oktober und 3. November 1985 Japan. Sie hielten sich vor allem in Tokyo und Kyoto auf.

[395; handschriftlich; Ansichtskarte »Salzburg, Flughafen«]

Salzburg-Himmelreich
29. Oktober 1985

Lieber Siegfried,
ich arbeite, und heute sehe ich einmal wieder die große Welt, im Nebel. Möge ich nicht vom Weg geraten, den ich selber baue.
Danke für die Karte aus Japan. – Ich möchte lange bei der Arbeit bleiben dürfen. Würde nur das Herz nicht so jagen![1]
Herzlich
Dein Peter

1 P. H. begann die Niederschrift von *Die Wiederholung* am 21. Oktober 1985 und beendete sie am 28. Februar 1986.

[396; handschriftlich; Ansichtskarte: »Mozartstadt Salzburg«]

20. November 1985

Lieber Siegfried,
zwar kann ich noch nicht sozusagen »in der Aare schwimmen«, aber die Kiesel höre ich schon manchmal rollen. Natürlich muß ich sehr auf jeden Schritt aufpassen, vor allem, daß es Forschung bleibt, das Schreiben. Es scheint eine lange Geschichte zu werden.
Herzlich
Dein Peter H.

[397; handschriftlich; Ansichtskarte: »Winterzauber in der Mozartstadt Salzburg«]

26. Dezember 1985

Lieber Siegfried,
danke für den Wunsch zum Geburtstag.[1] Zuvor ist ja Deine Mutter gestorben – ich habe mich an sie erinnert wie an einen Felsen (dabei war sie schon einmal sehr krank gewesen).[2] – Ich tue. Heute war der 67. Tag in der Folge, na ja, Hauptsache, man lebt, statt in der Nachrichtengegenwart, in jener der Erzählung.
Alles Gute für das neue Jahr
von
Deinem alten Peter

1 Ein schriftlicher Geburtstagsgruß von S. U. an P. H. zum 6. Dezember 1985 hat sich nicht erhalten.
2 Maria Magdalena (Lina) Unseld starb am 5. Dezember 1985 in Ulm.

Herrn　　　　　　　　　　　　　　　am 10. August 1965
Peter Handke
Altenmarkt
Post Markt Griffen / Kärnten
Oesterreich

Sehr geehrter Herr Handke,

ich freue mich, Ihnen mitteilen zu können, daß wir nach genauer Lektüre Ihres Manuskriptes uns entschieden haben, Ihre Arbeit in den Suhrkamp Verlag zu übernehmen. Ich glaube, daß sich Ihre Arbeit neben denen von Peter Weiss und Ror Wolf gut ausnehmen und die Perspektiven dieser Autoren weiterführen wird.

Nun scheint mir freilich ein Gespräch über Einzelheiten erforderlich zu sein: In Ihrem Manuskript befinden sich manche Austriazismen und auch einige umständliche Formulierungen, an denen doch noch gefeilt werden sollte. Es wäre das beste, könnte dies in einem Gespräch geschehen. Führt Sie Ihr Weg ohnehin einmal nach Frankfurt?

Wenn wir im Laufe der Monate September oder Oktober eine Verständigung darüber herbeiführen könnten, so würden wir das Buch noch in der ersten Hälfte 1966 herausgeben.

Ich freue mich sehr, daß ich Ihnen dies mitteilen kann. Ich sehe Ihr Manuskript gerne bei uns als Buch.

Mit freundlichen Grüssen

(Dr. Siegfried Unseld)

1. Der erste Brief: Siegfried Unseld an Peter Handke, Zusage der Publikation von »Die Hornissen« (Durchschlag)

2. Peter Handke und Chris Bezzel, Frankfurt 1966: Chris Bezzel
schrieb das positive Gutachten zu »Die Hornissen«

3. Plattencover zu »Peter Handke liest«,
Deutsche Grammophon 1969

4. »Diese Photos (aus Provinzmagazinen, dieselbe Haltung zeigend) befanden sich im Manuskript von Handkes ›Tormann‹ und entfielen auf meinen Vorschlag«, handschriftliche Notiz von Siegfried Unseld, 1970

5. Handschriftlicher Entwurf eines Leserbriefs von Peter Handke an »Le Monde«, 22. Januar 1971

6. Peter Handke vor seinem Haus in Kronberg/Taunus, Mai 1972

7. Gezeichneter Geburtstagsgruß von Peter Handke zum 50. Geburtstag des Verlegers, 1974

8a. Peter Handke mit seiner 1969 geborenen Tochter Amina, um 1975

8b. Peter Handke bei der Verleihung des Petrarca-Preises an Sarah Kirsch und Ernst Meister, Padua 1976

9. Postkarte von Peter Handke vom 1. Januar 1977
aus Denver, Colorado

10. In New York zu Zeiten der Niederschrift der »Langsamen Heimkehr«, 1978

11a. Typoskript der ersten Fassung von Peter Handkes Theaterstück »Über die Dörfer«, Ende Dezember 1980

11b. »Nachmittag eines Schriftstellers«: Wanderungen entlang des Salzburgischen Almkanals, um 1986

12. Einer der Schreibtische von Peter Handke mit Blick nach draußen

13a. Peter Handke und Siegfried Unseld, wie so oft in Venedig – diesmal anläßlich des 75. Geburtstags von Max Frisch, 1986

13b. 65. Geburtstag von Siegfried Unseld in Venedig, zwischen Peter Handke und Ulla Berkéwicz Burgel Zeeh und Helena Janeczek

14. Peter Handke in Višegrad, im Hintergrund die Brücke über die Drina, 1998

15. Ausriß von Peter Handke aus »El País«, 10. April 1999

am 18. April 2002

Peter Handke

Lieber Siegfried,

22. April 2002

Du bist der Verleger, und also bist du es, dem ich das beiliegende Stück "Untertagblues", entstanden zwischen Dezember und jetzt, schicke. Ich wünsche Dir ein gutes Lesen.

16. Der letzte Brief: Peter Handke sendet Siegfried Unseld
sein Stück »Untertagblues«, 18. April 2002

1986

[398; Anschrift: Salzburg]

Frankfurt am Main
24. Februar 1986

Lieber Peter,
mit getrennter Post geht Dir die »Bibliothek Suhrkamp«-Ausgabe von Walker Percys »Kinogeher« zu. Du siehst, wir haben eine schöne Umgebung für das Buch gewählt.[1]
Ich denke sehr viel an Dich, wissend, Du schreibst Dich dem Werkende entgegen.
Herzliche Grüße
Dein
[Siegfried Unseld]

1 Walker Percy, *Der Kinogeher*. Deutsch von Peter Handke, erschien, nach der Ausgabe im Hauptprogramm (S. Briefe 286 und 305), am 20. Februar 1986 als Band 903 der *Bibliothek Suhrkamp*.

[399; handschriftlich; Anschrift: Salzburg]

Frankfurt am Main
7. März 1986

Lieber Peter,
Dein Manuskript ist auch jetzt (Freitag vormittag) nicht da, dafür aber ein erstes Exemplar des Aischylos.[1] Ich hoffe, Dir gefällt die Gewandung. Der Text steht selbstverständlich auf der Seite.
Herzlich
Dein
Siegfried

1 Aischylos, *Prometheus gefesselt*. Übertragen von Peter Handke. Mit einer Anmerkung des Übersetzers, erschien am 17. März 1986 im Suhrkamp Verlag.

[400; handschriftlich]

[Salzburg]
12. März [1986]

Lieber Siegfried,
also ein 2. Versuch. Was das Original betrifft, so bin ich zur Post gepilgert. Es wäre schon ein Jammer, gäbe es das Ding nicht mehr. Es ist doch eine Urkunde.[1] Die Kopie scheint mir im großen und ganzen lesbar. Den Umschlag hätte ich gern wie den von »Langsame Heimkehr«, schwarze Schrift auf weiß, und bitte nicht »Linson«, sondern »Leinen«, auch nicht eingeschweißt!
Namen des Verfassers und Verlag an der gleichen Stelle und der gleichen Schriftart wie »LH«; nur »Die Wiederholung« gleichsam herausschraffiert, so daß der Titel eine weiße Hohlform ist, schwarz oder grau umrandet, so wie man eine in den Stein gemeißelte Inschrift aus alter Zeit kenntlich macht, indem man ein Papier darüberlegt und mit dem geeigneten Stift schraffiert (unbedingt so – das war die Hauptgeste des *Wiederholens*). Kein Klappentext.
Ich bin etwas erledigt, Du wirst es verstehen, und achte Dein Entgegenkommen.[2] Der »Prometheus« ist ein wunderschönes Buch, über das ich kindlich stolz zu sein mir erlaube. (Ein Druckfehler: S. 28: OKEANOS: »Siehst du denn Wohlwollen und Wagen/Notwe*nig* mit Übel verbunden?«).
Wie machen wir es mit den Buchrechten? Wie üblich? Und den Theaterrechten?
Es grüßt Dich und wünscht Dir Freude,
Dein Peter

1 Nachdem das Typoskript von *Die Wiederholung* in Frankfurt am Main nicht eintraf, reiste eine Verlagsmitarbeiterin, Sabine Kahl, nach Salzburg, um einen Durchschlag des Typoskripts persönlich in den Verlag zu bringen. Unter dem Datum des 30. April 1986 teilte die Deutsche Bundespost S. U. mit, der »Verbleib« des Original-Typoskripts habe »nicht ermittelt werden« können. Die Kopie des Originaltyposkripts umfaßt (anderthalbzeilig abgetippt) 156 Blatt.
2 P. H. und S. U. trafen sich am 16. März 1986 in Salzburg. In der *Chronik* hielt er fest: »Peter Handke war sehr freundlich. Wir diskutierten zwei Stunden das Manuskript ›Die Wiederholung‹. [...] Nach eins spazierten wir zu einem nahegelegenen Restaurant; er erzählte mir, daß er nicht wisse, wie er sich verhalten hätte, wenn das Original verlorengegangen wäre, ohne daß eine Kopie existierte. Wahrscheinlich hätte er sich das Leben genommen. Es sei sein wichtigstes Buch. An ihm hänge er wie ›an nichts in der Welt‹.«

[401; Anschrift: Salzburg]

Frankfurt am Main
4. April 1986

Lieber Peter,
der Mann, von dem ich Dir kürzlich erzählte, Dr. Viktor von Brasch, hat mir jetzt sogar noch einen Brief geschrieben. Ich zitiere Dir aus seinem Briefe: »Meinen herzlichen Glückwunsch für das ganz Besondere in Peter Handkes Übertragung des Prometheus von Aischylos. Ein ganz starker Eindruck, dieses poetische Werk von hoher Kultur und tiefem Mythologieverständnis. Die Figur des Prometheus in uns, ausgeliefert dem Machtbedürfnis und der Gewalt, die ihn zusammen festnageln und an seiner Weiterentwicklung hindern, und die Rolle des Gehorsamen, aber wissenden Schmiedes scheint mir, auch gemessen an übersetzenden Vorgängern, unvergleichlich an dichterischer Kunst und Aktualität zugleich zu sein. Der Urtext fand

sich im Drama von heute wieder. Auch die buchliche Seite ist ein Wurf. Ich habe über Prometheus selbst gearbeitet und möchte Ihnen auch deshalb meine große Freude am Erleben dieses Werkes sagen.«
Herzliche Grüße
Dein
[Siegfried Unseld]

[402; Anschrift: Salzburg]

Frankfurt am Main
18. April 1986

Lieber Peter,
ich habe zur »Wiederholung« zwei Texte geschrieben, einen ausführlicheren, der für die Vertreter und für die Ankündigung gedacht ist, und daraus noch einen kürzeren [gemacht], den man gegebenenfalls für den Umschlag verwenden kann. Bist Du mit diesen Formulierungen einverstanden?[1]
Die Vertreterkonferenz liegt jetzt hinter uns. Ich habe »Die Wiederholung« ausführlich vorgestellt mit vielen von mir vorgelesenen Passagen. Das kam bei den Vertretern sehr gut an, und ich habe den Eindruck, daß diese mit großer Energie ans Werk des Verkaufs gehen.
Herzliche Grüße
Dein
[Siegfried Unseld]

[Anlagen]

1 [Vorschautext]

Peter Handke

Die Wiederholung

Peter Handkes neues episches großes Werk, bei dem die Musen nicht am Anfang, sondern am Ende angerufen werden, ist Erzählung und gleichzeitig Erforschung der Erzählung, deren Entstehung und Bedeutung. Es entfaltet sich in drei Kapitel, die wie Kreise ineinander übergehen.

»Ein Vierteljahrhundert ist vergangen, seit ich, auf der Spur meines verschollenen Bruders, in Jesenice ankam.« Der 45jährige Filip Kobal erinnert sich in diesem ersten Satz des ersten Kapitels »Das blinde Fenster« wie er, noch nicht 20 Jahre alt, im Sommer 1960 von seinem Heimatdorf im südlichen Kärnten in die jugoslawische Republik Slowenien aufbricht, um seinen verschollenen Bruder Gregor zu suchen. Auf seiner Suche wird ihm deutlich, daß er den Bruder letztlich gar nicht finden, sondern ihn aus dem Undeutlichen seines Schicksals herausfinden, ihn erzählen will. In der Bahnhofswirtschaft erblickt er im schattigen Gesicht der Kellnerin eine Doppelgängerin seiner Mutter. Filip Kobal erinnert sich an seine Mutter, die meist krank war und die ihn mit stummen Blicken von Mitleid und Vorwurf verfolgte, erkannte, verurteilte, er erinnert sich an den pensionierten Vater und die verwirrte Schwester. Der junge Filip sollte ›etwas Besseres‹ werden, obschon weder Vater noch Mutter glaubten, daß irgend etwas aus ihm würde, wenn, dann nur etwas »Unheimliches«; er mußte die Schule wechseln, schuf sich unter Lehrern und Schulkindern neue Feinde. Fünf Jahre war er im Internat, Jahre, die nicht würdig der Erzählung sind; es genügten Kobal die kennzeichnenden Wörter Heimweh, Unterdrückung, Kälte, Gemeinschaftshaft. Kobals Erinnerungen ergeben ein präzises Bild der »Kindheitslandschaft«, in der Lebensentscheidendes fehlte und in dem ihm Jugend vorenthalten blieb. Das blinde Fenster an der Seitenwand des Bahnhofs des österreichischen Grenzortes erinnerte ihn daran, daß sein Vater einmal versucht hatte, seinen an »Augenfieber« leidenden Bruder zum Zug nach Klagenfurt und zu einem Arzt zu bringen, doch das nächtliche Rennen war vergebens, das Auge ging verloren. Jetzt wurde ihm dies Fenster zu einem Zeichen der Umkehr, »es bedeutete mir, Freund, du hast Zeit«.

In diesem Sinne hieß Erinnern für Kobal nicht, daß das, was gewesen war, wiederkehrte, sondern: »Was gewesen war, zeigte, indem es wiederkehrte, seinen Platz. Wenn ich mich erinnerte, erfuhr ich: So war das Erlebnis, genau so!« Peter Handkes Wiederholung ist kein Sichwiederholen, sondern ein Sich-Wieder-Holen, einen neuen Anfang machen; wiederholen heißt nicht »es war einmal«, sondern »fang an«.

Das zweite, umfangreichste Kapitel, »Die leeren Viehsteige«, erzählt von dem Aufbruch Filip Kobals nach dem Süden, über die Schwelle der Grenze von Österreich nach Jugoslawien; seine erste Nacht im Ausland wurde zu seiner längsten, Träume und Albträume militärischer und kriegerischer Situationen begleiteten sie wie immer wieder Lichtzeichen in dunklen Tunnels. Er lernte den Unterschied zwischen Gleichschritt, der ihm unerträglich, und Gleichklang, der ihm nicht möglich war, während Gleichmaß von Menschen und Dingen ihm zum großen Erlebnis wurde. So etwa, als er in seinem Gepäck zwei Bücher seines Bruders findet, »Bruderbücher«, die der Ältere dem Jüngeren vererbt hatte. Zum einen das Werkheft, das Gregor während seines dreijährigen Aufenthaltes auf der Landwirtschaftsschule in Maribor verfaßt hatte und auf dessen Einsichten die Anlage eines Obstgartens im heimatlichen Rinkenberg beruhte; der Obstgarten war für den jungen Filip ein eigener Ort gewesen, ein Ort mit Gleichmaß. Das zweite Gepäckstück ist ein slowenisch-deutsches Wörterbuch, aus dem Geburtsjahr des Vaters 1895 stammend. Es war auf Vollständigkeit aus und sammelte Ausdrücke und Wendungen aus den verschiedenen Gegenden Sloweniens. Er studierte Stelle für Stelle, die der Bruder angestrichen hatte, und aus den Erklärungen wurde ihm bewußt, was ihm in der Kindheit unbewußt geblieben war; die Dörfler wurden zum »Volk«, die Dinge begannen neu zu leben und erhielten die Kraft von Weltbildern: »Du bist langsam wie Nebel ohne Wind«, »bei Euch ist es kalt wie auf einer Brandstätte«, die meisten Wendungen betrafen Sterben und Tod, »er hat ausgeflucht«. Was für den Bruder Handarbeit war zur Kultivierung seiner Landwirtschaft, das wird nun für ihn seine Arbeit mit Wörtern. Wörter schreibend wurde seine Hand zu einer Schreibhand, schön, schwer, bedachtsam, in ihr schien für ihn die Erfinderhand des Bruders und die Selbstlernhand des Vaters vereint.

Durch das Studium dieses Wörterbuchs wird ihm Unbewußtes bewußt und die Zusammenhang stiftende Bedeutung der Wörter deutlich: »ohne die Wortwinkel war die Erde, die schwarze, die rote, die begrünte eine einzige Wüste.« »Kein Drama, kein Geschichtsdrama« wollte er von nun an mehr gelten lassen »als das von den Dingen und Wörtern der lieben Welt, als das vom Dasein«. Aus dieser Einsicht schien ihm sein zukünftiger Beruf, der des Schriftstellers, eine klare Aufgabe zu haben: »Ich schreibe auch nicht mehr, wie als Kind, in die Luft, sondern schraffiere über ein Papierstück, das den felsgrauen Stufen aufliegt, wie ein Forscher und zugleich Handarbeiter.«

Ein vom Bruder angestrichenes Wort läßt ihn einen leeren Viehsteig sehen, für ihn ein Sinnbild des Untergangs von Tieren und Völkern. Sein Geschichtslehrer, so erinnert er sich, hatte die Vorliebe, von verschwundenen Völkern zu erzählen, so von den Mayas, die starben, als ihr Leben nicht mehr rein war, die Symbole ihrer Religion nicht mehr allgemeingültig und die ihre Pyramidentreppen nicht mehr als Gang zu den Göttern sahen. Untergegangenes Vieh, untergegangene Völker – warum nehmen sich die Menschen nicht mehr »das alte Recht«, das Recht auf eigenes Leben? Das letzte im Wörterbuch angestrichene Wort hatte eine Doppelbedeutung; »sich stärken« und »Psalmen singen«. In seiner Intuition wurden ihm die blinden Fenster wie die leeren Viehsteige zu »Wasserzeichen«, zu Zeichen, daß Wiederkehr möglich ist.

Im dritten Kapitel »Die Savanne der Freiheit und das neunte Land« verwandelt sich die Landschaft der Wörter, sie wird utopisch-real. Nach abenteuerlicher Nachtwanderung über Gipfel und Gipfelgrat findet sich der Erzähler am Ziel seiner Reise, im Karst, jener Hochfläche über dem Golf von Triest mit den große Wannen und Schüsseln bildenden Dolinen, deren Sohlen von fruchtbarem Schwemmland bedeckt sind. Kobal lernt hier sehen, lernt jede einzelne Form zu unterscheiden und deren Ineinandergreifen zu erkennen. Der Geschichtslehrer, so erinnert sich Kobal, wollte den Zyklus eines Volkes aus den Formen und Beschaffenheiten des Bodens ablesen Auch die Halbinsel Yucatán, das Land der Maya, sei ein Karst, eine hochgewölbte Karstplatte, die zur Doline des Erzählers in »Umkehrform« steht, beides eine »Landschaft wie Freiheit«, »eine Savanne der Freiheit«. Jetzt, an-

gesichts einer von Menschen bearbeiteten Doline, braucht er nicht wie in heimischer Umgebung blinde Fenster und leere Viehstiege zu suchen als Siegel versunkener Reiche. Diese Doline wird zu einem Modell einer möglichen Zukunft, zu einer Wieder-Holung, zu einem neuen »Fang an«, zu einem Ort, von dem er sich vorstellen kann, daß er einen Atombombenabwurf überdauern wird und der überlebenden Menschheit als Ort des Neubeginns dienen kann. Das Bild der in der Karsterde versenkten Plantage verläßt den Erzähler nicht und bleibt ihm als Hochgefühl der Freiheit und des Mutes zu einem immer wieder neuen Erzählen.
17. April 1986

[Klappentext]

Peter Handke

Die Wiederholung

Peter Handkes neues episches großes Werk, bei dem die Musen nicht am Anfang, sondern am Ende angerufen werden, ist Erzählung und gleichzeitig Erforschung der Erzählung, deren Entstehung und Bedeutung.
»Ein Vierteljahrhundert ist vergangen, seit ich, auf der Spur meines verschollenen Bruders, in Jesenice ankam.« Der 45jährige Filip Kobal erinnert sich in diesem ersten Satz des ersten Kapitels »Das blinde Fenster« wie er, noch nicht 20 Jahre alt, im Sommer 1960 von seinem Heimatdorf im südlichen Kärnten in die jugoslawische Republik Slowenien aufbricht, um seinen verschollenen Bruder Gregor zu suchen. Auf seiner Suche wird ihm deutlich, daß er den Bruder letztlich gar nicht finden, sondern ihn aus dem Undeutlichen seines Schicksals herausfinden, ihn erzählen will. Kobals Erinnerungen ergeben ein präzises Bild der »Kindheitslandschaft«, in der Lebensentscheidendes fehlte und in dem ihm Jugend vorenthalten blieb. Das blinde Fenster an der Seitenwand des Bahnhofs des österreichischen Grenzortes erinnerte ihn daran, daß sein Vater einmal versucht hatte, seinen an »Augenfieber« leidenden Bruder zum Zug nach Klagenfurt und zu einem Arzt zu bringen. Jetzt wurde ihm dies Fenster zu einem Zeichen der Umkehr, »es bedeutete mir, Freund, du hast Zeit«.
In diesem Sinne hieß Erinnern für Kobal nicht, daß das, was gewesen war, wiederkehrte, sondern: »Was gewesen war, zeigte, in-

dem es wiederkehrte, seinen Platz. Wenn ich mich erinnerte, erfuhr ich: So war das Erlebnis, genau so!« Peter Handkes Wiederholung ist kein Sichwiederholen, sondern ein Sich-Wieder-Holen, einen neuen Anfang machen; wiederholen heißt nicht »es war einmal«, sondern »fang an«.

Das zweite, umfangreichste Kapitel, »Die leeren Viehsteige«, erzählt von dem Aufbruch Filip Kobals nach dem Süden, über die Schwelle der Grenze von Österreich nach Jugoslawien. Und wie die blinden Fenster den Erzähler im Grenzort leiteten, so auf dieser Reise die beiden »Bruderbücher«, die der Ältere dem Jüngeren vererbt hatte. Zum einen das Werkheft, das Gregor während seines dreijährigen Aufenthaltes auf der Landwirtschaftsschule in Maribor verfaßt hatte und auf dessen Einsichten die Anlage eines Obstgartens im heimatlichen Rinkenberg beruhte; der Obstgarten war für den jungen Filip ein eigener Ort gewesen, ein Ort mit Gleichmaß. Das zweite Gepäckstück ist ein slowenisch-deutsches Wörterbuch, aus dem Geburtsjahr des Vaters 1895 stammend. Er studierte Stelle für Stelle, die der Bruder angestrichen hatte, und deshalb begannen die Dinge zu leben und erhielten die Kraft von Weltbildern. Auf diese Weise wird ihm die Zusammenhang stiftende Bedeutung der Wörter deutlich: »ohne die Wortwinkel war die Erde, die schwarze, die rote, die begrünte eine einzige Wüste.«

»Kein Drama, kein Geschichtsdrama« wollte er von nun an mehr gelten lassen »als das von den Dingen und Wörtern der lieben Welt, als das vom Dasein«. Ein vom Bruder angestrichenes Wort läßt ihn einen leeren Viehsteig sehen, für ihn ein Sinnbild des Untergangs von Tieren und Völkern. Sind demnach Dinge und Wörter unwiederholbar verloren?

Im dritten Kapitel »Die Savanne der Freiheit und das neunte Land« verwandelt sich die Landschaft der Wörter, sie wird utopisch-real. Der Erzähler ist am Ziel seiner Reise, im Karst, jener Hochfläche über dem Golf von Triest. Kobal lernt hier »Landschaft wie Freiheit« sehen, lernt jede einzelne Form zu unterscheiden und deren Ineinandergreifen zu erkennen. Eine von Menschen bearbeitete wird zum Modell einer möglichen Zukunft, zu einer Wieder-Holung, zu einem neuen »Fang an«, zu einem Ort, von dem er sich vorstellen kann, daß er einen Atombombenabwurf überdauern wird und der überlebenden Menschheit als

Ort des Neubeginns dienen kann. Das Bild der in der Karsterde versenkten Plantage verläßt den Erzähler nicht und bleibt ihm als Hochgefühl der Freiheit und des Mutes zu einem immer wieder neuen Erzählen.
18. April 1986

[403; handschriftlich]

[Salzburg]
23. April 1986

Lieber Siegfried,
gestern habe ich Deine Bemerkungen zur »Wiederholung« gelesen und das Buch schön wiedererkannt, auch die Bewegung des Ganzen, den Sinn (ohne Anstrengung dazu), das Selbstverständliche, das Wiedergefundene. Danke – ich habe mich gefreut und den Text gleich ein paarmal gelesen, vor allem in seiner längeren Fassung, die mir tatsächlich auch reichhaltiger erscheint, ohne etwas von der Art der Geschichte vorwegzunehmen. Fast kann ich mir diese Version auch als Klappentext vorstellen – sie ist dazu aber wohl zu lang? Ganz wenige Anmerkungen, oder Fragen:
1) Das blinde Fenster ist nicht an der Seitenwand des *jugoslawischen* Grenzbahnhofs, sondern im österr. Grenzland, im Jaunfeld Südkärntens (der Ort Mittlern).
2) S. 3, 5. Zeile von oben: »als das von den Dingen und Wörtern der lieben Welt, *dem Dasein*«: sollte wohl besser heißen: »*als das vom* Dasein« (mein Fehler?)
3) S. 3, Ende des 2. Absatzes: »...zu Zeichen, daß Wiederkehr unmöglich ist«: Wäre nicht richtig: »...möglich ist«?
4) S. 3, 6. Zeile von unten: »Yucatán«: ich glaube, auf das »a« der Endsilbe gehört ein Akzent (»Yucatán«)
5) S. 3, 4. Zeile von unten: »Landschaft wie Freiheit«: »Landschaft der Freiheit«?

6) S. 4: Ob man den letzten Satz streichen könnte? Oder den 2. Teil des Satzes verändern?
Ich bewundere Deine Einfühlung und Deine Fassungskraft. Nun soll das Buch auf seine Reise gehen. Ich werde mich beizeiten noch eine Woche mit den Fahnen beschäftigen und dabei so aufmerksam wie vorsichtig sein (nichts glätten – es wird ja jedes Wort, so tief war ich dabei, seine Ursache haben).
Nun ist der Frühling da, und ich habe mir gestern zwei Sommerjacken gekauft, eine grüngelbe (ja) und eine hellgraue. Und jetzt sitze ich im Garten und lasse mich und den Brief von der Sonne bescheinen. Diese möge auch Dir so guttun. Danke für alle die Bücher – ich freue mich jetzt ja wieder des Lesens, nach der Arbeit, keine erfülltere Existenz. Könnte auch das Arbeiten solch ein erweitertes Lesen sein.
Herzlich,
Dein Peter[1]

---

[1] Auf der Rückseite des Briefkuverts findet sich der Vermerk von P. H.: »PS: Auch Hofmannsthal, lese ich gerade, schreibt ›Al*p*‹ statt »Alb«; sollte das die österreichische Schreibart sein?«

[404; Anschrift: Salzburg]
                       Frankfurt am Main
                       28. April 1986
Lieber Peter,
über Deinen Brief vom 23. April habe ich mich sehr gefreut und natürlich besonders über Deine Zustimmung zu den Texten. Wir können den längeren Text leider nicht als Klappentext nehmen, er ist viel zu umfangreich, aber er wird ja so in der Vorschau erscheinen und hier hauptsächlich seine Funktion haben.

Deine Anmerkungen sind samt und sonders berücksichtigt[1], mit einer Ausnahme: in der Tat heißt es in dem Manuskript, das ich habe, »Landschaft wie Freiheit«, während ich das andere Zitat so ändere, wie Du das jetzt gemacht hast, obschon es auch anders im Manuskript steht »als das von den Dingen und Wörtern der lieben Welt, als das vom Dasein«.
Ich freue mich, daß Dir diese Texte adäquat schienen. Ich habe jetzt am Wochenende den Umbruch vor mir gehabt und immer wieder im Buch gelesen. Man kann Dich wirklich nur beglückwünschen.
Ich würde Dich gerne sprechen und sehen. Kommst Du in deutschere Gefilde, oder sollen wir bis August warten?
Herzliche Grüße
Dein
Siegfried

1 Im Original: »berichtigt«.

[405; handschriftlich]

[Salzburg]
9. Mai 1986

Lieber Siegfried,
heute schicke ich Fellinger den Umbruch zurück. Ich habe mich damit noch zehn lange Tage geplagt, ein zeitweise fast zermalmendes Hin und Her, an dessen Ende ich doch möglichst viel beim alten gelassen habe. Nun auf zum Buch! Ich wollte Dir noch sagen, daß ich Deinen Text zur »Wiederholung« gelesen habe, als ginge es da um die Ankündigung der Erzählung, die ich selber, als der Leser, schon lange erwartete, und die ich brauchte, wie eine bestimmte Frucht. Schöner kann das, was von einem ausgeht, nicht zurückkommen. Noch einmal meine Achtung und meinen Dank.

Immer weniger zieht es mich von dem Ort hier weg (obwohl auf dem Nachbargrundstück, keinen Tennisplatz weiter weg, wieder, wie beim »Chinesen ...«, die Preßlufthämmer rattern, mitten im Frühlingswind). So werden wir uns wohl erst im Sommer sehen können? Wann wird das Buch da sein? Schön wäre es, könnte ich es dann ein, zwei Wochen allein haben, nur das Buch, noch nicht die Ware, die Werbung (obwohl Erzählen ja auch ein Werben ist). Ich freue mich nun jedenfalls recht reinen Herzens – wie so oft wohl »zu früh« – aber ich freue mich. Meinen großen Dank für die Bereitschaft, den Urtext, in seiner oft schwer zu entziffernden Textur, zu übernehmen, zu entziffern – hätte ich ihn noch einmal abgetippt, ich bin sicher, ich säße immer noch dabei, panischer und panischer, wirrer und wirrer, kleinlauter bis stumm! So war es richtig, und wichtig für mich.
Herzlich,
Dein Peter

[406; Anschrift: Salzburg]
Frankfurt am Main
21. Mai 1986
Lieber Peter,
unser Graphiker hatte einige Mühe, Deine Vorstellungen des Umschlags zu verwirklichen. Was er jetzt anbot, ist sicherlich nur eine Annäherung. Aber je länger ich den Umschlag betrachte, um so besser gefällt er mir. Freilich, er hat noch Schwächen. Der Name Handke muß deutlicher herauskommen. Dann ist die Frage, ob man dem Papier eine Struktur geben sollte, eine Formstruktur oder eine Farbstruktur. Für mich ist der Name Suhrkamp hier etwas zu groß. Andererseits, wenn man ihn verkleinert, zerstört man

etwas die Selbstverständlichkeit der Lösung. Hierbei kam mir dann eine Idee. Wie wäre es, wenn man hinter Wiederholung einen Punkt setzte? Früher war das üblich bei Titeln. Für mich hätte der Punkt hinter Wiederholung etwas Punktum-haftes, also etwas Definitives, Endgültiges. Und der Titel wäre dann auch etwas vom Verlagsnamen abgesetzt.

Es wäre mir lieb, wenn wir darüber am Telefon sprechen könnten, weil die Sache ja eilt, und solltest Du der Lösung nicht zustimmen können, so muß der Graphiker dann noch eine andere Lösung erarbeiten. Ich bin gespannt auf Dein Urteil.

Da der Umschlag insgesamt zurückhaltend ist, denken wir daran, vielleicht eine Bauchbinde anzubringen, auf der dann nur der Name Handke in Großbuchstaben steht. Der Käufer kann diese Bauchbinde, wenn er das Buch erworben hat, wegwerfen, wenn es ihn stört.

Herzliche Grüße
Dein
[Siegfried Unseld]

[107; Anschrift: Salzburg]

Frankfurt am Main
5. Juni 1986

Lieber Peter,
den Frühling in der Lindenstraße gibt es wirklich, weil es hier auch Linden gibt.

Zu Deinem Brief an Helene Ritzerfeld: das Honorar bei der »Bibliothek Suhrkamp« ist einheitlich. Es gibt keinen Unterschied zwischen Originalausgaben und Nachdrukken: das Honorar von 7,5 % ist so angesetzt, um noch einen verhältnismäßig niedrigen Ladenpreis zu erreichen. Die

Bände der »BS« werden ja noch handwerklich und mit besten Materialien hergestellt. Ich kann Dir gerne ein anderes zusätzliches Honorar bezahlen, aber wegen Präjudiz und meiner Glaubwürdigkeit gegenüber den anderen Autoren kann ich keine Honoraränderung vornehmen.[1]
Vielleicht darf ich Dir eine Flugreise nach Frankfurt bezahlen. Wie wäre das? So etwa zum 24. Juni. Es ist die letzte Poetik-Vorlesung von Hermann Lenz, und daran anschließend ist ein Empfang, den wir für ihn geben.
Ich habe in meinem Kopf, daß Du vierzehn Tage vor der Auslieferung das Buch bekommen wirst, um es ganz allein für Dich haben zu können.
Herzliche Grüße
Dein
[Siegfried Unseld]

1 P. H. hatte auf den ihm von Helene Ritzerfeld am 7. Mai 1986 zugesandten Brief mit einem Vetragsentwurf für *Gedicht an die Dauer* am 26. Mai 1986 geantwortet: »[...] es tut mir leid, aber mit dem Vertrag zum ›Gedicht an die Dauer‹ kann ich nicht so recht einverstanden sein. Es ist ja die Regel, daß in der ›BS‹ nur Nachdrucke erscheinen, und das hier ist eine sog. Originalausgabe. Aber so wirklich engagieren kann ich mich für dieses Problem ja nicht. So unterschreibe ich die Verträge und schlage vor, statt der 7,5 % 10 % einzusetzen. Einen Streit deswegen möchte ich freilich nicht. Wie ist der Frühling in der Lindenstraße? Gibt es da überhaupt Linden? Einen zarteren Duft als deren Blüten kenne ich nicht.«

[408; Anschrift: Salzburg]

Frankfurt am Main
13. Juni 1986

Lieber Peter,
ich schicke Dir Versuche zu, die wir zur Lösung des Umschlags gemacht haben. Alles befriedigt uns nicht recht. Möglich wären vielleicht die beiden Varianten, die hinten rot angekreuzt sind. Aber das kann man nicht auf das reine Weiß drucken, diese Schrift ginge überhaupt nur, wenn man sie auf einen Untergrund stellt.
Ich schick Dir auch noch Fotografien von Salinen und Dolinen, aber auch hiermit kann man wohl wenig machen. Wie ist Dein Eindruck?
Wir brauchen darüber nicht mehr am Telefon zu reden; ich hoffe ja, daß Du am Dienstag, dem 24. Juni, nach Frankfurt kommst.[1] Wir können ja dann über den Umschlag sprechen.
Herzliche Grüße
Dein
[Siegfried Unseld]

Anlagen[2]

1 Hermann Lenz hielt im Sommersemester 1986 im Rahmen der Poetik-Dozentur der Johann Wolfgang Goethe-Universität in Frankfurt am Main sechs Vorlesungen mit dem Titel *Leben und Schreiben* (die erweiterte Buchfassung erschien unter demselben Titel 1986 als Band 1425 der *edition suhrkamp*). Im Anschluß an die letzte Vorlesung fand ein Empfang des Suhrkamp Verlags im Gästehaus der Universität in der Dittmarstraße statt.
2 Die Anlagen sind nicht ermittelt. Vermutlich handelte es sich um Umschlagentwürfe für *Die Wiederholung*. Der definitive Umschlag war eine Schriftlösung: Auf metallicfarbenem Fond waren Autor, Titel und Verlag in Form einer tiefgedruckten Schreibmaschinenschrift angebracht.

[409; handschriftlich]

[Salzburg]
6. Juli 1986

Lieber Siegfried,
mir ist es im nachhinein doch auch recht, hier in Salzburg geblieben zu sein; danke aber für die Lenz-Einladung. Wahrscheinlich habe ich etwas Schönes versäumt. Aber der Versäumnisse werden ohnedies mehr und mehr. Früher dachte ich, indem ich etwas unternahm, die Stille versäumt zu haben, einen Weg, eine Stunde; und jetzt ist es eher umgekehrt. Ich bin Dir aber auch so begegnet, in der herzerfreuenden Interpretation des Goethe-Gedichts – und übertrug die Gegenwart der Sonne, die Sonne als Gegenwart, auf die Gegenwart des Schneiens ...[1] Hier bin ich nun im Garten, wo es windet (und es winden sich die weißen Winden, am Abend geschlossen), ohne daß es mich zu etwas treibt, nicht einmal zum Schachspielen. Ob wir bald einmal in Ruhe miteinander reden könnten, auch im Schwimmen, wie letztes Jahr im Fuschlsee? Ich lese die Verlagsbücher, und habe mich besonders erquickt an den Briefen des jungen Gershom Scholem an Werner Kraft; Nüchternheit, Strenge, Güte und Liebe. Na, er war ja auch verschont vom Dämon der Kunst.[2] Die Balance ist so schwer wie je, zwischen den Musen und den Sachwörtern.
Alles Gute für den Sommer in Frankfurt, den Du ja so gern hast –
Dein Peter

1 S. U. interpretierte in der *Frankfurter Allgemeinen Zeitung*, 24. Mai 1986, Johann Wolfgang Goethes Gedicht *Gegenwart* (»Alles kündet dich an! / Erscheinet die herrliche Sonne, / Folgst du, so hoff' ich es, bald«) unter dem Titel *Gelegenheit*; wiederabgedruckt in: *Frankfurter Anthologie*, Bd. 10, S. 108ff.

2 Gershom Scholem, *Briefe an Werner Kraft*. Herausgegeben von Werner Kraft. Mit einem Nachwort von Jörg Drews, erschien 1986 im Hauptprogramm des Suhrkamp Verlags.

[410; Anschrift ⟨Chaville⟩, handschriftlich]

[Überlingen]
12. Juli 1986

Lieber Peter
über Deinen Brief vom 6. Juli habe ich mich sehr gefreut, ich danke herzlich. Vor allem bin ich froh, Dich an der Arbeit zu wissen. Du hast eine gute, schöpferische Phase, zwei Bücher im Herbst, und schon arbeitest Du an Neuem. Die Balance, die zur Bezwingung des Dämons Kunst nötig ist, wird Dir gelingen.
Ich komme zum 10. August, werde Dich an diesem Tag sicher sehen, wenn auch nur kurz, da Du Dich mit den Schauspielern und sonstigen Leuten, die an diesem Tag für Dich kommen, beschäftigen willst. – Ich bin aber noch für Tage in Fuschl, wir können leicht ein sehr geruhsames Treffen vereinbaren. Vorschlag: wir treffen uns Montag 16 h im »Öst. Hof«, fahren irgendwohin, wandern, und abends essen wir in Fuschl, mit Marie, wenn Du, wenn sie will.
Ich bin wieder in Überlingen und faste. Fasten ist Ernährung von innen, und dies in jeder Hinsicht. Ich fühle mich leicht, kann auch leicht meiner selbst inne sein. Im See schwimmt es sich herrlich, besonders um Mitternacht. Gelegentlich dringen schwarze oder blonde Paradiesvögel in den Garten meiner Ruhe.
Dir liebe Grüße, bis bald
Dein
Siegfried

[411; handschriftlich; Ansichtskarte: »Bayonne«[1]]
                                        6. August 1986
Lieber Siegfried,
so muß ich mich für Deine freundlichen Schwimmerzeilen vom Bodensee bedanken. Ich habe im Atlantik weniger geschwommen, als mich von den Brechern mit einem seltsamen Vergnügen über den groben Sand unter Wasser schleifen lassen. – In einer schöpferischen Phase, wie Du schriebst, fühle ich mich nicht, oder eben so wie immer. Ich habe die paar Sachen halt aufgeschrieben, weil es »jetzt oder nie« war. Bis Salzburg und Fuschl.[2]
Dein P.

1 P. H. unternahm zwischen dem 17. Juli 1986 und dem 8. August 1986 eine Reise durch Frankreich.
2 Am 10. August 1986 hatte um 10.30 Uhr *Prometheus gefesselt* in der Felsenreitschule während der Salzburger Festspiele mit der Übersetzung von P. H. Premiere. Inszenierung: Klaus Michael Grüber, Bruno Ganz: Prometheus, Angela Winkler: Io, Udo Samel: Hermes. S. U. hielt sich vom 10.-19. August 1986 in Salzburg und Umgebung auf; für die *Chronik* diktierte er: »Ich war kurz im Café Winkler bei der Premierenfeier. Ich setzte mich auf die Terrasse, Peter Handke kam zu mir, und ich übergab ihm sein Buch: ›Die Wiederholung‹. [Siehe die Abbildung auf dem Umschlag dieses Bandes] Er wollte es 14 Tage vor der Auslieferung haben, 14 Tage allein. [...] Übrigens ist der Umschlag doch sehr schön geworden. Einfach, doch tiefgehend, ein Umschlag, um darüber nachzudenken. [...] Handke und ich hatten zwei gute Gespräche, freilich waren die Gespräche belastet: Peter Handke war ›unschlüssig‹. Er hatte nach der ›Wiederholung‹ und nach dem großen ›Gedicht an die Dauer‹, einer poetischen Befragung ›Was Dauer ist‹ – eine kleine Geschichte – angefangen. Sie sollte ursprünglich 20-30 Seiten Umfang haben, und diesen Text hatte er Schaffler für den Residenz Verlag versprochen. Jetzt aber ist dieser Text doch zu einer Erzählung gewachsen mit 60 Seiten, und es ist ein richtiges Buch [*Nachmittag eines Schriftstellers*]. Er sei ›unschlüssig‹, aber

ich weiß schon, was das für ihn bedeutet: er wollte in meiner Anwesenheit keine Entscheidung gegen mich treffen.«

[412; handschriftlich auf Papier des Hotels Schloß Fuschl; Anschrift: ⟨Salzburg⟩]

Hof bei Salzburg
17. August [1986]¹

Lieber Peter,
ich danke Dir noch einmal für die Gespräche, für das Zusammensein. Ich las noch einmal Deine große Übertragung, dieses große Epos, in dem Einsicht und Menschlichkeit über der Gewalt stehen, das Dienen über dem Herrschen. Ich las, mit dem Blick über den See, Deine Befragung, »was Dauer ist«, las Deine Sicherheit, daß »das Gute am Ende doch siegen wird.«
Solches denkend, solches lesend, über den See blickend, sein samtenes Wasser empfindend, spüre ich, »als befreiendes Zitat«, Dankbarkeit.
Die schönen Tage von Fuschl sind vorüber, bald wird mich mein Alltag wiederhaben, und auch Du wirst aus Deiner »Zeit an dem Griffener See« zurückgekehrt sein. Du wirst verstehen, daß mich das umtreibt, was in Dir »unschlüssig« ist. Ich will Dich nicht bedrängen, nur bitten, mich zu verstehen. Dein Gedicht lesend, über den See blickend, einen Welschriesling Kabinett vom Neusiedlersee genießend, denke auch ich an die Dauer unserer Beziehung, die ich mir so sehr wünsche. Wie die Jahresringe des Baumes soll Dein Werk im Suhrkamp Verlag wachsen. Es wird leichter dauern in der Sammlung. Ich denke an unser erstes Wiener Treffen und an meinen Flug nach Frankfurt, Dein Manuskript lesend. Ich bin glücklich, Dein Verleger sein zu dürfen, gönne es mir weiterhin.

Verzeih die Entlehnung des wichtigsten Satzes und seine
Änderung: mir aber liegt an dem Buch mehr als an allem.
Realisiere Deine Idee einer Weltreise: am entferntesten Ort
(z. B. Hawaii) möchte ich Dich dann treffen, den Welsch-
riesling bringe ich dann mit.
Sehr herzlich
Dein Siegfried

1 Der Brief trägt den handschriftlichen Vermerk von S. U.: »nie
direkt beantwortet, jedoch entschieden mit Brief v. 4. 11. 86
[Brief 422]«.

[413; Anschrift: Salzburg]

Frankfurt am Main
20. August 1986

Lieber Peter,
zurückgekehrt, suchte ich meinen Ohrenarzt auf. Er hat
mich gleich in die Klinik eingeschleust: Hörsturz. Ich muß
dort fünf bis zehn Tage bleiben.[1] Ich wollte Dir aber doch
noch eine Nachricht geben.
Wir haben bisher in zwei Auflagen des Aischylos insgesamt
4.200 Exemplare gedruckt. Verkauft sind bis heute 3.610.
Wir sind eben dabei, eine dritte Auflage zu drucken.
Joachim hat unsere Auslieferungsstelle Mohr angewiesen,
täglich alle Salzburger Buchhandlungen anzurufen und
insbesondere nach den Beständen Aischylos zu fragen. In
der Rupertus-Buchhandlung wurde mir bestätigt, daß der
Aischylos ständig lieferbar war. Die Alpen-Buchhandlung
hätte Gelegenheit gehabt, bei der täglichen Anfrage bei Mohr
zu bestellen. Ich glaube, wir haben von unserer Seite aus
alles getan, das Buch lieferbar zu halten.
Herzliche Grüße
Dein
[Siegfried Unseld]

1 S. U. war vom 21. bis 28. August 1986 in der Universitätsklinik Frankfurt am Main in stationärer Behandlung.

[414; Anschrift: Salzburg]

Frankfurt am Main
28. August 1986

Lieber Peter,
nach zwei Auslassungen muß ich meinen Geburtstag auch wieder einmal in Frankfurt feiern. Am Sonntag, dem 28. September, veranstalten Hilde und ich ab 11 Uhr in der Klettenbergstraße einen Brunch, der sich bis in den Nachmittag hinein erstrecken wird. Ich würde mich natürlich freuen, wenn Du mit von der Partie sein wolltest, aber ich verstehe auch, wenn dieser Ausflug Dir ein zu großer Verlust an Arbeitszeit ist.[1] Ich würde andererseits gerne jede Gelegenheit nützen, mit Dir zu sprechen, aber vielleicht finden wir einen individuelleren Ort, wo wir dann doch mehr Zeit füreinander haben.
Herzliche Grüße
Dein
[Siegfried Unseld]

1 P. H. kam nicht zur Feier des 62. Geburtstages von S. U. nach Frankfurt am Main.

[415; handschriftlich; Ansichtskarte: »Planina po Golico«]
Jesenice
30. August 1986
Lieber Siegfried,
ich denke, Du bist nun wieder glücklich und heil aus dem Krankenhaus. Ich benutze die (kurze) freie Zeit vor dem Schulanfang zu einem Durchstreifen des nördlichen Jugoslawien und hoffe, am Schluß in Triest am Meer die Beine ausstrecken zu können. Im Moment sitze ich im Bahnhof von Jesenice, wo »DW« beginnt. Sie beginnt gerade wirklich neu ...
Herzlich
Dein Peter

[416; handschriftlich; Ansichtskarte: »Aquileia, Basilica del Patriarca Poppone (1031)«]

[Aquileia[1]]
5. September 1986
Lieber Siegfried,
hier könnte ich lange sein und arbeiten. Vor 22 Jahren war ich zum ersten Mal hier, seit dem nie mehr; damals hatte ich »Die Hornissen« fast fertig, kam damit von der jugoslawischen Insek Krk und übernachtete in einem kleinen Gasthof mit, wie ich mir jetzt einbilde, Mosaikfußboden, 21 Jahre alt. Gestern abend ging ich wieder hier herum und gelobte frei, nach 22 Jahren wieder mit dem Bewußtsein eines Werks hier den Anblick der Antike und der Gegenwart in eins zu haben.[2]
– Dein Peter

1 Die Karte trägt den handschriftlichen Vermerk: »Der Marie [Colbin] geht's gut hier. Alles Liebe«.

2 Im Sommer 1986 hielt sich P. H. in Paris auf, danach in der Bretagne, in Biarritz, woran sich der slowenische Karst anschloß. P. H. war vom 30. August bis zum 8. September 1986 in Slowenien und Italien unterwegs.

[417; Anschrift: Salzburg]

Frankfurt am Main
15. September 1986

Lieber Peter,
ich schicke Dir die letzte Seite der »Zeit«. Wir werden hier nun kontinuierlich für »Die Wiederholung« werben, vorläufig mit diesem Text, danach mit einer Stimme, die sich aus den Rezensionen ergeben wird. Ich bin überzeugt, das Buch wird ein bedeutendes Echo finden. Ich wünsche mir das sehr, ich will es, und danach werden wir handeln.
Herzlich
Dein
[Siegfried Unseld]

Anlage[1]

1 Für *Die Wiederholung* warb am 12. September 1986 eine Streifenanzeige in *Die Zeit*. Der Text lautet: »Peter Handkes neues episches großes Werk, bei dem die Musen nicht am Anfang, sondern am Ende angerufen werden, ist Erzählung und gleichzeitig Erforschung der Erzählung, deren Entstehung und Bedeutung. Peter Handkes erzählerisches Prinzip, die Wiederholung, ist kein Sichwiederholen, sondern ein Sich-wieder-Holen, einen neuen Anfang machen...«

[418; handschriftlich; Anschrift: ⟨Salzburg⟩]

Frankfurt am Main
16. September [1986]

Lieber Peter,
hier schicke ich Dir die dritte Auflage, das 7. Tausend, von »Prometheus gefesselt«.
Es freut mich ungemein, daß Deine Übertragung des alten Dokumentes vom Unrecht der Herrschenden so viele Leser findet.
Der Leser heute ist besser als sein Ruf.
Herzlich
Dein
Siegfried

[419; handschriftlich]

[Salzburg]
13. Oktober 1986

Lieber Siegfried,
es war schön, Dich so überraschend für eine Stunde am Flughafen zu treffen, vor allem, weil es um gar nichts Besonderes ging. Kein neues Buch, kein »Echo«, keine Zukunft, nur um die Gegenwart von Dir und mir, und dann der Dritten. Nur eins: Bitte geh sorgsam mit Dir um, setz Dich zwar weiter so ein für den Fortgang der Bücher, aber vielleicht mit einer mehr gelassenen, Dich selber auch mehr in der Ruhe lassenden Einstellung; Du wirst schon wissen, wie; für viele, auch für den Unterzeichneten, bist Du in Deiner Art und Aufmerksamkeit unentbehrlich. Daß Du kein langsameres Tempo leben kannst, ist mir klar; nur wäre es beruhigend, Dich manchmal, wie Du es ohnehin beherrschst, als den *Spieler* dieses Tempos statt als den Gefangenen zu sehen. Aber Du wirst es besser wissen.[1]

Danke für die Anzeigen in den Zeitungen; früher gehörte bei mir das zum Sport; jetzt wäre es mir genauso recht, wenn sie nicht wären. Es sei denn, Du sagst, sie haben wirklich einen Sinn.

Kühns »Parzival«, den ich guten Willens anging, ließ mich schon im ersten Absatz leider stocken, einfach wegen solcher Wendungen wie »farblich kontrastiert« und »innerlich gefestigt«; und dann dachte ich, es könnte dem und jenem mit meinem »Prometheus desmotes« ähnlich ergehen, weil da schon in den ersten Zeilen von der »wesenlosen Ödnis« die Rede ist – wie ich die abrotes eremia, die menschenlose Ödnis, übersetzt habe ... – Dafür lese ich nun die Altersbriefe von Hermann Hesse, mit Freuden täglich über die Bewußtheit, Vernunft und Hinneigung, wo Du ja auch bald schon vorkommst, ich glaube, als »Fremder aus Ulm«. Mit Mircea Eliade wird das Lesen im Herbst weitergehen.[2] Vielleicht sehen wir uns doch im November oder Dezember in Venedig und verschwinden dann wieder in den Nebel.

Herzlich,
Dein Peter

1 P. H. und S. U. trafen sich am 9. Oktober auf dem Flughafen in Salzburg – S. U. war auf dem Rückweg von Ohlsdorf (dort hatten Hilde Bechert und Klaus Dexel für den Fernsehfilm *Siegfried Unseld oder Die Lust am Buch* –, Erstsendung: ARD, 1. September 1987 –, Aufnahmen mit Thomas Bernhard gemacht) nach Frankfurt am Main.

2 Dieter Kühn, *Der Parzival des Wolfram von Eschenbach*, erschien 1986 im Insel Verlag; Hermann Hesse, *Gesammelte Briefe, Vierter Band. 1949-1962*. In Zusammenarbeit mit Heiner Hesse herausgegeben von Ursula Michels und Volker Michels, erschien 1986. S. 137 zitieren die Herausgeber aus einem Brief von Hermann Hesse an Eugen Zeller vom 31. August 1951: »Am Sonntag erschien, während wir beim schwarzen Kaffee saßen, ein junger Fremder, der kam aus Ulm und hieß Unseld, er war nett, er gefiel uns gut.« Mircea Eliade, *Kosmos und Geschichte*, erschien 1986 im Suhrkamp Verlag.

[420; Anschrift: Salzburg]

Frankfurt am Main
24. Oktober 1986

Lieber Peter,
in der »Bibliothek Suhrkamp« erscheint jetzt Dein »Gedicht an die Dauer«. Ich freue mich, daß wir diese Form gewählt haben. Der Text nimmt sich sehr selbstverständlich auf den Seiten aus, und das ist gut so, und die »Bibliothek« bietet Dir ja eine gute Gesellschaft der Autoren.
Wir haben Dir zunächst fünf Exemplare geschickt, bitte sag mir, wenn Du weitere haben möchtest.[1]
Es sind auch fünf Exemplare der 2. Auflage der »Wiederholung« an Dich unterwegs; es ist das 18.-28. Tausend des Buches.
Herzliche Grüße
Dein
[Siegfried Unseld]

Anlage

1 P. H., *Gedicht an die Dauer*, erschien am 22. Oktober 1986 als Band 930 der *Bibliothek Suhrkamp*. Es entstand zwischen dem 1. und 8. März 1986.

[421; Anschrift: Salzburg]

16. Oktober 1986

Lieber Peter,
Du weißt, daß Rudolf Rach am 31. Oktober ausscheidet. Ich habe in den letzten Monaten viele Gespräche mit Theaterleuten geführt, bin aber nun doch einem überraschenden Einfall gefolgt: Ich habe Rainer Weiss gebeten, die Lei-

tung des Theaterverlages zu übernehmen, und er hat dem zugestimmt. Es ist für ihn ein neues Metier, aber ich bin sicher, daß er sich rasch und gut einarbeiten wird. Er schätzt Deine Arbeiten, und Du darfst sicher sein, daß er sich für sie voll einsetzen wird.
Herzliche Grüße
Dein
[Siegfried Unseld]

Anlage[1]

[1] Die Anlage ist nicht ermittelt. Wahrscheinlich handelt es sich um die Presseerklärung des Suhrkamp Verlags vom 16. Oktober 1986: »Der Suhrkamp Verlag, Frankfurt, hat im Juni dieses Jahres bekanntgegeben, daß Rudolf Rach am 31. Oktober die Leitung des Suhrkamp Theaterverlages abgibt, um in Frankreich als Verleger des Verlages L'Arche, Paris, zu arbeiten. [...] Am 1. November wird Rainer Weiss die Leitung des Theaterverlages übernehmen. Rainer Weiss, Jahrgang 1949, Schüler von Ernesto Grassi, promovierte zum Dr. phil., arbeitete 1 Jahr als Werbeleiter und danach 5 Jahre als Lektor im Piper Verlag, München. Seit April 1985 betreut er das deutschsprachige Lektorat des Suhrkamp Verlages. Mit der Übernahme der Leitung des Theaterverlages durch Rainer Weiss wird der Suhrkamp Verlag neue Initiativen von Autoren gegenüber deutschen und ausländischen Theatern entwickeln.«

[422; handschriftlich]

[Salzburg]
4. November 1986

Lieber Siegfried,
ich habe, ohne Einfluß von außen, beschlossen, die 50 (im Druck vielleicht 70) Seiten der Geschichte vom »Nachmittag eines Schriftstellers«, unter Beibehaltung des Copyrights für mich, dem Residenz Verlag zu überlassen. Zwei

Gründe haben mich bestimmt: einmal mein Versprechen an diesen Verlag, da wieder, nach 5 Jahren, etwas zu publizieren, und aus meinem Versprechen kann ich, beim besten Willen, nicht heraus; und dann, für mich das Entscheidende, mein Bedürfnis, hier im Land, in Österreich, etwas herauszubringen, entstanden in den letzten Monaten durch das Gefühl von historischer Unwirklichkeit hier. Es wird sicher objektiv nichts besser werden, wenn ein P. H. in einem österreichischen Verlag erscheint, noch dazu mit einem bloßen, vielleicht eher privaten Büchlein – aber für mich selber ist es geradezu notwendig, daß das geschieht in *meinem* Land, wo ein Waldheim als Präsidentenschemen und ein Jörg Haider als Stumpfkopfparteivorsitzender das Bild bestimmen und verzerren. Ein paar Leuten wenigstens, das glaube ich zu wissen, wird es guttun und es wird ihnen weiterhelfen, wenn ein von einem Österreicher verfaßtes Werkchen einmal rein einen (anderen) österreichischen Weg versucht. Ja, ich will mir selber so eine Art Wohnstatt hier zu verschaffen suchen; ich brauche das; denn ich komme mir, gerade in meiner sogenannten Heimat, oft, bei all dem Geschrei und den bloßen *Meinungen*, auch in den Büchern (s. Th. Bernhard), statt Darstellungen und Überlieferungen, als gar nicht *vorhanden* vor. So ist es, und das ist eigentlich mein Beweggrund (der mit dem Versprechen eben zusammenwirkt). Ich war zu lang im Erklären, aber Du wirst mich trotzdem verstehen. Und die Rechte bleiben, abgesehen von der Erstausgabe, wie gesagt bei mir (denn der Staat Ö., Eigentümer des RV, soll nicht auch mein Eigentümer sein; er, der doch *nichts* tut für mich, nur *nimmt*).[1]

Es ist ein nebliger Tag, mit einem Sonnengefühl auf den letzten Baumblättern. Ich sitze am Schreibtisch und werde mich wohl bald wieder täglich an ihn setzen, nicht zum Briefeschreiben, sondern zum Nachgehen und In-Gang-

Bringen und Anstimmen der Bilder. Ich lese gerade Eliade und versuche gerade ein indisches Wort auswendig zu lernen: *phalatrisnavairâgya*, was so etwa heißen soll: nicht asketisch werden, sondern aktiv in der Welt bleiben, »aber ohne die Früchte der Aktionen zu geniessen« – das, glaube ich zu wissen, gehört ja auch zu Deiner Art, in der Welt zu sein. Vielleicht magst Du mich wieder einmal anrufen.
Herzlich
Dein Peter

1 P. H., *Nachmittag eines Schriftstellers*, erschien 1987 im Residenz Verlag, Salzburg, Wien, 1989 als Band 1668 der *suhrkamp taschenbücher*.

[423; handschriftlich; Adresse: ⟨Salzburg⟩]
Frankfurt am Main
30. Dezember [1986]
Lieber Peter,
das Jahr geht zuende, ein neues beginnt.
Du ahnst meine Bedrückungen: ich verstehe nach Deinem Brief, für den ich danke, Deine Residenzentscheidung, mich muß sie bedrücken.
Im Hause Fischer schwelte der Dauerstreit zwischen Thomas Mann und Döblin. S. Fischer konnte ihn nicht schlichten, und Freundschaften zerbrachen. Thomas Bernhard hat es schwer genug, mit sich, mit der Umwelt. Ich möchte nicht, daß Freundschaften brechen.[1]
So, ich habe meine Bedrückungen los.
Dir ein gutes Gelingen, beim Schreiben, beim Leben.
Dein
Siegfried

1 Sigrid Löffler zitierte in dem Artikel *Der Mönch auf dem Berg* (in: *profil*, 17. November 1986) Äußerungen von P. H. über Thomas Bernhard: »Was der Thomas Bernhard macht, in Ehren, aber für mich ist das keine Literatur.« Daraufhin schrieb S. U. in einem Brief an Thomas Bernhard unter dem Datum des 25. November 1986: »Lieber Thomas, die Äußerungen des ›Mönchs auf dem Berge‹ sind, wenn sie so gefallen sind, töricht, dumm, unverzeihlich, geschmacklos.« (Bernhard–Unseld, *Der Briefwechsel*, S. 760)

1987

[424; Anschrift: Salzburg]

Frankfurt am Main
30. Januar 1987

Lieber Peter,
das Rätselraten über die Nachfolge von Dr. Rainer Weiss ist beendet: am 1. April 1987 wird Dr. Urs Bugmann in das Suhrkamp-Lektorat eintreten. Wir werden das in der nächsten Woche offiziell bekanntgeben, aus der beiliegenden Notiz kannst Du nähere Informationen entnehmen. Raimund Fellinger wird Dein Lektor bleiben.
Herzliche Grüße
Dein
[Siegfried Unseld]

Anlage[1]

1 Die Anlage ist nicht ermittelt. Wahrscheinlich handelt es sich um eine auf den 3. Februar 1987 datierte Pressenotiz des Suhrkamp Verlags: »Mit Wirkung vom 1. April 1987 tritt Dr. Urs Bugmann als Lektor in den Suhrkamp Verlag ein. Er wird im Deutschen Lektorat des Verlages arbeiten und insbesondere jüngere und neuere deutschsprachige Autoren betreuen. [...] Dr. Urs Bugmann ist 1951 in Cham/Schweiz geboren; er promovierte 1981 an der Universität Zürich bei Professor von Matt über Thomas Bernhards autobiographische Schriften. Urs Bugmann sammelte Lektoratserfahrungen im Walter Verlag, Olten; er veröffentlichte literaturkritische Arbeiten u. a. in der ›Neuen Zürcher Zeitung‹ und in den ›Schweizer Monatsheften‹. Dr. Siegfried Unseld«.

[425; Anschrift: Salzburg]

Frankfurt am Main
30. Januar 1987

Lieber Peter,
Dein Groll oder Dein Grollen sind durch Raimund Fellinger zu mir gedrungen. Du erwähntest meinen Brief vom 30. Dezember 1986. Konntest Du ihn mißverstehen? Von mir aus war er als Beleg freundschaftlicher Zuneigung gedacht: ich erwähnte zwei Punkte meiner Betroffenheit, aber eben auch dies: daß diese beiden Punkte durch die Erwähnung für mich gegenstandslos geworden sind.
Und dann siehst Du in meiner Haltung irgendeine Distanzierung gegenüber der »Wiederholung«. Wie kann dieses Mißverständnis aufkommen? Ich liebe dieses Buch, und wo auch immer ich öffentlich oder privatim rede, weise ich auf Dein großes Buch hin. Wir haben in allen großen Zeitungen große Anzeigen aufgegeben und kleinere Anzeigen in den wichtigsten Zeitungen. Und die Kritiken sind doch – von ein paar Ausnahmen abgesehen – »positiv« bis begeistert. Jede große und durch ihr Feuilleton wichtige Zeitung hat das Buch anerkennend bis enthusiastisch besprochen. Denk an Joachim Kaiser, denk an Manthey: »Das Ergebnis ist eine Poesie, wie wir sie als Prosa sonst nicht kennen. Soll man sagen: seit Rilke?« Oder Peter von Matt in der »FAZ«, der die Spracherfahrung, Sprachglück und Sprachverzückung erwähnte und die theoretische Erfassung bis auf Herder und Walter Benjamin zurückführte. »Über das erste Wortebilden des Menschen angesichts der jungen Schöpfung.«[1] Wieso sollte ich hier Distanzierung empfinden?
Fellinger hat mir vor 14 Tagen berichtet, Du würdest Ende Januar/Anfang Februar mit der neuen Erzählung fertig. Wenn es soweit ist, gib mir bitte ein Zeichen, ich komme

nach Salzburg und hole mir diesmal das Manuskript selbst ab, dann kann das Manuskript nur noch mit mir gemeinsam verlorengehen.
Ich wünsche Dir ein gutes Gelingen, eine gute Vollendung Deiner Arbeit und ein Leben, das belebt.
Herzliche Grüße
Dein
[Siegfried Unseld]

1 Joachim Kaiser, *Peter Handkes hohe Heimatkunst. »Die Wiederholung« – ein respektgebietendes Entwicklungs-Epos*, in: *Süddeutsche Zeitung*, 1. Oktober 1986; Peter von Matt, *Schlafen bei der Großen Mutter*, in: *Frankfurter Allgemeine Zeitung*, 27. September 1986.

[426; handschriftlich]

[Salzburg]
7. Februar 1987

Lieber Siegfried,
diesen Brief habe ich in Gedanken schon so oft geschrieben, daß es mir schwerfällt, ihn jetzt wirklich zu schreiben.
Was Du mir zuletzt hast zukommen lassen, habe ich als warm und freundschaftlich empfunden.
Nur ist da ein Mißverständnis, verantwortet durch Fellinger; er ist manchmal ein Tölpel im guten Sinn, und manchmal in einem anderen. Was ich andeuten konnte: Dein Dezemberbrief, nach langem Schweigen, redete so gar nicht von dem, was wir (doch auch zusammen) in dem letzten Jahr gemacht hatten, also von dem Buch »Die Wiederholung«, das in einem gewissen Doppelsinn auch das Buch meines (bisherigen) Lebens ist; stattdessen ging's um zwei

»Bedrückungen« Deinerseits, von denen ich die erste ein wenig verstehe (Residenzbüchlein), die zweite (Thomas Bernhard?) nicht. Wahrscheinlich spielst Du da an auf das »profil«, wo ich in Wirklichkeit viel freundlicher über das letzte Buch von B. geredet habe, die Journalistin hat's halt gewendet in ihrem Belieben. Ich könnte und sollte aber zu dem, was B. tut, viel entschiedener mich verhalten, nicht so hin und her; aber so ist es nun einmal; und Schweigen, wie es wohl das beste wäre, geht leider nicht immer. Es ist so eine schamlose Schein-Literatur.

Natürlich habe ich in keiner Weise mich grollend gezeigt über irgendwelche fehlende Annoncen zu »Die Wiederholung«. Was Du und Ihr gemacht has(b)t, ist mehr als genug. Und auch die Aufnahme des Buchs, Deine sogenannten »Stimmen«, soll mir ebenso recht sein. Das meinte ich natürlich alles nicht im geringsten. Es war Dein Endjahresbrief, den ich mir eher als einen kleinen Rückblick und gemeinsamen Vorausblick in einem dachte, und nicht als eben die bloße Erwähnungen zweier Mißlichkeiten (in Deinen Augen).

Die Prosa, an der ich arbeite, seit nun 62 Tagen, ist eine seltsam irrwitzige Sache, die zugleich in jeder Situation ein Ding der Möglichkeit sein soll, und die ich »Märchen« nenne. Titel: »Die Abwesenheit«. Sie hat sich ausgeweitet über meine Vorstellung hinaus, und ich werde noch etwa eine gute Woche brauchen. Ab morgen mache ich eine Woche Pause, und so hoffe ich, geht alles gut, um den 25. 2. fertig zu sein. Eigentlich hatte ich ja vor, damit selber in Francoforte sul Meno aufzutauchen ...

Die Arbeit der letzten Jahre: Mir kommt vor, im Lauf des Lebens nimmt das Zyklische zu, oder?

Herzlich,
Dein Peter

[427; Anschrift: Salzburg]

Frankfurt am Main
11. Februar 1987

Lieber Peter,
über Deinen Brief vom 7. Februar habe ich mich sehr gefreut. Ich bedanke mich herzlich.
Wir sollten uns bald sprechen, auch um die letzten Mißverständnisse auszuräumen.
Es wäre schön, wenn Du nach Frankfurt kämst. Wir würden Dich hier gerne verwöhnen. Andererseits möchte ich sobald als möglich Deine neue Arbeit lesen können. Ich könnte am Donnerstag, dem 26. Februar, oder eine Woche später, am Donnerstag, dem 5. März, zu Dir kommen. Läßt Du mich wissen, was Dir angenehm ist?
Herzliche Grüße
Dein
[Siegfried Unseld]

[428; handschriftlich; Ansichtskarte: »John Keats. A version of Severn's portrait long in the possession of the Leigh Hunt familiy«]

[Salzburg]
17. Februar 1987

Lieber Siegfried,
ich will Dir auf Deinen Brief gleich antworten, wenn auch nur auf dieser Karte (ich bin unterwegs im Stadtgebiet). Der 5. 3. wäre mir recht; eine Woche davor werde ich sicher nicht fertig sein. Eine alte Nachbarin ist gestorben, und so komme ich erst morgen wieder zum Neuanfangen, und dann werden's wohl noch 8-10 Tage sein (wenn nicht mehr).

Ich rufe dann sofort an, auch vorher, wenn ich sehe, daß ich nicht ans Ende komme.¹
Herzlich,
Dein Peter H.

1 S. U. hielt in der *Notiz 5. März 1987, Besuch bei Peter Handke* fest: »Handke (wie der Schriftsteller im Text [*Nachmittag eines Schriftstellers*]) steht vor der Tür und putzt seine Schuhe. Er hat Tee vorbereitet, wir gehen ins Wohnzimmer. Die Unterhaltung kommt mühsam in Gang, aber wir können ja über konkrete Dinge sprechen, Übersetzungsrechte, eine slowenische Ausgabe [von *Die Wiederholung*], Hörfunk, kleinere Probleme. Dann bringt er die Residenz-Ausgabe ›Nachmittag eines Schriftstellers‹ und widmet sie mir sehr herzlich. Und dann bringt er das Manuskript ›Die Abwesenheit. Ein Märchen‹. Mit der Niederschrift hat er am 1. Dezember 1986 begonnen, und er ist kurz vor meiner Ankunft fertig geworden: 2. März, 16 Uhr. Manchmal ist am Rand auch vermerkt: –10 Grad, –8 Grad. [Das anderthalbzeilig getippte Typoskript umfaßt 98 Blatt.] [...] Man braucht seine Zeit, und er kommt mit seinen Themen: warum Herr von Matt eine so negative Rezension des ›Gedichts an die Dauer‹ geschrieben habe; er wirke so verklemmt. Ob er einen Auftrag gehabt habe. Und warum ich wohl über seine Äußerungen zu Thomas Bernhard so betroffen gewesen sei? Ich sagte ihm, ich fände es unmöglich, die Arbeit seines Kollegen als Machwerk zu bezeichnen. Und dann brach es förmlich aus ihm heraus: Bernhard sei zutiefst böse, er lobe immer eine Figur auf Kosten der gesamten Umwelt. Er sei ein Witz, gefährlich, stelle sich charmierend der Gesellschaft. In Wirklichkeit möchte er von ihr nur verhätschelt werden. Sein Dasein sei für die Literatur zerstörerisch, und das, was er schriebe, hätte mit Literatur nichts zu tun.« Vor der Erzählung *Die Abwesenheit* entstand im April 1985 *Die Abwesenheit. Eine Skizze*; siehe P. H., *Die Abwesenheit. Eine Skizze*, S. 7-20.

[429; handschriftlich; Ansichtskarte: »Salzburg, Erzabtei St. Peter«]

[Salzburg]
24. März 1987

Lieber Siegfried,
Du warst wieder einmal erfreulich zuhörbereit in Frankfurt.[1] So möchte ich noch einmal wegen einer Auswahl der Gedichte von Alfred Kolleritsch in der »BS« mit Dir anfangen. »Ich« würde eine edle Vorbemerkung schreiben und selber die Gedichte auswählen. Bitte, antworte beizeiten. – Inzwischen brenne ich, das Stück hinzulegen und fasse mich in Geduld, damit die Sache selber Fassung bekommt. – An Fellinger habe ich eine Variante für den Umschlag von »Die Abwesenheit« geschickt. – Herzlich,
Dein Peter

1 P. H. war am 22. und 23. März 1987 in Frankfurt am Main, wo er S. U. traf und mit R. Fellinger *Die Abwesenheit* lektorierte.

[430; Anschrift: Salzburg]

Frankfurt am Main
27. März 1987

Lieber Peter,
ich danke Dir sehr herzlich für Deine Karte vom 24. März. Ich bin erleichtert, daß Du Deinen Besuch in guter Erinnerung hast. Ich hatte manchmal den Eindruck, daß Du an diesem Tag eine innere Schwierigkeit zu bewältigen hattest.
Alfred Kolleritsch in der »Bibliothek Suhrkamp«. Ich mußte Dir das schon in Salzburg sagen – das ist eine sehr komplizierte Entscheidung. Die »Bibliothek Suhrkamp« ist ein

herausragender Ort, nicht nur bei den Suhrkamp-Autoren, sondern auch im Gesichtsfeld der Öffentlichkeit. Es gibt einige Lyriker, die immer wieder den Anspruch angemeldet haben, dort vertreten zu sein. Das Ganze muß also wirklich reiflich überlegt und im Hause auch noch einmal mit den Lektoren besprochen werden. Einfacher zu lösen wäre eine Ausgabe in den »suhrkamp taschenbüchern«. Hier würde auch Dein Freundesdienst in mehr heimischer Umgebung und nicht so sehr in weltliterarischen Bereichen stattfinden.[1]

Die Variante für den Umschlag »Die Abwesenheit« überzeugt mich sehr. Wir leiten das an Herrn Michels weiter.
Ich dampfe am Sonntag gen USA. Am 7. April werde ich wieder zurück sein. Ich hoffe, wir sehen uns dann bald.[2]
Herzliche Grüße
Dein
[Siegfried Unseld]

1 Alfred Kolleritsch, *Gedichte*. Ausgewählt und mit einem Vorwort versehen von Peter Handke, erschien 1988 als Band 1590 der *suhrkamp taschenbücher*.
2 S. U. hielt sich zwischen dem 29. März und 7. April 1987 in New York und Boca Raton auf.

[431; handschriftlich; Anschrift: Salzburg; Ansichtskarte: »Tranquil Boca Raton, Florida«]

6. April 1987

Lieber Peter,
des Meeres und der sowieso Wellen. Sonne. Und nun zum 3. Mal langsam, Wort für Wort, Dein Ms gelesen: ein Stück großer Poesie. Meine Bewunderung für die Geschichte + ihren Verfasser.
Herzlich
Dein Siegfried

[432; Anschrift: Salzburg]

Frankfurt am Main
6. Mai 1987

Lieber Peter,
mit Enthusiasmus habe ich einen Text für die Vertreter geschrieben und das Buch ihnen auch vorgestellt. Ich hatte den Eindruck, daß es gut aufgenommen wurde.
Jetzt habe ich aus diesem Vertretertext einen knapperen destilliert, dieser ist weithin zurückhaltender und viel weniger explikativ. Ich wollte das auch nicht tun, um nicht die Imagination des Lesers allzu sehr festzulegen. Bitte, sage mir, ob Dir dieser knappe Text für die Ankündigung genügt. Falls du Änderungen möchtest, gibst Du mir sicher an, in welcher Richtung Du sie haben möchtest.
Ich hoffe, daß es mir möglich sein wird, nach Asolo zu kommen. Ganz sicher ist das noch nicht, und wenn ich komme, bin ich auch nur am Abend vor der Verleihung und bei der Verleihung anwesend und muß danach wieder zurück nach Frankfurt und Amsterdam zum 90. Geburtstag von Norbert Elias.[1]
Herzliche Grüße
Dein
[Siegfried Unseld]

Anlage

[S. U., Vorschautext für *Die Abwesenheit*]

Peter Handkes neues, episches Werk gibt sich bewußt als Märchen, als eine Prosaerzählung phantasievoller Begebenheiten, nicht an Kausalität, nicht an Raum und Zeit gebunden. Goethe hatte sich ein Leben lang geweigert, das Geheimnis seines »Märchens« zu entschlüsseln, welches er an die letzte Stelle seiner »Unterhaltungen deutscher Ausgewanderten« stellte, damit diese »ins Unendliche auslaufen«. Es sei ein »Kunststück«, biete »soviel Rätsel als dem Rätselliebhaber willkommen und bemühe sich, »bedeutend und deutungslos« zu sein. Klar und labyrinthisch, konkret und fabelhaft sind in Handkes Märchen Länder und Kontinente, Landschaften, die Weltlandschaften sind. Die vier Personen, der Alte, die Frau, der Soldat und der Spieler, bewegen sich in einer Art Phantasie-Topographie durch Kontinente und Zeiten. Sie sind aus dem Alltag aufgebrochen, ausgewandert, sie haben Grenzen überschritten, sie folgen ihrer Sehnsucht, »im Unterwegssein zu Hause zu sein« zu wollen. Sie befinden sich in einer Abwesenheit, die ein Innewerden und Wiederkommen in sich schließt. In den Unterhaltungen der vier, in ihren Aussprachen, Ansprachen, Ausbrüchen, Erwiderungen, Selbstgesprächen und Traumvisionen explizieren sie ihre eigene Geschichte; so »machen« sie das Märchen, seine Stille und »Unstille«.

Die Personen bilden eine Gruppe, die sich in der Art Parzivals bewegt, wie ein Zug, wie eine Prozession, plötzlich ist eine Lichtung da, eine Stadt, eine Wüste, ein Meer. Wie Parzival folgen auch diese vier einer Sehnsucht, die sich an der Kraft der kleinen Orte erfüllt. »Und was will meine Sehnsucht? Nichts als Besänftigung.«

Eines Tages ist der Alte, der der Gruppe Orientierung gab, verschwunden, es bleibt nur noch eine »Sitzspur«, aber es bleibt der Traum, diesen Mentor wiederzufinden, auch sein Merkbuch, das gemeinsame Entziffern der eingetragenen Zeichen würde zum aufregenden Abenteuer.

»Die Abwesenheit« ist ein hermetisches Buch. Dabei ist seine Sprache kristallinisch klar, höchstentwickelt, durchgebildet, das beschriebene Detail überdeutlich. Handkes Prozeß des Schreibens, des Entzifferns und Lesens ist ein Weg zu einer immer klareren Sprache, die in der Welt der

Wüste und Verwüstungen, der Welt unserer Bedrohungen und Gefahren zum Rettungsweg wird.

1 S. U. reiste am 19. Juni 1987 nach Asolo; Hermann Lenz nahm an diesem Tag in der Villa Emo in Fanzolo den Petrarca-Preis entgegen. Die Laudatio hielt Peter Hamm.

[433; handschriftlich]

[Salzburg]
11. Mai 1987

Lieber Siegfried,
ich möchte Dir meine Freude über Deinen Ankündigungstext sagen; ich habe ihn mehrmals gelesen. Ich habe auch tatsächlich während der »Abwesenheit« immer wieder an die Unterhaltungen von Ausgewanderten (und der Goethe'schen) gedacht. Vielleicht könnte man in die Zeile: »... es bleibt nur noch eine ›Sitzspur‹, aber es bleibt der Traum, diesen Mentor wiederzufinden ...« mit dem zweimaligen »bleibt« etwas verändern? Und ist »Die Abwesenheit« wirklich »ein hermetisches Buch«? Ich würde sie eher ein reales Märchen nennen, ein Märchen der Realität, oder Deutung der Realität in Märchenform. Ich habe in den Fahnen eine Art Lichtungs-Arbeit betrieben und so, meine ich, eine bessere Zugänglichkeit ermöglicht, ohne etwas zu verraten (an der Geschichte ist nichts zu verraten). Ich bin jetzt sehr froh mit der Sache; mir kommt sie als das Innigste und Weiträumigste vor, das Schwerste und zugleich Leichteste, was ich je geschrieben habe. – Na, und nun bedachtsam weiter. Ich lese mit großer Begeisterung die Nō-Spiele, die bei Insel erschienen sind; danach kommt mir Shakespeare in vielem etwas pueril vor.[1] – Heute nacht träumte ich von uns beiden; wir gingen eine lange,

sachte Steintreppe empor, und ein Entgegenkommender sagte, Du solltest auf Deine Gesundheit mehr achten. Ich antwortete, das tätest Du bereits, indem Du so mit mir langsam bergan stiegest.
Herzlich,
Dein Peter

[Quer an der linken Seite des Briefes] Darf ich für die Finanzabteilung den Wisch dazulegen? Sie hat ihn von mir gefordert.

1 *Vierundzwanzig Nō-Spiele.* Ausgewählt und aus dem Japanischen übertragen von Peter Weber-Schäfer, erschien im Insel Verlag 1986 in einer zweiten Auflage (erste Auflage 1961).

[434; Anschrift: Salzburg]

Frankfurt am Main
27. Mai 1987

Lieber Peter,
hab herzlichen Dank für Deinen Brief vom 11. Mai. Ich bin sehr froh, daß Du dem Ankündigungstext zustimmen kannst. Selbstverständlich haben wir die kleine Änderung eingebracht.
Anbei der Umschlag-Entwurf für »Die Abwesenheit«. Gefällt er Dir in dieser Form?[1]
Ich höre, Du seiest in Paris, wohl auf der Wohnungssuche? Wir sollten einmal miteinander telefonieren, wenn Du wieder zurück bist.
Herzliche Grüße
Dein
[Siegfried Unseld]

1 P.H., *Die Abwesenheit. Ein Märchen*, erschien am 25. August 1987.

[435; handschriftlich; Ansichtskarte: »Muggia: Santuario di Muggia Vecchi«]

8. Juni 1987

Lieber Siegfried,
ich bin vom großen Regen, der mich hier wieder einmal erwischt hat, so naß, daß es von mir jetzt wegdampft. Der Umschlagentwurf zur »Abwesenheit« ist mir recht, nur die Farbe mit einem Pfirsich (gelbrot)-Schimmer, bitte. Nun bin ich zehn Tage unterwegs und frage mich, wo – da allein – die Seele ist! Na ja.[1] Und Dir geht es gut? Kaum anders denkbar. –
Dein Peter

1 P.H. wanderte von Ende Mai bis zum 10. Juni 1986 durch den Karst. Der Schutzumschlag der *Abwesenheit* zeigt auf gelbrotem Fond eine Zeichnung des Autors.

[436; handschriftlich; Ansichtskarte: »Parma, Battistero – David che suona la Cetra«]

26. Juli 1987

Lieber Siegfried,
heute bin ich erstmals in diesem Jahr im Meer geschwommen, zum Glück nicht als Flüchtling im Schwarzen, und so grüße ich Dich, noch vom Salzwasser.[1]
Herzlich,
Dein Peter

1 P. H. hielt sich, wie aus einer Ansichtskarte an Hermann Lenz hervorgeht, in Sassari auf Sardinien auf. S. U. schwamm als Marinefunker im Mai 1944 aus der von den sowjetischen Truppen eingeschlossenen Festung Sewastopol über Stunden im Schwarzen Meer den deutschen Schiffen entgegen.

[437; handschriftlich; Ansichtskarte: »Torcello (Venezia), Basilica«]

28. August 1987

Lieber Siegfried,
Du bist schon im Flugzeug, und mich hat es noch verschlagen nach Vicenza. Schöne Stunden mit Dir und der liebenswürdigen Frau. Und einen Fehler habe ich noch gefunden ... S. 148, 11. Z. v. oben: da steht statt »Flosse« »Glosse« ... (schlief schlecht deswegen) – [XXX][1]
Dein Peter

1 P. H. und S. U. trafen sich zwischen dem 25. und 28. August 1987 in Venedig. S. U. überbrachte P. H. das erste Exemplar der *Abwesenheit*. S. U. hielt im *Reisebericht Venedig, 25.-28. August 1987*, fest: »Er zog sich nach der Übergabe für zwei Stunden zurück und kam ›deprimiert‹ wieder: er hatte einige Druckfehler entdeckt, einige Dinge, die er hatte korrigieren wollen, und fünf Seiten wären zu streichen gewesen. Er gab mir eine Seite ›Korrekturen‹ auf dem Briefpapier des Hotels Cipriani mit. Nach einem Nachmittag am Rande der Lagune und mit Wein von Friaul legte sich dann die Depression. Wir hatten sehr herzliche Gespräche, nicht ohne sein Monitum: der Verleger möchte sich nicht nur bei der Lektüre des Manuskriptes und bei der Abfassung des Klappentextes um Verbindung mit ihm bemühen.«

[438; handschriftlich; Anschrift: Salzburg; Ansichtskarte: »Torcello (Venetia) – Basilica«]

28. 8! [1987]

Bitte lieber Peter schreib schnell, damit wir bald wieder hier zusammen sein können.
Dein Siegfried
Es war so schön! Masel und Broche für Dich. Rachele[1]

1 Ulla Berkéwicz

[439; Anschrift: Salzburg]

Frankfurt am Main
15. September 1987

Lieber Peter,
ich belaste Dich nicht mit unseren wissenschaftlichen Büchern, aber es könnte doch sein, daß Dich das Buch des polnischen Wissenschaftlers Jacek Woźniakowski »Die Wildnis. Zur Deutungsgeschichte des Berges in der europäischen Neuzeit« interessiert. Ich schicke es Dir mit gleicher Post zu.
Herzliche Grüße
Dein
[Siegfried Unseld]

[440; Anschrift: Salzburg]

Frankfurt am Main
13. Oktober 1987

Lieber Peter,
wir haben nun schon zum zweiten Mal versucht, eine »Geschichte des Suhrkamp Verlages« darzustellen. Ich schicke Dir unseren Versuch zu. Das Jahr 1966 markiert unseren Beginn. Ich wünsche mir, daß wir noch viele Werke in die »Geschichte« einschreiben können.
Ich schicke Dir ein Exemplar zu. Bitte sage mir, wenn Du weitere Exemplare haben möchtest, oder nenne mir die Personen, denen wir dies zuschicken sollen.
Herzliche Grüße
[Siegfried Unseld]

[441; handschriftlich; Ansichtskarte: »Ston«]

Dalmatien[1]
5. Dezember 1987

Lieber Siegfried,
mein Schrifttum beschränkt sich im Moment aufs Notieren und Ansichtskartenverfassen. So grüßt Dich, dem der Bodensee sicher die Seele sänftet,[2]
Dein
Ansichtskartenverfasser
Peter

1 P. H. und S. U. hatten sich vor der Reise von P. H. durch Jugoslawien nach Griechenland am 8. November 1987 in München getroffen. Im *Reisebericht Zürich–München, 7./8. November 1987*, heißt es: »Um den 20. Januar herum flöge er, wo immer [er] auch sei, nach Berlin. Dort sei in der Akademie [der Künste] eine Feier zum 50. Geburtstag von Nicolas Born [gest. 1978] und er wolle

dort reden. Diese Rede stellt er uns zur Verfügung. [P. H., *Nicolas Born, rastloser Liebhaber*, in: P. H., *Langsam im Schatten*, S. 33 ff.] Wir sollten versuchen, für die ›Bibliothek Suhrkamp‹ eine Auswahllizenz von Rowohlt zu erhalten. Er würde sie machen und einen Text dazu beisteuern. [Nicolas Born, *Gedichte*. Herausgegeben und mit einem Nachwort versehen von Peter Handke, erschien am 22. Mai 1990 als Band 1042 der *Bibliothek Suhrkamp*. Das Nachwort trug den Titel *Kleine Chronik des Märchens eines Lebens (an Hand der Gedichte von Nicolas Born)*.] Der Film ›Der Himmel über Berlin‹, er hat ihn noch nicht gesehen und freute sich über meine Freude an dieser, wie ich meine, herausragenden, ja faszinierenden filmischen Realisierung [P. H. verfaßte mit Wim Wenders und Richard Reitinger das Drehbuch zu *Der Himmel über Berlin*. Regie: Wim Wenders, Musik: Jürgen Knieper, Kamera: Henri Alekan, Schnitt: Peter Przygodda. Es spielten Bruno Ganz, Solveig Dommartin, Otto Sander, Curt Bois, Peter Falk, Hans-Martin Stier, Annelinde Gerstl. Das Buch *Der Himmel über Berlin* erschien 1987 im Suhrkamp Verlag].« P. H. feierte seinen 45. Geburtstag in Dubrovnik gemeinsam mit Gustav Januš und R. Fellinger.
2 S. U. verbrachte die Zeit zwischen dem 27. November und dem 10. Dezember 1987 in der Kurklinik Buchinger in Überlingen.

[442; handschriftlich; Ansichtskarte: »Thessaloniki – St. Nicholas-Orphanos«]

16. Dezember 1987

Lieber Siegfried,
der Zug schaukelt, und so schreibe ich langsam, daß ich Dir einen Weihnachtswunsch nach Deutschland zustandebringe. Ich bin gerade unterwegs von Thessaloniki nach Larissa. Meistens bin ich guter Dinge, auch weil die Dinge gut sind.[1]
Freundliche Grüße,
Dein Peter

1 P. H. reiste nach dem 6. Dezember 1987 von Dubrovnik über Titograd (Podgorica), Skopje, Ohrid, Bitola, Florina, Thessaloniki, Larissa, Ioannina, Dodona, Patras, Tripoli, Levidi, Argos, Nauplion, Nea Kios, Epidauros, Korinth, Archea Nemea, Athen nach Kairo (dort traf er am 3. Januar 1988 ein), von wo er am 8. Januar 1988 nach Paris flog (siehe P. H., *Gestern unterwegs*, S. 25-72). In *Mein Jahr in der Niemandsbucht* unternimmt der Sohn des Ich-Erzählers eine ähnliche Reise durch Jugoslawien und Griechenland, S. 677-684.

1988

[443; handschriftlich; Ansichtskarte: »Shin-Yakushiji Temple Nara«]

Nara
2. März 1988

Lieber Siegfried,
nur, um Dir zu sagen, daß ich meistens gar nicht so schlechter Dinge bin. »Fremd« ist man ja überall, und kann darum für Momente vielleicht umso vertrauter oder neuer werden. Ich glaube, es ist für mich fruchtbar hier, obwohl ich ohne Plan bin, und ich möchte noch zwei, drei Wochen mich erkundigen.
Herzlich, mit Dank für die eine Hotelwoche,[1]
Dein Peter

1 Am 15. Februar 1988 trafen sich P. H. und S. U. in Amsterdam. In der *Chronik* ist unter diesem Datum vermerkt: »In Amsterdam, dies ist mein einziger Grund, treffe ich Peter Handke. Es ist eine letzte Möglichkeit, ihn vor seinem Aufbruch nach Japan zu sehen. [...] Im Stedelijk-Museum mache ich für mich eine wichtige Entdeckung; Piet Mondrian ist Holländer, ich habe das verdrängt, aber er begann als figurativer, gegenständlicher Maler. Unvergeßlich wird mir seine rostbraune Windmühle sein. Wie dieser Bruch zu erklären ist? Peter Handke steht begeistert vor einer der letzten Arbeiten von Mark Rothko. Er wollte über diesen Maler schreiben, und er steht lang vor diesem expressionistisch-abstrakten Bild mit den Flächen dunkelblau und dunkelgrau. Rothko, dieser jüdische, imaginative, aus Ost-Europa stammende Maler, brachte in die Moderne Kunst wieder neu Religiosität und Erlösungssehnsucht. Handke steht vor diesem Bild und sagt immer wieder: es ist eine Selbstbehauptung, eine Selbstbehauptung, eine Selbst-

behauptung. Ich sehe hier eher eine tragische Verdüsterung in diesen Bildern. Dann gehen wir wieder spazieren, essen schließlich in einem Lokal, wir machen eine tour d'horizon, er ist freundlich, liebenswürdig; er hat ein zärtliches Verhältnis zur Literatur, und nun will er ins Fremde aufbrechen. Ich stelle ihm noch ein Hotel in Tokyo in Aussicht, er muß mir versprechen, daß er sich zunächst an die Botschaft bzw. das Goethe-Institut hält, um die ersten Schritte machen zu können.«
Am 17. Februar 1988 flog P. H. von London nach Tokyo, wo er sich bis zum 25. Februar im Hotel Okura aufhielt; danach war er in Kyoto, Nara, Morioka, Aomori, Sendai, Matsushima, Tokyo, Kamakura, Nikko – von Tokyo flog er am 14. März 1988 nach Anchorage (siehe *Gestern unterwegs*, S. 93-128). Auf den Tag der Abreise aus Japan ist sein *Brief an Iasushi Inoue* datiert; siehe P. H., *Langsam im Schatten*, S. 62 f. In: *Mein Jahr in der Niemandsbucht* (S. 590-612) hält sich der Architekt und Zimmermann an denselben Orten in Japan auf.

[444; handschriftlich; Ansichtskarte »Toulouse Basilique Saint-Sernin (XIe-XIIe Siècle); Chérubin (déambulatoire)«]
Nîmes
11. April 1988
Lieber Siegfried,
der vorn soll ein Engel sein, sieht aber eher Dir oder einem römischen Feldherrn ähnlich. – Langsam wird nun heimgekehrt, ich möchte nur vorher noch nach Arles und zur Sainte-Victoire, die als Heilige hier oft vorkommt.[1]
Herzlich,
Dein Peter H.

Ich habe geträumt, wie Du in einem klaren kalten Fluß schwammst und dann mit einer Japanerin am Ufer saßest – ich war aus dem Spiel.

1 P. H. flog von Anchorage am 17. März 1988 nach London, von dort weiter nach Lissabon, dann ging es weiter nach Coimbra, Porto, Vigo, Santiago de Compostela, La Coruña, Lugo, Ponferrada, Léon, Oviedo, Bilbao, San Sebastian, Bayonne nach Toulouse und Nîmes. Am 24. April war er in Wien.

[445; handschriftlich; Ansichtskarte: »Venzone (UD), Duomo di S. Andrea (1308)«]

29. Juni 1988

Lieber Siegfried,
ich möchte mich doch noch einmal melden. Wenn es mit der Arbeit weiter so halbwegs geht, wird diese »Kunst des Fragens« etwas Seltsames, was es so noch kaum gegeben hat. Nur das Herz ist schwach wie je. Und der Lärm der Welt und mein eigener (Stimmen) setzen mir zu. Und Du hochzeitest? – Einen herzlichen Gruß von
Deinem Peter

[446; Anschrift: Salzburg]

Frankfurt am Main
5. August 1988

Lieber Peter,
ich höre von Raimund Fellinger, daß Du Deine Zelte in Paris aufgibst und gen Salzburg reisen wirst, um dort mit der Niederschrift Deines neuen Stückes zu beginnen.
Ich begebe mich auch auf Reisen, und zwar reisen Ulla und ich am 12. August über Bayreuth, Innsbruck, Sils Maria ins Hotel Schloß Fuschl, wo wir vom 22. bis 24. August sein werden.
Ich würde mich natürlich sehr freuen, wenn wir uns se-

hen und sprechen könnten, z. B. am Montagmittag, 22. August – in Salzburg oder Fuschl. Eine Nachricht erreicht mich in Fuschl (Telefon 06229-2253) oder über Frau Zeeh in Frankfurt.[1]
Laß es Dir gut ergehen und sei herzlich gegrüßt von
Deinem
[Siegfried Unseld]

1 Von Mitte Juli 1988 an hielt sich P. H. in Paris auf.

[447; handschriftlich; Ansichtskarte: »Hotel La Bourdonnais, Paris«]

[Paris]
7. August 1988

Lieber Siegfried,
in diesem Hotel, Zimmer 608, war ich in der letzten Zeit, und jetzt ist es so halbwegs geschafft. In Salzburg werde ich das Stück in Ruhe durchgehen. Ab 18. 8. etwa möchte ich dort sein. Es ist wahrscheinlich schön im sommerlichen Nordend?
Einen Gruß von
Deinem Peter

[448; Anschrift: Salzburg]

Frankfurt am Main
26. August 1988

Lieber Peter,
es war einfach alles angenehm, ich bedanke mich herzlich. Und nun wünsche ich Dir das Beste für alle Deine Schreibkräfte, und ich will meine Neugier bis Mitte Oktober im Zaum halten.[1]

Ich bin übrigens am Wochenende 15./16. Oktober in Wien und könnte am 17. nach Salzburg kommen, oder wollen wir uns am 22./23. zur Übergabe in Venedig treffen?
Herzliche Grüße
[Siegfried Unseld]

1 P. H., Ulla Berkéwicz und S. U. trafen sich am 22. August 1988 in Salzburg. Im *Reisebericht Bayreuth, Brannenburg, Poschiavo, St. Moritz, Salzburg, 12.-24. August 1988*, hielt S. U. fest: »Er [P. H.] erzählte von seinem Frankreich-Aufenthalt, wo er im Hotel La Bourdonnais, Zimmer 608, sein Stück ›Kunst des Fragens‹ ›halbwegs geschafft‹ habe. Jetzt würde er es in Salzburg nochmals ›neu ins Reine‹ schreiben, Mitte Oktober wolle er es mir an einem besonderen Ort übergeben.«

[449; handschriftlich; Ansichtskarte: »Kobarid«]
Kobarid[1]
8. September 1988
Lieber Siegfried,
hier um diesen kleinen Ort existierte 1943 vom September bis November die »Republik Kobarid«, ausgerufenen von slowenischen und italienischen Partisanen, und hier kam vte auch der junge Mensch aus der »Wiederholung« auf der Erforschung seiner rebellischen Vorfahren. Und ich sitze neben meinem Rucksack unter einer gewaltigen Kastanie und hoffe, später, wenn es wärmer geworden sein wird, wieder im kalten hellen Isonzo zu schwimmen. – Es war so erfreulich mit Frau Ulla und Dir, ich war nachher noch den ganzen Tag gern und leicht in der Landschaft um S.
Alles Gute,
Dein Peter

1 Die Ansichtskarte trägt den handschriftlichen Vermerk von S. U.: »daher Kobal«.

[450; handschriftlich]

[Salzburg]
4. Oktober 1988

Lieber Siegfried,
wohl ist es nicht der rechte Moment (Buchmesse), Dir das Stück zu schicken, aber ich will die Sache fürs erste endlich aus dem Haus haben. Du brauchst es erst zu lesen, wenn der Wirbel vorbei ist und der Kopf frei. Ich bitte nur, mir etwa durch Burgel Zeeh sagen zu lassen, ob die Blätter auch angekommen sind.[1] Ab dem 17. oder 18. Oktober möchte ich wieder ein wenig wandern gehen. Ich könnte Dich von unterwegs anrufen. – Es tut gut, wieder frei zu sein nach all diesen Monaten – vorderhand. Ich bin neugierig, wie das Schreibleben weitergeht. Heute will ich einmal nur gedankenlos nach Anif, in Luft und Licht.
Einen herzlichen Gruß
von
Deinem Peter

1 Die erste Textfassung von *Das Spiel vom Fragen oder Die Reise zum Sonoren Land* entstand zwischen dem 7. Juni und 4. August 1988. Das Typoskript umfaßt 72 (anderthalbzeilig getippte) Blatt. P. H. und S. U. trafen sich am 16. Oktober 1988 in Salzburg. In der *Chronik* ist unter diesem Datum vermerkt: »Ich hatte sein neues Stück schon in der Fassung gelesen, als es noch ›Die Kunst des Fragens‹ hieß, ein Manuskript mit vielen Korrekturen. Auf meinen Wunsch hin nannte er es ›Das Spiel vom Fragen oder Die Reise zum Sonoren Land‹. Es ist in der Art schon mit dem Stück ›Über die Dörfer‹ zu vergleichen, auch hier eine in sich nicht kohärente Gesellschaft von sechs Personen, ein Mauerschauer und ein Spielverderber, ein junger und eine junge Schauspielerin, ein altes Paar und eben Parzival, dazu dann ein Einheimischer in verschiedenen Spielarten. Es geht um eine ›neue Menschenkunde‹, und dieser neue Mensch ist durch Fragen definiert, d. h., er ist offen, neugierig, bereit zu Neuem. Die Reise führt zwar zum Sonoren Land,

aber die Gesellschaft kann sich dort doch nicht aufhalten, das Fest des Fragens findet nicht statt. Am Schluß tritt der Einheimische auf, verdammt alles Fragen, aber er ist jetzt doch schon so neuer Mensch, daß er nicht anders als fragen kann. [...] Das Gespräch war zunächst – wie immer – kompliziert. Er will, wie jeder Autor, Zustimmung, Lob, Engagement erfahren, aber auch Kritik. So kritisierte ich den Untertitel ›Reise zum Sonoren Land‹, aber er bestand darauf. Raimund (er meinte den österreichischen Dramatiker Ferdinand Raimund, der Zauberpossen, Märchenstücke und romantische Dramen geschrieben hat) habe immer Doppeltitel eingesetzt und er wies mich auf die Widmung hin: ›für Seami Motokiyo, Ferdinand Raimund, Anton Tschechow, John Ford und all die anderen‹. Als ich ihm sagte, plötzlich tauche aus heiterem Himmel ein ›Autor‹ auf, gegen den sich die sechs Personen wehren: ja, sagte Handke, hier suchen sechs Personen eben keinen Autor! Auf diese Pirandello-Anspielung muß man kommen.«

[451; Anschrift: Salzburg]

Frankfurt am Main
18. Oktober 1988
Lieber Peter,
nur eine kurze Bestätigung eines Punktes: Fellinger hat veranlaßt, daß Dir die Bücher von Goetz, Rothmann und Angela Krauß zugehen. Sie müßten also in diesen Tagen bei Dir eintreffen. Ich schicke Dir noch die Bücher von Durs Grünbein und Friederike Mayröcker.[1] Über alles andere sprechen wir später bzw. werden wir noch telefonieren.
Herzlich
Dein
[Siegfried Unseld]

1 Rainald Goetz, *Kontrolliert*; Ralf Rothmann, *Der Windfisch. Erzählung*; Angela Krauß, *Das Vergnügen*; Durs Grünbein, *Grauzone morgens. Gedichte*; Friederike Mayröcker, *mein Herz mein*

Zimmer mein Name – zählten zu den Neuerscheinungen im Herbstprogramm des Suhrkamp Verlags.

[452; Anschrift: Salzburg]

Frankfurt am Main
18. Oktober 1988

Lieber Peter,
ich bestätige noch einmal unsere Reiseabsprachen. Du kommst am Mittwoch, dem 23., abends oder Donnerstag, 24., nach Frankfurt; am Freitag, dem 25., fliegen wir um 12.55 Uhr nach Madrid. Ich habe für Freitagabend dann in Madrid ein Hotelzimmer für Dich gebucht. Dies zu Deiner Orientierung. Du kennst ja die Flüge Salzburg–Frankfurt, nachmittags 15 Uhr die Lufthansa-Maschine und um 19.10 Uhr die AUA.
Herzliche Grüße
Dein
[Siegfried Unseld]

[453; handschriftlich; Ansichtskarte: »Sion, la rue de Lausanne et l'église de Valère«]

Brig
31. Oktober 1988

Lieber Siegfried,
wenn es immer noch recht ist, komme ich also am 23. oder 24. nach Frankfurt und dann geht es weiter zum Spanischlernen. Ich freue mich schon, aufs Land, aufs Dasein und alles. – Wenn für das Stück ein Ankündigungstext geschrieben werden sollte: Vergiß alles, was ich Dir gesagt habe, es war, vor allem das mit dem »Zyklischen«, nur Verlegenheit.

Die Sache ist ganz für sich geworden. Vielleicht mag Weiß[1] etwas schreiben? – Ich hoffe, Du bist wieder gesund.[2] Über einen italienischen Umweg fahre ich gerade vom Genfer See heimwärts. Die Umschlagszeichnung habe ich dabei. –
Dein Peter

1 Unter dem »ß« steht in Klammern in der Handschrift von P. H.: »(ss?)«.
2 P. H., Ulla Berkéwicz und S. U. hielten sich vom 25.-28. November 1988 in Madrid auf. In den *Stichworten* von S. U. zu dieser Reise heißt es: »Peter Handke, der sein Stück ›Spiel des Fragens‹ beendet hat, brauchte spanisches Ambiente, um für eine neue Arbeit ›auftanken‹ zu können. Er bleibt in Spanien, ist aber am 3. Dezember wieder in Salzburg zurück, um definitiv seine Wohnung dort zu räumen. Wir besuchten – teilweise mit Ausflügen nach Segovia und Toro verbunden – folgende Autoren: Juan Goytisolo, Juan Benet und Jorge Semprún; Jorge Semprún ist ja seit Juli 1988 spanischer Kulturminister. Alles verlief in freundlich-freundschaftlicher Atmosphäre.«

[454; handschriftlich; Ansichtskarte: »Meudon – 92190 (Hauts de Seine)«]

2. Dezember 1988

Lieber Siegfried,
jetzt bin ich wieder, wo ich einmal gern war. Danke für die Tage in España, erst allmählich bin ich auch wirklich dort gewesen. Ullas Villalonso, samt Castillo-Bar und verlorenem Fotoapparat und Jägern, wirkt doch nach. Und Du fastest. »Mittagessen«[?] heißt französisch »déjeuner« = entfasten«.
Eine schöne Zeit und eine schöne Lichtluft am Bodensee –
Dein Peter

[455; handschriftlich; Anschrift: ⟨Chaville⟩]
Frankfurt am Main
21. Dezember 1988

Lieber Peter,
es war ein sehr angenehmer Abend, schön erfüllt mit dem Persönlichen Deiner Kindheit, Ulla und ich danken Dir sehr.[1]

Anbei der Vertrag für »Das Spiel vom Fragen«. Du wolltest keine Vorauszahlung, denke bitte daran, daß Du jederzeit über einen von Dir zu bestimmenden Betrag verfügen kannst.

Anbei der junge Wittgenstein mit seiner niedrigen »Elendsschwelle«.[2]

Sei nicht zu einsam bei Deinen Wanderungen. Du darfst sicher sein, daß Ulla und ich Deiner gedenken und Dich jederzeit gerne hier haben.

Herzlich
Dein Siegfried

1 P. H., Ulla Berkéwicz und S. U. trafen sich am 18. Dezember 1988 in Königstein/Ts. im Hotel Sonnenhof. Am 21. Dezember 1988 flog P. H. von Frankfurt am Main nach London. Die nächsten Reisestationen: Brighton, Cambridge, Durham, Edinburgh, Dundee, Aberdeen, Inverness, Durnoch, Kyle of Lochalsh, Kyleakin, Portree/Skye, Pitlochry, Stirling, Glasgow, Birmingham, London, Dover, Calais, Rouen, Caen, Tours, Poitiers, Limoges, Souillac, Cahors, Moissac, Toulouse.
2 Brian McGuiness, *Wittgensteins frühe Jahre*. Aus dem Englischen von Joachim Schulte, erschien 1988 im Suhrkamp Verlag. McGuiness schreibt: »›Ich hätte mein Leben zum Guten wenden sollen und ein Stern werden. Ich bin aber auf der Erde sitzen geblieben und nun gehe ich nach und nach ein.‹ Dies ist ein Gefühl, das jeder von sich selbst kennt, und kein Psychiater würde es in klinischer Hinsicht für wichtig erachten. [William] James meint, daß diejenigen, die es so niederdrückt wie Tolstoi und Wittgenstein, eine niedrigere ›Elendsschwelle‹ haben als andere.« (S. 254)

1989

[456; handschriftlich; Ansichtskarte: »The Kilt Rock Falls, Isle of Skye«]

Inverness
11. Januar 1989

Lieber Siegfried,
bei Regen und Sturm geht es dem Wanderer doch gut, und er umreißt, luftig, dies und das.[1] Viel Kraft (oder Vergleichsmöglichkeit) gibt mir das Lesen von McGuiness, »Der junge Wittgenstein«, eine nicht nur genaue, sondern auch gültige Arbeit.* –[2]
Herzlich
Dein Peter

* Sogar der Krieg kommt mir dadurch näher. Leider hab ich's schon ausgelesen.

1 Der Sänger ist in *Mein Jahr in der Niemandsbucht* in dieser Gegend auf ähnliche Weise unterwegs (S. 441-446).
2 Da P. H. erst ab dem Juli 1990 wieder eine feste Adresse hatte, war der postalische Austausch zwischen ihm und S. U. gering. Gleichwohl begegneten sich P. H. und S. U. Am 29. April 1989 übergab P. H. in Kronberg S. U. das Manuskript des *Versuchs über die Müdigkeit* (23 Blatt). Es entstand im März 1989 im spanischen Linares. Seit diesem Zeitpunkt schreibt P. H. alle seine Werke, von einigen Theaterstücken abgesehen, mit Bleistift. Am 14. Juni 1989 trafen sich P. H. und S. U. in Venedig. In der *Chronik* hielt S. U. unter diesem Datum fest: »Dort angekommen, suchte ich sogleich den schönen Swimmingpool auf und traf dort Peter Handke, schwimmend. Wir trafen uns eine Stunde später im Park des Hotels. Ich übergab ihm die Fahnen und den Umschlag [des *Versuchs*

über die Müdigkeit] sowie einige Post. Dann bummelten wir durch Venedig, aßen im Monaco und fuhren dann nächtens mit dem Boot ins Hotel zurück. Wir trafen uns [am nächsten Morgen] um 10 h, besprachen den von ihm durchgesehenen Text, er hatte einen typisch zu übersehenden Druckfehler entdeckt: ›das Blau der Arbeitshosen‹ sollte es heißen, zu lesen war aber: ›das Blau der Arbeitslosen‹.« Die nächste Begegnung fand am 22. August 1989 bei Salzburg statt: Die *Chronik* hält unter diesem Datum fest: »Peter Handke kommt nach Fuschl. Ich übergebe ihm sein Buch ›Versuch über die Müdigkeit‹ (er entdeckte einen Druckfehler), sonst erlebten wir einen ruhigen, freundlichen, mitteilungsbedürftigen Peter Handke. [*Versuch über die Müdigkeit* erschien am 30. Oktober 1989.] Wir waren bis lange nach Mitternacht mit ihm zusammen. Peter Handke kam am Vormittag. Wir spazierten noch eine Weile, fuhren dann nach Anif, hatten aber keine Zeit mehr, Graf Moy im Schloß zu besuchen [siehe Brief 351, Anm. 2]. Handke fuhr mit uns zum Flughafen und blieb bis zur letzten Minute bei uns.« Zum 65. Geburtstag von S. U. traf man sich im Kreis zahlreicher Suhrkamp-Autoren [siehe Abb. 13b], zu denen auch P. H. zählte; am Abend des Tages stürzte S. U. und mußte nach einer Operation längere Zeit im Unfallkrankenhaus in Frankfurt am Main verbringen [siehe Brief 476, Anm. 2].

[457; handschriftlich; Briefpapier Kurklinik Buchinger am Bodensee; Anschrift: ⟨Salzburg⟩]

[Überlingen]
9. Dezember [1989]

Lieber Peter,
am 6. Dezember habe ich Dich angerufen, vergeblich. Nimm nachträglich meine herzlichen Wünsche. Das neue Lebensjahr soll Dir Angenehmes bescheiden, die Umwelt friedlich lassen und Dir Deine von mir so bewunderte poetische Kraft erhalten und steigern.
Ich bin hier und faste und fühle mich sehr wohl. Fasten ist ja eine Ernährung von innen, und diese funktioniert

auch nur dann, wenn alles andere auch von innen kommt.
So sind diese Tage auch Begegnungen mit mir selber, und
ich bin froh, »ohne Schrecken« meiner inne zu werden.
Der Verlag läuft. Die heutige Samstagausgabe der »FAZ«
brachte auf S. 3 (bester Platz!) eine Anzeige unserer Bücher.
Ich würde Dich gerne bald wiedersehen.
Herzlich
Dein
Siegfried

1990

[458; handschriftlich; Ansichtskarte: »Avila. Murallas y rio Adaja«]

3. Januar 1990

Liebe Ulla und lieber Siegfried,
natürlich muß ich Euch zusammen von hier aus grüßen. Es ist meine 1. Karte seit November einmal.[1]
Alles Gute,
von
Eurem Peter
(im Busbahnhof)

1 Im November 1988 (siehe Brief 453, Anm. 2) hatte P. H. mit Ulla Berkéwicz und S. U. auch Avila besucht.

[459; handschriftlich]

[Frankfurt am Main]
[13. Januar 1990]

Lieber Siegfried und liebe Frau aus der Hynsperstraße – ich bin heute doch zu darnieder zum Wegfahren ins Unbekannte. So gehe ich erst morgen früh – ohne Euch aber noch zu behelligen. Kino, ein Glas Wein und schlafen. Das SV-Buch habe ich wieder beschrieben. Einen ruhigen Abend –[1]
Euer P.

1 S. U. vermerkte in der *Chronik* unter dem 12. Januar 1990 über einen Aufenthalt von P. H. in Frankfurt am Main, bei dem er auch

Ulla Berkéwicz traf. »Er [P.H.] gab das Manuskript seiner neuen Erzählung ›Versuch über die Jukebox‹ ab und bat mich, ich möchte den Ankündigungstext schreiben. In das Gästebuch trägt er ein: ›Peter Handke im Nebel‹.«

[460; Anschrift: Chaville]
Frankfurt am Main
19. Juli 1990[1]

Lieber Peter,
ich darf Dir heute die ersten beiden Exemplare vom »Versuch über die Jukebox« in die Hände legen. Das Buch ist sehr schön geraten, die rote Schrift wirkt unglaublich auf der Manuskriptseite – ein wenig schade doch, daß die gezeichnete Jukebox in der Klappe verschwindet. Aber so war es ja Dein ausdrücklicher Wunsch. Wir werden das Buch nun Ende des Monats an den Buchhandel ausliefern. Die Vorbestellungen sind beachtlich, ich bin ganz sicher, daß wir den buchhändlerischen Erfolg des letzten »Versuchs« noch einmal gehörig übertreffen werden.[2] Der Verlag wird die Trommeln rühren. Ein Exemplar des Buches übrigens habe ich an Bernard Lortholary von Gallimard geschickt, er wartet darauf. An Dich und an Sophie die herzlichsten Grüße von mir (und von Ferne zugerufen überaus herzliche von Beatrice)
[Siegfried Unseld]

1 S. U. vermerkte in der *Chronik* unter dem 17. Juni 1990: »Peter Handke hat mich durch Fellinger jetzt dringlich gebeten, ihn in Paris anzurufen. Er wußte, warum ich mich über Wochen nicht bei ihm gemeldet habe. Unmittelbar nach seinem letzten Besuch in Frankfurt, der ja so überaus herzlich und freundschaftlich verlief [16. Februar 1990], erfuhr ich durch eine Ankündigung des Residenz Verlages, daß ein neues ›Werk‹ von Peter Handke bei Residenz erschiene. ›Noch einmal für Thukydides‹. ›Ein schmales

Album genau und groß gesehener Naturbilder‹. Warum hat er mir dies nicht von Mann zu Mann gesagt? Unser Telefonat war zögerlich von beiden Seiten, aber dann sprach ich diese Sache an und gab ihm meine Enttäuschung kund. Sein Argument: er wolle immer wieder in Jahresabständen eine Verbindung zu Österreich haben. Ich sagte, daß ich dies verstehe, nur was ich nicht verstünde: daß er mir dies nicht angekündigt habe. Das Gespräch blieb offen, irgendwann sollten wir uns ja sehen.«
2 P. H., *Versuch über die Jukebox*. Erzählung, erschien am 26. Juli 1990.

[461; Anschrift: Chaville[1]]

Frankfurt am Main
8. August 1990

Lieber Peter,
mit einem herzlichen Gruß und vielen guten Wünschen schicke ich Dir den von mir gegengezeichneten Vertrag für die »Jukebox« in Dein neues Domizil. Möge!
Ulla und ich werden am 28. August in Frankfurt heiraten. Nach dem Zeremoniell verschwinden wir für drei Tage, um am Samstag, den 1. September, nach Paris zu kommen. Es wäre sehr schön, könnten wir Dich treffen. Bitte laß uns dies bald wissen.[2]
Und bitte, halte Dir einen Tag im September für uns frei: wir laden für Samstag, den 22. September, einen Freundeskreis zu einer nachträglichen Hochzeitsfeier auf Schloß Maurach bei Überlingen am Bodensee ein. Dort wollen wir von 12 bis 18 Uhr ein Fest feiern. Wir rechnen mit Dir!
Burgel Zeeh legt Dir einen Brief für die Deutsche Bank Kronberg bei, und sie wird Dir auch bald zu Deinen Fragen der Besteuerung Auskunft geben.[3]
Mit herzlichen Grüßen
Dein
[Siegfried Unseld]

2 Anlagen[4]

1 P. H. bezog am 1. Juli 1990 ein Haus in Chaville bei Paris.
2 Die standesamtliche Trauung von Ulla Berkéwicz und S. U. fand im Frankfurter Römer am 28. August 1990 »mittags mit dem Glockenschlage zwölf« statt. Danach gab es einen Empfang für die Mitarbeiter des Verlags, ein Mittagessen mit Freunden; es schloß sich ein Flug nach Zürich zu Max Frisch an. Von Zürich flogen Ulla Berkéwicz und S. U. nach Paris. Im *Reisebericht Zürich, Vitznau, Paris, 28. August-2. September 1990*, ist vermerkt: »Peter Handke hat ein neues Haus in Chaville gefunden. Wir nehmen ein Taxi, fahren 40 Minuten endlos durch Vorstädte, Vororte, Vorweiler, Wüsteneien von Steinlandschaften‹ […]. Handke hört das Taxi, kommt uns entgegen. Dann gehen wir mit ihm 100 Meter durch einen Weg zwischen zwei Häusern und dann ein Garten, der ein, wie Ulla Berkéwicz sagte, verwunschenes Haus freigibt. Handke erfüllte sich seinen Wunsch, nicht in einem Villenvorort, nicht in einer Waldsiedlung, sondern unter Kleinbürgern zu leben, freilich das Haus hat zwei äußere Vorteile: Drei Minuten zur Eisenbahnstation, die einen mit dem Zug in zwanzig Minuten nach Paris bringt, und in fünf Minuten ist man im Wald, in dem man stundenlang zum Beispiel nach Versailles wandern kann.«
3 In einem handschriftlichen Brief vom 1. August 1990 hatte P. H. Burgel Zeeh gefragt, ob er trotz seines Umzugs nach Frankreich als österreichischer Staatsbürger in Österreich Steuern zahlen müsse. Und, zum zweiten, ob der Umrechnungskurs von Ffr. 3,20.– für DM 1.00 – üblich sei. Als Antwort sandte Burgel Zeeh am 31. August eine Notiz von Heribert Marré, wonach der »ständige Aufenthalt« für die Besteuerung ausschlaggebend sei, bei P. H. also nun das französische Steuerrecht.
4 Die zweite Anlage neben dem Verlagsvertrag ist ein vorformulierter Brief, in dem P. H. durch seine Unterschrift zwei Geldüberweisungen bestätigen soll, die Burgel Zeeh in seinem Namen getätigt hat.

[462; handschriftlich]

[Chaville]
13. August 1990

Lieber Siegfried (mit Ulla),
an G.'s Tag wird es also sein, und es ging doch recht rasch. Ich freue mich, weiß, rot und grün. Ich werde auch alles tun, um am 1. September in Paris zu sein.
Ich wollte mit S.[1] für 8-10 Tage vorher nach Schottland (obwohl es im und beim Haus auch schottisch leer und weit ist).
Ist der »Versuch über die Jukebox« nicht ein Meisterwerk (aus dem Hinterwald jenseits der Geschichte)? Na ja, nun denn. Jedenfalls hast Du dazu einen Prachtsänftentext geschrieben, lieber Siegfried.[2]
Und ich hause, seit etwa 9. November 1987 erstmals wieder, und staune. Aber habe ich nicht dazwischen auch gehaust, im Gehen und Schreiben? (weniger, ja, im Lesen, das jetzt endlich mit Macht wieder einsetzt, Großer Ozean – das schreibe ich zittrig im Freien, außerhalb des Hausschattens, auf dem Schoß als Unterlage die originalen Evangelien, gleich kommen die heutigen Zeilen dran, das Gras hat schon Wasser bekommen).
Sei(d) gegrüßt
von Deinem
und Eurem
sich mit freuenden
Peter

1 Sophie Semin
2 Der Vorschautext von S. U. für den *Versuch über die Jukebox* lautet:
  Die Bücher von Peter Handke haben keinen traditionellen »Schluß«. Sie sind nicht auszulesen. Sie enden auf eigene Weise, indem sie ausklingen und den Leser zu neuen poetischen Streif-

zügen einladen. Handkes »Versuch über die Müdigkeit« endet am Rande eines Boulevards einer andalusischen Stadt mit »einer Jukebox in Reichweite«; in ganz Spanien gäbe es doch keine Jukebox, doch, eine seltsame hier in Linares. »Erzähl. Nein. Ein andermal, in einem Versuch über die Jukebox. Vielleicht.« Dies schrieb Handke im März 1989. Noch im Dezember desselben Jahres formulierte er den ersten Satz einer neuen Erzählung: »In der Absicht, endlich den Anfang zu einem langgeplanten Versuch über die Jukebox zu machen, kaufte er am Busbahnhof von Burgos eine Fahrkarte nach Soria.« (7) Soria, Hauptstadt der gleichnamigen Provinz am oberen Duero im Osten Altkastiliens und an der Grenze der ehemaligen Königreiche Kastilien, Navarra und Aragonien gelegen, ist im Dezember der stillste und verschwiegenste Ort der Halbinsel; Antonio Machado, der wehmütige Sänger Kastiliens, hat dort gelebt, bevor er 1936 auf dem Wege ins Exil starb. Im vorangegangenen Werk erzählte ein Ich die »allerletzten Augenblicke ... in kosmischer Müdigkeit«, nun nimmt das epische Er den ›Versuch über die Jukebox‹ auf, zweifelnd, da es sich wohl um etwas Nebensächliches oder Beiläufiges handeln könnte, weil alle Bekannten immer nur die Köpfe geschüttelt hatten und erst beim Wort Musikbox verstanden, was gemeint war. Doch grade dieses Unverständnis reizte ihn, sich auf den Gegenstand, auf den Vor-Wurf einzulassen. Er hatte sich vorbereitet und mit dem Vorsatz des Vergessens die einschlägigen Werke gelesen, so den »Complete Identification Guide to the Wurlitzer Jukeboxes« und aus ihm auch die Herkunft des Wortes Jukebox gelernt; »juke« stamme wohl von »to jook«, tanzen, es sei afrikanischen Ursprungs. Schwarze Arbeiter auf den Jutefeldern hätten sich an »juke points« für billiges Geld jene Musik aus Automaten angehört und dazu getanzt, die sonst nicht gespielt wird. Jetzt war seine Aufgabe, Soria zu erkunden, um die Sache des Schreibens zu gewinnen. Zu Ende ging das Jahr 1989, »da in Europa von Tag zu Tag und Land zu Land so vieles, und so wunderbar leicht, anders zu werden schien«; es kam einem vor, als seien »Wunschträume der geknechteten und getrennten Völker des Kontinents über Nacht Tatsachen geworden« (25). Dieses Jahr sei auch für ihn »das Jahr der Geschichte« geworden und konnte er sich in einer Zeit, als »das große Märchen der Welt« sich selber forterzählte, an einem weltfremden Gegenstand versuchen? War seine Aufgabe nicht ein weltumspannendes Epos? Zeigten ihm seine

Träume sein Gesetz als Bild, Bilder von Krieg und Frieden, Himmel und Erde, Westen und Osten, Unterdrückung und Versöhnung? (28) Sein Gegenstand aber blieb ihm, er stellte sich sogleich das, was ihm zu sagen war, als Buch vor, wenn auch ein »kleinwinziges«. »War in seiner Vorstellung das Ding Buch doch bestimmt für den Widerschein, Satz um Satz, des natürlichen Lichts, der Sonne ...« (33). Doch bevor er zu schreiben begann, mußte er sich mit dem »Fast Nichts« der weltverlassenen Stadt Soria einlassen, ihren Gassen, Kinos, dem Fluß Duero, der Sandsteinfassade der Kirche Santo Domingo, der fremden Sprache, die er von Wort zu Wort erlernte, so auch als eines der ersten ecuanimidad, das spanische Wort für Gleichmut. In den Bars setzte er seine Suche nach Jukeboxen fort, mit der Zeit hatte er auf seinen vielen Reisen überall in der Welt eine Witterung für Jukebox-Orte erhalten. Im Hotel fand er ein Zimmer, das ihm Fläche genug bot für ein Blatt Papier, Bleistifte und Radiergummi. Zunächst war ihm sein »Versuch über die Jukebox« als Dialog auf der Bühne, als »Bühnen-Zwiegespräch« in den Sinn gekommen, jetzt, in der Einsamkeit und Freiheit von Soria, drängte sich ihm auch die Befreiung von gegebenen literarischen Formen auf, eine Befreiung für neue, unbekannte literarische Möglichkeiten. Seine Erzählläufe sollten in »Durchlaß-Formen« den Gegenstand nicht einfangen, ihn vielmehr umkreisen, umreißen, umspielen, von den Rändern her erfassen. Alles, was ihm auf seinen Wanderungen begegnete, begegnete ihm als Rhythmus und als Erzählungsglieder, was er aufnahm, war in ihm schon erzählt, »Gegenwartsaugenblicke ereigneten sich ihm in der Vergangenheitsform«, anders als in den Träumen, ohne Umschweife, als bloße Hauptsätze. Bevor er nur den ersten Satz schrieb, verwandelte sich der Versuch in eine Erzählung (70/71). Und auch dies war für ihn neu, daß in den Bildern seiner Phantasie jeder Ort, wo er die Erzählung aufschriebe, mit erschiene: Soria als Soria, gleichermaßen Erzählgegenstand wie die Jukebox. (73) Die Hütten im nördlichen Spanien kamen ihm wie die Wiesenscheunen seiner Heimat vor, freilich, ihr Hauptzauber war für den Halbwüchsigen damals auf einen Prachtparadeort der Jukebox übergegangen, deren Musik nicht von oben, sondern aus dem Untergrund kam und ihm ein Gefühl des Aufgehobenseins vermittelte. »Das Kind lauschte ganz Ohr, ganz Ernst, ganz Versenkung« (80). Die Klänge ließen ihn ruhig werden, sich sammeln, sie weckten in ihm Möglichkeitsbilder und bestärkten ihn darin (86); sie wirkten auf ihn wie eine ›Levitation‹, eine Aufhebung, eine Entgrenzung. Selten, aber doch immer wieder sei es ihm widerfahren, einmal in Anchorage, wo eine Indianerin neben der funkelnden Jukebox stand, ihn beim Tanzen fragte, ob er für immer zu ihr gehen wollte, doch wie Parzival zögerte er, und sofort war die Frau in der Schneenacht verschwunden, noch Jahrzehnte später war ihm das Bild lebendig. Das einzige Mal, daß er in Soria eine Jukebox sah, war in einem englischen Film. Wieder verspürte er einen Zauber, doch diesmal nicht so sehr um sich zu sammeln, vielmehr glaubte er, neben dieser Jukebox eine »ganz eigene Gegenwärtigkeit« zu bekommen; er sah hörend auf seine Welt, alles »besagte« irgend etwas, der Gegenwart wurden förmlich Gelenke eingesetzt. Alles gewann Bedeutung, auch die Wörter der täglichen Zeitung, Llavero war der Schlüsselbund, und mit erhobenem Schlüsselbund nahm eine Frau in Prag an einer Demonstration teil; puerta giratoria war die Drehtür (und er erinnerte sich, daß Samuel Beckett seinerzeit durch eine Drehtür in die Pariser »Closerie des Lila« getreten war). Dann notierte er: »Die Nachricht von der Exekution des Paares Ceaucescu las er nicht nur mit Genugtuung, sondern mit altem, frischerwachtem Grauen vor der Geschichte.« (123) In Soria war seine Suche nach einer Jukebox vergebens, es war also doch so, daß die einzige Jukebox Spaniens in Linares stand. Aber die Niederschrift nach ihr gab dem Notierenden das Gefühl neuer Gegenwärtigkeit; er wußte nun, »daß er jetzt wirklich aufgebrochen war von dort, wo er herkam«. Der Held von Handkes neuer Erzählung ist die Erzählung selbst. Ihre Struktur bringt den Leser immer wieder dazu, den Verlauf des Erzählten für sich aufzunehmen. Roland Barthes hat geschrieben, ein Text errege in ihm dann als Leser die größte Lust, »wenn es ihm gelingt, sich indirekt zu Gehör zu bringen, den Kopf zu heben, etwas anderes zu hören«. So wirken auch Handkes Texte; man solle beim Lesen, so sagte er einmal, innehalten, tief einatmen, »sich von der Sonne bescheinen lassen, auch wenn diese gar nicht scheint«. Selten hat Handke so wie hier das Konkrete, das Äußere einer Landschaft, einer Stadt, einer Zivilisation der Zeitgeschichte beschrieben und damit auch das Innere getroffen. In dieser Erzählung halten sich Phantasie und Welt in faszinierendem Gleichgewicht. »Es hilft ja nichts«, schrieb Urs Jenny, »Handkes Größe ist über alle Verrisse hinweg unanfechtbar; kein anderer Autor seines

Alters hat annähernd soviel aus sich herausgeholt, aus sich gemacht, und nur aus sich. Ohne Größenwahn gibt es keine Größe – er hat den Mut dazu.«

[463; Anschrift: Chaville]

Frankfurt am Main
17. August 1990

Lieber Peter,
hab Dank für Deinen lieben Brief vom 13. August. – Ulla und ich freuen uns sehr, Dich am 1. September in Deiner neuen Behausung sehen und sprechen zu können.
Wir wohnen im Hotel Intercontinental und nehmen so gegen 17.00 Uhr ein Taxi. Man kann doch wohl annehmen, daß der Taxi-Fahrer die rue de Jouy finden wird.
Volker Hages Kritik ist sehr beachtet worden. Wir haben sie nachgedruckt und sie an Buchhandlungen zur Kenntnis und zum Aushang gesandt.[1]
Also: Bis zum 1. September! Wir werden dann den 28. August schon überstanden haben. Ulla wollte eine kleine, stille Zeremonie und eine Information danach; jetzt zerreißen sich die Presseleute schon die Mäuler.
Herzliche Grüße
Dein
[Siegfried Unseld]

P. S.: Von einer Leserin aus Zürich erhielt ich folgende Zeilen:
»Durch all die Jahre in zunehmendem Maß neugierig und dankbar, aus Innerstem überzeugt sein, all den Schmährufen trotzend, war und ist Handke einer der ganz wenigen Autoren der Gegenwart, von dem vorbehaltlos alles mich interessiert, was er beiträgt. Seine Tätigkeit – das ›Bil-

der-Erfühlen und das entsprechende Worte-Setzen‹ – diese ihm eigene, äußerst kunstvolle Art des Übersetzens, die zu den höchsten Genüssen führt, vermag spiegelbildhaft das Eigene, in verborgenen Winkeln Aufgehobene, Schlummernde zu erinnern. Sein tiefes Schauen, die umschweiflose Wahrnehmung, die er gebündelt in den Erzählstrom fließen läßt, stehen gegen Weltverlassenheit. Die große Dankbarkeit des Lesers wird sein unermütliches Suchen und Trachten nach Echtem, Wahren lohnen ...«

Natürlich habe ich mich gefreut, zu erfahren, daß auch Du in dem erwähnten Radiogespräch bewegt und begeistert bist.

1 Volker Hage, *Schreiben in Soria*, in: *Die Zeit*, 10. August 1990. Dort heißt es: »Unter all den Nebenwerken und Nebenbei-Büchern, den Splittern und Bruchstücken, aus denen sich die deutsche Literatur seit einiger Zeit vornehmlich – und höchst achtbar – zusammenfügt, zählt dieses Werk zum Glänzendsten und Bewegendsten.«

[464; Anschrift: Chaville]

Frankfurt am Main
5. September 1990

Lieber Peter,
aus Anlaß des 40jährigen Verlagsjubiläums haben wir uns noch einmal an unsere Verlagsgeschichte gemacht. Ich schicke Dir das Buch mit gleicher Post zu. Seit 1966 bist Du in diese Geschichte eingezeichnet.[1]
Herzliche Grüße
[Siegfried Unseld]

1 *Geschichte des Suhrkamp Verlages. 1. Juli 1950 bis 30. Juni 1990.* Mit zahlreichen Abbildungen und einem Leporello.

[465; Anschrift: Chaville]

Frankfurt am Main
23. Oktober 1990[1]

Lieber Peter,
nach dem Besuch bei Dir waren wir in der Closerie de Lilas und die Drehtür drehte sich.
Herzliche Grüße
[Siegfried Unseld]

Anlage[2]

1 Der Brief bezieht sich auf den Aufenthalt von Ulla Berkéwicz und S. U. in Paris am 1. und 2. September 1990 in Paris. Im entsprechenden *Reisebericht* ist vermerkt: »Sonntag, 2. September: Wir sind für Mittag mit Cioran berabredet. Was macht man an einem freien Vormittag? Ulla Berkéwicz dringt auf Spuren Becketts. So pilgern wir durch den Jardin du Luxembourg, wo Cioran und Beckett sich trafen – jeder auf seinen alten Wegen. Und dann zur ›Closerie des Lilas‹ an jenen Tisch, an dem ich mich mit Beckett drei, vier, fünf Mal getroffen habe und an den Peter Handke sich in seinem ›Versuch über die Jukebox‹ erinnert, als er feststellt: ›Puerta giratoria war die Drehtür (durch die Samuel Beckett seinerzeit in die Pariser «Closerie des Lilas» getreten war).‹«
2 Die Anlage ist nicht ermittelt.

[466; handschriftlich]

[Chaville]
24. Oktober 1990

Lieber Siegfried,
Ulla wird Dir erzählt haben, daß ich Dich gestern bei einer Zwischenlandung in F. zu erreichen versuchte, aber, in Ullas Worten, Du warst »draußen in der Welt«. Ich wollte auch nur grüßen und nach Deinem Bruder fragen.[1] Und

dann! Und zu der Stunde in der Kirche Birnau am Bodensee kann ja nicht telefoniert-geredet werden, nicht einmal in so einem kleinen Brief geschrieben, so voll (und schwer und leicht) war sie. Ich danke Euch beiden, daß ich dabei war, samt Äpfeln und Birnen im Regen. Auch hier im Garten von Chaville hat es gerade zu regnen angefangen, ich sehe es vor dem dunklen Muster der Zeder.
In Berlin, wo ich wegen des Films vom Wim Wenders und der Aufführung von »A Winter's Tale« an der Schaubühne war, traf ich auch Jean-Marie Straub und Danièle Huillet (seine Frau). Sie werden demnächst, eben an der Schaubühne, Brechts »Antigone« inszenieren, und wollen danach daraus in Sizilien (Segesta) einen Film machen. Dazu brauchen sie die *Rechte* (zur Unterstützung auch durch die Filmförderung Berlin) und für »außerhalb Europa« (= Welt) eine *Option* (das zählt im Moment kaum). Mich erachten sie als den rechten Fürsprecher bei Dir, auch damit sie, deren Filme immer nur in kleinen (freilich guten) Zirkeln laufen, nicht mehr bezahlen müssen als sie können (und *zahlen* können sie wenig). So bitte ich Dich, den Straubs diesmal – da sie, anders als einst beim »Geschichtsunterricht« (nach Brechts »Die Geschäfte des ...«), rechtlich korrekt vorgehen möchten – günstig gesinnt zu sein und ihnen ihr kleines Projekt zu ermöglichen. Sie sind eigensinnige Künstler und letzte Mohikaner, aber die letzten ... Ich bin bei fast allem, was sie getan haben, auf ihrer Seite, es ist eine, auf den ersten Blick verschrobene, Archäologie und Feier des Poetischen, was sie unverdrossen betreiben. Und mildere vielleicht in diesem Sinn die sonst so richtig strenge Frau Ritzerfeld. Ob auch Ulla für die beiden ihr Wort sagt? So.
Es regnet noch immer. Im Haus ist schon die Heizung an, der Thermostat zeigt 18°. Bald geht es wieder ans Tun, diesmal im Seßhaftsein, zum ersten Mal seit fast 4 Jahren. Und

natürlich ist mir etwas seltsam zumute. Es wäre eine Freude, bald einmal in Ruhe mit Dir und Ulla reden zu können. Ich habe auch so einen langen Mantel gerade an, wie Du ihn in der Kirche bei Bach hattest; nur ist er schwarz. Auf bald?
Dein Peter

1 Walter Unseld mußte sich im April 1990 infolge einer Krebserkrankung einer schwerwiegenden Operation unterziehen und starb am 13. November 1990.

[467; Anschrift: Chaville]
Frankfurt am Main
30. Oktober 1990
Lieber Peter,
herzlichen Dank für Deinen lieben Brief vom 24. Oktober. – Ich werde Dir einmal sagen, warum dieser Brief mir so besonders in diesen Tagen und gerade an dem Tag, an dem ich ihn empfing, wohl getan hat. Bitte sei sicher, daß Ulla und ich jederzeit bereit sind, Dich zu treffen. Du gehst jetzt wieder an seßhaftes Tun – meine Gedanken sind bei Dir.[1]
Zu Jean-Marie Straub: Ich weiß nicht, ob Du die Geschichte mit dem »Geschichtsunterricht« kennst: Ohne Rechte drehte Straub den Film; als es dann doch zu einer Vereinbarung kam, den Film nur als geschlossene Veranstaltung aufzuführen, hat er sich auch daran nicht gehalten. Kurzum, er hat dadurch Barbara Brecht-Schall nicht nur verärgert, sondern sie so gereizt, daß sie von ihm nichts mehr wissen will.[2] In Filmsachen können wir nicht vom Verlag aus handeln, wir müssen, was Film und Fernsehen in Europa betrifft, die Zustimmung von Barbara haben und für

»Welt«-Optionen auch die von Stefan Brecht. Vielleicht könnte man die beiden zum Einlenken bringen, wenn Geld auf dem Spiel steht, aber mit wenig Geld oder gar keinem Geld werden die beiden zu keiner Zustimmung zu bewegen sein – nicht einmal mit Engelszungen. Es gibt natürlich auch ein »Andererseits«: Der »Antigone«-Stoff schwebt frei in der Rechte-Luft.
Bitte doch Jean-Marie Straub, er möchte Dir das Projekt schriftlich skizzieren, ich muß das an Barbara weiterleiten und werde den Plan dann voll unterstützen. Vielleicht kann Straub, im Falle, daß er eine Filmförderung erhält, das angebotene Honorar erhöhen.
Alle guten Wünsche für Dich und Deine Arbeit. Ich hoffe wirklich – bis bald
Dein
[Siegfried Unseld]

1 Ende Oktober erreichten die Auseinandersetzungen zwischen den beiden seit 1987 »gleichberechtigten Verlegern« Joachim Unseld und S. U. ihren Höhepunkt. Sie mündeten in einer von S. U. gezeichneten *Internen Notiz* vom 27. November 1990: »Dr. Siegfried Unseld (66) und sein Sohn Dr. Joachim Unseld (37) beginnen einen neuen Abschnitt auf dem Wege Joachim Unselds zur Nachfolge in der Leitung der Verlage Suhrkamp und Insel. Nach mehrjähriger erfolgreicher Leitung des Verkaufsressorts durch Joachim Unseld haben Vater und Sohn in den letzten drei Jahren als gleichberechtigte Verleger zusammengearbeitet. Joachim Unseld wird sich für einige Zeit aus der aktuellen Verlagsarbeit zurückziehen und außerhalb des Verlages arbeiten.« Am 18. Juli 1991 gaben S. U. und Joachim Unseld in einer gemeinsamen Presseerklärung den Mitarbeitern des Suhrkamp und Insel Verlags das Ausscheiden von Joachim Unseld aus dem Suhrkamp und Insel Verlag bekannt.
2 Siehe Brief 200.

[468; Anschrift: Chaville]

Frankfurt am Main
5. November 1990

Lieber Peter,
ich sprach kürzlich mit Sarah Kirsch. Es wäre schön, wenn wir analog unserer Gedichtbücher in der »Bibliothek Suhrkamp« (ich erinnere Dich an Nicolas Born) eine Auswahl der Gedichte von Sarah Kirsch bringen könnten. Das war eine Gesprächsidee, jetzt aber erhalte ich von ihr eine Nachricht, daß sie gerne dieser Idee nachginge, und nun wünscht sie sich, ob es wohl möglich wäre, daß Du die Auswahl vornähmst. Hast Du da eine Neigung? Ich will Dich gewiß nicht von Deiner Arbeit abhalten, aber dies könnte ja auch irgendwann 1991 gemacht werden.[1]
Herzliche Grüße
[Siegfried Unseld]

1 In der *Bibliothek Suhrkamp* erschien keine Auswahl der Gedichte von Sarah Kirsch.

[469; Anschrift: Chaville]

Frankfurt am Main
23. November 1990

Lieber Peter,
es wird Dich freuen, daß Dein »Versuch über die Jukebox« sehr gute Leser hat. Wolfgang Hildesheimer schrieb mir »Handke hat wieder ein s e h r schönes Buch geschrieben, leider sehr kurz.«
Ich sehe Dich an der Arbeit und wünsche Dir gutes Gelingen.

Ich breche für zwei Wochen zum Fasten auf – ich brauche die Ruhe dringlichst.[1]
Herzliche Grüße
Dein
[Siegfried Unseld]

1 S. U. hielt sich zwischen dem 25. November und 7. Dezember 1990 in der Kurklinik Buchinger in Überlingen auf.

1991

[470; handschriftlich]

[Chaville]
21. Februar 1991

Lieber Siegfried,
den ganzen Vormittag habe ich Deine Erzählung von Uwe Johnson gelesen, mit der Beschreibung des Hauses in Sheerness, des Pub, der Themse-Mündung. Es ist tatsächlich eine Erzählung, aus der Gegend des »Lenz«. Und so weh sie tut, so tröstlich wird sie dann auch; wie sie bewahrt, samt dem Unbeugsamen des Helden, das vielleicht auch immer wieder infantiler Starrsinn war, wer weiß, nur *verwandelt*?[1]
Vor ein paar Wochen, hier, hat Burgel Zeeh mir die Kopie meines 20jährigen Briefes an Roloff gezeigt. Ich konnte mich nicht mehr erinnern, und erst im nachhinein hat es mich getroffen, was ich da angestellt habe. Es wurmt mich, und ich bin zornig auf mich. Es war damals eine blöde Zeit, die der 68er, und ich, gerade weil ich nicht mittat, habe mich doch umso irrwitziger hinreißen lassen, zu solchen unbedachten, vor allem empörend ungerechten Akten. »Das Weltkind in der Mitten«, das war ich immer, und doch habe ich mich damals von falschen Freunden – jetzigen nackten Dämonen – zu Solidaritätssprüchen verzerren lassen, die meinem Innersten in nichts entsprachen, auch seinerzeit nicht, verantwortungslose Rhetorik auf Verlangen. Denk wie auch immer – der den Irrwitz schrieb, das war ich nur in meiner unbedachtesten und unwirklichsten Spielart; meine wirkliche Spielart war schon vor 20 Jahren grundanders, und jetzt spielt fast nur noch diese. Und *soll aus-*

schließlich wirken – spielen! Aber wenn jenem kümmerlichen Teufel gelungen sein sollte, Deine Kenntnis von mir und meiner tiefsten Art zu trüben, so werde ich das als eine Lehre ansehen – obwohl ich eine solche, seit unserer letzten Zwistigkeit vor etwa zehn Jahren, nicht mehr nötig zu haben glaube.

Ich lebe im Haus und mit ihm, dem Garten, dem Vorort. Auch für die Leute hier bin ich hoffentlich »private«. Lederjacken hängen noch keine im Schrank, und meine Bibliothek ist hinten im Baumsausen.[2] Seit etwa 27 Tagen bin ich im Haus auch nicht mehr allein, noch staune ich, freilich zu wenig, und nicht immer mit der entsprechenden Freude.

Dir und Ulla und ihrem Stück in Monaco di Baviera alles Gute[3]

Dein Peter

1 S. U., *Uwe Johnson: »Für wenn ich tot bin«*, in: S. U. / Eberhard Fahlke, *Uwe Johnson: »Für wenn ich tot bin«*, S. 9-71.
2 S. U. berichtet, die Bewohner von Sheerness-on-Sea hätten den Schriftsteller, der von 1974 bis zu seinem Tod 1984 dort gewohnt hatte, als »private man« bezeichnet.
3 Ulla Berkéwicz, *Nur wir. Ein Schauspiel*, hatte Uraufführung in den Kammerspielen München am 20. April 1991. Es spielten in der Regie von Urs Troller: Maria Wimmer, Richard Beek und Rudolf Wessely.

[471; Anschrift: Chaville]

Frankfurt am Main
27. Februar 1991

Lieber Peter,
ich habe Dir sehr herzlich zu danken für Deinen liebenswürdigen Brief vom 21. Februar. Natürlich bin ich hoch-

erfreut über das, was Du mir zu meinem Johnson-Essay schreibst; er ist schon ein wenig mit Herzblut geschrieben.
Was Michael Roloff betrifft, so schont mich Burgel Zeeh. Sie hat mir davon überhaupt nichts erzählt, ich erfahre die Geschichte erst jetzt durch Deinen Brief. Ich will auch diesen Brief gar nicht lesen. Mir ging es anfänglich wie Dir: ich war durchaus fasziniert von diesem vielseitigen, wenn auch immer schillernden Mann. Aber nach kurzer Zeit nahm mir das bloß Schillernde zu, und ich zog mich zurück.
Mach Dir keine Sorgen. Es gelingt weder Roloff noch anderen, unsere Beziehung in irgendeiner Weise zu trüben. Ich weiß, wir werden stets aufrecht genug sein, uns selbst das zu sagen, was wir meinen, was zu sagen ist. Also noch einmal: ärgere Dich nicht weiter.
Ich bin sehr zufrieden, daß Du Dich in Deinem Haus wohlfühlst und daß es eine Arbeitsstätte ist.
Zur Zeit bin ich wieder einmal besonders beansprucht. Das hängt damit zusammen, daß ich eben eine nochmalige Überholung meines Manuskripts »Goethe und seine Verleger« abschließe, daß ich verschiedene Vorträge zu Peter Suhrkamps 100. Geburtstag zu halten habe und vor einem riesigen Lese-Pensum stehe. Es liegen Roman-Manuskripte vor von Martin Walser, Ralf Rothmann, Ernst Augustin.[1] Und Du kannst Dir vorstellen, wie sehr Ulla wartet, bis ich ihren Roman, den sie nun abgeschlossen hat, lesen kann. Ich habe bisher keine Zeile davon gelesen, ich durfte dies ja nicht während ihres Schreibprozesses.
Wir beide grüßen Dich herzlich, und ich bin sicher, Burgel Zeeh schließt sich dem an.
Dein
[Siegfried Unseld]

1 Peter Suhrkamp wurde am 28. März 1891 in Kirchhatten geboren. Unter dem Motto »Dieser schöne Verlegerberuf« fand aus diesem Anlaß am 14. April 1991 in der Oper Frankfurt eine Matinee statt mit S. U. als einem der Redner. Martin Walser, *Die Verteidigung der Kindheit*; Ralf Rothmann, *Stier. Roman*, erschienen im zweiten Halbjahr 1991. Ernst Augustin, *Mahmud der Schlächter oder Der feine Weg*, erschien 1992.

[472; Anschrift: Chaville]

Frankfurt am Main
5. März 1991

Lieber Peter,
der Umbruch des »Versuchs über den geglückten Tag« liegt auf meinem Tisch, und in Händen halte ich »Das Wintermärchen« mit Deiner schönen, so genauen und leuchtenden Übersetzung. Der Weinberg von Suresnes möchte man sein, um so Schönes gewidmet zu bekommen. Ich schicke Dir das erste Exemplar zu.[1]
Ulla und ich sind im Endspurt unserer Manuskripte; in der nächsten Woche sind wir für ein paar Tage im Schnee, an dem auch Dir bekannten Ort. Im April hoffe ich, dann nach Paris kommen zu können.[2]
Herzliche Grüße
[Siegfried Unseld]

1 P. H., *Der Versuch über den geglückten Tag*, wurde niedergeschrieben zwischen dem 12. November 1990 und 8. Dezember 1990, »etwa 7 h abends«. Das Manuskript umfaßt 49 Blatt.
William Shakespeare, *Das Wintermärchen*. Deutsch von Peter Handke, erschien am 5. März 1991 im Suhrkamp Verlag. Das Buch trägt die Widmung: »Diese Übersetzung sei gewidmet dem Weinberg von Suresnes oberhalb von Paris, wo mir, als ich da in der Stille saß und las, ›The Winter's Tale‹ in deutsch nicht mehr ganz so unmöglich erschien wie zuvor.«

2 S. U. und Ulla Berkéwicz hielten sich zwischen dem 11. und
16. März 1991 in St. Moritz auf. Der geplante Paris-Besuch fand
nicht statt.

[473; Anschrift: Chaville]

Frankfurt am Main
2. April 1991

Lieber Peter,
anbei zwei Texte zum »Versuch über den geglückten Tag«.
Der längere ist für die Vertreter, der kürzere, wenn er
Deine Zustimmung findet, für die Ankündigung. Ich habe
jetzt wieder, zum dritten Mal, Deine Dichtung gelesen. Ich
bin sehr beeindruckt. Sie gewinnt bei jedem Lesen, und
man entdeckt immer Neues. Freilich, es war nicht leicht,
einen solchen Text zu schreiben, und es kann durchaus
sein, daß Du das anders siehst. Bitte laß es mich ganz offen
wissen.
Herzliche Grüße
[Siegfried Unseld]

[Anlage]

[Anlage 1, S. U., Vertretertext für P. H., *Versuch über den geglückten Tag*]

Peter Handke
»Versuch über den geglückten Tag. Ein Wintertagtraum«

Der Titel des neuen Buches von Peter Handke zeigt an, daß
der Autor es in eine Reihe mit dem *Versuch über die Müdigkeit* und dem *Versuch über die Jukebox* stellt. Dennoch
ist es, wie bei diesem Autor nicht anders zu erwarten, ein

neuer Ansatz und Einsatz: Entfaltete der Autor im *Versuch über die Müdigkeit* in Rede und Gegenrede Bilder von den unterschiedlichen Formen der Müdigkeit, und erzählte er im *Versuch über die Jukebox* von diesem im Verschwinden begriffenen Gegenstand, zugleich auch von der Entstehung dieser Erzählung in einer für die Menschheitsgeschichte wichtigen Epoche, so handelt der *Versuch über den geglückten Tag* von einer bei jedermann vorhandenen Idee, deren Verwirklichung jedoch, wenn überhaupt, nur selten glückt. Was ist der geglückte Tag? Er ist weder ein unbeschwerter Tag noch ein Glückstag, auch kein nur sorgloser oder nur schöner Tag und ebenfalls kein »großer Tag« für die Wissenschaft oder die Menschheit. »Der geglückte Tag ist unvergleichlich. Er ist einzigartig.« Wie kann aber die Beschreibung oder Aufzählung der Elemente und Probleme von etwas Unvergleichlichem zum Thema werden? Zum einen durch drei konvergierende Erfahrungen des Autors: die Betrachtung der leicht geschwungenen »Line of Beauty« auf einem Selbstporträt William Hogarths, eine kalkweiße, gekrümmte Diagonale auf einem am Bodensee entdeckten Kiesel, der auf einer Zugfahrt infolge einer großen Kurve plötzlich mögliche Blick auf die ganze Stadt Paris. Diesen drei so unterschiedlichen Erfahrungen ist gemeinsam: auf der Fahrt mit dem Vorortzug nimmt für ihn der *Versuch über den geglückten Tag* konkrete Gestalt an; diese S-förmige Fahrt um die ganze Stadt hat als Form ihre Entsprechung in jener Formensprache, wie die »Line of Beauty« sie ausdrückt; und die Ader im Bodenseekiesel belegt, daß diese ästhetische Form eine Entsprechung in den Dingen besitzt. Zum anderen durch die generelle Einstellung unserer Zeit: in ihr wird das geglückte Leben nicht mehr, wie bei den Griechen, vom richtigen »Augenblick« abhängig gemacht, ist auch nicht mehr, wie bei den Christen, auf eine verheißene Ewigkeit bezogen und beruht gleichfalls nicht

mehr, wie nach der Säkularisation, auf der Vorstellung eines durch Handeln Hier und Jetzt zu glückenden ganzen Lebens, sondern, in Übereinstimmung mit der fragmentierten Zeit, am geglückten Tag gemessen.
Ein Traktat ist der *Versuch über den geglückten Tag* jedoch keineswegs. Er erzählt vielmehr, und darin liegt seine große poetische Kraft, von einer Idee. Und diese Idee ist erzählbar, wie Peter Handke nachdrücklich zeigt. Der geglückte Tag ist nämlich ein Abenteuer: er ist für den Autor, zumindest in unseren halbwegs friedlichen Breiten, das Abenteuer mit dem Tag als Gegenüber, als Gegner, mit dessen Möglichkeiten, die ihn in jedem Augenblick scheitern lassen können. Von daher ist für einen geglückten Tag ein geglückter Augenblick nicht hinreichend, ebensowenig wie ihn ein Mißlingen im Ganzen scheitern lassen kann. Erzählbar von der »Expedition Tag« sind also einzelne wichtige Momente: Die generelle Haltung: »die Tage, rein für sich, ... jeder Augenblick greifbar als Möglichkeit«; die Anfangsbedingungen: die ersten Momente des »vollen Bewußtseins nach dem Schlaf der Nacht«, die die »Tonart für die gesamte Tagesreise« abgeben, die »Nachsicht mit mir selber, mit meiner Natur, mit meinen Unverbesserlichkeiten, wie auch eine Einsicht in das ... täglich Gegebene«. Beim möglichen Scheitern kommt es darauf an, »jeweils im Moment des Mißgeschicks ... die Geistesgegenwart aufzubringen für die andere Spielart des Moments und ihn so zu verwandeln«; die Chronologie des geglückten Tages: »Wie üblich, stand die alte Frau, wenn auch eine andere als gestern, im Zeitungsgeschäft, den Einkauf längst schon getan, und sprach sich aus. Die Leiter im Garten, Inbild des Aus-sich-Heraussteigen-Sollens, hatte sieben Stufen. Der Sand auf den Lastern der Vorstadt zeigte die Farbe der Fassade von St. Germain-des-Prés. Das Kinn einer jungen Leserin berührte sich mit dem Hals. Ein Blechkübel nahm

seine Form an ... Es geschieht, daß die paar Männer im Café miteinander schweigen, und der Ortsfremde mit ihnen mitschweigt. Es geschieht zuletzt sogar, daß nichts geschieht ... Am geglückten Tag werde ich rein Medium gewesen sein, schlicht mit dem Tag mitgegangen sein ...«
Der *Versuch über den geglückten Tag* gibt diesen Einzelmomenten seinen Zusammenhang, ja sie erhalten Zusammenhang nur in und durch die Erzählerstimme. In diesem Sinne verleiht Peter Handke in seinem Buch den alltäglichen Erlebnissen erst ihre Form und läßt sie zu einem Gesamtbild zusammentreten. Und bei dieser Formgebung sind die Erfahrungen von Peter Handke mit der »Line of Beauty«, dem Bodenseekiesel und der Zugfahrt in Paris leitend. Ebenso wie die von ihnen vermittelte Erfahrung deutlich und vorgegebene Bahnen meidend ist, einfach strukturierend und deutlich markierend, neue Ausblicke eröffnend und eine Idee präzise konturierend ist auch der von Peter Handke erzählte *Versuch über den geglückten Tag*. Die Form ist entscheidend, sie widerlegt das ständige Scheitern des Traums. Trotz dieses fast ständig negativen Ausgangs des Unternehmens geglückter Tag gelingt es Peter Handke, durch sein genaues Registrieren, die Augenblicke festhaltendes und so dem anscheinend unbedeutenden Detail sein Recht zukommenlassendes Erzählen, durch seine Schilderung der Odyssee des »Helden des geglückten Tags« dem Leser ein ihn zum Tun auffordernes Bild vom geglückten Tag zu entwerfen. Dieses Bild ist so konkret, daß es der Leser zu einem eigenen Tagtraum machen kann und er dem Erzähler zustimmen wird, wenn er sagt: »Wie viel mehr wäre mit dem Tag zu machen, mit nichts als dem. Und jetzt, in meinem Leben, in deinem, in unserer beider Epoche, ist sein Momentum. ... Wenn ich es nicht jetzt mit dem Tag versuche, dann habe ich seine Möglichkeiten auf Dauer verspielt.«

[Anlage 2, S. U., Text für die Programmvorschau des Suhrkamp Verlags zu P. H., *Versuch über den geglückten Tag*]

Peter Handke
»Versuch über den geglückten Tag. Ein Wintertagtraum«

Der Titel des Buches verweist schon auf die vorangegangenen Bücher *Versuch über die Müdigkeit*, *Versuch über die Jukebox*. Im ersten Versuch ist Müdigkeit Element des schöpferischen Prozesses, im zweiten ist im Verschwinden begriffener Gegenstand Anlaß zu einer Erzählung in einer für die Menschheitsgeschichte wichtigen Epoche. Der *Versuch über den geglückten Tag*, ein Wintertagtraum, hat ein Motto aus dem Römerbrief: »Der den Tag denkt, denkt den Herrn.« Das Ich der Erzählung denkt diesen Tag, und er ruft drei Erfahrungen hervor: Im Selbstbildnis von William Hogarth hatte es eine leicht geschwungene Linie, die sogenannte »Line of Beauty and Grace« erkannt. Und diese Linie sieht er ebenso in der Ader jenes Granitsteins vom Bodensee auf seinem Schreibtisch und in der S-Kurve des Vorortzuges zwischen den Seine-Hügeln westlich von Paris. Ist dies der geglückte Tag, jener einzigartige und unvergleichliche? Nicht mehr vom griechischen »kairos«, dem geglückten Augenblick, abhängig, nicht mehr wie bei den Christen und Muslimen auf Ewigkeit bezogen. Der geglückte Tag ist ein Abenteuer, ein Abenteuer mit dem Tag als Gegenüber, als Gegner. Die »Expedition Tag« gibt Einzelmomenten einen Zusammenhang eben durch die Stimme des Erzählers. »Carpe diem«, der Spruch des Horaz, wird hier neu übersetzt mit »Pflücke den Tag«, ganz so wie der Erzähler sein Problem sieht: aus geglückten Augenblicken als vierte Macht den geglückten Tag zu pflücken. Dieser Tag beginnt schon im ersten vollen Bewußtsein nach dem Schlaf, in seinem Ansatz und Einsatz wird jene

Linie der Schönheit und der Anmut (oder der Gnade) weitergezogen. Der geglückte Tag bleibt vorerst Idee, doch, durch die Phantasie getragen, verwandelt sich jetzt (»maintenant« – handhaltend ist sein Wort) die Idee zu einer Lebens- und Schreibidee. Das Ich der Erzählung wird selbst zum Medium des geglückten Tags, seine Tätigkeitsworte »lassen« und »meiden«. Aus dem *Versuch über den geglückten Tag* entsteht eine einläßliche Chronik, schließlich das Märchen des geglückten Tags.

Es gelingt Peter Handke durch sein genaues Registrieren, durch sein die Augenblicke festhaltendes und so dem anscheinend unbedeutenden Detail sein Recht zukommenlassendes Erzählen, durch seine Schilderung der Odyssee des »Helden des geglückten Tags« dem Leser ein ihn zum Tun auffordernes Bild vom geglückten Tag zu entwerfen. Dieser Leser wird dem Erzähler zustimmen, wenn dieser sagt: »Wie viel mehr wäre mit dem Tag zu machen, mit nichts als dem. Und jetzt, in meinem Leben, in deinem, in unserer beider Epoche, ist sein Momentum. ... Wenn ich es nicht jetzt mit dem Tag versuche, dann habe ich seine Möglichkeiten auf Dauer verspielt.«

[474; handschriftlich]

[Chaville]
16. April 1991

Lieber Siegfried,
arg spät kommt meine Antwort auf Deine beiden Texte zum »Geglückten Tag«, aber ich hoffe, daß Raimund F. Dir auch so meine Freude mitgeteilt hat. Du hast, auch mit dem längeren Anlauf, alles umrissen, was zwischen schlecht und recht bei mir steht, und so alles offengelassen.

Ich dachte an die Ankündigungen, die ich von Dir kenne, zumindest zu meinen Büchern, und sah sie insgesamt als große Arbeit, auch »schwierig«, wie Du selber meinst. Danke! – Sonst: Ich habe Gras gesichelt (Horror vor einem Rasenmäher), und jetzt die Wäsche auf die kurzen Halme zum Trocknen ausgebreitet, mit Sonne und Wind. Eigentlich sollte ich in diesem Jahr den Film nach der »Abwesenheit« machen, aber das verschiebt sich nun um ½ Jahr, und so denke ich mir eine Tätigkeit aus, zwischen Spiel und Notwendigkeit (keine Übersetzung). – Und eines Tages möchte ich mit Dir in Ruhe über die Taschenbuch-Prozente reden. Ich finde deren Anhebung am Platz. (So geht's vom Grasschneiden zu den Geschäften? nein.)
Am 20. werde ich an Ulla denken und wünsche ihr strahlende Augen, *nah* am Sieg, nicht ganz. Wer spricht von Siegen ...?
Auf bald!
Dein Peter

[475; Anschrift: Chaville]

Frankfurt am Main
8. Mai 1991

Lieber Peter,
danke für die Unterschriften unter die beiden Verträge; ich habe ebenfalls unterschrieben und schicke Dir nun beide Verträge zu.[1]
Hab Dank für Deinen letzten Brief zu den Texten. Wir versuchen, noch vor Juli einen Paris-Termin festzulegen – dies natürlich in Verbindung mit Dir.
Du erwähnst Deine Taschenbuchhonorare. Die Höchsthonorare bei den Taschenbüchern für Novitäten betragen 7 %; Du erhältst diese Höchsthonorare – und zwar auch,

wenn es sich um Reprints handelt, die wir sonst niedriger honorieren. Darüber reden wir dann.
Herzliche Grüße und
alle guten Wünsche für Dich
[Siegfried Unseld]

Anlage

1 Am 29. April 1991 hatte P. H. die von ihm unterschriebenen Verlagsverträge zu *Versuch über den geglückten Tag* und William Shakespeare, *Das Wintermärchen*, an Helene Ritzerfeld gesandt. *Versuch über den geglückten Tag* erschien am 31. Juli 1991.

[476; Anschrift: Chaville]

Frankfurt am Main
28. Mai 1991

Lieber Peter,
mit getrennter Post ist die Nummer 999 der signierten Ausgabe Deiner »Hornissen« an Dich unterwegs. Ich bedanke mich herzlich für Deine Mühe – und gratuliere Dir zum 25jährigen Jubiläum dieser Ausgabe!
Über das Honorar haben wir noch nicht gesprochen: ich schlage Dir 12 % vom Ladenpreis DM 48,– vor; wir honorieren Dir die ganze signierte Auflage.[1]
Ich bin auf dem Sprung nach Berlin, und am Donnerstag gehen Ulla und ich für drei Tage nach Venedig, zum ersten Mal wieder seit jenem denkwürdigen Sturz.[2]
Dir alles Gute und herzliche Grüße –
Dein
[Siegfried Unseld]

1 P. H., *Die Hornissen. Roman. Faksimile der Erstausgabe von 1966*. Aus Anlaß des Erscheinens 25 Jahre zuvor wurde eine limitierte, vom Autor signierte Auflage von 1000 gedruckt und am 25. Mai 1991 ausgeliefert.
2 S. U. hielt in der *Chronik* für den 28., 29. und 30. September 1989 fest: »28. September: Flug nach Venedig [zur Feier den 65. Geburtstags von S. U.] mit Walser und Frisch. Dort sind am Abend versammelt Enzensberger und Frau, Hildesheimer und Frau, Walser und Frau, Frisch, Nizon, Peter Handke, Adolf Muschg und Atsuko Kanto, Burgel, Ulla, Joachim und ich. Abendessen. 30. September 1989: Abends Einladung in das Haus von Gaston Salvatore, der in seinem Haus in Zattere, 51 Dorso Duro mir zu Ehren einen Empfang gibt. Um 22 h wollte ich gehen, stand schon auf der Steintreppe, die nach unten führte, drehte mich um, um mich noch einmal zu vergewissern, daß ich mich richtig verabschiedet habe. Und dann stürzte ich rücklings die Steinstufen hinab. Ich muß fürchterlich ausgesehen haben, wurde mit einem Notarzt-Boot in die Universitätsklinik gefahren, dort behandelt, Fleischwunden, Gesichtswunden und gebrochene Finger links und das gebrochene Handgelenk, rechts gebrochen.«

[477; handschriftlich]

[Chaville]
9. August 1991

Lieber Siegfried,
danke für Deine schwungvollen Hungerzeilen vom Bodensee. Ja, es ist hier eine schwierige Zeit, nein, eigentlich gar nicht, still, kräftig, weiträumig – wenn man dafür offen wäre.[1] In zwei, drei Wochen wird »es sein«, und dann fängt für mich etwas Neues an, ja – und wohl auch für S.[2] – Ich habe an Raimund das Manuskript eines Theaters geschickt, es war die richtige Zeit, das zu schaffen – obwohl ich mir diese lange wortlose Expedition eigentlich für das Alter aufgehoben hatte, ein Schauspiel ohne Wortsprache. Vielleicht liest Du es einmal, es ist einfach, und schwierig zu

machen, aber etwas für das Theater pur-und-ewig (bilde
ich, einbildete mir ein).³ – Die Umstände sind so, daß ich
nicht an den Fuschlsee kommen kann, aber ich werde hier
den Kopf neben Dir (und Ulla?) ins Wasser tunken und
das Holz des Seestegs aus der Ferne riechen.⁴
Ich möchte bald mit Dir reden, in meiner (?!) Gegend.
Auch hier walten, winken und wehen und warten Götter,
bis ich mir in die Zunge beiße.
Ich hätte gern Band 651 der »BS«, Regina Ullmann.⁵
Einen Handgriff auch für Ulla,
Dein Peter

1 S. U. war vom 2.-28. Juli 1991 in der Kurklinik Buchinger in
  Überlingen. In der *Chronik* erwähnt er unter dem Datum des
  25./26. Juli einen Brief an P. H.; der Brief hat sich nicht erhalten.
2 Léocadie Handke, die Tochter von Sophie Semin und P. H., wurde am 28. August 1991 geboren.
3 P. H., *Die Stunde da wir nichts voneinander wußten*. Ein früherer Titel des stummen Stücks lautete *Simile modo*. Die erste Niederschrift erfolgte zwischen dem 24. Juli 1991 und dem 6. August 1991 und umfaßt 31 Blatt. S. U. notierte in der *Chronik* unter dem Datum des 10. August 1991: »Nachmittags Lektüre des
  Stücks von Peter Handke. Das ist eine ungewöhnliche Sache.
  Kein Panegyrikon und keine Pantomime, keine Apokalypse und
  kein Welttheater, und doch kommt die biblische Welt mit Jonas
  und dem Wal, mit dem Leviathan, mit Abraham und Isaac vor.
  Die Welt der Tiere, die da überlebt, ist es die Welt der Warten-
  den, die im Kreise gehen? Greise und Neugeborene, Glück und
  Verhöhnung, ein stetiges kreuz-und-quer-Gehen, ›episodisch‹
  werden immer wieder Vorgänge bezeichnet, also episodisch als
  zwischengeschaltetes, nebensächliches, vorübergehendes Ereignis, und doch ist alles in eine revolutionäre Bewegung zum Aufbruch einbezogen. Und am Schluß steht der vorderste Zuschauer
  auf, löst sich von seinem Sitz, ›gesellt sich zu dem Umzug‹ – und
  dann kommt auch noch der zweite Zuschauer, zunächst behin-
  dert von seiner Frau, und dann fädelt sich der dritte Zuschauer
  ein und ›mäandert, vollkommen selbstverständlich, mit in dem

unentwegten Zug‹. Ist das ein zweites ›Gedicht an die Dauer im Wechsel‹?«
4 Zwischen dem 17. und 20. August 1991 waren Ulla Berkéwicz und S. U. in Fuschl bei Salzburg.
5 Regina Ullmann, *Ausgewählte Erzählungen*. Herausgegeben und mit einem Nachwort versehen von Friedhelm Kemp, erschien 1979.

[478; Anschrift: Chaville]

Frankfurt am Main
16. August 1991

Lieber Peter,
ich weiß nicht, ob Du die Leserbriefe an die »SDZ« erhalten hast, ich schicke sie Dir zu für den Fall, daß Du auf irgendeinen Einwand eingehen möchtest.[1]
Schöne Grüße
[Siegfried Unseld]

Anlage[2]

1 P. H., *Abschied des Träumers vom Neunten Land*, erschien zuerst in: *Süddeutsche Zeitung*, 27./28. Juli 1991.
2 Am 10./11. August 1991 erschienen in der *Süddeutschen Zeitung* als Reaktion auf den Text von P. H. drei Leserbriefe, in denen seine Haltung kritisiert wurde. Josef Hollerith, Mitglied des Deutschen Bundestags, warf P. H. »eine völlige Unkenntnis der jugoslawischen Geschichte« vor; der nächste Briefschreiber behauptete, daß P. H. »schrecklich schiefliegt«; der dritte Schreiber verlangte eine sofortige Anerkennung Sloweniens durch die Europäische Gemeinschaft.

[479; Anschrift: Chaville]

Frankfurt am Main
2. September 1991

Lieber Peter,
ich habe nach der glücklichen Nachricht vom 29. August, die den 28. August betraf, Dich nicht mehr erreichen können – aber inzwischen haben wir ja telefoniert. Ich freue mich, daß wir uns am Sonntag, den 15. September, in Paris sehen werden.[1]
Ich möchte Dir die letzte Nummer der »Zeit« schicken mit unserer Anzeige, die ich besonders geglückt finde. Kein Wunder, bei dem »Versuch über den geglückten Tag«.
Und wahrscheinlich weißt Du es schon: Dein Buch ist die Nr. 1 der Bestenliste des Monats September. Wir werden das werbemäßig jetzt bis zur Buchmesse stark hervorstreichen.[2]
Herzliche Grüße
Dein
[Siegfried Unseld]

Anlage

1 In der *Chronik* vermerkte S. U. unter dem Datum des 15. September 1991: »Es war ein sehr gutes Gespräch [...]. Wir vereinbarten, daß er eine monatliche Zahlung von DM 12.000.– bekäme, dies auch, wenn sein Honorarstand es nicht zuließe. [...] Als ich erwähnte, daß er mit seinem Slowenien-Text sehr allein dastehen würde, wurde er zornig und hielt mir eine lange Rede über Slowenien, Kroatien und die Serben. Über seinen 50. Geburtstag am 6. 12. 1992 gesprochen. Faksimile-Ausgabe der drei handschriftlichen Manuskripte der drei ›Versuche‹. Und wie freundlich sprach er über mein Goethe-Buch.«
2 P. H., *Versuch über den geglückten Tag*, erschien am 31. Juli 1991.

[480; Anschrift: Chaville]

Frankfurt am Main
18. September 1991

Lieber Peter,
ich schicke Dir die SWR-Bestenliste, in der Dein Buch an erster Stelle steht. Wir haben auch einige Anzeigen mit dieser ersten Position gemacht, um über den »Versuch über den geglückten Tag« zu werben.
Herzliche Grüße
Dein Siegfried

|Ulla in Nöten! Cap d'Antibes in Gefahr|

Anlage[1]

[1] Die Anlage ist nicht ermittelt. Wahrscheinlich handelt es sich um das Plakat des Südwestdeutschen Rundfunks (SWR), auf dem dieser die von Literaturkritikern gewählten zehn besten Bücher eines Jahres bekanntgibt.

[481; Anschrift: Chaville]

Frankfurt am Main
25. September 1991

Lieber Peter,
anbei eine Anzeige von Seite drei der »Frankfurter Allgemeinen Zeitung«; ich finde sie besonders gut gelungen.
Herzliche Grüße
[Siegfried Unseld]

Anlage[1]

[1] Die Anlage ist nicht ermittelt.

[482; Anschrift: Chaville]
Frankfurt am Main
26. September 1991
Lieber Peter,
bist Du mit dem anliegenden Umschlag einverstanden? Da es sich um einen Text mit politischer Implikation handelt, scheint mir das Deutliche des Umschlags wichtig.
Schöne Grüße
[Siegfried Unseld]

Anlage[1]

1 Die Anlage ist nicht ermittelt. Vermutlich handelt es sich um den Umschlag zu *Abschied des Träumers vom Neunten Land.*

[483; handschriftlich]
[Chaville]
28. September 1991
Lieber Siegfried,
»Ulla in Nöten« schreibst Du – wahrscheinlich in furchtbaren, mit ihrem Buch? Und so kann das Cap d'Antibes mitsamt seinen aufbrandenden Wellen auf Euch (und vielleicht auch uns) warten, warum nicht einmal im Oktober oder November.
Heute früh habe ich Dein Goethe-Verleger-Buch zu Ende gelesen, ich war überrascht und dann traurig, daß es so plötzlich aus war, und auch so lakonisch (wenn auch anders als G. in seinen Geschäften; lakonisch-gefühlvoll). Es ist fast ein Epos, was Du da zustandegebracht hast, wie von zwei verschiedenen Sprechern, der eine, der das Werk erzählt, und der andre, der das Buchwerden der Werke vor-

trägt – beides zusammen ergibt ein seltsames, weiträumiges »Antiphon«. So hast Du Deinem Leser die Tage »gesteigert«, und nebenbei hat er vieles gelernt aus Deinem souveränen Querschnitt; hoffentlich braucht er's nie anzuwenden (und im übrigen gibt das Gelernte eher nur einen Ton und eine Haltung an, den Inhalt darf man auch vergessen).
[Für die Nachwelt werden die Versehen mit Napoleon, der gleich nach »St. Helena« geschifft wird, wegfallen, ebenfalls der österreichische Kaiser »Franz Joseph I«, 1825 (= Franz), u. ä. m.]
Du kannst Dich an Deinem Buch freuen, es ist ein Wesen, lebt; »muthet an«.[1]
Dein alter Peter

1 S. U., *Goethe und seine Verleger*, erschien am 3. September 1991.

[484; Anschrift: Chaville]
Frankfurt am Main
7. Oktober 1991
Lieber Peter,
heute, Montag, tauche ich wieder in die Verlagsarbeit ein.[1] Wir haben nach der »FAZ« nun auch in der »Zeit« und im »Spiegel« eine Anzeige »Die besten Bücher« gebracht; ich schicke Dir die Seiten zu. Ich bin beim Rückflug nach Frankfurt auf diese Anzeige angesprochen worden. Die besten Bücher seien eben bei Suhrkamp.
Morgen erscheint im Literaturblatt der »FAZ« die Rezension über den »Versuch über den geglückten Tag«.[2]
Herzlichst,
Dein
[Siegfried Unseld]

| Eben ist Dein Brief eingetroffen. Dank Dank Dank. Ich komme nach der Messe darauf zurück. |

1 Zwischen dem 29. September und 6. Oktober hielten sich Ulla Berkéwicz und S. U. in Cap d'Antibes auf.
2 Heinrich Detering, *Lebenslinie, Ruhe, Flucht. Peter Handke und der geglückte Tag*, in: *Frankfurter Allgemeine Zeitung*, 8. Oktober 1991.

[485; handschriftlich; Anschrift: ⟨Chaville⟩]

Frankfurt am Main
16. Oktober 1991

Lieber Peter,
nun ist die Buchmesse zuende.[1]
In meiner Brieftasche trug ich all die Tage ein Juwel mit mir: Deinen Brief zu »Goethe und seine Verleger«. Ich war und bin hochbeglückt. Mehr als einen solchen einläßlichen Leser kann ein Schreibender nicht gewinnen. Ich danke Dir von Herzen. Über Details (Elba/Helena, Kaiser Franz) sprechen wir noch.
Dein dankbarer
Siegfried

1 1991 fand die Frankfurter Buchmesse vom 9.-14. Oktober statt.

[486; Anschrift: Chaville]

Frankfurt am Main
28. Oktober 1991

Lieber Peter,
ich schicke Dir die »Bestseller der Woche«, die die »Welt am Sonntag« ermittelte. »Der »Versuch über den geglückten Tag« ist von 0 auf dem 13. Platz gelandet. Möge!
Schöne Grüße
[Siegfried Unseld]

Anlage

[487; Anschrift: Chaville]

Frankfurt am Main
30. Oktober 1991

Lieber Peter,
wir haben bei unserem letzten Gespräch vereinbart, daß wir vielleicht mit Wirkung vom 1. Januar 1992 an Dich à conto Deiner Honorare eine monatliche Zahlung von DM 12.000,– leisten. Die Zahlung erfolgt bis auf weiteres, von unserer Seite aus in jedem Fall so lange, bis sich nicht ein Soll-Saldo ergibt, der über den Betrag von 12 × DM 12.000,– also DM 144.000,– hinausgeht.
Ich hoffe, diese Regelung ist nach wie vor in Deinem Sinne.[1]
Herzliche Grüße
[Siegfried Unseld]

1 Siehe Brief 479, Anm. 1.

[488; Anschrift: Chaville]

Frankfurt am Main
31. Oktober 1991

Lieber Peter,
der Donauland-Buchclub, Wien, möchte im Club eine Buchgemeinschaftsausgabe Deiner drei »Versuche« bringen. Bist Du damit einverstanden?
Schöne Grüße
[Siegfried Unseld]

[489; handschriftlich]

[Chaville]
7. November 1991

Lieber Siegfried,
danke für Deine Aufmerksamkeiten (Bestsellerliste etc.!!!). Mit Donauland bin ich einverstanden. Dann aber: Du kommst zurück auf die monatlichen Überweisungen – recht so –, nur dann auf einmal sprichst Du, wovon gar nicht die Rede war – von einem Limit. Mag sein, daß derartiges sein muß, aber ich fand das, nicht *nur*, weil mündlich keine Rede davon war, vor-den-Kopf-stoßend, auch nach allem, was doch zusätzlich zum Ideellen von mir in den Verlag kam und dort noch ist und lebt, Frucht der Arbeit (wie des Nichtstuns). Warum hast Du mir von so einer Begrenzung nichts gesagt?
Ansonsten geht es gut im klaren grauen Windwetter; vor ein paar Tagen habe ich die letzte Gartenbirne gegessen, und bald kommen die Maronen vom eigenen Baum zum Braten dran.
Noch einmal: Hättest Du mir von dergleichem speziellen

Limit geredet, ich glaube nicht, daß ich eine solche doch demütigende Vereinbarung akzeptiert hätte.
Einen Gruß bei allem Hin & Her
– Dein Peter

[490; Anschrift: Chaville]
Frankfurt am Main
8. November 1991
Lieber Peter,
wir haben gestern in einem intensiven Gespräch die Ladenpreise Deiner gebundenen Bücher diskutiert und erhöht; Du erinnerst Dich an unser Gespräch auf dem Spaziergang.
Der Roman »Die Hornissen« liegt jetzt, nachdem der Reprint verkauft ist, nur als Taschenbuch vor. Ich würde vorschlagen, daß wir den Roman in die »Bibliothek Suhrkamp« aufnehmen.
»Der kurze Brief zum langen Abschied« wird in der gebundenen Form ebenfalls in Kürze vergriffen sein. Wir schlagen vor, daß wir bei der Neuauflage keine broschierte, sondern eine leinengebundene Ausgabe machen – dies für DM 34,–; der Text liegt auch als »suhrkamp taschenbuch« zum Preis von DM 10,– vor.
Wirst Du am Sonntag, den 5. Januar 1992, in Paris sein? Ulla und ich wollen die Tage zwischen den Jahren bei einer Kur in Biarritz verbringen, ein wenig Meerwasserluft einatmen also und fliegen am 5. Januar über Paris wieder zurück.
Herzliche Grüße
[Siegfried Unseld]

[491; Anschrift: Chaville]

Frankfurt am Main
11. November 1991

Lieber Peter,
schönen Dank für Deinen Brief vom 7. November. Ich glaube, Du bist einem Mißverständnis zum Opfer gefallen. Was ich Dir anbot, ist nicht so sehr Limit, als vielmehr die Verpflichtung des Verlages, Dir diese monatlichen Zahlungen nahezu unendlich zu leisten, denn: wann sollte der Fall eintreten, daß sich von Deiner Seite aus ein Soll-Saldo von DM 144.000,- ergibt? Du wirst auf Jahre und Jahrzehnte hinaus Honorareinnahmen haben, so daß dieser Soll-Saldo von DM 144.000,- praktisch nicht erreicht wird. Solange also praktisch pro Jahr DM 1,- an Honorar verrechnet wird, leisten wir die monatliche Zahlung.
Auf der anderen Seite muß für monatliche Zahlungen irgendeine Begrenzung vorhanden sein. Die, die ich angegeben habe, ist ja nur theoretisch.
Ich bin der Meinung, mein Vorschlag ist eine Großzügigkeit und keinesfalls eine Demütigung.
Wenn Du mir da nicht folgen kannst, bin ich aber gerne bereit, darauf zu verzichten, und es bleibt dann dabei, daß die Zahlung, wie es in meinem Brief vom 30. Oktober heißt, »bis auf weiteres« geleistet wird. Mir schiene für Deine Sicherung die andere Lösung die bessere. Es ist eine klare Verpflichtung, die auch über mein Ausscheiden beim Verlag hinausgeht.
Herzliche Grüße
[Siegfried Unseld]

[492; handschriftlich]

[Chaville]
22. November 1991

Lieber Siegfried,
wenn es sich um ein Mißverständnis handelt, wie Du sagst, so soll es mir recht sein, wie Du mir die monatliche Zahlung vorschlägst. Ich sage danke und bin einverstanden. Ab wann? 1. Januar 1992?
Genügt es nicht, wenn »Die Hornissen« und »Der kurze Brief zum langen Abschied« Taschenbücher sind? Aber natürlich würde es das erstere ehren, in der »BS« zu sein; wie Du meinst.[1]
Am 5./6. Januar werden wir in Paris sein, und es wäre mir eine große Freude, Ulla und Dich hier in der Gegend erscheinen zu sehen. (Auch wir waren, zu dritt, in Biarritz, drei Wochen ist es her. Was für ein Meerbrausen. Es war Léocadies erste Reise.) Wollen wir, wenn Ihr kommt, in Versailles zu Mittag essen? Ob Du mich anrufen magst?
Nächste Woche werde ich mich an die Korrekturen für »Die Stunde da wir nichts voneinander wußten« machen (das stumme Stück). Und im nächsten Herbst, so die Mächte wollen, geht es auf die epische Reise.[2] (Bei Troller, dem Fernsehmann, habe ich hier Ullas Manuskript gesehen, und dessen Stattlichkeit hat mir ein schlechtes Gewissen beschert, zum Glück gleich wieder verflüchtigt.)
Also, herzlich,
Dein Peter

1 P. H., *Die Hornissen*, erschien nicht in der *Bibliothek Suhrkamp*.
2 P. H. begann die handschriftliche Niederschrift von *Mein Jahr in der Niemandsbucht* am 11. Januar 1993.

[493; Anschrift: Chaville]

Frankfurt am Main
2. Dezember 1991

Lieber Peter,
hab Dank für Deinen Brief vom 22. November. Ich freue mich, daß das Mißverständnis aufgeklärt ist. Die monatlichen Zahlungen überweisen wir ab 1. Januar 1992.[1]
Ich gehe im Dezember noch zwei Wochen zum Fasten nach Überlingen, ich habe wirkliche Sehnsucht danach.[2]
Ulla und ich werden nach den Weihnachtstagen für eine Woche nach Biarritz fahren, ich melde mich von dort aus und vereinbare einen Termin, zu dem wir uns treffen können. Unser Plan ist jetzt so, daß wir am Montag, den 6. Januar, gegen Mittag in Paris-Orly ankommen und um 18.50 h nach Frankfurt weiterfliegen.[3]
Ulla hat jetzt die letzten Korrekturen an ihrem »langen R.« gemacht, Ende Dezember kommt das Leseexemplar, wir bringen Dir eines mit.[4]
Kein schlechtes Gewissen solltest du haben, im Gegenteil: das beste!
Herzliche Grüße
[Siegfried Unseld]

1 Nach einem Telefonat zwischen S. U. und P. H. am 13. März 1992 wurde diese Vereinbarung widerrufen.
2 S. U. hielt sich vom 4.-22. Dezember 1991 in der Kurklinik Buchinger in Überlingen auf.
3 Ulla Berkéwicz und S. U. trafen Sophie Semin und P. H. am 6. Januar 1992 zu einem Mittagessen in Paris.
4 Ulla Berkéwicz, *Engel sind schwarz und weiß. Roman*, erschien mit einem Umfang von 352 Seiten im ersten Halbjahr 1992 im Suhrkamp Verlag.

[494; Anschrift: Chaville]

Frankfurt am Main
6. Dezember 1991

Lieber Peter,
ich schicke Dir anbei die Umschlagseite unseres Fachorgans. Ich bin sehr froh über den Inhalt dieser Anzeige. In der Regel sind ja die »besten« Bücher nicht die, die am besten verkauft werden, und die, die am besten verkauft werden, sind in aller Regel nicht die »besten«. Jetzt also hat es die Bücher dreier unserer Autoren getroffen; ich bin darüber sehr froh und hoffe, Du kannst auch in diesem Punkt meine Freude teilen.
Herzliche Grüße
[Siegfried Unseld]

Anlage[1]

1 Die Anlage ist nicht ermittelt. Wahrscheinlich handelt es sich um das Titelblatt des *Börsenblatts für den Deutschen Buchhandel*, 3. Dezember 1991. Dort warb der Suhrkamp Verlag unter der Schlagzeile »Auf der Bestenliste des Südwestfunks und auf den Bestsellerlisten im ›Spiegel‹ und in der ›WamS‹« mit Porträt der Autoren für P. H., *Versuch über den geglückten Tag*, Cees Nooteboom, *Die folgende Geschichte*, und Martin Walser, *Die Verteidigung der Kindheit*.

1992

[495; Anschrift: Chaville]

Frankfurt am Main
9. März 1992

Lieber Peter,
ich habe ein erstes Exemplar Deines Schauspiels »Die Stunde da wir nichts voneinander wußten« erhalten. Ich hoffe, Dir gefällt die Form, die wir dem Buch gaben.
Die allgemeine Auslieferung wird am 12. Mai erfolgen. Für Österreich liefern wir das Buch etwas früher aus, damit es am 9. Mai in den Buchhandlungen vorliegt.[1]
Ich bin traurig, daß ich am 9. Mai nicht nach Wien kommen kann. An diesem Tag muß ich nach Leipzig; dort wurde Uwe Johnson als Messe-Schwerpunkt erklärt – und ich muß einen Vortrag halten.[2] Es tut mir leid; es ist die erste Uraufführung eines Stücks von Dir, die ich nicht besuchen kann. Andererseits kann Peymann ja auch wegen der Festspiele den Termin nicht verschieben.
Herzliche Grüße
[Siegfried Unseld]

Anlage

1 P.H., *Die Stunde da wir nichts voneinander wußten*, hatte am 9. Mai 1992 Uraufführung als Produktion des Burgtheaters im Rahmen der Wiener Festwochen im Theater an der Wien. Regie: Claus Peymann.
2 S.U. hielt im Rahmen einer »Hommage à Uwe Johnson« während der Leipziger Buchmesse am 9. Mai 1992 den Vortrag *Uwe Johnson, der Erzähler der beiden Deutschland*.

[496; Anschrift: Chaville]

Frankfurt am Main
26. März 1992

Lieber Peter,
im Oktober wollen wir den 2000. Band der »suhrkamp taschenbücher« herausbringen. Dazu soll ein anthologischer Band erscheinen, in dem die Autoren vertreten sind, die für die »suhrkamp taschenbücher« repräsentativ sind; die Auswahl der Autoren erfolgt also nach der Anzahl der Titel in den »suhrkamp taschenbüchern«.
Ich hätte sehr gerne einen neuen erzählerischen Text von Dir gebracht, aber vielleicht wäre ein solcher auch zu schade für ein Taschenbuch. So würde ich also gerne eine Passage aus dem »Versuch über den geglückten Tag«, Seite 41: »Sein Tag begann vielversprechend«, »der Sphärenwechsel« von Sägen und Erzählen, bringen. Bist Du damit einverstanden, oder möchtest Du mir etwas anderes vorschlagen?
Herzliche Grüße
[Siegfried Unseld]

[497; Anschrift: Chaville]

Frankfurt am Main
1. Juni 1992

Lieber Peter,
ich habe mehrfach vor 10 Uhr vormittags versucht, Dich anzurufen, aber ich habe Dich nicht erreicht.
Ich weiß von Raimund Fellinger, daß Du an der Dreharbeit bist, weiß aber auch, daß Du beabsichtigst, in der zweiten Juni-Hälfte nach Frankfurt zu kommen – das wäre sehr schön, Du weißt ja, daß ich am 2. Juli zu meiner Fa-

stenei verschwinde. Wir müssen uns vorher unbedingt sehen.
Ich denke an Dich und wünsche Dir gutes Gelingen[1] –
Dein
[Siegfried Unseld]

1 P. H. hielt sich zwischen dem 29. Juni und 1. Juli 1992 in Frankfurt am Main bzw. Kronberg zu Gesprächen mit Ulla Berkéwicz und S. U. auf. Thema u. a.: der Film *Die Abwesenheit* (Buch und Regie: P. H.; Kamera: Agnès Godard, Ausstattung: Maria-José Branco; Schnitt: Peter Przygodda; mit Jeanne Moreau, Sophie Semin, Bruno Ganz, Alex Descas, Eustaquio Barjau.) Am 6. September 1992 waren Ulla Berkéwicz und S. U. Gäste der Uraufführung von *L'absence – Die Abwesenheit* im Sala Grande des Casinos beim 49. Internationalen Filmfestival von Venedig. Der Film wurde als einziger deutscher Beitrag im Wettbewerb gezeigt. S. U. hielt sich vom 2.-25. Juli 1992 in der Kurklinik Buchinger in Überlingen, auf.

[498; Anschrift: Chaville]

Frankfurt am Main
13. Oktober 1992

Lieber Peter,
heute gelangen zwei Titel in die Auslieferung und damit an den Buchhandel:
die »Theaterstücke in einem Band« und »Langsam im Schatten«. Ich meine, daß diese beiden Bände schön geworden sind. Ich hoffe, die Bücher gefallen Dir auch im Äußeren.
Zwölf Stücke versammeln zu können, das ist schon eine Leistung. Du hast mit ihnen wirklich die Möglichkeiten der Bühne ausgeleuchtet. Sei stolz auf diese Leistung!
Sie wird ergänzt durch die ›Gesammelten Verzettelungen‹ –

die, jetzt im Zusammenhang gelesen, ein Genuß sind. Ich bin sicher, gerade dieses Buch wird große Aufmerksamkeit erwarten dürfen.
Herzliche Grüße
Dein
[Siegfried Unseld]

P. S.: Die Bücher folgen mit getrennter Post.

[499; Anschrift: Chaville]

Frankfurt am Main
13. Oktober 1992

Lieber Peter,
was hast Du am 6. Dezember vor? Wenn es Dir recht ist und Du in Paris sein solltest, würde ich vorschlagen, Du, Sophie, Ulla und ich feiern am Vorabend im Grand Véfour oder in einem Restaurant Deiner Wahl.
Läßt Du von Dir hören?
Herzliche Grüße
Dein
[Siegfried Unseld]

[500; Anschrift: Chaville]

Frankfurt am Main
15. Oktober 1992

Lieber Peter,
hast du Lust nach Göteborg zu fahren?
Herzliche Grüße
Dein
[Siegfried Unseld]

Anlage[1]

1 Die Anlage ist nicht ermittelt.

[501; handschriftlich]

Im Zug zwischen Paris und Nancy
27. Oktober 1992 (Zugrüttelschrift)

Lieber Siegfried,
nach ziemlich unreiflicher Überlegung sage ich, daß es schön wäre, mit Dir und Ulla am 5. Dezember in Paris (oder Versailles!) zu Abend zu essen, am besten im »Trois Marches« in der Königsstadt (im Hotel Trianon). Ja.[1]
Das »Langsam im Schatten« ist ein fesches Buch (wenn nur nicht mein Photo drauf wäre), und Dein Wort, das Lesen sei ein »Genuß«, möge sich bewahrheiten und vervielfältigen. Die Stücke schauen so endgültig aus, erstmals etwas von mir vollständig versammelt – aber das ist vielleicht gut zum neuen Aufbruch.
Rudolf Rach möchte »Die Stunde da wir nichts voneinander wußten« für »L'Arche«, zum Publizieren. Er habe mit Dir geredet, und Du habest auf meinen Willen verwiesen. Also: ich will (oder bin einverstanden). Bitte, leite das weiter, an Frau Ritzerfeld.[2]

Ich habe vor, in Wien eine Wohnung zu kaufen. Kann sein, daß das bald aktuell wird. Ich würde gern mit Dir im Dezember (oder sogar vorher) drüber reden. Geht das? Ich brauche einen Ort in Österreich, glaube ich.

Gerade sitze ich im Zug von der Gare de l'Est nach Nancy, wo Sophie und die 14-monatalte Léocadie mich mehr oder weniger erwarten. Und eine Nacht im Haus der lothringischen Familie. Betet für mich! Zum Glück ist Neumond. Und morgen geht's zurück zu Haus und Garten, wo die Edelkastanien, mundend!, zuhauf liegen, und die knackigen Haselnüsse. Ich lese Goethes Schriften zur Morphologie seit 3 ½ Monaten, und schaukle damit manchmal auf dem Rücken der Welt – zu selten!

Herzlich,

Dein Peter (umarme linkerhand Ulla)

1 Über den 50. Geburtstag von P. H. hielt S. U. fest im *Reisebericht Paris, 4.-6. Dezember 1992*: »Er [P. H.] hatte sich ›nach unreiflicher Überlegung‹ gewünscht, daß wir zu viert am Vorabend uns treffen und in seinen Geburtstag hineinfeiern sollten. Doch was er nicht wußte: seine Lebensgefährtin Sophie realisierte einen anderen Plan: sie wollte die ›Freunde‹ nach Chaville in eine Kneipe zum Abendessen bitten. Heikle Situation, Fellinger und ich wußten das, durften es ihm aber nicht sagen. Ich traf Handke am Samstag um 17 Uhr auf seinen Wunsch im ›Ritz‹. Ich übergab ihm die Ausgabe der Faksimiles seiner ›Versuche‹; 20 Minuten, schweigend, blätterte er die Ausgaben Blatt um Blatt um; er war bewegt, verständlicherweise. [*Drei Versuche. Versuch über die Müdigkeit. Versuch über die Jukebox. Versuch über den geglückten Tag*. Faksimile der drei Handschriften. Einmalige, numerierte und vom Autor signierte Auflage in 1000 Exemplaren] An was werden ihn seine handschriftlichen Zeilen und die eingetragenen Entstehungsdaten erinnert haben? Mit dem Wort ›gut‹ war dann für ihn alles gesagt und das Schweigen beendet (doch eine Bemerkung: die Radierstellen seien in der Reproduktion gut getroffen). Dann Allgemeines: Joachim [Unseld] habe ihn angerufen, sie hätten sich für eine Stunde getroffen, er hätte nicht erfahren, was Joachim ma-

che. – Er habe Zeitungsinterviews zum Geburtstag abgelehnt, es solle ja niemand erfahren, daß er 50 würde. – Er machte mich auf das Buch eines blinden Photographen, eines Slowenen, aufmerksam, für dessen deutsche Ausgabe er ein Nachwort schreiben möchte: Eugen Bavčar, ›Le voyeur absolu‹. [Evgen Bavčar, *Das absolute Sehen*. Aus dem Französischen von Sybille Kerschner. Mit zahlreichen Fotografien, erschien 1994 als Band 1909 der *edition suhrkamp*.] – Kann der Verlag nicht irgend etwas für die Aufführung seines Filmes [*Die Abwesenheit*] unternehmen? – nach wie vor eine schwärende Wunde in ihm. Dann kam er zum Grund seines Gesprächs: er wollte am Morgen seines 50. Geburtstags mit einer ›größeren‹ Arbeit beginnen, die ihn eineinhalb oder zwei Jahre völlig ausfüllen würde. Und dies könnte er nicht in seinem Haus in Chaville, es sei nicht organisiert, die beiden Kinder [neben Léocadie: der Sohn von Sophie Semin] zu laut etc. Er habe in Wien eine Wohnung im Auge, die ein idealer Arbeitsplatz sei, 200 TDM könne er aufbringen, 300 TDM erbäte er vom Verlag als Vorschuß auf die neue ›größere‹ Arbeit. Ich sagte ihm dies zu unter dem Vorbehalt, die steuerlichen Modi klären zu müssen. Es war dann 19 Uhr, er begeisterte sich, er wollte Sophie, ich sollte Ulla anrufen, er würde für das Abendessen am liebsten im ›Ritz‹ bleiben. Nun mußte ich ihm doch das Geständnis des anderen Planes machen. Er war fassungslos, wollte sofort mit Sophie telefonieren, erreichte sie aber nicht. Jetzt fiel ihm ein, daß Sophie angeregt hatte, wir – Handke meinte wir vier – sollten uns in der Bahnhofskneipe [»Bar des Voyageurs« am Vorplatz des Bahnhofs von Chaville-Vélizy] in Chaville treffen. Noch auf der Taxifahrt meinte er, ich würde ihn auf den Arm nehmen, das könne nicht sein, Sophie kenne ihn, und sie würde so etwas nie hinter seinem Rücken machen. Ich riet ihm sehr, das nun einmal so Gegebene anzunehmen. In der Bahnhofskneipe war er dann noch für eine Stunde ein Steinerner Gast im Mantel, öffnete sich aber, als die Gäste kamen, Fellinger, Freunde von ihm in Paris, der Produzent seines Filmes, Friedhelm. Hubert Burda und Frau, Peter Hamm und Marianne Koch, Michel Krüger und Freundin, Claus Peymann, die Tochter Amina. Burda hielt eine Vormitternachts-, ich eine Mitternachtrede, der Geburtstag betoastet, die Stimmung gelöster, Ausgelassenheit kam nicht auf. Wir verabschiedeten uns um halb zwei, da wir früh aufzustehen hatten. Die Münchner und

Raimund Fellinger verabredeten sich mit Handke noch für den Mittag. Dort sei Handke heiter gewesen, er würde nun am nächsten Tag mit der Niederschrift [von *Mein Jahr in der Niemandsbucht*] beginnen.«
2 P. H., *L'heure où nous ne savions rien l'un de l'autre*, übersetzt von Bruno Bayen, erschien 1993 im Verlag L'Arche, Paris.

[502; handschriftlich; Briefpapier des Hotels Cipriani Venezia]

[Venedig]
9. Dezember 1992

Lieber Siegfried,
da Du schon einmal zur Hand warst: so viel habe ich versäumt zu fragen, durch das Überraschungsfest, von dem ich, ab heute, mich zu erholen beginne. Das ist schade, und für Momente empfinde ich es als bitter. Ich muß bald einmal *wirklich*, wirksam, mit Dir reden, und Du solltest dafür auch wirklich dasein. So, wie es war, war es fast gar nichts, auch wenn es andererseits viel und schön war. Ich will doch andeuten, zum Beispiel, ach nein, nichts – – ich höre auf. Ich brauche Ruhe außen und freie Bahn für das Jahr, das kommt. Die Ruhe *innen* muß ich mir selber schaffen. Du wirst sie ja haben, am Bodensee.¹ Was für eine seltsame Position, heutzutage ein Schreiber zu sein; und doch möchte ich darauf bestehen, nur wie? Einen schönen Dezember und offene Ohren wünscht Dir, auch für sich,
Dein Peter

1 Vom 6.-21. Dezember 1992 fastete S. U. in der Kurklinik Buchinger in Überlingen.

1993

[503; Anschrift: Chaville]

Frankfurt am Main
4. Januar 1993

Lieber Peter,
unsere gescheiterte Verabredung am 3. Januar tut mir wirklich leid, aber da meine Anrufe in Chaville erfolglos waren und auch Du mich nicht angerufen hast, rechnete ich nicht mehr damit, daß wir uns noch sehen, disponierte für unseren Heimflug anders, und nun kam auch noch ein Unheil dazu: es war ein allgemeiner Rückreisetag; von Biarritz nach Paris war kein Platz mehr zu bekommen, am Flugplatz ohnehin eine Klein-Katastrophe wegen Ausfall von Flugzeugen und neu eingesetzter Flugzeuge mit stundenlangen Verspätungen. Wir hörten, daß Orly auch eine Zeitlang gesperrt war wegen der Zwischenlandung des amerikanischen Präsidenten, kurzum, es wäre ohnehin wahrscheinlich kaum möglich gewesen, daß wir uns an diesem Abend getroffen hätten. Es war unglücklich, daß wir gerade diesen Tag gewählt hatten.[1]
Wie ich Dir schon sagte: ich bin jederzeit bereit, Dich zu treffen; wenn es Dir dringlich erscheint, komme ich nach Paris. Du kannst mir auch sagen, ob Du irgendwelche Reisen vorhast, damit wir uns in Ruhe sprechen können.
Herzlich
[Siegfried Unseld]

1 Vom 28. Dezember 1992 bis zum 3. Januar 1993 waren Ulla Berkéwicz und S. U. in Biarritz.

[504; Anschrift: Chaville]

Frankfurt am Main
23. Februar 1993

Lieber Peter,
ich hatte die Umschläge für die »Versuche« bei mir, aber wir kamen nicht dazu.[1] Ich schicke Dir noch einmal den Entwurf, den wir gemacht haben; er wird dann in drei verschiedenen Farben gedruckt.
Ich weiß Dich an der Arbeit, beim Schreiben.
Schöne Grüße
[Siegfried Unseld]

Anlage[2]

1 S. U. traf P. H. am 21. Februar 1992 in Paris. Im *Reisebericht Wien, Zürich, Paris, 18.-22. Februar 1993*, hielt S. U. unter dem Datum des 21. Februar fest: »Das Gespräch war erforderlich, weil das Januar-Treffen aufgrund von Mißverständnissen nicht zustande gekommen war.«
2 Die Anlage ist nicht ermittelt.

[505; Anschrift: Chaville]

Frankfurt am Main
9. März 1993

Lieber Peter,
die zweite Auflage meines Goethe-Buches ist jetzt erschienen. Du warst einer der ersten, der darauf reagiert hat und mich auch auf zwei Fehler hinwies – die haben wir nun beseitigt. Ein Exemplar der zweiten Auflage geht Dir mit gleicher Post zu.[1]
Mit guten Wünschen
Dein
[Siegfried Unseld]

1 Siehe Brief 483.

[506; Anschrift: Chaville]
Frankfurt am Main
27. April 1993

Lieber Peter,
Raimund Fellinger hat mir von Eurem Gespräch berichtet. Er war so bestürzt, wie ich es jetzt bin.¹ Natürlich spürte ich Deine Reserve mir gegenüber. Du hast es mir übelgenommen, daß ich damals im Januar nicht nach Paris kam, aber dies war unmöglich, da wir schon die Flugverbindung geändert hatten; wir wären an diesem verrückten Ferienende-Tag ohnehin nicht nach Paris gekommen, und außerdem, als wir an diesem Sonntag in Frankfurt ankamen, war bei uns in der Klettenbergstraße eingebrochen ...
Fellinger erzählte auch, Du habest Dich nochmals über meine Äußerung zu Burda verärgert gezeigt. Wir haben in Versailles ja leider wenig gesprochen, aber ich meinte doch, daß ich Dir auf dem Weg ins Restaurant deutlich machen konnte, daß so, wie Du glaubtest – oder wie vielleicht Burda es wiedergegeben hat –, eine Äußerung von mir nie und nimmer gefallen ist, das kann gar nicht sein. Daß eine Zeitlang die Verkäufe nicht das frühere Volumen hatten, ist bekannt, aber ebenso ist es mir eine Genugtuung, daß wir den »Versuch über den geglückten Tag« in Auflagen bis zu 71.400 Exemplaren bringen konnten.
Du ärgerst Dich über Remittenden; in den letzten Jahren ist dies geradezu grausam über uns hereingebrochen, doch das hängt mit der ökonomisch immer schwieriger werdenden Lage der Buchhandlungen zusammen, und, so ärgerlich dies ist, wir vermögen es nicht zu ändern. Doch ich habe erneut unserer Buchhaltung die Anweisung gegeben, daß

bei Deinen Honorarabrechnungen diese Remittenden nicht abgezogen werden.

Lieber Peter, ich weiß, daß solche konkreten Mißhelligkeiten nicht ausschlaggebend sind, daß da vielmehr tausend Dinge zusammenkommen, die die Stimmung eines Dissenses, einer Unlust, ein Nicht-mehr-Wollen, einen Aufbruch zu neuen Anfängen erzeugen. Wir sind nun Jahrzehnte in der Beziehung Autor-Verleger gestanden, und ich meine, sie war produktiv; wir haben Höhen und Tiefen erlebt. Ich war stets im sicheren Glauben, daß wir, zumindest solange ich auf der Brücke stehe, zusammenbleiben werden. Für mich bist Du der wichtigste Autor des Verlages. Ich meine, daß Du an der konkreten Betreuung Deines Werkes durch uns nichts aussetzen kannst. Gewiß, ich habe mich in den letzten Wochen nicht mehr telefonisch gemeldet. Aber auch ich spürte ja Deine Unlust, mit mir zu sprechen, und zudem wollte ich Dich nicht in Deiner jetzigen produktiven Phase stören, wissend zudem, daß Fellinger, der ja Dein treuester Verlagspartner ist, Kontakt zu Dir hält und Deine Wünsche zu erfüllen trachtet.

Lieber Peter, laß uns einen »Ruck« machen, fangen wir mit dem neuen Buch ein neues Kapitel an. Auch dieses Buch gehört zu Deinem Werk, das wir hier betreuen. Und wir werden von uns aus alles tun, damit es ein großer Erfolg wird.
Herzliche Grüße
Dein alter
[Siegfried Unseld]

1 P. H. traf R. Fellinger am 17. April 1993 in Bochum anläßlich der deutschen Erstaufführung von *Die Stunde da wir nichts voneinander wußten.* Regie: Jürgen Gosch.

[507; Anschrift: Chaville]

Frankfurt am Main
21. Mai 1993

Lieber Peter,
Raimund Fellinger erzählte mir gestern von Deiner Karte. Ich entnehme Deiner Darstellung, ich hätte im Brief einen wesentlichen Punkt nicht genannt.[1] Ich grübelte und grübelte, was das wohl sein mag; schließlich kam ich auf die mir fast abwegig scheinende Idee, es könnte sich um das Geld und jene Summe handeln, über die wir sprachen. Wenn dies der Punkt ist, dann ist ein riesiges Mißverständnis entstanden: wenn ich Dir vorschlug, die Hälfte der Summe als Darlehen zu nehmen, so lediglich aus dem einzigen Grunde, Du würdest Steuern sparen. Jetzt regt sich in mir der Gedanke, Du mögest darin vielleicht eine geringere Einschätzung Deiner Arbeit gesehen haben, und dies dann noch verbunden mit dem, was [ich] Burda da gesagt haben soll.
Lieber Peter, das kann und darf nicht der Grund für irgendeine Verstörung sein. Es ist selbstverständlich, daß Dir der Betrag zur Verfügung steht, das war immer so und soll auch immer so bleiben.
Sollte ich mich aber in diesem Punkte irren und Du noch andere Gedanken mit Dir herum tragen, dann, bitte, äußere sie freimütig.
Ich bin schon den ersten Tag beim Fasten und versuche mich einzufinden.[2]
Herzliche Grüße
Dein
[Siegfried Unseld]

1 Unter dem Datum des 4. Mai 1993 schrieb P. H. eine Ansichtskarte aus Zamora an R. Fellinger: »Vielleicht lichtet sich die Situa-

tion, vom Verleger hab ich einen Brief bekommen, bemüht, aber ganz an der Sache vorbei. Ich kann ihm (noch) nicht schreiben. Und meine Arbeit [*Mein Jahr in der Niemandsbucht*] scheint weit weg von der Ernte.«

2 Vom 20. Mai-13. Juni 1993 war S. U. in der Kurklinik Buchinger in Überlingen.

[508; handschriftlich]

Chaville
25. Mai 1993

Lieber Siegfried,
ich kann nur kurz sein, mag kein Briefschreiben, ertrage es auch schlecht nach dem ganzen Tag mit mehr oder weniger Schreibzeug (= mein Buch jetzt). Aber es ist schon wahr, die Situation wird durch Nichtschreiben erst recht blöd. *Schließen wir sie fürs erste.* Nicht die Absage (von Biarritz) war es natürlich, die mich vor den Kopf gestoßen hat, sondern Deine Art, so zu tun, als sei nichts, als sei ich, zurückgekommen dazu eigens aus Italien, ein Idiot – Deine Art, sofort abzulenken und einen alleinzulassen. Du bist da wirklich ein Meister der Ablenkung, aber keiner guten und rechten. Aber hitzig gemacht hat mich das erst in der Häufung. Daß Du zu Hubert B. *nicht* gesagt hast, ich habe in den letzten Jahren, mit den »Versuchen«, mehr an mich gedacht, habe ½ der Leser verloren, und es sei nun Zeit, daß ich wieder an die L-schaft denke im Schreiben, höre ich, und werde es annehmen, als Nichtgesagtes. Bleibt die Tatsache, daß Du bei Deinem Besuch Mitte Februar hier, *wo Du ganz abwesend warst*, nicht wußtest, daß »Versuch über den geglückten Tag« mehr unter die Leute gekommen ist als seinerzeit »Die Angst des Tormanns ...«, »Der kurze Brief ...«, auch »Wunschloses Unglück«. Du wußtest es nicht. Und es reibt an mir die Situation des Verlags, wo

ich nicht weiß, was meine Sachen, die künftigen, wenn es welche gibt, tun sollen; die Leute dort erschienen mir unvorhanden, sprachlos, leblos und wer-weiß-was. Die Situation eines Menschen, der ein wenig auch der Mensch seiner Bücher bleiben will – nicht so weg aus der Hand, der Mühsal, ja, seines Lebens –, scheint mir heute zum Speien, empörend. Und Tief-Traurig. – Vom Darlehen, oder Vorschuß, was ich brauchte, laß uns fürs erste schweigen. Vielleicht komme ich auch so zurecht. Und auch schweigen werde ich erst einmal über die 25 %, die Du von meinem Honorar für das Stumme Stück am Burgtheater, ohne was, genommen hast, ohne Hand des Verlages als *die nehmende*. Und über den Stand der Dinge mit Deinem Sohn redest Du mit einem Autor, als sei all das Deine Privatsache und die Bücher halt das Dazugepurzel für die reichen Leute.

Ich bin unscharf und hätte viel Besseres zu sagen. Aber ich murkse mit meiner Sache dahin, ungeschützt und so oder so, am Elend und an was anderem. Und möchte nichts hören von »großem Erfolg« und »wichtigstem Autor«. Das tut mir NUR WEH. – Also weiter!

Es war doch einmal eine ernste ruhige
Aufmerksamkeit da von Dir her. Wo ist
sie?
Alles Gute am Bodensee.
Vielleicht ist alles bald zum Lachen und
Lustigsein. (Ich bin ja so.) Inzwischen
hample ich weiter, für wen?
Peter (der doch nicht kurz war, vor allem nicht bündig)

[509; Anschrift: ⟨Chaville⟩]

[Überlingen]
4. Juli 1993

Lieber Peter,
ab und an hätte ich nicht übel Lust, dem einen oder anderen Autor einen Brief zu schreiben, derart, wie Du ihn mir geschrieben hast. Aber im Autor/Verleger-Stück braucht es ja wohl unbedingt das umgekehrte Rollenspiel, in dem es fettgedrucktes Gesetz ist, ausschließlich nach Verletzung und Wahrheit des einen Protagonisten zu fragen. Woraus der Protagonist des anderen Fachs sich die Freiheit nehmen kann, das Folgende zu erlernen: der beste Schutz ist die Schutzlosigkeit, die derjenige trägt, der keine bewußten Verwundungen aussendet. – Da ich dieses seither mit wechselndem Erfolg versuche, hebe ich jetzt nur zu einigen wenigen Verteidigungssätzen an und halte Dir, in alter Freundschaft, die andere Wange hin.

Zu Biarritz: Verabredet war der Tag des Treffens, aber er sollte durch ein vorangehendes Telephonat bestätigt werden; ich wußte nicht, wo Du warst, Du aber hattest meine Telephonnummer. Als Du eine Stunde vor unserem Abflug noch nicht angerufen hattest, buchte ich um, in der Annahme, der Termin sei Dir nicht mehr möglich. (Alle Flüge nach Paris waren übergebucht, so daß eine Rückbuchung nicht möglich gewesen wäre.)

Zu Burda: was Du jetzt schreibst und mir als Äußerungen unterlegst, habe ich so oder ähnlich nie zu Burda gesagt. Ich gehe von einem Mißverständnis aus.

Zu Versailles: hier will ich wiederum im Versuch, die obige Lehre zu beherzigen, nur sagen: es war ein wenig schwierig, nicht abwesend zu sein, da die Anwesenheit Eurer Zweisamkeit überwältigend war. Erinnere Dich bitte, Peter, ich kam auf Deinen Wunsch und nur Deinetwegen.

Zum Burgtheater: ich habe mir das Überweisungsformular zeigen lassen, der pauschale Betrag war ohne jede Spezifikation; wir haben unseren Verlagsanteil abgezogen, wie wir dies z. B. auch bei den Bernhard-Vereinbarungen so immer gemacht haben. Wenn Du eine andere Regelung haben möchtest, so laß es mich wissen.
Zu Vorschuß/Darlehen: Du batest um die Summe, ich sagte sie Dir zu. Dann schlug ich vor, die Summe zu halbieren auf Vorschuß und Darlehen; ich fühlte mich zu diesem Vorschlag verpflichtet, da er für Dich steuerlich günstiger gewesen wäre. Jetzt, rückblickend, das Mißverständnis Burda im Hinterkopf, befürchte ich, Du hast aus meinem Vorschlag eine geringere Einschätzung der Wirkung Deines neuen Buches abgeleitet. Dem ist wahrhaftig nicht so. Im übrigen, ich erinnere Dich, habe ich Dir in Versailles noch einmal gesagt, daß Dir diese Summe wie immer zur Verfügung steht.
Dies gilt weiter, jetzt und wann immer. Ich biete Dir diese Summe noch einmal ausdrücklich auch als Vorschuß an.
Du schreibst über Deine Beobachtung der Leute im Verlag, schreibst über deren Sprach- und Leblosigkeit und Deine hiermit zusammenhängende Sorge bezüglich Deiner künftigen Bücher, wie Zombis kommen mir meine Mitarbeiter ganz und gar nicht vor, doch es gibt vielleicht Dir gegenüber eine Art von Stille und Zurückhaltung, die resultiert aus der Angst vor dem Fehler und Deiner Reaktion hierauf und der Bewunderung dessen, der das Fach Genie nun schon eine Weile besetzt hält. Noch einmal muß ich in diesem Zusammenhang auf Fellinger hinweisen, einen Dir treueren kann ich mir nicht denken.
Lieber Peter, Du weißt, wie tief mir der Bruch mit Joachim ins Leben gefahren ist – und rede ich mit Dir darüber, so rede ich vielleicht auch um Hilfe mit dem Freund.
Ich danke Dir für Deinen Brief.

Ich wünsche Dir Ruhe und Kraft.
Und mir wünsche ich, daß wir bald wieder zusammen kommen, gelassen, vielleicht sogar heiter.
[Siegfried Unseld]

[510; Anschrift: Chaville]

Frankfurt am Main
2. September 1993

Lieber Peter,
ich höre, Du bist wieder in Paris. Ich meine, wir sollten uns doch bald treffen und miteinander sprechen, um die Unstimmigkeiten zu beseitigen. Ich könnte am 14., 15., 16., 17. September. Wo wollen wir uns treffen? In Paris oder an einem »schönen« Ort – Venedig oder Cap d'Antibes oder Straßburg; ich nenne solche Ziele, die auch für Dich leicht zu erreichen sind. Bitte gebe mir eine Zeile.
Herzliche Grüße
[Siegfried Unseld]

[511; Anschrift: Chaville]

Frankfurt am Main
15. Oktober 1993

Lieber Peter,
ich verstehe, daß Du jetzt einen Besuch nicht wolltest, und ganz selbstverständlich geht Dein Schreiben vor.
Du hast mich freundlicherweise nach dem Nierenstein gefragt, vielleicht war es kein Nierenstein, sondern ein Nierengries, die Schmerzen aber waren nicht geringer, und dann ist das geschehen, was ich immer noch als eine Art Wunder ansehen muß. Aber dieser Arzt in Amsterdam ist nun einmal ungewöhnlich.[1]

Die Buchmesse verlief normal und gut. Wir hatten einige Bücher, die großes Publikumsinteresse gefunden haben, und auch unsere holländischen Autoren, allen voran Cees Nooteboom, spielten bei dem sogenannten »Kulturellen Messe-Schwerpunkt« eine gute Rolle.
Für mich war das schönste Erlebnis die Lesung des jungen Schweizer Autors Peter Weber vor der Kritiker-Mafia, wir haben Dir sein Buch »Der Wettermacher« zugeschickt.[2] Hoffentlich hält der junge Autor diesen ersten Erfolg gut aus.
Aus dem Insel Verlag schicke ich Dir ein kleines Opus, vielleicht magst Du darin blättern.[3]
Herzliche Grüße, auch an Sophie, und gutes Gelingen für Dein Schreiben,
Dein
[Siegfried Unseld]

1 S. U. litt Ende September 1993 unter Rückenschmerzen und Nierenkoliken. Er ließ sich in Amsterdam von Arkadi Beljavcev behandeln.
2 Der Kritikerempfang des Suhrkamp Verlags während der Frankfurter Buchmesse 1993 (5.-11. Oktober) fand am 6. Oktober statt. Die Niederlande und Flandern waren unter dem Motto: »Weltoffen« 1993 Gastland der Buchmesse.
3 Das Buch ist nicht ermittelt.

1994

[512; Anschrift: Chaville]

Frankfurt am Main
12. Januar 1994

Lieber Peter,
die »Anweisung« ist in der vereinbarten Höhe heute an Dich abgegangen.
Herr Oliver Vogel wird am Wochenende Dir das Originalmanuskript überbringen.
Anbei vier Satzproben. Du kannst aussuchen, welche Form Dir angenehm ist. Wir hier im Hause neigen zur Lösung B. Jeweils auf der Rückseite sind die entsprechenden Umfänge angegeben.[1]
Und ich lege eine vertragliche Vereinbarung bei, ich hoffe, die gewählte Form ist Dir recht.
Schöne Grüße
Dein
[Siegfried Unseld]

[Anlagen[2]]

1 P. H. und S. U. trafen sich am 20. und 21. Dezember 1993 in Paris und Chaville. Im *Reisebericht Freiburg–Staufen–Baden-Baden–Paris, 17.-21. Dezember 1993*, hielt S. U. fest: »Ich traf Peter Handke um 18.30 [Uhr] in der ›Closerie des Lila‹, jenem Ort, an dem die historische Begegnung Handkes mit Beckett stattfand. Später aßen wir in einem kleinen italienischen Restaurant zu Abend. Kurz vor Mitternacht trennten wir uns. Ich holte am nächsten Morgen in Chaville das Manuskript [*Mein Jahr in der Niemandsbucht*] ab. Handke wünschte, daß wir zunächst von der Tatsache dieses

Manuskripts und seinem Titel nichts verlauten lassen sollten. Ich sagte ihm, daß wir es sofort fotokopieren, dann das Original bis zu einer Übergabegelegenheit in unserem Safe lagern würden. Ich würde mich nach Lektüre der Kopien bei ihm melden. Er ist Anfang Januar wieder in Chaville zurück.« Der Suhrkamp Verlag überwies als Vorschuß für *Mein Jahr in der Niemandsbucht* DM 300.000,–.
2 Die vier Satzproben ergaben Umfänge von (A) 800 Seiten (11/15p, 19 Cic. breit), (B) 680 Seiten (10,5/14p, 19½ Cic. breit), (C) 560 Seiten (10/12p, 19 Cic. breit) sowie (D) 510 Seiten (10/12p, 20 Cic. breit).

[513; Anschrift ⟨Chaville⟩; Privatbriefpapier von S. U.]
[Frankfurt am Main]
20. Januar 1994

Lieber Peter,
ich danke Dir für Deinen Brief vom 13. Januar. Ich bin zu aufgeregt, um die Antwort handschriftlich schreiben zu können, doch ich tippe diesen Brief selbst, niemand wird ihn hier zu Gesicht bekommen, wie ich auch Deinen Brief niemand, auch nicht Ulla zu lesen gebe.[1]
Es fällt mir schwer, Dir ohne Eingeschüchtertsein zu schreiben. Ich verstehe nicht, warum meine Briefe an eine Nachwelt oder an ein Archiv gerichtet sein sollen. Bei der Vielzahl von Briefen, die ich tagtäglich diktiere, versuche ich mich konsequent, als Schreibhilfe, in den einzelnen Empfänger hineinzudenken, daß mir dies bei Dir mißlungen ist, bedauere ich natürlich sehr. Ich möchte sachlich (hoffentlich schreibe ich deswegen nicht an ein »Archiv«) auf Deine Punkte eingehen.
Die Burgtheaterabrechnung enthielt keinen Hinweis auf ein Auftragshonorar; unsere Buchhaltung reagierte schlicht auf den Vertrag; ich habe Dir angeboten (so meine Erinnerung,

an der Du nun generell zweifelst), dies zu ändern, indem wir trennen, was könnte Auftrag, was Tantiemen sein, aus der Abrechnung des Burgtheaters ging dies nicht hervor.
Hubert: ich weiß, er ist Dein Freund, Du bist für ihn Instanz; ich hatte, übrigens heute noch, den Eindruck, daß er auch mich persönlich schätzt, es ist oder war doch eine Art freundschaftliche Beziehung, die uns drei verband. Für mich zählt »Der kurze Brief ...« zu den erregendsten Grundleseeindrücken, aber es ist natürlich schlimm, daß ich an jenem Abend in der Versailler Straße und vielleicht auch vor Burda, nicht parat hatte, daß 52 Tsd gegen die 71 Tsd des »Versuchs über den geglückten Tag« standen.
Schlimmer empfandest Du, was ich an jenem Abend über Ulla und Joachim sagte. Ich finde diese Vorwürfe doch unfair. Bitte nimm es mir ab, ich habe Dir *als Freund* meine *Sorgen* enthüllt (und, was Ulla betrifft, bitte, so stupide kann ich mich nicht geäußert haben).
Zum Manuskript: nie und nimmer habe ich Sophie gesagt, das Manuskript würde sofort zurückgehen, ich wollte es hier behalten, bis die Abschrift kontrolliert werden könnte; doch dies ist jetzt erledigt, ich weiß das Manuskript wieder ganz in Deiner Hand.
3 Wochen Schweigen. Kannst Du nicht verstehen, daß ich (und erst recht Fellinger) nur reagieren konnte, wenn ich das ganze gelesen habe? Ich habe die Lektüre im Flugzeug von Paris nach Frankfurt begonnen und seitdem jeden Tag zwei, drei Stunden gelesen. Du kannst Dir das nicht vorstellen, auch nicht meine Belastung durch Mitarbeiter und Autoren zum Jahresende. Jede Frau außer Ulla hätte ihren Mann zum Teufel geschickt, wenn er in drei Tagen Rom immer wieder Stunden bei der Lektüre des Manuskriptes zugebracht hätte. 3 Wochen Schweigen, schreibst Du, aber es waren drei Wochen Lektüre *Deines* Manuskriptes, Deiner Handschrift, Deiner täglichen Notizen. Bitte: warum

hast Du nicht versucht, zwischen den Jahren einmal anzurufen.
Ich rief an, als ich Dir sagen konnte, ich habe das Manuskript gelesen. Ich versuchte das auszudrücken, was ich bei der langen Lektüre empfand: meine Bewunderung vor einem Werk, das Dein Hauptwerk geworden ist, das ein Panorama Deines inneren wie äußeren Lebens gibt, das die Genesis Deiner bisherigen Arbeiten gibt und gleichzeitig eine Poetologie Deines Schreibens. Ich habe einen riesigen Respekt vor Deiner Leistung. Doch irgendwie wolltest Du das nicht hören, es sei »ungefühlt« gewesen, mich habe zugleich »anderes beschäftigt«. Wir kamen auf solch anderes, als Du mich abrupt fragtest, ob ich glücklich sei, und ich verstand darunter die Frage nach meinem Leben, und so kam der leidende Koeppen auf, aber Du wolltest wissen, ob ich glücklich sei, nun Dein Manuskript lesen zu können und es für den Verlag zu haben. Natürlich bin ich als Verleger glücklich und auch als Handke-Leser. Aber es gibt da, von Dir angekündigt (»Du kommst drin vor«), auch Beschreibungen von einem ersten und zweiten Verleger, die mich alles andere als glücklich machen.
Wie sehr sie auch »Rollenprosa« sein mögen, sie haben sich tief in mein Gedächtnis eingegraben: Besuchsform wie bei einem Kranken; die Existenz des Schreibers ist ihm unbegreiflich, langweilig, fremd der Traum vom dritten Verleger, »statt all der lügnerischen, betrügerischen und zu jedem Verrat bereiten Ausbeuter«; keine Gemeinsamkeiten, aber doch auch kein Bruch. Darf ich davon nicht berührt sein?
Die Gier nach Manuskripten sehe ich als einen guten Zug eines Verlegers, aber jener Morgen, an dem ich das Manuskript bei Dir abholte, über eine Stunde im Verkehr stak, war alles andere als ein Coup. Ich mußte das Flugzeug erreichen, weil in Frankfurt ein fast existentieller Termin davon abhing.

Die Abschrift Deines Textes liegt in guten Händen; Du meintest, Frau Weidner könnte dies in 14 Tagen schaffen, eine versierte Abschreiberin schafft in einer Stunde höchstens drei Seiten, und länger als vier Stunden können die Augen der Abschreiberin nicht an der Handschrift »arbeiten«, das wissen wir nun. |Die Abschrift ist fertig.|
Und kann ich mehr für Dein Original tun, als es durch lebende (liebe, Handke lesende und verehrende) Boten nach Chaville zu bringen?
Lieber Peter, ziehen wir einen Schlußstrich, lassen wir ein neues Lebenskapitel zwischen uns beginnen.
Machen wir ein schönes Buch.
Es gelte Goethes: »Der ich recht wohl zu leben wünsche«.[2]
Herzlich grüßend
Dein
Siegfried

1 Der Brief von P. H. unter dem Datum des 13. Januar 1994 ist nicht ermittelt.
2 Die Schlußformel eines Briefes von Goethe an seinen Verleger Johann Friedrich Cotta vom 18. März 1807 lautet vollständig: »Der ich recht wohl zu leben wünsche und der Hoffnung entgegensehe, Sie in wenigen Wochen bey mir zu begrüßen.«

[514; handschriftlich]

Chaville
30. Januar 1994

Lieber Siegfried,
ich will Dir gleich und nicht breit auf Deinen Brief antworten, der vieles recht macht – auch wenn wir uns in einigem nie verständigen werden (und das muß ich, ab jetzt hoffentlich in Schweigen, akzeptieren). Wir wollen, wie Du sagst ein schönes Buch machen, und darauf fange ich mich jetzt,

auch durch Deinen Brief, zu freuen an. Ich will es nun doch, fürs erste, für das Einteilen, Absätzemachen, mit Raimund F. versuchen, mit ihm allein, und, wenn Du es für nötig hältst und es auch möchtest, ein andermal mit Dir. Ich mache nachträglich Aufzeichnungen für Korrekturen, Einfügungen, Kürzungen, Verschärfungen. Die von Dir bemerkte Stelle zu dem Verleger hätte ich ohnedies noch geändert, sie ins Groteske und zugleich Sachlichere gehoben. Ohne daß ich mein Problem – daß das Recht auf meine Sachen, meine Lebenssachen, durch die Verlagsverträge mir nichts dir nichts flötengeht – leugnen möchte. Die Lage, Rechtslage?, tut mir halt bleibend weh und macht mich zornig, auch ungerecht?
Also wollen wir weitertun. Das mit dem »gelungenen Coup« habe ich im übrigen ganz und gar nicht abwertend gemeint! Ich bin hier und möchte in den nächsten Monaten frei und kräftig für das bessere und weitere Flüggemachen des Buchs sein. Vielleicht sollte ich als Untertitel doch nur »Erzählung« setzen? Auf bald, beim Bereden? und dann beim Wein,
Dein alter Peter

Der junge Mann, der mir das Manuskript zurückbescherte, war wirklich eine Freude (anders auch sein Fräulein vom Bodensee).

[515; Anschrift: Chaville]

Frankfurt am Main
31. Januar 1994

Lieber Peter,
Rainer Weiss berichtete mir, daß Du gerne noch vor dem 11. Februar das Gespräch über Dein Buch in Chaville haben möchtest und dazu ihn und Fellinger aufgefordert hast. Nun wird es Fellinger ganz und gar unmöglich sein, bis zu diesem Termin reisefertig zu sein, um nach Paris kommen zu können.
Ich mache Dir aber einen anderen Vorschlag: hier im Hause arbeitet im Deutschen Klassiker Verlag Herr Dr. Wolfgang Kaußen; er ist ein hervorragender Mann, einer der intelligentesten Köpfe des Verlages und ein scharfsichtiger und einsichtiger Beurteiler von Literatur. Ich glaube, in ihm hättest Du einen hervorragenden Partner. Ich sollte freilich bald eine Nachricht von Dir dazu haben.
Und bitte, schreib mir auch Deine Vorstellungen für die Typographie und damit den Umfang des Buches und für den Umschlag.
Ich freue mich, daß die Berliner Premiere offensichtlich so gut verlaufen ist.[1]
Herzliche Grüße
Dein
[Siegfried Unseld]

1 Rainer Weiss traf P. H. am 26. Januar 1994 in der Akademie der Künste in Berlin, in der der Film *Die Abwesenheit* Deutschlandpremiere hatte. Nach der Vorführung führten P. H. und Wim Wenders ein Gespräch: »*Das war für mich eine große Erfreulichkeit, lakonisch sein zu können im Erzählen der Bilder.*« (P. H., *Die Abwesenheit. Eine Skizze*, S. 143-167) R. Fellinger litt unter den Folgen eines Bandscheibenvorfalls.

[516; Anschrift: Chaville]

Frankfurt am Main
14. Februar 1994

Lieber Peter,
Dank Für Deinen Brief vom 30. Januar. Ich freue mich, daß Du Dich nun auch auf das Buch freust, und wir wollen wirklich ein schönes Buch machen.
Raimund Fellinger ist nach wie vor immobil, wenngleich er zweimal die Woche für ein paar Stunden Verlags-Versuche unternimmt. Auf meinen Vorschlag Kaußen hast Du nicht geantwortet, ich nehme also an, daß Dir dies nicht angenehm ist. Wie ich von Fellinger höre, wirst Du jetzt verreist sein und Ende Februar zurückkommen. Mit der Manuskriptabschrift sind wir fertig, ein Korrekturgang ist abgeschlossen, nun überprüft Raimund Fellinger die Korrekturen, und nach Deiner Rückkehr Ende Februar/Anfang März werden wir Dir ein Manuskript zuschicken können.
Soll dann noch jemand dieses Manuskript erhalten – Peter Hamm?
Laß uns das Buch weiter, wie Du schreibst, flügge machen!
Herzliche Grüße
[Siegfried Unseld]

[517; handschriftlich; Anschrift: Chaville]

[Frankfurt am Main]
2. März 199[4][1]

Lieber Peter,
der »Ausdruck« Deines Textes wird in Kürze fertig sein und Dir zugehen. Du kannst darin nach Belieben korrigieren.
Es wäre schön, wenn wir Deine Korrekturen bis Mitte April hier hätten.

Schade, daß Du den Untertitel gestrichen hast, er war bezeichnend schön.[2]
Und vielleicht kannst Du mir auch bis Mitte April Deine Vorstellungen vom Umschlag sagen.
Herzliche Grüße
Dein
Siegfried

1 S. U. datierte den Brief irrtümlich auf das Jahr 1993.
2 Das Manuskript von *Mein Jahr in der Niemandsbucht* entstand zwischen dem 11. Januar 1993 und dem 18. Dezember 1993 und umfaßt 553 Blatt. Die Streichung des Untertitels *Ein Märchen aus den neuen Zeiten* wurde rückgängig gemacht. Zur Entstehung des Buches siehe Raimund Fellinger, »*Schreiben: Sich zur Ruhe setzen*«, in: *Peter Handke. Freiheit des Schreibens*, S. 133-142.

[518; handschriftlich]

[Chaville]
20. März 1994

Lieber Siegfried,
bis zum 15. April kann ich mit den Korrekturen nicht fertig sein, obwohl ich nun vor einer Woche anfing. Ich leide, bin manchmal sehr niedergedrückt, erleichtere mich mit Galgenhumor, tue weiter (bin jetzt auf ca. 16 Seiten täglich), und sehe doch zeitweise Licht. Oder: *Ich* lichte. Und ich schaue, daß ich, ohne den Lauf der Geschichte zu ändern, etwa 250 Seiten (von den 800 im Garamond-Ausdruck) wegkriege, 180 in den ersten beiden Teilen, 70? In den beiden letzten. Vielleicht wird's so doch was. Den Untertitel habe ich wiedereingefügt. Und ich bin manchmal fassungslos, daß die Verlagsleser mir so gar nichts gesagt haben. Wie das Buch jetzt ist, ist es mehr Wust als Licht. – *Bis zum 15. April* aber hoffe ich, durch zu sein mit den bei-

den ersten Teilen und daß Du sie auch schon zum Setzen,
ohne daß ich mehr was ändere, im Verlag hast.
Die zwei letzten Teile sollen um den 5./10. Mai folgen. Der
Druck, wie er jetzt ist, gefällt mir.
Ein bißchen Zuspruch wäre nicht unnett und unnütz.
Oder Mitarbeit.
Ein Gruß eher de profundis
Peter

[519; Anschrift: Chaville]
Frankfurt am Main
25. März 1994
Lieber Peter,
hab Dank für Deinen Brief vom 21. März. Ich verstehe nur
zu gut, daß für Dich nicht mehr als 12 Seiten täglich zu
bedenken sind. Du hast Dich damals gewundert, daß Fellinger und ich so lange zum Lesen brauchten. Ich wünsche
Dir sehr, daß Du den Gang durch das Ganze letztlich
schaffen kannst. Ich bin eher erschrocken, daß Du soviel
Seiten »wegkriegen« willst; ich glaube, kein Leser des Manuskripts hätte den Mut gehabt, Dir Streichungen dieses
Umfangs vorzuschlagen. Ich muß Dir sagen, ich am allerwenigsten – war und bin ich doch von dieser Dichtung
und ihrem Panorama fasziniert.
Offensichtlich hast Du die Idee einer Besprechung auch
mit Dritten aufgegeben; ich glaube, sie wäre auch kompliziert geworden, denn auch hier steckt der Liebe Gott im
Detail, und mit zwei, drei Tagen allein wäre das ja wohl
nicht zu schaffen. Und ist es letztlich nicht auch so, daß
Du, so fassungslos Dich dies macht, diese Arbeit allein entscheiden, machen und schreiben mußt?
Ich erwarte also bis zum 15. April die beiden ersten Teile,
wir werden sofort darauf reagieren.

Ich bin sehr froh, daß Du den Untertitel wieder eingefügt hast. Er gehört konstitutiv zum Buch.
In der kommenden Woche werde ich nach Mexico fliegen, um bei Octavio Paz' 80. Geburtstag zu sein; danach wollen Ulla und ich über Ostern zum Schwimmen gehen und dann über New York und Chicago zurückkreisen. Nach Plan werde ich am Montag, dem 11. April, wieder zurück sein.[1]
Lieber Peter, es tut mir weh, daß ich in dieser Situation Dir nicht *mehr* helfen kann, ich hätte es gerne getan. Sei sicher, daß ich auf Dein Buch baue, ihm vertraue, und ich bin sicher, daß es große Wirkung haben wird.
Herzliche Grüße
[Siegfried Unseld]

1 Die Reise nach Mexico kam nicht zustande; zwischen dem 8. und 12. April hielten sich Ulla Berkéwicz und S. U. in New York und Chicago auf.

[520; handschriftlich; Ansichtskarte: »Telefonisti s plinskimi maskami v jarkih Vojna v Posočju 1915-1917«]

[Chaville]
5. April 1994

Lieber Siegfried,
jetzt gibt es, mit den Korrekturen, doch eine Handschrift, eine seltsame. Ich schicke heute etwa die Hälfte ab. Die andere um den 5. Mai. Es geht nun besser, und ich habe sogar manchmal einen Genuß am Lichten. Für die beiden letzten Teile soll es weniger werden. Gute Rückkehr aus Mexico wünscht
Peter
(Vielleicht werden insgesamt von den 800 etwa 160 Seiten wegfallen.)

[521; handschriftlich; Briefpapier Sonnenhof Königstein]
8. Juni 1994
Lieber Siegfried,
gestern habe ich den Vorschau-Text zu Gesicht bekommen.[1] Die ganze Vorschau soll in diesen Tagen erscheinen, und was zu meinem Buch da steht, ist, wie es aussieht, nicht mehr rückgängig zu machen.
Daß die Ankündigung zu »Mein Jahr in der Niemandsbucht« schauderhaft ist, das ist das eine. Alles, was ich unbedingt vermeiden wollte – daß gesagt würde: »groß«, »großes Werk«, »großes Epos« ... – steht nun großkotzig da. Und Blödsinn und Fehler und Verfälschung. Und zuletzt noch ca. 3-4 × in einem Satz »neu«, »neuartig« ...
Das ist das eine. Das andere: daß mir der Text vorher nicht gezeigt wurde. Ein Wort wie »ungeheuerlich«, einmal trifft das zu. Der Humor geht mir aus. Ich hab's eine Nacht überschlafen (?), aber der Hammer wird nicht leichter.
Der, dessen Manuskripte, mit Bleistift geschrieben, was in der heutigen Zeit nicht mehr geht, keine Satzvorlage sind (bitte, also die »Keine-Satzvorlage-Bleistift-Manuskripte« von »Versuch über die Müdigkeit« und »Versuch über die Jukebox« an deren gestrigen Schreiber zurück)

[Anlage; handschriftlich; Klappentext]

Eine waldige Vorstadtgegend. Ein Jahrzehnt dort. Dann das Jahr. Sieben ferne Freunde. Eine verschwundene Frau. Wer? Wer nicht? Wo? Wo nicht? Der Bahnhofsplatz mit dem Baum, worin die Vögel schlafen. Die Bar der Reisenden. Die Jahreszeiten. Die Pilze. Die Wanderarbeiter. Die Nachbarn. Die Grillen. Kriege, Vulkanausbruch, heiße Quellen. Ein Steinmetz aus dem Mittelalter. Ein kleinlicher Prophet. Das Kind namens Vladimir. Die Fabel vom Lärmmacher, der gesteinigt wird von den Ureinwohnern. Die blaue russische Kirche am Waldrand. Und dann das Wiedersehensfest mit den Freunden in einer Winterrauhnacht kurz vor dem neuen Jahr.

Peter Handke
[8. 6. 1994]
Klappentext zu
Mein Jahr in der Niemandsbucht

[8. 6. 1994]
[handschriftlicher Zusatz von P. H. auf der Rückseite des Briefcouverts]

P. S.: 13.10 h, Ffm. Hbf:
Gerade höre ich von R. F. Deinen Grund für Dein-mich-übergehen: »Es muß gehandelt werden! Es müssen Entscheidungen getroffen werden!« – Und so muß ich den Brief abschicken. P.

1 P. H. wohnte auf dem Weg nach Weimar, wo Helmut Färber den Petrarca-Preis erhielt (Laudatio: P. H.) – zwischen dem 6. und 8. Juni 1994 im Hotel Sonnenhof in Königstein. In der *Chronik* notierte S. U. unter dem Datum des 6. Juni 1994: »Am Spätnachmittag Treffen mit Peter Handke. Wir fahren nach Kronberg, da er im ›Sonnenhof‹ übernachtet, kurzer Spaziergang. Dann ein fast vierstündiges ›Essen‹. Es ist schwierig mit ihm. Er verträgt immer weniger Widerspruch. Wir diskutieren den Umschlag, den Satzspiegel, das Buchformat, den Ladenpreis, mitten in der Unterhaltung dann wieder sein Zweifel, ob wir das Buch überhaupt bringen sollen, bringen wollen.« Der in der Programmvorschau des Suhrkamp Verlags für das zweite Halbjahr 1994 abgedruckte Text hatte folgenden Wortlaut: »In seinem großen, neuen, bisher umfangreichsten, weit in die Kontinente und zugleich in die abseits gelegenen Orte ausgreifenden Werk erzählt Peter Handke vom Leben und Schreiben, Lassen und Tun des 56jährigen Schriftstellers Gregor Keuschnig am Ausgang dieses Jahrhunderts. Er

erzählt, in weitausholendem epischen Rhythmus, warum dieser »Schreiber«, allein, in einem kleinen Vorort nahe Paris, in der ›hintersten, verstecktesten, am wenigsten zugänglichen Bucht des Weltstadtmeers‹, gestrandet ist. Er erzählt, wie Gregor Keuschnig eine Familie gründete, doch sein von Kindheit an ihn beherrschender Wunsch, allein zu sein, zur Trennung von Frau und Sohn führte, und welche abträglichen Folgen dieser Wunsch auch für seine Freundschaften hatte. Nur sieben ferne Freunde sind ihm geblieben. Was diese in dem Jahr tun, in dem der Schreiber sein Vorhaben – seine Erkundungen des ihm gemäßen Wohnorts zu Papier zu bringen – ausführt, erzählt Peter Handke: Er folgt dem Sänger Emmanuel durch das schottische Hochland, er begleitet den Maler Francisco durch die Städte Nordspaniens, er kennt die Geschichte des Kärntner Pfarrers Pavel ebenso wie die des Deutschland erkundenden Lesers Wilhelm; er begleitet den Architekten Guido durch Japan und seine Freundin Helena an der türkischen Mittelmeerküste; er verfolgt den Weg seines Sohnes Valentin quer durch das ehemalige Jugoslawien nach Griechenland. Die Geschichten der Freunde Gregor Keuschnigs werden von Peter Handke ebenso überraschend wie einleuchtend, ebenso kunstvoll wie zwanglos mit der Chronik der Ereignisse im Leben des in Südkärnten geborenen Gregor Keuschnig verbunden. So ist zu erfahren, weshalb dieser das Schreiben zu seinem Beruf wählte, dem einzigen, ›für den ich, wenn überhaupt für einen, halbwegs gemacht bin‹. Indem Peter Handke sich in den anderen Schreiber hineinversetzt, entfaltet er, Erzählsatz nach Erzählsatz, die Grundüberzeugungen dieses Schriftstellers, dessen Vorstellungen vom Schreiben, erzählt von dessen Büchern und Buchprojekten, von seiner ›Verwandlung‹, in der buchstäblich seine Existenz auf dem Spiel stand, seiner Auffassung von Geschichte und Geschichten – von den Erfahrungen, die ihn in seine abgelegene Bucht führten. Peter Handkes großes Epos verknüpft so das Allgemeine mit dem Besonderen, verbindet die vielstimmigen und vielgestaltigen, teils grotesken teils ernst gestimmten Erzählungen zu einem großen Erzählkosmos, in dem das Nächste sich im Fernsten spiegelt, in dem sich eine ›neue Welt‹ eröffnet – ›Es ist einfach das Alltägliche, das ich als die neue Welt sehe‹. Und dieses neue Sehen, das Neu-Sehen des angeblich bereits Bekannten, ist bei Peter Handkes Märchen aus den neuen Zeiten Wort für Wort und Satz um Satz zu lernen. Etwa, weitere Geschichte in der Geschichte, in jenem Bericht über Gregor Keuschnig, der Tag für Tag, im Gartenzimmer seines Hauses oder in den Wäldern der Umgebung, seine Erfahrungen während eines Jahres niederschreibt. Durch diese Niederschrift will er sich erneut verwandeln, sich öffnen, für die anderen, für die Welt. In solcher Form führt dieses neuartige Märchen aus 365 und einem Tag, diese Reise um die Welt und durch einen Ort am Rande ins Zentrum unseres Lebens – fordert es uns, durch die sanfte und nachhaltige Kraft des Erzählens auf: ›Erkenne dich selbst‹, ›Verwandle dich‹.«

[522; Anschrift: Chaville; Fax]

Frankfurt am Main
16. Juni 1994

Lieber Peter,
wir haben einen Fehler gemacht, den ich sehr bedauere, ich bitte Dich um Entschuldigung.

Man kann erklären, wie dies geschehen konnte, aber hinter diesen Erklärungen gibt es eine unerklärliche Komponente, eine Spannung, die mich nun seit Monaten, seit unserem Pariser Gespräch, verfolgt. Wir, Raimund Fellinger und ich, haben uns Deinem großen Manuskript gegenüber optimal verhalten und unseren großen Einsatz geleistet; ich verlange dafür keinen Dank, es ist ja unsere Aufgabe, aber ich wehre mich, dafür nur Vorwürfe entgegenzunehmen. Du machst uns durch Deine Reaktionen unsicher, und aus solcher Unsicherheit heraus entstehen dann bei uns Schwächen und Fehler.

Ich verstehe, daß Du nach jahrelanger Arbeit angespannt bist und daß es deswegen schwierig ist, sachliche Fragen mit Dir sachlich zu besprechen. Du nimmst alles gleich persönlich, und ist man nicht Deiner Meinung, bist Du beleidigt, fühlst Dich mißverstanden und abgewertet.

Wir diskutierten die Frage, ob ein handgeschriebenes Manuskript ein satzfertiges Manuskript sei; ich mußte dies verneinen; es ist einfach ein Faktum, daß jüngere Leute, Sekretärinnen, Setzer, eine Handschrift, wie deutlich diese auch sein mag, nicht mehr oder kaum mehr, in jedem Fall nur noch mit zeitraubender Anstrengung lesen können. Doch wo und wann habe ich gesagt, daß es »nicht mehr gehe«, mit Bleistift zu schreiben? Und wieso ist der, der mit Bleistift schreibt, ein »gestriger Schreiber«? Und wofür willst Du mich mit dem Rückruf der mir vermachten handschriftlichen Manuskripte bestrafen?

In Deinem Buch lese ich: »In mir ist von Kind an eine seltsame Bereitschaft zur Entzweiung«, es ist von der »Genugtuung« die Rede, »entzweit zu sein«, ich lese von »Aufwallung« und »Jähheit«. Wir können uns vielleicht nicht ändern, aber versuchen sollten wir doch, sachliche Fragen sachlich zu behandeln. Es wird immer Fehler geben, weil wir Menschen, aber nicht Verbrecher sind.

Noch einmal, die Sache mit dem Ankündigungstext bedauere ich wirklich. Nimm meine Entschuldigung an, und laß uns wieder in produktiver Weise zusammenarbeiten.
Freundlich grüßend –
Dein
Siegfried

[523; handschriftlich; Anschrift: ⟨Chaville⟩; Briefpapier Kurklinik Buchinger am Bodensee]

Überlingen
31. Juli 1994

Lieber Peter,
ein heiß-schöner Sommermonat liegt hinter uns. Für mich war es Fasten und Meditieren, und in jedem dieser 30 Tage

habe ich in Deiner wunderbaren Dichtung gelesen. Der Erzähler legt eine Lichtspur, die Gegenwärtiges neu aufscheinen läßt und Vorstellungen vom Kosmos und Zeit, Sein und Nichtsein möglich macht.[1]
Machen wir in unserer Sache doch wieder einen Anfang. Wenn die Hitze vorbei ist, sollten wir uns an einem schönen Ort treffen.
Mit meinen besten Grüßen
Dein
Siegfried

1 S. U. hielt sich vom 30. Juni 1994 bis zum 30. Juli 1994 in der Kurklinik Buchinger in Überlingen auf.

[524; Anschrift: Chaville]

Frankfurt am Main
5. August 1994

Lieber Peter,
Roger Straus hat mir ein erstes Bindeexemplar von »The Jukebox & Other Essays on Storytelling« geschickt. Bei uns wohnt ein junger Amerikaner, der mir von seinem sehr positiven Eindruck der Übersetzung berichtete.[1]
Herzliche Grüße
[Siegfried Unseld]

1 P. H., *The Jukebox and Other Essays on Storytelling*, enthält die drei *Versuche* in einem Band. Die beiden ersten wurden von Ralph Manheim übersetzt, der letzte von Krishna Winston.

[525; handschriftlich]

[Chaville]
28. August 1994

Lieber Siegfried,
ja, sag mir, wo und wann, schlag mir etwas vor. Ich bin jetzt frei, und mit Fellinger, das will ich anmerken, habe ich für die letzten Korrekturen zwei Tage lang hier so sportlich und schön zusammengearbeitet wie noch nie (mit überhaupt jemanden, was das Lektorieren, Wort-für-Wort-Lesen, angeht: Da ist R. F. großartig, ich bin ihm dankbar, und es war auch das Rechte für ihn, hoffe ich). Nun auf zum fertigen Buch. Und so grüßt Dich vom Geburtstag der dreijahrealten Léocadie der Peter (und wünscht Dir einen schönen Herbst, mit dem weiterreichenden Blick vom Bodensee).

P. S.: Der vom Verlag einbehaltene Teil des Auftragshonorars für »Die Stunde da wir nichts voneinander wußten«, dessen Rückzahlung Du mir Anfang Juni in Königstein zugesichert hast, ist immer noch nicht bei mir; ich habe auf die Halbjahresabrechnung gewartet, die vor ein paar Tagen kam: nichts. Ich bitte Dich ... In der Abrechnung gibt es im übrigen einen ähnlichen Fall, nur in etwa 150fach verkleinertem Maßstab: Tagebuch-Notizen für das Programmheft der Schaubühne in Berlin, zu dem stummen Stück, wurden vom Theater über den *Verlag* honoriert, der davon, ohne zu bedenken, 25 % abzog, die nicht sein Teil sind.[1] (In eben der Abrechnung fehlen zu 5 Taschenbüchern die Verkaufsaufschlüsselungen, aber das ist nicht so wichtig.)

1 Die Schaubühne am Lehniner Platz in Berlin führte als vierte Bühne (nach Wien, Bochum und Freiburg) *Die Stunde da wir nichts voneinander wußten* in der Regie von Luc Bondy auf: Premiere: 3. Februar 1944.

[526; Anschrift: Chaville]

Frankfurt am Main
9. September 1994

Lieber Peter,
schönen Dank für Deinen Brief mit dem goethischen Datum. Ich freue mich, daß Du die Arbeit am Manuskript definitiv abgeschlossen hast und daß Raimund Fellinger Dir von Nutzen war; er hat sich in den letzten Wochen nahezu ausschließlich Deinem Text gewidmet. Ich freue mich für ihn, daß Du ihn so lobtest.
Nun also »auf zum fertigen Buch«. Unter der Voraussetzung, daß nun keine Korrekturen mehr erfolgen, werden wir das Buch wahrscheinlich am 24. Oktober ausliefern können. Ich erhalte ein erstes Exemplar etwa am 18. oder 19. Oktober. Ist es Dir recht, wenn ich an einem dieser Tage nach Paris komme und Dir das erste Exemplar überreiche? Oder wollen wir uns dafür einen anderen Ort aussuchen, 22./23. Oktober Venedig?
Zu Deinen beiden PS-Notizen: Ich war der Meinung, daß Dir unsere Buchhaltung die im Juni in Königstein vereinbarte Rückzahlung des von uns einbehaltenen Teils des Wiener Honorars bereits überwiesen hat. Da ist eine Panne in unserer Buchhaltung passiert; nach Rückfragen hat man mir immer erklärt, die Sache sei in Ordnung, aber die Buchhaltung bezog sich auf den Dir zustehenden größeren Betrag. Wie dem auch sei: hier ist die Abrechnung, die Überweisung von DM 14.977,50 ist heute erfolgt.
Deine zweite Reklamation, Programmheft Schaubühne Berlin: Diese kann ich nicht nachvollziehen und anerkennen: die Mitarbeiterin, die in unserer Presseabteilung die Aufgabe hat, Abdrucke von unseren Autoren bzw. aus Büchern zu kontrollieren und honorarmäßig zu berechnen, hat im Programmheft der Schaubühne entdeckt, daß man

ohne Rückfragen bei uns Passagen aus: »Langsame Heimkehr«, »Versuch über den geglückten Tag«, »Die Abwesenheit«, »Die Lehre der Sainte-Victoire«, »Die linkshändige Frau« und »Versuch über die Jukebox« abgedruckt hat. Daraufhin hat sie der Schaubühne DM 300,– plus MwSt. für den Abdruck in Rechnung gestellt. Ich finde, das ist gerecht und nach Vertrag gehandelt. Deine »Notizen« sind davon nicht berührt. Da wir daran die Rechte nicht haben, wurden sie von uns auch nicht berechnet. Ich hoffe, Du kannst dem zustimmen und damit einverstanden sein, daß in diesem Fall kein Fehler vorliegt.
Mit allen guten Wünschen und herzlichen Grüßen –
Dein
[Siegfried Unseld]

[527; handschriftlich; Ansichtskarte: »Kobarid«]

Slowenien
14. September 1994

Lieber Siegfried,
Dein Brief mit der Nachricht von der Überweisung hat mich erleichtert. Nun kann hoffentlich die (unsere?) Geschichte weitergehen. – Ja, warum nicht in Venezia, um den 18. herum?[1] Ich gehe hier in meiner Urheimat – auch nicht heimatlicher als sonstwo – im wilden Regen, mit Mütze. Aber irgendwo schlummert die Freude am Weg.
So grüßt Dich der
Peter H.

1 S. U. übergab P. H. das erste Exemplar von *Mein Jahr in der Niemandsbucht* am 26. Oktober 1994 in Paris (und eine in London für P. H. gekaufte Cashmere-Mütze). Im *Reisebericht Paris, 26./27. Oktober 1994*, hielt S. U. fest: »Zwanzig Minuten lang

wurde kein Wort gewechselt. Er berührte, streichelte das Buch, den Umschlag, las den Klappentext vorne und hinten, studierte die Titelseite, tastete das Papier, das ihm sehr gefiel, roch daran, blätterte, las und nickte zustimmend. Schließlich: ›wunderbar‹. [...] Das freundlich verlaufende Gespräch geriet in eine Schwierigkeit, als Handke nach der Erstauflage fragte: 20.000. Warum so zaghaft? Schließlich seien seine Bücher früher immer mit 40.000 erstaufgelegt worden, und auch die ›Versuche‹ stets mit mindestens 25.000 Exemplaren. Ich wies auf die Vorbestellungen des Buchhandels hin, Reaktion des Marktes. Das wollte Handke nun nicht gelten lassen, und ich meine, er hat einen überzeugenden Gesichtspunkt, den wir uns zu eigen machen sollten: dies ist Literatur. Das ist die Restitution des Epischen. Das ist die Wiederherstellung des Erzählerischen. Er, Handke, ist überzeugt, daß sich der Markt dem fügen werde. Ich mußte ihm recht geben. Ich konnte darauf hinweisen, daß das Buch einen sehr späten Erscheinungstermin hat und daß der zeitliche Abstand zum Weihnachtsgeschenk relativ gering ist. Andererseits haben wir heute technische Möglichkeiten, rasch eine Nachauflage zu machen; das beruhigte ihn. Wir wechselten die Lokale, und dann kam ein zweiter Punkt auf: keineswegs Vorausexemplare, auch nicht Tage vorher, auch die blöden Kritiker sollten das Buch und nicht Aushängebogen haben. Ich widersprach dem, indem ich ihm sagte, es sei einfach ein guter Service gegenüber wichtigen Redaktionen. Ein geradezu aggressiver Punkt war der Ladenpreis: DM 58.– sei einfach eine Zumutung und irgendwie eine Unverschämtheit. DM 120.– müsse das Buch kosten. Das sei ein fairer Preis, soviel müsse man ausgeben für die Leistung, die er erbracht habe, und er sei sicher, es gäbe weit mehr als 20.000 Leute, die bereit seien, das zu bezahlen. Ich schildere ihm unsere Diskussion und die Schwellenangst bei DM 58.–. Das wollte er nicht gelten lassen. Aber schließlich sagte er, das sei nicht seine Sache, sondern die meine, ich solle entscheiden, und als ich ihm sagte: also dann DM 78.–, gab er mir die Hand und sagte: gut. Die ihm überwiesene Vorauszahlung [siehe Brief 512, Anm. 1] will er zurücküberweisen, und zwar deshalb: er will den materiellen Erfolg, ja den ›Gewinn‹ in den Abrechnungen sehen und nicht in den Abrechnungen nur Verrechnungen auf schon Gezahltes. Natürlich keine Lesungen oder Präsentationen. Dies sei nicht seine Sache, sondern die des Verlages. Er habe das Buch geschrieben, wir sollen es verkaufen. Eine klare Sache. Wir vereinbarten, daß er am Donnerstag, 27. Oktober, spätestens um 16 h im Verlag anrufen sollte für den Fall, daß er nach einem Tag Lektüre irgend etwas gefunden habe, was die Auslieferung verhindern könnte. Das war dann nicht der Fall, er rief mich an und wiederholte die Vokabel: Das Buch ist wunderbar.«

[528; Telegramm]

Paris
29. September 1994

Der Gedanke an Toro ist mein Geburtstagsgruss[1]
Peter

1 Siehe Brief 453, Anm. 2.

[529; handschriftlich]

[Chaville]
30. Oktober 1994

Lieber Siegfried,
gestern sagte mir Raimund Fellinger, nicht die 12 Vordrucke – zu denen Du mich in Paris überredet hattest – seien verschickt worden, sondern allein 3, in einer von Dir getroffenen Vorauswahl, und dazu nicht etwa an »Die Zeit«, die »SZ« und die »NZZ« – jene Blätter, die mich immer gut begleitet haben –, sondern an »FAZ«, »Spiegel«, »Focus«, die beiden ersteren im Buch selber vorkommend als, nicht nur meine, Lebensfeinde, das letztere ... na ja. Vor dieser neuerlichen verlegerischen Großtat kann ich nur meine Autorenmütze ziehen (für die aus der Burlington-Passage ich Dir andrerseits nur nochmals danken kann) –[1]
Peter

Zahl um Zahl.
Anbei der Vertrag für das Buch[2]

1 R. Fellinger und Stephanie Tyszak besuchten P. H. vom 28.-30. Oktober 1994 in Chaville.
2 P. H. beschränkte im von ihm unterzeichneten Verlagsvertrag für *Mein Jahr in der Niemandsbucht* dessen Geltung auf sechs Jahre. Später wurde die Geltungsdauer auf zehn Jahre ausgedehnt.

[530; Anschrift: Chaville]

Frankfurt am Main
31. Oktober 1994

Lieber Peter,
ich kam heute, Montag, aus Warschau zurück, ich habe Deine Grüße Zbigniew Herbert ausgerichtet, er hat sich darüber ganz besonders gefreut. Ich soll Dich ebenfalls herzlich von ihm grüßen.[1]
Raimund Fellinger fand ich sehr bedrückt vor, ich weiß nicht, ob er mir alles erzählt hat.[2] Selbstverständlich ist er mein loyaler Mitarbeiter, und ich bin glücklich, wenn er es bleibt. Du sollst nicht an seiner Loyalität und vor allem seinem Engagement Dir gegenüber zweifeln, er hat Enormes für die Realisierung Deines Buches geleistet.
Zum Vertrag: Du schreibst mir »Zahl um Zahl«, was immer dies bedeutet, wir haben in Paris zehn Jahre vereinbart, und ich möchte Dich bitten, dies zu akzeptieren. Zehn Jahre sind ein Minimum, das wir für unsere Arbeit an dem Buch benötigen. Ich schicke Dir einen entsprechenden Vertrag noch einmal zu und bitte um Unterzeichnung.
Und bitte, Peter: Ende gut, alles gut.
Mit freundlichen Grüßen
[Siegfried Unseld]

1 S. U. besuchte Zbigniew Herbert, der wie P. H. Mitglied der Jury des Petrarca-Preises gewesen war, zu dessen 70. Geburtstag in Warschau.
2 Siehe Brief 533, Anm. 1.

[531; handschriftlich; Anschrift: Chaville]

Frankfurt am Main
Klettenbergstraße 35
3. November 1994

Lieber Peter,
seit drei Tagen liegt »Mein Jahr in der Niemandsbucht« in der Klettenbergstraße auf meinem Schreibtisch. Ich nahm es in die Hand, ich begann zu lesen, es wieder zu lesen, und ich las und las und lese und lese. Ich kannte ja die dargestellten Vorgänge, und doch lerne ich sie erst jetzt beim ganz langsamen Lesen richtig kennen. Das Mitdenken der Verwandlungen wird mir Freude!
Peter, Du hast ein großes Buch geschrieben. Und ich bin sicher, es wird als solches erkannt werden. Ich lese weiter in dem geheimen Leben Deiner Leute.[1]
Sei herzlich gegrüßt,
Dein Siegfried

1 P. H., *Mein Jahr in der Niemandsbucht. Ein Märchen aus den neuen Zeiten*, wurde am 31. Oktober 1994 ausgeliefert. Die Erstausgabe hatte einen Umfang von 1066 Seiten.

[532; handschriftlich]

Chaville
13. November 1994

Lieber Siegfried,
Dein Brief hat mir eine – unerwartete – Freude gemacht; endlich, scheint es, hast Du das Buch, wie es ist, lesen können (oder es hat Dich gelesen); das habe ich vorher, fast ein Jahr lang, eben gar nicht gespürt, und es hat mir doch gefehlt. – Nun weißt Du, was Du hast, oder? Und mir kommt vor, es sei ein besonders langsames Lesen gar nicht nötig. Trägt das Buch nicht den, der es liest, von selber dahin? – Freilich gibt es beim heutigen Bücherbuchstabieren wohl bei sehr vielen ungeheure Hirn- oder Augen- oder Herz-Schranken, sonst würde so Unsinniges oder Widersinniges, vielleicht gar arglos gemeint, wie das gerade in der »Frankfurter Zeitung«, nicht dastehen. Unsinnig, auch, Du, S. U., kämst drin vor, »der« oder »die« Verleger sind ein Kaleidoskop aus vielen Verleger-Bildern, auch »eingebildeten«; jeder müßte das wissen.[1]
Danke jedenfalls für Deine doch herzerwärmenden Klettenbergstraßenzeichen. Bist Du schon wieder im Alphabet? Den Vertrag bringe ich am 30. mit nach F. Und nochmals auch Dank für die Mütze aus London-City
vom
Peter
Ich denke, die 300.000 DM sind inzwischen rücküberwiesen? Benachrichtige mich, bitte.

[1] Thomas Steinfeld, *Das Krokodil in meinem Herzen. Ein Prophet der Seßhaften: Peter Handke verbringt ein Jahr in der Niemandsbucht*, in: *Frankfurter Allgemeine Zeitung*, 12. November 1994: »Siegfried Unseld ›vergiftet‹ die Gegend, und Marcel Reich-Ranicki kommt vor, doch ihr literarisches Erscheinen soll die Kolporteure beschäftigen.«

[533; handschriftlich]

[Chaville]
18. Dezember 1994

Lieber Siegfried,
es war wieder eine Warmherzigkeit da in Frankfurt, eine alte, neue. Vielleicht sollten wir uns also nur in Deiner Stadt treffen (oder in Venedig, oder in Toro). Jetzt möge es ordentlich weitergehen.
Bist Du gut zurück vom Bodensee? Der Winter muß dort besonders ergiebig sein fürs innerste Auge.
Deine Uwe-Johnson-Auswahl ist treffend. Für mich aber heißt das auch, daß das ungeheuer Depressive dieses Menschen wie Schreibers schwer da ist, das Eingeschränkte, selbst im Humorigen Schwarzblütige, dem bis auf ein paar zu Helden gewählten Personen (H. Arendt) der Planet im Finsterschatten bleibt – eigentlich eine lebenslange Halbwüchsigen-Melancholie? Na ja.[1]
Ulla war (ist) schön. Der »Baron L.«-Wein war mundig (ich spüre ihn heute noch). Genau vor 1 Jahr (im Dunkeln, am frühen Morgen) bekam mein Buchtbuch seinen Schlußpunkt.
Ein schönes Weihnachtsfest wünscht Dir und Euch
der Peter

1 P. H. war am 30. November 1994 in Frankfurt am Main. In einer Notiz mit dem Titel *Besuch von Peter Handke am Mittwoch, dem 30. November 1994, in Frankfurt* hielt S. U. fest: »Peter Handke hatte sich vor acht Tagen zu diesem Besuch angemeldet. Er wollte mich und die Mitarbeiter sprechen. Was wollte er? Gerichtstag halten? Sich versöhnen? Oder aus dem Verlag austreten? Als wir uns (Raimund Fellinger, Rainer Weiss, Christian Döring, Lutz Hagestedt und Burgel Zeeh) setzten, gab ich ihm das erste Exemplar der 2. Auflage von wieder 20.000 Exemplaren des Bandes ›Mein Jahr in der Niemandsbucht‹. Und wieder geschah eine Handke-

Geschichte, in der er sofort wieder eine ›Machenschaft‹ sah (sehen mußte?). Er hatte darum gebeten, daß auf dem Klappentext unter der Rubrik ›Die Romane und erzählende Prosa von Peter Handke‹ nicht sein Slowenien-Buch (›Abschied des Träumers vom Neunten Land‹) aufgeführt werden sollte. Und prompt stand es da. Nachher stellte sich wieder ›Menschliches‹ heraus: die Buchbinderei hatte von der 1. Auflage noch 450 Umschläge und wollte sparen und legte sie um, und ausgerechnet von diesen 450 Exemplaren stammte das erste Beleg-Exemplar, das ich Handke übergab! Fellinger sagte sofort, er habe alles in die Herstellung gegeben, aber er wurde doch hochrot, und die Unterhaltung stand danach unter keinem guten Stern. Handke wollte ›dieses‹ Jahr‹ Revue passieren lassen, noch einmal aufarbeiten, was geschehen sei bzw. nicht geschehen sei. Ich war als erster an der Reihe. Er verzieh mir nicht, daß ich über drei Wochen zum Lesen des Textes gebraucht habe, und er nahm meine Erklärung, daß das Lesen von Kopien seiner Handschrift äußerst mühsam sei, nicht ab. Und dann hätte ich mit ihm zwar telefoniert, aber er hätte nicht den Eindruck gehabt, ich hätte mich gefreut, und außerdem hätte ich ihm nie geschrieben und nur das schriftliche Wort zähle. Unser dreimaliges Zusammentreffen (zweimal in Paris, einmal in Frankfurt) ließ er nicht gelten. Jetzt erst habe ich ihm einen Brief geschrieben, der ihn gefreut habe. Dann kam er auf die Transkription zurück; ihm paßte nicht, daß mehrere (fünf oder sechs) Sekretärinnen das Manuskript abgeschrieben haben; Frau Weidner hätte es machen müssen, aber hier wandte Burgel Zeeh ein, daß das viel länger gedauert hätte, als er meine. Niemand könne mehr als 15 Seiten am Tage schreiben, und dies vielleicht auch nicht jeden Tag hintereinander. Fellinger sei zwar immer für ihn dagewesen, aber er sei letztlich doch nicht der richtige kritische Partner. So habe er Rainer Weiss gebeten, mitzulesen. Der aber habe zunächst nicht reagiert, dann sollte ein Gespräch zu dritt stattfinden, aber das sagte nun Handke ab. Nach der Absage von Handke meldete sich Weiss nicht mehr, und das wurde ihm nun von Handke bitter vorgehalten. [...] Dann kamen wir ausführlich auf die Geschichte des Ankündigungstextes. Ich hatte mir bei meiner zweiten Lektüre Notizen gemacht, aber sie reichten für mich nicht aus, um den Text zu schreiben. Dann schrieb Fellinger einen Text, der mir auch nicht ausreichend schien. Ich habe dann seinen Text etwas korrigiert und mit meinen Zitaten erweitert. Das alles zog sich hin, während dem war die Vorschau praktisch fertig umbrochen und lag schon im Film vor. Nur die Handke-Seite war noch offen. Hätte man den Text noch zu Handke geschickt und wäre [er] nicht einverstanden gewesen, so wäre der Termin der Vorschau auf unvordenkliche Zeit unsicher gewesen. So entschied ich, daß wir den Text drucken sollten, daß dies Handke nicht freute und er mir dann einen ›Machenschaften‹-Brief [siehe Brief 521] schrieb, war zu erwarten, aber das war wirklich ein Fehler, und dafür habe ich mich ja auch entschuldigt. [...] Und dann das Lügen des Verlegers und wieder Machenschaften des Verlages. Die beiden Vorgänge: Am Mittwoch, dem 26. Oktober 1994, übergab ich Peter Handke das erste Exemplar des Buches ›Mein Jahr in der Niemandsbucht‹. Er sollte es lesen und uns bis Donnerstagnachmittag eventuelle Fehler durchgeben. Wir besprachen auch den Preis von DM 78.–. Ich sagte ihm zweierlei: am Freitag, dem 28. Oktober, würden zehn Aushänger verschickt, und am Montag, dem 31. Oktober, würde die Auslieferung beginnen, so daß frühestens am Donnerstag die gebundenen Bücher in den Händen der ersten Leser seien. Jetzt kam die Handke-Geschichte: die Bildarchivarin der ›FAZ‹ bat unseren Bildarchivar um ein Exemplar, ihr Freund sei hier, führe abends ins Ausland und er sei ein Handke-Fan und würde doch gern das Buch haben. Unser Archivar ging zu Herrn Hagestedt [zu diesem Zeitpunkt Leiter der Presseabteilung des Suhrkamp und Insel Verlags], bat, man möchte doch eine solche ›Gefälligkeit‹ erweisen, da man ja viel zusammenarbeite, und Herr Hagestedt gab ein Exemplar heraus. Der Freund der FAZ-Archivarin [Stephan Peter Jungk] setzte sich ins Flugzeug nach Paris, dort rief er Handke an, er habe das Buch gelesen! Also zwei Tage später, nachdem ich ihm sagte, er habe das Buch für sich, meldete sich jemand, der das Buch schon hatte. Erste Lüge des Verlegers. Die zweite: Von Fellinger, der mit seiner Frau einer Handke-Einladung nach Chaville am 29./30. Oktober gefolgt war, erfuhr Handke, daß nicht zehn Aushänger, sondern nur drei verschickt wurden. Dies wußte ich nicht, ich war vor meinem Paris-Besuch falsch informiert worden, und die drei Exemplare gingen an die ›FAZ‹ ›Spiegel‹ ›Focus‹ – nun ausgerechnet darunter die zwei Organe, die Handke immer übel verfolgt haben. Dies hat dann zum Zusammenstoß Handke-Fellinger am Samstag,

dem 29. Oktober, geführt, bei dem ich wirklich als Lügner beschimpft und Fellinger und die anderen im Verlag als ›Verbrecher‹ bezeichnet wurden. [...] Nach eineinhalb Stunden wollte er dann das Gespräch als beendet ansehen, er habe nun gesagt, was er sagen wollte; wir gingen auf eine Stunde ins ›Block-House‹, dort war vom Jahr seines Schreibens nicht mehr die Rede. S. U. hielt sich vom 4.-20. Dezember 1994 in der Kurklinik Buchinger in Überlingen auf.
»*Wohin ich in Wahrheit gehöre*«. *Ein Uwe-Johnson-Lesebuch*. Herausgegeben und mit einem Nachwort versehen von S. U., erschien 1994 im Suhrkamp Verlag.

1995

[534; Anschrift: Chaville]

Frankfurt am Main
13. Februar 1995

Lieber Peter,
ich schicke Dir hier einen Brief von Herrn von Wehrenalp und meine Antwort. Ich füge unsere Anzeige bei, die in der »Zeit« erschienen ist.[1]
Ich hoffe, es geht Dir gut!
Herzliche Grüße
[Siegfried Unseld]

1 Die Anzeige für *Mein Jahr in der Niemandsbucht* erschien in *Die Zeit*, 10. Februar 1995. Sie nahm eine Drittel-Seite ein: Neben der Abbildung des Buches wurden Stimmen aus zehn Rezensionen angeführt.

[535; handschriftlich]

[Chaville]
16. Mai 1995

Lieber Siegfried,
ja, es war schön, daß Du da warst – und Du warst wirklich da. Vielleicht ergibt sich also doch eine Art (und »Weise«) der Dauer. Was mich angeht, freut mich das Weitertun, und mehr noch das Weitersehen, mithilfe der Schreibvorhaben. In ein paar Tagen jedenfalls ziehe ich in die spanische Richtung, und um den 3. Juli kannst Du das Stück haben.[1]

Ich habe ja schon beim Zusammensitzen von dem »Krieg im Sertão« des Euclides da Cunha geredet, und wie notwendig und erhellend ich das Lesen dieses seltsamen Epos, oder der Geschichtsschreibung, oder der Erdformenerzählung, erlebe. Es ist ein Buch, mit dem, obwohl es gar nicht sozusagen pure Literatur ist, ich wieder- und neufinde, was das Buch bedeutet, macht, schafft, ja warum nicht? »stiftet«, und wie herrlich die Bücherwelt einmal war und gegen Teufels Willen einmal wieder sein wird. Und das Allerseltenste ist die feine Pracht der Übersetzung Berthold Zillys – man spürt die andere Sprache, das Portugiesisch aus Brasilien, durch die scharfe, klare, rhythmische deutsche Sprache durch als deren Bereicherung. Und der Leser ist so froh, weil er, woher er auch kommt, aus dem kümmerlichsten kleindeutschen Winkel, dazugehört zum Hochland des Sertão und zugleich zum Licht aller großen Weltbücher, wie dieses eins ist, eins der, wie es sich wohl auch gehört, gar seltenen ...[2]
Und sonst grüß bitte Ulla, und Burgel Z.
vom Peter

1 S. U. traf P. H. am 13. Mai 1995 in Paris. Im *Reisebericht Paris, 13./14. Mai*, notierte er: »Es gab im wesentlichen folgende Punkte: 1. Handkes Enttäuschung, daß sein ›deutschestes‹ Buch doch von der deutschen Öffentlichkeit nicht entsprechend aufgenommen wurde, aber damit muß er sich abfinden. 2. Er fühlt sich nicht ausführlich genug informiert, auch nicht über Theater, sein Theater im Ausland, und wir möchten doch in Zukunft gebündelt über Frau Zeeh die Informationen zu ihm leiten. 3. Er hat ein Stück fast fertig: ›Zurüstungen für die Unsterblichkeit‹. Er geht jetzt 14 Tage nach Spanien, um die letzten Korrekturen anzubringen, dann wird er uns das Stück schicken. Er wird dann selber den Kontakt mit Claus Peymann aufnehmen, wir aber sollten den Vertrag machen, jedoch derart, daß das Zusatzhonorar an ihn direkt geht ohne irgendwelche Verlagsabzüge.«
2 Euclides da Cunha, *Os Sertões. Campanha de Canudes*, wurde in

Brasilien 1902 zuerst veröffentlicht. Die deutsche Übersetzung, *Krieg im Sertão*, übersetzt, mit Anmerkungen, Glossar und einem Nachwort von Berthold Zilly, erschien 1994 im Hauptprogramm des Suhrkamp Verlags.

[536; Anschrift: Chaville]

Frankfurt am Main
30. Mai 1995

Lieber Peter,
Du wirst in diesen Tagen aus Spanien wieder zurücksein. Ich freue mich, daß ich nun bald Dein neues Stück lesen darf. Übrigens ist mir der Titel bei meiner Dauerlektüre der »Niemandsbucht« darin begegnet. Ich nahm damals den Titel »Not for granted«.
Ich danke Dir sehr für Deine Zeilen, wir bleiben in Verbindung.
Ich weiß nicht, ob Dir eine solche Auswahl gefällt, wie sie Martin Walser getroffen hat. Ich schicke Dir jedenfalls sein Büchlein »Wer kennt sich schon« zu, Du kommst darin häufig vor.[1]
Herzliche Grüße
[Siegfried Unseld]

1 *Wer kennt sich schon*, ausgewählt von Martin Walser. Mit Texten von Ingeborg Bachmann bis Virginia Woolf, erschien 1995 als Band 2453 der *suhrkamp taschenbücher*.

[537; handschriftlich]

[Chaville]
5. August 1995

Lieber Siegfried,
danke für Deine Bodenseekarte.[1] Da ist das Stück. Bitte, gib es niemandem weiter – ehe wir uns nicht zusammengetan haben, in Salzburg? Oder wo? Ich bin vom 6.-11. August im Hotel St. Rupert (Salzburg), und dann wieder dort vom 20.-22. (früh). Ab 22. wieder hier in Chaville.
Ein freundlicher Gruß
von Peter

Schmeckt der Wein nach dem vielen Wasser?

1 Die von S. U. während seines Aufenthaltes in der Kurklinik Buchinger in Überlingen (27. Juni-3. August 1995) an P. H. adressierte Karte ist nicht ermittelt.

[538; Anschrift: Schloßhotel St. Ruppert, Salzburg; Sendung als Fax]

Frankfurt am Main
8. August 1995

Lieber Peter,
ich bin wieder im Verlag zurück. Bis heute, Dienstag, ist das Stück noch nicht eingetroffen, ich erwarte es aber täglich. Ich melde mich sogleich.
Dir einen guten Aufenthalt wünschend –
Dein
Siegfried

P. S.: Kann man Dich nach dem 11. August bis zum 21. August irgendwo erreichen?[1]

1 P. H. und S. U. trafen sich am 21. August 1995 in Salzburg. In der *Chronik* hielt S. U. fest: »13 Uhr, Österreichischer Hof. Kurz vor 13 Uhr kommt Herr Scharping ins Hotel. Wir begrüßen uns kurz. Handke ist sehr begierig über meinen Eindruck zum neuen Stück. Nach einer halben Stunde ist er glücklich, erleichtert, erzählt mir, daß Peymann ›begeistert‹ sei und natürlich die Aufführung sobald als möglich machen möchte. Das heißt: Herbst 1996. Wir unterhalten uns zwei Stunden. [...] Das Gespräch ist locker, freundlich, freilich auch mit der Frage: Siegfried, wie gehts weiter? Mit Fellinger kann er nicht mehr arbeiten. [...] Ich versprach ihm, die Situation zu regeln.«

[539; Anschrift: Chaville]

Frankfurt am Main
20. Oktober 1995

Lieber Peter,
unsere »suhrkamp taschenbuch«-Ausgabe »Chronik der laufenden Ereignisse« geht zu Ende. Wir können das in einer Neuauflage nachdrucken; es wäre aber auch eine andere Form möglich, also etwa die eines besonders schönen, gebundenen Buches. Wie denkst Du darüber?
Schöne Grüße
[Siegfried Unseld]

[540; Anschrift: Chaville]

Frankfurt am Main
14. November 1995

Lieber Peter,
der Bestand des »es«-Bandes »Phantasien der Wiederholung« geht zu Ende. Ich schätze diese Texte ja sehr, und ich würde sie gerne in neuer Form im Rahmen der »Bi-

bliothek Suhrkamp« bringen. Bist Du damit einverstanden?
Schöne Grüße
[Siegfried Unseld]

P. S.: Darf ich in diesem Zusammenhang auch noch einmal an meinen Brief vom 20. Oktober erinnern? Ich lege eine Kopie bei.

[541; handschriftlich]

[Chaville]
16. November 1995

Lieber Siegfried,
die »Phantasien der Wiederholung« in die »BS« zu übernehmen, ist eine gute Idee. Mir kommt vor, da ist auch eher der Platz oder Raum für diese Weltblitze als in der »es«. Was die »Chronik der laufenden Ereignisse« betrifft: Warum sie nicht einfach »aus«laufen lassen – wenngleich mir dann doch wieder ein Zögern kommt, weil die Sache zugleich ein Teil von mir geworden ist. Auf keinen Fall ein »schönes Buch« – vielleicht für später, in einem Band meiner Filmdinge?
Ich will Dir danke sagen für Deine Fürsorge in Stuttgart, und auch noch für Deine und Ullas Anwesenheit hier in Chaville vor wie schon langer Zeit, im Oktober. Euer Gebilde, die zwei Urviecher, schauen mich immer wieder an und tun gut.[1]
So sei gegrüßt vom Peter

Wir müssen bald bereden, wie es nun mit dem Verlag und dem Obigen[2] weitergeht. Und für wann etwa ist an ein Taschenbuch mit dem »Jahr in der Niemands...« gedacht? In 1 Jahr? usw.

1 Sophie Semin und P. H. heirateten am 7. Oktober 1995 auf dem Standesamt von Chaville. S. U. hielt in seiner *Chronik* fest: »Chaville. Hôtel de Ville. ›Peter et Sophie se marieront. Déjeuner dans le Val d'Or‹ – hat Sophie geschrieben. Wir [Ulla Berkéwicz und S. U.] waren pünktlich dort, waren die ersten, Peter zehn Minuten nach der vereinbarten Zeit und dann eine kurze Zeremonie der Bürgermeisterin. Lange Unterschriften, offensichtlich ist Peter Ausländer, und um eine Französin zu heiraten, muß er sich besonderen Verpflichtungen unterwerfen. Anschließend in einem vietnamesischen Restaurant Mittagessen. Anwesend Wim Wenders, Hubert Burda, einige Freunde von Peter, Verwandte von Sophie. Es war eine gute Atmosphäre.«
Am 10. November 1995 fand im Neuen Schloß Stuttgart die Verleihung des Schiller-Gedächtnispreises an P. H. statt. Die Rede von P. H. wurde am 11. November 1995 in der *Stuttgarter Zeitung* gedruckt ebenso wie die Laudatio von Peter Hamm. Burgel Zeeh, Hans-Jürgen Drescher und S. U. waren bei der Preisübergabe zugegen.
2 Von dem Wort »Obigen« zeigt ein Pfeil auf »Peter«.

[542; Anschrift: Chaville]

Frankfurt am Main
21. November 1995

Lieber Peter,
hab Dank für Deinen Brief vom 16. November. Wir nehmen also die »Phantasien der Wiederholung« in die »Bibliothek Suhrkamp« auf.[1]
Die »Chronik der laufenden Ereignisse« reservieren wir für Deinen Vorschlag, einen Band Deiner »Filmdinge« herauszubringen.
Ich verschwinde jetzt für zwei Wochen zur Kur nach Überlingen; ab Mitte Dezember bin ich wieder hier.[2] Auch ich würde gerne mit Dir sprechen. Ich weiß nicht, was Du »zwischen den Jahren« unternimmst. Wir sind hier in Frank-

furt, ich könnte also leicht nach Paris fliegen, falls Ihr da seid, sonst könnten wir uns ja auch Anfang Januar treffen.
Schöne Grüße
[Siegfried Unseld]

1 P. H., *Phantasien der Wiederholung*, erschien 1996 als Band 1230 der *Bibliothek Suhrkamp*.
2 S. U. hielt sich zwischen dem 21. November und dem 10. Dezember 1995 in der Kurklinik Buchinger in Überlingen auf.

[543; handschriftlich; Anschrift: ⟨St. Moritz⟩; Fax]
Frankfurt am Main
Klettenbergstraße 35
30. Dezember 1995

Lieber Peter,
hier die Seite 18 Deines Manuskriptes
ich glaube, da alles lesen zu können.[1]
Komm' gut hinein in dies neue Jahr
Herzlich grüßend
Dein Siegfried

1 Das Manuskript von P. H., *Eine winterliche Reise zu den Flüssen Donau, Save, Morawa und Drina oder Gerechtigkeit für Serbien*, gelangte am 21. Dezember 1995 per Kurier nach Frankfurt am Main. P. H. und S. U. trafen sich am 13. und 14. Januar 1996 in Madrid. Der *Reisebericht Madrid, 13.-15. Januar 1996*, vermerkt: »Wir trafen uns um 14.00 Uhr, schlenderten durch die Stadt, aßen zu Mittag. Von 16.00-20.00 Uhr wollte er den Text seiner Serbien-Geschichte korrigieren. Als wir uns abends trafen, war er nicht ganz fertig, er mußte noch am Sonntagvormittag daran arbeiten. Wir gingen in eine andere Gegend Madrids, besuchten einige Bars und landeten in einem schönen Fischrestaurant. Hier ein ausführliches Gespräch, eine tour d'horizon durch den Verlag. Handke ist in seinem Pariser Ort Chaville etwas von der Welt abgeschnit-

ten (wenn man seine Serbien-Geschichte liest, muß man freilich erkennen, wie genau er die Zeitungen doch studiert). Er ist begeistert von ›Lancelot und Ginover‹, so leicht müßte man schreiben können. Er lobte auch die Übersetzung von Steinhoff als besondere Leistung. [*Prosalancelot, Teil 1 und Teil 2, Lancelot und Ginover*, erschienen übersetzt, herausgegeben und kommentiert von Hans-Hugo Steinhoff 1995 im Deutschen Klassiker Verlag.] Er wünscht weiterhin Lektoratszusammenarbeit mit Raimund Fellinger. Er wird jetzt zwei Monate ›herumhängen‹. Von April an würde er wieder schreiben, eine Erzählung, etwa 200 Seiten, er wisse nicht, wie lange er dazu brauche, er rechne vier Monate. Dann möchte er wieder an eine größere Prosaarbeit gehen.« Zum Gespräch zwischen ihm und S. U. über das Manuskript siehe Brief 591, Anm. 1.

1996

[544; Anschrift: Chaville]

Frankfurt am Main
5. Februar 1996

Lieber Peter,
es war doch gut, daß wir uns getroffen haben. Wir konnten eine Reihe von Dingen klären, insbesondere, was die Lesereise betrifft.
Das Buch wird nun ausgeliefert und tritt nun seinen Weg an. Ich selber bin gespannt, wie sich der Vorabdruck auf den Absatz des Buches auswirken wird.[1] Übrigens haben wir jetzt zwar das Buch, aber, durch die rasche Realisierungsphase bedingt, keinen Vertrag. Sollen wir brieflich erklären, daß dieselben Bedingungen gelten wie für »Der Abschied des Träumers vom Neunten Land« (12,5 % bis 100 Tsd., 15 % danach)?
Ich danke Dir, daß Du mich aufgeklärt hast über Deine versuchten Korrekturen beim Abdruck Deines Interviews in der »Zeit«. Jetzt hat mir auch Willi Winkler geschrieben und sich für die »Panne« entschuldigt.
Du gabst mir netterweise Deine Telefonkarte, und ich habe sie blöderweise nicht wieder zurückgegeben. Hier liegt sie an.
Bis bald und herzliche Grüße, bitte auch an Sophie, die an diesem Nachmittag wunderbar aussah,
Dein
[Siegfried Unseld]

P. S.: Möchtest Du am 24./25. Februar in Königstein wohnen? Es ist Internationale Frankfurter Messe...

1 P. H., *Gerechtigkeit für Serbien. Eine winterliche Reise zu den Flüssen Donau, Save, Morawa und Drina*, erschien in den Wochenendausgaben der *Süddeutschen Zeitung* am 5./6. und 13./14. Januar 1996. Das Buch wurde unter dem ursprünglichen Titel *Eine winterliche Reise zu den Flüssen Donau, Save, Morawa und Drina oder Gerechtigkeit für Serbien* am 2. Februar 1996 im Suhrkamp Verlag veröffentlicht. S. U. traf P. H. und Sophie Semin am 1. Februar 1996 in Paris. In seinem *Reisebericht Paris, 1. Februar 1996*, notierte S. U.: »Treffen mit Peter Handke um 15 Uhr in der Closerie des Lilas, jenem Ort und fast an jenem Tisch, an dem wir vor 20(?) Jahren mit Beckett zusammengetroffen waren [siehe Brief 128, Anm. 1]. Als erstes zeigte mir Handke seine Korrekturen des Interviews mit der ›Zeit‹. Ich hatte am Vorabend in meinem Telefonat seine wenig freundlichen Bemerkungen über die Buchausgabe kritisiert. Er hatte das von sich aus korrigiert, doch die ›Zeit‹ hat das irgendwie nicht mehr geschafft. Willi Winkler entschuldigte sich dafür in einem Brief. [Das Interview mit Willi Winkler, »*Ich bin nicht hingegangen, um mitzuhassen*« erschien in: *Die Zeit*, 2. Februar 1996. Dort wird P. H. zitiert mit den Sätzen: »Wäre die ›Süddeutsche‹ nicht gewesen, hätte ich den Serbien-Text als Buch publizieren müssen, was mir überhaupt nicht gefallen hätte. Was hat das für einen Sinn, wenn das als Büchel herauskommt, dachte ich. Da sah ich wirklich die Zeitung als mein Heil. Ich werde diese komische Zeitung dafür immer hochhalten.«] Ich übergab ihm das Buch, die äußere Form gefiel ihm sehr. Er blätterte Minuten in dem Buch und schien sehr zufrieden. Dann berichtete ich ihm über unsere Vereinbarungen und Bemühungen um die Lesereise und ihre zeitliche Einordnung. Er anerkannte das. Dann seine Frage: Ist dies richtig? Ich mußte ihm berichten von unserer Überlegung, die wir am Vortag in der Postkonferenz angestellt hatten, und er war sichtlich erleichtert über den Vorschlag, die Reise auf drei Orte zu konzentrieren. Er schlug sofort vor: Berlin, Frankfurt, München; später Wien. Vor balkanischen Orten habe ich ihn gewarnt. [Im Interview mit Winkler, *Die Zeit*, 2. Februar 1996, hatte P. H. erklärt: »Und dann habe ich mir überlegt, ich muß das vorlesen. Zum ersten Mal seit zwanzig Jahren wollte ich wieder öffentlich lesen. Meine Idee war auch, daß es nach Deutschland und ein, zwei österreichischen Städten weitergeht nach Ljubljana, Zagreb, Belgrad, vielleicht nach Sarajevo.«]

Nach einiger Zeit sagte er, er würde lieber in Hamburg als in Berlin lesen, dies auch wegen Wolfgang Wiens, der sich ja um sein neues Stück sehr bemühen wird. Wir sprachen dann über Einzelheiten dieser Veranstaltung. Sie müßte in jedem Fall ›moderiert‹ sein, in Hamburg von Wolfgang Wiens, in Frankfurt von mir, in München von Peter Hamm. Ein ungemein sensibles Gesprächsthema war das Thema einer Diskussion. Anfänglich bestand er darauf, keine Diskussion zu führen, die auch zu nichts führe, vielleicht auch nur zum Skandal. Ich mußte ihm sagen, daß auch bei einer Nicht-Diskussion oder gerade bei einer Nicht-Diskussion die Gefahr eines Eklats bestünde. Er regte dann an, daß nach der Lesung an einem Tisch drei, vier Personen Platz nehmen sollten (und er würde es auch tun), die zunächst die Lesung und das Buch besprechen und dann auf Fragen eingehen sollten. Ihm war klar, daß alle Veranstaltungen unter Polizeischutz zu stehen haben. Ein weiteres sensibles Thema war das Honorar. Er war ja mit DM 1.500.– nicht einverstanden. Ich erklärte ihm die Situation (die ja nun bei nur drei Veranstaltungen etwas einfacher war). Er bat aber dann um eine andere Lösung, um die Angabe: ›Der Autor bittet gleichzeitig die Veranstalter, nach Abzug der Unkosten die Einnahmen auf ein Konto zu überweisen.‹ (Das R. Fellinger bei der Zeitschrift ›Freitag‹, die dieses Konto veröffentlicht habe, erfragen sollte.) Der Suhrkamp Verlag übernimmt die Reise- und Aufenthaltskosten von Peter Handke. Zum Signieren sei er bereit. Ihm ist wichtig, daß bei unseren Anzeigen folgende Formulierung gebraucht wird: ›Mein Text ist Wort für Wort ein Friedenstext.‹ Und im übrigen: in der Öffentlichkeit sei soviel über die Kriegsbemühungen Serbiens gesprochen worden, aber im Grunde genommen über das Land selbst und seine Bewohner sei nichts geschrieben worden.« P. H. las aus dem Buch in Hamburg (Thalia Theater, 18. Februar), Frankfurt (Schauspiel, 25. Februar), München (Universität, 4. März), Wien (Akademietheater, 18. und 24. März), Graz (Exit, 19. März), Klagenfurt (ORF, 20. März), Ljubljana (Drama, 21. März), Salzburg (Osterfestspiele, 29. März), Leipzig (Altes Rathaus, 30. März), Heidelberg (Universität, 30. Mai), Stuttgart (Staatstheater, 2. Juni) sowie Essen (Theater, 10. Juni).

[545; Anschrift: Chaville]

Frankfurt am Main
8. März 1996

Lieber Peter,
Du wolltest Ivo Andrić, »Der verdammte Hof«, aus der »Bibliothek Suhrkamp«. Das Buch schicke ich Dir anliegend.[1]
Herzliche Grüße
[Siegfried Unseld]

1 Ivo Andrić, *Der verdammte Hof*, erschien in der Übersetzung von Milo Dor und Reinhard Federmann 1957 als Band 38 der *Bibliothek Suhrkamp*.

[546; handschriftlich]

[Chaville]
12. März 1996

Lieber Siegfried,
danke für den »Verdammten Hof« von Ivo Andrić, ich habe schon mit Lust zu lesen angefangen. – Die Zeilen Rilkes, wohl aus einem Brief?, zu meinem Serbien mir zugeschickt, lauten: »Es ist so begreiflich, daß die Menschen ungeduldig geworden sind, – und doch, was tut jetzt mehr not als Geduld, Wunden brauchen Zeit und heilen nicht dadurch, daß man Fahnen in sie einpflanzt. Irgendwie anders muß die Welt in ein haltbares Bewußtsein eingehen, und vielleicht wird das Erste, woran sie sich wiederfindet, ein ganz Unscheinbares, jedenfalls ein Unsägliches sein!« (1919)[1]
Ich bin etwas müde – Du siehst es an meiner Wackelschrift –, aber sonst nicht schlechter Dinge, vor ein paar Ta-

gen die ersten Zitronenfalter, wie vor einem Jahr, als ich das Stück beendete.
Ich hoffe, Du hast Ulla ausgerichtet, wie aufgeweckt ich wurde von ihrem Text (?) zu Felsenstein.[2]
So grüßt Dich herzlich
Peter

Vor genau 6 Jahren habe ich das Haus in Chaville gekauft.

1 Brief von Rainer Maria Rilke an Anni Mewes vom 12. September 1919, in dem er Heinrich Vogeler, *Über den Expressionismus der Liebe. Der Weg zum Frieden* (1918 zuerst veröffentlicht) kritisierte; siehe Rilke, *Briefe*, S. 605.
2 Ulla Berkéwicz, *Es hängt von uns ab, was wirklich ist. Zu Theorie und Vision des Regisseurs Walter Felsenstein*, in: *Frankfurter Allgemeine Zeitung*, 10. Februar 1996.

[547; Anschrift: Chaville]
Frankfurt am Main
5. Juni 1996
Lieber Peter,
hier zwei Entwürfe für den Umschlag »Zurüstungen für die Unsterblichkeit«. Für welche Schrift möchtest Du Dich entscheiden?[1]
Schöne Grüße
[Siegfried Unseld]

1 Die Anlage ist nicht ermittelt.

[548; Anschrift: Chaville]

Frankfurt am Main
24. September 1996

Lieber Peter,
bevor ich in den Strudel der Buchmesse eintauche, möchte ich Dir noch einmal schreiben und Dir sagen, daß ich mich über unser Gespräch am Samstag sehr gefreut habe und freue. Ich danke Dir für die Widmung, die Du mir in das Buch geschrieben hast, Victor und Fels passen ja irgendwie zusammen.[1]
Ich habe Ulla Deine Wertschätzung ihres »Felsenstein«-Textes mitgeteilt, und auch sie freut sich, daß Du sie in der Widmung erwähnt hast. Wir alle hoffen bald auf ein weiteres Treffen.
Herzlich
[Siegfried Unseld]

P. S.: Ich schicke Dir den »Buchreport« mit, die Auflage von 10.000 Exemplaren ziert Deinen »Sommerlicher Nachtrag ...«.

1 P. H. und S. U. trafen sich am 21. September 1996 in Paris zur Übergabe des ersten Exemplars von *Sommerlicher Nachtrag zu einer winterlichen Reise*. Die Widmung lautet: »für den großen Siegfried / ja (Victor) / von Peter / (= Stein = Fels?) / am 21. September 1996 / mit Freude, wie Du mitgehst mit / dem und *jenem* / (= ich) / Schreiben. (Le Duc Montparnasse) / und Gruß an Ulla, die mit ›Felsenstein‹ alle Poetik gültig dramatisiert hat.«

[549; handschriftlich]

[Chaville]
25. September 1996

Lieber Siegfried,
jener Abend am Montparnasse – so lang und so nah trotzdem erscheint es mir, daß ich »jener« denke – war, wie vielleicht kaum je, einer des Einvernehmens zwischen uns, jenseits jeder Rolle, und ich habe an Dir eine Solidarität gespürt, die auch wiederum jenseits von Autor, Verleger, Erfolg usw. spielte – ein Da-Sein, mit dem andern Sein, voll Ruhe, Deinerseits, wie ich mir das wohl immer gewünscht habe und mir nur weiter wünschen kann. Und außerdem war der Wein gut (der Fisch, [XXX], etwas zu lau und gekocht). Und ich bin dann noch draußen im kühlen Vorort bis Mitternacht unter der Straßenlampe beim Bahnhof gestanden und habe das Büchlein, meines, inhaliert. Danke für Dein Kommen, und eine lustige Geisterbahnfahrt durch die Buchmesse. –
Peter

(Mir kommt vor, ich habe das Buch für Burgel zu signieren vergessen? für Herrn Peter Ernst? – wenn – vielleicht kann man das Beiblatt ins Buch kleben?)
Keine Pilzvergiftung?

[550; Anschrift: Chaville]

Frankfurt am Main
10. Oktober 1996

Lieber Peter,
Dein Brief vom 25. September erreichte mich am ersten Tag der Buchmesse. Hab herzlichen Dank. Ich bin sehr glück-

lich, daß Du mir diesen Brief geschrieben hast. Er trug mich gewissermaßen durch Wogen und Turbulenzen der Buchmesse, sie waren eher freundlicher Natur, wenn auch heftig – mit vier Friedenspreisträgern des Verlages, die anwesend waren,[1] und dann mit der Nachricht der Literatur-Nobelpreisträgerin Wisława Szymborska.
Also, es war wirklich eine Geisterbahnfahrt, und sie war gut, spannend, aufregend, und glücklicherweise ist sie vorbei.
Ich vergesse jenen Abend am Montparnasse nicht. Noch einmal: hab herzlichen Dank!
[Siegfried Unseld]

1 Neben dem Träger des Friedenspreises des Deutschen Buchhandels für das Jahr 1996, Mario Vargas Llosa, waren auf der Buchmesse anwesend die drei Friedenspreisträger und Autoren des Suhrkamp Verlags György Konrád (1991), Amos Oz (1992) sowie Jorge Semprún (1994). Die Frankfurter Buchmesse fand vom 2.-7. Oktober 1996 statt.

[551; Anschrift: Chaville]

Frankfurt am Main
24. Oktober 1996

Lieber Peter,
die »Phantasien der Wiederholung« sind jetzt in der »Bibliothek Suhrkamp« erschienen. Ich schicke Dir ein Exemplar zu. Ich habe jetzt wieder im Band gelesen; die Aufzeichnungen bestehen, und Dein Schreiben löst Deine Gedanken ein: »Die Schrift muß sein wie ein schwieriges Schachspiel; jedes Wort ein Zug«.[1]
Herzliche Grüße
[Siegfried Unseld]

1 P.H., *Phantasien der Wiederholung* (erschienen 1996 als Band 1230 der *Bibliothek Suhrkamp*), S. 52.

[552; handschriftlich; ⟨Adresse: Chaville⟩]

[Frankfurt am Main]
5. Dezember 1996

Lieber Peter,
damit Du Dich nicht bemühen mußt, hier das Fax aus der heutigen »Zeit«.[1]
Herzlich
Dein Siegfried

1 Die Anlage ist nicht ermittelt.

[553; handschriftlich; ⟨Adresse: Chaville⟩]

[Frankfurt am Main]
6. Dezember 1996

Lieber Peter,
wir alle hier insbesondere Burgel + Raimund gratulieren Dir herzlich. Möge es ein gutes, neues Lebensjahr sein. In einer Stunde beginnt unsere Johnson-Kampagne.[1]
Herzliche Grüße, auch von Ulla
Dein Siegfried

1 Am 7. Dezember 1996 reagierte der Suhrkamp Verlag mit einer Pressekonferenz im Verlagshaus auf Vorwürfe, die Peter Suhrkamp Stiftung sei nicht der rechtmäßige Erbe von Uwe Johnson. Sie hatte erhoben: Werner Gotzmann, *Uwe Johnsons Testamente oder wie der Suhrkamp Verlag Erbe wird*, Berlin 1996.

1997

[554; handschriftlich; Karte mit Vordruck »Überreicht mit freundlichen Grüßen von Siegfried Unseld«, beiliegend P. H., *Zurüstungen für die Unsterblichkeit. Ein Königsdrama*]

[Frankfurt am Main]
16. Januar 1997

das erste Exemplar
Ich hoffe, es gefällt Dir.[1]
S

1 P. H., *Zurüstungen für die Unsterblichkeit. Ein Königsdrama*, erschien am 22. Januar 1997. Die Uraufführung fand am 8. Februar 1997 im Burgtheater Wien in der Regie von Claus Peymann (Bühnenbild: Achim Freyer) statt. Es spielten u. a: Wolfgang Gasser (Großvater), Traute Hoess (erste Tochter des Großvaters), Ursula Höpfner (zweite Tochter des Großvaters), Martin Schwab (das Volk), Urs Hefti (der Idiot), Gert Voss (Pablo Vega), Therese Affolter (die Flüchtlingin). S. U. hielt in seinem *Reisebericht Wien, 8./9. Februar 1996*, fest: »Handke hat das Stück vom Januar bis September 1995 geschrieben, also vor der ersten Serbien-Reise. Peymann sollte es uraufführen, er hatte aber keinen früheren Termin als diesen 8. Februar. [...] Das Stück ist ein Menschheitsdrama, der Versuch, zu einer neuen, gewaltlosen Gesellschaft zu kommen. Die Frage war für mich auch, wie das manchmal bloß Rhetorische, bloß Pathetische auf der Bühne gezeigt werden kann. Überhaupt, es wird sehr viel geredet (Handlungen nur hinter der Bühne). Die Burg war ausverkauft, Intendanten vieler Theater, Kritiker aller Zeitungen waren anwesend und auch die Regisseure, die in Kürze die Aufführungen in Frankfurt und Hamburg inszenieren werden, Hans Hollmann [Schauspiel; Premiere: 15. März 1997] und vom Thalia Theater Herr Gotscheff [Premie-

re: 8. Mai 1997]. Aufführungsdauer dreieinviertel Stunden, dazwischen eine Pause nach zwei Stunden. Bis zur Pause war die Aufführung spannend und durchaus kurzweilig. Handkes neuer epischer, nicht dramatischer Form entsprach die liebevolle, ins Detail gehende Inszenierung: Das bestechende Bühnenbild von Achim Freyer, die Kostüme von Maria-Elena Amos, ein riesiger Aufwand an Schauspielern, Fabeltieren und viel Beiwerk. Sterne segeln durch die Luft, Vögel fliegen über die Bühne, Flaggen brennen, Kinderschiffe entstehen und verfallen, Weizen wächst aus schwarzem Boden und geht wieder ein. Quer über die Bühne werden Opfer von Tätern gejagt, und noch am Schluß erscheint die ›Raumverdrängerrotte‹ als drohende und mahnende Erscheinung: Gewalt wird kommen, wenn unter den Menschen nicht eine andere Ordnung aufkommt. [...] Am Schluß großer Beifall. Als nach unzähligen Verbeugungen der Schauspieler Peymann mit seiner Regiemannschaft auf die Bühne kam, Ovationen, und, als schließlich Handke doch auf der Bühne erschien, Jubel.«

[555; Anschrift: Chaville; Fax[1]]

Frankfurt am Main
28. Mai 1997

Lieber Peter,
ich bekomme heute von Roger Straus einen Brief, den ich Dir in Kopie zuschicke. Ich wäre doch dafür, daß wir Deine Rechte bei ihm belassen sollten, vielleicht gelingt es uns, statt $ 15.000,– noch $ 20.000,– zu erreichen; ich würde den Versuch dann selber bei Roger Straus machen. Bitte sag mir noch Deine Meinung, bevor Du auf Reisen gehst.[2]
Herzliche Grüße Dein
gez. S. U.

1 Der Briefdurchschlag weist den maschinenschriftlichen Zusatz von Burgel Zeeh auf: »Lieber Peter, das Fax ging nicht durch, jetzt sind Sie – lt. Raimund [Fellinger] – schon unterwegs, so vertraue ich den Brief der Post an. Ihre [Burgel Zeeh]«

2 In einem Brief an S. U. vom 20. Mai 1997 schlug Roger Straus eine Vorauszahlung von $ 15.000 für die Rechte an der amerikanischen Übersetzung von *In einer dunklen Nacht ging ich aus meinem stillen Haus* vor. Am 25. Juni 1997 bat S. U. um eine Erhöhung der Vorauszahlung auf $ 20.000. Am 14. Januar 1999 wurde der Verlagsvertrag abgeschlossen mit der zunächst angebotenen Vorauszahlung.

[556; handschriftlich; Briefpapier Kurklinik Buchinger am Bodensee]

Überlingen
30. Juli 1997

Lieber Peter,
wie der Apotheker von Taxham in seinem »Iwain« habe auch ich jeden Abend in Deinem wirklich großen Buch »In einer dunklen Nacht« gelesen. Jetzt zum dritten Mal. Und immer wurde mir Neues aufgeschlüsselt. Du stimmst den Leser poetisch in die Geschichte ein, in die Zeit, da die Geschichte spielt. Der Schlag an des Apothekers Kopf, der sich dann in »neuem Zustand« befindet, die Zwischenzeit, der Rabe (wie schön!). Der Apotheker ist zur Reise bereit: ».. . die Hände am Steuer, vor der Abfahrt noch eine Seite im Epos gelesen. Kein Wind bis jetzt an dem dunklen Tag: dafür das Wehen aus dem Buch«! Dann die Reise, das Epos, die Stummheit. Die Liebe zwischen Apotheker und der »Siegerin«. Eine Liebesgeschichte! Merkwürdige Dinge ereignen sich, Raum und Zeit gehorchen wie im Traum anderen Gesetzen. Dann Santa Fe wo der Apotheker den verstoßenen Sohn erkennt. Dann das Größte des Buches, der Gang durch die Steppe, die Steppenlandschaft, Wiederbegegnung mit der »Siegerin«. Überwindung der Stummheit. Die »Begeisterung vom Dasein«, die auch den Leser erfaßt. Diese Steppenwanderung ist vielleicht das Schönste, das ich von Dir kenne, ich danke Dir.

Gegen Ende klärt sich ja auch das oft Rätselhafte der Erzählkonstruktion. Der Apotheker erklärt dem Ich-Erzähler: »Keiner soll Herr dieser Geschichte sein«. Der Apotheker ist der Erzähler, die »Ich« genannte Person ist der Schreiber, der Aufschreiber dieser Geschichte. »Der mir diese Geschichte erzählt hat.« Und wir erfahren, warum sie aufgeschrieben wird. »Die Geschichte selber will es so«. Ursprüngliches Erzählen. Indem eine Person etwas erlebt, sie diese Geschichte sich selbst erzählt und in der schriftlichen Form so angelegt ist, daß sie für den bestimmt ist, der sie erlebt hat, dadurch erhält sie Wahrheit und Allgemeingültigkeit. Diese Erzählhaltung zeigt Dir Satz für Satz und gibt am Ende den Schlüssel zur Entzifferung. Nochmals, Peter, Dir ist ein großes Buch gelungen. 33 Abende Leseglück.[1]
Herzlich
Dein Siegfried

[1] P. H., *In einer dunklen Nacht ging ich aus meinem stillen Haus. Roman*, erschien am 15. April 1997. S. U. hielt sich vom 26. Juni bis 31. Juli 1997 in der Kurklinik Buchinger in Überlingen auf.

[557; handschriftlich; Ansichtskarte: »Monasterio de San Jerónimo de Yuste«]

Jaraíz de la Verá
5. September 1997

Lieber Siegfried, von einer wüsten (?) Bergwanderung durch die Sierra de Gredos grüße ich Dich und bedanke mich zugleich für Deinen so mitgehenden Leser-Brief zum »Apotheker von T.« – Du siehst an der Karte, daß ich mich endlich auf gesicherten historischen Gefilden bewege.[1]
So grüßt Dich
Peter

1 Karl V. zog sich nach seiner Abdankung 1556 in das Kloster San Jerónimo de Yuste zurück, in dem er zwei Jahre später starb. Karl V. hat mehrere Auftritte in *Der Bildverlust oder Durch die Sierra de Gredos*. P. H. spielte mit der Formulierung an auf Vorwürfe, seine Darstellungen der Konflikte um Serbien bewegten sich nicht auf dem Boden der historischen Tatsachen.

[558; Anschrift: Chaville]

Frankfurt am Main
11. November 1997

Lieber Peter,
ich will zwar noch durchaus einige Zeit meine Aufgaben als Verleger wahrnehmen, aber ich muß doch Vorsorge treffen. So habe ich Christoph Buchwald als Verlagsleiter Suhrkamp berufen, ich glaube, ich habe nicht nur einen erfolgreichen Verlagsmann gewonnen, sondern einen Mann, der leidenschaftlich für Literatur eintritt. Mir war das bei allen Gesprächen, die ich in den letzten Monaten führte, das Wichtigste.[1]
Ich weiß nicht, ob Du ihn kennst, aber ich bin sicher, daß Du auch gut mit ihm auskommen kannst.
Ich schicke Dir die Meldung, die wir am Mittwoch, dem 12. November, zur Presse geben.[2]
Herzliche Grüße
[Siegfried Unseld]

1 P. H. und S. U trafen sich am 25. Januar 1998 in Paris. S. U. hielt in seinem *Reisebericht Berlin/Paris, 24.-26. Januar 1997*, fest: »Alles in allem ein freundliches Gespräch. Ein aufgeräumter Autor, er hatte am Tage zuvor die Arbeit an seinem Stück ›Der Film zum Krieg‹ abgeschlossen. Jetzt lasse er den Text Monate ruhen, dann werde er noch einmal ›drübergehen‹. Er sei jetzt vorwiegend in Chaville. Gespräche über Christoph Buchwald und Thorsten Ahrend, das Ergehen des Verlages, seine Wirtschaftlichkeit, das Pro-

gramm für den Herbst, Stichworte zu Semprún. Dann fragte ich ihn, ob er vielleicht bereit wäre, eine Art Goethe-Vortrag zum Goethe-Jubiläum zu halten. Er hörte sich das an, ohne einen Kommentar abzugeben. Um Mitternacht trennten wir uns.«

2 Die Anlage ist nicht ermittelt. Wahrscheinlich handelt es sich um eine Pressemeldung des Suhrkamp Verlags, die bekanntgab, daß Christoph Buchwald mit Wirkung zum März 1998 die Funktion eines Verlagsleiters im Suhrkamp Verlag übernehmen wird.

1998

[559; Anschrift: Chaville]

Frankfurt am Main
13. Februar 1998

Lieber Peter,
ich übermittle Dir einen Brief von der Fotografin Herlinde Koelbl. Ich kenne Frau Koelbl nun seit längerer Zeit. Sie hat auch mich am Schreibtisch aufgenommen, und ich weiß, sie macht ordentliche Bilder.
Wenn Du absagen möchtest, so laß es mich wissen, so daß Du nicht die Mühe der Absage hast.[1]
Dein
[Siegfried Unseld]

1 P. H. ist vertreten in Herlinde Koelbl, *Im Schreiben zuhaus*, S. 10-16.

[560; Anschrift: Chaville]

Frankfurt am Main
21. April 1998

Lieber Peter,
am vergangenen Sonntagvormittag habe ich den »Versuch über den geglückten Tag« wieder gelesen. Es war für mich ein ganz großes Erlebnis. Ich wollte Dich anrufen, aber Du warst schon nach Spanien entschwunden.
Ich kann Dir jetzt »Die drei Versuche« in der »Bibliothek Suhrkamp« schicken. Ich freue mich sehr, daß wir diese

Dichtungen in der »Bibliothek Suhrkamp« bringen können. Und ebenfalls wird Dir eine zweite Auflage »Die Angst des Tormanns beim Elfmeter« in der »Bibliothek Suhrkamp« zugesandt.[1]
Ich fliege für ein paar Tage nach Spanien, nach Madrid, wo Cabrera Infante den Cervantes-Preis erhält, und dann zu Lorca-Feierlichkeiten in Granada. Ich bin ab Montag wieder in Frankfurt und hoffe, Dich dann zumindest am Telefon sprechen zu können.[2]
Herzliche Grüße
[Siegfried Unseld]

1 P. H., *Die drei Versuche*, erschien am 22. April 1998 als Band 1300 der *Bibliothek Suhrkamp*.
2 S. U. hielt sich zwischen dem 22. und 25. April in Madrid, Cordoba und Granada auf.

[561; handschriftlich; Ansichtskarte: »Cabra Montés«]
Pedro Bernardo, Sierra de Gredos, Spanien
18. April 1998
Lieber Siegfried –
wie Du mir aus Amsterdam, so ich Dir aus der Sierra, wo es nach Tagen Schnees und Windes blau und windstill ist, bei blühenden Steineichen und überhaupt Blühen. Ich hoffe, Deinem Rücken geht es besser. Ich blicke auf die fernen Montes de Toledo und denke – gehe mich frei fürs Buch, lasse es sich bilden.[1]
So grüßt Dich
Dein Peter H.

1 Die Ansichtskarte von S. U. an P. H. aus Amsterdam ist nicht ermittelt. S. U. hielt sich Anfang April 1998 in Amsterdam bei Arkadi Beljavcev auf. P. H., *Der Bildverlust oder Durch die Sierra de Gredos*.

[562; handschriftlich; Anschrift: Chaville; Fax]
Frankfurt am Main
Klettenbergstraße 35
26. Juli 1998

Lieber Peter,
ich habe in den letzten Tagen immer wieder versucht, Dich anzurufen, vergebens.
Bei einer Routineuntersuchung wurde in meinem Darm eine Verwachsung entdeckt, die operativ entfernt werden muß, damit sie nicht bösartig wird. Ich gehe morgen für ca. 10 Tage in die Uni-Klinik. Die Operation sei leicht und harmlos.
Ich melde mich bei Dir wieder, wenn ich entlassen bin. – Die ganze Geschichte teile ich dir *vertraulich* mit.[1]
Für Deine Arbeiten gutes Gelingen.
Herzlich
Dein Siegfried

P. S.: Der Residenz Verlag schickte mir auf Deinen Wunsch »Am Felsfenster morgens«. Dank. Ich nehme das Buch zum Lesen mit.[2]

---

1 Die Operation fand am 28. Juli 1998 in der Universitätsklinik Frankfurt am Main statt; am 19. August 1998 wurde S. U. geheilt entlassen.
2 P. H., *Am Felsfenster morgens (und andere Ortszeiten) 1982-1987*, erschien im Frühjahr 1998 im Residenz Verlag, Salzburg.

[563; handschriftlich]

[Chaville]
28. Juli 1998

Lieber Siegfried,
vielleicht bist Du schon dabei, Dich zu erholen. Es hat ja eine kleine Tradition, daß wir uns manche Sommer in Salzburg treffen; ich werde da wohl ab dem 13., 14. August sein. Heute fahre ich für 1 Woche nach Südfrankreich (0033 94964357), bin dann wieder für 1 Woche in Chaville, Haus, Garten, Wäldern (gerade kramt neben mir der Haus- und Gartenigel im Gebüsch). »Das Stück zum Film vom Krieg« (= Untertitel), das nun »Die Fahrt im Einbaum« heißt, ist seit einer kurzen Zeit gemacht, es hat mich lange mitgenommen, und ich *bin* mitgenommen. Und Du? Vielleicht hängt alles zusammen, und wenn das mit dem Darm bereinigt ist, federt auch der Rücken neu.
Ich bin sonst recht guter Dinge, lese (nach dem Tun) Machado[1] (las auch Treichel – etwas halb-lustig), murkse im Garten –[2]
und bin in Gedanken bei Dir – wir sollten bald reden und regeln –
so grüßt Dich
Dein Peter

1 Dem Brief lag die Photokopie des Gedichts *A José Palacio* (spanisch und deutsch) von Antonio Machado bei mit dem handschriftlichen Vermerk von P. H.: »(Machado redet von Sória – ich habe da die Jukebox umforscht)«
2 Hans-Ulrich Treichel, *Der Verlorene*, erschien 1998 im Hauptprogramm des Suhrkamp Verlags.

[564; Anschrift: Chaville]

Frankfurt am Main
21. August 1998

Lieber Peter,
seit ein paar Tagen versuche ich, Dich zu erreichen – Dein Telefon schweigt, das Fax-Gerät nimmt keine Nachrichten an.
Ich wollte mich »zurückmelden«, seit Ende letzter Woche habe ich mein regelmäßiges Schwimmen wieder aufgenommen, allerdings eine kurze Erholung an der Ostsee nun abgesagt: dort ist es mir nach den Wetterberichten zu kalt.
Bitte melde Dich einmal!
Herzliche Grüße
Dein
[Siegfried Unseld]

[565; handschriftlich; Ansichtskarte: »Kees Van Dongen (1877-1968). Le petit âne sur la plage, 1912-1913«]

[Chaville]
31. August 1998

Lieber Siegfried,
es wundert mich, daß das Fax-Gerät hier nicht funktionieren soll, Papier ist drin, die Zeichen stehen auf Empfang bis vom Planeten Venus her. – Jedenfalls bin ich seit 5 Tagen wieder in Land und Vorort, und wenn es Dir, so scheint es, wieder gut geht, wäre es wohl nicht sinnlos, könnten wir uns ein wenig unterhalten. Beim Verlag habe ich ja, seit Fellinger vor ~ 3 Monaten völlig ausgefallen ist, keine Anlegestelle mehr (sieht man von Burgel Zeeh ab, die aber nicht für alles zuständig sein kann). Ich werde jetzt noch etwa zweieinhalb Wochen – Schulanfang – hier sein und möchte

dann, ab etwa dem 17. Sept., für einige Tage in die spanische Sierra spazieren gehen. Ab 21. oder 22. 9. bin ich für 1 Nacht in Madrid. Ich bin am Vormittag immer in Haus u. Garten. Swim on, big swimmer, swim on. – So grüßt Dich
Dein Peter

P. S.: (Heute früh habe ich mit Freude und nicht ohne Weh in Hrabals »Wer ich bin« gelesen – fast Lust auf Prag bekommen.)[1]

1 Bohumil Hrabal, *Wer ich bin*, erschien 1989 in der Übersetzung von Susanna Roth im Suhrkamp Verlag.

[566; handschriftlich]

[Chaville]
13. September 1998

Lieber Siegfried,
nun schicke ich dir das Stück doch schon (obwohl ich, nach der Rückkehr aus Spanien, noch ~ 10-12 Seiten streichen möchte, *nur* streichen) – auch damit wir am 22. Sept. in Madrid etwas anderes als eher unleidige Verlags- und Lektorenprobleme zu bereden haben. Meinethalben möge auch Herr Drescher schon einmal lesen, unter dem erwähnten Vorbehalt natürlich.
Ich werde bis zum 17. hier hauswärts sein (strömender Regen seit Tagen) – dann ab 18. für vier Tage in der Sierra de Gredos, hoffentlich schneit es noch nicht – und vielleicht kann auch ich noch schwimmen, in den herrlichen Bergflüssen dort. –
So grüßt Dich
Dein Peter

(es sind auch noch mehrere Tippfehler im Skript –)

[567; handschriftlich; Anschrift: Chaville]

Frankfurt am Main
Klettenbergstraße 35
25. September 1998

Lieber Peter
Doch Palace!
Um 17 h war ein Treffen von ca. 25 Models, eine hübscher und jünger als die andere. Was hätten sie sich gefreut, Dich zu sehen!
Gut, daß wir uns trafen.[1]
Herzlich
Dein Siegfried

1 P. H. und S. U. trafen sich am 23. September 1998 in Madrid. S. U. hielt in seiner *Chronik* fest: »Flug nach Madrid. Ich nahm die 2 ½ Stunden zum Anlaß, nun zum dritten Mal Peter Handkes neues Stück ›Die Fahrt im Einbaum oder Das Stück zum Film vom Krieg‹ zu lesen. Eine höchst komplizierte Sache. Handke bleibt bei seinem Thema der Rettung der Serben, ja, an zwei Stellen des Stücks wird das Serbische Volk als eine Art Vorhut einer neuen Gesellschaft erklärt. Ich traf Handke abends um 19 h. Wir blieben bis Mitternacht zusammen. [...] Wieder mache ich die charakteristische Erfahrung mit ihm: seine erste Frage war: Fandest du das Stück ›nett‹? Ich sagte ihm, daß dies doch wohl keine Kategorie sei. Aber eine Stunde später fragte er dann, ob Drescher, der das Stück auch gelesen habe, es ›nett‹ gefunden habe. Das, was ich als merkwürdig bezeichne, ist: über alles Äußerliche kann man mit ihm reden, also daß die Passagen mit Abkürzungen unverständlich seien, daß die Internationalen Mountainbike-Fahrer zu lange Monologe sprächen, dann die Nennung der Journalisten Josef Joffe [*Die Zeit*] und Marc Winner von NYT [*New York Times*]. Zu der Allgegenwart von Euroscheinen erklärte er mir, daß das Stück ja im Jahre 2005 handele, dann sei der Euro ja wohl eingeführt. Dieser Zeitpunkt geht aber aus dem Stück nicht hervor. Als ich mit ihm über den ›Griechen‹ sprach, ahnte er, was ich sagen wollte, und wiegelte es ab. Es wäre keine bestimmte Fi-

gur gemeint. Doch der Grieche ist natürlich der, der das ›Ende der Ästhetik‹ verkündet hat, der ›sich selber ausgestoßen hat‹, dessen ›Rolle undankbar, ja unmöglich‹ sei, der äußerte auf die Frage, woher er dies alles wisse, daß abendliche Flanierer auf der Vorhut einer neuen Menschheit seien. Das ist einfach wahr. Und woher er das weiß? Vom Wind. Wie im Orakel von Delphi. Natürlich drückt der Grieche Handkes Wahrheit aus. All die anderen Fragen, die ich ihm stellte, also das Ungleichzeitigwerden des einen Nachbarn mit dem anderen, das Unsichtbarwerden der Gesichter, daß das Gestammel des Waldläufers unverständlich sei, daß man über Vermeers Ansicht von Delft auch anders urteilen könne, wieso der Einbaum ein Heiligtum der Serben sei, wieso man feststellen könne, es gäbe keine Gesellschaft mehr, andererseits entsteht im Halbschlaf ein Wir, eine Gemeinschaft – auf all das gab er keine Antwort. Das sei so, er wisse dies. Wo kann man den Einbaum finden? ›Zum Beispiel im Halbschlaf. An der Grenze zwischen Schlafen und Wachen. Im tiefsten Dunkel. Mitten im Winter. Als Wintermensch. Im Überwintern‹. Ja, was heißt dieser Halbschlaf? Auf meine Frage, was dies hieße, antwortete er: es sei so. Das Merkwürdigste: von oben herab über die Bühne senkt sich eine ›Riesenapparatur herab in allen möglichen und unmöglichen Farben bemalt, mit Wimpeln und Sternen sämtlicher Staatengemeinschaften bestückt.‹ Lustig anzusehen. Die beiden Regisseure fragen: ist das eine STO – eine Stalinorgel? Der Ansager: Nein, eine NWO – eine neue Weltorgel‹. Ich frage Handke, was bedeutet das. Er sagt, ich habe das gesehen. Dieser Teil des Gesprächs war schwierig, Handke beharrte darauf, selber die Wahrheit gegen die Welt zu wissen. Das ist natürlich eine autistische Haltung, die für ihn schwierig sein kann. Aber er ahnte auch, daß das nicht meine politische Haltung ist. Ich sagte ihm, ich hätte spätestens 1968 gelernt, das ist nicht meine politische Überzeugung, aber ich trete dafür ein, daß man sie veröffentlichen kann.«

[568; Anschrift: Chaville]

Frankfurt am Main
26. Oktober 1998

Lieber Peter,
Du wolltest uns die Freude machen, Ende November nach Frankfurt zu kommen. Für welche Tage dürfen wir Dich einladen? Mir wäre angenehm:
Donnerstag, 26., Freitag, 27. und Samstag, 28. November.
Es gäbe aber auch noch eine andere Möglichkeit: wollen wir nicht Deinen Geburtstag im Schloßhotel feiern: Du kämest zum Wochenende 5./6. Dezember.
Bitte suche Dir die Tage aus.
Herzliche Grüße
[Siegfried Unseld]

P. S.: Die vertraglichen Vereinbarungen für die letzten beiden Stücke »Die Stunde...« und »Zurüstungen« haben wir vertraglich jeweils auf den Vertrag »Das Spiel vom Fragen« gestellt: 12,5 % für die ersten 100.000 Exemplare, 15 % danach. Sollen wir das für das neue Stück wieder so halten, oder willst Du einen Extra-Vertrag haben?

[569; Anschrift: Chaville]

Frankfurt am Main
28. Oktober 1998

Lieber Peter,
in den letzten Tagen ist das »suhrkamp taschenbuch« 2905 mit den drei Texten »Abschied des Träumers« – »Winterliche Reise« – »Sommerlicher Nachtrag« erschienen. Raimund Fellinger hat Dir ein erstes Exemplar geschickt, ich füge den Band eben in meine Bibliothek ein.

Möchtest Du einige Belege bekommen? Bitte sag es Frau Zeeh.
Der Materialienband, auch das weißt Du inzwischen wohl, erscheint am 12. Dezember.[1]
Herzliche Grüße
[Siegfried Unseld]

1 P. H., *Abschied des Träumers vom Neunten Land. Eine winterliche Reise zu den Flüssen Donau, Save, Morawa und Drina oder Gerechtigkeit für Serbien. Sommerlicher Nachtrag zu einer winterlichen Reise*, erschien am 21. Oktober 1998 als Band 2905 der *suhrkamp taschenbücher*.

[570; handschriftlich]

[Chaville]
10. Dezember 1998

Lieber Siegfried –
Ich will Dir danken für den Tag in Frankfurt und Kronberg. Du warst so warmherzig, trotz Harfenspielerin im Kaminzimmer, und dank Deiner bin ich auch endlich in diesem Jahr durch den Schnee gegangen.[1]
Einen Gingkogruß
von
Deinem Peter

Grüße auch die Burgel; hoffentlich kocht ihr Mann wirklich gut?

1 P. H. hielt sich am 4./5. Dezember 1998 in Frankfurt am Main und in Kronberg/Ts. auf.

[571; Anschrift: Chaville]

Frankfurt am Main
16. Dezember 1998

Lieber Peter,
ich möchte Dir vorschlagen, daß wir für
»Die Fahrt im Einbaum oder Das Stück vom Film über den Krieg«
folgende Regelung treffen:
Es gelten dafür die gleichen Bedingungen und Vereinbarungen des Vertrages vom 23. 12. 1988 für »Das Spiel vom Fragen oder Die Reise zum Sonoren Land«.
Das Auftragshonorar des Burgtheaters Wien fällt nicht unter diese Regelung, es steht Dir allein zu.
Ich schicke Dir diesen Brief in zweifacher Ausfertigung. Wenn Du einverstanden bist, schicke mir bitte das Duplikat mit Deiner Unterschrift zurück.[1]
Herzliche Grüße
Dein
[Siegfried Unseld]

1 Die Gegenzeichnung durch P. H. erfolgte unter dem Datum des 22. Dezember 1998.

[572; handschriftlich; Ansichtskarte]

22. Dezember 1998

Lieber Siegfried –
Schöne Weihnachten und ein haltungsgesundes und arbeitsfrohes Jahr 1999 wünscht uns beiden
Dein Peter

1999

[573; handschriftlich]

[Chaville]
15. Januar 1999

Lieber Siegfried –
hier mein neuestes unbekanntes Meisterwerk. Ich bin nicht unfroh drüber. Das hat vielleicht in meiner Reihe noch gefehlt, als Erweiterung; und für ein Kind zu schreiben – samt Zumutungen an den Kindleser und das Leserkind – hat mir auch einiges beigebracht für meine nächsten Meisterwerke (unbekannte) oder Sachen. –
Durch Peter Hamm, der vor einiger Zeit hier war, weiß Michel Krüger von der Geschichte. Er interessiert sich. Wäre es für mich nicht gut, zu »diversifizieren«? Auch da bei Suhrkamp für dergleichen kaum Raum ist. Mach mir bitte Vorschläge. »Wir haben sie angenommen«. Haben wir? –[1]
Meinen Glückwunsch zu Deinem anmutigen, weiträumigen – Buch.[2]
So grüße Dich
Dein Peter

1 Siehe Briefe 574, Anm. 1, 576-579.
2 S. U., *Goethe und der Ginkgo. Ein Baum und ein Gedicht*, erschien am 21. Oktober 1998 als Band 1188 der *Insel-Bücherei*.

[574; handschriftlich; Ansichtskarte: »El Arenal (Avila).
Puente de Najarro«]

[El Arenal]
3. Februar 1999

Lieber Siegfried,
ich hoffe, Du erholst Dich vom giftigen Fisch. Es war für
mich aber schön, mit Dir zwei Stunden an der Plaza Mayor
zu sitzen. Und jetzt sitze ich im Berggras, das am Morgen noch gefroren war. Sieh zu, daß es Dir bald wieder
gut geht. (Hier wächst kein Gingko – nur Oliven, Kastanien, Feigen.)[1]
So grüßt Dich
Dein Peter

1 P. H. und S. U. trafen sich am 31. Januar 1999 in Madrid. In seinem *Reisebericht Madrid, 29.-31. Januar 1999*, hielt er fest: »[...]
um 10 Uhr morgens hatte ich einen derartigen Anfall von Erbrechen und Durchfall, wie ich es noch nie erlebt habe; ich nahm
an, eine Fischvergiftung, weil ich in diesen Tagen nur Fisch gegessen hatte. Dann, zu Handke fahrend, fiel ich einem Taxi-Gangster in die Hände. Er benützte meine unsichere Aussprache der
Plaza Mayor und fuhr mich an, ich möchte ihm genau sagen: Plaza
dos Mayor – das irritierte mich, er fuhr zwanzig Minuten lang
dorthin, aber das war natürlich nicht die Plaza Mayor. So gingen wir wieder zurück in das Hotel, da erkundigte ich mich nochmal, ich hatte recht: Plaza Mayor, ich kam schließlich in dieses
Café, wo fünf Minuten nach meinem Eintreffen Peter Handke
ankam. Ich mußte ihm meine Indisposition beichten – und Peter
Handke war rührend, liebenswürdig, ja einfach: lieb, er nahm sich
meiner an, drängte darauf, ich solle Coca Cola trinken und in kleinen Schlucken einen milden Cognac. [...] Wir saßen dann zwei
Stunden in einer kleinen Kneipe an der Plaza. Es waren nur Spanier im Lokal. Handke in der ganzen Zeit wirklich rührend bemüht, mir zu helfen. Die drei Punkte, die wir zu besprechen hatten, wurden in Kürze erledigt. 1. Die Geschichte (Handke: ›Es
ist eine Geschichte‹) ›Lucie im Wald mit den Dingsda‹ bleibt bei

Suhrkamp. Er ist mit einem Halbleinenband, dem schmaleren, und der mitgegebenen Kolumne einverstanden. Freilich möchte er nicht Blau, sondern einen schönen Grauton. Die Honorarbedingungen: Wir starten mit einer Erstauflage von 25.000 Exemplaren, am Ende des Jahres bekommt er Honorar für eine verkaufte Auflage von 50.000 Exemplaren garantiert. Er war sofort einverstanden, trug diese Ziffern in sein Notizbuch ein, ließ es mich unterschreiben. 2. das zweite war natürlich Raimund Fellinger: er ist enttäuscht und rief mich aber auf zu meiner Verantwortung, die ich gegenüber Fellinger habe. Ich will seine Ausführungen hier nicht im Detail festhalten. 3. Das dritte war der dokumentarische Band zu Serbien. Fellinger hatte ihm ja erklärt, daß alles fertig sei und die Druckerei ihm nach Weihnachten den ersten Lauf schicke, aber wir wissen ja, die Manuskripte liegen zum größeren Teil unübersetzt in Langen. Handke besteht auf dem dokumentarischen Band, ist aber einverstanden, daß wir Thomas Deichmann (aus der Radaktion ›Novo‹) mit der Heraugabe beauftragen. Wir müssen aber in der Sache reagieren. Immer wieder kam Handke auf mein ›anmutiges weiträumiges Gingko-Buch‹ zurück. Ich müsse im nächsten Jahr unbedingt Ähnliches schreiben. Vielleicht nicht zu dem Thema Goethe, sondern Ulm. Wie gesagt, zwei Stunden. Sehr liebenswürdige Unterhaltung, er wollte mich dann auch noch zum Flughafen bringen, was ich dann aber ablehnte. Er machte sich offensichtlich Sorgen um mein gesundheitliches Befinden.«

[575; handschriftlich; Anschrift: Chaville]
Frankfurt am Main
Klettenbergstraße 35
7. Februar 1999

Lieber Peter,
Du warst lieb, Du hast mir geholfen, ich danke Dir sehr.
Mein Arzt staunte: Deine Empfehlung der Cola war richtig. »Woher wusste der Dichter das?«
Ich danke Dir für Deine Wertschätzung des »Ginkgo«, und den Rat, »weiteres« zu schreiben, hat mich seitdem sehr beschäftigt.

Alles war gut bis zur Flughafen-Lounge. Dort trank ich (statt Cola!) aus Vorsicht Milch. Auf dem Weg von der Lounge zum Gate traf es mich wie eine Explosion. Gerade noch erwischte ich das Behinderten-Clo, massiver Durchfall, Erbrechen zum Ersticken, ich erspare Dir die Details. Als letzter erwischte ich das Flugzeug. Dort waren zwei liebenswerte Stewardessen, die mich mit Wasser bis Frankfurt traktierten.
Ich war eine Woche schwach, arbeits- und leseunfähig. Der Arzt: vielleicht doch Magen-Darm-Grippe, da es Ulla + Milka auch erwischte. – Jetzt: 6 Tage war der ... krank, jetzt lebt er wieder, Gott sei Dank.
Ich danke Dir, lieber Peter, das wird unvergessen.
Dein Siegfried

[576; handschriftlich]

[Chaville]
25. Februar 1999

Lieber Siegfried,
hier die Zeichnungs- und Bilderfolge für die Kindgeschichte. Das 1. (die Vögel) wäre für den Umschlag. a) eine Art Frontispiz vor dem Beginn des Textes, auf Seite für sich – wo sonst die Motti bzw. Widmungen stehen. b) Baumrinde (Seite für sich, Stelle noch zu finden), nach ~6 Seiten Text. c) (Photo, farbig *oder* schwarz-weiß), nach wieder ~6-8 Seiten Text, *Vignette zwischen* zwei Kapiteln des Textes, klein; d) Fragezeichenzeichnung nach wieder ~6-8 Seiten, ganzseitig; e) Gebirge m. Auto und Olivenbaum: ganzseitig (?) nach wiederum ~6-8 Seiten; f) Erlenzweig: ditto; g) Waldboden, nah: ditto; h) Zedernast: *Vignette* zwischen zwei Textblöcken; i) Boot: ganzseitig, nach ~6 Seiten; j) Schnee m. Vogelspur (*Photo*): Vignette kurz vor Ende

der Geschichte, *im* Text; k) Lesendes Kind; nach der letzten Seite des Textes, auf Seite für sich, klein. – Vielleicht hat Herr Staudt noch Zusatzideen – aber für mich wäre das die rechte Folge, auch im Sinn (ohne Illustration) des Textes.[1]
Sei herzlich gegrüßt von Deinem Peter – der hofft, daß Du wieder wohlauf bist, liest und planst.
(auf *k*): erkennst Du etwas wieder?
Peter

1 Dem Brief lagen elf Blätter mit Zeichnungen und Bildern bei (siehe DLA, SUA, A: Suhrkamp Verlag, Handke, Peter).

[577; Anschrift: Chaville]
Frankfurt am Main
4. März 1999
Lieber Peter,
wir haben für den Vertrag zu »Lucie im Wald mit den Dingsda Zumutung für ein Kind« folgendes vereinbart:
– Dein Honorar entspricht dem Honorar für »Die Abwesenheit. Ein Märchen«.
– Der Band erscheint im Herbst 1999 im Suhrkamp Hauptprogramm.
– Die Erstauflage beträgt 25.000 Exemplare.
– Ein Garantiehonorar für 50.000 verkaufte Exemplare, über das Du auf Abruf verfügen kannst.
Ergänzend gelten für diesen Band die Bedingungen und Vereinbarungen des Vertrages für »Die Abwesenheit. Ein Märchen« vom 07./17. 08. 1987.
Bitte schicke mir das beigefügte Duplikat mit Deiner Unterschrift als Zeichen Deiner Zustimmung zurück.
Herzliche Grüße
[Siegfried Unseld]

[578; handschriftlich]

[Chaville]
8. März 1999

Lieber Siegfried,
beiliegend die Unterschrift für »Lucie ...« (vielleicht als Untertitel nur: *Eine Geschichte*). Zusätzlich die Originalphotos, die Herr Staudt braucht. Bitte, nicht verlieren. Und bleib gesund bis zum Jahr Schnee.
So grüßt Dich
Dein Peter

Könnte ich über einen Teil des Honorars, sagen wir, ab Mitte des Jahres verfügen?

[579; handschriftlich]

[Chaville]
12. April 1999

Lieber Siegfried,
was Kleines zum Lesen. Übrigens hat sich mir in Belgrad in der Betrübnis (nicht bloß meiner) ein Gingkobaum, gerade austreibend, im Zentralpark vor allem eingeprägt. »Die Nato bombt ins Herz Belgrads« (Schlagzeile in »Le Monde«; inzwischen heißt es nur noch: »Krieg im Kosovo«).[1] Bekomme ich das Stückbuch bald?
Dein Peter

Ich freue mich aufs »Lucie ...«-Buch. Illegal? (Die letzten Korrekturen & Anfügungen habe ich am 9. 4. gemacht – fertig.)

[Anlage; handschriftlicher Leserbrief von P. H. an die *Süddeutsche Zeitung*]

Vor etwa 9-10 Tagen durfte ich in Ihrer Zeitung zu meiner Person die Schlagzeile »Aroma des Krieges« lesen, dem ein entsprechender Bericht folgte, wonach ich nach Jugoslawien gefahren sei, um das Aroma des Krieges »zu riechen«; ferner sei Peter Handke zum »serbischen Ritter« geschlagen worden. – Dazu: Ich habe während meines Aufenthalts in Belgrad nur zwei Sätze halböffentlich von mir gegeben, wie folgt: 1. »Ich bin hier, um das Land zu spüren« (was Ihre Zeitung übersetzt: »das Aroma des Krieges zu riechen«); 2. »So wie die Nato Jugoslawien bombardiert, um, nach eigenen Angaben, nicht die Glaubwürdigkeit zu verlieren, so wollte ich während der Bombardements in Jugoslawien sein, um meinerseits die ›Glaubwürdigkeit nicht zu verlieren‹«. Vom letzten Serben keine Rede. – Und »Peter Handke in Belgrad zum serbischen Ritter geschlagen«? Das muß mir wohl im Schlaf passiert sein, im Sirenenklang; mitbekommen habe ich es erst durch Ihre und andere deutsche Zeitungen. Jedenfalls mein Respekt für Ihre Titelfindung und herrlich verdrehte Berichterstattung – obwohl Ihr Konkurrenzblatt in Frankfurt Ihnen etwas voraus ist, siehe Überschrift zu meinem »Das Land spüren«: »Handke riecht Lunte«. SZ: es war einmal eine Zeitung ...
Peter Handke

1 Der Leserbrief erschien in der *Süddeutschen Zeitung* vom 16. April 1999 unter der Überschrift *Slawes Bruder. Ein kurzer Brief zum langen Krieg*. Dem Brief lag ein Ausriß aus *El Pais* vom 10. April 1999 bei; P. H. schrieb auf ein Bild, das Menschen zeigt, die auf einem Schiff die Donau in Novi Sad überqueren, nachdem Bomben der NATO die Brücken zerstört haben: »DIE FAHRT IM EINBAUM«; siehe Abb. 15.

[580; Anschrift: Chaville; Fax]

Frankfurt am Main
3. Mai 1999

Lieber Peter,
bist Du zurück?
Zum beiliegenden Brief von »Theater heute«: ich persönlich wäre nicht für die Genehmigung eines Vorabdrucks, aber Du bist ja in erster Linie gefragt, ob Du etwas berichten möchtest über die Entstehung des Stücks und die Serbien-Situation.
Bitte gib uns Nachricht.[1]
Herzliche Grüße
Siegfried

1 Die Anlage ist nicht ermittelt. Der Brief trägt den handschriftlichen Vermerk von Burgel Zeeh: »abgesagt.: 4.5.«

[581; Anschrift: Chaville; Fax]

Frankfurt am Main
22. Juni 1999

Lieber Peter,
es hat mich einfach erwischt: Mittelohrentzündung und und und. Ein Krankenhausaufenthalt wurde nochmals abgewendet, aber ich muß zu meinem Arzt nach Amsterdam fahren. Das wird 8 Tage dauern, und danach melde ich mich.
Bitte hab Verständnis.[1]
Herzlich
Dein
gez. Siegfried U.
i. A. Ihre Burgel

1 S. U. hielt sich vom 21. bis 25. Juni 1999 in Amsterdam auf. Er besuchte auch seinen Arzt Arkadi Beljavcev.

[582; Anschrift: Chaville]

Frankfurt am Main
13. Juli 1999

Lieber Peter,
Thomas Deichmanns Sammlung ist jetzt in den »st« erschienen, ich finde das Ganze sehr weise; sie soll ja keine Diskussion abbrechen, aber eine Zwischenbilanz gibt sie in guter Weise.[1]
Herzlich, bis bald
[Siegfried Unseld]

1 *Noch einmal für Jugoslawien: Peter Handke,* herausgegeben von Thomas Deichmann, erschien am 23. Juni 1999 als Band 2906 der *suhrkamp taschenbücher.* Dieser Band, so der Herausgeber, versammelt Rezensionen, Kommentare und Interviews (mit P. H.), deren »Autoren sich auf Handkes Betrachtung zu Jugoslawien einließen und sie nicht, wie überwiegend geschehen, ungelesen oder nur auf Stichworte absuchend als Transportmittel für eigene Ansichten benutzten.« (S. 13)

[583; handschriftlich; Anschrift: Chaville]

Frankfurt am Main
Klettenbergstraße 35
22. Juli 1999

Lieber Peter,
im sog. Urlaub befindlich erhielt ich das erste Exemplar von »Lucie im Wald ...«. Ich schicke es Dir. Ich erinnere

mich gern an unser Gespräch an der Plaza Mayor.[1] Alles
Gute und herzliche Grüße
Dein Siegfried

1 P. H., *Lucie im Wald mit den Dingsda. Eine Geschichte*. Mit 11 farbigen Skizzen des Autors, erschien am 27. Juli 1999.

[584; handschriftlich[1]]

[Chaville]
20. Juli 1999

Lieber Siegfried,
ich hoffe, Du genießt, maßvoll arbeitend, den Sommer in
der Klettenbergstraße, und die Ohren sind wieder gut.
Ich habe in den letzten Wochen die Im-nachhinein-Notate
von den zwei (2) Kriegsfahrten durch Jugoslawien abgetippt (mich dauernd vertippt, wie noch nie). Es sind etwa
100 Seiten, Titel »Unter Tränen fragend«. Für die Zeitung(en) ist es eher nichts – weil nicht aktuell, im Aktuell-Sinn, schon seinerzeit nicht. Was meinst Du? Ich möchte
aber nicht den Suhrkamp Verlag (und seine Mitarbeiter wie
Autoren, die den Krieg befürwortet haben) in eine neue
schiefe Lage bringen. So überlege ich, ob es Dir recht wäre,
würde ich die Abseitigkeiten (!) woanders publizieren (denn
recht und nicht unschön wäre das doch). Was denkst Du?
Zumal jetzt die Lucie-Geschichte vielleicht reine Luft und
reineren Blick auf mein Gemachtes schaffen wird (vielleicht). Jedenfalls gibt es das Typoskript, und bitte ruf mich
an – bis 27. Juli, 10 h (!) – da fliege ich nach España.
So grüßt Dich herzlich, in Gedanken an die schöne Stunde
am 10. Juni in Wien –[2]
Dein Peter

Ah (*noch* »wichtiger«): Ich habe einen Versuch über Josef Janker geschrieben, wird im August in der »NZZ« publiziert. Unbedingt erwägen, zumindest den »Umschuler« neu zu bringen – »BS«, »st«?

1 Der Brief trägt den handschriftlichen Vermerk von S. U.: »tel. 26. 7.«
2 P. H., *Die Fahrt im Einbaum oder Das Stück zum Film vom Krieg*, erschien am 28. April 1999. Die Uraufführung fand am 9. Juni 1999 im Burgtheater Wien in der Regie von Claus Peymann statt. Es spielten u. a.: Martin Schwab (John O'Hara), Robert Hunger-Bühler (Luis Machado), Sophie Semin (Fellfrau). S. U. bemerkte in seiner *Chronik* unter diesem Datum: »Flug nach Wien zur Uraufführung von Peter Handkes Stück ›Die Fahrt im Einbaum oder Das Stück zum Film vom Krieg‹. Das Buch war auf Wunsch von Handke kurz vorher erschienen und hatte schon kritische Reaktionen ausgelöst. Die Uraufführung in nervöser Atmosphäre, Handke kam nicht zum Applaus, es waren auch kräftige Buh-Rufe bei Peymanns letzter Inszenierung an der Burg zu hören. Handkes Stück hinterläßt einen zwiespältigen Eindruck. Politisch habe ich an ihm nichts auszusetzen, aber irgendwie scheint es mir nicht ganz fertig zu sein. Und dieses Unbestimmte lag auch über der Inszenierung am Abend. – Anschließend Premierenfeier. Handke wollte kommen und kam und kam nicht. Als ich um Mitternacht ging und die Burg verließ, kam ein Taxi angefahren, und Handke entstieg ihm: er habe die Premierenfeier ›vergessen‹.«

[585; handschriftlich; auf dem Titelblatt des Typoskripts von *Unter Tränen fragend. Nachträgliche Aufzeichnungen von zwei Jugoslawien-Durchquerungen im Krieg, März und April 1999*]

[Chaville]
26. Juli 1999

Lieber Siegfried –
von den Notaten zur 1. Reise kennst Du wohl schon die Hälfte, abgedruckt in der »SZ«.[1] Die Notate der 2. Fahrt sind völlig ungelesen. – Vielleicht sollte man das Ganze vorderhand doch auf sich beruhen (?) lassen, Hauptsache, die Aufzeichnungen gibt es, sie müssen keineswegs ein Buch werden.
Vom 9. bis 12. August bin ich wieder hier.
Ein Sommergruß nach dem Rasenmähen
Dein Peter

Auch Thorsten Ahrend möge lesen!

1 Passagen des ersten Teils von *Unter Tränen fragend, Karwochenreise nach Jugoslawien*, vom Dienstag, dem 31. März 1999, bis Freitag, 3. April 1999, erschienen unter dem Titel *Der Krieg ist das Gebiet des Zufalls* in: *Süddeutsche Zeitung*, 5./6. Juni 1999. Das Buch erschien am 29. Marz 2000 im Suhrkamp Verlag mit dem Untertitel *Nachträgliche Aufzeichnungen von zwei Jugoslawien-Durchquerungen im Krieg, März und April 1999*.

[586; Anschrift: Chaville]

Frankfurt am Main
20. September 1999

Lieber Peter,
das Gründungsdatum des Insel Verlages ist der 15. Oktober 1899. Aus Anlaß dieses Jubiläums findet gegenwärtig in der Deutschen Bibliothek Frankfurt eine Ausstellung »100 Jahre Insel Verlag« statt, die ab 11. November 1999 in der Deutschen Bücherei Leipzig zu sehen sein wird. Der Insel Verlag hat für seine Ausstellung ein Begleitbuch geschaffen, und wir haben versucht, die Geschichte des Insel Verlages darzustellen.
Zu diesem Jubiläum legt der Insel Verlag fünf ausgewählte Ausgaben seiner Verlagsgeschichte als Faksimile vor.
Ich erlaube mir, Dir diese besonderen Bücher zuzusenden, in der Hoffnung, daß Du die bibliophilen Bände gern in die Hand nehmen wirst und in den Büchern zur Geschichte des Insel Verlages Bekanntes und Neues zu entdecken ist.[1]
Herzlich
Dein
[Siegfried Unseld]

1 *Das Buch Esther*, Johann Wolfgang Goethe, *Hermann und Dorothea*, Friedrich Nietzsche, *Also sprach Zarathustra*, Oscar Wilde, *Salome*, sowie Rainer Maria Rilke, *Duineser Elegien*.

[587; handschriftlich]

21. September 1999

Lieber Siegfried,
Du 75, ich 57. Du geboren 1924, ich 1942. (Und Columbus 1492 auf der Westpassage, und die Juden in Spanien 1492

auf Zwangspassagen in alle Erdrichtungen.) 75 + 24 = 99, 57 + 42 = 99. Damit habe ich hoffentlich nicht alle unsere Gemeinsamkeiten aufgezählt. Verschiedenheiten: Du hast heiter Raum um Raum durchschwommen. Und ich? Geschwommen? Heiter? Na, Dein erstes großes Schwimmen, im Schwarzen Meer, war ja auch nicht gerade heiter.[1] Am liebsten erinnere ich mich weniger der Verschiedenheiten und Gemeinsamkeiten als viel mehr der doch zahlreichen, vielfältigen gemeinschaftlich oder einträchtig auf Zukunft bezogenen Momente, kurzer wie langer. Oft hatten diese Daueraugenblicke mit Manuskripten zu tun, Du als deren Leser (zum Glück aber war auch ich umgekehrt dann und wann *Dein* Leser).

Im Sinn geblieben sind mir von solchen Momenten Deine Leser-Augen (und wenn's am Telefon war) ist es Deine Leser-*Stimme*. Der Leser erzählte mir mein Manuskript, und erst danach, lange danach, sprach der Verleger darüber. Es kam auch vor, daß aus Dir fast nur der Verleger sprach; aber das lag dann wohl eher an meinem Erzeugnis. Fast am schönsten war, wenn Leser und Verleger in einem, synchron, sprachen; das kam wie ein Brausen – selten, aber nachhaltig. Genauso häufig freilich entstanden solche Einträchtigkeiten aus nichts und wieder nichts, nur (?) aus den Tagen, nicht aus den Werken. Vielleicht glaubt's nicht jeder: doch Du bist und warst wie selten einer zum stillen, wohltätigen Dasein und Mitgehen (und Vorausschwimmen) fähig. Geteilte Einsamkeiten in Kronberg im Taunus, geteilte Blicke über die spanische Meseta, von Toro über Zamora bis Ávila. Und ich weiß, daß viele Autoren solche Gemeinsamkeiten mit Dir, ohne Rollen, ohne Hierarchien, kindliche, uralte, erlebt haben und (hoffentlich) bewahren. Eins der spannendsten Lebensprobleme: wie aktives *und* anschauendes Leben vereinen?, hast Du speziell fruchtbar und wirksam werden lassen = »Nachfolge Goethes«; hinter

dem Du in der Hitparade ziemlich oben stehst. »Sueño y trabajo«, »Traum und Arbeit«, so habe ich als Devise auf einem andalusischen Stadtwappen gelesen – Ideal, dem Du ziemlich nahgekommen bist und wohl noch näher kommen wirst. »Festina lente«, eile langsam, ist ja kein schlechtes Mantra, und für Dich hieße die Variante eben »Traum und Arbeit«, oder »Tue anschauend« (oder so ähnlich). Na, und obwohl ich mir noch tausend Bemerkungen vorgenommen hatte, vor allem ein Hoch für Dein Fest- und Hochhalten der not- und lustgedrungen so eigenartigen deutschsprachigen Literatur (mit deren schöner Umständlichkeit und einmaliger Innigkeit als den Leitschienen), möchte ich jetzt aufhören. Habt alle ein lustiges Fest, und fall diesmal – wenn – die Treppe *hinauf*[2]!
Dein Peter

1 Siehe Brief 436, Anm. 1.
2 Siehe Brief 476, Anm. 2.

[588; Anschrift: Chaville]

Frankfurt am Main
23. September 1999

Lieber Peter,
ich freute mich über die Besprechung von Emmanuel Boves »Meine Freunde«, dem Du ja das Deutsch gegeben hast. Die Autorin des Artikels, Zoë Jenny, veröffentlichte 1997 ein Buch in Joachims Frankfurter Verlagsanstalt.[1]
Herzliche Grüße
[Siegfried Unseld]

1 Zoë Jenny, *Das Blütenstaubzimmer*; dies., *Ich wünschte, ich hätts geschrieben*, in: *Frankfurter Rundschau*, 25. November 1998.

[589; handschriftlich]

[Chaville]
3. November 1999

Lieber Siegfried,
ich hoffe, Du bist guter Novemberdinge. Hier ist heute große Sonne, und ich sitze nach dem Laubrechen, lese den wunderbaren BS-Band »Ein Abend nicht von dieser Welt« von Marina Zwetajewa (auch sehr fein übersetzt v. Ilma Rakusa) und erinnere mich an die Eulenrufe in der Vornacht.[1] Bitte, überführ und bring ins Licht den »Umschuler« von Josef W. Janker, der kleine bittere Roman paßt klassisch in die »Bibliothek Suhrkamp« und würde da auch die Zusatzluft bekommen, die ihm in der enggedruckten entlegenen Ausgabe vom Bodensee so abgeht. Meine Argumente oder eher Begleitzeilen für das Buch findest Du in der beiliegenden »NZZ«; nicht undenkbar, daß mein ganzer Versuch zu Janker das Nachwort in der »BS« bilden könnte.[2]
Ein herzlicher Gruß
Deines Peter
(in 2 ½ Wochen möchte ich in España sein –)

1 Marina Zwetajewa, *Ein Abend nicht von dieser Welt* (Original: 1979). Aus dem Russischen übersetzt und mit einem Nachwort versehen von Ilma Rakusa, erschien 1999 als Band 1317 der *Bibliothek Suhrkamp*.
2 P.H., *Josef W. Janker oder Die Selbstverschränkung der Autor-Kreatur*, in: *Neue Zürcher Zeitung*, 11. September 1999; wiederabgedruck in: P.H., *Mündliches und Schriftliches*, S. 139-154.

2000

[590; Anschrift: Chaville]

Frankfurt am Main
16. Februar 2000

Lieber Peter,
mit gleicher Post geht Dir die »suhrkamp taschenbuch«-Sonderausgabe »Mein Jahr in der Niemandsbucht« zu, aus der Reihe »Romane des Jahrhunderts«. Ich finde, es ist ein besonders schönes Buch geworden, ein würdiges Gewand für die Erzählung, die Herr Hage mit Recht als Meisterwerk bezeichnet.
Herzliche Grüße
[Siegfried Unseld]

P. S.: Ich hatte in München nicht den Mut, Dich mit der Frage zu bedrängen,[1] ob Du am 1. Juli nach Frankfurt kommen könntest, um den Text eines gestorbenen Suhrkamp-Autors zu lesen. Im Sog des schönen Taschenbuches wage ich die Frage zu stellen.[2]

1 P. H. und S. U. trafen sich in München anläßlich der Feier des 60. Geburtstags von Hubert Burda.
2 Am 1. Juli 2000 fand im Schauspielhaus Frankfurt eine Veranstaltung anläßlich des 50jährigen Bestehens des Suhrkamp Verlags statt. Dabei lasen zwölf Autoren des Suhrkamp Verlags von ihnen gewählte Texte ihrer verstorbenen Kollegen.

[591; Anschrift: Chaville; Fax]

Frankfurt am Main
27. März 2000

Lieber Peter,
bist Du noch erreichbar – oder schon unterwegs?
Im Zusammenhang mit dem 50jährigen Suhrkamp-Jubiläum wird der NDR Hamburg einen Film vorbereiten und hätte dazu gerne ein Statement von Dir und/oder ein kurzes Interview.
Könntest Du dazu bereit sein? Ich wäre Dir sehr dankbar! Das kleine Team käme nach Chaville oder an jeden anderen Ort, den Du vorschlägst; der Film sollte in der Zeit vom 17. April bis 10. Mai abgedreht sein.[1]
Bitte, laß von Dir hören.
|nur wenn Du Lust hast|
Herzlich
Dein
Siegfried

1 P. H. gab ein Interview für das Fernsehporträt *Ins Gelingen verliebt – Siegfried Unseld und der Suhrkamp Verlag*, das am 22. Juni 2000 ausgestrahlt wurde. Er erklärte, angesprochen auf seine Bücher zu Ex-Jugoslawien: »Dieser Moment, da Siegfried Unseld gesagt hat, ja, wir machen jetzt weiter, wir arbeiten oder bleiben jetzt zusammen: Das war für mich ein Moment des Zutrauens und der Zukunftsgewißheit. [...] Daß der Verleger sich hinter mich gestellt habe, das ist nicht einmal wahr. Er brauchte das gar nicht. Es war eigentlich schöner. Er war schlicht da, und indem er da war, waren viele Probleme nicht mehr vorhanden. Er hat mich nicht geschützt, sondern er hat gesagt, ja, das wird publiziert, das ist keine Frage.« Zitiert nach: *50 Jahre Suhrkamp Verlag. Dokumentation zum 1. Juli 2000*, S. 48.

[592; handschriftlich]

[Chaville]
10. April 2000

Lieber Siegfried,
ich bitte Dich noch einmal um Dein Verständnis, dafür, daß ich am 1. Juli nicht nach Frankfurt kommen kann (so sehr ich mich an den 50 Jahren des Verlages auch freue, und *teilhabe*). Der Krieg gegen Jugoslawien bleibt etwas unsagbar Scheußliches, und Autoren, die mit ihm mittaten. – Schön, wenn sie Luft wären, sie sind aber das Gegenteil, und ich habe ihre Nähe zu meiden.
Es war doch recht, »Unter Tränen fragend« als Buch in die Welt oder sonstwohin zu bringen. Es ist zumindest keine Schande, weder für mich noch für den Verlag, und es ist für mich ein Zeichen von Verbundenheit und Dauer, auf dem Umschlag »Suhrkamp« zu lesen. Dafür reiche ich Dir die Hand.
Ich lege eine Liste der Druckfehler bei, für den Fall ...; ebenso eine Liste der Leute, denen ich das Buch schicken (lassen) möchte. Eines Tages werden wir wohl auch die Frage des Garantiehonorars für die teure und vielübergangene »Lucie ...« angehen. Aber es hat Zeit.
Bitte, gib die Bücher-Liste an Burgel Zeeh weiter – bei der ich mich im voraus bedanke; die Korrektur-Liste an Thorsten Ahrend, bei dem ich mich im nachhinein bedanke (die Fehler kommen wohl im letzten Moment vom »Computer« dazu und sind schwer vermeidbar).[1]
Ein herzlicher Aprilgruß
von
Deinem Peter

P. S.: Ich hätte auch gern noch 3, 4 Exemplare; habe nur das eine.[2]

[Anlagen]
[Anlage 1: Korrekturliste von P. H.]

Korrekturen »*Unter Tränen fragend*«

S. 9: 8. Z. v. *u*.: fangen an,
S. 22: 7. Z. v. *o*.: Jugoslawien*)*
S. 43: 9. Z. v. *u*. Kneza Mihailova
S. 60, 3. Z. v. *u*.: Porodin, *d*ie ...
S. 77: 6. Z. v. *u*.: Palié
S. 83: 6. Z. v. *o*.: Stellungnahmen *(*und ...
S. 92: 9. Z. v. *u*.: Camio*n*neare
S. 105, 6. Z. v. *u*.: UMA*J*O
S. 114, 3. Z. v. *u*.: Bata*j*nica
S. 116, 8. Z. v. *o*.: Krieges*)*
S. 118, 6. Z. v. *u*.: Er*d*oberfläche
S. 143, 11. Z. v. *u*.: seh*t* und macht
S. 151, 8. Z. v. *u*.: Kreuzfahrt,
S. 155, 9. Z. v. *u*.: Nichtstun*;*
      8. Z. v. *u*.: Fernsehen aber
      6. Z. v. *u*.: Pornographie*;*

Rückseite, Zitat: Das Zeitalter der Informatio*n*en ist vorbei

[Anlage 2:]
[Liste mit Empfängern eines Exemplars von *Unter Tränen fragend*[3]]

1 Am linken Rand dieses Absatzes ist zweimal handschriftlich notiert: »erl. Ze[eh]«.
2 Am rechten Rand des Postskriptums ist handschriftlich notiert: »erl. Ze[eh]«.
3 Aus persönlichkeitsrechtlichen Gründen werden nur die Namen der Buchempfänger genannt, nicht deren Adressen: Franz Weinzettl, Amina Handke (1 Exemplar dahin auch f. »Libgart

Schwarz«), Alfred Kolleritsch, Jochen Jung, Adolf Haslinger, Helmut Färber, Michael Krüger, Hanne Lenz, Gustav Januš, Karl-Christian Spethmann, Peter Urban, Willi Winkler.

[593; Anschrift: Chaville]

Frankfurt am Main
18. April 2000

Lieber Peter,
hab Dank für Deinen Brief vom 10. April. Ich verstehe Dich, und ich bin sicher, daß Du in Deiner Weise an unserem Jubiläum teilhast.
Ich habe das Buch »Unter Tränen fragend« sehr gerne – was das Innere wie das Äußere betrifft. Und so danke ich Dir, daß Du mir dafür die Hand reichst.
Die Liste der Druckfehler haben wir zur Kenntnis genommen und über Herrn Dr. Ahrend ins Korrektorat gegeben.
Über das Garantiehonorar für »Lucie« haben wir gesprochen, Frau Zeeh hat die Bücher an die angegebenen Adressen verschickt.
Fünf Exemplare von »Unter Tränen fragend« waren schon unterwegs an Dich, sie müßten inzwischen bei Dir sein.
Ich fahre für ein paar Tage nach Baden-Baden, Ulla wird mich abholen, so grüße ich Dich herzlich –[1]
Dein
gez. Siegfried Unseld
i. A.
[Burgel Zeeh]

1 S. U. hielt sich zwischen dem 18. und 24. April 2000 in Baden-Baden auf.

[594; Anschrift: Chaville]

Frankfurt am Main
5. Juni 2000

Lieber Peter,
50 Jahre Suhrkamp! Der 1. Juli eilt mit Riesenschritten heran.
Zur Einstimmung in unser Jubiläum schicke ich Dir heute ein Verlagsporträt, das hier im Hause erarbeitet wurde. Ich bin so unbescheiden, Dich zu bitten, ihm eine Stunde Lektüre zu widmen: ich glaube, die Geschichte des Verlages, seine Anfänge und Entwicklungen, die einzelnen Verlagsbereiche sind hier gut beschrieben, und den Autoren, die nicht mehr da sind, haben wir Denkmale gesetzt.[1]
Wie Du Dir denken kannst, las ich die Geschichte nicht ohne Bewegung. Wir alle hier im Hause sind verständlicherweise aufgeregt, versuchen uns aber in Gelassenheit zu üben.
Herzliche Grüße
[Siegfried Unseld]

1 *50 Jahre Suhrkamp*, ein 96seitiger bebilderter Band in DIN-A3-Format mit Schuber vermittelte auf Hochglanzpapier einen Kurzabriß des Suhrkamp Verlags.

[595; handschriftlich; Ansichtskarte: »Zgrada TV Beograd«[1]]

БЕОГРАД [Belgrad]
8. Juli

Lieber Siegfried,
es grüßt Dich Dein »sehr einseitiger« (Autor) Peter (Handke)[2]

1 Unter der Nennung des Motivs der Ansichtskarte schrieb P. H.: »(16 Tote)«.
2 Auf der Ansichtskarte finden sich drei Grüße von Žarko Radaković, Zlatko Bocokić und Thomas Deichmann.

[596; handschriftlich; Ansichtskarte: »Manastier Žiča, XIII Jahrhundert«¹]

15. Juli 2000

Lieber Siegfried,
ich war betroffen, in einem »Zeit«-Gespräch Dich zitiert zu sehen, meine »Meinung« zum Krieg gegen J. sei »sehr einseitig«, und Du habest eine andere Meinung. Wie soll ich das verstehen? Worin bin ich »sehr einseitig«? Und Deine »andere Meinung«?: der Krieg war recht(ens)? Ich bitte um eine freundliche Klärung.² – Ansonsten freue ich mich, daß das Verlagsfest, höre ich, so prachtvoll & lebendig war. Und ich bin weiter am Tun, manchmal sauer, manchmal süß. (Etwa gut 2/3.) Und es wäre schön, könnten wir uns beizeiten Auge in Auge gegenübersein.
Dein Peter

1 Die Ansichtskarte trägt weder eine Anschrift noch den Stempel einer Poststelle. Sie weist den handschriftlichen Vermerk von S. U. auf: »tel. 20. 7. freundlich«.
2 *Machen Sie Autoren! Der Suhrkamp Verlag wird 50. Ein Zeit-Gespräch mit Siegfried Unseld*, in: *Die Zeit*, 29. Juni 2000. S. U. sagte zu Ulrich Greiner: »Immer wieder sind es Suhrkamp-Autoren, die bundesweit solche Diskussionen hervorrufen. Gut, das eine oder andere Mal ist es schwierig. Handke hat nun mal eine sehr einseitige politische Stellung bezogen, aber ich werde dem Rat, den man mir gegeben hat, nicht folgen und die deutschen Leser mit Büchern von Peter Handke nicht verschonen. Ich denke nicht daran. Das ist mein Stolz. Was Handke verkündet, ist nicht meine politische Meinung, aber wir leben in einem freien Land, und ich

trete dafür ein, dass Handke seine Meinung veröffentlichen kann. Und wer weiß, wie Handkes Position in zehn Jahren beurteilt werden wird.«

[597; handschriftlich]

[Chaville]
30. August 2000

Lieber Siegfried –
am Morgen nach unserem schönen Treffen in Königstein (samt Oberbergener Baß- oder Tenorgeige) wollte ich das Zimmer bezahlen – »Rechnung an den Suhrkamp Verlag«. .... Soll ich das verstehen, wir (Léocadie und ich) waren eingeladen?[1] Wenn, dann bedanke ich mich herzlich. Wenn nicht – die Summe bitte von meinem Millionenkonto abziehen. – Danke auch für die Farbstifte und den Blindband – beides kam genau an G.s und L's Geburtstag. Die Bleistifte werden hoffentlich bald in Betrieb hier kommen – zum Glück steht auf ihnen nicht der Spruch des Kerls von der SV-Plastiktasche – ich hätte ihn sonst abkratzen müssen.[2] – Ich tue bald weiter, ins Weite, so der Atem es erlaubt.
Sei herzlich gegrüßt
von
Deinem Peter

1 P. H. und S. U. trafen sich am 28. August in Kronberg im Taunus.
2 Auf den zum Anlaß des 50jährigen Bestehens des Suhrkamp Verlags hergestellten Plastiktüten waren Zeilen aus Bertolt Brecht, *Leben des Galilei*, aufgedruckt: »O unwiderstehlicher Anblick des Buches, der geheiligten Ware! Das Wasser läuft im Mund zusammen.«

[598; Anschrift: Chaville; per Fax]

Frankfurt am Main
11. Oktober 2000[1]

Lieber Peter,
Burgel Zeeh gab mir Deinen Brief vom 3. Oktober. Es freut mich, daß Du an der Arbeit bist! Viel Glück.[2]
Erich Wolfgang Skwara.
Ich weiß, er hat »Novembre« von Flaubert im Auftrag des Insel Verlages übersetzt, und wir wollen das auch machen: im 2. Halbjahr 2001 in der Insel-Bücherei.[3]
J. W. Janker.
Auch hier kann ich Dir berichten, daß wir »Der Umschuler« im Taschenbuch bringen werden, und zwar im Programm Mai – Oktober 2001. Willst Du ein Vor- oder Nachwort schreiben, ein bis zwei Seiten?[4]
Bruno Bayen.
Gib uns hier bitte noch ein wenig Zeit; unsere Programme schäumen über, wir müssen jeden Titel genau überlegen. Natürlich sprechen für Bayen Deine Übersetzungen aus dem Französischen. Wir werden das bald entscheiden und Dir dazu schreiben.[5]
Und Dank auch für Deine Geburtstagsgrüße, wir haben ihn hier im Verlag begangen.
Dir alles Gute, und laß wieder einmal von Dir hören.
Herzlich
Dein
Siegfried

1 Der Brief trägt den maschinenschriftlichen Zusatz: cc. Herrn Dr. Simm; cc. Herrn Berg cc. Herrn Dr. Ahrend.
2 P. H. hatte am 3. Oktober 2000 an Burgel Zeeh in einem Brief geschrieben: »[...] 2) Erich Wolfgang Skwara hat vor 2-3 Jahren, als Auftragsarbeit des Insel Verlags, »Novembre« v. Flaubert übersetzt. Er möchte (verständlich), daß das Buch endlich erscheint

(»November« braucht auch diese neue Übersetzung des 1. Romans v. Fl.). 3) Wann erscheint »Der Umschuler« von J. W. Janker nun als »st«? Und was ist mit den zwei von mir für Residenz übersetzten 2 Büchern v. Bruno Bayen (aus dem Frz.) (ich hatte m. Thorsten Ahrend geredet – Stummbleiben – deswegen nun Sie, vielleicht fragen Sie – ich bin es zeitweise müde, das Selbstverständliche zu wiederholen ...) Ich bin wieder tief und manchmal weit im Tun, und Kronberg liegt in der Zeitendämmerung, aber dort ist es immer noch Sommer, wie vor 2 Monaten mit Ihnen und Siegfried (den ich grüße, und: nachträglich Alles Gute zum 67.)«

3 Gustave Flaubert, *November. Fragmente irgendwelchen Stils.* Übertragung aus dem Französischen, Anmerkungen und Nachwort von Erich Wolfgang Skwara, erschien 2001 als Band 1221 der Insel-Bücherei.
4 Josef W. Janker, *Der Umschuler. Roman.* Mit einem Nachwort von Peter Handke erschien 2001 als Band 3292 der suhrkamp taschenbücher.
5 Bruno Bayen, *Bleiben die Reisen.* (Original: 1990) Roman. Deutsch von Peter Handke, erschien 1997 im Residenz Verlag; ders., *Die Verärgerten.* (Original: 1998) Roman. Deutsch von Peter Handke erschien 2000 im Residenz Verlag (2007 erschien eine Lizenzausgabe dieser Übersetzung als Band 1411 der *Bibliothek Suhrkamp*).

[599; Anschrift: Chaville]

Frankfurt am Main
17. Oktober 2000

Lieber Peter,
bei Deinem Besuch im August hast Du Dir die Kassette gewünscht, die die Filme anläßlich unseres 50jährigen Jubiläums enthält. Hier ist sie; entschuldige, wenn es etwas länger gedauert hat.
Wir bringen zur Buchmesse, die heute beginnt, den Roman des Polen Andrzej Stasiuk, »Die Welt hinter Dukla«. Die

»FAZ« macht mit diesem Buch heute ihre Literaturbeilage auf; der Rezensent vergleicht den Roman mit der »Lehre der Sainte-Victoire«.[1] Vielleicht willst Du ihn einmal lesen? Das Buch liegt bei.
Herzlich,
[Siegfried Unseld]

1 Thomas Steinfeld, *Ich kenne den Weg zum durchsichtigsten Ort der Welt*, in: *Frankfurter Allgemeine Zeitung*, 17. Oktober 2000.

[600; handschriftlich]

[Chaville[1]]
21. November 2000

Lieber Siegfried,
meine lange Geschichte ist nun erzählt. Ich werde bloß, im nächsten Jahr, noch ein paar Schaltstellen verstärken oder/ und lockern und lüften. Und in den nächsten zwei, drei Wochen werde ich Absätze, Leerzeilen und Kapitel einzeichnen (ich wollte das nicht im voraus wissen). Ich könnte um den 10.-14. Dezember nach Frankfurt kommen. Und es wäre mir recht, die Frau, die schon ein paarmal für mich getippt hat, könnte das wieder tun. B. Zeeh kennt sie u. den Namen, Frau Weidner? So könntest Du die Geschichte im Februar/März lesen. Ich habe »Albtraum« mit »b« geschrieben, wie Du es immer gemahnt hast, seit ~35 Jahren. Und sag bitte *nicht,* der Titel sei »negativ«, wie auch seit ~35 Jahren. Er heißt: »Der Bildverlust oder Durch die Sierra de Gredos (Roman)«. Es ist das Epos einer Abenteurer-Frau, und es ist so lang wie »Mein Jahr in der Niemandsbucht« (Achtung: »niemand« = »negativ«).[2]
Eine Anmerkung: was unsere Vereinbarung zu »Lucie im Wald ...« angeht (50.000 Exemplare Garantie): Ich schlage

vor, das auf 30.000 zu reduzieren, und glaube, Dir damit entgegenzukommen. Eine Hälfte des fehlenden G[arantie]-Honorars bräuchte ich noch in diesen Wochen (Steuern in France).
Bitte um einen Anruf, oder was auch immer –
Dein alter Peter

1 Auf die zweite Seite des Briefes hat P. H. eine eigene Zeichnung kopiert.
2 Das Manuskript von *Der Bildverlust oder Durch die Sierra de Gredos* entstand zwischen dem 25. Januar und 10. November 2000 und umfaßt 551 Blatt.

[601; Anschrift: Chaville]

Frankfurt am Main
29. November 2000

Lieber Peter,
ich schicke Dir anbei zwei Notizen, aus denen unsere Diskussionen der letzten Wochen hervorgehen. Ich bedaure einerseits, daß wir uns, wie schon Dir gegenüber erwähnt, von Christoph Buchwald trennen mußten, andererseits glaube ich, daß wir in Günter Berg einen sehr effektiven Verlagsmann haben werden. Geben wir ihm die Chance, daß er sich zu dieser Position vollkommen entwickeln kann! Ich baue auf Deine Mithilfe.
Herzliche Grüße
Siegfried

[Anlagen]

[Anlage 1: Pressemeldung des Suhrkamp Verlags]

Pressemeldung

Am 16. März 1998 trat Christoph Buchwald als Verlagsleiter/Geschäftsführer in den Suhrkamp Verlag ein.
Wichtiges Ziel der Verlagsarbeit ist es, aus einzelnen Büchern ein Suhrkamp-Programm zu formen. Hier kam es zwischen Christoph Buchwald, dem Verleger und Lektoren zu Differenzen.
Nach einvernehmlichen Gesprächen mit dem Verlag wird Christoph Buchwald zum Jahreswechsel ausscheiden.
Der Verleger dankt ihm für seine bisherige Arbeit.
Ab Januar 2001 wird die Verlagsleitung durch den Geschäftsführer Günter Berg wahrgenommen.

30. November 2000   Dr. Siegfried Unseld

[Anlage 2: Pressemeldung des Suhrkamp Verlags]

Pressemeldung

Nach Ausscheiden von Christoph Buchwald übernimmt Günter Berg als Geschäftsführer die Funktion des Verlagsleiters Suhrkamp und Insel.
41 Jahre alt, 1990 in das Brecht-Lektorat des Suhrkamp Verlags eingetreten, Mitarbeit an der großen Berliner und Frankfurter Ausgabe der Werke Brechts, deren Redaktion er mit Band 30 abschloß. Seit 1996 leitet Herr Berg die Bereiche Taschenbuch und Marketing. Zum 1. 1. 2000 wurde er zum Geschäftsführer berufen. Die wichtigste Aufgabe des Verlagsleiters Günter Berg wird die Koordination der gesamten Verlagsarbeit und die Entlastung und Vertretung des Verlegers sein.

Die Programmverantwortung der beiden Verlage hat Siegfried Unseld inne.
Sollte er diese nicht mehr ausüben, teilt sich Günter Berg bei Suhrkamp mit Dr. Rainer Weiss (wie bisher Programmleiter Suhrkamp) und bei der Insel mit Dr. Hans-Joachim Simm (wie bisher Programmleiter des Insel Verlags) die Programmverantwortung.
Die Leitung der Presseabteilung liegt weiter bei Heide Grasnick, die der Rechteabteilung bei Dr. Petra Christina Hardt.
Verleger Siegfried Unseld bestätigt die Errichtung der Siegfried Unseld-Stiftung, deren Leitung zunächst er, später seine Ehefrau Ulla Unseld-Berkéwicz übernehmen wird. Auf diese Stiftung werden die Anteile der Gesellschaften sowie privates Vermögen übertragen. Die Stiftung sichert die Unabhängigkeit der Verlage und damit die Fortführung des Suhrkamp-Programms.
Frankfurt, den 30. November 2000   Dr. Siegfried Unseld

[602; Rundbrief von S. U. an Autoren der Verlage Suhrkamp und Insel; Anschrift: Chaville]

Frankfurt am Main
im Dezember 2000

Lieber Peter,
das Jahr 2000, das Jubiläumsjahr unseres 50jährigen Bestehens, geht zu Ende. Ein ungewöhnliches Jahr. Noch nie hatten unsere Bücher einen so signifikanten Platz in der Öffentlichkeit! Ich möchte allen Autoren – und besonders denen, die bei unserem Jubiläum und den Suhrkamp-Buchwochen mitgewirkt haben – herzlich danken.[1]
Ein Jahr geht zu Ende, ein neues Jahr beginnt, neue Bücher stehen vor der Auslieferung – aber es geht natürlich nicht

alles einfach so weiter, ich weiß, ich muß mein Haus bestellen. Ich will es tun, indem ich meine Anteile (51%) an eine Stiftung, an die Siegfried Unseld Stiftung, übertrage, deren Unterlagen jetzt bei unseren Finanzbehörden liegen. Meine Frau Ulla Unseld-Berkéwicz ist damit einverstanden und wird auch später ihr Vermögen der Stiftung übertragen.
Die Siegfried Unseld Stiftung leite zunächst ich, danach leitet sie Ulla Unseld-Berkéwicz. Uns zur Seite wird ein Stiftungsrat stehen, der seine Mitglieder kooptiert und später den Vorsitzenden bestimmt. Die Stiftung wird nicht in die operativen Geschäfte der Verlage eingreifen, aber sie soll und wird die Verlagstätigkeit mit dem Ziel verfolgen, den literarischen Anspruch unserer Verlage fortzuführen.
Nicht einverstanden mit dieser Entscheidung sind meine Mitgesellschafter, die Volkart AG (Andreas Reinhart) und Joachim Unseld, die noch 29% und 20% der Anteile halten. Die Kommanditisten verfolgen mit Recht Kapitalinteressen. Sie sind aber an der Geschäftsführung der Verlage nicht beteiligt. Als Komplementär habe ich die Geschäftsführung in alleiniger Verantwortung wahrzunehmen.
Über den nur subsidiär zuständigen Komplementär-Gesellschaften der Suhrkamp/Insel KG (mit dem »Deutschen Klassiker Verlag« und dem »Jüdischen Verlag«) ist eine Holding, eine Verlagsleitungs GmbH, eingerichtet. Eine Gesellschaft mbH also, bei der die einfache Mehrheit entscheidet; hier hält die Volkart AG 45%, und ich halte 55% der Anteile. Der eingerichtete Beirat ist ein Bei*rat*, der berät und nicht in die Geschäftsführung eingreifen kann; kommt es im Beirat zu einer Pattsituation, habe ich bei einer Mehrheit in der GmbH zu entscheiden.
Ich teile Dir dies heute zu Deiner Information mit. Wenn sich weitere Konkreta ergeben, melde ich mich wieder.
Mit freundlichen Grüßen
[Siegfried Unseld]

1 Unter dem Datum des 29. September 2000 notierte S. U. in der *Chronik*: »Im September sind die Suhrkamp-Buchwochen angelaufen. Autoren, Lektoren sind unterwegs in Deutschland bei Buchhandlungen und Literaturhäusern, um zu lesen und Vorträge zu halten. Wir werden bis Mitte Dezember an die 300 Veranstaltungen gehabt haben.«

[603; Anschrift: Chaville; Postweg: per FAX]
Frankfurt am Main
14. Dezember 2000

Lieber Peter,
mir wurde »der bedeutendste gegenwärtige serbische Philosoph« als Autor vorgeschlagen: Radomir Konstantinović, geboren 1928. Er hätte ein Standardwerk geschrieben: »Filosofia palanke« (Umfang 300 Seiten). Könntest Du Dich bitte einmal über Deine serbischen Verbindungen nach diesem Mann erkundigen? Ist er so wichtig? Könnte er Suhrkamp-Autor werden?[1]
Ich habe das leider erst nach unserem Gespräch erfahren.[2]
Herzliche Grüße
Dein Siegfried

1 Das 1981 erschienene Buch, dessen Titel mit »Philosophie des Krähwinkels« übersetzbar ist, erschien nicht in deutscher Übertragung.
2 P. H. hielt sich am 12. und 13. Dezember in Frankfurt am Main und Königstein im Taunus auf. Im Gepäck hatte er das Manuskript von *Der Bildverlust oder Durch die Sierra de Gredos*. Am Abend traf er sich mit S. U.

2001

[604; Anschrift: Chaville; Fax]

Frankfurt am Main
28. August 2001

Lieber Peter,
ich komme mit einer Bitte, die mir sehr wichtig ist:
Rolf Staudt wird nach 41 Jahren die Verlage Insel und Suhrkamp verlassen und in den Ruhestand treten. Seit 1967 ist er Herstellungsleiter, nicht nur des Insel, sondern auch des Suhrkamp Verlages.
Am 31. Oktober wird eine Feier hier in Frankfurt stattfinden, zu der wichtige Lieferanten und kollegiale Weggefährten von Herrn Staudt eingeladen werden. Ich werde eine Rede halten und würde bei diesem Anlaß gern auch Autoren des Verlages zitieren können. Wäre es Dir möglich, falls Du einen Eindruck von Rolf Staudt hast, mir dazu etwas zu schreiben?[1]
Ich habe dem Bundespräsidenten Rolf Staudt für das Bundesverdienstkreuz vorgeschlagen und habe bei dieser Gelegenheit eine kleine Vita erstellt, die ich diesem Brief beilege. Ich hoffe sehr, daß diese Ehrung noch rechtzeitig zum Ende Oktober verwirklicht werden kann.
Herzliche Grüße
Dein Siegfried

[Anlage[2]]

1 Eine schriftliche Antwort auf diese Frage ist nicht ermittelt.
2 Bei der Anlage handelt es sich um eine auf den 8. August 2001 datierte Beschreibung des Lebenswegs und der Leistungen von Rolf Staudt.

[605; Anschrift: Chaville]

Frankfurt am Main
7. September 2001

Lieber Peter,
ich schicke Dir mit Kurier drei Blindbände mit Umschlägen für Deinen Roman »Der Bildverlust oder Durch die Sierra de Gredos«. Ich finde sie schön. Meine Mitarbeiter und ich sind für den farbigen Umschlag.
Andererseits warten wir gespannt auf Deinen Vorschlag.[1]
Herzliche Grüße
[Siegfried Unseld]

1 Die Blindbände sind nicht ermittelt. Die Originalausgabe zeigte auf dem Schutzumschlag vier in Kreuzform angeordnete, rötlich gedruckte Zeichnungen von P. H. auf leicht getöntem Naturpapier. Die Abbildung am unteren Balken des Kreuzes zeigt eine Frau von hinten, einen langen Schal um den Kopf geschlungen, einen Stock in der Hand haltend.

[606; handschriftlich]

[Chaville]
16. Oktober 2001

Lieber Siegfried –
allmählich hört »Der Bildverlust« in mir zu rumoren oder weiterzutun auf, und ich freue mich endlich auf das Buch, in der Hoffnung auf wenige Freudeverderber. Auch über den Umschlag bin ich jetzt froh, und Du wohl auch?

Ist es möglich, bitte, einen Teil des von Dir garantierten Honorars für 50 000 Ex. schon in diesem Jahr, im Lauf des November, mir nach Frankreich zu überweisen, sagen wir für ~ 20 000 Exemplare? Ich habe in diesem Jahr sonst nicht genug »eingenommen« – Danke im voraus.
Es war ein schöner Abend mit Ulla, Dir und den zwei andern bei »Claudio« (vorher im Haus war's fast noch schöner). Die gedünstete Quitte kommt übrigens auch am Ende der »Sierra de Gredos« vor, vor der »Liebesnacht«. *Dunja* heißt auf serbokroat. »Quitte«, wie gesagt.
Grüße Ulla auch – war das Lesen für sie beim Empfang keine Qual?[1]
Herzlich,
Dein Peter
(mit der letzten Rose des Gartens rechts vom Ohr)

1 P. H., *Der Bildverlust oder Durch die Sierra de Gredos. Roman*, erschien am 10. Januar 2002. Ulla Berkéwicz las beim Kritikerempfang des Suhrkamp Verlags während der Frankfurter Buchmesse 2001 (10.-14. Oktober 2001) am 10. Oktober aus diesem Buch.

[607; Anschrift: Chaville]

Frankfurt am Main[1]
23. Oktober 2001

Lieber Peter,
hab Dank für Deinen ausführlichen Brief vom 16. Oktober. Es mußte ja einmal so sein, daß »Der Bildverlust« in Dir »zu rumoren« aufhört. Wir alle freuen uns auf dieses Buch. Der Umschlag ist gut, wenn auch ich Dir sagen muß, daß die andere Variante die bessere gewesen wäre. Die schlagende Muslimin wird mich immer stören.

Gerne überweisen wir Dir bis zum 15. November ein Teilhonorar von DM 100.000 – als Vorauszahlung des garantierten Honorars für 50.000 Exemplare.
In der Tat war es ein schöner Abend, den wir am 10. Oktober hatten. Ulla hat blendend vorgelesen, und die Kritiker, die ja wahrlich an diesem Abend an Literatur nicht unbedingt interessiert sind, waren mucksmäuschenstill, und die ausgewählten Seiten kamen an, und ich glaube, die Sache ist insgesamt sehr gut gelungen.
Auch wir haben den Abend mit Dir, und insbesondere die Stunde bei uns, geradezu genossen, ich wünschte mir, wir könnten das bald wiederholen.
Herzliche Grüße und gute Wünsche
Dein
Siegfried

1 Der Brief trägt den handschriftlichen Vermerk von Susanne Becker: »cc Frau Lösche/Frau Dr. Hardt«.

[608; Anschrift: Chaville]
          Frankfurt am Main
          15. November 2001
Lieber Peter,
Erich Wolfgang Skwara hätte es liebend gerne, daß Du zu seinem Roman »Versuch einer Heimkehr« ein Vorwort schreiben könntest.
Das Buch erscheint im März auch bei dem französischen Verlag Métailié. Das Vorwort könnte also später auch in unserem Taschenbuch in der deutschen Ausgabe verwendet werden.[1]
Herzliche Grüße
Dein
Siegfried

1 Erich Wolfgang Skwara, *Esquisse d'un retour*. Übersetzt von Françoise Toraille, erschien 2002 bei Métailié ohne Vorwort von P. H.; eine Ausgabe dieses Buches im *suhrkamp taschenbuch* kam nicht zustande.

[609; Anschrift: Chaville]

Frankfurt am Main
27. November 2001

Lieber Peter,
wir werden im Hauptprogramm Suhrkamp einen Band mit Gedichten von Miodrag Pavlović machen. Eine Auswahl haben wir 1968 in der »edition« herausgebracht in der Übersetzung von Peter Urban, der auch den neuen Band ediert. Möchtest Du da ein Vor- oder Nachwort schreiben?[1]
Es war schön, daß Du neulich, wenn auch kurz, hier warst. In der »FAZ« gab es ein schönes Foto von Dir und der OB.[2]
Herzliche Grüße
[Siegfried Unseld]

1 Miodrag Pavlović, *Einzug in Cremona. Gedichte.* Aus dem Serbischen von Peter Urban, erschien am 11. September 2002. Es enthält: P. H., *Dies und das zu den unverwöhnbaren Dichtern (statt eines Nachworts zu den Gedichten von Miodrag Pavlović)*, S. 171 ff.; wiederabgedruckt in: P. H., *Meine Ortstafeln. Meine Zeittafeln*, S. 395 ff. Miodrag Pavlović, *Gedichte*. Mit einem Nachwort von Peter Urban, erschien 1968 als Band 268 der *edition suhrkamp*.
2 P. H. hielt sich am 22./23. November 2001 in Frankfurt am Main auf, da ihm als erstem der Blaue Salon Preis des Literaturhauses Frankfurt verliehen wurde.

[610; handschriftlich; auf einer Karte mit dem Eindruck
»Siegfried Unseld«, beiliegend einem Exemplar von »Der
Bildverlust«]

[Frankfurt am Main]
11. Dezember 2001

Lieber Peter
hier das erste, handgebundene Exemplar: das hast Du für
drei Tage allein.
Es ist ein schönes Buch geworden, aber es ist ein großartiges Werk, eine bedeutende Dichtung.
Ich gratuliere Dir (und mir!)
Herzlich
Dein
Siegfried

2002

[611; handschriftlich]

[Chaville]
18. April 2002

Lieber Siegfried,
Du bist der Verleger, und also bist Du es, dem ich das beiliegende Stück »Untertagblues«, entstanden zwischen Dezember und jetzt, schicke. Ich wünsche Dir ein gutes Lesen. Und bitte gib je eine Kopie weiter an Herrn Drescher und an Thorsten Ahrend zum Lesen auch.[1]
Wie der Stand der Dinge ist: es wird das Stück wohl aufführen Luc Bondy bei den Wiener Festwochen 2003, ~Juni? Oder/und Claus Peymann am Berliner Ensemble. Aber das ist auf dem Weg, von meiner Seite.
Ein evtl. Druck: zum nächsten Frühjahr?[2]
Ich fahre morgen für 5 Tage nach Jugoslawija.
Ab 25. 4., so die Umstände gnädig sind, werde ich zurück in Chaville sein.
Danke für Deinen klaren Brief an die »Frankfurter Ganzallgemeine« –[3]
So grüßt Dich – trotz allem frühlingshaft –
Dein Peter
Es liegt auch ein korrig. Rede-Text zu Hermann Lenz bei – bitte gleich weiter f. Thorsten Ahrend (f. meine »Aufsätze«)[4].

1 Über dem Namen der beiden Verlagsmitarbeiter findet sich der handschriftliche Vermerk von Susanne Becker »erl[edigt].«
2 P. H., *Untertagblues. Ein Stationendrama*, hatte am 30. September

2004 Uraufführung im Berliner Ensemble. Regie: Claus Peymann, Dramaturgie: Jutta Ferbers, Bühnenbild: Karl-Ernst Herrmann. Es spielten: Michael Maertens (Wilder Mann) und Dörte Lyssewski (Wilde Frau). Die Buchausgabe erschien am 13. August 2003.

3 Die *Frankfurter Allgemeine Zeitung* veröffentlichte am 26. März 2002 unter der Überschrift *Was Literaturkritik zu leisten hat* einen Leserbrief von S. U.: »Aus jahrzehntelanger Erfahrung weiß ich, daß Reaktionen eines Verlegers auf Verunglimpfungen von Autoren in Zeitungsartikeln als unfein gelten und in der Regel für den Betroffenen nur weitere Angriffe nach sich ziehen. Zu dem empörenden, jeden Standard von Literaturkritik unterbietenden Artikel ›Das Literaturluder‹ (F. A. Z.-Feuilleton vom 20. März) von Denis Scheck kann ich nicht umhin, Stellung zu beziehen. Aufgabe der Literaturkritik ist es – oder sollte man sagen: war es bisher? –, die Qualität eines Werkes zu beurteilen. Dabei können die Urteile negativ oder positiv oder teils positiv, teils negativ sein. Wie auch immer sie ausfallen, wenn sie ernst genommen werden wollen, müssen sie begründet sein. Auf die Mühe, Argumente für seine vernichtende Bewertung der literarischen Qualität der neuen Bücher von Günter Grass und Peter Handke anzuführen, verzichtet der Verfasser, obwohl für ihn angeblich die ›Evidenz dieses Mißlingens‹ auf der Hand liegt. Doch statt nur eine dieser Evidenzen zu nennen, denunziert er diese Bücher mit billigen Metaphern aus dem Sport. Dann unterzieht er deren positive Besprechungen einer Kritik, unterläßt aber wohlweislich, eine solche Metakritik auf die negativen Besprechungen anzuwenden. Damit nicht genug, der Verfasser zielt auf die Person von Peter Handke, den er als ›Autorenluder‹, dessen Lieblingsgenre das Interview sei, meint bezeichnen zu dürfen. Er sagt, um einer Diffamierung willen, schlichtweg die Unwahrheit. Handkes beliebteste Genres sind bekanntlich ganz andere, und in der Tat holt er jeden Tag seine Tochter von der Schule ab und macht mit ihr Hausaufgaben. Der Verfasser erklärt, den Beruf des Literaturkritikers könne ›jedermann jederzeit‹ ausüben. Quod erat demonstrandum. Ich verkenne nicht, daß in Ihrer Zeitung viele Kritiken erscheinen, die den Büchern und Autoren gerecht werden. Sollten jedoch Artikel wie der genannte zum Standard werden, dann ist es um die Literaturkritik, wenn auch aus anderen Gründen als dem vom Verfasser genannten, geschehen.«

4 Als Anlage sandte P. H. die korrigierten Fahnen von *Hermann Lenz, der Epiker des »und«, »bei« und »mit«. (Rede zur Verleihung des Europäischen Literaturpreises 1997)*; siehe P. H., *Mündliches und Schriftliches*, S. 101-111.

Anhang

Ein Nachwort, von drei Verfassern

Am 17. April 1969 teilte Peter Handke von Berlin aus Siegfried Unseld mit, er habe *Die Angst des Tormanns beim Elfmeter* in einer ersten Niederschrift beendet. Die Erzählung ist seiner Überzeugung nach »sehr klar, einfach und spannend [...] und trotzdem, auch für mich, etwas Neues«. Dieser Nachricht schließt sich die private Mitteilung an, er warte auf die Geburt seines Kindes (Amina Handke wird am 20. April geboren). Es folgt ein Bericht über seine im Auftrag Unselds vorgenommene Sondierung für eine neue Zeitschrift im Suhrkamp Verlag. Er leitet über zu einer Wiedergabe der Lese-Eindrücke von Hermann Hesse – Peter Suhrkamp, *Briefwechsel 1945-1959*. Das Buch, von Siegfried Unseld aus Anlaß des 10. Todestages von Peter Suhrkamp zusammengestellt, hatte der Herausgeber einige Wochen zuvor nach Berlin gesandt, Peter Handke sich dafür im Brief vom 29. März 1969 bedankt mit dem Zusatz: »sogar damals haben sich die Autoren fast nur um Auflagen und Nachdrucke gekümmert, es ist auch das wichtigste«.
Am 17. April 1969 verfügte Handke über vertiefte Einblicke in den Briefwechsel: »Ich lese jetzt jeden Abend in dem Briefband Hermann Hesse – Peter Suhrkamp. Ich bin immer erstaunt über die Genauigkeit der Information, die Suhrkamp Hesse gegenüber bewies. Jede Einzelheit teilte er ihm mit, belegte jede Änderung und Neuausgabe, fragte vor jeder Disposition, ob der Autor einverstanden sei.« Derart formuliertes Lob einer Autor-Verleger-Beziehung konnte nur überleiten zu eigener Beschwerde.
In seinem Antwortbrief vom 30. April 1969 ging Unseld

wie üblich auf alle angesprochenen Themen ein; zur Briefwechsel-Anmerkung äußerte er sich knapp: »Ich sehe Dich gern beim Studium des ›Briefwechsels‹ Hesse/Suhrkamp. Auch dazu möchte ich Dir doch einiges mündlich sagen dürfen.« Auf diesen Absatz bezog sich Handke seinerseits im Brief vom 2. Mai 1969: »Was den Hermann Hesse – Peter Suhrkamp ›Briefwechsel‹ betrifft: selbstverständlich lese ich daraus mehr als Verlagsmechanismen, aber was man eben mehr erfährt, über die Personen, die da Briefe schreiben, das ist wohl zu wichtig, als daß man darüber ein paar Briefsätze formulieren kann.«
Der Briefwechsel zwischen Peter Handke und Siegfried Unseld berührt so viele Themen, entwickelt sich in derart viele Hinsichten, daß jedes Nachwort scheitern müßte, das den Versuch zu einer Deutung des Briefgesprächs unternähme. Statt dessen empfiehlt sich eine Skizze des Kontexts, innerhalb dessen sich die Korrespondenten bewegen.
Durch ihn nehmen z. B. die vier zitierten Briefe von Peter Handke eine zusätzliche Bedeutung an: Im Dezember 1968 schienen die knapp drei Monate sich hinziehenden, teilweise hitzigen Auseinandersetzungen zwischen Siegfried Unseld auf der einen, dem Gros der Lektoren auf der anderen Seite um Entscheidungskompetenzen über das Verlagsprogramm zu einem Ende gelangt. Einige Lektoren, etwa Urs Widmer, der für Peter Handke zuständig war, verließen den Verlag, die anderen konnten an allwöchentlichen »Lektoratsversammlungen« teilnehmen, auf denen gemeinsam Entscheidungen getroffen wurden. Im Januar 1969 gerierte sich Siegfried Unseld als Sieger dieser Auseinandersetzung, indem er konstatierte, es habe sich im Verlag nichts geändert. Noch im selben Monat kündigte deshalb der Leiter des Suhrkamp Theaterverlags Karlheinz Braun und initiierte mit Wirkung zum 1. April 1969 den genossenschaftlich organisierten Verlag der Autoren. Zu dessen

Gründungsmitgliedern zählte Peter Handke. Der Kompromiß zwischen ihm und Siegfried Unseld lautete: Die Aufführungsrechte besitzt (bis 1975) der Verlag der Autoren, die Veröffentlichungsrechte (auch der Stücke) werden dem Suhrkamp Verlag übertragen.
Die Kontextualisierung erlaubt eine zusätzliche hypothetische Lesart der drei Briefe von Handke. Sie bestätigen: Der Autor wechselt nicht den Verlag; sie geben zu verstehen: Der Autor ist mit der Arbeit des Suhrkamp Verlags nicht zufrieden. Handke bezeichnete im Rückblick (siehe S. 739) folglich die Jahre zwischen 1965 und 1972 als einen Zeitraum, in dem er mit Unseld nicht »warm« wurde.
Die Edition der über 600 Schriftstücke, die Peter Handke und Siegfried Unseld zwischen 1965 und 2002 wechselten, macht den Leser mit den »Verlagsmechanismen« vertraut, und viel erfährt er »über die Personen, die die Briefe schreiben«. Die Möglichkeit ist gegeben, weil im Unterschied zu den bisher in Buchform erschienenen Briefwechseln des Autors mit den Kollegen Alfred Kolleritsch und Hermann Lenz (siehe Quellen und Literatur. Briefwechsel) sich die Korrespondenzen beider Seiten, mit wenigen Ausnahmen, erhalten haben. Damit ist der briefliche Dialog zwischen den Protagonisten vollständig dokumentiert.
Dokumentiert sind darüber hinaus viele persönliche Begegnungen zwischen Autor und Verleger. Dies verdankt sich der Eigenart von Siegfried Unseld, seit seinem Eintritt in den Verlag 1952 sogenannte *Reiseberichte* zu diktieren, die das Wesentliche seiner außerhalb Frankfurts stattfindenden Begegnungen und Gespräche wiedergeben; und es verdankt sich der von ihm seit Januar 1970 geführten (und ebenfalls diktierten) *Chronik*: In ihr hielt er die Ereignisse des Verlagsalltags fest. Beide Quellen werden zur Kommentierung der Briefe herangezogen. Obwohl sie auf der Erinnerung nur einer der Personen beruhen, Irrtümer transpor-

tieren und, da für die Verlagsöffentlichkeit bestimmt, häufig strategischen Zielen unterliegen: Sie erlauben, sich eine Vorstellung zu bilden vom komplexen Beziehungsgefüge zwischen diesem Autor und diesem Verleger. Um Asymmetrien in der Darstellung dieses Verhältnisses entgegenzuwirken – Handke machte sich über seine Begegnungen mit Unseld nur sehr selten Notizen –, werden S. 739-743 Rückblicke von Peter Handke auf solche Zusammentreffen wiedergegeben.

Eine weitere Kontextualisierung der Briefe befördert die Kenntnis der Lebensphasen der Korrespondenzpartner.

Im August 1965, als der Suhrkamp Verlag sich für die Veröffentlichung von Peter Handkes erstem Roman, *Die Hornissen*, entschied, war der Autor noch keine 23 Jahre alt. Bevor der erfahrene Verleger dem jungen Autor den Ratschlag gab, statt Prosa besser Dramen zu verfassen, wenn er vom Schreiben leben wolle, hatte er bereits ein Stück fertiggestellt: *Publikumsbeschimpfung*. Dessen Uraufführung 1966, im Jahr der Publikation des Debütromans, in der Regie von Claus Peymann veränderte das (nicht nur europäische) Theater – seine Wirkung auf die Theatertheorie und -praxis ist nur vergleichbar mit der von *Kaspar*, dem Sprechstück, das ein Jahr später zur Uraufführung gelangte. Die siebziger Jahre standen eher im Zeichen der Prosa: Neben der erwähnten, bis heute fast sprichwörtlichen *Angst des Tormanns beim Elfmeter* folgten im schnellen Rhythmus die offensichtlich (aufgrund von Vorarbeiten) auch in kurzer Zeit niedergeschriebenen Erzählungen *Wunschloses Unglück, Der kurze Brief zum langen Abschied, Die Stunde der wahren Empfindung* und *Die linkshändige Frau*. Durch sie wurde ihr Autor, und hier ist das Wort am Platz, »berühmt«, und zwar weltweit. Dabei, so das eigene Selbstverständnis, dienten sie als Vorarbeiten für ein großes Projekt: das Unternehmen *Im tiefen Österreich*. Als Peter Handke

sich 1978 in New York daran machte, erlebte er, so seine spätere Bezeichnung, eine erste »Verwandlung«: Dominierten in den Erzählungen bis dahin die Außenseiter, erfuhr Sorger, der Protagonist der *Langsamen Heimkehr*, in einem »gesetzgebenden Augenblick« die »friedensstiftende Form«. Die »Suche nach dem Zusammenhang« könnte als Leitidee über den großen Prosaarbeiten der achtziger Jahre stehen, von der *Lehre der Sainte-Victoire* über die *Kindergeschichte* und die für den Autor besonders gewichtige *Die Wiederholung* bis zu *Die Abwesenheit*. Die drei Ende der achtziger, Anfang der neunziger Jahre geschriebenen *Versuche* (mit ihnen setzt bei Handke die Epoche der Bleistifthandschriften ein) sind als Proben an eingegrenzten Erscheinungen zu verstehen, bevor 1993 zwölf Monate lang *Mein Jahr in der Niemandsbucht*, das bis zu diesem Zeitpunkt umfangreichste Buch, entsteht: Mit und durch es unterzieht er sich einer zweiten Verwandlung: Die Erzählung, und nur sie, erbringt den Zusammenhang zwischen den Menschen sowie den Menschen und der Natur. Die Umstände der Publikation dieses Buches lösten die »dritte Krise« zwischen Peter Handke und Siegfried Unseld aus (siehe S. 741).
1991 mischte Handke sich ein: Der Austritt Sloweniens aus dem jugoslawischen Bundesstaat ging ihn, der mütterlicherseits dem Volk der Slowenen zugehört, persönlich an; ihm hatte das nun zerfallende Jugoslawien als »das wirklichste Land in Europa« gegolten; und in *Die Wiederholung* hatte er Slowenien, den slowenischen Karst, als Landschaft der Freiheit beschrieben. Den Schriftsteller versetzte die Berichterstattung über die sich anschließenden Jugoslawienkriege in Rage, so daß er 1996 zwei Bücher darüber vorlegte: *Eine winterliche Reise zu den Flüssen Donau, Save, Morawa und Drina oder Gerechtigkeit für Serbien* sowie *Sommerlicher Nachtrag zu einer winterlichen Reise*. Die veröffentlichte Meinung tat deren Verfasser in Acht und Bann,

so daß jeder ihn traktieren konnte, wie er wollte. Der Versuch Handkes selbst, durch eine große Zahl von Lesungen die Menschen zum Lesen und Nachlesen seiner Sätze zu bewegen, scheiterte – er blieb ein beliebtes Opfer der Journalisten-Hatz.

Im Briefwechsel bildeten diese Bücher, die Entscheidung von Unseld, sie zu publizieren, und die Folgen für den Autor und den Verlag ein Thema nur am Rande; das Wie und Wann der Publikation wurde mündlich geklärt. Im Jahr 2000 erinnerte sich Peter Handke, auf Siegfried Unselds Haltung dazu angesprochen: »Dieser Moment, da Siegfried Unseld gesagt hat, ja, wir machen jetzt weiter, wir arbeiten oder bleiben jetzt zusammen: Das war für mich ein Moment des Zutrauens und der Zukunftsgewißheit. [...] Daß der Verleger sich hinter mich gestellt habe, das ist nicht einmal wahr. Er brauchte das gar nicht. Es war eigentlich schöner. Er war schlicht da, und indem er da war, waren viele Probleme nicht mehr vorhanden.« (Siehe S. 702.)

2002 schrieb Handke sein umfangreichstes Buch: den Roman *Der Bildverlust oder Durch die Sierra de Gredos* – ein Werk, das mit allen bekannten Darstellungs-, Geschichts- und Erzählformen bricht und dabei eine nur für es geltende Logik, Wahrscheinlichkeit und Wirklichkeit erzeugt.

Das Theaterstück *Untertagblues* ist das letzte Manuskript, das Peter Handke an den erkrankten Siegfried Unseld sandte. Mit dem Brief vom 18. April 2002 endete die Beziehung nicht. Im Sommer 2002 kam es zu einer letzten Begegnung in Frankfurt. Von ihr erzählt Peter Handke: »Er hat sehr langsam gesprochen, aber die Wörter wurden schon noch Worte. Er machte sich auf eine sanfte Weise über sich und alles lustig. Ich fand das vorbildlich. Es gab Pflegerinnen, die ihn betreut haben. Eine war aus Bosnien. Er hat mich ihr vorgestellt: Das ist Peter Handke. Sie müssen wissen, der hat viel Erfolg bei Frauen. Dabei hat er mir zugezwinkert.«

Zur Zeit der Annahme der *Hornissen* arbeitete Siegfried Unseld seit sechs Jahren als Verleger. Bei Peter Suhrkamp hatte er, der auf Vermittlung von Hermann Hesse 1952 in den Verlag eingetreten war, in strenger Schule das Handwerk gelernt – auch gelernt, daß man ein erfolgreicher, sprich: wirkungsmächtiger Verleger nur sein kann, wenn man auch der ökonomischen Basis des Unternehmens größte Aufmerksamkeit widmet. Auf den 1959 neun Mitarbeiter zählenden Suhrkamp Verlag angewandt, hieß das: expandieren, sich auf bisher ignoriertem Terrain bewegen. Noch anders übersetzt: Ausbau des Theaterverlags, Erwerb des Insel Verlags sowie des Nomos Verlags (samt angeschlossener Druckerei) 1963, Begründung der ersten Taschenbuchreihe, der *edition suhrkamp*, im selben Jahr, Publikation der Zeitschrift *Kursbuch* 1965 usw. usf. Und noch einmal anders übersetzt: das Aufspüren des »jungen Autors«, der möglichst sein erstes und alle anderen Bücher im Suhrkamp Verlag veröffentlicht, gemäß der Maxime: Der Verlag publiziert keine Bücher, er veröffentlicht Autoren, und zwar solche, deren Programm die Suche nach dem »Neuen« auf jeder Ebene der Literatur ist. Bei den wissenschaftlichen Werken hieß dies: die Aufklärung voranzutreiben, eine »kritische« Haltung zum Bestehenden und die Utopie eines besseren Lebens.

Konflikte mit Autoren und Mitarbeitern zog dies unausweichlich nach sich. Selbst Unselds Strategie enger, freundschaftlicher Beziehungen zu Autoren, der Wert, den er darauf legte, sie mit »Du« anzureden, verhinderte nicht, daß sich Verlagsautoren von unterschiedlichen literarischen Haltungen ausgehend kritisierten und sich von Verlag und Verleger in dieser oder jener Hinsicht zurückgesetzt vorkamen. (Die gegenseitige Aversion von Peter Handke und Thomas Bernhard ab einem gewissen Zeitpunkt mußte Unseld austarieren – wegen seiner Stellungnahmen zum zerfallenden Jugoslawien vermied Handke Begegnungen mit Kollegen, indem er sich z. B. bei der Feier des 50jährigen Verlagsjubiläums selbst auslud.) Die Kritik an eigenen Autoren in Publikationen des Verlags – Handke war wiederholt deren Opfer – gefährdete das Fundament des Hauses: Deshalb trennte sich Unseld vom *Kursbuch*.

Genauso setzte es Unseld zu, wenn »seine« Autoren Bücher in anderen Verlagen publizierten: Er empfand dies, und der Briefwechsel mit Handke zeigt es erneut und deutlich, geradezu als Verrat, gefährdete solches »außerhäusiges« Veröffentlichen doch das Verlagsprinzip. Bedauerte er 1967 noch das Erscheinen der Handkeschen Erzählungen *Begrüßung des Aufsichtsrats* im österreichischen Residenz Verlag, setzte ihm die Veröffentlichung von *Wunschloses Unglück* an diesem Ort schon stark zu – und die Verstimmung, ja der Abbruch der Kommunikation mit dem Autor folgte bereits der Ankündigung jeder weiteren Publikation im Salzburger Verlag, sei es der »Journale«, sei es von Prosa. Auch wenn diese Bücher später als *suhrkamp taschenbuch* erschienen – jedes einzelne von ihnen stellte für ihn einen gravierenden Bruch in der Beziehung zu Handke dar.

Die »kritische« Haltung zum Bestehenden wandte sich 1968 gegen Verlag und Verleger: Der bereits angesprochene und Unseld bis zu seinem Lebensende prägende »Aufstand der Lektoren«, durch den im eigenen Haus die Hierarchien abgeschafft werden sollten, indem dem Verleger nur eine Stimme unter denen der Lektoren zugebilligt wurde, erreichte sein Ziel nicht. Allerdings brachte er die Gründung eines Konkurrenz-Theaterverlags mit sich, zu dessen Gründungsmitgliedern, wie erwähnt, Peter Handke zählte. Die Auswirkungen dieses Mittuns eines der Autoren in einem anderen Verlag sind im Briefwechsel nicht von untergeordneter Bedeutung.

Im Unterschied zu Unseld geht Handke davon aus, daß die

Beziehung Autor–Verleger »von Natur aus kein Freundverhältnis« (S. 742) ist. Dies deshalb, weil »das Recht auf meine Sachen, meine Lebenssachen, durch die Verlagsverträge mir nichts dir nichts flöten geht« (S. 26). Das erklärt die Meinungsverschiedenheiten und Spannungen zwischen beiden, jedoch nicht, warum die Differenzen mindestens zweimal Handke »fast« dazu brachten, den Verlag zu verlassen. Eine der Situationen beschreibt er selbst in der Dankrede zur Entgegennahme des Siegfried Unseld Preises (siehe S. 738 ff.): Der 1994 nach der Veröffentlichung von *Mein Jahr in der Niemandsbucht* geschriebene Austrittsbrief wurde nicht abgesandt. Mehr als zehn Jahre vorher, am 25. Februar 1981, sandte er einen solchen Brief jedoch ab – der Entschluß, den Verlag zu verlassen, wurde allerdings nicht umgesetzt (siehe Briefe 329-333).
Diese und weitere Konfliktsituationen sind charakterisiert durch die gleiche Grundkonstellation: Handke hat, in wochen- und monatelanger Arbeit, ein Manuskript niedergeschrieben, in dem er, wie immer, aufs Ganze gegangen ist; nun lesen Verleger und Lektor, und der Autor brennt naturgemäß darauf, zu erfahren, welchen Eindruck die neue Prosa, das neue Stück macht. Jede Komplikation in diesem Stadium – sei es, daß ein noch nicht abgeschlossenes Stück an eine breitere Öffentlichkeit gelangt, sei es, daß der Bericht über die Leseeindrücke zu lange auf sich warten läßt, zu unachtsam erscheint – irritiert Handke: Bedeutet dies, so fragt er sich, das neue Werk ist nicht gelungen?
Auf dem Weg von der Fertigstellung der ersten Niederschrift eines neuen Buches bis zu dessen Korrektur, Druck, Bindung, Auslieferung an Käufer und Rezensenten herrscht bei ihm die allerhöchste Konzentration; und glaubt er die bei seinem Gegenüber im Verlag nicht zu erkennen, etwa beim ungenauen Ausführen von Korrekturen, verfehltem Versand von Rezensionsexemplaren, fühlt er sich und seine

Arbeit mißachtet. Erst Wochen nach der Veröffentlichung tritt eine gewisse Akzeptanz des Faktischen ein – dann war (und ist) Peter Handke bereits mit den Vorarbeiten zu einem neuen Buch beschäftigt.

Solche Konzentration ist mitursächlich für die Angespanntheit, die den Briefwechsel zwischen Peter Handke und Siegfried Unseld grundiert. Die gewichtigste Ursache dafür ist das Schreiben von Peter Handke: Nur die Literatur, die Phantasie, die Erzählung ist in der Lage, einen Zusammenhang zwischen den Menschen herzustellen, einen Vorschein von Glück und (vielleicht) gelingendem Augenblick, Tag oder gar Leben zu entwerfen. Jede Unachtsamkeit im Umgang mit der Poesie beschädigt das Leben, die in ihm existierenden Möglichkeiten – folglich ist, pointiert formuliert, das falsche Komma ein Anschlag auf die gesamte Existenz des Gegenübers.

Siegfried Unseld war nicht nur in die Beziehungen zu Autoren eingebunden, er beschäftigte sich mit ihnen auch in historisch-systematischer Perspektive. Vor allem in *Goethe und seine Verleger* untersuchte er das Verhältnis auf seine Symmetrie oder Asymmetrie: Im Briefwechsel mit Peter Handke war die Relation eindeutig. Siegfried Unseld beschloß am 17. August 1986 einen handschriftlichen Brief mit dem Satz: »Ich bin glücklich, Dein Verleger sein zu dürfen, gönne es mir weiterhin.«

Und dennoch: »Glücklich« ist ein in diesem Briefwechsel häufig verwendetes Wort: Peter Handke, so berichtet Siegfried Unseld, habe bei der Übergabe des ersten Exemplars von *Der Chinese des Schmerzes* gesagt, er sei »glücklich«, daß »ich eigens [gekommen sei], um ihm das Buch zu bringen« (S. 457). Im Mai 1985 schrieb Unseld an Handke: »Dein Brief vom 13. Mai hat mich glücklich gemacht« (S. 490).

Vom Singular und vom Plural – Die Rede von Peter Handke zur Verleihung des Siegfried Unseld Preises am 28. September 2004 im Holzhausenschlößchen in Frankfurt am Main

Als erwogen wurde, daß diese Preisverleihung öffentlich stattfinden sollte, und ich mich erfolgreich dagegen gewehrt habe, wurde dann bemerkt: privat, das hieße doch, es könne auch festlich sein. Vielleicht, je privater, desto festlicher. Und so sind wir, Verlegerin und Autoren und Verlagsmitarbeiter, nun hier im Holzhausenpark so privat wie festlich versammelt. Ich habe mir dazu sogar in Paris einen neuen Anzug gekauft und eine Krawatte und Schuhe von John Lobb.

Ich habe Schwierigkeiten, Mittelpunkt eines Festes zu sein. Dazu fällt mir eine Bemerkung Goethes, zu Kanzler Müller, ein, als der Dichter einmal sehr krank war. Das war nicht lang vor seinem Tod, und in seinem Haus war an ein Fest gedacht, er war ja ein Mann der Feste, er als Mittelpunkt, und vielleicht auch verschwunden im Mittelpunkt. Goethe konnte also nicht teilnehmen, und danach sagte er ungefähr zum Kanzler: »Ach, hoffentlich habe ich euch mit meinem Kranksein nicht das Fest verdorben.«
Vor ein paar Tagen war meine Tochter auf einem Fest, einem Tauffest in einem Nachbarvorort. Und ich stellte mir mein Kind im Garten vor, mit anderen Kindern beim Fest, und die Vorstellung: ich allein in meinem Garten und das Kind in einem anderen Garten beim Fest, das war mir Fest genug. Der ganze Tag ist für mich ein Fest, wenn andere die Feste feiern.

Ich wollte ein paar Fragmente äußern zu dem Verhältnis Verleger – Autoren. Keine Dithyrambe anstimmen, sondern erzählen von meinen kritischen Momenten, so daß vielleicht diese Momente, indem sie erzählt werden, das Blatt freimachen für die großen Momente, die über das Kritische hinausgehen.

Es gab Perioden in meinem Schreiber-Leben, die nicht gerade Krisen waren mit Siegfried Unseld, als dem Verleger, aber vielleicht doch Übergänge, Engstellen, Furten, Schwellen.

Als die erste Periode erscheint mir jetzt die Zeit, da ich sehr jung war, etwa von 1965 bis vielleicht 1972. Eine Zeit, da, vielleicht auch dadurch, daß ich die Jugend in Österreich verbracht habe, die Sprache, das Sprechen, das Sein, das Sichgeben hier in Deutschland mich befremdeten. Ich brauchte sieben Jahre, um – wie man in der Umgangssprache sagt – »warm« zu werden mit Siegfried. Es war eine Zeit der Befremdung. Sogar, als ich meine ersten sogenannten Erfolge hatte, mit *Kaspar* oder *Die Angst des Tormanns beim Elfmeter*, war eine Distanz da, von der ich mir inzwischen einbilde, ich sei der Verantwortliche gewesen, indem ich mich nicht habe wahrnehmen lassen. Ich bildete mir freilich damals ein, vom Verleger nicht wahrgenommen zu werden. Inzwischen denke ich, man müsse sich auch wahrnehmen lassen – und dann erst komme die Wahrnehmung durch den anderen.

Das hat sich dann geändert. Zum ersten Mal fühlte ich mich von Siegfried Unseld wahrgenommen, als ich allein lebte in Kronberg im Taunus mit meinem Kind. Da kam er manchmal am Abend und hat »nach mir geschaut«. Zum ersten Mal sah ich mich da gesehen, wenn auch zunächst in einer skeptischen, in einer fragenden Weise: »Was machst du da allein, so weit weg von den Städten? Ein Schriftsteller gehört in die Städte oder gehört unter die Leute«, und so fort. Aber gerade dieser skeptische Blick, dieses bedenkliche Angeschautwerden hat mich für den Verleger geöffnet. Belebend: Zum erstenmal durch diesen

besonderen Menschen sich angeschaut zu spüren, skeptisch, dabei mit großen Augen, ohne Sprechen. Was vorher ein Hindernis war, war ja immer wieder die Verlegersprache, die Sprechsprache. Ich meine da nicht Siegfried Unselds Geschriebenes: wir sehen in den Briefen, die Rainer Weiss herausgegeben hat [S. U., *Briefe an die Autoren*], daß die geschriebene Sprache des Verlegers manchmal exemplarisch sein kann. Aber das Problem Autor – Verleger, die Sprechsprache dabei hatte in den ersten Jahren mich gehindert, und einzig sein Schreiben, mancher Brief, hatte mich hingezogen zu ihm über die frühen Jahre.
Und dann die zweite Krise, die vielleicht keine eigene war. Es war eine öffentliche Krise, seinerzeit mit der Gründung des Verlags der Autoren, als wir jüngeren Leute, mit Karlheinz Braun, einen Theaterverlag gegründet haben und wir selber die Gesellschafter dieses Verlages wurden. Wir Jungen waren von Brauns Enthusiasmus magnetisiert. Es war nicht nur Ideologie, daß wir Gesellschafter werden wollten. Für mich aber kam es dann zur Krise mit dem neuen Verlag, als ich merkte, daß, wenn Autoren Macht haben, vor allem bei Entscheidungen über Anstellung und Entlassung eines Menschen, daß es noch eine viel schlimmere Macht sein kann, als wenn ein Mensch allein entscheidet. Ich habe noch nie so grausame Menschen erlebt wie Autoren im Kollektiv. Ich habe nie ein ZK erlebt, aber nicht wenige Autoren gebärdeten sich wie bei einer ZK-Versammlung in dem Sinn »mit dem Daumen nach unten«, und das war für mich ein Grund, zurückzugehen in den Suhrkamp Verlag. Das kam von dem Schock durch die Autoren, wie die sich ändern, wenn sie ein Kollektiv werden und Macht haben. Das heißt aber nicht, daß ich ins patriarchalische System zurückgekehrt bin wie in einen Schoß. Das also war die zweite Krise.
Die dritte war eine Krise, die nicht mit Autoren im Plural

zusammenhängt, sondern mit mir als Autor im Singular. Das geschah zur Zeit der Arbeit an *Mein Jahr in der Niemandsbucht*, als ich in einer Überempfindlichkeit die Beziehung Verleger – Öffentlichkeit – Autor nicht mehr im Gleichgewicht sah. Mir erschienen die Verlage, erschien sogar mein Verlag gar zu sehr im Sklavendienst der Zeitungen, der Feuilletons, usw., versklavt von deren Machtspielen. Ich betrat das Haus des Verlegers, und der Stuhl, auf dem ich saß, war in meinem Wahn oder Nichtwahn noch heiß von dem Kritiker, der fünf Minuten vorher da war, auf Vernichten aus. Das hat mich gestört in meinem idiotischen Idealismus, den ich damals noch hatte und den ich, verschoben, vielleicht immer noch habe, und so kam es zu einer dritten, individuellen Krise, wo ich fast – zum Glück gibt's das Wort »fast« –, fast den Verlag verlassen hätte. Ich habe vor kurzer Zeit einen Brief gefunden, den ich irgendwo auf einer Wanderung im Freien geschrieben habe: »Ich verlasse den Verlag«, und so ganz biblisch drei Seiten voll. Zum Glück bin ich dann weitergewandert, und der Brief hat sich dann in die Jackentasche verstrickt über die Jahre und ist nie abgeschickt worden ...

Das waren schwierige Momente, vielleicht bloß in der Einbildung, aber gerade diese Momente haben im Gegenzug die Furten, die Übergänge, die Schwellen geschaffen und danach eine Harmonie, die bis zum Ende, bis zu Siegfried Unselds Tod, gehalten, ja, sich verstärkt, sich erwärmt hat. Rainer Weiss hat aus dem Briefwechselband einen Brief vorgelesen, zur Zeit der *Stunde der wahren Empfindung*, wo ich gekränkt erscheine über einen Satz von Siegfried Unseld über das Buch: »Dieses Buch wird seine Leser finden.« [Brief 223] Aber wenn es so war, kam das nicht aus dem Inhalt des Satzes, sondern aus dessen Sprache. Und dagegen habe ich in einem Briefchen protestiert. Und dazu

dann Siegfried Unseld: »Wir haben verschiedene Sensibilitäten.« Und das stimmte. Über zwanzig Jahre waren – ich sage das jetzt im Imperfekt – die Sensibilitäten durchaus verschieden. Und es war recht so.
Das Verhältnis von Autor und Verleger ist von Natur aus kein Freundverhältnis. Aber die letzten zehn Jahre haben die Sensibilitäten sich angenähert und haben sich fast, und nicht nur durch die sogenannte Zusammenarbeit, einander berührt, brüderlich, ja brüderlich. Eine seltsame Sache, die letzten zehn Jahre unseres Sich-Zusammentuns. Seltsam: denn der Verleger braucht den Autor, im Singular, nicht, der Verleger braucht die Autoren im Plural. Das ist auch das Schöne und das Richtige daran. Während dagegen der Autor den Verleger im Singular, als Singular braucht. Das ist ein exemplarisches und zugleich nicht lösbares Verhältnis. Der Autor erwartet den Singular, und der Verleger lebt und arbeitet im Plural. Und deswegen erscheint mir eben: das Verhältnis Autor–Verleger ist ein exemplarisches Verhältnis für den Umgang zwischen Menschen in unserer Zeit. Oder war so ein Verhältnis nicht seit jeher exemplarisch, eher als der Mythos »Freund«?

Ich komme zum Schluß. Ein »großer Kritiker« hat zum Tod von Siegfried Unseld ungefähr folgenden Satz von sich gegeben: »*Ich* liebe die Literatur, er hat die Bücher geliebt.« Da habe ich gedacht: Naja. Und eben dazu möchte ich einen Brief, den ich vor kurzem gefunden habe, beim Aufstöbern der Briefe von Hermann Lenz an mich, zitieren. Da eben fiel mir ein handschriftlicher Brief von Siegfried Unseld in die Hände, geschrieben vom Bodensee, aus der Klinik Buchinger: [P. H. zitiert Brief 556.]
Siegfried Unseld war ein Leser, wenn je einer ein Leser war: das wollte ich übermitteln.

Editorische Notiz

Die vorliegende Edition erfaßt den Briefwechsel zwischen Peter Handke und Siegfried Unseld, wie er bis zum 1. November 2012 ermittelt wurde. Hinweise in Briefen deuten darauf hin, daß sich einige Korrespondenzstücke nicht erhalten haben. Die Ausgabe erfaßt alle Bestände, die sich im Deutschen Literaturarchiv Marbach, Siegfried Unseld Archiv sowie in der Österreichischen Nationalbibliothek Wien, Literaturarchiv, befinden. Bei Peter Handke folgt der Wortlaut der Briefe den Originalen. Folgt der Wortlaut der Briefe Durchschlägen, wie in der Regel bei denen von Siegfried Unseld an Peter Handke, ist die standardisierte Unterschrift des Absenders in eckige Klammern gesetzt.

Unter Briefe wurden gefaßt: hand- und maschinenschriftliche Briefe, Post- und Ansichtskarten, Telegramme und Telegrammnotizen, erschlossene Briefe (etwa Rundbriefe von Siegfried Unseld an Autoren des Verlags), Zettel, die nicht auf dem Postweg an den Adressaten gelangten. In der Kopfzeile ist vermerkt, wenn es sich um einen handschriftlichen Brief handelt; fehlt dieser Eintrag, ist der Brief maschinenschriftlich.

Die Anschrift bei den Briefen von Peter Handke an Siegfried Unseld ist, sofern nicht anders ausgewiesen, die jeweilige Adresse des Verlags in Frankfurt am Main (siehe Brief 1, Anm. 2, S. 10). Die Anschrift bei Briefen von Siegfried Unseld an Peter Handke erscheint als vereinfachte Angabe etwa des Wohnsitzes, die bei Erstnennung erläutert werden. Handelt es sich beim Ort des Adressaten um eine Konjektur, steht er in spitzen Klammern. Konjekturen über den Absenderort stehen in eckigen Klammern.

Die Wiedergabe der Briefe von Peter Handke folgt in Orthographie und Interpunktion dem Original. Die in der Regel diktierten Briefe, *Reiseberichte* und *Chronik*vermerke von Siegfried Unseld folgen in Orthographie und Zeichensetzung dem alten Duden. Verschreibungen wurden in den Briefen beider Korrespondenten stillschweigend berichtigt. Bei bedeutungsändernden Eingriffen der Herausgeber wird der ursprüngliche Wortlaut in einer Anmerkung wiedergegeben. Der Zeilenfall bei Anreden und Grußformeln wurde standardisiert.

Hinzufügungen der Herausgeber sind durch einfache eckige Klammern markiert; in doppelten Klammern steht ein Wort, das eine Verschreibung behebt. Zwischen senkrechte Striche sind handschriftliche Zusätze gesetzt. Unterstreichungen werden (auch bei handschriftlichen Briefen) kursiv wiedergegeben. Sperrungen werden als Sperrungen wiedergegeben. XXX in eckigen Klammern [XXX] verweisen auf ein nicht zu entzifferndes Wort, ein Fragezeichen in einer eckigen Klammer [?] auf eine nicht eindeutige Lesung. Leerzeilen in den Briefen wurden in Absätze, einfache Anführungszeichen (wenn sie sich nicht innerhalb eines Zitats befanden) in doppelte Anführungszeichen verwandelt. Vereinheitlicht wurden in allen Briefen (sowie in den *Reiseberichten* und *Chronik*einträgen von Siegfried Unseld) die Titel von Büchern, Artikeln, Zeitschriften usw.: Sie wurden generell zwischen doppelte Anführungszeichen gesetzt. Dasselbe gilt für die Buchreihen innerhalb des Suhrkamp und Insel Verlags wie bei anderen Verlagen.

Raimund Fellinger, Katharina Pektor

Bildnachweis

© Thomas Deichmann, Frankfurt am Main: Abb. 14
© Deutsches Literaturarchiv, Marbach: Abb. 1, 4, 5, 7, 9, 15 und 16
© Gisela Dischner-Vogel, Hannover: Abb. 2
© Didier Goldschmidt: Abb. 11b)
© Horst Hanske: Abb. 8a)
© Digne Meller-Marcovicz, Berlin: Abb. 8b)
© Joachim Unseld, Frankfurt am Main: Abb. 6 und 13b)
© Wim Wenders: Abb. 10

Weitere Nachweise über das Archiv des Autors beziehungsweise des Suhrkamp Verlags.

Quellen und Literatur

Quellen

Seit dem Jahr 2010 ist das Deutschen Literarchiv (DLA) Marbach der Standort der Archive des Suhrkamp und Insel Verlags. Dazu zählen die gesamte Verlagskorrespondenz, die *Reiseberichte,* die *Chronik* von Siegfried Unseld sowie Manuskripte, Typoskripte und Fahnen- und Umbruchkorrekturen der Werke von Verlagsautoren. In diesem Siegfried Unseld Archiv (SUA) befinden sich – verteilt auf verschiedene Ordner – die Briefe, die Peter Handke und Siegfried Unseld gewechselt haben. Die Briefe von Peter Handke werden dort im Original aufbewahrt; die Briefe von Siegfried Unseld sind in der Regel als Durchschlag erhalten (zu deren Kennzeichnung siehe die Editorische Notiz).

Die insgesamt 66 Notizbücher aus den Jahren 1975-1990 hat Peter Handke im Jahr 2008 der Handschriftenabteilung des DLA Marbach übergeben.

Die in seinem Besitz befindlichen Werkmanuskripte, Briefe u. a. hat Peter Handke 2007 der Österreichischen Nationalbibliothek/Literaturarchiv (ÖNB/LIT) übergeben. 2009 übergab Hans Widrich seine Handke-Sammlung ebenfalls der Österreichischen Nationalbibliothek/Literaturarchiv als Dauerleihgabe.

Deutsches Literarchiv Marbach (DLA)
  Siegfried Unseld Archiv
    Bestand Suhrkamp und Insel Verlag
    Verlagskorrespondenz
    Siegfried Unseld, *Chronik* 1970-2002
    Siegfried Unseld *Reiseberichte* 1954-2002

  Handschriftenabteilung
    Notizbücher 1975-1990

Österreichische Nationalbibliothek Wien, Literaturarchiv (ÖNB/LIT)
  Bestand Peter Handke
  Sammlung Peter Handke/Leihgabe Widrich
  Sammlung Max Droschl

Literaturarchiv Salzburg (LaSa)
  Bestand Residenz Verlag
  Bestand Salzburger Literaturarchiv

Universitätsarchiv Frankfurt (UAF)
  Bestand Verlag der Autoren

Die Buchpublikationen von Peter Handke

Die Seitenzahlen im Briefkorpus und in den Anmerkungen verweisen, wenn nicht anders angegeben, auf die hier chronologisch nach Erscheinungsjahr verzeichneten Erstausgaben.

Die Hornissen. Roman. Frankfurt am Main: Suhrkamp 1966. Vom Autor überarbeitete Neuausgabe, Frankfurt am Main: Suhrkamp 1978.
Publikumsbeschimpfung und andere Sprechstücke. Frankfurt am Main: Suhrkamp 1966.
Die Literatur ist romantisch. Berlin: Oberbaumpresse 1967.
Der Hausierer. Roman. Frankfurt am Main: Suhrkamp 1967.
Begrüßung des Aufsichtsrats. Prosatexte. Salzburg: Residenz 1967. [ergänzte Taschenbuchausgabe München: dtv 1970]
Kaspar. Frankfurt am Main: Suhrkamp 1967.
Deutsche Gedichte. Frankfurt am Main: Euphorion 1969.
Die Innenwelt der Außenwelt der Innenwelt. Frankfurt am Main: Suhrkamp 1969.
Prosa Gedichte Theaterstücke Hörspiel Aufsätze. Frankfurt am Main: Suhrkamp 1969.
Wind und Meer. Hörspiele. Frankfurt am Main: Suhrkamp 1970.
Die Angst des Tormanns beim Elfmeter. Erzählung. Frankfurt am Main: Suhrkamp 1970.
Chronik der laufenden Ereignisse. Frankfurt am Main: Suhrkamp 1971.

Der Ritt über den Bodensee. Frankfurt am Main: Suhrkamp 1971.
Wunschloses Unglück. Erzählung. Salzburg: Residenz 1972.
Stücke 1. Frankfurt am Main: Suhrkamp 1972.
Ich bin ein Bewohner des Elfenbeinturms. Frankfurt am Main: Suhrkamp 1972.
Der kurze Brief zum langen Abschied. Frankfurt am Main: Suhrkamp 1972.
Stücke 2. Frankfurt am Main: Suhrkamp 1973.
Die Unvernünftigen sterben aus. Frankfurt am Main: Suhrkamp 1973.
Als das Wünschen noch geholfen hat. Frankfurt am Main: Suhrkamp 1974.
Die Stunde der wahren Empfindung. Frankfurt am Main: Suhrkamp 1975.
Falsche Bewegung. Frankfurt am Main: Suhrkamp 1975.
Die linkshändige Frau. Erzählung. Frankfurt am Main: Suhrkamp 1976.
Das Gewicht der Welt. Ein Journal (November 1975 - März 1977). Salzburg: Residenz 1977. [Gekürzte Taschenbuchausgabe, Frankfurt am Main: Suhrkamp 1980]
Langsame Heimkehr. Erzählung. Frankfurt am Main: Suhrkamp 1979.
Die Lehre der Sainte-Victoire. Frankfurt am Main: Suhrkamp 1980.
Das Ende des Flanierens. Frankfurt am Main: Suhrkamp 1980.
Kindergeschichte. Frankfurt am Main: Suhrkamp 1981.
Über die Dörfer. Dramatisches Gedicht. Frankfurt am Main: Suhrkamp 1981.
Die Geschichte des Bleistifts. Salzburg: Residenz 1982.
Phantasien der Wiederholung. Frankfurt am Main: Suhrkamp 1983.
Der Chinese des Schmerzes. Frankfurt am Main: Suhrkamp 1983.
Die Wiederholung. Frankfurt am Main: Suhrkamp 1986.
Gedicht an die Dauer. Frankfurt am Main: Suhrkamp 1986.
Nachmittag eines Schriftstellers. Erzählung. Salzburg: Residenz 1987.
Die Abwesenheit. Ein Märchen. Frankfurt am Main: Suhrkamp 1987.
Der Himmel über Berlin. Ein Filmbuch von Wim Wenders und Peter Handke. Frankfurt am Main: Suhrkamp 1987.
Das Spiel vom Fragen oder Die Reise zum Sonoren Land. Frankfurt am Main: Suhrkamp 1989.

Versuch über die Müdigkeit. Frankfurt am Main: Suhrkamp 1989.
Noch einmal für Thukydides. Salzburg: Residenz 1990. [Erweiterte Ausgabe, Salzburg/Wien: Residenz 1995; erweiterte Taschenbuchausgabe, München: dtv 1997]
Versuch über die Jukebox. Erzählung. Frankfurt am Main: Suhrkamp 1990.
Versuch über den geglückten Tag. Ein Wintertagtraum. Frankfurt am Main: Suhrkamp 1991.
Abschied des Träumers vom Neunten Land. Eine Wirklichkeit, die vergangen ist: Erinnerungen an Slowenien. Frankfurt am Main: Suhrkamp 1991.
Die Stunde da wir nichts voneinander wußten. Ein Schauspiel. Frankfurt am Main: Suhrkamp 1992.
Die Theaterstücke in einem Band. Frankfurt am Main: Suhrkamp 1992.
Langsam im Schatten. Gesammelte Verzettelungen 1980-1992. Frankfurt am Main: Suhrkamp 1992.
Mein Jahr in der Niemandsbucht. Ein Märchen aus den neuen Zeiten. Frankfurt am Main: Suhrkamp 1994.
Die Abwesenheit. Eine Skizze. Ein Film. Ein Gespräch. Mit Fotos von Ruth Walz. Nachwort von Ulrich Kurtz. Dürnau: Kooperative Dürnau 1996 (= Edition 350).
Eine winterliche Reise zu den Flüssen Donau, Save, Morawa und Drina oder Gerechtigkeit für Serbien. Frankfurt am Main: Suhrkamp 1996.
Sommerlicher Nachtrag zu einer winterlichen Reise. Frankfurt am Main: Suhrkamp 1996.
Zurüstungen für die Unsterblichkeit. Ein Königsdrama. Frankfurt am Main: Suhrkamp 1997.
In einer dunklen Nacht ging ich aus meinem stillen Haus. Roman. Frankfurt am Main: Suhrkamp 1997.
Am Felsfenster morgens (und andere Ortszeiten 1982-1987). Salzburg/Wien: Residenz 1998.
Die Fahrt im Einbaum oder Das Stück zum Film vom Krieg. Frankfurt am Main: Suhrkamp 1999.
Lucie im Wald mit den Dingsda. Eine Geschichte. Frankfurt am Main: Suhrkamp 1999.
Unter Tränen fragend. Nachträgliche Aufzeichnungen von zwei Jugoslawien-Durchquerungen im Krieg, März und April 1999. Frankfurt am Main: Suhrkamp 2000.

»Pourquoi la cuisine?« Textes écrits pour le spectacle »La cuisine« de Mladen Materić. Paris: Gallimard 2001.

Der Bildverlust oder Durch die Sierra de Gredos. Roman. Frankfurt am Main: Suhrkamp 2002.

Mündliches und Schriftliches. Zu Büchern, Bildern und Filmen 1992-2002. Frankfurt am Main: Suhrkamp 2002.

Rund um das Große Tribunal. Frankfurt am Main: Suhrkamp 2003.

»Warum eine Küche?« Texte für das Schauspiel »La Cuisine« von Mladen Materić. Wien: Edition Korrespondenzen 2003.

Untertagblues. Ein Stationendrama. Frankfurt am Main: Suhrkamp 2003.

Über Musik. Mit Illustrationen von Amina Handke. Herausgegeben von Gerhard Melzer. Graz/Wien: Droschl 2003.

Don Juan (erzählt von ihm selbst). Frankfurt am Main: Suhrkamp 2004.

Gestern unterwegs. Aufzeichnungen November 1987 bis Juli 1990. Salzburg: Jung und Jung 2005.

Die Tablas von Daimiel. Ein Umwegzeugenbericht zum Prozeß gegen Slobodan Milošević. Frankfurt am Main: Suhrkamp 2006.

Spuren der Verirrten. Frankfurt am Main: Suhrkamp 2006.

Kali. Eine Vorwintergeschichte. Frankfurt am Main: Suhrkamp 2007.

Leben ohne Poesie. Herausgegeben und mit einem Nachwort von Ulla Berkéwicz. Frankfurt am Main: Suhrkamp 2007.

Meine Ortstafeln. Meine Zeittafeln. 1967-2007. Frankfurt am Main: Suhrkamp 2007.

Die Morawische Nacht. Erzählung. Frankfurt am Main: Suhrkamp 2008.

Jusqu'à ce que le jour vous sépare ou Une question de lumière. Sens: Obsidiane 2008.

Die Kuckucke von Velika Hoča. Eine Nachschrift. Frankfurt am Main: Suhrkamp 2009.

Bis daß der Tag euch scheidet oder Eine Frage des Lichts. Ein Monolog. Deutsche Version (2008) und französische Erstschrift (2007). Frankfurt am Main: Suhrkamp 2009.

Ein Jahr aus der Nacht gesprochen. Salzburg/Wien: Jung und Jung 2010.

Immer noch Sturm. Berlin: Suhrkamp 2010.

Der Große Fall. Berlin: Suhrkamp 2011.

Die Geschichte des Dragoljub Milanović. Salzburg/Wien: Jung und Jung 2011.

Die schönen Tage von Aranjuez. Ein Sommerdialog. Berlin: Suhrkamp 2012.
Versuch über den Stillen Ort. Berlin: Suhrkamp 2012.

Übersetzungen

Walker Percy: *Der Kinogeher. Roman.* Deutsch von Peter Handke. Frankfurt am Main: Suhrkamp 1980.
Florian Lipuš: *Der Zögling Tjaž.* Deutsch von Peter Handke zusammen mit Helga Mračnikar. Salzburg: Residenz 1981.
Emmanuel Bove: *Meine Freunde.* Aus dem Französischen von Peter Handke. Frankfurt am Main: Suhrkamp 1981.
Emmanuel Bove: *Armand. Roman.* Aus dem Französischen von Peter Handke. Frankfurt am Main: Suhrkamp 1982.
Francis Ponge: *Das Notizbuch vom Kiefernwald. La Mounine.* Deutsch von Peter Handke. Frankfurt am Main: Suhrkamp 1982.
Georges-Arthur Goldschmidt: *Der Spiegeltag. Roman.* Deutsch von Peter Handke. Frankfurt am Main: Suhrkamp 1982.
Gustav Januš: *Gedichte. 1962-1983.* Aus dem Slowenischen von Peter Handke. Frankfurt am Main: Suhrkamp 1983.
Emanuel Bove: *Bécon-les-Bruyères: eine Vorstadt.* Deutsch von Peter Handke. Frankfurt am Main: Suhrkamp 1984.
René Char: *Rückkehr stromauf. Gedichte 1964-1975.* Deutsch von Peter Handke. München/Wien: Hanser 1984.
Marguerite Duras: *Die Krankheit Tod.* Aus dem Französischen übersetzt von Peter Handke. München: Fischer 1985.
Walker Percy: *Der Idiot des Südens.* Aus dem Amerikanischen übersetzt von Peter Handke. Frankfurt am Main: Suhrkamp 1985.
Patrick Modiano: *Eine Jugend.* Aus dem Französischen übersetzt von Peter Handke. Frankfurt am Main: Suhrkamp 1985.
Aischylos: *Prometheus, gefesselt.* Übertragen von Peter Handke. Frankfurt am Main: Suhrkamp 1986.
Francis Ponge: *Kleine Suite des Vivarais.* Deutsch von Peter Handke. Salzburg/Wien: Residenz 1988.
Julien Green: *Der andere Schlaf.* Aus dem Englischen übersetzt von Peter Handke. München: Hanser 1988.
Gustav Januš: *Ko bom prekoračil besedo. Wenn ich das Wort überschreite. Gedichte.* Salzburg/Wien: Residenz 1988.

René Char: *Die Nachbarschaften Van Goghs. / Le voisinages de van Gogh*. Aus dem Französischen von Peter Handke. München: Renner 1990.

Gustav Januš: *Sredi stavka. Mitten im Satz*. Gedichte. Aus dem Slowenischen von Peter Handke. Salzburg/Wien: Residenz 1991.

William Shakespeare: *Das Wintermärchen*. Deutsch von Peter Handke. Frankfurt am Main: Suhrkamp 1991.

Georges-Arthur Goldschmidt: *Die Absonderung. Erzählung*. Mit einem Vorwort von Peter Handke. Zürich: Ammann 1991.

Georges-Arthur Goldschmidt: *Der unterbrochene Wald. Erzählung*. Aus dem Französischen von Peter Handke. Zürich: Ammann 1992.

Jean Genet: *Splendid's. Sie*. Aus dem Französischen von Peter Handke und Peter Krumme. Frankfurt am Main: Verlag der Autoren 1994.

Bruno Bayen: *Bleiben die Reisen. Roman*. Aus dem Französischen von Peter Handke. Salzburg/Wien: Residenz 1997.

Gustav Januš: *Der Kreis ist jetzt mein Fenster*. Aus dem Slowenischen von Peter Handke. Salzburg/Wien: Residenz 1998.

Dimitri T. Analis: *Land für sich*. Gedichte (Französisch–Deutsch). Aus dem Französischen von Peter Handke. Salzburg/Wien: Residenz 1999.

Bruno Bayen: *Die Verärgerten. Roman*. Aus dem Französischen übersetzt von Peter Handke. Salzburg: Residenz 2000.

Adonis/Dimitri T. Analis: *Unter dem Licht der Zeit. Briefwechsel*. Aus dem Französischen übersetzt und mit einem Nachwort von Peter Handke. Salzburg: Jung und Jung 2001.

Patrick Modiano: *Die kleine Bijou. Roman*. Aus dem Französischen übersetzt von Peter Handke. München: Hanser 2003.

Sophokles: *Ödipus in Kolonos*. Aus dem Altgriechischen von Peter Handke. Frankfurt am Main: Suhrkamp 2003.

Gustav Januš: *Wort, verwandelt in Farben. Gesammelte Gedichte 1962-2009*. Aus dem Slowenischen von Peter Handke. Herausgegeben von Fabjan Hafner. Klagenfurt: Mohorjeva-Hermagoras 2009.

Euripides: *Helena*. Aus dem Altgriechischen von Peter Handke. Berlin: Insel 2010.

Briefwechsel

Born, Nicolas/Handke, Peter, *Die Hand auf dem Brief. Briefwechsel 1974-1979*, in: *Schreibheft. Zeitschrift für Literatur* 65 (2005), S. 3-34; wiederabgedruckt: *Briefwechsel mit Peter Handke*, in: Nicolas Born, *Briefe 1959-1979*. Herausgegeben von Katharina Born. Göttingen: Wallstein: 2007, S. 349-396.
Handke, Peter/Lenz, Hermann, *Berichterstatter des Tages. Briefwechsel*. Herausgegeben und mit einem Nachwort von Helmut Böttiger, Charlotte Brombach und Ulrich Rüdenauer. Mit einem Essay von Peter Hamm. Frankfurt am Main und Leipzig: Insel 2006.
Handke, Peter/Kolleritsch, Alfred: *Schönheit ist die erste Bürgerpflicht. Briefwechsel*. Salzburg/Wien: Jung und Jung 2008.

Verwendete Literatur

Adorno, Theodor W., *Gesammelte Schriften*. Herausgegeben von Gretel Adorno und Rolf Tiedemann. Band 8: *Soziologische Schriften 1*. Herausgegeben von Rolf Tiedemann unter Mitwirkung von Gretel Adorno, Susan Buck-Morss und Klaus Schultz, Frankfurt am Main: Suhrkamp 1972.
Die Arbeit des Zuschauers. Peter Handke und das Theater. Herausgegeben von Klaus Kastberger und Katharina Pektor, Salzburg: Jung und Jung: 2012.
Bernhard, Thomas, Siegfried Unseld, *Der Briefwechsel*. Herausgegeben von Raimund Fellinger, Martin Huber und Julia Ketterer, Frankfurt am Main: Suhrkamp 2009.
Boehlich, Walter, Karlheinz Braun, Klaus Reichert, Peter Urban, Urs Widmer: *Chronik der Lektoren. Von Suhrkamp zum Verlag der Autoren*, Frankfurt am Main: Verlag der Autoren 2011.
Celan, Paul, Dischner, Gisela, »*Wie aus weiter Ferne zu Dir*«. *Briefwechsel*. Mit einem Brief von Gisèle Celan-Lestrange. In Verbindung mit Gisela Dischner herausgegeben und kommentiert von Barbara Wiedemann. Berlin: Suhrkamp 2012.
Dichten und Trachten. Jahresschau des Suhrkamp Verlags, Frankfurt am Main: 1953-1968.

Frankfurter Anthologie. Gedichte und Interpretationen. Zehnter Band. Herausgegeben von Marcel Reich-Ranicki: Frankfurt am Main: Insel 1986.

50 Jahre Suhrkamp Verlag. Eine Dokumentation zum 1. Juli 2000, Frankfurt am Main: Suhrkamp 2000.

50 Jahre Suhrkamp, Frankfurt am Main 2000.

Goldschmidt, Georges-Arthur, *Peter Handke.* Paris: 1988 (Les Contemporains 2).

Grass, Günter, *Werkausgabe. Das literarische Werk in 18 Bänden.* Herausgegeben von Volker Neuhaus und Daniela Hermes. Band 14, *Essays und Reden 1, 1955-1969.* Herausgegeben von Daniela Hermes, Göttingen: Steidl, 1997.

Peter Handke, Text + Kritik, Heft 24. Herausgegeben von Heinz Ludwig Arnold, München: Richard Boorberg Verlag 1969.

Peter Handke. Herausgegeben von Raimund Fellinger, Frankfurt am Main: Suhrkamp 1985 (suhrkamp taschenbuch Band 2004).

Peter Handke. Eine Ausstellung über Leben und Werk des Schriftstellers im Stift Griffen 1997. Herausgegeben von Bernd Liepold-Mosser, Klagenfurt, Verein Kulturinitiative Stift Griffen 1998.

Peter Handke. Freiheit des Schreibens. Ordnung der Schrift. Herausgegeben von Klaus Kastberger unter Mitarbeit von Clemens Özelt, Wien: Zsolnay 2009 (Profile Band 16).

Haslinger, Adolf, *Peter Handke. Jugend eines Schriftstellers,* Salzburg: Residenz 1992.

Johnson, Uwe, Unseld, Siegfried, *Der Briefwechsel.* Herausgegeben von Eberhard Fahlke und Raimund Fellinger, Frankfurt am Main: Suhrkamp 1999.

Koelbl, Herlinde, Im Schreiben zu Haus. Wie Schriftsteller zu Werke gehen. Fotografien und Gespräche, München: Knesebeck 1999.

Koeppen, Wolfgang, Unseld, Siegfried: *»Ich bitte um ein Wort«. Der Briefwechsel.* Herausgegeben von Alfred Estermann und Wolfgang Schopf, Frankfurt am Main: Suhrkamp 2006.

Paz, Octavio, *Essays 2.* Aus dem Spanischen von Carl Heupel und Rudolf Wittkopf, Frankfurt am Main: Suhrkamp 1985 (suhrkamp taschenbuch 1036).

Petrarca-Preis 1975-1979. Rolf Dieter Brinkmann, Sarah Kirsch, Ernst Meister, Herbert Achternbusch, Alfred Kolleritsch, Zbigniew Herbert, München: Autorenbuchhandlung 1979.

Rilke, Rainer Maria, *Briefe.* Herausgegeben vom Rilke-Archiv in

Weimar. In Verbindung mit Ruth Sieber-Rilke besorgt durch Karl Altheim, Wiesbaden: Insel 1950.

Rinser, Luise, *Baustelle. Eine Art Tagebuch. 1967-1970*, Frankfurt am Main: Fischer 1970.

»So müßte ich ein Engel und kein Autor sein«. Adorno und seine Frankfurter Verleger. Der Briefwechsel mit Peter Suhrkamp und Siegfried Unseld. Herausgegeben von Wolfgang Schopf, Frankfurt am Main: Suhrkamp 2003.

Strauß, Botho, *Versuch, ästhetische und politische Ereignisse zusammenzudenken. Texte über Theater 1967-1986*, Frankfurt am Main: Verlag der Autoren 1987, S. 50-76.

suhrkamp information, Frankfurt am Main 1970-1973.

Über Peter Handke. Herausgegeben von Michael Scharang, Frankfurt am Main: Suhrkamp 1972 (edition suhrkamp 518).

Unseld, Siegfried, *Veröffentlichungen 1946-1999. Eine Bibliographie*, Frankfurt am Main: 1999 Suhrkamp.

Unseld, Siegfried, *Chronik 1970.* Herausgegeben von Ulrike Anders u. a., Berlin: Suhrkamp 2010.

Unseld, Siegfried, Fahlke, Eberhard, *Uwe Johnson: »Für wenn ich tot bin«*, Frankfurt am Main 1991: Suhrkamp (Schriften des Uwe-Johnson-Archivs, Band 1).

Wagner, Christian, *Eine Welt von einem Namenlosen. Band 2: Das dichterische Werk.* Herausgegeben von Ulrich Keicher, Göttingen: Wallstein 2003.

Walser, Martin, *Aus dem Wortschatz unserer Kämpfe. Prosa, Aufsätze, Gedichte,* Frankfurt am Main: Suhrkamp 2002.

Wittgenstein, Ludwig, *Vermischte Bemerkungen. Eine Auswahl aus dem Nachlaß.* Herausgegeben von Georg Henrik von Wright unter Mitarbeit von Heikki Nyman, Frankfurt am Main: Suhrkamp 1977 (Bibliothek Suhrkamp 535).

Werkverzeichnis

Das Werkverzeichnis verweist auf die Seiten, auf denen Werke Peter Handkes thematisiert werden. Es erfaßt Bücher sowie Einzelbeiträge (Artikel, Beiträge zu Sammelbänden); es berücksichtigt ebenfalls geplante, aber nicht unter diesem Titel oder überhaupt nicht veröffentlichte Prosawerke und Theaterstücke. Bei den Theaterstücken wie den Filmen erfolgen die Verweise sowohl auf die Buchpublikation als auch auf Uraufführungen sowie folgende Aufführungen; Interviews von Peter Handke sind nicht erfaßt.

Abschied des Träumers vom Neunten Land, Vorabdruck 589 f.
Abschied des Träumers vom Neunten Land. Eine Wirklichkeit die vergangen ist: Slowenien 592, 647, 659
Abschied des Träumers vom Neunten Land. Eine winterliche Reise zu den Flüssen Donau, Save, Morawa und Drina oder Gerechtigkeit für Serbien. Sommerlicher Nachtrag zu einer winterlichen Reise 682 f.
Abschiedsbilder 351 → *Langsame Heimkehr*
Die Abwesenheit. Eine Skizze 533
Die Abwesenheit. Ein Märchen 531, 533-541, 603 f., 608, 627, 640, 689
Als das Wünschen noch geholfen hat 234, 237, 239 f., 242-246, 250 f., 256, 261-263, 266, 311 f., 399
Als ich »Verstörung« von Thomas Bernhard las 73 f., 171 → *Ich bin ein Bewohner des Elfenbeinturms*
Augenzeugenbericht 179 → *Peter Handke, Prosa Gedichte Theaterstücke Hörspiel Aufsätze*
Die Angst des Tormanns beim Elfmeter 98, 111, 114, 116, 124, 132, 134, 136-138, 142, 145 f., 148-150, 152-154, 158 f., 161, 164 f., 170-172, 174-176, 182 f., 185, 188, 190, 195, 197, 200-203, 214-216, 280, 394, 399, 452, 615, 674
Anrufe 360 → *Über die Dörfer*
Aus meinen Notizen zu ›Der Ritt

über den Bodensee‹ 210
→ *Stücke II*

Begrüßung des Aufsichtsrats 52-55, 128, 133, 149f., 322, 393, 395f.
Beichte 21, 25 → *Selbstbezichtigung*
Bemerkungen zu einem Gerichtsurteil 89, 210 → *Ich bin ein Bewohner des Elfenbeinturms*
Bemerkung zu meinen Sprechstücken 209 → *Stücke I*
Beschreibungsimpotenz. Zur Tagung der Gruppe 47 in USA 33, 43f. → *Ich bin ein Bewohner des Elfenbeinturms*
Beschwörung 371 → *Über die Dörfer*
Der Bildverlust oder Durch die Sierra de Gredos 672, 675, 711f., 716, 718-720, 722
Bitte kein Pathos! Antwort auf den offenen Brief von Günter Grass 43
Blaues Gedicht 237, 256 → *Als das Wünschen noch geholfen hat*
Nicolas Born, rastloser Liebhaber 544 → *Langsam im Schatten*
Brief an Yasushi Inoue 547 → *Langsam im Schatten*
Brief vom 14/3/74 260

Chevauchée sur le lac de Constance 240, 253
Der Chinese des Schmerzes 443f., 449f., 453-456, 463, 509

Chronik der laufenden Ereignisse 164, 166f., 169f., 181, 191-194, 209, 212, 214f., 654-656
Chronik der laufenden Ereignisse beim Drehen der ›Chronik der laufenden Ereignisse‹ 193 → *Chronik der laufenden Ereignisse*

Deutsche Gedichte 108
Dies und das zu den unverwöhnbaren Dichtern 721 → *Meine Ortstafeln. Meine Zeittafeln*
Drei Versuche. Versuch über die Müdigkeit. Versuch über die Jukebox. Versuch über den geglückten Tag. Faksimile der drei Handschriften 590, 607
Die drei Lesungen des Gesetzes 179 → *Die Innenwelt der Außenwelt der Innenwelt*
Die drei Versuche 596, 674f.
Der Einbruch eines Holzfällers in eine friedliche Familie 133 → *Peter Handke, Prosa Gedichte Theaterstücke Hörspiel Aufsätze*

Ein Gruß an Ludwig Hohl 399, 401, 403f., 406 → *Das Ende des Flanierens*
Einwenden und hochhalten. Rede auf Gustav Januš 471 → *Langsam im Schatten*
Das Ende des Flanierens 273, 277, 281, 283, 291f., 318, 386, 392f., 395f., 399, 401-406, 408

*Das Ende des Flanierens
(Gedicht)* 399 → *Das Ende
des Flanierens*

Erste Lese-Erlebnisse 252,
270-272
*Die Fahrt im Einbaum oder
Das Stück zum Film vom
Krieg* 672, 677, 679-681, 695

Falsche Bewegung 233, 247f.,
254, 276, 292f., 296, 338
Die Farbenlehre 179 → *Die
Innenwelt der Außenwelt
der Innenwelt*
Am Felsfenster morgens 676
Der Film zum Krieg 672 → *Die
Fahrt im Einbaum oder Der
Film zum Stück zum Krieg*
*Für das Straßentheater, gegen die
Straßentheater* 200 → *Ich bin
ein Bewohner des Elfenbeinturms*

Gaspard → *Kaspar*
Gebet 360, 403, 406, 408
*Die Geborgenheit unter der
Schädeldecke* 234, 239 → *Als
das Wünschen noch geholfen
hat*
Gedicht an die Dauer 511, 523,
589
*Gegen den tiefen Schlaf. Nicolas
Borns Roman »Die erdabgewandte Seite der Geschichte«*
393, 395f., 399, 401 → *Das
Ende des Flanierens*
*Les gens dériaisonnablessont en
voie de disparation* 339

Geräusch eines Geräusches 177
*Gerechtigkeit für Serbien. Eine
winterliche Reise zu den
Flüssen Donau, Save, Morawa
und Drina, Vorabdruck* 660
Geschichte des Bleistifts 441, 443
Das Gesetz 357, 359f., 364
→ *Langsame Heimkehr*
Gestern unterwegs 545
*Das Gewicht der Welt. Ein Journal. November 1975 bis März
1977* 307, 317-321, 325, 328,
331, 333-341
Der gewöhnliche Schrecken
191-193, 393, 396
*Das Gewicht der Welt. Materialien zu nichts Bestimmtem
(oder: Besonderem)* 307
→ *Das Gewicht der Welt. Ein
Journal. November 1975 bis
März 1977*

Halbschlafgeschichten 179
→ *Peter Handke, Prosa Gedichte Theaterstücke Hörspiel
Aufsätze*
Peter Handke liest (Schallplatte)
179
*Peter Handke, Prosa Gedichte
Theaterstücke Hörspiel Aufsätze* 126-129, 132f., 148, 179,
199, 208, 210, 263-265
Peter Handke und der Monteur
174
Der Hausierer 33, 36, 40f., 47f.,
50f., 56-58, 61-75, 81, 83, 85,
88, 118, 125, 208, 289
Hilferufe 87, 128, 144, 146,
198-200 → *Publikums-*

beschimpfungen und andere Sprechstücke
Der Himmel über Berlin 544
Hörspiel 119, 122, 125, 128, 154, 177
Hörspiel Nr. 2 154, 177 → *Wind und Meer*
Hörspiel Nr. 3 153 f. → *Wind und Meer*
Hörspiel Nr. 4 153 f. → *Wind und Meer*
Die Hornissen 9-15, 18-20, 26 f., 30-32, 34-37, 39, 42, 45, 47-49, 84 f., 149, 208, 289, 519, 597, 599
Die Hornissen. Roman. Faksimile der ersten Erstausgabe von 1966 586 f.

Ich bin ein Bewohner des Elfenbeinturms 33, 43 f., 73 f., 89, 139-142, 144, 158, 160 f., 163, 165, 171, 200, 208, 210, 230
Ich bin nicht hingegangen, um mitzuhassen 660
Ich möchte einmal ein solcher werden, wie einmal ein andrer gewesen ist, Teilabdruck von Kaspar 97 → *Kaspar*
Im Jenseits der Sinne. Ein Versuch über Christian Wagner 386, 393, 399, 401 → *Das Ende des Flanierens*
Die Innenwelt der Außenwelt der Innenwelt 93-95, 100 f., 107, 109 f., 116, 119, 126, 151, 179, 256, 399
Ins tiefe Österreich 292 f., 341 f., 346

In einer dunklen Nacht ging ich aus meinem stillen Haus 658, 670 f.
Interesseloses Entsetzen. Eine Biographie 225 → *Wunschloses Unglück*

Josef W. Janker oder Die Selbstverschränkung der Autorkreatur 695, 700 → *Mündliches und Schriftliches*
Jemand anderer: Hermann Lenz 239, 245 → *Als das Wünschen noch geholfen hat*

Das Kapitel des ersten Mordes 50 → *Der Hausierer*
Katholischer Sonntagsgottesdienst in Garmisch-Partenkirchen 108 → *Deutsche Gedichte*
Karin Struck: »Die Mutter« 277, 395 f., 399, 401 → *Das Ende des Flanierens*
Das Kartenspiel 16 → *Die Hornissen*
Kaspar 76 f., 87, 89, 91 f., 95, 97-99, 115, 117, 120, 125, 147 f., 164, 175 f., 199, 219, 226, 257
Kaspars sechzehn Phasen 210 → *Stücke I*
Kindergeschichte 371, 376, 379, 413 f., 417-420, 424-426, 428, 430
Kleine Chronik des Märchens eines Lebens (an Hand der Gedichte von Nicolas Born) 544 → *Langsam im Schatten*

Der Krieg ist nicht vorbei. Hermann Lenz: »Neue Zeit« 291f., 393, 399 → *Das Ende des Flanierens*
Der kurze Brief zum langen Abschied 173, 190, 194, 207f., 213-217, 222-224, 227f., 231, 234, 262, 271, 295f., 394, 597, 599, 615
Kunst des Fragens 548 → *Das Spiel vom Fragen oder Die Reise zum Sonoren Land*

Langsame Heimkehr 345, 350-352, 354-365, 367-372, 374, 377f., 380, 383-385, 387f., 391, 399, 424, 431, 449, 498, 640
Langsame Heimkehr (Langsame Heimkehr, Die Lehre der Sainte-Victoire, Kindergeschichte, Über die Dörfer) 433, 450-452, 456, 476
Langsam im Schatten 471, 544, 547, 604-606
Die Laternen auf der Place Vendôme 408 → *Das Ende des Flanierens*
Lebensbeschreibung 179 → *Peter Handke, Prosa Gedichte Theaterstücke Hörspiel Aufsätze*
Leben ohne Poesie 256, 311f. → *Als das Wünschen noch geholfen hat*
Die Lehre der Sainte-Victoire 376, 379f., 392f., 395, 398, 401-404, 406, 409-413, 415-417, 640, 711

Hermann Lenz, Der Epiker des »und«, »bei« und »mit« 725
Die linkshändige Frau 293, 298f., 301-312, 314-316, 320-326, 330f., 338f., 346f., 394f., 414, 426, 431, 433, 640
Die Liturgie 22 → *Die Hornissen*
Die Lottozahlen vom Samstag, dem 30. 11. 1968 108 → *Deutsche Gedichte*
Lucie im Wald mit den Dingsda 685-690, 693f., 703, 705, 711f.

›Manifest‹ 209 → *Stücke I*
Marktbummel im November 108 → *Deutsche Gedichte*
Meine Ortstafeln. Meine Zeittafeln 472, 721
Mein Jahr in der Niemandsbucht 545, 599, 615f., 621-650, 652, 655, 701, 707
Das Mündel will Vormund sein 128, 140, 143, 164, 197-200, 274 → *Publikumsbeschimpfung und andere Sprechstücke*
Mündliches und Schriftliches 695, 700, 725

Franz Nabls Größe und Kleinlichkeit 281, 283 → *Das Ende des Flanierens*
Nachmittag eines Schriftstellers 524-526, 533
Nager dans la sorgue 460
Die neuen Erfahrungen 179, 256 → *Die Innenwelt der Außenwelt der Innenwelt*
Neue Stücke in der DDR für

1969 108 → *Deutsche Ge-*
dichte
Noch einmal für Jugoslawien:
Peter Handke 687, 693
Noch einmal für Thukydides
560f.
Notizfragmente zur Laudatio
286

Österreichisches Gedicht
1979/80 392, 396, 399 → *Das*
Ende des Flanierens
Österreich und die Schriftsteller
(am Beispiel Franz Nabls) 273
→ *Das Ende des Flanierens*

Phantasien der Wiederholung
461f., 654-657, 666f.
Die privaten Weltkriege der
Patricia Highsmith 393, 399
→ *Das Ende des Flanierens*
Publikumsbeschimpfung 17f.,
20-26, 28f., 37, 83-85, 128,
199, 212, 218, 257, 289
Publikumsbeschimpfung und an-
dere Sprechstücke (Publikums-
beschimpfung, Weissagung,
und Selbstbezichtigung) 21,
23, 25f., 28-30, 38, 46, 49, 84,
87, 128, 140, 143f., 146, 164,
197-200, 274

Quodlibet 143, 145-147, 152,
155f., 159, 164, 166f., 169,
198-200, 257, 371

Das Raumverbot 355, 361, 364f.
→ *Langsame Heimkehr*
Der Rand der Wörter 179

→ *Die Innenwelt der Außen-*
welt der Innenwelt
Rede zur Verleihung des Franz-
Kafka-Preises 393, 399 → *Das*
Ende des Flanierens
Reise in den Mittelpunkt der
Welt 173 → *Der kurze Brief*
zum langen Abschied
Die Reise nach La Défense 242,
250, 252 → *Als das Wünschen*
noch geholfen hat
Die Reizwörter 179 → *Die*
Innenwelt der Außenwelt der
Innenwelt
Der Ritt über den Bodensee 173,
182f., 186-189, 193f., 196,
199f., 229, 240, 253, 255, 257f.,
274, 371
Der Ritt über den Bodensee
(aus Notizen zu einem Stück)
173

Der Schalter eines Fundbüros
170 → *Chronik der laufenden*
Ereignisse
Schulfrei oder Der Staat und
der Tod 291
Schwellengeschichte 444 → *Der*
Chinese des Schmerzes
Selbstbezichtigung 21, 25, 28, 30,
38, 46, 87, 197, 199 → *Publi-*
kumsbeschimpfung und andere
Sprechstücke
Short letter, long farewell 262,
394 → *Der kurze Brief zum*
langen Abschied
Simile modo 588 → *Die Stunde*
da wir nichts voneinander
wußten

Die Sinnlosigkeit und das Glück
239, 242f., 250, 256 → *Als das Wünschen noch geholfen hat*
Slawes Bruder. Ein kurzer Brief zum langen Krieg 691
Sommerlicher Nachtrag zu einer winterlichen Reise 664
Spiel des Fragens 554 → *Das Spiel vom Fragen oder Die Reise zum Sonoren Land*
Das Spiel vom Fragen oder Die Reise zum Sonoren Land 548-555, 682, 684
Stücke I (Publikumsbeschimpfung, Weissagung, Selbstbezichtigung, Hilferufe, Kaspar) 198f., 201-204, 207, 209-211, 228
Stücke II (Das Mündel will Vormund sein, Quodlibet, Der Ritt über den Bodensee) 199, 201-204, 207, 209-211
Die Stunde da wir nichts voneinander wußten 587-589, 599, 602, 606, 609, 613, 616, 618, 622, 638f., 682
Die Stunde der wahren Empfindung 242f., 268, 269-271, 274f., 277-280, 283, 286-288, 330, 394, 438, 588

Tautologien der Justiz 200 → *Ich bin ein Bewohner des Elfenbeinturms*
Der Text des rhythm-and-blues 179 → *Die Innenwelt der Außenwelt der Innenwelt*
Theaterstücke in einem Band 604, 606

Totenstille beim Heurigen 139-141f., 144, 158, 160f., 163, 165 → *Ich bin ein Bewohner des Elfenbeinturms*
Der trauernd Hinterbliebene auf dem Hügel 256 → *Die Innenwelt der Außenwelt der Innenwelt*

Über das Stück ›Selbstbezichtigung‹ 210 → *Stücke I*
Über das Stück ›Weissagung‹ 210 → *Stücke I*
Über die Dörfer. Dramatisches Gedicht 360, 371, 376, 419-424, 426-436, 440f., 451, 456
Die Überschwemmung 179, 256 → *Die Innenwelt der Außenwelt der Innenwelt*
Das Umfallen der Kegel auf einer bäuerlichen Kegelbahn 393, 396 → *Der gewöhnliche Schrecken*
Unterscheidungen 256 → *Die Innenwelt der Außenwelt der Innenwelt*
Untertagblues. Ein Stationendrama 723f.
Unter Tränen fragend. Nachträgliche Aufzeichnungen von zwei Jugoslawien-Durchquerungen im Krieg, März und April 1999 694, 696, 703-705
Unter Tränen fragend, Karwochenreise, Vorabdruck 696
Und plötzlich wird das Paar wieder denkbar. Interview von Peter Handke mit Hermann Schreiber 348

Die Unvernünftigen sterben aus
233, 242, 259-261, 371

Der Verleger wird gebraucht 472
→ *Meine Ortstafeln. Meine Zeittafeln*
Das Versäumnis 351 → *Langsame Heimkehr*
Versuch über den geglückten Tag
578-586, 590f., 593, 595, 601, 612, 615, 637, 640
Versuch über die Jukebox 560f., 563-567, 569, 573, 579f., 583, 615, 637, 640
Versuch über die Müdigkeit
556f., 564, 579f., 583, 615, 637
Die Vorzeitformen 350, 355
→ *Langsame Heimkehr*

Weissagen 21, 23 → *Weissagung*
Weissagung 21, 23, 26, 29, 38, 46, 87, 199 → *Publikumsbeschimpfung und andere Sprechstücke*
Wenn ich schreibe 36
Die Wiederholung 371, 443f., 486, 495f., 498-510, 512, 519f., 529-531
Wiederkehr 371 → *Die Wiederholung*
Eine winterliche Reise zu den Flüssen Donau, Save, Morawa und Drina oder Gerechtigkeit für Serbien 657f., 660f.

Wilhelm Meisters Lehrjahre 233
→ *Falsche Bewegung*
Wind und Meer 153f., 170f., 173, 177, 179 → *Wind und Meer (Hörspiel, Hörspiel 2, Hörspiel 3, Wind und Meer)*
Wind und Meer (Hörspiel, Hörspiel 2, Hörspiel 3, Wind und Meer) 153f., 170f., 173, 177-179, 185
Das Wort Zeit 179 → *Die Innenwelt der Außenwelt der Innenwelt*
Wunschloses Unglück 224f., 287, 291, 296, 431, 433, 487f., 615

Das Zeitalter des Verschweigens
362f. → *Langsame Heimkehr*
Zeit mit Siegfried Unseld (ohne Zeitwörter) 351f. → *Meine Ortstafeln. Meine Zeittafeln*
Zu Herbert Achternbusch 318, 395f., 399, 401 → *Das Ende des Flanierens*
Zur Aufführung von ›Quodlibet‹
210 → *Stücke II*
Zur ›Publikumsbeschimpfung‹
209 → *Stücke I*
Zurüstungen für die Unsterblichkeit. Ein Königsdrama
650-652, 654, 663, 668f., 682
Zur Tagung der Gruppe 47 in Princeton 33 → *Ich bin ein Bewohner des Elfenbeinturms*

Übersetzungen

Aischylos: *Prometheus gefesselt*
492-494, 497-500, 521
Bayen, Bruno: *Bleiben die Reisen* 709 f.
Bayen, Bruno: *Die Verärgerten*
709 f.
Bove, Emmanuel: *Armand* 426, 439, 442, 445 f.
Bove, Emmanuel: *Bécon-les-Bruyères. Eine Vorstadt* 457, 476-478
Bove, Emmanuel: *Meine Freunde* 419, 423, 426, 435 f., 438, 699
Char, René: *Rückkehr Stromauf. Gedichte 1964-1975* 457, 459 f.
Duras, Marguerite: *Die Krankheit Tod / La maladie de la mort, zweisprachige Ausgabe* 482 f.
Goldschmidt, Georges-Arthur: *Der Spiegeltag* 423, 426

Januš, Gustav: *Gedichte 1962-1983* 438 f., 448 f., 455-458, 461-464, 466-469
Lipuš, Florjan: *Der Zögling Tjaž, gemeinsam mit Helga Mračnikar* 404
Modiano, Patrick: *Eine Jugend* 429, 478
Percy, Walker: *Der Idiot des Südens* 423, 426, 438 f., 448, 457, 478-481, 485-487, 489 f., 494
Percy, Walker: *Der Kinogeher* 374 f., 379, 383, 385 f., 391 f., 394 f., 397 f., 400, 404 f., 408, 415 f., 425, 427, 429, 489, 497
Percy, Walker: *The Last Gentleman* 438 f.
Ponge, Francis: *La Mounine* 419, 423, 426, 432 f., 436, 438 f.
Shakespeare, William: *Das Wintermärchen* 570, 578, 586

Herausgegeben von Peter Handke

Born, Nicolas: *Gedichte* 544
Meister, Ernst: *Gedichte (ausgewählt von Peter Handke)* 475

Personenregister

Achternbusch, Herbert (*1938), deutscher Schriftsteller, Filmregisseur und Maler 276, 279, 317, 395, 399

Adorno, Theodor W. (1903-1969), deutscher Philosoph, Soziologe, Musiktheoretiker 68, 124, 288

Affolter, Therese (*1951), Schweizer Schauspielerin 668

Ahrend, Thorsten (*1960), Lektor, zwischen 1998 und 2004 Lektor im Suhrkamp Verlag 672, 696, 703, 705, 709f., 723

Aichinger, Ilse (*1921), österreichische Schriftstellerin, seit 1953 verheiratet mit Günter Eich 232, 344, 373

Aischylos (525 v. Chr.-465 v. Chr.), griechischer Dramatiker 497, 499, 517

Alekan, Henri (1909-2001), französischer Kameramann 544

Ali, Mohamed (*1942), eigentlich Cassius Clay, amerikanischer Boxer 351

Ambler, Eric Clifford (1909-1998), britischer Schriftsteller 293

Améry, Jean Claude 386

Amos, Maria-Elena, Kostümbildnerin 669

Andersch, Alfred (1914-1980), deutscher Schriftsteller 344

Andrić, Ivo (1892-1975), jugoslawischer Schriftsteller und Diplomat, erhielt 1961 den Nobelpreis für Literatur 662

Antonioni, Michelangelo (1912-2007), italienischer Filmregisseur, Autor und Maler 71

Arendt, Hannah (1906-1975), deutsch-amerikanische Philosophin 646

Arlati, Renato (1936-2005), Schweizer Schriftsteller 470

Arnold, Heinz Ludwig (1940-2011), Literaturwissenschaftler, Journalist und Herausgeber; gründete 1963 die Zeitschrift *text + kritik* 153

Artmann, Hans Carl (1921-2000), österreichischer Schriftsteller 135

Audiberti, Marie-Louise (*1923), französische Schriftstellerin und Übersetzerin 240

Augustin, Ernst (*1927), deutscher Schriftsteller 577

Baader, Andreas (1943-1977), führendes Mitglied der RAF 346

Bach, Johann Sebastian (1685-1750), deutscher Komponist 571

Bachmann, Ingeborg (1926-1973), österreichische Schriftstellerin, bekannt mit S. U. seit 1954 83, 234, 373

Balcells, Carmen (*1930), spanische Literaturagentin mit Sitz in Barcelona, die die wichtigsten lateinamerikanischen Autoren vertritt 252

Ball, Hanns Otto (1926-2007), österreichischer Schauspieler 193

Barilier, Etienne (*1947), Schweizer Schriftsteller und Übersetzer 470

Barjau, Eustaquio, Literaturwissenschaftler und Übersetzer, übersetzte viele der Werke von P. H. ins Spanische 604

Barthelme, Donald (1931-1989), amerikanischer Schriftsteller, die deutschen Übersetzungen seiner Bücher erschienen im Suhrkamp Verlag 121, 124

Barthes, Roland (1915-1980), französischer Literaturtheoretiker 566

Bavčar, Evgen (*1946), blinder Photograph, slowenischer Herkunft 608

Bayen, Bruno (*1950), französischer Schriftsteller, Regisseur und Übersetzer; er übersetzte einige Bücher von P. H. ins Französische, P. H. übersetzte zwei Bücher von ihm ins Deutsche 709 f.

The Beatles, englische Rockband 25, 38, 109 f.

Beccaria, Cesare (1738-1794), italienischer Rechtsphilosoph, Aufklärer und Reformer des Strafrechts 69

Bechert, Hilde (*1949), deutsche Filmregisseurin 522

Beckenbauer, Franz (*1945), deutscher Fußballer 184

Becker, Jürgen (*1932), deutscher Schriftsteller; 1973 Leiter des Suhrkamp Theaterverlags, von 1974 bis 1993 Leiter der Hörspielabteilung im Deutschlandfunk 101 f. 104, 106, 108, 113-115, 121-123, 129, 373

Becker, Susanne (*1948), ab 1998 im Sekretariat von S. U. tätig, ab 2001 Chefsekretärin 720, 723

Beckermann, Thomas (*1940), Literaturwissenschaftler und Verlagslektor, von 1969 bis 1974 Lektor im Suhrkamp Verlag, in dieser Zeit auch Lektor von P. H.; 1977-1989 Lektor im S. Fischer Verlag, 1990-1995 Leiter des Literaturhauses in Frankfurt am Main 113, 145, 192, 194, 198 f., 219, 223, 243, 252

Beckett, Samuel (1906-1989), irisch-französischer Schriftsteller, erhielt 1969 den Nobelpreis für Literatur 21, 91, 162, 164, 252, 256, 295, 327f., 345, 419, 423, 426, 566, 569, 621, 660

Bek, Richard (1924-2007), deutscher Schauspieler, gehörte 46 Jahre lang dem Ensemble der Münchner Kammerspiele an 576

Beljavcev, Arkadi, russischstämmiger Arzt 619f., 675, 693

Benet, Juan (1927-1993), spanischer Schriftsteller 554

Benjamin, Walter (1892-1940), deutscher Literaturwissenschaftler und -kritiker 457, 529

Berg, Günter (*1959), Literaturwissenschaftler, von 2000 bis 2004 verlegerischer Geschäftsführer des Suhrkamp und Insel Verlags 709, 712-714

Berger, Gottfried (1922-2012), war Mehrheitseigner der Firma Mohr Morawa, österreichische Verlagsauslieferung und Buchhandlung in Wien 18, 464, 466, 468

Bergman, Ingmar (1918-2007), schwedischer Film- und Theaterregisseur 456f.

Beringer, Johannes (*1941), Journalist und Übersetzer 470

Berkéwicz, Ulla (*1951), Schriftstellerin und seit 2002 Verlegerin des Suhrkamp und Insel Verlags, heiratete 1990 S. U. 541f., 548, 550, 554f., 559-563, 567, 569-571, 576, 579, 585-588, 590, 594, 597, 599f., 604-606, 610, 622f., 631, 651, 655f., 663f., 667, 688, 705, 714f., 719f.

Bernanos, Georges (1888-1948), französischer Schriftsteller 392

Bernhard, Thomas (1931-1989), österreichischer Schriftsteller 18, 42, 68, 73, 75, 132, 134f., 145f., 171f., 210, 290, 292-295, 344, 386, 414, 525-528, 531, 533, 618, 735

Bernheim, Kurt (1908-1994), österreichischer Literaturagent in den USA, der unter anderem für den Suhrkamp und Insel Verlag tätig war 315

Bertram, Barbara (*1945), deutsche Schauspielerin 186

Bezzel, Chris (*1937), deutscher Schriftsteller, Übersetzer, Sprachwissenschaftler und Verlagslektor, von 1965 bis 1967 Lektor im Suhrkamp Verlag, lehrte seit 1973 an der Universität in Hannover; 1968 Heirat mit Gisela Dischner 10-15, 31, 37, 56, 58-62, 64-66, 71

Bichsel, Peter (*1935), Schweizer Schriftsteller 101, 106, 108, 113, 115, 232, 344, 470

Bickel, Moidele (*1937), deutsche Kostümdesignerin für Theater und Film; gestaltete

u. a. das Bühnenbild der Uraufführung von *Das Mündel will Vormund sein* sowie den Umschlag von *Prosa Gedichte Theaterstücke Hörspiel Aufsätze* 128, 260
Bideau, Jean-Luc (*1940), Schweizer Schauspieler 339
Bingel, Horst (1933-2008), deutscher Schriftsteller 110
Birnbaum, Lillian (*1955), österreichische Photographin, Bildredakteurin im ›Magazin‹ der *Frankfurter Allgemeinen Zeitung* 648
Blatter, Silvio (*1946), Schweizer Schriftsteller und Maler 470
Blech, Hans Christian (1915-1993), deutscher Schauspieler 276
Blixen, Tania (1885-1962), geb. Karen Christenze Dinesen, dänische Schriftstellerin 80
Bloch, Ernst (1885-1977), deutscher Philosoph 83, 265
Bocokić, Zlatko, Künstlername Adrian Brauer, Freund von P. H., unternahm mit ihm seit 1996 Reisen auf den Balkan 707
Boehlich, Walter (1921-2006), deutscher Literaturkritiker, Übersetzer und Herausgeber, von 1957 bis 1968 Lektor im Suhrkamp Verlag, 1969 Mitbegründer des Verlags der Autoren 10, 125
Bohmeier, Bernd (*1943), deutscher Schriftsteller und Maler 193, 205-207, 209, 211-214, 216f.
Bohmeier, Ute (*1946), Literaturwissenschaftlerin, arbeitete als Lektorin für Fernsehspiel und Hörspiel beim WDR; Ehefrau von Bernd Bohmeier 193, 205-207, 209, 211-214, 216f.
Bohrer, Karl Heinz (*1932), deutscher Literaturwissenschaftler und Literaturkritiker; von 1968 bis 1974 verantwortlicher Redakteur des Literaturteils der *Frankfurter Allgemeinen Zeitung* 189
Bois, Curt (1901-1991), deutscher Schauspieler 544
Boldt, Joachim (1915-1996), deutscher Schauspieler 193
Böll, Heinrich (1917-1985), deutscher Schriftsteller, erhielt 1972 den Nobelpreis für Literatur 232, 392
Bondy, Luc (*1948), Schweizer Regisseur, befreundet mit Peter Handke 430, 638, 723
Borchers, Elisabeth (*1926), Schriftstellerin, Übersetzerin, Verlagslektorin, zuerst im Luchterhand Verlag, dann 1971 bis 1994 Lektorin im Suhrkamp Verlag, dabei von 1975 bis 1979 und 1986 Lektorin von P. H. 10, 357, 361, 363, 365, 373, 398, 402, 421, 485
Born, Nicolas (1937-1979),

deutscher Schriftsteller 286, 296, 309, 364, 373, 375, 377f., 385f., 393, 395, 399, 543f., 573
Bothe, Ursula, seit Anfang der sechziger Jahre Sekretärin von Karlheinz Braun im Suhrkamp Theaterverlag, von 1971 bis 1979 im Verlag der Autoren 164
Boudin, Philippe (*1960), französischer Bildhauer und Bühnenbildner 440
Bourgeois, Christian (1933-2007), französischer Verleger, Leiter des gleichnamigen Pariser Verlags 255
Bove, Emmanuel (1898-1945), französischer Schriftsteller 419, 423, 426, 429, 435f., 438f., 442, 445f., 457, 476-478, 699
Branco, Maria José, portugiesischer Schauspieler und Bühnenbildner 604
Brasch, Viktor von 499
Braun, Karlheinz (*1932), Dramaturg und Verlagsleiter, von 1959 bis 1969 Leiter des Suhrkamp Theaterverlags, 1969 Mitbegründer und bis 1998 Geschäftsführer des Verlags der Autoren; von 1976 bis 1979 Mitglied der Direktion des Schauspiels Frankfurt 21, 25, 37f., 59, 76, 83, 96, 104-106, 190, 242, 248, 254, 371, 375, 379, 404, 740f.
Brecht, Bertolt (1898-1956), deutscher Schriftsteller 46, 90, 246, 256, 472, 570, 708

Brecht, Stefan (1924-2009), Sohn von Bertolt Brecht und Helene Weigel; blieb nach dem 2. Weltkrieg in den USA 246, 572
Brecht, Ulrich (1927-2003), deutscher Schauspieler, Dramaturg, Regisseur und Theaterintendant, von 1962 bis 1966 Oberspielleiter und Intendant der Städtischen Bühnen Ulm 22
Brecht-Schall, Barbara (*1930), Tochter von Bertolt Brecht, seit 1961 mit Ekkehard Schall verheiratet 571
Breicha, Otto (1932-2003), österreichischer Kunsthistoriker, Literatur- und Theaterkritiker; von 1962 bis 1972 stellvertretender Leiter der *Österreichischen Gesellschaft für Literatur*, 1966 Mitgründer der Literaturzeitschrift *Protokolle*, 1980-1997 Direktor der Salzburger Landessammlung *Rupertinum* 16, 98
Breisach, Emil (*1923), von 1967 bis 1988 Landesintendant des ORF Landesstudios Steiermark, Mitbegründer des *Forum Stadtpark* und des Kulturfestivals *steirischer herbst*, 12
Breitbach, Joseph (1903-1980), deutscher Schriftsteller 140, 152, 180, 189f.
Bremer, Claus (*1924), Schwei-

zer Schriftsteller, Dramaturg und Übersetzer 260
Brinkmann, Rolf Dieter (1940-1975), deutscher Schriftsteller 286
Brock, Bazon (*1936), deutscher Künstler, Kunsttheoretiker, emeritierter Professor für Ästhetik und Kulturvermittlung an der Bergischen Universität Wuppertal, Gründungsmitglied des Verlag der Autoren, Gründungsmitglied des Petrarca-Preises 286, 347
Brook, Peter (*1925), britischer Theaterregisseur, 1970 Gründung des Centre International de Recherche Théâtrale, aus der das Théâtre des bouffes du Nord hervorging 164
Bruckner, Anton (1824-1896), österreichischer Komponist 336
Büch, Günther (1932-1977), deutscher Regisseur; inszenierte vor allem die frühen Stücke von P. H., wobei er *Weissagung*, *Selbstbezichtigung*, *Hilferufe* und *Kaspar* zur Uraufführung brachte; legendär wurde seine Inszenierung von *Publikumsbeschimpfung* im Forum Theater Berlin, die er strikt nach den Rhythmen von Beatles-Songs sprechen ließ, was ihm den Beinahmen »Beaty-Büch« einbrachte 46, 68, 76, 84, 87, 92
Buch, Hans Christoph (*1944), deutscher Schriftsteller 429
Büchner, Georg (1813-1837), deutscher Schriftsteller 78, 575
Buchwald, Christoph (*1951), Lektor, zwischen 1998 und 2001 Verlagsleiter des Suhrkamp Verlags 672 f., 712 f.
Bugmann, Urs (*1951), Literaturkritiker, 1987-1988 Lektor im Suhrkamp Verlag 528
Bülow, Katrin von (* 1939), Tänzerin, 1966-1986 Mitarbeiterin im Pariser Verlagshaus Gallimard 152
Burda, Hubert (*1940), Zeitungen- und Zeitschriftenverleger, Freund von Peter Handke 286, 347, 467, 608, 612, 614 f., 617 f., 623, 656, 701
Busch, Günther (1929-1996), Literaturkritiker und Verlagslektor, 1963-1981 im Suhrkamp Verlag Lektor der edition suhrkamp, 1981-1983 Lektor bei der Europäischen Verlagsanstalt 77, 93, 124, 171, 173, 381 f.

Cabrera Infante, Guillermo (1929-2005), kubanischer Schriftsteller 675
Caizergues, Philippe, französischer Schauspieler 325
Camus, Albert (1913-1960), französischer Schriftsteller,

erhielt 1957 den Nobelpreis für Literatur 111, 392
Canaris, Volker (*1942), Regisseur, 1970-1972 Mitarbeiter im Suhrkamp Theaterverlag 146, 164
Capua, Michael di, amerikanischer Lektor und Verleger 450
Carlé, Claus (1940-1998), Mitarbeiter des Suhrkamp Verlags, 1965-1972 in der Herstellungsabteilung, dann Leiter der Presseabteilung und der Werbeabteilung 66, 70, 148f., 158
Carpentier, Alejo (1904-1980), kubanischer Dichter 345
Cassavetes, John (1929-1989), amerikanischer Regisseur 351
Ceaușescu, Elena (1916-1989), rumänische Politikerin, Ehefrau von Nicolae Ceaușescu, hingerichtet am 25. Dezember 1989 566
Ceaușescu, Nicolae (1918-1989), rumänischer Politiker, von 1965 bis 1989 Staatspräsident und Vorsitzender des Staatsrates Rumäniens, hingerichtet am 25. Dezember 1989 566
Celan, Paul (1920-1970), eigentlich Paul Antschel, deutschsprachiger Lyriker 164, 171-173
Celan-Lestrange, Gisèle (1927-1991), französische Künstlerin, ab 1952 verheiratet mit Paul Celan 173

Ceresa, Alice (1923-2001), schweizerisch-italienische Autorin 344
Cézanne, Paul (1839-1906), französischer Maler 363, 377, 386f., 410
Chambas, Jean-Paul (*1947), französischer Maler, Bühnenbildner und Schriftsteller 339f.
Chandler, Raymond (1888-1959), amerikanischer Schriftsteller, der durch seine Kriminalromane bekannt wurde 56
Chaplin, Charles (1889-1977), englischer Filmregisseur und Schauspieler 187
Chappaz, Maurice (1916-2009), Schweizer Schriftsteller 344
Char, René (1907-1988), französischer Schriftsteller 457, 459f.
Cioran, Émile (1911-1995), rumänischer Philosoph und Schriftsteller 345, 569
Clever, Edith (*1940), deutsche Schauspielerin 186, 325
Colbin, Marie (*1957), österreichische Schauspielerin 482, 486, 488-490, 514, 519
Columbus, Christoph (verm. *1451-1506), italienischer Seefahrer in spanischen Diensten 697
Conradi, Elisabeth (*1936), 1960-1967 Sekretärin von S. U. 18, 22, 26
Cornioley-Scheidegger, Esther, Literatur- und Theaterkriti-

kerin in verschiedenen
Schweizer Tages- und Theaterzeitungen 168
Cotta, Johann Friedrich (1764-1832), deutscher Verleger und Industrieller 625
Cramer, Heinz von (1924-2009), deutscher Schriftsteller, Regisseur und Hörspielautor 125, 154
Croissant, Klaus (1931-2002), deutscher Rechtsanwalt, Verteidiger von Andreas Baader, wurde 1975 von den Prozessen gegen Mitglieder der RAF ausgeschlossen und seinerseits der Unterstützung einer terroristischen Vereinigung angeklagt 346
Courths-Mahler, Hedwig (1867-1950), deutsche Schriftstellerin, gilt als Inbegriff einer Autorin von Trivialliteratur 312
Cunha, Euclides da (1866-1909), brasilianischer Soziologe 651

D'Alessio, Carlos (1935-1992), argentinischer Filmkomponist 339
Dante Alighieri (1265-1321), Dichter italienischer Sprache 358
Degliame, Claude, französische Schauspielerin 339
Deichmann, Thomas (*1962), deutscher Journalist, 1992-2011 Chefredakteur der Wochenzeitschrift *Novo*, unternahm mit P. H. mehrere Reisen in das ehemalige Jugoslawien 687, 693, 707
Depardieu, Gérard (*1948), französischer Schauspieler 240, 254, 325, 339
Descas, Alex (*1958), französischer Schauspieler 604
Desny, Ivan (*1922-2002), französisch-deutscher Schauspieler russisch-schwedischer Herkunft 276
Dessauer, Maria, Übersetzerin, 1974-1983 Lektorin im Suhrkamp Verlag 363, 391, 397f., 400, 408, 415
Dexel, Klaus, deutscher Filmregisseur und Produzent 522
Dischner, Gisela (*1939), deutsche Literaturwissenschaftlerin und Schriftstellerin, 1968 Heirat mit Chris Bezzel 61
Djilas, Milovan (1911-1995), jugoslawischer Politiker, brach 1954 mit dem Bund der Kommunisten Jugoslawiens, prominenter Kritiker von Tito 405
Döblin, Alfred (1878-1957), deutscher Schriftsteller 526
Dommartin, Solveig (1961-2007), französische Schauspielerin 544
Döring, Christian (*1954), Literaturkritiker und Lektor, war von 1987 bis 1997 Lektor im Suhrkamp Verlag 646
Dorn, Dieter (*1935), deutscher Regisseur, arbeitete von 1965

bis 2011 an den Münchner
Kammerspielen 430
Drescher, Hans-Jürgen (*1954),
von 1991 bis 2011 Leiter des
Suhrkamp Theaterverlags
656, 680, 723
Dreyfus, Jean-Claude (*1946),
französischer Schauspieler 339
Droschl, Max (*1938), Gründer
des Literaturverlags Droschl
im Jahr 1978 317
Duras, Marguerite (1914-1996),
französische Schriftstellerin,
Drehbuchautorin und Film-
regisseurin, 482-484
Dürrenmatt, Friedrich
(1921-1990), Schweizer
Schriftsteller 144

Eberstein, Katharina, Kostümbildnerin 260
Eich, Clemens (1954-1999),
deutsch-österreichischer
Schauspieler und Schriftsteller; Sohn von Günter Eich
232
Eich, Günter (1907-1972), deutscher Schriftsteller, seit 1953
mit der österreichischen
Schriftstellerin Ilse Aichinger
verheiratet, seit 1953 Suhrkamp-Autor 223, 232, 373
Eichendorff, Joseph von
(1788-1857), deutscher
Schriftsteller 293
Eliade, Mircea (1907-1986),
rumänischer Religionswissenschaftler und Schriftsteller
522, 526

Elias, Norbert (1897-1990),
deutscher Soziologe 536
Eller, Erika (*1945), deutsche
Schauspielerin 186
Engström, Eva (*1933), schwedische Schriftstellerin, Filmregisseurin und Drehbuch-
autorin 334, 336, 347
Entrup, Barbara (*1943),
1967-1977 Mitarbeiterin der
Herstellungsabteilung im
Suhrkamp Verlag 179
Enzensberger, Hans Magnus
(*1929), deutscher Schriftsteller, Herausgeber, 1960-
1961 Lektor des Suhrkamp
Verlags 78, 101, 169f., 227,
344, 417, 587
Everding, August (1928-1999),
deutscher Theaterregisseur,
1982-1993 Generalintendant
der Bayerischen Staatstheater 467

Fahlke, Eberhard (*1944),
Literaturwissenschaftler,
leitete von 1985 bis 2009 das
Uwe-Johnson-Archiv an der
Johann Wolfgang Goethe-
Universität Frankfurt am
Main 492
Falk, Peter Michael (1927-2011),
amerikanischer Schauspieler
544
Färber, Helmut (*1937), Film-
kritiker, Professor an der
Hochschule für Film in Mün-
chen und der Deutschen Film-
und Fernsehakademie Berlin

113, 117f., 121, 123, 140, 208, 211, 213, 633, 705
Farner, Konrad (1903-1974), Schweizer Kunsthistoriker und Essayist 260
Farocki, Harun (*1944), deutscher Filmregisseur 187
Faulkner, William Cuthbert (1897-1962), amerikanischer Schriftsteller, erhielt 1949 den Nobelpreis für Literatur 37, 91
Fellinger, Raimund (*1951), Lektor im Suhrkamp und Insel Verlag seit 1979 404, 406-409, 412, 418, 424, 433-435, 438f., 441, 443f., 450, 470f., 476, 478, 484f., 494, 508, 528-530, 534, 544, 548, 560, 584, 587, 603, 607f., 612-614, 618, 623, 627f., 633, 635, 638f., 642f., 646-649, 654, 658, 661, 667, 669, 678, 682, 687
Felsenstein, Walter (1901-1975), österreichischer Regisseur, gründete 1947 die Komische Oper in Berlin, deren Intendant er bis zu seinem Tod war 663
Feltrinelli, Inge (*1930), geb. Schönthal, Photographin und Verlegerin, Ehefrau von Giangiacomo Feltrinelli, führte nach dessen Tod 1972 den Verlag G. Feltrinelli Editore 78, 82, 98, 168
Ferbers, Jutta (*1957), deutsche Dramaturgin, 1983-1986 am Schauspielhaus Bochum, 1986-1999 am Wiener Burgtheater, seit 1999 Direktionsmitglied am Berliner Ensemble 724
Ferréol, Andréa (*1947), französische Schauspielerin 339
Feuerbach, Paul Johann Anselm Ritter von (1755-1833), deutscher Rechtsgelehrter, Obervormund und Gönner von Kaspar Hauser 83
Fiedler, Bernd (*1941), Kameramann, drehte 1968 seinen ersten Film 193
Fischer, Ernst (1899-1972), österreichischer Schriftsteller und Politiker (KPÖ) 135
Fitzi, Hans Peter, deutscher Theaterregisseur 164
Flaubert, Gustave (1821-1880), französischer Schriftsteller 709f.
Fleckhaus, Willy (1925-1983), Graphiker, gestaltete seit 1959 Buchumschläge, Plakate, Prospekte und Poster des Suhrkamp und Insel Verlags 67f., 72-75, 81, 222
Fleißer, Marieluise (1901-1974), deutsche Schriftstellerin 192, 243f.
Fleming, Ian (1908-1964), englischer Schriftsteller, der durch seine Kriminalromane bekannt wurde 56
Ford, John (1894-1973), amerikanischer Filmregisseur 552

Frank, Barbara, Mitarbeiterin im Verlag Farrar, Straus & Giroux 451

Franz I. (1768-1835), österreichischer Kaiser 593f.

Freyer, Achim (*1934), deutscher Regisseur sowie Bühnen- und Kostümbildner 668f.

Friedhelm, Produzent 608

Fries, Hanny (1918-2009), Schweizer Malerin und Illustratorin, zweite Ehefrau von Ludwig Hohl 470

Frisch, Marianne (*1930), geb. Oellers, Übersetzerin, von 1968 bis 1979 verheiratet mit Max Frisch 259

Frisch, Max (1911-1991), Schweizer Schriftsteller, seit 1950 Autor des Suhrkamp Verlags 59, 198, 202, 266, 295f., 344, 363, 421, 423, 470, 472, 562, 587

Frischmuth, Barbara (*1941), österreichische Schriftstellerin und Übersetzerin 135

Fritz, Marianne (1948-2007), österreichische Schriftstellerin 344

Fry, Sami, (*1923), französischer Schauspieler 240

Furtwängler, Maria (*1966), Ärztin, deutsche Schauspielerin und Ehefrau von Hubert Burda 608

Gamper, Herbert (*1936), Schweizer Literaturwissenschaftler und -kritiker 111

Ganz, Bruno (*1941), Schweizer Schauspieler 186, 325, 515, 544, 604

García Lorca, Federico (1898-1936), spanischer Schriftsteller 675

Gasser, Wolfgang (1927-2007), österreichischer Schauspieler 668

Geisler, Burgel → Zeeh, Burgel

Gerber, Adèle, Tochter von Heidi Gerber und Ludwig Hohl 470

Gerber, Heidi, dritte Ehefrau von Ludwig Hohl 470

Gerstel, Annelinde (*1950), deutsche Schauspielerin 544

Glas, Uschi (*1944), deutsche Schauspielerin 467

Gobert, Boy (1925-1986), Schauspieler und Theaterregisseur, 1980-1985 Generalintendant der Staatlichen Schauspielbühnen Berlin 430

Godard, Agnes (*1951), französische Kamerafrau 604

Godard, Jean-Luc (*1930), französischer Filmregisseur 102

Goethe, Johann Wolfgang von (1749-1832), deutscher Schriftsteller 235f., 301, 472, 493, 513, 563, 590, 592, 607, 611, 625, 673, 687, 698f., 708, 739

Goetz, Rainald (*1954), deutscher Schriftsteller 552

Goldschmidt, Georges-Arthur (*1928), deutsch-französischer Schriftsteller, Überset-

zer zahlreicher Werke von
P. H. ins Französische 255,
386, 423, 426, 453
Gómez, José Luis (*1940),
spanischer Schauspieler und
Regisseur, Pantomime 141
Görke, Arno (1923-1992), deutscher Schauspieler, vor allem
im Ensemble des Kölner
Theaters am Dom 193
Gosch, Jürgen (1943-2009), deutscher Theaterregisseur 613
Gotscheff, Dimiter (*1943),
bulgarischer Theaterregisseur
668
Goytisolo, Juan (*1931), spanischer Schriftsteller und Journalist 554
Grasnick, Heide (*1943), von
1996 bis 2004 Leiterin der
Presseabteilung des Suhrkamp Verlags 714
Grass, Günter (*1927), deutscher
Schriftsteller, erhielt 1999 den
Nobelpreis für Literatur 43 f.,
46, 232, 724
Grassi, Ernesto (1902-1992),
deutsch-italienischer Philosoph, 1948-1970 Professor an
der Universität München 524
Greene, Graham (1904-1991),
englischer Schriftsteller 392
Greiner, Ulrich (*1945), deutscher Journalist 326, 707
Greinert, Walter (*1940), österreichischer Diplomat und
Journalist, ab 1973 im diplomatischen Dienst, unter anderem als Presseattaché an
der österreichischen Botschaft
in Paris, langjähriger Freund
von P. H. 300, 354
Gressieker, Ulrich (1945-1990),
deutscher Schauspieler 193
Grillparzer, Franz (1791-1872),
österreichischer Schriftsteller
336
Grüber, Klaus Michael
(1941-2008), deutscher Regisseur 515
Grünbein, Durs (*1962), deutscher Schriftsteller 552
Gruner, Michael (*1945), deutscher Schauspieler, Regisseur
und Intendant 37
Grunwald, Henning (*1942),
deutscher Schriftsteller 302,
309
Gustafsson, Lars (*1936),
schwedischer Schriftsteller
328

Haas, Ulrich, österreichischer
Schauspieler 37
Haas, Restaurantangestellter
488, 491
Habermas, Jürgen (*1929),
deutscher Philosoph und Sozialwissenschaftler 124, 265
Hacks, Peter (1928-2003), deutscher Schriftsteller 144, 198
Hage, Volker (*1949), Literaturkritiker 567, 701
Hagestedt, Lutz (*1960), Literaturwissenschaftler und
-kritiker, war 1994-1996 Leiter der Presseabteilung des
Suhrkamp Verlags 646, 648

Haider, Jörg (1950-2008), österreichischer Politiker, wurde im September 1986 zum Vorsitzenden der FPÖ gewählt 525

Haines, Fred (1936-2008), amerikanischer Drehbuchautor und Filmregisseur 244

Hamm, Peter (*1937), deutscher Schriftsteller, Literaturkritiker; Autor mehrerer Dokumentarfilme und Porträts; ab 1964 Kulturredakteur beim Bayerischen Rundfunk, Jurymitglied mehrerer Literaturpreise – unter anderem des Petrarca-Preises 380, 461, 467, 538, 608, 656, 661, 685

Hammett, Dashiell (1894-1961), amerikanischer Schriftsteller, der durch seine Kriminalromane bekannt wurde 56

Handke, Amina (*1969), Tochter von Libgart Schwarz und P. H. 119, 127, 132, 134, 140, 155, 167, 172, 174, 181f., 189, 199, 204, 209f., 245, 282, 285, 300, 305, 316, 327, 346, 361, 364, 370, 397, 411f., 424, 443, 480, 608, 704, 729

Handke, Léocadie (*1990), Tochter von Sophie Semin und P. H. 588, 599, 607f., 638, 708, 739

Handke, Maria (1920-1971), Mutter von P. H. 11, 118, 127, 167, 169, 224

Hänny, Reto (*1947), Schweizer Schriftsteller 470

Hardt, Petra (*1953), Literaturwissenschaftlerin, seit 2000 Leiterin der Rechte- und Lizenzenabteilung des Suhrkamp Verlags 714, 720

Haslinger, Adolf (*1933), österreichischer Germanist und Anglist 705

Hauptmann, Gerhart (1862-1946), deutscher Schriftsteller, erhielt 1912 den Nobelpreis für Literatur 89, 163, 493

Hauser, Kaspar (verm. 1812-1833), 1828 in Nürnberg aufgetauchtes Findelkind, das zeitweise bei Anselm von Feuerbach wohnte 83

Hefti, Urs (1944-2008), Schweizer Schauspieler 668

Heidegger, Martin (1889-1976), deutscher Philosoph 351, 459

Heinz, Gerd (*1940), deutscher Schauspieler, Regisseur und 1982-1989 Intendant des Schauspielhauses Zürich 470

Henne, Dagmar, leitete von 1959 bis 1989 die Agence Hoffman in München 423

Herbert, Zbigniew (1924-1998), polnischer Schriftsteller, erhielt 1979 den Petrarca-Preis 18, 643, 644

Herder, Johann Gottfried (1744-1803), deutscher Schriftsteller 529

Herrmann, Karl-Ernst (*1936), deutscher Bühnen- und Kostümbildner, entwarf bei

zahlreichen Inszenierungen
von Claus Peymann das Bühnenbild 186, 724
Herzog, Wiener Buchhändler 461, 463
Hesse, Hermann (1877-1962), deutscher Schriftsteller, erhielt 1946 den Nobelpreis für Literatur 112, 117, 120f., 181f., 244, 278, 340, 386, 472, 522, 729f., 734
Heymann, Renate (*1952), deutsche Schauspielerin 46
Highsmith, Patricia (1921-1995), eigentlich Mary Patricia Plangman, amerikanische Schriftstellerin, wurde vor allem bekannt als Autorin von Kriminalromanen 393, 399
Hildebrandt, Dieter (*1927), Journalist, 1969-1970 Lektor im Suhrkamp Verlag 146, 158, 160
Hildesheimer, Silvia (*1917), Malerin, seit 1952 mit Wolfgang Hildesheimer verheiratet 587
Hildesheimer, Wolfgang (1916-1991), deutscher Schriftsteller 232, 246, 341, 421, 573, 587
Ho Tschi Minh (1890-1969), (oder Ho Chi Minh) vietnamesischer Revolutionär und Politiker; 1955 bis 1969 Präsident der Demokratischen Republik Vietnam; seinen Namen skandierte in den sechziger Jahren häufig die Außerparlamentarische Opposition bei Demonstrationen 106
Höckmann, Alfons (*1923), deutscher Schauspieler 193
Hoeneß, Uli (*1952), ehemaliger deutscher Fußballspieler, Präsident des FC Bayern München 241
Hoess, Traute (*1950), deutsche Schauspielerin 668
Hoffer, Klaus (*1942), österreichischer Schriftsteller 65, 67
Hoffmann, Dagmar, Sekretariat von S. U. 327, 336
Hoffmann, Ernst Theodor Amadeus (1776-1822), deutscher Schriftsteller, Komponist und Jurist 80
Hoffmann, Ulrich, deutscher Schauspieler 46
Hoffmeister, Reinhart (*1923), Kulturjournalist, 1969-1975 Redaktionsleitung und Moderation des wöchentlichen Kulturmagazins *Aspekte* im ZDF 288
Hofmannsthal, Hugo von (1874-1929), österreichischer Schriftsteller 135, 507
Hogarth, William (1697-1764), englischer Maler 580, 583
Hohl, Ludwig (1904-1980), schweizerischer Schriftsteller; Petraca-Preisträger 295-297, 341, 344, 393, 399, 401, 403f., 406, 436f., 470
Hohl-de Weis, Madeleine

(1916-1993), vierte Ehefrau von Ludwig Hohl 470
Höllerer, Walter (1922-2003), deutscher Schriftsteller, Literaturwissenschaftler und Literaturkritiker; 1953 Mitgründer und bis 1967 Mitherausgeber der Literaturzeitschrift *Akzente* 34, 51, 67, 232, 344
Hollerith, Josef (*1955), deutscher Politiker, zwischen 1990 und 2002 Mitglied des Bundestages 589
Hollmann, Hans (*1933), österreichischer Theaterregisseur und Intendant 143, 668
Holt, Jany (*1909-2005), rumänisch-französische Schauspielerin 325
Homolkova, Marie, Cutterin 482
Honnefelder Gottfried (*1946), Verlagsleiter, arbeitete von 1974 bis 1996 im Suhrkamp und Insel Verlag 447
Höpfner, Ursula (*1949), deutsche Schauspielerin 668
Hoppe, Marianne (1909-2002), deutsche Schauspielerin 277
Horaz (65 v. Chr. - 8 v. Chr.) eigentlich Quintus Horatius Flaccus, römischer Schriftsteller 583
Hortleder, Gerd (*1939), Soziologe 241
Horváth, Ödön von (1901-1938), österreichisch-ungarischer Schriftsteller 91, 129, 137, 139-142, 144, 156, 158, 160 f., 163
Hrabal, Bohumil (1914-1997), tschechischer Schriftsteller 80, 679
Huchel, Peter (1903-1981), deutscher Schriftsteller, 1949-1962 Chefredakteur der in Ostberlin erscheinenden Literaturzeitschrift *Sinn und Form*, übersiedelte 1971 in die Bundesrepublik Deutschland 232, 265, 297, 373
Huillet, Danièle (1936-2006), französische Filmregisseurin 570
Humm, Ambrosius (*1924), Schweizer Schauspieler 260
Hunger-Bühler, Robert (*1953), Schweizer Schauspieler 695
Hürlimann, Thomas (*1950), Schweizer Schriftsteller 470

Iden, Peter (*1938), deutscher Theater- und Kunstkritiker 37

Jähn, Hannes (1934-1987), Kölner Graphiker, Buchgestalter und Photograph 123
James, William (1842-1910), amerikanischer Philosoph und Psychologe 555 f.
Janker, Josef W., (1992-2010), deutscher Schriftsteller, erhielt 1999 den Hermann-Lenz-Preis 695, 700, 709 f.
Januš, Gustav (*1939), slowenisch-österreichischer Schriftsteller und Maler 438 f.,

448f., 455-457, 461-464, 468-470, 544, 705
Jean Paul (1763-1825), eigentlich Johann Paul Friedrich Richter, deutscher Schriftsteller 94, 112
Jenny, Urs (*1938), Schweizer Journalist, Kritiker und Dramaturg 104, 111, 115, 117, 121, 123, 566
Jenny, Zoë (*1974), Schweizerische Schriftstellerin 699
Jens, Walter (*1923), deutscher Schriftsteller, Altphilologe, Übersetzer und Literaturkritiker 45
Joffe, Josef (*1944), deutscher Journalist, seit 1976 bei der Wochenzeitung *Die Zeit* 680
Johnson, Uwe (1934-1984), deutscher Schriftsteller, seit 1959 Autor des Suhrkamp Verlags 59, 203, 232, 249, 265f., 344, 404, 421, 491f., 575f., 602, 646, 667
Joyce, James (1882-1941), irischer Schriftsteller 37, 142
Jung, Jochen (*1942), österreichischer Verlagsleiter, Schriftsteller und Literaturkritiker, von 1975 bis 2000 Lektor bzw. Verlagsleiter im Residenz Verlag 337, 705
Jungk, Stephan Peter (*1952), österreichischer Schriftsteller 325, 648

Kaever, Katharina (*1949), Ehefrau von Hans Magnus Enzensberger und Journalistin 417, 587
Kafka, Franz (1883-1924), deutschsprachiger Schriftsteller 65f., 79f., 123, 201, 210, 360, 445, 447
Kagel, Mauricio (1931-2008), argentinisch-deutscher Komponist 123
Kahl, Sabine, Mitarbeiterin des Suhrkamp Verlags 499
Kaiser, Joachim (*1928), deutscher Musik-, Literatur- und Theaterkritiker; ab 1959 leitender Feuilletonredakteur bei der *Süddeutschen Zeitung* 45, 467, 529
Kanto, Atsuko, seit 1991 Ehefrau von Adolf Muschg 421, 587
Karajan, Eliette von (*1935), geb. Mouret; dritte Ehefrau von Herbert von Karajan 398
Karajan, Herbert von (1908-1989), österreichischer Dirigent 398
Karl V. (1500-1558), letzter römisch-deutscher Kaiser, verzichtete 1556 zugunsten seines Sohns Philipp II. auf den spanischen Thron 672
Kaschnitz, Marie Luise (1901-1974), eigentlich: Freifrau von Kaschnitz-Weinberg, deutsche Schriftstellerin 229, 232, 373
Kästner, Erhart (1904-1974), Bibliothekar, deutscher Schriftsteller 243f.

Kaußen, Wolfgang (*1953), arbeitet seit 1980 als Lektor im Suhrkamp Verlag 11, 60, 627f.
Keller, Gottfried (1819-1890), Schweizer Schriftsteller 205, 210
Kempf, Friedhelm, deutscher Übersetzer 419
Kerbrat, Patrice, französischer Schauspieler 339
Kern, Peter (*1949), österreichischer Schauspieler und Filmemacher 276
Kesting, Marianne (*1930), deutsche Literaturwissenschaftlerin und -kritikerin 173, 174
Kill, Reinhard, deutscher Literatur- und Theaterkritiker, Feuilletonchef der *Rheinischen Post* 168
Kinski, Nastassja (*1961), deutsche Schauspielerin 276
Kipphardt, Heinar (1922-1982), deutscher Schriftsteller und Dramaturg 124
Kirchmann, Hans, Journalist 144
Kirsch, Sarah (*1935), deutsche Schriftstellerin, erhielt 1976 den Petrarca-Preis 305, 309, 573
Kiwus, Karin (*1942), deutsche Schriftstellerin, 1973-1975 Lektorin im Suhrkamp Verlag 245, 303
Kleist, Heinrich von (1777-1811), deutscher Schriftsteller 93

Klett, Hannes, Regisseur 440
Knieper, Jürgen (*1941), deutscher Komponist und Filmmusiker 202, 276, 440, 544
Knipp, Günther (*1935), deutscher bildender Künstler 302
Koch, Marianne (*1931), deutsche Schauspielerin und Ärztin 608
Koelbl, Herlinde (*1939), deutsche Photographin 674
Koeppen, Wolfgang (1906-1996), deutscher Schriftsteller 276, 279, 344, 421, 467, 470, 472, 624
Kolleritsch, Alfred (*1931), österreichischer Schriftsteller, Mittelschullehrer, Mitgründer und -herausgeber der Zeitschrift *manuskripte*, Jurymitglied des Hermann-Lenz-Preises und des Petrarca-Preises, langjähriger Freund von P.H. 10, 22, 28f., 135, 194, 197f., 205, 208, 218, 534, 705, 731
Konrád, György (*1933), ungarischer Schriftsteller 666
Konstantinović, Radomir (1928-2011), serbischer Philosoph 716
Kraft, Werner (1896-1911), deutschstämmiger israelischer Schriftsteller und Literaturwissenschaftler 513
Kraus, Wolfgang (1924-1998), österreichischer Literaturkritiker und Essayist, ab 1949 Cheflektor im Zsolnay Ver-

lag, 1961 Gründer und bis
1994 Leiter der Österreichischen Gesellschaft für Literatur 18, 467
Krauß, Angela (*1950), deutsche Schriftstellerin 552
Kreuzer, Lisa (*1945), deutsche Schauspielerin 277
Kroetz, Franz Xaver (*1946), deutscher Schriftsteller, Schauspieler und Regisseur 256
Krolow, Karl (1915-1999), deutscher Schriftsteller, 1972-1974 Präsident der Deutschen Akademie für Sprache und Dichtung, Darmstadt 232, 338
Krüger, Michael (*1943), deutscher Verlagsleiter, Schriftsteller und Übersetzer, seit 1981 Herausgeber der Zeitschrift *Akzente*, Jurymitglied des Hermann-Lenz-Preises und des Petrarca-Preises, langjährige Freundschaft mit P. H. 286, 430, 457, 470, 608, 685, 705
Kruntorad, Paul (1936-2006), österreichischer Journalist 413
Kühn, Dieter (*1935), deutscher Schriftsteller 522
Kurras, Heinz (*1927), erschoß als Westberliner Polizeibeamter am 2. Juni 1967 den Studenten Benno Ohnesorg während einer Demonstration; die Große Strafkammer des Landgerichts Moabit sprach ihn am 21. November 1967 vom Vorwurf der fahrlässigen Tötung frei 89, 210

Labor, Josef (1842-1924), österreichischer Komponist und Musiker 336
Lampe, Günter (1931-2006), deutscher Schauspieler 186
Lampe, Jutta (*1937), deutsche Schauspielerin 186
Lange, Hartmut (*1937), deutscher Schriftsteller, Gründungsmitglied des Verlags der Autoren 144
Laschen, Gregor (*1941), deutscher Schriftsteller und Herausgeber 122
Lauda, Niki (*1949), dreimaliger Formel-1-Weltmeister 393, 399
Lem, Stanisław (1921-2006), polnischer Schriftsteller und Philosoph, der vor allem durch seine Science-Fiction-Romane bekannt wurde 467
Lenau, Nikolaus (1802-1850), österreichischer Schriftsteller 336
Lenz, Hanne (1916-2010), Kunsthistorikerin, Ehefrau von Hermann Lenz 245, 386, 494, 705
Lenz, Hermann (1913-1998), deutscher Schriftsteller, Bekanntschaft und Freundschaft mit P. H. seit 1972 239, 244f., 255, 268-270, 281, 284, 291, 349,

354, 356, 386, 393, 397, 399, 467, 494, 511-513, 538, 723, 725, 731, 743
Leonhardt, Rudolf Walter (1921-2003), deutscher Publizist, war von 1957 bis 1973 Feuilleton-Chef der *Zeit* 60
Lester, Richard (*1932), US-amerikanischer Filmregisseur und Autor 38
Leutenegger, Gertrud (*1948), Schweizer Schriftstellerin 386, 470
Lincke, Claus, Buchhändler, Galerist 141
Lincke, Paul (1866-1946), deutscher Komponist, komponierte die *Amina Serenade* 412
Lind, Jakov (1927-2009), österreichisch-englischer Schriftsteller und Maler 36
Linder, Herbert (1941-2001), deutscher Filmkritiker; schrieb für die Zeitschrift *filmkritik* 104, 111-114, 117, 121, 123
Linhartová, Věra (*1938), tschechische Schriftstellerin und Kunsthistorikerin, emigrierte 1968 nach Paris 77-80
Lipuš, Florjan (*1937), österreichischer Schriftsteller, schrieb in slowenischer Sprache 404
Locke-Carey, Alice, amerikanische Verlagsmitarbeiterin, Lebensgefährtin von Max Frisch von 1981 bis 1983, 421

Löffler, Sigrid (*1942), österreichische Publizistin und Literaturkritikerin 527, 531
Lombardi, Franco (1906-1989), seit 1943 Professor für Geschichtsphilosophie an der Universität Rom 83
Longchamps, Inès de, französische Schauspielerin 325
Lonsdale, Michael (*1931), französischer Schauspieler 240, 325
Loos, Gertrud, Tonstudiotechnikerin 179
Lortholary, Bernard (*1935), französischer Lektor und Übersetzer aus dem Deutschen 560
Lösche, Hermine (*1942), 1967-2003 Honorarbuchhalterin des Suhrkamp Verlags 720
Lyssewski, Dörte (*1966), deutsche Schauspielerin 724

Machado, Antonio (1875-1939), spanischer Schriftsteller 564, 677
Maertens, Michael (*1963), deutscher Schauspieler 724
Magris, Claudio (*1939), italienischer Germanist 385
Mahlke, Kirsten, erste Ehefrau von Oliver Vogel 625 f.
Malkowski, Rainer (1939-2003), deutscher Lyriker 295
Malle, Louis (1932-1995), französischer Filmregisseur 247 f.
Manheim, Ralph Frederick (1907-1992), amerikanischer

Übersetzer von deutscher und französischer Literatur, Übersetzer von P. H. 262, 315 f., 451, 456, 637

Mann, Thomas (1875-1955), deutscher Schriftsteller, erhielt 1929 den Nobelpreis für Literatur 526

Manthey, Jürgen (*1932), deutscher Literaturwissenschaftler und -kritiker 529

Maraka, Lila, Germanistin und Theaterwissenschaftlerin, unterrichtete an der Universität von Athen und Thessaloniki 79

Marcuse, Herbert (1898-1979), deutsch-amerikanischer Philosoph 124, 132

Marré, Heribert (1925-2006), 1972 bis 1998 Geschäftsführer des Suhrkamp und Insel Verlags 220, 320, 322, 442, 447, 562

Marschall von Bieberstein, Michael Freiherr (1930-2012), deutscher Romanist, Leiter des Goethe-Instituts in Rom 1960-1974 u. 1991-1995, in Paris 1974-1979 und in Madrid 1985-1990 83

Marshall, Bruce (1899-1987), englischer Schriftsteller 392

Marx, Karl (1818-1883), deutscher Philosoph, Ökonom und Gesellschaftswissenschaftler 235 f.

Matt, Beatrice von (*1936), Literaturkritikerin, Ehefrau von Peter von Matt 470

Matt, Peter von (*1937), Schweizer Germanist und Literaturkritiker 470, 528 f., 533

May, Karl (1842-1912), deutscher Schriftsteller 217, 270

Maye, F. C., Regieassistent 323, 325

Mayen, Gerd (1929-2009), Schauspieler (vor allem an den Wuppertaler Bühnen) und Synchronsprecher für den WDR 193

Mayer, Hans (1907-2001), deutscher Literaturwissenschaftler 45, 153

Mayröcker, Friederike (*1924), österreichische Schriftstellerin 552

McGuiness, Brian (*1927), englischer Philosoph 464, 466, 555

Meckel, Christoph (*1935), deutscher Schriftsteller 373, 385

Meier, Gerhard (1917-2008), Schweizer Schriftsteller, erhielt 1983 den Petrarca-Preis 377, 470

Meiselas, Nancy, Mitarbeiterin im New Yorker Verlag Farrar, Straus & Giroux 316

Meister, Else (1912-2005), geb. Koch, Schriftstellerin, Ehefrau von Ernst Meister 474

Meister, Ernst (1911-1979), deutscher Schriftsteller 305, 309, 342, 345, 347, 474 f.

Meister Eckhart (1260-1328), deutscher Theologe 351

Mendroch, Horst (*1942), deutscher Schauspieler 260
Mettin, Stephan (*1949), deutscher Theaterregisseur, Spielleiter und Intendant verschiedener Theater- und Opernhäuser 87
Meurer, Kurt (1901-1991), Berliner Buchhändler 289
Mewis, Anni (1895-1980), deutsche Schauspielerin 663
Meyer, E. Y. (*1946), Schweizer Schriftsteller 363
Meyer-Clason, Curt (1910-2012), deutscher Übersetzer aus dem Spanischen und Portugiesischen; 1969-1976 Leiter des Goethe-Instituts in Lissabon 139f., 143f.
Mezger, Edmund (1883-1962), deutscher Strafrechtler und Kriminologe 56
Michel, Karl Markus (1929-2000), deutscher Journalist und Verlagslektor, 1962-1974 Lektor im Suhrkamp Verlag 417
Michels, Hermann, Graphiker, Gestalter der Umschläge des Suhrkamp Verlags seit 1984 509f., 535
Miehe, Ulf (1940-1989), deutscher Schriftsteller, Drehbuchautor und Filmregisseur 296
Miller, Alice (1923-2010), Schweizer Psychoanalytikerin 470
Milka, Hausangestellte bei S. U. 688
Milva (*1939), eigentlich Maria Ilva Biolcati, italienische Sängerin und Schauspielerin 266
Minetti, Bernhard (*1905-1998), deutscher Schauspieler 325
Modiano, Patrick (*1945), französischer Schriftsteller 429, 478
Mohammed (ca. 570-632), Religionsstifer des Islams 360
Molière (1622-1673), eigentlich Jean-Baptiste Poquelin, französischer Schriftsteller 456, 457
Mommaers, Paul (*1935) 389
Mondrian, Pete (1872-1944), niederländischer Maler 546
Montaigne, Michel de (1533-1592), französischer Philosoph und Schriftsteller 414
Moreau, Jeanne (*1928), französische Schauspielerin 240, 252, 254, 604
Morgenstern, Christian (1871-1914), deutscher Schriftsteller 126
Mörler, Gisela, 1965-1998 Mitarbeiterin des Suhrkamp Verlags in der Verkaufsabteilung und unter anderem zuständig für Autorenlesungen 129
Motokiyo, Zeami (1343-1443), japanischer Theoretiker und Dramatiker des Nō-Theaters 552
Moy, Johannes (1902-1995), österreichischer Schloßherr

(in Anif bei Salzburg) und
Schriftsteller 457, 557
Mozart, Wolfgang Amadeus
(1756-1791), österreichischer
Komponist 400
Mueller, Harald Waldemar
(*1934), deutscher Dramatiker, Hörspielautor und Übersetzer 144
Mühleisen, Markus, deutscher
Schauspieler 325
Müller, Friedrich von
(1779-1849), genannt Kanzler
Müller, war Staatskanzler des
Großherzogtums Sachsen-Weimar-Eisenach und ein
enger Freund Goethes 739
Müller, Heiner (1929-1995),
deutscher Schriftsteller und
Regisseur 472
Müller, Robby (*1940), niederländischer Kameramann; wurde bekannt mit Filmen von
Wim Wenders 202, 276, 325
Muschg, Adolf (*1934), Schweizer Schriftsteller 224, 344,
421, 470, 587
Musil, Robert (1880-1942),
österreichischer Schriftsteller 79

Nabbefeld, Horst (*1933),
1966-1971 Geschäftsführer
im Suhrkamp und Insel Verlag 192, 195, 207, 211, 213
Nabl, Franz (1883-1974), österreichischer Schriftsteller, verheiratet mit Ilse Nabl 273,
281, 283

Nabl, Ilse, geb. Meltzer, zweite
Ehefrau von Franz Nabl 273
Napoleon (1769-1821), französischer Kaiser, 1814 wurde ihm
die Insel Elba als Wohnsitz
zugewiesen, 1815 wurde er auf
die britische Insel St. Helena
verbannt 593
Navratil, Leo (1921-2006), österreichischer Psychiater 135
Negt, Oskar (*1934), deutscher
Soziologe und Philosoph 125
Neruda, Pablo (1904-1973),
chilenischer Schriftsteller;
erhielt 1971 den Nobelpreis
für Literatur 252
Nettelbeck, Uwe (1940-2007),
deutscher Literatur- und
Filmkritiker 104
Neuenfels, Hans (*1941), deutscher Regisseur 430
Neumann, Robert (1897-1975),
österreichischer Schriftsteller
und Literaturkritiker in deutscher und englischer Sprache
44
Nietzsche, Friedrich
(1844-1900), deutscher Philosoph 424
Nizon, Paul (*1929), Schweizer
Schriftsteller 13, 344, 587
Nooteboom, Cees (*1933), niederländischer Schriftsteller
601, 620
Nossack, Hans Erich
(1901-1977), deutscher
Schriftsteller 136
Novalis (1772-1801), eigentlich
Georg Philipp Friedrich Frei-

herr von Hardenberg, deutscher Schriftsteller 364
Novikoff, Nicholas, Schauspieler 325

Ohnesorg, Benno (1940-1967), Student, wurde am 2. Juni 1967 von Heinz Kurras während einer Demonstration anläßlich des Besuchs des Schahs von Persien erschossen 89
Olbrychski, Daniel (*1945), polnischer Schauspieler 339
Orwell, George (1903-1950), eigentlich Eric Blair, englischer Schriftsteller 359
Ott-Gundelach, Regina (*1943), Filmproduzentin 316, 322f.
Oz, Amos (*1939), israelischer Schriftsteller 666

Palmstierna-Weiss, Gunilla (*1928), schwedische Bildhauerin und Bühnenbildnerin; verheiratet mit Peter Weiss 457
Panofsky, Erwin (1892-1968), deutscher Kunsthistoriker 386f.
Paulmann, Hans Joachim, deutscher Schauspieler 46
Pavlović, Miodrag (*1928), serbischer Schriftsteller 721
Paz, Octavio (1914-1998), mexikanischer Schriftsteller, erhielt 1990 den Nobelpreis für Literatur 401, 631
Pedretti, Erica (*1930), Schweizer Schriftstellerin und Bildhauerin 470
Pedretti, Gian (*1926), Schweizer Maler und Bildhauer, verheiratet mit Erica Pedretti 470
Percy, Walker (1916-1990), amerikanischer Schriftsteller 374f., 379, 383, 385, 392, 394f., 397, 400, 404, 415, 423, 425-427, 438f., 446, 448f., 457, 478f., 481, 487, 494, 497
Pessoa, Fernando (1888-1935), portugiesischer Schriftsteller 414
Petrikat, Didi, Schauspielerin 193
Peymann, Claus (*1937), deutscher Theaterregisseur und -intendant; inszenierte die meisten Stücke von P. H. 37f., 91, 141, 186, 189, 292, 602, 608, 651, 654, 668f., 695, 723f., 732
Pfister, Schweizer Buchhändlerin 470
Philips, Carlo (1868-1936), Übersetzer 493
Pirandello, Luigi (1867-1936), italienischer Schriftsteller, erhielt 1934 den Nobelpreis für Literatur 552
Piwitt, Hermann Peter (*1935), deutscher Schriftsteller 34
Podewils, Clemens Graf (1905-1978), deutscher Schriftsteller, war von 1949 bis 1975 Generalsekretär der Bayerischen Akademie der Schönen Künste 232

Ponge, Francis (1899-1988), französischer Schriftsteller 419, 423, 426, 432, 436, 438f.

Pongratz, Peter (1945-2011), österreichischer Maler, Bühnenbildner, seit gemeinsamen Grazer Zeiten befreundet mit P. H. 223, 234, 269

Preasent, Angela (1949-2009), Übersetzerin, vor allem aus dem Amerikanischen, und Verlagslektorin 489

Proust, Marcel (1871-1922), französischer Schriftsteller 282, 284, 290, 302, 410

Przygodda, Peter (1941-2011), Filmemacher, Cutter von Wim-Wenders-Filmen 202, 276, 325, 544, 604

Pszoniak, Wojciech (*1942), polnischer Schauspieler 339

Puig, Manuel (1932-1990), argentinischer Schriftsteller und Filmemacher 295

Rach, Rudolf (*1939), 1971-1976 und 1981-1986 Leiter des Suhrkamp Theaterverlags, danach Leiter des französischen Verlags L'Arche 234, 248, 295, 523f., 606

Radaković, Žarko (*1947), jugoslawischer Schriftsteller und Übersetzer, lebt seit 1978 in Köln, unternahm mit P. H. mehrere Reisen nach Bosnien-Herzegowina und Serbien 707

Raimund, Ferdinand (1790-1836), eigentlich Ferdinand Jakob Raimann, österreichischer Schriftsteller und Schauspieler 552

Rakusa, Ilma (*1946), Schweizer Schriftstellerin, Übersetzerin, Literaturwissenschaftlerin und -kritikerin 470, 484f., 700

Rau, Johannes (1931-2006), deutscher Politiker (SPD), 1999-2004 Bundespräsident der BRD 717

Reents, Claus Dieter (1943-1996), deutscher Schauspieler 37

Régy, Claude (*1923), französischer Theaterregisseur 240, 339

Reichel, Verena (*1945), deutsche Übersetzerin aus dem Schwedischen, Dänischen und Norwegischen 328

Reich-Ranicki, Marcel (*1920), deutscher Literaturkritiker 45, 311, 367, 385, 400, 414, 431, 645

Reinhart, Andreas (*1944), Schweizer Unternehmer, seit 1985 Leiter der Volkart Stiftung, einer Minderheitengesellschafterin des Suhrkamp Verlags 470, 715

Reinhart, Peter (1907-1988), langjähriger Gesellschafter des Suhrkamp und Insel Verlags 124

Reitinger, Richard (*1951), deutscher Drehbuchautor 544

Renoir, Jean (1894-1979), französischer Filmregisseur 347

Richter, Hans Werner
(1908-1993), deutscher
Schriftsteller, Begründer der
Gruppe 47 31
Rilke, Rainer Maria (1875-1926),
deutscher Schriftsteller 244,
373, 385-387, 419, 529, 662f.
Rinser, Luise (1911-2002), deutsche Schriftstellerin 83f., 167f.
Rischbieter, Henning (1927),
deutscher Theaterkritiker,
1960 Gründer des deutschen
Theatermagazins *Theater
heute*, von 1977 bis 1995 Professur für Theaterwissenschaft an der Freien Universität Berlin 168
Ritzerfeld, Helene (1914-2000),
arbeitete von 1950 bis 1959
als Sekretärin von Peter Suhrkamp, leitete von 1959 bis
zu ihrem Tod die Abteilung
Rechte und Lizenzen im
Suhrkamp Verlag 25, 69f.,
73, 82, 148, 164, 196, 201,
224, 316, 333f., 363, 385f.,
404, 440, 467f., 510f., 570,
586, 606
Rohrbach, Günter (*1928),
deutscher Filmproduzent
und Filmregisseur 192
Rolli, Beatrice, Dramaturgin
260
The Rolling Stones, englische
Rockband 23
Roloff, Michael (*1937), amerikanischer Übersetzer aus dem
Deutschen 176, 197, 201, 203f.,
216, 451f., 456, 575, 577

Roth, Gerhard (*1942), österreichischer Schriftsteller 234
Roth, Petra (*1944), deutsche
Politikerin (CDU), 1995-2012
Oberbürgermeisterin von
Frankfurt am Main 721
Rothbauer, Anton Maria, österreichischer Hispanist, Übersetzer vom Spanischen ins
Deutsche, vor allem bekannt
für seine Cervantes-Übersetzung 10
Rothko, Mark (1903-1970),
amerikanischer Maler 546f.
Rothmann, Ralf (*1953), deutscher Schriftsteller 552, 577
Rott, Klaus (*1941), österreichischer Schauspieler 46
Rowlands, Gena (*1930), amerikanische Schauspielerin
351
Rudolph, Niels-Peter (*1940),
deutscher Regisseur und
Intendant 430
Rüedi, Peter (*1943), Schweizer
Journalist und Dramaturg,
1982-1989 Chefdramaturg
am Schauspielhaus Zürich
470
Rühmkorf, Peter (1929-2008),
deutscher Schriftsteller 338
Runge, Erika (*1939), deutsche
Schriftstellerin, Regisseurin
und Psychotherapeutin,
Gründungsmitglied des Verlags der Autoren 124
Rutschky, Michael (*1943),
deutscher Journalist 417
Rütter 470

Sachs, Nelly (1891-1970), deutsche Schriftstellerin, erhielt 1966 den Nobelpreis für Literatur 83, 86-88
Salvatore, Gaston (*1941), chilenisch-deutscher Schriftsteller 417, 587
Samel, Udo (*1953), deutscher Schauspieler 515
Sander, Otto (*1941), deutscher Schauspieler 186, 544
Sarbach, Hugo (*1946), betreut den Nachlaß von Ludwig Hohl 470
Sayn-Wittgenstein, Marianne zu (*1919) 467
Schaffler, Gudrun, Ehefrau von Wolfgang Schaffler 246f., 283f.
Schaffler, Wolfgang (1919-1989), österreichischer Verleger; 1956 bis 1983 Leiter des von ihm gegründeten Salzburger Residenz Verlags; 1983-1989 Geschäftsführer des Verlags, den er an den Österreichischen Bundesverlag verkauft hatte 244, 246f., 283f., 318, 320f., 328, 334f., 337, 339f., 400, 443
Scharang, Michael (*1941), österreichischer Schriftsteller, Essayist, Drehbuch- und Hörspielautor 189, 220
Scharping, Rudolf (*1947), deutscher Politiker (SPD), 654
Scheck, Denis (*1964), deutscher Literaturkritiker 724
Scheffel, Helmut (1925-2010), Übersetzer, deutscher Literaturkritiker, von 1966 bis 1989 Feuilletonredakteur der *Frankfurter Allgemeinen Zeitung* 49, 419
Schloz, Günther, Kulturredakteur bei der Wochenzeitschrift *Christ und Welt* und beim Hessischen Rundfunk 189
Schmeller, Alfred (1920-1990), deutscher Kulturhistoriker, Publizist, der seit 1943 in Wien und in Neumarkt an der Raab lebte; 1969-1979 Direktor des »20er Hauses« des Österreichischen Museums des 20. Jahrhunderts 98
Schmidt, Arno (1914-1979), deutscher Schriftsteller 137
Schmidt, Helmut (*1918), deutscher Politiker (SPD), 1974-1982 Bundeskanzler 398, 421
Schneider, Peter (*1940), deutscher Schriftsteller 125, 429
Schneider, Romy (1938-1982), deutsche Schauspielerin 247f., 255
Schober, Siegfried, österreichischer Filmkritiker 104, 117, 121, 123f.
Schoenborn, N. de, Immobilienmaklerin in Paris 139f., 152
Scholem, Gershom (1897-1982), Religionswissenschaftler 513
Schöning, Klaus (*1936), deutscher Hörspielautor und Regisseur, bis 2001 Redaktionsleiter des von ihm be-

gründeten *Studios Akustische Kunst* im WDR 3 123, 125

Schröder, Mitarbeiter des Zweiten Deutschen Fernsehens 296

Schröder, Rudolf Alexander (1878-1962), deutscher Schriftsteller und Übersetzer 493

Schubert, Franz (1797-1828), österreichischer Komponist 334

Schulz-Keil, Wieland (*1940), deutscher Filmregisseur und Theaterproduzent 197

Schulz-Weidner, Korrektor im Suhrkamp Verlag 378

Schwab, Martin (*1937), deutscher Schauspieler 440, 668, 695

Schwarz, Elisabeth (*1938), deutsche Schauspielerin 440

Schwarz, Libgart (*1941), österreichische Theater- und Filmschauspielerin, verheiratet mit P. H. von 1967 bis 1992; Engagements an Bühnen in Graz und Salzburg, dann in Düsseldorf, Frankfurt und Berlin, heute im Ensemble des Wiener Burgtheaters 11f., 40, 52, 55, 58, 76, 81, 85f., 92, 96, 100f., 108, 112, 114, 119, 129, 132-134, 140f., 155, 159, 167, 169, 182, 193f., 196f., 199, 201f., 204, 206, 209-211, 213, 221, 223, 346, 363, 370, 397, 399, 440, 704f.

Schwarz, Volker (*1942), 1973-2002 Geschäftsführer des Nomos Verlags, Baden-Baden 447

Schwarzenberger, Xaver (*1946), österreichischer Kameramann und Filmregisseur, 482

Schwientek, Norbert (1942-2011), deutscher Schauspieler 260

Schygulla, Hanna (*1943), deutsche Schauspielerin 276

Scorza, Manuel (1928-1983), peruanischer Schriftsteller 295

Seelig, Ernst (1895-1955), österreichischer Jurist und Kriminologe 56

Semin, Sophie, französische Schauspielerin, seit Oktober 1995 mit Peter Handke verheiratet 563, 588, 600, 604f., 607, 620, 623, 656, 659f., 695

Semprún, Jorge (1923-2011), spanisch-französischer Schriftsteller und Politiker 554, 666, 673

Sender, Ramón José (1901-1982), spanischer Schriftsteller, emigrierte 1938 aus Spanien in die USA und nach Mexiko 54

Seyrig, Delphine (*1932), französische Schauspielerin 240

Shakespeare, William (1564-1616), englischer Schriftsteller 538

Sieber-Rilke, Christoph (*1933), Enkel von Rainer Maria Rilke 244

Sillitoe, Alan (1928-2010), britischer Schriftsteller 146

Simenon, Georges (1903-1989), französischer Schriftsteller belgischer Herkunft, der vor allem durch seine Kriminalromane mit Kommissar Maigret bekannt wurde 429

Simm, Hans-Joachim (*1946), Literaturwissenschaftler, Lektor im Suhrkamp Verlag, zuletzt, bis zu seinem Ausscheiden 2009, Leiter des Insel Verlags 709, 714

Skwara, Erich Wolfgang (*1948), österreichischer Literaturwissenschaftler und Schriftsteller 709f., 720f.

Spethmann, Karl Christian (*1939) 705

Spiel, Hilde (1911-1990), österreichische Schriftstellerin und Journalistin 135, 413

Spinks, Leon (*1953), amerikanischer Boxer 351

Starostka, Hanne, Mitarbeiterin im Suhrkamp Theaterverlag 256-258

Stasiuk, Andrzej (*1960), polnischer Schriftsteller 710f.

Staudt, Rolf (*1935), war seit 1. Januar 1965 Leiter der Herstellungsabteilung des Insel Verlags, seit April 1967 auch der Herstellungsabteilung des Suhrkamp Verlags 302, 689f., 717f.

Steckel, Frank-Patrick (*1943), deutscher Regisseur und Intendant 430

Stein, Peter (*1937), deutscher Theater-, Opern- und Filmregisseur, zwischen 1970 und 1985 an der Schaubühne tätig 260f., 430

Steindrechner, Klaus, Student 312

Steiner, Jörg (*1930), Schweizer Schriftsteller 232, 344, 470

Steinfeld, Thomas (*1954), deutscher Journalist und Schriftsteller 711

Steinsiek, Renate (*1946), 1971-1975 Sekretärin von S. U. 215f., 227

Sternberger, Dolf (1907-1989), deutscher Politologe und Publizist 349

Stier, Hans-Martin (*1950), deutscher Schauspieler 544

Stifter, Adalbert (1805-1868), österreichischer Schriftsteller 93, 135, 137

Stiller, Klaus (*1941), deutscher Schriftsteller und Rundfunkredakteur 154

Straub, Jean-Marie (*1933), französischer Filmregisseur, verheiratet mit der 2006 verstorbenen Filmregisseurin Danièle Huillet, mit der zusammen er Filme gemacht hat 244, 246, 570-572

Straus, Roger Williams (1917-2004), Mitgründer des New Yorker Verlags Farrar, Straus and Giroux 262, 404, 450-452, 456, 637, 669f.

Strauß, Botho (*1944), deutscher Schriftsteller 104, 187

Strindberg, August (1849-1912), schwedischer Schriftsteller und Dramatiker 325
Struck, Karin (1947-2006), deutsche Schriftstellerin 276, 395, 399
Suhrkamp, Peter (1891-1959), Verleger, Mitarbeiter und ab 1933 Vorstandsmitglied des S. Fischer Verlags, 1936 Leiter des Verlags, der 1940 in Suhrkamp Verlag (vormals S. Fischer) umbenannt wurde; gründete 1950 in Frankfurt am Main den Suhrkamp Verlag 112, 117, 120f., 472, 729f., 734
Sukowa, Barbara (*1950), deutsche Schauspielerin 186
Szymborska, Wisława (1923-2012), polnische Lyrikerin, erhielt 1996 den Nobelpreis für Literatur 666

Thoor, Jesse (1905-1952), eigentlich Karl Peter Höfler, war ein österreichisch-deutscher Schriftsteller 366
Thukydides (um 454 v. Chr. geboren, zwischen 399 und 396 v. Chr. gestorben), griechischer Historiker 413
Tito (1892-1980), eigentlich Josip Broz, von 1945 bis 1980 Staatspräsident Jugoslawiens 405
Tolstoi, Lew Nikolajewitsch (1828-1910), russischer Schriftsteller 555

Treichel, Hans-Ulrich (*1952), deutscher Schriftsteller 677
Troller, Georg-Stefan (*1921), österreichischer Dokumentarfilmer und Schriftsteller 599
Troller, Urs (*1947), deutscher Dramaturg und Regisseur 576
Tschechow, Anton Pawlowitsch (1860-1904), russischer Schriftsteller 141, 552
Tumler, Franz (1912-1998), österreichischer (Südtiroler) Schriftsteller 15, 16, 18
Twain, Mark (1835-1910), eigentlich Samuel Langhorne Clemens, amerikanischer Schriftsteller 406
Tyszak, Stephanie (*1949), verheiratet mit Raimund Fellinger 643, 648

Ullmann, Regina (1894-1961), österreichische Schriftstellerin 588
Ungaretti, Giuseppe (1888-1970), italienischer Schriftsteller 373
Unseld, Hildegard (1922-1995), 1951-1990 verheiratet mit S. U. 48, 66, 79, 218, 220-222, 225, 284f., 294, 354, 400, 411f., 465, 488, 490, 495, 518
Unseld, Joachim (*1953), Verleger, Sohn von Hildegard und Siegfried Unseld 48, 90, 332, 342, 354, 400, 421, 440f., 447, 472, 478, 488, 490, 572, 607, 618, 623, 699, 715

Unseld, Maria Magdalena (1897-1985), geborene Kögel, Mutter von S. U. 311 f., 496

Unseld, Walter (1928-1990), Bruder von S. U. 569, 571

Urbach, Reinhart (*1939), österreichischer Dramaturg und Theaterwissenschaftler, von 1979 bis 1986 Chefdramaturg des Burgtheaters 430

Urban, Peter (*1941), Übersetzer aus dem Russischen und Serbokroatischen, 1966-1968 Lektor im Suhrkamp Verlag; Gründungsmitglied und Geschäftsführer des Verlags der Autoren 705, 721

Utrillo, Maurice (1883-1955), eigentlich Maurice Valadon, französischer Maler 457, 477

Vargas Llosa, Mario (*1936), peruanischer Schriftsteller, erhielt 2010 den Nobelpreis für Literatur 666

Vesely, Herbert (1931-2002), österreichischer Filmregisseur und Drehbuchautor 295

Vogel, Oliver (*1966), 1992-1996 Mitarbeiter im Suhrkamp Verlag 621, 625 f.

Vogeler, Heinrich (1872-1942), deutscher Maler und Schriftsteller 663

Vogler, Rüdiger (*1942), deutscher Schauspieler 37, 193, 276, 325, 440

Voisin, Robert (1922-1986), französischer Verleger, 1949 Gründer des französischen Verlags L'Arche, Paris 164, 345

Voltaire (1694-1798), eigentlich François Marie Arouet, französischer Schriftsteller 162, 164

Voss, Gert (*1941), deutscher Schauspieler 668

Wagner (Fernmeldeamt Obersursel) 219

Wagner, Christian (1835-1918), deutscher Schriftsteller 338, 340, 386, 393, 399, 401

Wagner, Christl, Wiener Buchhändlerin, Inhaberin der Buchhandlung Rudolf Heger 466

Waldheim, Kurt (1918-2007), österreichischer Politiker, 1972-1981 Generalsekretär der Vereinten Nationen, 1986-1992 Bundespräsident Österreichs, von P. H. zum Verzicht auf die Kandidatur zum Bundespräsidenten aufgefordert 525

Waldorf, Günter (*1924), eigentlich Günter Stessl, österreichischer Maler, 1953 Gründer der Künstlervereinigung *junge gruppe* in Weiz, 1958 Hauptinitiator des *Forum Stadtpark* und Mitbegründer der Zeitschrift *manuskripte* 22

Wallmann, Walter (*1932), deutscher Politiker, 1977-1986

Oberbürgermeister von
Frankfurt am Main 328
Walser, Käthe, Ehefrau von
Martin Walser 421, 472, 587
Walser, Martin (*1927), deutscher Schriftsteller 58-60,
101, 112, 167, 202, 249, 289,
363, 421, 472, 577, 587, 601,
652
Walser, Robert (1878-1956),
Schweizer Schriftsteller 65,
79, 220, 331, 343, 490
Walter, Otto Friedrich
(1928-1994), Schweizer
Schriftsteller 344, 470
Weber, Peter (*1968), Schweizer
Schriftsteller 620
Wehrenalp, Erwin Barth
(1911-1996), österreichischer
Begründer und Leiter des
Econ Verlags bis zu dessen
Veräußerung 1981 650
Weidner, Gudrun (*1948), Verlagsangestellte des Suhrkamp
Verlags von 1974 bis 1985 425,
429, 625, 647, 711
Weiffenbach, Klaus, Bühnenbildner 260
Weinzettl, Franz (*1955), österreichischer Schriftsteller 377,
704
Weiss, Peter (1916-1982), deutscher Schriftsteller, Maler,
Filmregisseur 9, 59, 198, 202,
294
Weiss, Rainer (*1949), arbeitete
1985-2006 im Suhrkamp Verlag zunächst als Lektor für
deutschsprachige Literatur,
ab 1986 als Leiter des Theaterverlags, später als Programmleiter 523f., 528, 554,
627, 646f., 714
Wenders, Wim (*1945), eigentlich Wilhelm Ernst Wenders,
deutscher Regisseur und
Photograph, 1971 Mitbegründer des Filmverlags der Autoren, befreundet mit P. H. 91,
164, 190, 202, 234, 255, 276,
322, 325, 440, 544, 570, 627,
656
Wendt, Ernst (1937-1986), deutscher Theaterkritiker und
Theaterregisseur, zusammen
mit Henning Rischbieter und
Erhard Friedrich Gründer
von *Theater heute*; ab 1967
Dramaturg am Residenztheater München, am Schauspielhaus Hamburg, an den Staatlichen Schauspielbühnen
Berlin; 1976-1983 Regisseur
in den Münchner Kammerspielen 76, 104, 111, 122, 430
Weniger, Wolfram (*1940), deutscher Schauspieler 46
Werth, Wolfgang (*1937), deutscher Literaturkritiker; 1973
Redakteur des Feuilletons
der *Süddeutschen Zeitung*,
deren Literaturredaktion er
1979-2001 leitet 37, 39
Wessely, Rudolph (*1925),
österreichischer Schauspieler
576
Wicki, Bernhard (1919-2000),
österreichisch-schweizeri-

scher Schauspieler und Filmregisseur 234, 325
Widmer, Urs (*1938), Schweizer Schriftsteller, 1967-1969 Lektor im Suhrkamp Verlag, Mitbegründer des Verlags der Autoren 71, 73, 93, 98, 113, 128, 286, 309, 730
Widrich, Gerheid (*1937), Ärztin und Politikerin (ÖVP); seit 1963 verheiratet mit Hans Widrich 369
Widrich, Hans (*1936), Schulfreund von P. H. seit der Zeit im Kärntner Internat Tanzenberg. Gründer der Schülerzeitschrift *Fackel*, in der P. H. seine ersten Texte veröffentlichte. Studium der Theologie in Graz, von 1968 bis 1996 Pressechef der Salzburger Festspiele; P. H. wohnte von August 1979 bis 1987 (bzw. 1989) in einem Anbau seines Hauses in Salzburg; seit 1963 verheiratet mit Gerheid Widrich 369f., 442
Wiegenstein, Roland H. (*1926), deutscher Rundfunkkorrespondent und Literaturkritiker 51
Wiens, Wolfgang (1941-2012), deutscher Dramaturg und Theaterregisseur 92, 186, 189, 661
Wieser, Stefan (1917-1973), deutscher Neurologe und Psychiater 56

Wimmer, Maria (1911-1996), deutsche Schauspielerin 576
Winkler, Angela (*1944), deutsche Schauspielerin 325, 515
Winkler, Willi (*1957), deutscher Journalist 659f., 705
Winner, Marc, Journalist 680
Winston, Krishna (*1944), Professorin für ›German Studies‹, Übersetzerin aus dem Deutschen, unter anderem für P. H. 637
Wittgenstein, Ludwig (1889-1951), österreichischer Philosoph 187, 336, 338, 464, 466, 555
Wolf, Ror (*1932); eigentlich Richard Wolf, deutscher Schriftsteller 9, 13, 61, 110, 143, 229, 241
Woźniakowski, Jacek (*1920), polnischer Literatur- und Kunstwissenschaftler und Verleger 542

Zankl, Horst (1944-1987), österreichischer Theater- und Opernregisseur, 1971-1975 Direktor des Theaters am Neumarkt im Zürich 260
Zeeh, Burgel (1937-2009), geborene Geisler, 1971 Heirat mit Werner Zeeh; von 1967 bis 2001 Sekretärin von Siegfried Unseld 135, 138, 156, 167, 176, 180, 230, 240, 298, 303f., 307, 311, 322, 335, 363, 367, 369, 380, 384, 389f., 395, 402, 406, 408, 411, 416, 420, 472, 477,

487f., 490, 549, 551, 561f., 575, 577, 587, 646f., 651, 656, 665, 667, 669, 678, 683, 692, 703, 705, 709, 711

Zeeh, Werner, seit 1971 Ehemann von Burgel Zeeh 683

Zeller, Eugen (1871-1953), Deutschlehrer von S. U. in Ulm, befreundet mit Hermann Hesse 522

Zilly, Berthold (*1945), Lateinamerikanist, deutscher Übersetzer 651

Zinn, Ernst (1910-1990), klassischer Philologe, Herausgeber der Rilke-Ausgabe im Insel Verlag 244

Zischler, Hanns (*1947), deutscher Schauspieler 325

Zwetajewa, Marina Iwanowa (1892-1941), russische Schriftstellerin 700